제5판

IFRS 재무제표분석

이론과 적용

정건영 지현미

三 英 社

머리말(5판)

재무제표분석(Financial Statement Analysis)은 회계정보시스템을 통해 산출된 재무제표를 이용하여 기업의 재무상태, 경영성과 및 현금흐름을 분석하고 해석하는 것으로, 이를 통해 경제적 의사결정의 수단이 되는 회계정보를 효과적으로 이해하고 활용할 수 있다. 또한 재무제표분석을 통해 이익예측과 기업의 가치를 평가하고 기업의 부실예측과 분식회계를 추정한다.

본서는 회계정보를 이해하고 활용하고자 하는 이들에게 가장 적합하도록 재무제표분석의 이론과 적용 및 해석을 단계적이면서 통합적인 방식으로 집필하였으며, 동시에 국제회계기준(IFRS)에 의해 작성되는 재무제표의 특징적인 사항들에 대한 이해를 높이도록 세심히 배려하였다.

국제회계기준(IFRS)을 적용함으로써 과거에는 없었던 새로운 계정과목들을 이용한 재무비율 및 그에 대한 해석 등을 기술하여 국제회계기준(IFRS)에 따라 작성되는 재무제표를 좀 더 잘 이해하고 활용할 수 있도록 하였다.

본서는 다음과 같이 구성되어 있다.

제1편에서는 재무제표에 대한 기본개념과 의미, 재무제표분석에 관한 주요 이론 및 방법을 체계적으로 설명하였다. 그리고 국제회계기준(IFRS)에 따라 작성된 재무제표를 분석함에 있어서 주의하여야 할 점 등을 기술하였다. 제5판에서는 경영자 보고서에 해당하는 우리나라 사업보고서의 이해와 분석(제2장)을 보완하여 기업의 사업내용을 보다 상세하게 파악할 수 있는 방법을 제시하였다.

제2편에서는 재무제표분석의 이론을 토대로 적용과 해석을 실제 사례를 이용하여 설명하였으며, 국내 사례를 중심으로 하되 외국 사례를 포함하여 글로벌 시대에 맞게 그 적용의 범위를 넓혔다. 특히 국제신용평가사인 Moody's에서 유동성 평가지표로 사용하고 있는 현금보상률(cash coverage ratio)에 대한 설명을 유동성분석(제4장)에서 상세히 하였다.

머리말(5판)

제5판에서는 기업부실과 재무제표분석(제11장)을 보완하여 재무제표분석을 통한 기업부실 예측의 이해도를 높이고 용어 사용의 일관성을 기하였다. 그리고 분식회계(제12장)를 추가하여 경영자가 분식회계를 하는 동기 및 다양한 수법 등을 설명하고, 최근 이슈가 되고 있는 분식회계를 통한 사기행각 사례와 분식회계 적발 방법에 대해 기술하였다. 재무제표분석을 통한 분식회계 적발(제13장)에서는 분식회계 가능성이 높은 계정과목을 분석하고 재무비율을 통해 분식회계 가능성을 분석하는 방법에 대해 설명하였으며, 분식회계에 대한 감독당국의 징계 및 공개와 같은 제도적인 측면을 기술하였다. 또한 제5판에서는 각 장 말미에 시사성 있는 관련 기사를 예시하여 재무제표분석의 적용에 대한 이해를 높이고자 하였다. 그리고 삼성전자(주)의 영문 감사보고서와 영문 재무제표를 제시(부록 2)하고, 표준계정과목체계에 따른 국문·영문 계정과목 비교표를 제시(부록 3)하여 글로벌 시대에 맞게 해외기업의 재무제표나 우리나라 기업의 영문 재무제표를 이해하는데 도움을 주고자 하였다.

본서는 단편적으로 접근하기 쉬운 재무제표분석을 다양한 사례를 통하여 재무제표분석에 대한 이론과 적용 및 해석의 문제를 통합적으로 다룸으로써 독자들이 재무제표분석을 효과적으로 이해하고 활용할 수 있도록 하였다. 따라서 본서는 대학 및 경영대학원에서 재무제표분석의 교재로 사용하기에 적합하며, 이 방면 실무 종사자들의 전문교육 프로그램에서도 유용하게 사용할 수 있다.

본서는 독자들이 본서만으로 회계정보를 이해하고 활용하는 데 어려움이 없도록 세심한 배려를 하여 집필되었다. 그러나 아직도 미흡한 점이 있으리라 생각되며 앞으로 개선점을 찾아 보완해 나갈 것을 약속드린다.

본서의 발간을 위하여 저자들을 도와준 여러분들께 감사를 드린다. 특히, 도서출판 삼영사 고성익 사장님을 비롯한 직원 여러분들의 노고에 감사를 드린다.

2017년 12월

계명대학교 성서캠퍼스에서

정건영, 지현미

Contents

제 1 편 재무제표분석의 기초

Contents

Contents

Contents

부 록

제 1 편

재무제표분석의 기초

제 1 장

재무제표분석의 목적과 재무제표의 이해

〈학습목표〉

- 다양한 재무정보 이용자들의 재무제표분석의 목적
- 기업 경영활동의 유형을 이해
- 재무제표의 목적과 구조를 이해
- 재무제표의 유용성과 한계점을 이해
- 재무제표의 상호 관련성을 이해
- 재무제표의 양식에 대한 이해
- 경영자보고서 및 감사보고서에 대한 이해

제 1 절 재무제표분석의 목적

재무제표분석(financial statement analysis)은 회계정보시스템을 통해 산출된 재무제표를 이용하여 기업의 경영활동 결과를 분석하고 해석하는 것이다.

기업의 경영활동은 자금을 조달하고 상환하는 재무활동(financing activities)과 조달된 자금을 사용하여 자산을 취득하고 유지・관리하며 처분하는 투자활동(investing activities) 그리고 투자한 자산을 운용하여 수익을 창출하는 영업활동(operating activities)으로 이루어지며, 이러한 기업의 경영활동 결과를 회계기간별로 나타낸 것이 재무제표이다. 그리고 이 재무제표가 재무제표 이용자들의 의사결정에 유용한 정보가 될 수 있도록 다양한 기법으로 분석하고 그 결과를 해석하는 것이 재무제표분석이다.

따라서 재무제표분석의 목적은 다음과 같은 다양한 재무정보 이용자들의 의사결정에 유용한 정보를 제공하는데 있다.

1 투자자의 분석목적

주식투자자는 특정한 기업의 주식에 대한 투자의사결정을 하기 위해 주식을 평가해야 하고, 주식을 평가하기 위해서는 주식을 발행한 기업의 재무제표를 분석해야 한다.

주식투자자는 여기서 보통주 주주를 의미하며 보통주 주주가 기업에 제공하는 자본은 소유권에 수반되는 모든 형태의 위험에 노출되어 있고, 배당이나 청구권에 우선순위를 가지고 있는 우선주 주주나 채권자에 대하여 이들을 보호하는 담보의 역할을 한다. 기업이 생산한 부가가치 중에서 노동자에게 돌아가는 임금과 채권자에게 지급되는 이자를 제외하고 나면 순이익이 남게 되는데, 이 이익 중 우선주 주주에게 배당금을 먼저 지급하고 남게 되는 이익부분이 보통주 주주에게 돌아간다. 그러므로 기업이 이익을 얻을 때 보통주 주주는 채권자의 이자와 우선주 주주의 분배분을 초과하는 모든 이익을 소유하게 되지만, 반대로 기업이 손실을 보게 될 때는 보통주 주주가 모든 손실을 먼저 부담하게 된다. 따라서 보통주 주주들의 기업에 대한 정보요구는 회계정보이용자들 중에서도 가장 절실하고 포괄적이라고 할 수 있다.

보통주 주주들은 우선주 주주들과 달리 약정된 배당권도 없고 청산하는 경우를 제외하고는 자본에 대한 상환청구권도 없다. 그러나 보통주 주주들은 주식을 보유함으로써 ① 배당금, ② 무상주 또는 신주인수권과 같은 특수한 분배, ③ 보통주의 시장가격 상승 등의 대가를 받는다.

그런데 배당금과 보통주 시장가격의 상승을 가져오는 가장 중요한 요소는 기업의 이익이며, 특히 현재의 이익과 미래의 기대이익이 보통주의 시장가격 결정에 주된 영향을 미친다. 그러므로 보통주 주주들은 기업의 이익과 이익을 창출할 수 있는 능력을 나타내는 자산의 수익성 등을 분석하여 보통주의 시장가격을 평가하려고 한다.

오늘날 보통주를 평가하는 대표적인 이론은 현재가치이론으로서 특정주식의 현재가치는 당해 주식으로부터 미래에 발생될 것으로 기대되는 모든 배당금의 합계액을 적절한 할인율로 할인한 금액과 같다고 한다. 여기서 배당금은 미래에 기대되는 기간별 이익배당이나 청산 시 발생하는 잔여재산의 분배 모두를 포함하는 개념이며, 배당의 크기는 기업의 이익과 기업 자산의 이익획득 능력, 그리고 기업의 배당정책 등에 의존한다.

이상과 같이 투자자가 재무제표를 분석하고 주식의 가치를 평가하는 목적은 보유하고 있거나 매입하고자 하는 보통주의 가치가 시장에서 과소평가되고 있는가, 아니면 과대평가되고 있는가 하는 것을 알기 위한 것이다. 즉, 투자자가 배당이나 주식가치 상승에 의한 주가차익 등을 얻기 위해 주식을 매입하려고 할 때 주식의 시장가치가 내재가치(intrinsic value)보다 더 높게 또는 낮게 평가되어 있는지의 여부를 알기 위해 그 주식을 발행한 기업의 재무제표를 분석하는 것이다. 여기서 내재가치란 증권시장에서 수요와 공급에 의해 형성되는 주식의 가격(시장가치)에 관계없이 합리적 평가기준에 의하여 측정되는 주식의 본질적인 가치를 말하며, 본질가치 또는 고유가치라고도 한다.

2 채권자의 분석목적

채권자는 기업에 원재료나 상품 등을 외상으로 공급한 신용거래 제공자로부터 기업에 직접 또는 간접으로 자금을 대여한 채권자집단에 이르기까지 다양하다. 이 집단에는 각종 금융기관, 채권시장에서 회사채를 매입한 사채권자, 기업에 시설을 장기간 리스(lease)하고 있는 시설대여자, 기업이 소지하고 있는 어음을 할인해주거나 어음을 매입한 채권자 등이 있다. 이들 채권자들은 자금제공의 대가로 계약상 확정된 이자율에 의한 이자를 받으며 대여기간 만료 시에 원금을 돌려받는다. 따라서 배당이나 주식가치의 상승에 관심을 갖는 주식투자자들과는 달리 채권자들은 원금과 이자의 회수 여부에 관심을 갖는다.

따라서 채권자는 신용제공에 관한 의사결정을 할 때 채권의 담보물 유무, 담보물의 공정시장가치 등과 같이 채권 회수의 안전성을 우선적으로 검토하고, 채무자가 원리금의 상환을 보증할 수 있는 원천으로서 채무자의 미래의 현금흐름에 대한 전망과 그러한 전망의 신뢰성과 안정성에 주로 관심을 가질 것이다.

채권자는 원리금 회수를 위해 채무기업이 현금흐름을 통제할 수 있는 능력이 있는가, 그리고 기업이 장래에 다양한 경제환경에 놓일 때도 여전히 재무건전성 및 재무유연성을 유지할 수 있는 능력이 있는가를 확인하려고 할 것이다. 따라서 채권자들은 기업의 유동성과 현금흐름에 관한 전망, 부채자기자본비율 등과 같은 자본구조와 장기적인 수익성분석에 많은 관심을 가질 것이다.

3 경영자의 분석목적

경영자는 기업의 안전성과 수익성, 그리고 성장성과 생산성 등 경영활동 전반에 대한 포괄적인 관심을 가지고 있다.

경영자는 계획을 세우고 통제하는 과정 속에서 경영활동을 수행한다. 경영자가 경영통제활동을 위해 사용하는 중요한 방법들 중의 하나가 재무제표분석이다. 경영자는 기업의 회계자료를 언제든지 제약 없이 이용할 수 있기 때문에 재무제표분석은 계속적으로 이루어질 수 있다. 경영자는 원가분석, 이익변동원인분석, 현금흐름분석, 재무비율분석 과정에서 기업에서 일어나는 수많은 경영변수 관계 및 상호작용을 알 수 있게 되며, 이러한 경영변수들 간의 관계 및 상호작용에 대해 계속적으로 감시 및 추적을 하다 보면 장차 기업에 어떤 변화가 일어날 것이며, 어떤 상태로 진행될 것인가에 관해 중요한 정보를 얻을 수 있다.

이들 정보에 기초하여 경영자는 불확실한 미래상황에 대한 사전 예방조치를 취할 수 있다. 경영자의 이와 같은 효율적인 경영통제목적의 재무제표분석은 이미 일어난 경제적 사건의 원인과 결과를 사후적으로 분석하는 다른 재무제표이용자들의 재무제표분석 목적과는 근본적으로 다르다. 즉, 경영자의 재무제표분석 목적은 기업의 재무상태와 경영성과가 계획한 방향으로 나타나도록 사전 통제하는 데 있다.

4 기타 이해관계집단의 분석목적

재무제표를 작성하는 일차적인 책임은 기업의 경영자에게 있다. 기업의 경영자는 일반적으로 인정된 회계원칙(Generally Accepted Accounting Principles : GAAP)에 따라 재무제표를 진실하고 공정하게 작성하여야 할 윤리적·법률적 책임이 있다.

우리나라는 기업이 작성하여 공시하는 재무제표에 대하여 신뢰성을 부여하기 위하여 외부감사제도(external auditing)를 두고 있다. 외부감사제도란 기업의 재무제표가 일반적으로 인정된 회계원칙(GAAP)에 따라 적정하게 작성되었는지에 대하여, 기업과는 독립적인 위치에 있는 외부감사인(공인회계사)이 전문가로서 회계감사를 실시하고, 그에 대한 전문가적인 감사의견을 표명하는 것이다. 외부감사인은 재무제표에 대한 회계감사를 실시함에 있어서 감사절차의 하나로 기업의 재무비율 및 재무비율의 추세 등 재무제표분석을 한다.

정부나 규제기관은 세금의 부과, 공공요금 및 가격결정, 감독·규제기능과 정책개발 등을 하기 위해 기업의 재무제표를 분석하며, 노동조합도 단체협약에 사용할 목적으로 재무제표를 분석한다. 소비자단체도 특정기업의 재무제표를 분석하여 독점이윤의 획득 여부와 제품의 적정가격, 환경보호를 위한 시설투자와 비용지출을 적절히 하고 있는지 등을 검토하기도 한다.

제 2 절 기업의 경영활동과 재무제표

기업은 이익을 얻기 위하여 자금을 조달하고 이를 투자하여 수익창출 활동을 하게 된다. 따라서 기업의 경영활동은 자금의 조달과 상환 활동인 재무활동과 조달된 자금을 사용하여 자산을 취득하고 취득한 자산을 유지·관리하는 투자활동, 그리고 투자한 자산을 운용하여 수익을 창출하는 영업활동으로 이루어지며 이러한 활동의 결과를 회계기간별로 나타낸 것이 재무제표이다.

재무활동과 투자활동의 결과를 보고하는 재무제표는 일정시점을 기준으로 작성되고, 영업활동의 결과를 보고하는 재무제표는 일정기간을 기준으로 작성된다.

국제회계기준(IFRS)에 의하면 재무제표는 재무상태표, 포괄손익계산서, 자본변동표, 현금흐름표, 주석으로 구성된다. 기업이 국제회계기준(IFRS)을 준수하여 재무제표를 작성하는 경우, 기업은 그러한 준수 사실을 주석에 명시적이고 제한 없이 기재하여야 한다.

기업들은 재무제표 이외에도 그 기업의 경영성과와 재무상태의 주요 특성 및 기업이 직면한 주요 불확실성을 설명하는 경영자의 검토 및 분석(management's discussion and analysis : MD&A)을 제공할 수 있다. 또한 환경요인이 중요한 산업에 속해 있는 기업이거나 종업원이 주요 재무제표이용자인 기업의 경우 재무제표 이외에도 환경보고서나 부가가치보고서와 같은 보고서를 제공할 수 있다. 이러한 경영자의 검토 및 분석, 환경보고서 및 부가가치보고서 등은 재무제표의 범위에는 포함되지 않는다.

1 영업활동

영업활동은 조달한 자금으로 투자한 자산을 운용하여 수익을 창출하는 활동이다. 영업활동은 기업의 주요 수입원이며 기업의 이익은 공급시장에서 구입하여 수요시장에서 판매한 결과이다.

사업의 성공 여부는 기업의 사업계획과 전략수립이 얼마나 잘 이루어지고, 자금의 조달과 투자를 통해 영업활동을 얼마나 효율적이고 효과적으로 수행하느냐에 달려 있다. 이러한 사업의 성공 여부를 측정하기 위하여 수익과 그 구성요소에 대한 분석을 수행하는 것이다. 수익과 그 구성내용은 기업의 수익력을 평가하고 미래의 현금흐름을 예측하는 데 유용한 정보가 되며 재무유연성(financial flexibility)을 평가할 수 있다.

2 투자활동

투자활동은 기업이 제품이나 서비스를 판매하기 위해 자산을 취득하고 그 취득한 자산을 유지・관리하며 처분하는 활동이다. 투자자산에는 토지, 건물, 차량운반구, 기계장치, 법적 권리(특허권, 저작권 등), 기타 기업경영에 필요한 모든 요소들이 포함된다.

투자자산의 가치는 조달한 자금의 가치와 같으며, 조달한 자금 중에서 구매에 사용되지 않은 부분은 현금으로 보고된다. 투자의 금액과 그 구성요소는 기업별로 차이가 크며 어떤 기업들은 제품을 개발하고 만들어 판매하는 데 막대한 투자가 필요한 반면, 어떤 기업들은 소액의 투자만을 필요로 한다. 그러나 투자의 크기가 기업의 성공을 결정하는 것은 아니며 기업의 투자자인 주주들에 대한 수익률을 결정하는 것은 기업이 수행하는 경영 효율성(efficiency)과 효과성(effectiveness)이다.

투자활동과 관련한 의사결정에는 투자의 형태, 투자의 금액, 투자의 시기, 투자자산의 부문별 배분 등 다양한 내용이 있으며, 재무활동과 마찬가지로 투자활동에 대한 의사결정은 기업의 성장과 경영 위험에 영향을 미친다.

투자자산의 총액과 그 구성내용은 투자로 인한 수익을 평가하는 데 유용한 정보가 되며, 나아가 자본조달비용을 고려한 투자자산에 대한 수익률의 적정성을 평가할 수 있다.

3 재무활동

재무활동은 기업이 필요로 하는 자금을 조달하고 상환하는 활동이다. 기업은 수익창출활동에 필요한 자산을 확보하기 위해 자금을 조달해야 하며, 자금조달의 원천에는 지분 투자자(소유주 또는 주주)와 채권자(신용제공자) 두 종류가 있다.

투자자들은 투자에 대한 정당한 수익을 기대하면서 자금을 제공하며, 투자수익(이익률)은 이익분배 혹은 이익재투자를 통해 나타난다.

이익분배는 현금 또는 다른 자산을 분배하는 것을 의미하며, 배당지급률(dividend payout ratio)은 분배되는 이익의 크기(배당액÷이익)를 나타낸다. 이익재투자(earnings reinvestment) 또는 이익유보(earnings retention)는 내부자금조달(internal financing)로 향후 기업경영에 사용하기 위해 이익잉여금의 형태로 사내에 이익을 유보하는 것을 의미하며, 이익유보율(earnings retention ratio)은 이익유보의 크기(1−배당지급률)를 나타낸다. 지분성장률(equity growth ratio)은 재투자된 이익의 크기(지분성장÷기업의 지분투자자의 가치)를 나타낸다. 이익이 나면서도 배당을 하지 않고 전액 재투자하는 기업은 그만큼 성장하는 기업이라고 할 수 있으며, 배당과 재투자를 기업의 상황에 맞게 적절히 조정하는 것을 배당정책이라고 하는데 이 정책에 따라 배당지급률이 결정된다.

상장회사들의 주식발행에 의한 자금조달은 주식과의 교환으로 현금이나 기타자산 혹은 서비스를 제공받는 것을 말하며, 이러한 주식발행은 주로 증권시장을 통해 이루어진다. 채권자들은 신용공여에 대한 정당한 이자수익을 기대하면서 자금을 제공하며, 이자수익(이자율)은 시장이자율, 기업의 신용도 등을 감안하여 결정된다. 기업은 은행, 캐피탈회사 등 금융기관들로부터 대출을 통해 자금을 제공받을 뿐만 아니라 증권시장을 통해 사채(bond)를 발행하여 자금을 조달한다.

재무활동은 자금의 조달뿐만 아니라 상환까지도 포함되며 자금상환의 원천은 주로 영업활동에 의한 이익을 통해 이루어지지만, 재무활동이나 투자활동에 의한 자금조달을 통해서도 이루어진다. 재무활동과 관련한 의사결정에는 자금조달 및 상환의 형태와 금액, 시기가 있으며 이러한 의사결정은 기업의 자본구조를 결정하고 기업의 성장과 경영 위험에 영향을 미친다. 자본의 총액과 그 구성내용은 재무레버리지와 재무위험을 평가하는 데 유용한 정보가 되며, 자본구조의 적절성과 재무유연성(financial flexibility)을 평가할 수 있다.

제 3 절 재무상태표

1 재무상태표의 목적

재무상태표(statement of financial position)는 기존 기업회계기준(K-GAAP)에서는 대차대조표(balance sheet)라고 불리던 재무제표이다. 재무상태표는 일정시점 현재 기업이 보유하고 있는 경제적 자원인 자산과 경제적 의무인 부채, 그리고 자본에 관한 정보를 제공하는 재무보고서로서 기업의 유동성, 재무유연성, 수익성과 위험 등을 평가하는 데 유용한 정보를 제공한다.

2 재무상태표의 유용성

재무상태표는 일정한 시점에서의 기업 재무상태를 나타내는 재무보고서로서 다음과 같은 유용성을 갖는다.

① 기업의 투자활동과 재무활동의 결과를 나타내는 경제적 자원인 자산의 혼합배율과 자기자본과 타인자본의 구성비율을 나타내는 재무구조에 대한 정보를 제공한다.

② 유동자산과 유동부채를 통해 유동부채의 지급능력을 나타내는 유동성에 관한 정보를 제공한다.

③ 이용 가능한 경제적 자원과 부채 상환시기와 금액에 관한 정보를 제공함으로써 재무유연성을 평가할 수 있는 정보를 제공한다.

④ 재무상태표 자료는 포괄손익계산서 자료와 함께 사용하면 기업의 수익성과 위험을 평가할 수 있도록 해준다.

3 재무상태표의 한계

재무상태표는 기업의 재무상태를 평가하는 데 유용한 재무제표이지만 회계 자체에 내재하는 한계점으로 인해서 그 한계를 지닌다.

① 재무상태표의 자산은 소수의 항목(예 : 수취채권의 순실현가능가치 평가, 금융자산 및 금융부채의 공정가치 평가, 재고자산의 저가주의 평가, 유형자산의 재평가 선택)을 제외하고는 역사적원가(취득원가)로 보고되기 때문에 자산가치가 현행가치에 의한 경제적 실질을 나타내지 못한다. 그러나 이와 같이 역사적원가의 문제점을 극복하기 위하여 공정가치 회계가 자산 및 부채의 평가에 점차 확대되고 있는 추세이다.

② 미래의 경제적 효익을 가져다 줄 수 있는 자산이라 할지라도 화폐단위로 측정이 가능하지 않으면 자산으로 계상되지 않는다. 따라서 우수한 경영진이나 연구인력 등 미래의 경제적 효익을 창출할 수 있는 잠재적 자산이 있는 경우 이러한 잠재적 자산이 화폐단위로 측정될 수 없어 자산으로 계상되지 않는 한계점이 있다.

③ 자산의 평가(매출채권의 회수가능성, 재고자산의 판매가능성 및 유형자산의 내용연수 등)에 경영자의 주관적인 판단이 개입될 여지가 많다. 이에 따라

경제적 실질은 동일하더라도 자산평가에 대한 경영자의 주관적 판단에 따라 재무상태표에 나타난 자산의 장부금액이 다르게 나타날 수도 있다.

④ 국제회계기준(IFRS)에 따르면 유형자산의 평가에 있어서 원가모형이나 재평가모형을 선택할 수 있다. 이와 같은 대체적인 회계처리방법이 허용되고 있기 때문에 기업마다 유형자산의 평가와 관련한 회계처리가 다를 수 있고 재무상태에 미치는 영향도 다르게 나타난다. 이 경우 기업간 재무제표의 비교가능성이 낮아지는 문제가 발생할 수 있다.

⑤ 자산과 부채가 존재함에도 불구하고 장부에 계상되지 않을 수 있다. 예를 들어, 감가상각이 완료되어 장부에는 기계장치의 잔액이 나타나지 않지만 실질적으로는 사용되고 있는 기계장치가 있을 수 있다. 이 경우 회계처리 절차상의 문제로 장부상에는 기계장치라는 자산의 금액이 나타나지 않지만, 실질적으로는 자산이 존재하므로 부외자산을 통해 자산이 과소계상될 수 있다. 또한 자산의 경우와 마찬가지로 부외금융(off-balance liability)을 통해 부채가 과소 계상될 수 있다.

제 4 절 포괄손익계산서

1 포괄손익계산서의 목적

포괄손익계산서(statement of comprehensive income)는 일정기간 동안의 기업의 경영성과에 관한 정보를 제공하는 재무보고서로서, 당해 회계기간의 경영성과를 나타낼 뿐만 아니라 기업의 미래현금흐름과 수익창출능력 등의 예측에 유용한 정보를 제공한다. 포괄손익계산서는 일정기간 동안의 기업의 경영성과를 나타내므로 동태보고서(dynamic statement)라고 한다. 반면, 재무상태표는 일정시점의 기업의 재무상태를 나타내므로 정태보고서(static statement)라고 한다.

2 포괄손익계산서의 유용성

포괄손익계산서는 일정한 기간 동안의 기업 경영성과를 나타내는 재무보고서로서 다음과 같은 유용성을 갖는다.

① 영업활동을 수행한 결과인 경영성과를 나타내는 이익정보를 제공함으로써 영업활동의 성과를 평가하는 데 유용한 정보를 제공한다.
② 현재 혹은 잠재적인 투자자와 채권자들에게 기업의 미래현금흐름과 수익창출능력에 관한 정보를 제공한다. 즉, 이익의 추세와 다양한 수익의 원천을 통해 미래현금흐름의 금액, 시기 및 불확실성의 정도와 수익창출능력의 예측에 유용한 정보를 제공한다.
③ 회계이익을 근거로 하여 과세소득을 계산함으로써 과세소득의 기초자료를 제공한다. 회계이익에 익금산입 및 손금불산입 항목을 가산하고 손금산입 및 익금불산입 항목을 차감하는 과정을 거쳐 과세소득을 계산하여 법인세를 결정하게 된다.
④ 노동조합의 임금협상에 필요한 정보의 제공, 소비자의 상품 혹은 용역구매 관련 의사결정에 대한 신뢰성 있는 정보의 제공, 정부의 조세 및 경제정책의 기초자료 제공 등을 한다.

3 포괄손익계산서의 한계

포괄손익계산서 역시 기업의 경영성과와 미래현금흐름 및 수익창출능력의 예측에 유용한 재무제표이지만 회계 자체에 내재하는 한계점으로 인해서 그 한계를 갖는다.

① 포괄손익계산서상의 순이익은 회계상의 이익으로서 진실한 이익 또는 경제학상의 이익과 차이가 있다. 왜냐하면 회계학상의 순이익은 화폐액으

로 측정될 수 있는 이익만을 포함하고 있으며, 기업의 순자산을 실질적으로 증가시켰으나 화폐액으로 측정할 수 없어서 제외되는 부분이 있기 때문이다.

② 자산의 평가는 이익의 결정에 영향을 미치므로 경영자의 주관적인 판단이 개입될 여지가 많다. 이에 따라 경제적 실질은 동일하더라도 자산평가에 대한 경영자의 주관적 판단에 따라 포괄손익계산서에 나타난 당기순손익이 다르게 나타날 수 있다.

③ 국제회계기준(IFRS)에서는 대체적인 회계처리방법이 허용되고 있기 때문에 회계처리방법에 따라 경영성과, 즉 당기순이익이 다르게 나타난다. 이 경우 기업간 재무제표의 비교가능성이 낮아지는 문제가 발생할 수 있다.

④ 포괄손익계산서상의 순이익은 투자자의 기회비용을 반영해서 측정된 것이 아니기 때문에 경제적 부가가치를 나타내지 못한다. 즉, 포괄손익계산서상의 순이익은 채권자들에 대한 자금조달비용인 금융비용을 차감한 후 계산되지만 투자자에 대한 기회비용개념으로서의 자금조달비용은 반영하고 있지 않다.

제 5 절 자본변동표

1 자본변동표의 목적

자본변동표(statement of changes in equity)는 일정기간 동안의 자본의 크기와 그 변동에 관한 정보를 제공하는 재무보고서로서 자본을 구성하고 있는 자본금, 자본잉여금, 자본조정, 기타포괄손익누계액, 이익잉여금(결손금), 비지배지분의 변동에 대한 포괄적 정보를 제공한다.

자본변동표는 재무상태표에 표시되어 있는 자본의 기초잔액과 기말잔액을 모두 표시함으로써 재무상태표와 연계하여 이용할 수 있다. 자본의 변동내역은 포괄손익계산서와 현금흐름표에 나타난 정보와 연계하여 이용할 수 있으므로, 재무정보 이용자들로 하여금 보다 명확하게 재무제표간 연계성을 이해할 수 있도록 해준다.

2 자본변동표의 유용성

자본변동표는 자본의 크기와 그 변동내용을 나타내는 재무보고서로서 다음과 같은 유용성을 갖는다.

① 재무상태표가 반영하지 못하는 자본의 변동내용을 포괄적이고 체계적으로 제공한다.
② 기타포괄손익누계액에 관한 정보를 제공한다.
③ 배당과 배당지급률(배당성향)에 관한 정보를 제공한다.
④ 중요한 전기오류수정손익과 회계정책의 변경으로 인한 누적효과에 대한 정보를 제공한다.

제 6 절 현금흐름표

1 현금흐름표의 목적

현금흐름표(statement of cash flows)는 일정기간 동안 발생한 현금및현금성자산의 유입과 유출에 관한 정보를 제공하는 재무보고서이다. 현금및현금성자산은 현금(보유현금과 요구불예금)과 더불어 즉시 현금성자산으로 전환할 수 있는 단기・유동성 증권을 포함한다. 현금성자산은 ① 확정된 금액의 현금으로 전환이 용이하며 ② 이자변동에 따른 가치변동의 위험이 중요하지 않은 채무증권 및 단기금융상품으로서 ③ 취득당시 만기(또는 상환일)가 3개월 이내에 도래하는 것을 말한다.

현금흐름표를 다른 재무제표와 같이 사용하면 현금흐름의 크기와 시기를 조절할 수 있는 기업의 능력, 순자산의 변화 및 재무구조를 평가하는 데 유용한 정보를 얻을 수 있다. 현금흐름정보는 기업의 현금창출능력을 평가하는 데 유용할 뿐만 아니라, 여러 기업의 미래현금흐름의 현재가치를 비교하고 기업가치를 평가하는 데 필요한 기초자료를 제공한다.

2 현금흐름표의 유용성

현금흐름표는 일정한 기간 동안 기업의 현금흐름을 나타내는 재무보고서로서 다음과 같은 유용성을 갖는다.

① 현금흐름표 정보는 발생기준에 의해 작성된 포괄손익계산서 정보와 함께 사용함으로써 미래현금흐름을 보다 잘 예측하고 평가할 수 있도록 해준다.
② 현금흐름표는 기업의 유동성과 재무유연성에 대한 정보를 제공하며, 배당지급능력 및 부채상환능력과 외부금융의 필요성을 평가할 수 있도록 해준다. 특히, 영업활동현금흐름에 관한 정보는 기업이 재무적으로 어려움에 처했을 때 적절한 조치를 취할 수 있는지 여부를 판단하는 데 중요한 정보가 된다.
③ 영업활동현금흐름이 당기순손익에 가깝게 나타날수록 당기순손익에 대한 신뢰도가 높아지기 때문에 현금흐름표 정보는 이익의 질(quality of earnings)을 평가하는 데에 유용하게 이용될 수 있다.
④ 현금흐름표는 현금거래뿐만 아니라 비현금거래 등 일정기간에 기업의 자산과 자본의 구조에 변동을 일으키는 중요한 거래나 사건(유형자산의 취득과 처분, 장기차입부채의 조달과 상환, 투자 등)을 빠짐없이 나타내주기 때문

에 투자 및 재무활동을 통해 자산이나 부채가 증감한 내용을 명확하게 알려준다.

⑤ 현금흐름표는 현금흐름을 영업활동, 투자활동 및 재무활동으로 구분하여 표시하기 때문에 이러한 활동이 각각 재무상태와 전체 현금흐름에 미친 영향 및 각 활동의 상호관련성을 평가하는 데 유용하며, 기업가치를 평가하기 위한 자유재량적현금흐름(free cash flow)의 산출이 용이하다.

3 현금흐름표의 한계

현금흐름표는 현금기준 회계에 입각하여 현금흐름을 나타내고 있기 때문에 발생기준 회계에서 보여주는 미래현금흐름의 원천이 되는 가득된 수익과 발생된 비용의 인식으로 인한 회계기간 간의 현금흐름(현금의 유입과 유출) 관계는 보여주지 않는다. 따라서 현금흐름표만으로는 미래현금흐름에 대한 예측능력이 불완전하다.

제 7 절 재무제표 주석

재무제표 주석(notes to financial statements)은 재무제표 본문의 정보에 추가하여 재무제표의 전반적인 이해를 제고시키는 양적・질적 정보를 제공한다. 주석 정보는 재무제표의 전반적인 이해를 증진시키며, 기업의 재무상태, 경영성과, 자본변동 및 현금흐름에 관한 필수적인 정보를 전달하므로 주석이 제외된 재무제표는 완전한 재무제표라고 할 수 없다.

따라서 주석은 재무제표의 본문과 마찬가지로 재무제표의 한 부분이 되고 있기 때문에, 정보이용자의 경제적인 의사결정이 합리적으로 이루어지기 위해서는 재무제표의 본문과 함께 주석사항을 반드시 검토·분석하여야 한다. 주석에는 재무제표 작성 시 설정한 가정이나 사용한 회계처리방법 등이 설명되고 있으며, 또한 특정 계정과목에 대한 상세한 설명이 나타나 있다.

제 8 절 재무제표의 상호 관련성

지금까지 각 재무제표의 목적과 기본구조 그리고 유용성과 한계를 설명하였다. 이러한 재무제표는 각각 다른 정보내용을 반영하고 있지만 이들은 상호 유기적인 관계를 지니고 있다. 재무상태표는 일정한 시점에서의 재무상태를 나타내며, 포괄손익계산서와 자본변동표 및 현금흐름표는 기초의 재무상태에서 기말의 재무상태로 변동한 원인을 설명한다.

즉, 재무상태표는 일정한 시점에서의 자산, 부채 및 자본의 금액과 구성을 표시하며, 포괄손익계산서는 이익잉여금의 주요 변동원인인 당기순손익의 발생원인을 발생원천별, 발생빈도별로 구분하여 설명한다. 자본변동표는 자본의 변동내용에 대한 포괄적인 정보를 제공함으로써 기초자본이 기말자본으로 변동된 원인을 설명하며, 현금흐름표는 현금의 증감액을 기업활동별로 구분·표시함으로써 기초현금이 기말현금으로 변동된 원인을 보여준다. 즉, 영업활동, 투자활동, 재무활동으로 인한 현금및현금성자산의 변동원인을 보여줌으로써 기초의 현금및현금성자산이 기말의 현금및현금성자산으로 변동된 원인을 설명하게 된다. 이들 재무제표의 상호 관련성을 그림으로 나타내면 다음의 [그림 1-1]과 같다.

[그림 1-1] 재무제표의 상호 관련성

현금흐름표

영업활동현금흐름	×××
투자활동현금흐름	×××
재무활동현금흐름	×××
현금및현금성자산에 대한 환율변동효과	×××
현금및현금성자산의 증가(감소)	×××
기초의 현금및현금성자산	×××
기말의 현금및현금성자산	×××

재무상태표(기초)

자산	금액	부채·자본	금액
유동자산	×××	유동부채	×××
당좌자산	×××	⋮	
현금 및 현금성자산	×××	비유동부채	×××
⋮		⋮	
재고자산	×××	자 본 금	×××
⋮			
비유동자산	×××	자본잉여금	×××
투자자산	×××		
유형자산	×××	자본조정	×××
무형자산	×××	기타포괄손익 누계액	×××
기타비유동 자산	×××	이익잉여금	×××
	×××		×××

재무상태표(기말)

자산	금액	부채·자본	금액
유동자산	×××	유동부채	×××
당좌자산	×××	⋮	
현금 및 현금성자산	×××	비유동부채	×××
⋮		⋮	
재고자산	×××	자 본 금	×××
⋮			
비유동자산	×××	자본잉여금	×××
투자자산	×××		
유형자산	×××	자본조정	×××
무형자산	×××	기타포괄손익 누계액	×××
기타비유동 자산	×××	이익잉여금	×××
	×××		×××

자본변동표

구 분	자본금	자본잉여금	자본조정	기타포괄손익누계액	이익잉여금	총 계
20××.×.×(기초)	×××	×××	×××	×××	×××	×××
회계정책변경누적효과					×××	×××
전기오류수정					×××	×××
수정후 이익잉여금					×××	×××
연차배당					(×××)	(×××)
처분후 이익잉여금					×××	×××
중간배당					(×××)	(×××)
유상증자(감자)	×××	×××				×××
당기순이익(손실)					×××	×××
자기주식 취득			(×××)			(×××)
해외사업장 환산손익				(×××)		(×××)
20××.×.×(기말)	×××	×××	×××	×××	×××	×××

포괄손익계산서

매 출	×××
매 출 원 가	×××
⋮	
당기순이익	×××
±기타포괄손익	×××
총포괄손익	×××

제 9 절 재무제표의 양식

국제회계기준(IFRS)은 재무제표 양식을 정형화하고 있지는 않으나 기본적인 구성 틀과 반드시 포함되어야 할 사항들을 제시하고 있다. 예를 들면 재무상태표는 유동과 비유동으로 구분하여 작성하거나 아니면 유동성배열에 따라 작성하도록 하였으며 포괄손익계산서는 당기손익 내 비용을 기능별로 또는 성격별로 분류하여 작성하도록 하였다.

그리고 현금흐름표에는 현금및현금성자산에 대한 환율변동효과를 반드시 포함하도록 하였다. 이러한 요구사항들을 충족하는 한에서는 각 기업의 실정과 형편에 맞게 계정과목을 포함하여 재무제표의 양식을 자유스럽게 채택할 수 있도록 하였다.

따라서 기업간 재무제표를 비교 분석할 때에는 기업에 따라 작성된 재무제표의 계정과목이나 양식이 다를 수 있음에 유의하여야 한다.

국제회계기준(IFRS)에서 제시하고 있는 재무제표의 양식 사례는 다음과 같다.

1. 재무상태표 양식
2. 포괄손익계산서 양식
3. 자본변동표 양식
4. 현금흐름표 양식

1 재무상태표 양식

XYZ 그룹 - 20X7년 12월 31일 현재의 연결재무상태표

(단위 : 천원)

	20X7년 12월 31일	20X6년 12월 31일
자산		
비유동자산		
유형자산	350,700	360,020
영업권	80,800	91,200
기타무형자산	227,470	227,470
관계기업투자	100,150	110,770
매도가능금융자산	142,500	156,000
	901,620	945,460
유동자산		
재고자산	135,230	132,500
매출채권	91,600	110,800
기타유동자산	25,650	12,540
현금및현금성자산	312,400	322,900
	564,880	578,740
자산총계	1,466,500	1,524,200
자본 및 부채		
지배기업의 소유주에게 귀속되는 자본		
납입자본	650,000	600,000
이익잉여금	243,500	161,700
기타자본구성요소	10,200	21,200
	903,700	782,900
비지배지분	70,050	48,600
자본총계	973,750	831,500
비유동부채		
장기차입금	120,000	160,000
이연법인세	28,800	26,040
장기충당부채	28,850	52,240
비유동부채합계	177,650	238,280
유동부채		
매입채무와 기타미지급금	115,100	187,620
단기차입금	150,000	200,000
유동성장기차입금	10,000	20,000
당기법인세부채	35,000	42,000
단기충당부채	5,000	4,800
유동부채합계	315,100	454,420
부채총계	492,750	692,700
자본 및 부채 총계	1,466,500	1,524,200

2 포괄손익계산서 양식

① XYZ 그룹 - 20X7년 12월 31일로 종료하는 회계연도의 연결포괄손익계산서
(포괄손익을 단일의 보고서에 표시하고 당기손익 내 비용을 기능별로 분류하는 예시)

(단위 : 천원)

	20X7년	20X6년
수익	390,000	355,000
매출원가	(245,000)	(230,000)
매출총이익	145,000	125,000
기타수익	20,667	11,300
물류원가	(9,000)	(8,700)
관리비	(20,000)	(21,000)
기타비용	(2,100)	(1,200)
금융원가	(8,000)	(7,500)
관계기업의 이익에 대한 지분(1)	35,100	30,100
법인세비용차감전순이익	161,667	128,000
법인세비용	(40,417)	(32,000)
계속영업이익	121,250	96,000
중단영업손실	-	(30,500)
당기순이익	121,250	65,500
기타포괄손익:		
당기손익으로 재분류되지 않는 항목		
자산재평가차익	933	3,367
확정급여제도의 재측정요소	(667)	1,333
관계기업의 자산재평가차익(차손)에 대한 지분(3)	400	(700)
당기손익으로 재분류되지 않는 항목과 관련된 법인세(4)	(166)	(1,000)
	500	3,000
후속적으로 당기손익으로 재분류될 수 있는 항목		
해외사업장환산외환차이(2)	5,334	10,667
매도가능금융자산(2)	(24,000)	26,667
현금흐름위험회피(2)	(667)	(4,000)
당기손익으로 재분류될 수 있는 항목과 관련된 법인세(4)	4,833	(8,334)
	(14,500)	25,000
법인세비용차감후기타포괄손익	(14,000)	28,000
총포괄이익	107,250	93,500

당기순이익의 귀속 :		
지배기업의 소유주	97,000	52,400
비지배지분	24,250	13,100
	121,250	65,500
총포괄이익의 귀속 :		
지배기업의 소유주	85,800	74,800
비지배지분	21,450	18,700
	107,250	93,500
주당이익 (단위 : 원) :		
기본 및 희석	0.46	0.30

대체적인 방법으로, 기타포괄손익의 구성요소는 다음과 같이 포괄손익계산서에 세후금액으로 표시될 수 있다.

(단위 : 천원)

법인세비용차감후기타포괄손익:	20X7년	20X6년
당기손익으로 재분류되지 않는 항목:		
자산재평가차익	600	2,700
확정급여제도의 재측정요소	(500)	1,000
관계기업의 자산재평가차익(차손)에 대한 지분	400	(700)
	500	3,000
후속적으로 당기손익으로 재분류될 수 있는 항목:		
해외사업장환산외환차이	4,000	8,000
매도가능금융자산	(18,000)	20,000
현금흐름위험회피	(500)	(3,000)
	(14,500)	25,000
법인세비용차감후기타포괄손익[(4)]	(14,000)	28,000

(1) 관계기업의 소유주에게 귀속되는 관계기업 이익에 대한 지분을 의미한다(즉, 관계기업에 대한 세후의 비지배지분이다).

(2) 당기의 차손익과 재분류조정에 대한 공시를 주석에 표시하는 누적표시를 예시한다. 대체적인 방법으로 총계표시가 사용될 수 있다.

(3) 관계기업의 소유주에게 귀속되는 관계기업 기타포괄손익에 대한 지분을 의미한다(즉, 관계기업에 대한 세후의 비지배지분이다).

(4) 기타포괄손익의 각 구성요소와 관련된 법인세는 주석에 공시한다.

② XYZ 그룹 - 20X7년 12월 31일로 종료하는 회계연도의 연결손익계산서
(포괄손익을 두 개의 보고서에 표시하고 당기손익 내 비용을 성격별로 분류하는 예시)

(단위 : 천원)

	20X7년	20X6년
수익	390,000	355,000
기타수익	20,667	11,300
제품과 재공품의 변동	(115,100)	(107,900)
기업이 수행한 용역으로서 자본화되어 있는 부분	16,000	15,000
원재료와 소모품의 사용액	(96,000)	(92,000)
종업원급여비용	(45,000)	(43,000)
감가상각비와 기타상각비	(19,000)	(17,000)
유형자산손상차손	(4,000)	-
기타비용	(6,000)	(5,500)
금융원가	(15,000)	(18,000)
관계기업의 이익에 대한 지분[(5)]	35,100	30,100
법인세비용차감전순이익	161,667	128,000
법인세비용	(40,417)	(32,000)
계속영업이익	121,250	96,000
중단영업손실	-	(30,500)
당기순이익	121,250	65,500
당기순이익의 귀속 :		
지배기업의 소유주	97,000	52,400
비지배지분	24,250	13,100
	121,250	65,500
주당이익 (단위 : 원) :		
기본 및 희석	0.46	0.30

(5) 관계기업의 소유주에게 귀속되는 관계기업 이익에 대한 지분을 의미한다(즉, 관계기업에 대한 세후의 비지배지분이다).

당기순이익	121,250	65,500
기타포괄손익 :		
당기손익으로 재분류되지 않는 항목:		
자산재평가차익	933	3,367
확정급여제도의 재측정요소	(667)	1,333
관계기업의 자산재평가차익(차손)에 대한 지분[(6)]	400	(700)
재분류되지 않는 항목과 관련된 법인세[(7)]	(166)	(1,000)
	500	3,000
후속적으로 당기손익으로 재분류될 수 있는 항목:		
해외사업장환산외환차이	5,334	10,667
매도가능금융자산	(24,000)	26,667
현금흐름위험회피	(667)	(4,000)
당기손익으로 재분류될 수 있는 항목과 관련된 법인세[(7)]	4,833	(8,334)
	(14,500)	25,000
법인세비용차감후기타포괄손익	(14,000)	28,000
총포괄이익	107,250	93,500
총포괄이익의 귀속 :		
지배기업의 소유주	85,800	74,800
비지배지분	21,450	18,700
	107,250	93,500

대체적인 방법으로, 기타포괄손익의 구성요소는 세후금액으로 표시될 수 있다. 단일의 보고서에 수익과 비용의 표시를 예시하는 연결포괄손익계산서를 참조.

(6) 관계기업의 소유주에게 귀속되는 관계기업의 기타포괄손익에 대한 지분을 의미한다(즉, 관계기업에 대한 세후의 비지배지분이다).
(7) 기타포괄손익의 각 구성요소와 관련된 법인세는 주석에 공시한다.

XYZ 그룹
기타포괄손익 구성요소의 공시[8]
주석
20X7년 12월 31일로 종료하는 회계연도

(단위 : 천원)

		20X7년		20X6년
기타포괄손익 :				
해외사업장외화환산손익[9]		5,334		10,667
매도가능금융자산 :		(24,000)		26,667
현금흐름위험회피 :				
당기 발생 차익(차손)	(4,667)		(4,000)	
차감: 당기손익에 포함된 차익(차손)의 재분류조정	3,333		-	
차감: 위험회피대상항목의 최초 장부금액으로 대체된 조정	667	(667)	-	(4,000)
자산재평가차익		933		3,367
확정급여제도의 재측정요소		(667)		1,333
관계기업의 기타포괄손익에 대한 지분		400		(700)
기타포괄손익		(18,667)		37,334
기타포괄손익의 구성요소와 관련된 법인세[10]		4,667		(9,334)
기타포괄손익		(14,000)		28,000

(8) 기업이 포괄손익계산서에 누적표시방법을 선택하는 경우, 재분류조정금액과 당기의 차손익은 주석에 표시한다.
(9) 해외사업장의 처분은 없었다. 따라서 표시된 연도들에 재분류조정은 없다.
(10) 기타포괄손익의 각 구성요소와 관련된 법인세는 주석에 표시한다.

XYZ 그룹
기타포괄손익의 구성요소와 관련된 세효과의 공시
주석
20X7년 12월 31일로 종료하는 회계연도

(단위 : 천원)

	20X7년 세전 금액	20X7년 법인세 효익 (비용)	20X7년 세후 금액	20X6년 세전 금액	20X6년 법인세 효익 (비용)	20X6년 세후 금액
해외사업장환산외환차이	5,334	(1,334)	4,000	10,667	(2,667)	8,000
매도가능금융자산	(24,000)	6,000	(18,000)	26,667	(6,667)	20,000
현금흐름위험회피	(667)	167	(500)	(4,000)	1,000	(3,000)
자산재평가손익	933	(333)	600	3,367	(667)	2,700
확정급여제도의 재측정요소	(667)	167	(500)	1,333	(333)	1,000
관계기업의 기타포괄손익에 대한 지분	400	–	400	(700)	–	(700)
기타포괄손익	(18,667)	4,667	(14,000)	37,334	(9,334)	28,000

3 자본변동표 양식

XYZ 그룹 - 20X7년 12월 31일로 종료하는 회계연도의 연결자본변동표

(단위 : 천원)

	납입 자본	이익 잉여금	해외 사업장 외화환 산손익	매도가능 금융자산 평가손익	현금흐름 위험회피 파생상품 평가손익	자산 재평가 잉여금	총계	비지배 지분	총자본
20X6년 1월 1일 현재 잔액	600,000	118,100	(4,000)	1,600	2,000	-	717,700	29,800	747,500
회계정책의 변경	-	400	-	-	-	-	400	100	500
재작성된 금액	600,000	118,500	(4,000)	1,600	2,000	-	718,100	29,900	748,000
20X6년 자본의 변동									
배당	-	(10,000)	-	-	-	-	(10,000)	-	(10,000)
총포괄손익[11]	-	53,200	6,400	16,000	(2,400)	1,600	74,800	18,700	93,500
20X6년 12월 31일 현재 잔액	600,000	161,700	2,400	17,600	(400)	1,600	782,900	48,600	831,500
20X7년 자본의 변동									
유상증자	50,000	-	-	-	-	-	50,000	-	50,000
배당	-	(15,000)	-	-	-	-	(15,000)	-	(15,000)
총포괄손익[12]	-	96,600	3,200	(14,400)	(400)	800	85,800	21,450	107,250
이익잉여금으로 대체	-	200	-	-	-	(200)	-	-	-
20X7년 12월 31일 현재 잔액	650,000	243,500	5,600	3,200	(800)	2,200	903,700	70,050	973,750

(11) 20X6년의 이익잉여금 53,200원은 지배기업의 소유주에게 귀속되는 52,400원과 확정급여제도의 보험수리적차익 800원(1,333원에서 법인세비용 333원과 비지배지분 200원을 차감)의 합계이다.
해외사업장환산, 매도가능금융자산, 현금흐름위험회피에 포함된 금액은 법인세비용과 비지배지분을 차감한 각 구성요소의 기타포괄손익을 표시한다. 예를 들어, 20X6년 매도가능금융자산과 관련된 기타포괄손익 16,000원은 26,667원에서 법인세비용 6,667원과 비지배지분 4,000원을 차감한 금액이다.
재평가잉여금 1,600원은 관계기업의 기타포괄손익에 대한 지분(700원)과 자산재평가차익 2,300원(3,367원에서 법인세비용 667원과 비지배지분 400원을 차감)의 합계이다. 관계기업의 기타포괄손익은 자산재평가차손익에만 관련이 있다.

(12) 20X7년의 이익잉여금 96,600원은 지배기업의 소유주에게 귀속되는 당기순이익 97,000원과 확정급여제도의 보험수리적손실 400원(667원에서 법인세비용 167원과 비지배지분 100원을 차감)의 합계이다.
해외사업장환산, 매도가능금융자산 및 현금흐름위험회피에 포함된 금액은 법인세비용과 비지배지분을 차감한 각 구성요소의 기타포괄손익을 표시한다. 예를 들어, 20X7년 해외사업장환산과 관련된 기타포괄손익 3,200원은 5,334원에서 법인세비용 1,334원과 비지배지분 800원을 차감한 금액이다.
재평가잉여금 800원은 관계기업의 기타포괄손익에 대한 지분 400원과 자산재평가차익 400원(933원에서 법인세비용 333원과 비지배지분 200원을 차감)의 합계이다. 관계기업의 기타포괄손익은 자산재평가차손익에만 관련이 있다.

4 현금흐름표 양식

금융회사가 아닌 기업의 현금흐름표(직접법)

(단위 : 원)

		20X2
영업활동현금흐름		
고객으로부터의 유입된 현금	30,150	
공급자와 종업원에 대한 현금유출	(27,600)	
영업에서 창출된 현금	2,550	
이자지급	(270)	
법인세의 납부	(900)	
영업활동순현금흐름		1,380
투자활동현금흐름		
종속기업 X의 취득에 따른 순현금흐름	(550)	
유형자산의 취득	(350)	
설비의 처분	20	
이자수취	200	
배당금수취	200	
투자활동순현금흐름		(480)
재무활동현금흐름		
유상증자	250	
장기차입금	250	
금융리스부채의 지급	(90)	
배당금지급[(1)]	(1,200)	
재무활동순현금흐름		(790)
현금및현금성자산에 대한 환율변동효과		120
현금및현금성자산의 순증가		230
기초 현금및현금성자산		120
기말 현금및현금성자산		350

(1) 영업활동현금흐름으로 분류도 가능

금융회사가 아닌 기업의 현금흐름표(간접법)

(단위 : 원)

		20X2
영업활동현금흐름		
법인세비용차감전순이익	3,350	
가감 :		
감가상각비	450	
외화환산손실	40	
투자수익	(500)	
이자비용	400	
	3,740	
매출채권 및 기타채권의 증가	(500)	
재고자산의 감소	1,050	
매입채무의 감소	(1,740)	
영업에서 창출된 현금	2,550	
이자지급	(270)	
법인세의 납부	(900)	
영업활동순현금흐름		1,380
투자활동현금흐름		
종속기업 X의 취득에 따른 순현금흐름	(550)	
유형자산의 취득	(350)	
설비의 처분	20	
이자수취	200	
배당금수취	200	
투자활동순현금흐름		(480)
재무활동현금흐름		
유상증자	250	
장기차입금	250	
금융리스부채의 상환	(90)	
배당금지급[(1)]	(1,200)	
재무활동순현금흐름		(790)
현금및현금성자산에 대한 환율변동효과		120
현금및현금성자산의 순증가		230
기초 현금및현금성자산		120
기말 현금및현금성자산		350

(1) 영업활동현금흐름으로 분류도 가능

금융회사의 현금흐름표(직접법)

(단위 : 원)

		20X2
영업활동현금흐름		
이자수취와 수수료수취	28,447	
이자지급	(23,463)	
상각대출채권의 회수	237	
종업원과 공급자에 대한 현금유출	(997)	
	4,224	
영업자산의 감소(증가) :		
단기자금	(650)	
규제 또는 통화관리 목적의 예치금	234	
고객 선지급금	(288)	
신용카드채권의 순증가	(360)	
기타의 단기양도성증권	(120)	
영업부채의 증가(감소) :		
고객의 예금	600	
양도성예금증서	(200)	
법인세비용차감전 영업활동순현금흐름	3,440	
법인세의 납부	(100)	
영업활동순현금흐름		3,340
투자활동현금흐름		
종속기업 Y의 매각	50	
배당금수취	200	
이자수취	300	
단기매매이외의 증권의 처분	1,200	
단기매매이외의 증권의 취득	(600)	
유형자산의 취득	(500)	
투자활동순현금흐름		650
재무활동현금흐름		
채무증권의 발행	1,000	
종속기업이 인수하는 우선주 발행	800	
장기차입금의 상환	(200)	
기타 차입금의 순감소	(1,000)	
배당금지급	(400)	
재무활동순현금흐름		200
현금및현금성자산에 대한 환율변동효과		600
현금및현금성자산의 순증가		4,790
기초 현금및현금성자산		4,050
기말 현금및현금성자산		8,840

제 10 절 기타 재무제표 관련 정보

국제회계기준(IFRS)에서 정하고 있는 재무제표 이외에 재무제표 관련 정보로는 경영자보고서와 감사보고서가 있다.

1 경영자보고서

경영자보고서(management's report)는 미국의 연차보고서(annual report)에 포함되어 있는 경영자의 검토 및 분석(management's discussion and analysis : MD&A)이 전형적인 것으로 여기에는 단기지급능력, 경영과 성장에 필요한 자금조달능력, 경영성과 등 3가지 재무적 사항의 유리 또는 불리한 추세와 이들 사항에 영향을 미치는 주요 사건이나 불확실성이 보고된다. 이러한 경영자보고서의 공시는 기업의 경영자가 회계정보이용자들보다 기업에 대해서 더 잘 알고 있기 때문에 경영자가 기업에 영향을 미치는 주요 거래를 식별하고, 이들의 재무적인 영향을 설명함으로써 회계정보의 유용성을 증가시킬 수 있다고 본 FASB(Financial Accounting Standards Board)의 재무회계개념보고서 제1호에 근거하고 있다.

우리나라의 경우 사업보고서에 포함되어 있는 이사의 경영진단 및 분석의견이 미국의 MD&A와 유사하다. 사업보고서에 관해서는 다음 장에서 다루기로 한다.

2 감사보고서

감사보고서(auditor's report)는 공인회계사가 감사의견을 표명함으로써 재무제표의 신뢰성을 높여 궁극적으로는 재무제표의 유용성을 제고시키는 기능을 수행한다. 기업의 재무제표가 기업회계기준에 따라 작성되고 중요성의 관점에서 적정하게 표시되었다고 표명한 감사의견을 적정의견(unqualified opinion)이라고 하며, 이러한 의견은 감사인의 독립성이 유지되고 감사범위에 제한이 없으며 회계정책에 대한 감사인의 의견이 경영자의 의견과 일치할 때 표명될 수 있다.

대부분의 경우 적정의견이 표명되고 있으나 때로는 한정의견, 부적정의견이 표명되거나 또는 의견표명이 거절되는 경우가 있다. 한정의견(qualified opinion)은 예외사항이 있지만 재무제표 전체를 오도할 정도로 심각하지 않아 예외사항을 제외하고는 재무제표가 전체적으로 중요성의 관점에서 적정하게 표시되어 있다고 판단될 때 표명되는 감사의견이다. 한정의견을 초래하는 예외사항으로는 감사범위가 제한되었을 경우와 회계정책에 대한 감사인의 의견이 경영자의 의견과 일치하지 않을 경우이다.

부적정의견(adverse opinion)은 회계정책에 대한 감사인과 경영자의 의견차이가 매우 중요하여 이를 수정하지 않는 한 재무제표 자체의 의미가 상실되거나 또는 재무제표 전체를 오도할 가능성이 있다고 판단될 때 표명되는 감사의견이다.

의견거절(disclaimer of opinion)은 감사범위의 제한이 매우 중요하여 의견을 표명할 만큼 충분한 감사증거를 확보하지 못했을 때 표명되는 감사의견이다. 또한 감사인은 감사인의 독립성이 결여되면 중요성의 여부에 관계없이 항상 감사의견 표명을 거절해야 한다.

이상의 내용을 표로 나타내면 다음과 같다.

〈표 1-1〉 예외사항의 중요도와 감사의견의 종류

예외사항	중요하지 않음	중요함	매우 중요함
감사범위 제한	적정의견	한정의견	의견거절
경영자와 의견불일치	적정의견	한정의견	부적정의견

연습문제

1-1 재무제표분석(financial statement analysis)의 의의를 기술하시오.

풀이 재무제표분석이란 회계정보시스템을 통해 산출된 재무제표를 이용하여 기업의 경영활동 결과를 분석하고 해석하는 것을 말한다. 기업의 경영활동은 자금을 조달하고 상환하는 재무활동(financial activities)과 조달된 자금을 사용하여 자산을 취득하고 유지·관리하는 투자활동(investing activities), 그리고 투자자산을 운용하여 수익을 창출하는 영업활동(operating activities)으로 이루어지며, 이러한 기업의 경영활동 결과를 회계기간별로 나타낸 것이 재무제표이다. 재무제표가 재무제표 이용자들의 의사결정에 유용한 정보가 될 수 있도록 다양한 기법으로 분석하고 그 결과를 해석하는 것이 재무제표분석이다.

1-2 재무제표분석은 다양한 재무정보이용자들의 의사결정에 유용한 정보를 제공한다. 특히, 투자자, 채권자 및 경영자 입장에서 재무제표분석의 주요 목적들을 기술하시오.

풀이 **투자자 :**

투자자는 특정한 기업의 주식에 대한 투자의사결정을 하기 위해 주식을 평가해야 하고, 주식을 평가하기 위해서는 주식을 발행한 기업의 재무제표를 분석해야 한다. 기업이 생산한 부가가치 중에서 노동자에게 돌아가는 임금과 채권자에게 지급되는 이자를 제외하고 나면 순이익이 남게 되는데 이 이익 중 우선주 주주에게 배당금을 먼저 지급하고 남게 되는 이익부분이 보통주 주주에게 돌아간다. 그러므로 기업이 이익을 얻을 때 보통주 주주는 채권자의 이자와 우선주 주주의 분배분을 초과하는 모든 이익을 소유하게 된다. 이와는 반대로 기업이 손실을 보게 될 때는 보통주 주주가 모든 손실을 먼저 부담하게 된다. 따라서 보통주 주주들의 기업에 대한 정보요구는 회계정보이용자들 중에서도 가장 절실하고 또한 포괄적이라고 할 수 있다.

채권자 :

채권자는 기업에 원재료나 상품 등을 외상으로 공급한 거래신용 제공자로부터 기업에 직접 또는 간접으로 자금을 대여한 채권자집단에 이르기까지 다양하다. 이 집단에는 각종 금융기관, 채권시장에서 회사채를 매입한 사채권자, 기업에 시설을 장기간 리스(lease)하고 있는 시설대여자, 기업이 소지하고 있는 어음을 할인해주거나 어음을 매입한 채권자 등이 있다. 이들 채권자들은 자료 제공의 대가로 계약상 확정된 이자율에 의한 이자를 받으며 대여기간 만료 시에 원금을 돌려받는다. 따라서 배당이나 주식가치의 상승에 관심을 갖는 주식투자자들과는 달리 채권자들은 원금과 이자의 회수 여부에 관심을 갖는다.

채권자는 신용제공에 관한 의사결정을 할 때 채권의 담보물 유무, 담보물의 공정시장 가치 등과 같이 우선 채권회수의 안전성을 검토하고, 채무자가 원리금의 상환을 보증할 수 있는 원천으로서 채무자의 미래의 현금흐름에 대한 전망과 그러한 전망의 신뢰성과 안정성에 주로 관심을 가질 것이다. 채권자는 원리금 회수를 위해 채무기업이 현금흐름을 통제할 수 있는 능력이 있는가, 그리고 기업이 장래 다양한 경제 환경에 놓일 때도 여전히 재무건전성 및 재무유연성을 유지할 수 있는 능력이 있는가를 확인하려고 할 것이다. 따라서 채권자들은 기업의 유동성과 현금흐름에 관한 전망, 부채자기자본비율 등과 같은 자본구조와 장기적인 수익성분석에 많은 관심을 가질 것이다.

▌경영자 :

경영자는 기업의 안정성과 수익성, 그리고 성장성과 생산성 등 경영활동 전반에 대한 포괄적인 관심을 가지고 있다. 경영자는 계획을 세우고 통제하는 과정 속에서 경영활동을 수행한다. 경영자가 경영통제활동을 위해 사용하는 중요한 방법들 중의 하나가 재무제표분석이다. 경영자는 기업의 회계자료를 언제든지 제약 없이 이용할 수 있기 때문에 재무제표분석은 계속적으로 이루어질 수 있다. 경영자는 원가분석, 이익변동 원인분석, 현금흐름분석, 재무비율분석과정에서 기업에서 일어나는 수많은 경영변수 관계 및 상호작용을 알 수 있게 되며, 이러한 경영변수들 간의 관계 및 상호작용에 대해 계속적으로 감시 및 추적을 하다 보면 장차 기업에 어떤 변화가 일어날 것이며, 어떤 상태로 진행될 것인가에 관해 중요한 정보를 얻을 수 있다. 이들 정보에 기초하여 경영자는 불확실한 미래 상황에 대한 사전 예방조치를 취할 수 있다. 경영자의 이와 같은 효율적인 경영통제목적의 재무제표분석은 이미 일어난 경제적 사건의 원인과 결과를 사후적으로 분석하는 다른 재무제표이용자들의 재무제표분석 목적과는 근본적으로 다르다. 즉, 경영자의 재무제표분석 목적은 기업의 재무상태와 경영성과가 계획한 방향으로 나타나도록 사전 통제하는 데 있다.

1-3 **기업의 경영활동을 크게 세 가지로 구분하여, 각 활동이 나타내는 의미를 기술하시오.**

풀이 기업은 이익을 얻기 위하여 자금을 조달하고 이를 투자하여 수익창출 활동을 하게 된다. 따라서 기업의 경영활동은 자금의 조달과 상환 활동인 재무활동과 조달된 자금을 사용하여 자산을 취득하고 취득한 자산을 유지・관리하는 투자활동, 그리고 투자한 자산을 운용하여 수익을 창출하는 영업활동으로 이루어지며 이러한 활동의 결과를 회계기간별로 나타낸 것이 재무제표이다.

영업활동 :

영업활동이란 필요한 자금과 투자자산을 조달 받아서 주어진 사업계획을 실제로 '수행'하는 것이다. 영업활동은 기업의 주요 수입원이며 기업의 이익은 공급시장에서 구입하여 수요시장에서 판매한 결과이다.

사업의 성공 여부는 기업의 사업계획과 전략수립이 얼마나 잘 이루어지고, 자금의 조달과 투자를 통해 영업활동을 얼마나 효율적이고 효과적으로 수행하느냐에 달려 있다. 이러한 사업의 성공 여부를 측정하기 위하여 수익과 그 구성요소에 대한 분석을 수행하는 것이다. 수익과 그 구성내용은 기업의 수익력을 평가하고 미래의 현금흐름을 예측하는 데 유용한 정보가 되며 재무유연성(financial flexibility)을 평가할 수 있다.

투자활동 :

투자활동은 기업이 제품이나 서비스를 판매하기 위해 투자자산을 취득하고 그 취득한 자산을 유지, 관리하는 것을 말한다. 투자에는 재고자산, 토지, 건물, 차량운반구, 기계장치, 법적 권리(특허권, 저작권 등), 기타 기업경영에 필요한 모든 요소들이 포함된다. 투자자산의 가치는 조달한 자금의 가치와 같으며, 조달한 자금 중에서 구매에 사용되지 않은 부분은 현금으로 보고된다. 투자의 금액과 그 구성요소는 기업별로 차이가 크며 어떤 기업들은 제품을 개발하고 만들어 판매하는 데 막대한 투자가 필요한 반면, 어떤 기업들은 소액의 투자만을 필요로 한다. 그러나 투자의 크기가 기업의 성공을 결정하는 것은 아니며 기업의 투자자인 주주들에 대한 수익률을 결정하는 것은 기업이 수행하는 경영의 효율성(efficiency)과 효과성(effectiveness)이다.

투자활동과 관련한 의사결정에는 투자의 형태, 투자의 금액, 투자의 시기, 투자자산의 부문별 배분 등 다양한 내용이 있으며, 재무활동과 마찬가지로 투자활동에 대한 의사결정은 기업의 성장과 경영 위험에 영향을 미친다.

투자자산의 총액과 그 구성내용은 투자로 인한 수익을 평가하는 데 유용한 정보가 되며, 나아가 자본조달비용을 고려하면 투자에 대한 수익률의 적정성을 평가할 수 있다.

재무활동 :

기업은 수익창출활동에 필요한 투자자산을 확보하기 위해 자금을 조달해야 하며, 자금조달의 원천에는 지분 투자자(소유주 또는 주주)와 채권자(신용제공자)와 같이 두 종류가 있다. 투자자들은 투자에 대한 정당한 수익을 기대하면서 자금을 제공하며, 투자수익(이익률)은 이익분배 혹은 이익재투자(이익유보)를 통해 나타난다.

이익분배는 현금 또는 다른 자산을 분배하는 것을 의미하며, 배당금지급률(dividend payout ratio)은 분배되는 이익의 크기(배당액÷이익)를 나타낸다. 이익재투자(earnings reinvestment) 또는 이익유보(earnings retention)는 내부자금조달(internal financing)로 향후 기업경영에 사용하기 위해 이익잉여금의 형태로 사내에 이익을 유보하는 것을 의미하며, 이익유보율(earnings retention ratio)은 이익유보의 크기(1 − 배당지급률)를 나타낸다. 지분성장률(equity growth)은 재투자된 이익의 크기(지분성장÷기업의 지분 투자자의 가치)를 나타낸다. 이익이 나면서도 배당을 하지 않고 전액 재투자하는 기업은 그만큼 성장하는 기업이라고 할 수 있으며, 배당과 재투자를 기업의 상황에 맞게 적절히 조정하는 것을 배당정책이라고 하는데 이 정책에 따라 배당금지급률이 결정된다.

상장기업들의 주식발행에 의한 자금조달은 주식과의 교환으로 현금이나 기타자산 혹은 서비스를 제공받는 것을 말하며, 이러한 주식발행은 주로 증권시장을 통해 이루어진다. 채권자들은 신용공여에 대한 정당한 이자수익을 기대하면서 자금을 제공하며, 이자수익(이자율)은 시장이자율, 기업의 신용도 등을 감안하여 결정된다. 기업은 은행, 투자신탁회사 등 금융기관들로부터 대출을 통해 자금을 제공받을 뿐만 아니라 증권시장을 통해 사채(bond)를 발행하여 자금을 조달한다.

재무활동은 자금의 조달뿐만 아니라 상환까지도 포함되며 자금상환의 원천은 주로 영업활동에 의한 이익을 통해 이루어지지만 재무활동이나 투자활동에 의한 자금조달을 통해서도 이루어진다. 재무활동과 관련한 의사결정에는 자금조달 및 상환의 형태와 금액, 그리고 시기가 있으며, 이러한 의사결정은 기업의 자본구조를 결정하며 기업의 성장과 경영 위험에 영향을 미친다. 자본의 총액과 그 구성내용은 재무레버리지와 재무위험을 평가하는 데 유용한 정보가 되며, 자본구조의 적절성과 재무유연성(financial flexibility)을 평가할 수 있다.

1-4 기업의 경영활동을 이해하는데 필요한 정보를 획득하는 수단이 무엇인지 기술하시오.

풀이 기업은 이익을 얻기 위하여 자금을 조달하고 이를 투자하여 수익창출 활동을 하게 된다. 따라서 기업의 경영활동은 자금의 조달과 상환 활동인 재무활동과 조달된 자금을 사용하여 자산을 취득하고 취득한 자산을 유지·관리하는 투자활동, 그리고 투자한 자산을 운용하여 수익을 창출하는 영업활동으로 이루어지며, 이러한 활동의 결과를 회계기간별로 나타낸 것이 재무제표이다.

많은 기업은 재무제표 이외에도 그 기업의 경영성과와 재무상태의 주요 특성 및 기업이 직면한 주요 불확실성을 설명하는 경영자의 검토 및 분석(management's discussion and analysis : MD&A)을 제공할 수 있다. 또한 환경요인이 중요한 산업에 속해 있는 기업이거나 종업원이 주요 재무제표이용자인 기업의 경우 재무제표 이외에도 환경보고서나 부가가치보고서와 같은 보고서를 제공할 수 있다. 이러한 경영자의 검토 및 분석보고서, 환경보고서 및 부가가치보고서 등은 재무제표의 범위에는 포함되지 않는다.

1-5 국제회계기준(IFRS)에서 정하는 재무제표의 종류를 기술하고, 각 재무제표가 어떠한 재무정보를 나타내고 있는지 기술하시오.

풀이 국제회계기준(IFRS)에 의하면 재무제표는 연결재무제표를 주 재무제표로 하고, 재무상태표, 포괄손익계산서, 자본변동표, 현금흐름표, 주석으로 구성된다. 기업이 국제회계기준(IFRS)을 준수하여 재무제표를 작성하는 경우, 기업은 그러한 준수 사실을 주석에 명시적이고 제한 없이 기재하여야 한다.

재무상태표 :

재무상태표(statement of financial position)는 기존 기업회계기준(K-GAAP)에서는 대차대조표(balance sheet)라고 불리던 재무제표이다. 재무상태표는 일정시점 현재 기업이 보유하고 있는 경제적 자원인 자산과 경제적 의무인 부채, 그리고 자본에 관한 정보를 제공하는 재무보고서로서, 기업의 유동성, 재무유연성, 수익성과 위험 등을 평가하는 데 유용한 정보를 제공한다.

포괄손익계산서 :

포괄손익계산서(statement of comprehensive income)는 일정기간 동안의 기업의 경영성과에 관한 정보를 제공하는 재무보고서로서, 당해 회계기간의 경영성과를 나타낼 뿐만 아니라 기업의 미래현금흐름과 수익창출능력 등의 예측에 유용한 정보를 제공한다. 포괄손익계산서는 일정기간 동안의 기업의 경영성과를 나타내므로 동태보고서(dynamic statement)라고 한다. 반면, 재무상태표는 일정시점의 기업의 재무상태를 나타내므로 정태보고서(static statement)라고 한다.

자본변동표 :

자본변동표(statement of changes in equity)는 일정기간 동안의 자본의 크기와 그 변동에 관한 정보를 제공하는 재무제표로서, 자본을 구성하고 있는 자본금, 자본잉여금, 자본조정, 기타포괄손익누계액, 이익잉여금(결손금), 비지배지분의 변동에 대한 포괄적 정보를 제공한다. 자본변동표는 재무상태에 표시되어 있는 자본의 기초잔액과 기말잔액을 모두 표시함으로써 재무상태표와 연계하여 이용할 수 있고, 자본의 변동내역은 포괄손익계산서와 현금흐름표에 나타난 정보와 연계하여 이용할 수 있으므로 재무정보 이용자들로 하여금 보다 명확하게 재무제표 간 연계성을 이해할 수 있도록 해준다.

현금흐름표 :

현금흐름표(statement of cash flows)는 일정기간 동안 발생한 현금및현금성자산의 유입과 유출에 관한 정보를 제공하는 재무보고서이다. 현금및현금성자산은 현금(보유현금과 요구불예금)과 더불어 즉시 현금성자산으로 전환할 수 있는 단기·유동성 증권을 포함한다. 현금성자산은 ① 확정된 금액의 현금으로 전환이 용이하며 ② 이자변동에 따른 가치변동의 위험이 중요하지 않은 채무증권 및 단기금융상품으로서 ③ 취득당시 만기(또는 상환일)가 3개월 이내에 도래하는 것을 말한다.

현금흐름표를 다른 재무제표와 같이 사용하면 현금흐름의 크기와 시기를 조절할 수 있는 기업의 능력, 순자산의 변화 및 재무구조를 평가하는 데 유용한 정보를 얻을 수 있다. 현금흐름정보는 기업의 현금창출능력을 평가하는 데 유용할 뿐만 아니라, 여러 기업의 미래현금흐름의 현재가치를 비교하고 기업가치를 평가하는 데 필요한 기초자료를 제공한다.

▌주석 :

재무제표 주석(notes to financial statements)은 재무제표 본문의 정보에 추가하여 재무제표의 전반적인 이해를 제고시키는 양적·질적 정보를 제공한다. 주석정보는 재무제표의 전반적인 이해를 증진시키며, 기업의 재무상태, 경영성과, 자본변동 및 현금흐름에 관한 필수적인 정보를 전달하므로 주석이 제외된 재무제표는 완전한 재무제표라고 할 수 없다. 따라서 주석은 재무제표의 본문과 마찬가지로 재무제표의 한 부분이 되고 있기 때문에 정보이용자의 경제적인 의사결정이 합리적으로 이루어지기 위해서는 재무제표의 본문과 함께 주석사항을 반드시 검토·분석하여야 한다. 주석에는 재무제표 작성 시 설정한 가정이나 사용한 회계처리방법 등이 설명되고 있으며, 또한 특정 계정과목에 대한 상세한 설명이 나타나 있다.

1-6 재무상태표의 유용성과 한계점을 논하시오.

풀이

▌유용성 :

재무상태표는 일정한 시점에서의 기업의 재무상태를 나타내는 재무보고서로서, 다음과 같은 유용성을 갖는다.

① 기업의 투자활동과 재무활동의 결과를 나타내는 경제적 자원인 자산의 혼합배율과 자기자본과 타인자본의 구성비율을 나타내는 재무구조에 대한 정보를 제공한다.

② 유동자산과 유동부채를 통해 유동부채의 지급능력을 나타내는 유동성에 관한 정보를 제공한다.

③ 이용 가능한 경제적 자원과 부채 상환시기와 금액에 관한 정보를 제공함으로써 재무유연성을 평가할 수 있는 정보를 제공한다.

④ 재무상태표 자료는 포괄손익계산서 자료와 함께 사용하면 기업의 수익성과 위험을 평가할 수 있도록 해준다.

한계점 :

재무상태표는 기업의 재무상태를 평가하는 데 유용한 재무제표이지만 회계 자체에 내재하는 한계점으로 인해서 그 한계를 지닌다.

① 재무상태표의 자산은 소수의 항목(예: 수취채권의 순실현가능가치 평가, 금융자산 및 금융부채의 공정가치 평가, 재고자산의 저가주의 평가, 유형자산의 재평가 선택)을 제외하고는 역사적 원가(취득원가)로 보고되기 때문에 자산가치가 현행가치에 의한 경제적 실질을 나타내지 못한다. 그러나 이와 같이 역사적 원가의 문제점을 극복하기 위하여 공정가치 회계가 자산 및 부채의 평가에 점차 확대되고 있는 추세이다.

② 미래의 경제적 효익을 가져다 줄 수 있는 자산이라 할지라도 화폐단위로 측정이 가능하지 않으면 자산으로 계상되지 않는다. 따라서 우수한 경영진이나 연구인력 등 미래의 경제적 효익을 창출할 수 있는 잠재적 자산이 있는 경우 이러한 잠재적 자산이 화폐단위로 측정될 수 없어 자산으로 계상되지 않는 한계점이 있다.

③ 자산의 평가(매출채권의 회수가능성, 재고자산의 판매가능성 및 유형자산의 내용연수 등)에 경영자의 주관적인 판단이 개입될 여지가 많다. 이에 따라 경제적 실질은 동일하더라도 자산평가에 대한 경영자의 주관적 판단에 따라 재무상태표에 나타난 자산의 장부금액이 다르게 나타날 수도 있다.

④ 국제회계기준(IFRS)에 따르면 유형자산의 평가에 있어서 원가모형이나 재평가모형을 선택할 수 있다. 이와 같은 대체적인 회계처리방법이 허용되고 있기 때문에 기업마다 유형자산의 평가와 관련한 회계처리가 다를 수 있고 재무상태에 미치는 영향도 다르게 나타난다. 이 경우 기업간 재무제표의 비교가능성이 낮아지는 문제가 발생할 수 있다.

⑤ 자산과 부채가 존재함에도 불구하고 장부에 계상되지 않을 수 있다. 예를 들어, 감가상각이 완료되어 장부에는 기계장치의 잔액이 나타나지 않지만, 실질적으로는 사용되고 있는 기계장치가 있을 수 있다. 이 경우 회계처리의 절차상의 문제로 장부상에는 기계장치라는 자산의 금액이 나타나지 않지만, 실질적으로는 자산이 존재하므로 부외자산을 통해 자산이 과소 계상될 수 있다. 또한 자산의 경우와 마찬가지로 부외금융(off-balance sheet financing)을 통해 부채가 과소 계상될 수 있다.

연습문제

1-7 포괄손익계산서의 유용성과 한계점을 논하시오.

풀이 **유용성 :**

포괄손익계산서는 일정한 기간 동안의 기업 경영성과를 나타내는 재무보고서로서, 다음과 같은 유용성을 갖는다.

① 영업활동을 수행한 결과인 경영성과를 나타내는 이익정보를 제공함으로써 영업활동의 성과를 평가하는 데 유용한 정보를 제공한다.

② 현재 혹은 잠재적인 투자자와 채권자들에게 기업의 미래현금흐름과 수익창출능력에 관한 정보를 제공한다. 즉, 이익의 추세와 다양한 수익의 원천을 통해 미래현금흐름의 금액, 시기 및 불확실성의 정도와 수익창출능력의 예측에 유용한 정보를 제공한다.

③ 회계이익을 근거로 하여 과세소득을 계산함으로써 과세소득의 기초자료를 제공한다. 회계이익에 익금산입 및 손금불산입 항목을 가산하고 손금산입 및 익금불산입 항목을 차감하는 과정을 거쳐 과세소득을 계산하여 법인세를 결정하게 된다.

④ 노동조합의 임금협상에 필요한 정보의 제공, 소비자의 상품 혹은 용역구매 관련 의사결정에 대한 신뢰성 있는 정보의 제공, 정부의 조세 및 경제정책의 기초자료 제공 등을 한다.

한계점 :

포괄손익계산서 역시 기업의 경영성과와 미래현금흐름 및 수익창출능력의 예측에 유용한 재무제표이지만 회계 자체에 내재하는 한계점으로 인해서 그 한계를 갖는다.

① 포괄손익계산서상의 순이익은 회계상의 이익으로서 진실한 이익 또는 경제학상의 이익과 차이가 있다. 왜냐하면 회계학상의 순이익은 화폐액으로 측정될 수 있는 이익만을 포함하고 있으며, 기업의 순자산을 실질적으로 증가시켰으나 화폐액으로 측정할 수 없어서 제외되는 부분이 있기 때문이다.

② 자산의 평가는 이익의 결정에 영향을 미치므로 경영자의 주관적인 판단이 개입될 여지가 많다. 이에 따라 경제적 실질은 동일하더라도 자산평가에 대한 경영자의 주관적 판단에 따라 포괄손익계산서에 나타난 당기순손익이 다르게 나타날 수 있다.

③ 국제회계기준(IFRS)에서는 대체적인 회계처리방법이 허용되고 있기 때문에 회계처리방법에 따라 경영성과, 즉 순이익이 다르게 나타난다. 이 경우 기업간 재무제표의 비교가능성이 낮아지는 문제가 발생할 수 있다.

④ 포괄손익계산서상의 순이익은 투자자의 기회비용을 반영해서 측정된 것이 아니기 때문에 경제적 부가가치를 나타내지 못한다. 즉, 포괄손익계산서상의 순이익은 채권자들에 대한 자금조달비용인 금융비용을 차감한 후 계산되지만 투자자에 대한 기회비용개념으로서의 자금조달비용은 반영하고 있지 않다.

1-8 현금흐름표의 유용성과 한계점을 논하시오.

풀이

유용성 :

현금흐름표는 일정한 기간 동안의 기업의 현금흐름을 나타내는 재무보고서로서, 다음과 같은 유용성을 갖는다.

① 현금흐름표 정보는 발생기준에 의해 작성된 포괄손익계산서 정보와 함께 사용함으로써 미래현금흐름을 보다 잘 예측하고 평가할 수 있도록 해준다.

② 현금흐름표는 기업의 유동성과 재무유연성에 대한 정보를 제공하며, 배당지급능력 및 부채상환능력과 외부금융의 필요성을 평가할 수 있도록 해준다. 특히, 영업활동 현금흐름에 관한 정보는 기업이 어려운 상황에서 적절한 조치를 취할 수 있는지 여부를 판단하는 데 중요한 정보가 된다.

③ 영업활동 현금흐름이 당기순손익에 가깝게 나타날수록 당기순손익에 대한 신뢰도가 높아지기 때문에 현금흐름표 정보는 이익의 질(quality of earnings)을 평가하는 데에 유용하게 이용될 수 있다.

④ 현금흐름표는 현금거래뿐만 아니라 비현금거래 등 일정기간에 기업의 자산과 자본의 구조에 변동을 일으키는 중요한 거래나 사건(유형자산의 취득과 처분, 장기차입부채의 조달과 상환, 투자 등)을 빠짐없이 나타내주기 때문에 투자 및 재무활동을 통해 자산이나 부채가 증감한 내용을 명확하게 알려준다.

⑤ 현금흐름표는 현금흐름을 영업활동, 투자활동 및 재무활동으로 구분하여 표시하기 때문에 이러한 활동이 각각 재무상태와 전체 현금흐름에 미친 영향 및 각 활동의 상호관련성을 평가하는 데 유용하며, 기업가치를 평가하기 위한 잉여현금흐름(free cash flow)의 산출이 용이하다.

한계점 :

현금흐름표는 현금기준 회계에 입각하여 현금흐름을 나타내고 있기 때문에 발생기준 회계에서 보여주는 미래현금흐름의 원천이 되는 가득된 수익과 발생된 비용의 인식으로 인한 회계기간 간의 현금흐름(현금의 유입과 유출) 관계는 보여주지 않는다. 따라서 현금흐름표는 미래현금흐름에 대한 예측능력이 불완전하다.

연습문제

1-9 **재무제표의 상호 관련성에 대해서 기술하시오.**

풀이 재무제표는 각각 다른 정보내용을 반영하고 있지만 이들은 상호 유기적인 관계를 지니고 있다. 재무상태표는 일정한 시점에서의 재무상태를 나타내며, 포괄손익계산서와 자본변동표 및 현금흐름표는 기초의 재무상태에서 기말의 재무상태로 변동한 원인을 설명한다.

즉, 재무상태표는 일정한 시점에서의 자산, 부채 및 자본의 금액과 구성을 표시하며, 포괄손익계산서는 이익잉여금의 주요 변동원인인 당기순손익의 발생원인을 발생원천별, 발생빈도별로 구분하여 설명한다. 자본변동표는 자본의 변동내용에 대한 포괄적인 정보를 제공함으로써 기초자본이 기말자본으로 변동된 원인을 설명하며, 현금흐름표는 현금의 증감액을 기업활동별로 구분・표시함으로써 기초현금이 기말현금으로 변동된 원인을 보여준다. 즉, 영업활동, 투자활동, 재무활동으로 인한 현금 및 현금성자산의 변동원인을 보여줌으로써 기초의 현금및현금성자산이 기말의 현금및현금성자산으로 변동된 원인을 설명하게 된다.

1-10 **국제회계기준(IFRS)에서 정하고 있는 재무제표 이외에, 재무제표 관련정보로는 어떠한 것이 있는지 그리고 어떠한 정보를 제공하고 있는지를 기술하시오.**

풀이 재무제표 이외에, 재무제표 관련정보로는 경영자보고서와 감사보고서 등이 있다.

경영자보고서(management's report)는 미국의 연차보고서(annual report)에 포함되어 있는 경영자의 검토 및 분석(management's discussion and analysis : MD&A)이 전형적인 것으로 여기에는 단기지급능력, 경영과 성장에 필요한 자금조달능력, 그리고 경영성과 등 3가지 재무적 사항의 유리 또는 불리한 추세와 이들 사항에 영향을 미치는 주요 사건이나 불확실성이 보고된다. 경영자보고서의 공시는 FASB(Financial Accounting Standards Board)의 재무회계개념보고서 제1호에 근거하여 기업의 경영자가 회계정보 이용자들보다 기업에 대해서 더 잘 알고 있기 때문에 경영자가 기업에 영향을 미치는 주요 거래를 식별하고, 이들의 재무적인 영향을 설명함으로써 회계정보의 유용성을 증가시키기 위한 수단이다.

감사보고서(auditor's report)는 기업과는 독립적인 외부 감사인이 당해 기업이 작성한 재무제표가 기업회계기준에 따라 작성되고 중요성의 관점에서 적정하게 표시되었는지 여부를 전문가적 입장에서 판단하여 그에 대한 감사의견을 표명한 보고서이다. 이와 같이 외부 감사인이 기업의 재무제표에 대하여 독립적이고 객관적인 입장에서 감사의견을 표명함으로써 재무제표의 신뢰성을 높이고 이는 궁극적으로는 재무정보의 유용성을 제고시키는 기능을 수행한다.

외부감사인이 표명하는 감사의견의 종류는 예외사항의 종류 및 중요도에 따라 다음과 같이 분류할 수 있다.

• 예외사항의 중요도와 감사의견의 종류 •

예외사항	중요하지 않음	중요함	매우 중요함
감사범위 제한	적정의견	한정의견	의견거절
경영자와 의견불일치	적정의견	한정의견	부적정의견

뉴스 속의 재무제표분석

재테크 고수들이 재무제표에서 꼭 확인하는 것은 …

투자할 종목을 고를 때 기본은 기업의 재무제표를 분석하는 것이다. 눈을 크게 뜨고 살피면 '흙 속의 진주'를 발견할 수 있기 때문이다.

대부분의 초보 투자자들은 매출과, 영업이익, 당기순이익만 확인하고는 넘어가기 일쑤다. 하지만 전문가들은 더 자세히 살펴보라고 조언한다. 현금흐름과 부채비율이 대표적인 항목이다.

영업활동 현금흐름표는 해당기업의 돈의 흐름을 보여준다. 물건을 판 돈이 현금으로 얼마나 들어왔나 하는 것이다. 일례로 기업이 외상으로 물건을 팔 경우 영업이익과 순이익이 증가하지만 실제로 회사에 들어오는 돈은 전혀 없다. 일시적인 마이너스는 상관없지만 수년 간 마이너스라면 문제가 있다.

투자활동 현금흐름표는 설비투자에 얼마나 현금을 쏟아부었나를 보여준다. 통상 마이너스가 플러스보다 오히려 '청신호'로 해석된다. 설비나 부동산을 사들이면 마이너스가 되고, 회사의 각종 자산을 팔아치우면 플러스가 되기 때문이다.

전문가들은 영업활동 현금흐름이 플러스, 투자활동이 마이너스인 경우에 후한 점수를 준다. 영업에서 벌어들인 돈을 설비투자에 쓴다는 의미로 풀이된다.

지난해 기준으로 국내 상장사 가운데 영업활동 현금흐름이 가장 컸던 것은 삼성전자(47조 3800억원), 한국전력(16조5200억원), SK(9조1100억원)의 순이었다. 이들의 투자활동 현금흐름은 삼성전자가 -29조6600억원, 한전 -9조6500억원, SK -7조3800억원을 기록했다.

부채비율은 부채를 자기자본으로 나눈 것으로, 해당기업의 재무 건전성을 보여준다. 부채가 전혀 없는 것보다 적당한 수준에서 유지하는 기업이 우량하다는 평가를 받는다.

보통은 부채비율이 높을 수록 부실하다. 부채가 많을 수록 원금상환과 이자지급이 어렵다는 의미기 때문이다. 그러나 부채비율이 낮다고 위험이 없는 것은 아니다. 부채비율이 낮은 기업도 부도나 상장폐지를 경험하는 경우가 있다.

어느 선이 적정한가에 대한 정답은 없다. 다만, 금융당국에서는 200%를 기준으로 재무적 안정성을 판가름한다. 국내 증시를 대표하는 삼성전자와 SK하이닉스의 부채비율은 각각 30%대에 불과하다.

부채비율은 산업에 따라 그 수준이 달라진다.

건설업에서는 '선수금'이라는 장부상 부채가 존재하는 탓에 제조업보다 그 비율이 높게 나타나며, 금융업 역시 제조업보다 부채비율이 높다.

부채의 장단기 비율도 적정수준을 정하는데 영향을 미친다. 장기부채보다 단기부채가 기업이 위험에 처했을 때 즉시 상환을 요구하는 채권자가 등장하면 더 큰 영향을 주기 때문이다.

〈출처 : 파이낸셜뉴스, 2017.10.02〉

제 2 장

사업보고서의 이해와 분석

〈학습목표〉

- 사업보고서 제출대상에 대한 이해
- 사업보고서 제출기한에 대한 이해
- 사업보고서에 포함되는 내용에 대한 이해

제 1 절 사업보고서의 이해

1 사업보고서 제출대상

사업보고서 제출대상은 주권상장법인, 기타증권(주권 외의 지분증권, 무보증사채권, 전환사채권, 신주인수권부사채권, 이익참가부사채권, 교환사채권, 신주인수권증서, 증권예탁증권, 파생결합증권)을 증권시장에 상장한 발행인, 주권 등을 모집 또는 매출한 발행인, 외감대상법인 중 증권별로 증권의 소유자 수가 500인 이상인 발행인이다(자본시장과 금융투자업에 관한 법률 및 동법 시행령).

2 사업보고서 제출기한

사업보고서 및 분·반기보고서 제출기한은 주권상장법인, 기타 자본시장법 시행령이 정하는 법인은 그 사업보고서를 사업연도 경과 후 90일 이내에, 사업연도 개시일부터 6개월간의 반기보고서와 3개월간의 분기보고서를 각각 그 기간 경과 후 45일 이내에 금융위원회와 한국거래소에 전자문서로 제출하여야 한다. 단, 해당 법인이 최초로 사업보고서 제출대상법인에 해당하게 된 경우에는 사업보고서 제출대상법인에 해당하게 된 날부터 5일 이내에 그 직전 사업연도의 사업보고서를 금융위원회와 거래소에 제출하여야 한다.

정기보고서의 제출기한은 다음의 방법에 따라 산정한다. 예를 들어, 사업연도가 종료되는 날은 산입하지 아니하고 사업연도가 완전히 경과한 다음 날부터 90일째(45일째) 되는 날까지 제출하여야 한다. 제출기간 산정시 토요일, 공휴일과 근로자의 날은 모두 산입하여 산정하되, 제출기간의 마지막 날(즉, 90일째, 45일째 되는 날)이 토요일, 공휴일인 경우에는 그 다음 근무일까지 제출할 수 있다(자본시장과 금융투자업에 관한 법률 및 동법 시행령).

사업보고서에 기재할 수 있는 재무제표는 주식회사의 외부감사에 관한 법률

제3조 제1항에 따른 감사인의 감사결과 수정된 재무제표이다. 따라서 회사가 회계감사인으로부터 감사받은 재무제표를 주주총회에서 승인받지 못하였더라도 동 재무제표를 사업보고서에 기재할 수 있으며, 이 경우 동 재무제표가 승인받지 않았으며, 이후 주주총회 승인과정에서 수정될 수 있다는 내용을 '재무정보 이용상의 유의점'에 기록하여야 한다(증권의 발행 및 공시 등에 관한 규정).

사업보고서의 공시대상 기간은 공시서류 작성기준일이 속하는 사업연도를 포함한 최근 3사업연도이다.

3 이사의 경영진단 및 분석의견

사업보고서에 포함되는 이사의 경영진단 및 분석의견은 회사 내용을 가장 정확하게 알고 있는 경영진이 회사의 재무상황, 영업실적, 향후 사업전망 및 계획 등에 대해 분석·공시하도록 하여 전반적인 경영상황에 대한 일반투자자의 이해를 증진시키고 경영진과 투자자간에 발생할 수 있는 정보 불균형 해소를 목적으로 한다. 따라서 이사의 경영진단 및 분석의견은 투자자가 회사 경영진의 입장에서 회사의 전반적인 경영상황을 분석할 수 있도록 재무상황 등에 대한 설명을 제공하며, 회사에 대한 전반적인 설명을 통해 사업보고서를 포함한 공시내용에 대한 투자자의 이해도를 증진시키고, 회사의 이익규모, 현금흐름 등에 대한 질적 정보의 제공으로 투자자의 미래 경영성과 예측의 기초자료로 활용할 수 있도록 하는 것에 있다.

이사의 경영진단 및 분석의견을 작성할 때 단지 재무제표에 기재된 회사의 재무적 상황을 서술식으로 재구성하거나 사업보고서 항목에만 한정하여 분석적 검토만을 수행하는 것은 실익이 없다. 따라서 이사의 경영진단 및 분석의견의 유용성을 증진시키기 위해서는 현재 서식에 기재된 경영성과, 재무상태, 자금조달 등에 한정하지 않고 회사에 대한 이해를 증진시킬 수 있는 계량·비계량적 정보를 수치, 도표, 구체적인 사례를 제시하면서 서술식으로 기재하는 것이 바람직하다. 또한 경영진단 및 분석의견은 대표이사 또는 경영성과·재무상태 등 회사의 전반적인 내용을 총괄할 수 있는 위치에 있는 등기이사가 작성하여야 한다(자본시장과 금융투자업에 관한 법률 및 동법 시행령, 증권의 발행 및 공시 등에 관한 규정).

〈 이사의 경영진단 및 분석의견 기재사항 예시 〉

- 예측정보에 대한 주의사항
- 개요(요약)
- 재무상태 및 영업실적에 관한 분석
- 유동성 및 자금조달과 지출에 관한 분석
- 부외거래에 대한 분석
- 그 밖에 투자의사결정에 필요한 사항
  - 중요한 회계정책 및 추정에 관한 사항
  - 환경 및 종업원 등에 관한 사항
  - 법규상의 규제에 관한 사항
  - 파생상품 및 위험관리정책에 관한 사항

4 사업보고서 허위기재에 따른 책임

경영진이 사업보고서를 허위기재하는 경우 투자자에 대한 손해배상책임을 져야 한다. 회사 대표이사 등 경영진이 허위 기재된 재무제표가 포함된 사업보고서를 공시하도록 지시하는 등 사업보고서에 허위의 내용이 기재되었고, 증권 취득자 또는 처분자가 주권상장법인에 대하여 사업보고서의 허위기재 등을 사유로 손해의 배상을 청구하는 경우 증권 취득자는 사업보고서의 허위기재 등과 손해발생 간의 인과관계의 존재를 입증할 필요가 없고 주권상장법인 등이 책임을 면하기 위해 이러한 인과관계가 없다는 것을 입증하여야 한다(자본시장과 금융투자업에 관한 법률).

5 사업보고서에 첨부되는 서류

사업보고서에 첨부되는 서류는 회계감사인의 연결감사보고서(또는 감사보고서), 감사의 감사보고서, 법인의 내부감시장치의 가동현황에 대한 감사의 평가의견서, 내부회계관리제도 운영보고서, 영업보고서, 정관 등이 있다.

6 사업보고서 신속점검

상장법인은 사업보고서를 작성하여 결선종료일로부터 90일 이내(12월 결산법인의 경우 다음연도 3월 30일까지)에 전자공시시스템(DART)에 공시하여야 한다. 사업보고서는 분량이 방대하다. 사업보고서는 복잡한 작성기준 및 회계기준을 준수하여야 한다. 따라서 의도하지 않은 실수가 발생할 소지가 크다. 이러한 실수나 오류를 방치할 경우 투자자는 잘못된 정보로 피해를 입을 수 있고, 회사들은 의도하지 않은 실수로 곤란한 상황에 처할 수 있다. 이러한 문제점을 해소하기 위하여 금융감독원은 매년 12월 결산 주권상장법인 등의 사업보고서 제출기한 종료직후 사업보고서 기재사항이 형식적으로 적정하게 작성되었는지 신속점검을 실시한다.

신속점검 결과, 기재사항이 미흡한 회사에 대해서는 신속히 자진 정정하도록 지도하고 사업보고서 기재오류 등으로 인한 투자자 피해를 방지하고 있다. 또한, 신속점검 결과는 다음연도 사업보고서의 충실한 작성을 유도하기도 한다.

다음은 금융감독원에서 발표한 2015 사업연도 사업보고서 신속점검 결과이다.

"금융은 튼튼하게, 소비자는 행복하게"

경제혁신 3개년계획 경제의 틀을 바꾸면 미래가 달라집니다.

금융개혁 돈이 도는 활기찬 경제

보 도 자 료

보도	2016. 5. 23.(월) 석간	배포	2016. 5. 20.(금)

담당부서	회계심사국 기업공시국	정용원 국장(3145-7700), 정규성 부국장(3145-7702) 김도인 국장(3145-8100), 김태성 부국장(3145-8090)

제목 : 2015 사업연도 사업보고서 신속점검 결과

I 점검 개요

□ **금융감독원**은 매년 **상장법인 등**이 제출한 사업보고서가 **형식상 적정**하게 작성되었는지 **신속점검***을 실시

* 12월 결산법인의 사업보고서 제출기한 종료('16.3.30.) 직후 1개월('16.4.1.~4.30.)간 재무・비재무사항 주요 항목이 공시서식 작성기준에 따라 외형상 적정하게 작성되었는지 여부 점검

○ 점검결과 **기재미흡**이 발견된 회사에 대하여 신속히 **자진정정토록 지도**하여 사업보고서 **기재오류** 등으로 인한 **투자자 피해**를 방지하고, 기업의 **사업보고서 충실작성**을 유도

II 점검 결과

① **(재무사항)** 12월 결산법인 2,199사*를 신속점검한 결과, '15년 **재무사항에 일부누락 또는 기재미흡이 발견된 회사수는 913사(41.5%)**로 전년(1,045사, 51.7%)에 비하여 **감소**(△132사, 10.2%p↓)

* 사업보고서 제출대상 12월 결산법인 2,385사 중 금융회사(상장 121사, 비상장 64사), 외국법인(1사)를 제외한 수치임

○ '15년 **미흡사항 총수는 2,003개**로 점검대상 **회사당 0.9개**로서 전년(총 3,054개, 1사당 평균 1.5개)에 비하여 감소(△0.6개)

2 **(비재무사항)** 12월 결산법인 2,385사를 점검한 결과, '15년 **비재무사항에 일부 누락 또는 기재 미흡이 발견된 회사수는 1,311사(55.0%)**

○ **사회경제적 중요성, 기업 특성** 반영에 따른 점검항목 증가(8개→10개) 및 신규항목(6개) 등의 영향으로 기재미흡비율은 전년(45.1%) 대비 다소 증가*

* 점검항목 개수 등을 전년과 동일하게 가정시 금년 기재미흡비율은 48% 수준

○ '15년 **미흡사항 총수는 2,233개**로 점검대상 **회사당 0.9개**로서 전년(총 1,594개, 1사당 평균 0.7개)에 비하여 **증가**(+0.2개)

※ <붙임> 2015년 사업보고서 신속점검 결과 참조

III 향후 감독방안

□ 미흡사항이 발견된 **회사들**에 대하여 **자진 정정**하도록 **지도**하고, **향후 업무수행시 반영**함으로써 정기보고서의 충실도를 제고

○ **중요한 기재미흡** 또는 **기재미흡 과다** 상장법인은 다른 위험요인과 종합적으로 고려하여 **심사감리 대상 선정시 참고**

□ **코넥스 · IPO기업** 등 공시 취약 기업을 대상으로 **공시설명회**를 개최하여 원활한 **공시업무 수행을 지원**할 예정

○ **유관기관과 연계**하여 공시유의사항, 최근 주요 법개정사항 등에 대한 **교육 · 홍보**를 강화하여 **사업보고서 충실기재를 지속 유도**

☞ 본 자료를 인용하여 보도할 경우에는 출처를 표기하여 주시기 바랍니다.(http://www.fss.or.kr)

(붙임)

2015년 사업보고서 신속점검 결과

I 점검 개요

□ **(점검배경) 상장법인 등***은 **사업보고서**를 작성하여 결산종료일로부터 90일 이내에 **전자공시시스템**(DART)**에 공시**하여야 함

* ① 주권상장법인, ② 채권상장법인, ③ 모집·매출실적이 있는 법인, ④ 주주수 500인 이상 외부감사대상 법인

ㅇ **사업보고서**는 **분량이 방대**하고, **복잡한 작성기준** 및 **회계기준**을 준수하여야 함에 따라 의도하지 않은 **실수가 발생할 소지**가 큼

ㅇ 이를 방치할 경우 **투자자**는 **잘못된 정보**로 피해를 입을 수 있고, **회사**들은 **의도하지 않은 실수**로 곤란한 상황에 처할 수 있음

⇨ **금융감독원**은 매년 **12월 결산 주권상장법인** 등의 사업보고서 제출기한 종료 직후 **사업보고서 기재사항이 형식상 적정**하게 작성되었는지 **신속점검**을 실시

[점검대상 및 점검항목]

□ **(점검대상) 상장법인 1,968사**, 비상장법인 417사 등 **총 2,385사**

* **재무사항**은 금융회사(상장 121사, 비상장 64사), 외국회사(1사)를 제외한 2,199사

□ **(점검항목)** 사업보고서 중 **재무사항 29개, 비재무사항 10개** 등 **총 39개 항목**

ㅇ **(재무)** 점검의 **효율성을 제고**하기 위하여 **최근 기재미흡 빈발항목** 위주로 **정비**

* ① 요약재무정보 현황 ② 재무제표·주석 기재현황 ③ 투자주식·대손충당금·재고자산 관련사항 ④ 내부회계관리제도 관련정보 기재현황 등

ㅇ **(비재무) 사회경제적 중요성, 기업 규모·특성**을 반영하여 **테마별**(7개), **그룹별**(3개) 등 총 10개 항목을 선정

* **(테마별)** ①미상환 신종자본증권 현황 ②사채관리계약 이행현황 ③사외이사 활동현황 ④준법지원인 ⑤최대주주 변동현황 ⑥임원 개인별 보수 ⑦합병 등 사후정보
(그룹별) ⑧5대그룹 상장기업 ⑨코넥스법인 ⑩2015년 IPO기업

※ 참고로, 사업보고서 신속점검은 기재내용의 진실성을 점검하는 것은 아니므로 신속점검 결과 미흡사항이 없다는 것이 재무제표상 **회계기준 위배사항이 없다는 것을 의미하지는 않음**

Ⅱ 점검 결과

1 재무사항

□ **(총 괄)** 점검대상(2,199사) 중 **일부누락** 또는 **기재미흡**이 발견된 회사는 **913사**(41.5%)로 **'14년**(1,045사, 51.7%) 대비 **감소**(△132사, 10.2%p↓)

○ **상장법인**(46.8%→37.6%, 9.2%p↓), **비상장법인**(78.8%→62.0%, 16.8%p↓) 모두 미흡사항이 발견된 회사 비중이 **'14년 대비 감소**

사업보고서 재무사항 점검 결과 현황

(단위 : 사, %)

구 분	'15년			'14년		
	상장	비상장	합계	상장	비상장	합계
미흡 無	1,152 (62.4)	134 (38.0)	1,286 (58.5)	910 (53.2)	66 (21.2)	976 (48.3)
미흡 有	694 (37.6)	219 (62.0)	913 (41.5)	800 (46.8)	245 (78.8)	1,045 (51.7)
합 계	1,846 (100.0)	353 (100.0)	2,199 (100.0)	1,710 (100.0)	311 (100.0)	2,021 (100.0)

* ( )안은 비중

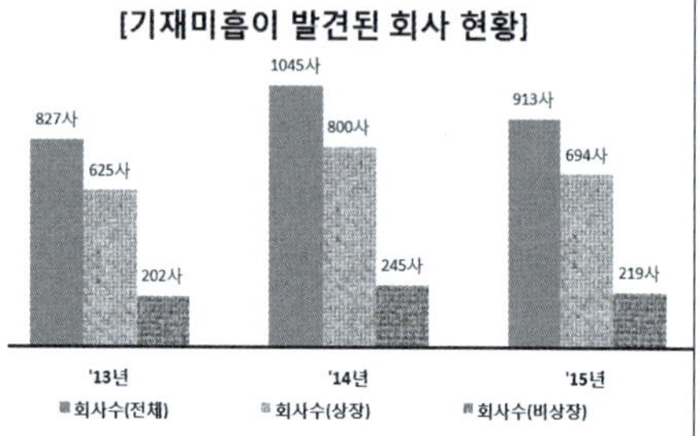

□ **(미흡사항 분포)** 미흡사항 **총수는 2,003개**로 점검대상 **회사당 0.9개**로 '14년(총 3,054개, 1사당 평균 1.5개) 대비 **감소**

○ **미흡사항 과다**(11개 이상) 회사수는 **1사**로 '14년(29사) 대비 **크게 감소**

회사별 미흡사항 건수 현황

(단위 : 사, %)

미흡 건수	'15년 회사수	(비중)	'14년 회사수	(비중)
0	1,286	(58.5)	976	(48.3)
1~2	663	(30.2)	629	(31.1)
3~5	220	(10.0)	293	(14.5)
6~10	29	(1.3)	94	(4.7)
11~	1	(0.0)	29	(1.4)
합 계	2,199	(100.0)	2,021	(100.0)

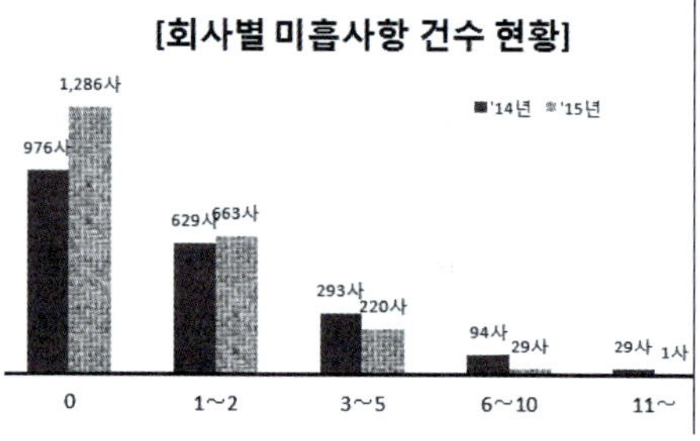

□ **(미흡사항 유형)** 요약 (연결)재무정보, **대손충당금 설정현황**, **재고자산 현황**과 관련한 기재사항을 **일부 누락하거나 부실기재**한 경우가 비교적 많이 발견됨

[미흡사항 주요 사례]

◈ **요약 재무정보**는 **중요한 계정과목** 중심으로 작성하여야 함에도 **재무제표 전체**를 그대로 기재한 사례

◈ **요약 별도재무정보**에는 회사가 보유한 **투자주식**(관계·종속기업 관련) **평가방법**을 기재하여야 함에도 이를 미기재한 사례

◈ **주석 전체**(연결 포함)를 사업보고서 **본문에 기재**하여야 하나 첨부된 **감사보고서를 참조**하도록 한 사례

◈ 주석과 별도로 '**기타 재무에 관한 사항**'에 당해 사업연도말 현재 경과기간별 **매출채권 잔액현황** 등 **대손충당금 설정현황**을 기재하여야 하나 이를 누락한 사례

◈ 주석과 별도로 '**기타 재무에 관한 사항**'에 재고자산의 **실사일자**, 감사인 등의 입회여부 등 **재고자산 현황**을 기재하여야 하나 이를 누락한 사례

2 비재무사항

□ **(총 괄)** 2,385사중 **1,311사**(**55%***)에서 일부 기재누락 · 미흡이 발견된바 점검 **항목 증가**(8 → 10개) 등의 영향으로 전년(45%) 대비 증가

* 점검항목 개수 등을 전년과 동일하게 가정시 금년 기재미흡비율은 48% 수준

○ '15년 **미흡사항 총수는 2,233개**로 점검대상 **회사당 0.9개**로서 전년(총 1,594개, 1사당 평균 0.7개)에 비하여 **증가**(+0.2개)

○ 다만, 기재미흡항목이 **과다**(5개 이상)인 경우는 **65사**(**5.0%**)인 데 반해 **단일 항목**인 경우가 **831사**로서 기재미흡이 발견된 회사의 **63%** 수준

(단위 : 사 · %)

미흡항목	1	2	3	4	5개 이상	합계
회사수(비중)	831(63.4)	258(19.7)	108(8.2)	49(3.7)	65(5.0)	1,311

□ **(테마별) '15년 서식개정사항**(미상환 신종자본증권, 사채관리계약 이행현황, 준법지원인 현황)의 기재미흡비율이 높음

○ 최근 3년간 점검을 실시한 2개 항목(임원 개인별 보수, 합병 등 사후정보)는 기재미흡비율이 지속적으로 감소

* **(임원 개인별 보수)** '13년 43.3% '14년 44.7% '15년 30.7%
(합병 등 사후정보) '13년 69.4% '14년 48.9% '15년 45.3%

(단위 : 사 · %)

점검 항목	대상(A)	적정(B)	미흡(C)	미흡비율(C/A)
①미상환 신종자본증권 현황('15.8.개정)	61	26	35	**57.4**
②사채관리계약 이행현황('15.8.개정)	242	101	141	**58.3**
③사외이사 활동현황	1,968	1,386	582	29.6
④준법지원인('15.8.개정)	311	121	190	**61.1**
⑤최대주주 변동현황	356	152	204	**57.3**
⑥임원 개인별 보수	514	356	158	30.7
⑦합병 등 사후정보	580	317	263	45.3

[미흡사항 주요 사례]

◈ **(미상환 신종자본증권 현황)** ① **부채분류시 재무구조에 미치는 영향**을 구체적으로 작성하지 않은* 경우 ② **미지급 누적이자** 항목 누락 등
* 재무비율 등을 구체적으로 작성하지 않고 '부채비율 상승'으로만 기재

◈ **(사채관리계약 이행현황)** 발행사채 중 일부 회차의 계약 이행내용을 누락하거나, 발행회사의 이행상황보고서 제출일자 미기재 등

◈ **(사외이사 활동현황)** 이사회 참석 여부만 기재하고 **안건별 찬반 여부**를 **미기재**, 또는 사외이사별로 구분하지 않고 **일괄로 기재**

◈ **(준법지원인)** 준법지원인 현황을 기재하지 않거나, 기재항목인 경력의 경우 **상법상 자격요건 구비 여부**를 확인하기 곤란한 경우

◈ **(최대주주 변동현황)** 2015년중 최대주주가 변경된 경우 추가 기재사항(경영권 양수도 사항) 누락, 변동 내역 일부 기재항목 누락 등

◈ **(임원 개인별 보수)** 상여, 퇴직금 산정기준을 지급근거인 **내규명** 또는 **'경영성과'**라고 간략히 기재, 산정기준에 따른 산출방법 미기재 등

◈ **(합병 등 사후정보)** **자산양수도** 및 **주식의 포괄적 교환** 건을 기재하지 않거나 **공시대상기간**(3년)내 발생 건 기재 누락 등

□ **(그룹별)** 기업의 규모 · **특성**[1]을 반영하여 **5대그룹 상장기업**과 **코넥스, '15년 IPO기업**의 **비재무사항 전반**[2]을 점검한 결과

1) 국민경제상 비중(대규모기업집단)과 일반투자자 관심도(상장회사), 공시역량 취약분야(시장신규진입)

2) 기재미흡 빈발 사항(10개 항목) + 2015년 IPO기업의 IPO신고서 주요정정사항의 사업보고서 반영 여부

○ 5대 그룹 상장기업이 **평균 기재미흡항목, 미흡항목 과다기업수**에서 시장신규진입 기업에 비해 우수한 결과를 보임

구 분	5대그룹 상장사	코넥스 기업	'15년 IPO기업
평균 기재미흡항목	2.3개/10개	2.9개/10개	3.2개/11개
미흡항목 5개 이상(비중)	4사(6.5%)	22사(20.6%)	13사(20.3%)

Ⅲ 기조치사항 및 향후 감독방향

1 기조치사항

□ 금번 점검결과 기재 누락, 미흡사항 등이 발견된 회사들에 대해 **자진정정**하도록 지도

○ 기타 **경미한 미흡사항**에 대해서는 **차기보고서**(1분기보고서 등)**에 반영하도록 지도**

□ **미흡사항이 없는 회사도 재무사항 점검결과 통보(상장법인)**

○ **'14년** 및 **'15년** 사업보고서 재무사항 점검결과 **연속**하여 **미흡사항이 없는 회사**에도 점검결과를 **경영진에 통보**하여 사업보고서 작성에 대한 **지속적인 관심 유도**

2 향후 감독방향

□ **중요한 기재미흡*이 발견된 회사는 심사감리대상 선정시 반영(상장법인)**

○ **중요한 기재미흡***이 발견된 회사는 다른 **분식위험요인과 종합적으로 검토**하여 **심사감리대상 선정시 반영**예정

* 요약재무정보 누락, 주석 누락, 내부회계관리제도 관련정보 누락 등

□ **지속적인 교육 · 홍보 실시**

○ 공시역량이 다소 취약한 **코넥스 · IPO기업** 등을 대상으로 **공시설명회**를 개최하여 원활한 **공시의무 이행을 지원**

○ **유관기관**(한국상장회사협의회, 코스닥협회 등)과 함께 **미흡사항 사례** 및 **올바른 사업보고서 작성방법**에 대하여 **교육 및 홍보 지속**

제 2 절 사업보고서의 분석

우리나라 회계기준이 국제회계기준(IFRS)으로 변경된 이후부터는 재무제표 주석이 과거보다 많이 늘어났다. 따라서 재무제표 전체를 분석하는 과정에서 주석을 꼼꼼하게 읽어보아야 한다. 또한 재무제표에 나타나지 않는 내용은 사업보고서를 통해 분석하여야만 위험을 최소화하고 기업에 대한 투자기회를 얻을 수 있을 것이다. 기업에 대한 공시 정보를 이용하여 최선의 분석을 하고, 그에 따라 최선의 투자를 하게 된다면 최고의 수익 또한 얻을 수 있을 것이다.

다음은 금융감독원 홈페이지 DART 전자공시 사이트에서 삼성전자(주)의 사업보고서를 검색하는 과정을 나타낸다. 금융감독원 홈페이지(www.fss.or.kr)에서 업무자료 → 공시・회계 → 전자공시시스템(DART)으로 들어가면 다음과 같은 화면이 나온다.

그 다음 아래와 같이 검색하고자 하는 회사명과 기간을 입력하고, '정기공시'를 클릭하고 그 하부의 '사업보고서'를 클릭하여 '검색'을 누르면, 찾고자 하는 기업의 사업보고서를 검색할 수 있다. 사업보고서뿐만 아니라, 반기보고서, 분기보고서도 이와 같은 방법으로 검색할 수 있다.

전자공시시스템(DART)에서는 분기, 반기, 사업보고서뿐만 아니라 증자를 하거나 사채를 발행할 때 투자자나 채권자들이 알아야 할 정보들도 많이 제공하고 있다. 또한 대주주 및 5% 이상을 취득한 주요 주주의 주식 취득 및 처분관련 보고서, 수주공시나 언론 보도 등에 대한 해명, 신규 시설투자 등 다양한 이해관계자들이 알아야 할 내용들이 많다. 따라서 사업보고서에 나타난 정보를 읽고 이해한다면 기업에 대한 대부분의 정보를 얻을 수 있다.

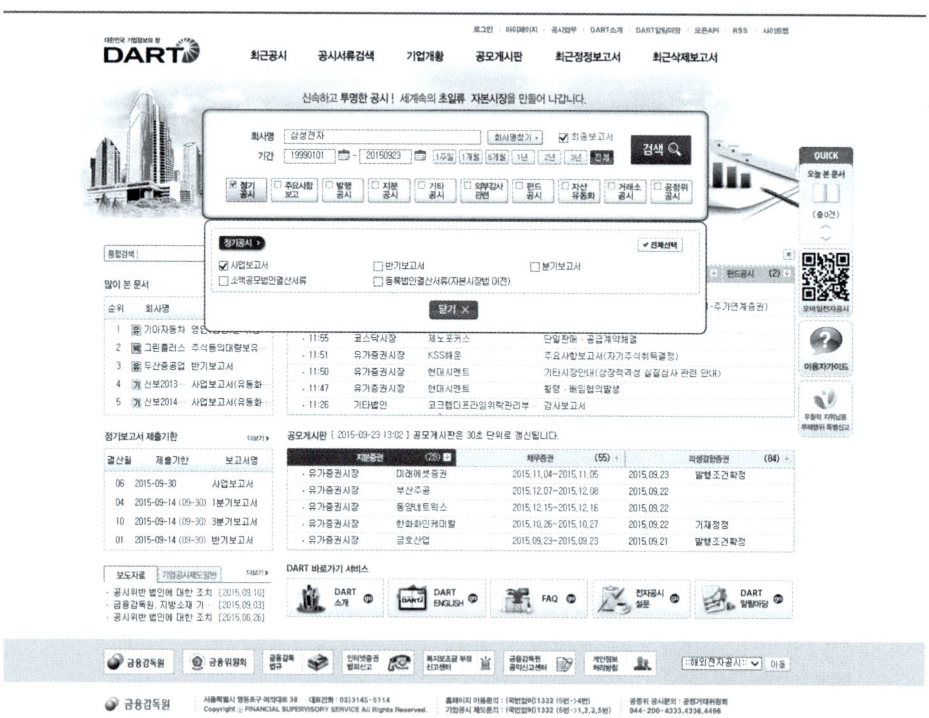

사업보고서는 본문 내용 전에 대표이사 등의 확인서가 첨부된다. 동 확인서에서는 경영진이 사업보고서의 기재내용에 대해 상당한 주의를 다하여 직접 확인·검토한 결과, 중요한 기재사항의 기재 또는 표시의 누락이나 허위의 기재 또는 표시가 없고, 사업보고서에 표시된 기재 또는 표시사항을 이용하는 자의 중대한 오해를 유발하는 내용이 기재 또는 표시되지 않았음을 확인하는 내용이 기술되어 있다. 대표이사 등의 확인서 이후, 삼성전자 사업보고서의 주요 내용은 다음과 같다.

먼저 'Ⅰ. 회사의 개요'에서는 회사의 법적·상업적 명칭, 설립일자 본사주소, 전화번호, 홈페이지, 주요 사업의 내용, 계열회사 현황, 연결대상 종속기업 개황, 신용평가에 관한 사항 등 회사의 전반적인 개요 그리고 회사의 연혁, 경영진의 주요 변동 등이 기술되어 있다. 재무정보 이용자는 이러한 내용을 통해 회사의 전반적인 현황을 파악할 수 있고, 경영활동과 관련된 중요한 사항의 발생내용을 확인할 수 있다. 그리고 자본금의 변동사항, 주식의 총수, 의결권 현황, 배당에 관한 사항 등 회사 자본에 대한 전반적인 내용을 기술하고 있다.

Ⅰ. 회사의 개요

1. 회사의 개요

가. 회사의 법적, 상업적 명칭

당사의 명칭은 삼성전자주식회사이고 영문명은 Samsung Electronics Co., Ltd. 입니다.

나. 설립일자

당사는 1969년 1월 13일에 삼성전자공업주식회사로 설립되었으며, 1975년 6월 11일 기업공개를 실시하였습니다.

당사는 1984년 2월 28일 정기주주총회 결의에 의거하여 상호를 삼성전자공업주식회사에서 삼성전자주식회사로 변경하였습니다.

다. 본사의 주소, 전화번호 및 홈페이지

주소 : 경기도 수원시 영통구 삼성로 129(매탄동)

전화번호 : 031-200-1114

홈페이지 : http://www.samsung.com/sec

라. 중소기업 해당여부

당사는 중소기업기본법 제2조에 의한 중소기업에 해당되지 않습니다.

마. 주요사업의 내용

당사는 제품의 특성에 따라 CE(Consumer Electronics), IM(Information technology & Mobile communications), DS(Device Solutions) 3개의 부문으로 나누어 독립 경영을 하고 있습니다.

'Ⅱ. 사업의 내용'에서는 사업부문별 현황 및 산업의 특성, 국내외 시장여건, 영업개황 등 사업개요, 주요 제품과 서비스, 주요 원재료, 생산 및 설비, 매출실적 및 판매경로, 시장위험과 위험관리, 경영상의 주요계약, 연구개발 활동, 그 밖에 투자의사결정에 필요한 사항 등을 기술하고 있다. 또한 사업부문별 요약 재무현황을 제시하고 있어, 각 사업부문별로 총매출, 내부매출, 순매출, 영업이익, 총자산 등을 확인하고 비교분석할 수 있다. 그러므로 어느 사업부문이 중요하고 수익성 있는 사업부문인지를 파악할 수 있다. 주요 제품별 매출과 전체 매출에서 차지하는 비중을 공시하므로 각 제품별 매출 현황도 분석할 수 있다. 주요 원재료도 주요 매입처, 매입 금액과 매입 비중 등을 공시하기 때문에 원재료 공급의 안정성도 평가할 수 있다. 재무정보 이용자는 이러한 정보를 통해 기업의 사업 내용 전반에 대해 파악하고, 재무제표 분석을 위한 재무적·비재무적 정보를 확보할 수 있다. 또한 직전연도 사업보고서 자료와 비교분석함으로써 사업내용의 추세를 파악할 수도 있다.

Ⅱ. 사업의 내용

1. 사업의 개요

가. 사업부문별 현황

당사는 본사를 거점으로 한국 및 CE, IM 부문 산하 해외 9개 지역총괄과 DS 부문 산하 해외 5개 지역총괄의 생산·판매법인 등 158개의 동종업종을 영위하는 종속기업으로 구성된 글로벌 전자 기업입니다.

사업군별로 보면 Set 사업에서는 TV를 비롯하여 모니터, 냉장고, 세탁기, 프린터 등을 생산/판매하는 CE 부문과 스마트폰 등 HHP, 네트워크 시스템, 컴퓨터 등을 생산/판매하는 IM 부문이 있습니다. 부품사업에서는 DRAM, 모바일AP 등의 제품을 생산/판매하고 있는 반도체사업과 TV, 모니터, 노트북 PC, 모바일용 등의 TFT-LCD 및 OLED 디스플레이 패널을 생산/판매하고 있는 DP 사업의 DS 부문으로 구성되어 있습니다.

[부문별 주요 제품]

부문		주요 제품
CE 부문		TV, 모니터, 냉장고, 세탁기, 에어컨, 프린터, 의료기기 등
IM 부문		HHP, 네트워크시스템, 컴퓨터, 디지털카메라 등
DS 부문	반도체 사업부문	DRAM, NAND Flash, 모바일AP 등
	DP 사업부문	TFT-LCD, OLED 등

지역별로 보면 국내에는 CE, IM 부문 및 반도체 사업을 총괄하는 본사와 18개의 종속기업이 사업을 운영하고 있습니다.

본사는 수원사업장(CE 부문 및 R&D 센터 등)과 구미사업장(IM 부문), 기흥사업장(반도체 사업), 화성사업장(반도체 사업), 광주사업장(생활가전 사업) 등으로 구성이 되어 있으며, 국내 종속기업은 디스플레이 패널을 생산하는 삼성디스플레이와 국내 대리점 판매를 전담하는 삼성전자판매, 제품의 애프터서비스를 담당하는 삼성전자서비스 및 제품의 운송을 담당하는 삼성전자로지텍 등 총 18개의 종속기업으로 구성되어 있습니다.

'Ⅲ. 재무에 관한 사항'에서는 요약재무정보, 연결재무제표와 주석, 별도재무제표와 주석, 합병, 분할, 자산양수도 등 기타 재무에 관한 사항을 기술하고 있다. 3개년치 재무정보가 포함되어 있기 때문에 재무정보 이용자는 재무에 관한 추세분석 및 재무비율분석을 할 때 유용하게 사용할 수 있다. 또한 합병, 분할, 자산양수도, 영업양수도에 관한 사항도 상세하게 공시되어 있어, 재무정보 이용자의 재무제표분석에 있어서 유의해야 할 사항을 제시하고 있다.

Ⅲ. 재무에 관한 사항

1. 요약재무정보

가. 요약연결재무정보

[단위 : 백만원]

구분	제46기	제45기	제44기
	2014년 12월말	2013년 12월말	2012년 12월말
[유동자산]	115,146,026	110,760,271	87,269,017
• 현금및현금성자산	16,840,766	16,284,780	18,791,460
• 단기금융상품	41,689,776	36,722,702	17,397,937
• 단기매도가능금융자산	3,286,798	1,488,527	1,258,874
• 매출채권	24,694,610	24,988,532	23,861,235
• 재고자산	17,317,504	19,134,868	17,747,413
• 기타	11,316,572	12,140,862	8,212,098
[비유동자산]	115,276,932	103,314,747	93,802,553
• 장기매도가능금융자산	12,667,509	6,238,380	5,229,175
• 관계기업 및 공동기업 투자	5,232,461	6,422,292	8,785,489
• 유형자산	80,872,950	75,496,388	68,484,743
• 무형자산	4,785,473	3,980,600	3,729,705
• 기타	11,718,539	11,177,087	7,573,441
자산총계	230,422,958	214,075,018	181,071,570
[유동부채]	52,013,913	51,315,409	46,933,052
[비유동부채]	10,320,857	12,743,599	12,658,312
부채총계	62,334,770	64,059,008	59,591,364
[지배기업 소유주지분]	162,181,725	144,442,616	117,094,052
• 자본금	897,514	897,514	897,514
• 주식발행초과금	4,403,893	4,403,893	4,403,893
• 이익잉여금	169,529,604	148,600,282	119,985,689
• 기타	△12,649,286	△9,459,073	△8,193,044
[비지배지분]	5,906,463	5,573,394	4,386,154
자본총계	168,088,188	150,016,010	121,480,206

'Ⅳ. 감사인의 감사의견 등'에서는 회계감사인의 감사의견, 감사일정, 내부통제에 관한 사항 등을 기술하고 있다. 삼성전자의 경우 삼일회계법인에서 외부회계감사를 받고 있으며, 감사의견은 3개년 모두 적정의견임을 알 수 있다. 또한 감사일정이 구체적으로 표시되어 있기 때문에 동종의 다른 기업에 비해 감사기간이 특이하게 짧은 경우, 부실감사의 가능성을 평가할 수도 있다. 회계감사 이외의 비감사서비스를 외부감사인으로부터 제공받는 경우 그에 대한 내용 및 보수도 함께 공시되므로 외부감사인의 기업에 대한 경제적 의존도를 평가할 수 있다.

Ⅳ. 감사인의 감사의견 등

1. 회계감사인의 감사의견 등

삼일회계법인은 당사의 제44기, 제45기 및 제46기 감사를 수행하였고, 감사의견은 모두 적정입니다. 당사의 감사대상 종속기업은 모두 적정의견을 받았습니다. 당기 중 회계감사인을 변경한 종속기업은 없었으며, 당기에 신규 설립 또는 지분인수된 종속기업 중 Samsung Display Bac Ninh 등 6개사는 PwC, SVIC 26호 신기술투자조합 등 2개사(조합)는 안진회계법인을 외부감사인으로 선임하였습니다. 회계감사인의 신규 선임은 각 회사의 결정에 의한 것입니다.

사업연도	감사인	감사의견	감사보고서 특기사항
제46기(당기)	삼일회계법인	적정	해당사항 없음
제45기(전기)	삼일회계법인	적정	해당사항 없음
제44기(전전기)	삼일회계법인	적정	해당사항 없음

[제46기 감사일정]

<table>
<tr><th colspan="2">구 분</th><th>일정</th></tr>
<tr><td rowspan="2">1분기</td><td>사전검토</td><td>2014.03.10 ~ 2014.03.28</td></tr>
<tr><td>본검토</td><td>2014.04.07 ~ 2014.05.09</td></tr>
<tr><td rowspan="2">반기</td><td>사전검토</td><td>2014.06.09 ~ 2014.06.27</td></tr>
<tr><td>본검토</td><td>2014.07.09 ~ 2014.08.08</td></tr>
<tr><td rowspan="2">3분기</td><td>사전검토</td><td>2014.09.08 ~ 2014.09.26</td></tr>
<tr><td>본검토</td><td>2014.10.07 ~ 2014.11.07</td></tr>
</table>

시스템 및 통제 감사	2014.08.25 ~ 2014.09.26
조기입증감사	2014.12.01 ~ 2015.01.28
조기 입증감사 절차 업데이트 및 최종재무제표 감사	2015.01.29 ~ 2015.02.24

※ 상기 일정은 별도·연결 재무제표 검토 및 감사에 대한 일정입니다.

사업보고서에는 투자자나 채권자가 가장 궁금해 하는 회사 실적에 대한 원인을 정밀하게 분석하여 설명하고 있다. 특히 'V. 이사의 경영진단 및 분석의견'을 읽어보면 회사가 재무정보 이용자를 위해 사업보고서를 얼마나 성실하게 만들었는지를 가늠할 수 있다. 재무정보 이용자들이 궁금해 하는 내용들이 아주 자세하게 기록되어 있으므로 꼼꼼히 읽어야 할 부분이다.

'V. 이사의 경영진단 및 분석의견'에서는 회사에 대한 이해를 증진시킬 수 있도록 계량·비계량적 정보를 수치, 도표, 구체적인 사례를 제시하고, 경영진의 미래 예측정보를 포함하고 있다. 또한 이사의 경영진단 및 분석의견에 포함되는 내용이 예측정보라는 사실을 강조함으로써 재무정보 이용자가 투자의사결정에 예측정보를 사용하는 경우 주의해야 한다는 사실을 환기시키고 있다. 그 밖에 투자의사결정에 필요한 사항으로 중요한 회계정책 및 추정에 관한 사항, 환경 및 종업원 등에 관한 사항, 법규상의 규제에 관한 사항 등을 포함하고 있다.

이사의 경영진단 및 분석의견은 예측정보이므로 이러한 사전 예측정보가 사후적인 정보와 서로 상이할 수도 있다. 따라서 재무정보 이용자의 투자의사결정에 유용하게 이용되기 위해서는 경영자 예측의 신뢰성을 확보하는 것이 중요하다.

V. 이사의 경영진단 및 분석의견

1. 예측정보에 대한 주의사항

본 자료는 미래에 대한 '예측정보'를 포함하고 있습니다.
이는 과거가 아닌 미래의 사건과 관계된 것으로 회사의 향후 예상되는 경영현황 및 재무실적을 의미하고, 표현상으로는 '예상', '전망', '계획', '기대' 등과 같은 단어를 포함합니다.

'예측정보'는 그 성격상 불확실한 사건들을 언급하는데, 회사의 향후 경영현황 및 재무실적에 긍정적 또는 부정적으로 영향을 미칠 수 있는 불확실성에는 다음과 같은 것들이 포함됩니다.

- 환율, 이자율 등의 변동을 포함한 국내·외 금융 시장의 동향
- 사업의 처분, 매수 등을 포함한 회사의 전략적인 의사결정
- CE, IM, 반도체, DP 등 회사가 영위하는 주요사업 분야의 예상치 못한 급격한 여건 변화
- 기타 경영현황 및 재무실적에 영향을 미칠 수 있는 국내·외적 변화

이러한 불확실성으로 인해 회사의 실제 미래실적은 '예측정보'에 명시적 또는 묵시적으로 포함된 내용과 중대한 차이가 있을 수 있음을 양지하시기 바랍니다.
당사는 동 예측정보 작성시점 이후에 발생하는 위험 또는 불확실성을 반영하기 위하여 예측정보에 기재한 사항을 수정하는 정정보고서를 공시할 의무는 없습니다.

'Ⅵ. 이사회 등 회사의 기관에 관한 사항'에서는 이사회에 관한 사항, 감사제도에 관한 사항, 주주의 의결권 행사에 관한 사항 등을 기술하고 있다. 이사회의 경우 사외이사 구성 및 사외이사회 개최일자, 안건에 대한 가결여부, 사외이사별 찬반여부 등을 상세히 알 수 있다.

Ⅵ. 이사회 등 회사의 기관에 관한 사항

1. 이사회에 관한 사항

가. 이사회 구성 개요

2014년말 및 보고서 제출일 현재 당사의 이사회는 사내이사 4인(권오현, 윤부근, 신종균, 이상훈)과 사외이사 5인(이인호, 김한중, 송광수, 이병기, 김은미), 총 9인의 이사로 구성되어 있습니다.
이사회 내에는 경영위원회, 감사위원회, 사외이사후보 추천위원회, 내부거래위원회, 보상위원회, CSR위원회 등 6개의 소위원회가 설치되어 운영중입니다.

나. 중요의결사항 등

회차	계획 일자	의안내용	가결 여부	사외이사				
				이인호	김한중	송광수	이병기	김은미
1차	'14. 01.24	① 2013년(제45기) 재무제표 및 영업 보고서 승인의 건						
		② 2014년 경영계획 승인의 건						
		③ 경영위원회 규정 개정의 건	가결	찬성	찬성	찬성	찬성	찬성
		④ 삼성바이오로직스(주) 유상증자 참여의 건	가결	찬성	찬성	찬성	찬성	찬성
		⑤ 준법지원인 선임의 건	가결	찬성	찬성	찬성	찬성	찬성
		※ 보고사항	가결	찬성	찬성	찬성	찬성	찬성
		① 내부회계관리제도 운영실태 보고의 건	가결	찬성	찬성	찬성	찬성	찬성
		② 내부회계관리제도 운영실태 평가보고의 건						
		③ 환경안전연구회 설치결과 보고의 건						
2차	'14. 02.18	① 제45기 정기주주총회 소집결정의 건						
		② 제45기 정기주주총회 회의 목적사항 결정의 건	가결	불참	찬성	찬성	찬성	불참
		※ 보고사항 : ① 감사보고 ② 영업보고	가결	불참	찬성	찬성	찬성	불참
		- 제1호 : 제45기 대차대조표, 손익계산서 및 이익잉여금처분계산서(안) 등 재무제표 승인의 건						
		- 제2호 : 이사 보수한도 승인의 건						
		③ 학교법인 충남삼성학원 기부금 출연의 건						
		※ 보고사항	가결	불참	찬성	찬성	찬성	불참
		① 준법점검결과 보고의 건						

'Ⅶ. 주주에 관한 사항'에서는 기업의 최대주주 및 그 특수관계인의 주식소유 현황을 자세하게 나타내고 있어, 기업의 지배구조에 관한 자세한 내용을 분석할 수 있다. 또한 기업의 주가와 주식거래량도 공시하고 있어 얼마나 활발하게 자본시장에서 거래 되는지를 평가할 수 있다.

Ⅶ. 주주에 관한 사항

1. 최대주주 및 그 특수관계인의 주식소유 현황

다음은 기초 및 기말 현재 최대주주 및 그 특수관계인의 소유주식 변동내역입니다.

[기준일 : 2014년 12월 31일] (단위 : 주, %)

성명	관계	주식의 종류	소유주식수 및 지분율				비고
			기초		기말		
			주식수	지분율	주식수	지분율	
이건희	본인	보통주	4,985,464	3.38	4,985,464	3.38	-
이건희	본인	우선주	12,398	0.05	12,398	0.05	-
삼성물산	특수관계인	보통주	5,976,362	4.06	5,976,362	4.06	-
삼성복지재단	특수관계인	보통주	89,683	0.06	89,683	0.06	-
삼성문화재단	특수관계인	보통주	37,615	0.03	37,615	0.03	-
홍라희	특수관계인	보통주	1,083,072	0.74	1,083,072	0.74	-
이재용	특수관계인	보통주	840,403	0.57	840,403	0.57	-
삼성생명	특수관계인	보통주	10,622,814	7.21	10,622,814	7.21	-
삼성생명	특수관계인	우선주	879	0.00	879	0.00	-
삼성생명(특별계정)	특수관계인	보통주	514,098	0.35	486,926	0.33	장내매매
삼성생명(특별계정)	특수관계인	우선주	26,379	0.12	52,332	0.23	장내매매
삼성화재	특수관계인	보통주	1,856,370	1.26	1,856,370	1.26	-
삼성화재(특별계정)	특수관계인	보통주	143	0.00	0	0	장내매도
삼성화재(특별계정)	특수관계인	우선주	53	0.00	0	0	장내매도
제일모직	특수관계인	보통주	9,679	0.01	0	0	장내매도
권오현	특수관계인	보통주	3,000	0.00	3,000	0.00	-
이상훈	특수관계인	보통주	1,473	0.00	1,473	0.00	-
계		보통주	26,020,176	17.66	25,983,182	17.64	-
		우선주	39,709	0.17	65,609	0.29	-

※ 기초(2013년말) 기준 삼성증권은 증권 대차 중개 및 ETF 설정 중개 거래를 위해 의결권 있는 주식 10주를 소유 중이었으나, 기말 기준 소유 중인 주식은 없습니다.

※ 2014년 4월 24일 기준 제일모직은 소유 주식 9,679주를 장내 매도하였습니다.

※ 최근 주주명부폐쇄일인 2014년 12월 31일 기준 정용진 주주의 보유주식수는 245,000주입니다. 특정주주의 보유 주식수에 대한 투자자의 이해제고 차원에서 참고사항으로 기재합니다.

'Ⅷ. 임원 및 직원 등에 관한 사항'에서는 등기임원, 미등기임원, 임원의 보수, 직원의 평균보수, 평균근속연수, 성별 등 현황을 포함하고 있다.

Ⅷ. 임원 및 직원에 등에 관한 사항

1. 임원 및 직원의 현황

가. 등기임원 현황

[기준일 : 2014년 12월 31일] (단위 : 주)

성명	성별	출생년월	직위	등기임원 여부	상근 여부	담당 업무	주요 경력	소유주식수		재직 기간	임기 만료일
								의결권 있는 주식	의결권 없는 주식		
권오현	남	1952.10	대표이사	등기임원	상근	이사회 의장 DS부문 경영전반 총괄	삼성전자 DS부문장	3,000	0	34개월	2015.03.15
윤부근	남	1953.02	대표이사	등기임원	상근	CE부문 경영전반 총괄	삼성전자 CE부문장	0	0	22개월	2016.03.14
신종균	남	1956.01	대표이사	등기임원	상근	IM부문 경영전반 총괄	삼성전자 IM부문장	0	0	22개월	2016.03.14
이상훈	남	1955.06	사내이사	등기임원	상근	전사 경영지원업무 총괄	삼성전자 경영지원실장	1,473	0	22개월	2016.03.14
이인호	남	1943.11	사외이사	등기임원	비상근	전사 경영전반에 대한 업무	신한은행 은행장	0	0	58개월	2016.03.14
김한중	남	1948.11	사외이사	등기임원	비상근	전사 경영전반에 대한 업무	연세대학교 총장	0	0	34개월	2015.03.15
송광수	남	1950.01	사외이사	등기임원	비상근	전사 경영전반에 대한 업무	김・장법률사무소 고문	0	0	22개월	2016.03.14
이병기	남	1951.05	사외이사	등기임원	비상근	전사 경영전반에 대한 업무	서울대학교 전기정보공학부 교수	0	0	34개월	2015.03.15
김은미	여	1958.09	사외이사	등기임원	비상근	전사 경영전반에 대한 업무	이화여자대학교 국제대학원 원장	0	0	22개월	2016.03.14

※ 2015년 3월 13일 주주총회를 통해 권오현 사내이사, 김한중 사외이사, 이병기 사외이사가 재선임되었습니다.

'Ⅸ. 계열회사 등에 관한 사항'에서는 계열회사 현황, 관계기업 및 자회사 지분현황, 타법인출자현황 등을 포함하고 있다.

Ⅸ. 계열회사 등에 관한 사항

1. 계열회사 현황

- 기업집단의 명칭 : 삼성

당사는 독점규제 및 공정거래에 관한 법률상 삼성그룹에 속한 계열회사로서 2014년말 현재 삼성그룹에는 전년말 대비 5개 회사(삼성웰스토리, 서울레이크사이드, 삼성카드고객서비스, 신라스테이, 삼우종합건축사사무소)가 증가하고, 11개 회사(삼성코닝정밀소재, 삼성에스엔에스, 글로벌텍, 삼육오홈케어, 삼성석유화학, 구(舊)제일모직, 월드사이버게임즈, 에스엠피, 성균관대학교기숙사, 케어캠프, 가치네트)가 감소하여 69개의 국내 계열회사가 있습니다. 이 중 상장사는 당사를 포함하여 총 18개사이며 비상장사는 51개사입니다.

[2014.12.31. 현재]

구분	회사수	회사명
상장사	18	삼성물산, 삼성전자, 삼성에스디아이, 삼성테크윈, 삼성전기, 삼성중공업, 호텔신라, 삼성카드, 삼성생명보험, 삼성화재해상보험, 삼성증권, 삼성정밀화학, 삼성엔지니어링, 에스원, 제일기획, 제일모직, 삼성에스디에스, 크레듀
비상장사	51	삼성종합화학, 삼성토탈, 삼성라이온즈, 삼성경제연구소, 스테코, 삼성탈레스, 세메스, 삼성전자판매, 삼성전자서비스, 삼성전자로지텍, 한덕화학, 씨브이네트, 올앳, 시큐아이, 오픈타이드코리아, 삼성선물, 삼성벤처투자, 삼성자산운용, 생보부동산신탁, 에스디플렉스, 삼성화재애니카손해사정, 삼성화재서비스손해사정, 수원삼성축구단, 에스코어, 휴먼티에스에스, 레이, 송도랜드마크시티, 에스원씨알엠, 오픈핸즈, 에스엔폴, 삼성메디슨, 삼성바이오로직스, 에스티엠, 누리솔루션, 콜롬보코리아, 미라콤아이앤씨, 삼성생명서비스손해사정, 에스유머티리얼스, 네추럴나인, 삼성디스플레이, 삼성바이오에피스, 삼성코닝어드밴스드글라스, 대정해상풍력발전, 삼성에스알에이자산운용, 삼성웰스토리, 정암풍력발전, 삼성에스지엘탄소소재, 삼성카드고객서비스, 서울레이크사이드, 신라스테이, 삼우종합건축사사무소
계	69	

※ 제일모직은 2014년 7월 삼성에스디아이와 합병후 소멸되었으며, 삼성에버랜드는 제일모직으로 사명을 변경하였습니다.

'Ⅹ. 이해관계자와의 거래내용'에서는 대주주 등에 대한 신용공여, 대주주와의 자산양수도, 대주주와의 영업거래, 대주주 이외의 이해관계자와의 거래 등을 공시하고 있다.

X. 이해관계자와의 거래내용

1. 대주주 등에 대한 신용공여등

가. 채무보증 내역

- 국내채무보증 : 해당사항 없음
- 해외채무보증

(단위 : 천US$)

성명(법인명)	관계	채권자	보증기간	거래내역(잔액)				채무보증 한도
				기초	증가	감소	기말	
SEA(미주판매법인)	계열회사	SMBC 外	2017-04-10	2,840,000	0	1,840,000	1,000,000	2,425,000
SECA(캐나다판매법인)	계열회사	Nova Scotia	2015-10-10	0	0	0	0	15,000
SEM(멕시코판매법인)	계열회사	Santander 外	2015-12-16	314,620	33,660	0	348,280	676,000
SAMCOL(콜롬비아판매법인)	계열회사	Citibank 外	2015-12-16	34,050	33,483	0	67,533	126,000
SEDA(브라질생판법인)	계열회사	HSBC 外	2015-12-17	257,366	0	257,366	0	909,000
SECH(칠레판매법인)	계열회사	Citibank 外	2015-12-16	49,400	4,932	0	54,332	178,000
SEPR(페루판매법인)	계열회사	BBVA 外	2015-12-16	63,688	0	970	62,718	180,000
SELA(파나마판매법인)	계열회사	Citibank	2015-12-16	0	0	0	0	30,000
SEEH(네덜란드지주사)	계열회사	HSBC 外	2015-12-16	0	0	0	0	897,000
SSA(남아공판매법인)	계열회사	Citibank 外	2015-12-16	64,729	96,366	0	161,095	335,000
SEMRC(모로코판매법인)	계열회사	SocGen 外	2015-12-16	22,157	0	16,333	5,824	110,000
SETK(터키판매법인)	계열회사	BTMU 外	2015-12-16	150,784	0	64,907	85,877	420,000
SERK(러시아생산법인)	계열회사	BNP 外	2015-12-16	0	0	0	0	370,000
SEI(이탈리아판매법인)	계열회사	Intesa	2014-10-31	550	0	550	0	0
SECE(카자흐판매법인)	계열회사	Citibank 外	2015-12-16	10,400	0	10,400	0	105,000
SEUC(우크라이나판매법인)	계열회사	Credit Agricole 外	2015-12-16	16,920	0	16,920	0	175,000
SELV(요르단판매법인)	계열회사	Citibank	2015-12-16	0	0	0	0	10,000
SAPL(싱가폴법인)	계열회사	BOA 外	2015-12-16	0	0	0	0	505,621
SEV(베트남생산법인)	계열회사	SCB	2015-11-08	0	0	0	0	15,000
SAVINA(베트남생산법인)	계열회사	SCB 外	2015-11-08	0	0	0	0	30,000
SEPCO(필리핀판매법인)	계열회사	BOA	2015-11-08	54,225	0	44,846	9,379	9,379
SET(대만판매법인)	계열회사	SCB	2015-11-08	0	0	0	0	30,000
SEIN(인도네시아생판법인)	계열회사	BNP 外	2015-11-08	16,400	0	16,400	0	140,000

SCIC(중국법인)	계열회사	HSBC 外	2015-12-16	0	0	0	0	200,000
SJC(일본판매법인)	계열회사	Mizuho Bank 外	2015-12-16	285,600	0	73,718	211,882	891,397
SRJ(일본연구법인)	계열회사	SMBC	2016-02-28	26,085	0	5,157	20,928	20,928
SEDAM(멕시코생산법인)	계열회사	Citibank 外	2015-12-16	54,315	62,412	0	116,727	441,000

'XI. 그 밖에 투자자 보호를 위하여 필요한 사항'에서는 공시사항의 진행 및 변경사항, 주주총회 의사록, 중요한 소송사건, 채무보증내역, 제재현황 등을 공시하고 있다.

XI. 그 밖에 투자자 보호를 위하여 필요한 사항

1. 공시사항의 진행 · 변경상황

가. 신고한 주요경영사항의 진행상황

신고일자	제목	신고내용	신고사항의 진행상황
2011년 2월 7일	기타 주요경영사항(자율공시) - 삼성자동차 약정금 등 청구의 소 항소심 판결에 대한 상고 제기	당사 포함 28개 삼성그룹 계열사와 삼성자동차(주) 채권단이 1999년 9월에 작성한 합의서와 관련하여, 당사 포함 삼성그룹 계열사들은 채권단이 2005년 12월에 제기한 약정금 청구의 소의 항소심 판결('11.1.11)에 대하여 상고를 제기함	2015년 1월 29일 상고심 판결로 소송종결
2011년 3월 4일	소송 등의 제기 · 신청	당사 포함 28개 삼성그룹 계열사와 삼성자동차(주) 채권단이 1999년 9월에 작성한 합의서와 관련하여, 채권단은 2005년 12월에 제기한 약정금 등 청구의 소의 항소심 판결('11.1.11)에 대하여 상고를 제기함	

2. 주주총회 의사록 요약

주총일자	안 건	결의내용
제46기 정기주주총회 ('15.3.13)	1. 제46기 대차대조표, 손익계산서 및 이익잉여금처분계산서 (안) 등 재무제표 승인의 건	가결
	2. 이사 선임의 건	가결
	2-1호 : 사외이사 선임의 건	
	2-1-1호 : 사외이사 김한중 선임의 건	
	2-1-2호 : 사외이사 이병기 선임의 건	
	2-2호 : 사내이사 선임의 건(이사 권오현)	
	2-3호 : 감사위원회 위원 선임의 건(이사 김한중)	
	3. 이사 보수한도 승인의 건	가결
제45기 정기주주총회 ('14.3.14)	1. 제45기 대차대조표, 손익계산서 및 이익잉여금처분계산서 (안) 등 재무제표 승인의 건	가결
	2. 이사 보수한도 승인의 건	가결

연습문제

2-1 사업보고서 제출대상에 대해 설명하시오.

풀이 사업보고서 제출대상은 주권상장법인, 기타증권(주권 외의 지분증권, 무보증사채권, 전환사채권, 신주인수권부사채권, 이익참가부사채권, 교환사채권, 신주인수권증서, 증권예탁증권, 파생결합증권)을 증권시장에 상장한 발행인, 주권 등을 모집 또는 매출한 발행인, 외감대상법인 중 증권 별로 증권의 소유자 수가 500인 이상인 발행인이다.

2-2 사업보고서 제출기한에 대해 설명하시오.

풀이 사업보고서 및 분・반기보고서 제출기한은 주권상장법인 기타 자본시장법 시행령이 정하는 법인은 그 사업보고서를 사업연도 경과 후 90일 이내에, 사업연도 개시일부터 6개월간의 반기보고서와 3개월간의 분기보고서를 각각 그 기간 경과 후 45일 이내에 금융위원회와 한국거래소에 전자문서로 제출하여야 한다. 정기보고서의 제출기한은 다음의 방법에 따라 산정한다. 예를 들어, 사업연도가 종료되는 날은 산입하지 아니하고 사업연도가 완전히 경과한 다음 날부터 90일째(45일째) 되는 날까지 제출하여야 한다. 제출기간 산정시 토요일, 공휴일과 근로자의 날은 모두 산입하여 산정하되, 제출기간의 마지막 날(즉, 90일째, 45일째 되는 날)이 토요일, 공휴일인 경우에는 그 다음 근무일까지 제출할 수 있다.

2-3 사업보고서의 공시대상 기간에 대해 설명하시오.

풀이 사업보고서의 공시대상 기간은 공시서류 작성기준일이 속하는 사업연도를 포함한 최근 3사업연도이다. 예를 들어, 20×5 사업연도의 경우, 20×5년, 20×4년, 20×3년이 공시된다.

2-4 사업보고서에 포함되는 이사의 경영진단 및 분석의견의 개요 및 필요성에 대해 설명하시오.

풀이 사업보고서에 포함되는 이사의 경영진단 및 분석의견은 회사 내용을 가장 정확하게 알고 있는 경영진이 회사의 재무상황, 영업실적, 향후 사업전망 및 계획 등에 대해 분석・공시하도록 하여 전반적인 경영상황에 대한 일반투자자의 이해를 증진시키고 경영진과 투자자간에 발생할 수 있는 정보 불균형 해소를 목적으로 한다.

연습문제

이사의 경영진단 및 분석의견을 작성할 때 단지 재무재표에 기재된 회사의 재무적 상황을 서술식으로 재구성하거나 사업보고서 항목에만 한정하여 분석적 검토만을 수행하는 것은 실익이 없다. 따라서 이사의 경영진단 및 분석의견서의 유용성을 증진시키기 위해서는 현재 서식에 기재된 경영성과, 재무상태, 자금조달 등에 한정하지 않고 회사에 대한 이해를 증진시킬 수 있는 계량 · 비계량적 정보를 수치, 도표, 구체적인 사례를 제시하면서 서술식으로 기재하는 것이 바람직하다. 또한 경영진단 및 분석의견은 대표이사 또는 경영성과 · 재무상태 등 회사의 전반적인 내용을 총괄할 수 있는 위치에 있는 등기이사가 작성하여야 한다.

〈 이사의 경영진단 및 분석의견 기재사항 예시 〉

- ○ 예측정보에 대한 주의사항
- ○ 개요(요약)
- ○ 재무상태 및 영업실적에 관한 분석
- ○ 유동성 및 자금조달과 지출에 관한 분석
- ○ 부외거래에 대한 분석
- ○ 그 밖에 투자의사결정에 필요한 사항
  - 중요한 회계정책 및 추정에 관한 사항
  - 환경 및 종업원 등에 관한 사항
  - 법규상의 규제에 관한 사항
  - 파생상품 및 위험관리정책에 관한 사항

이사의 경영진단 및 분석의견은 투자자가 회사 경영진의 입장에서 회사의 전반적인 경영상황을 분석할 수 있도록 재무상황 등에 대한 설명을 제공하며, 회사에 대한 전반적인 설명을 통해 사업보고서를 포함한 공시내용에 대한 투자자의 이해도를 증진시키고, 회사의 이익규모, 현금흐름 등에 대한 질적 정보의 제공으로 투자자의 미래 경영성과 예측의 기초자료로 활용할 수 있게 한다.

2-5 경영진이 사업보고서를 허위작성, 공시하는 경우에 대한 손해배상책임에 대해 설명하시오.

풀이 경영진이 사업보고서를 허위기재하는 경우 투자자에 대한 손해배상책임을 져야 한다. 회사 대표이사 등 경영진이 허위 기재된 재무제표가 포함된 사업보고서를 공시하도록 지시하는 등 사업보고서에 허위의 내용이 기재되었고, 증권 취득자 또는 처분자가 주권상장법인에 대하여 사업보고서의 허위기재 등을 사유로 손해의 배상을 청구하는 경우 증권 취득자는 사업보고서의 허위기재 등과 손해발생 간의 인과관계의 존재를 입증할 필요가 없고 주권상장법인 등이 책임을 면하기 위해 이러한 인과관계가 없다는 것을 입증하여야 한다.

2-6 사업보고서에 기재하는 재무제표에 대해 설명하시오.

풀이 사업보고서에 기재할 수 있는 재무제표는 주식회사의 외부감사에 관한 법률 제3조 제1항에 따른 감사인의 감사결과 수정된 재무제표이다. 따라서 회사가 회계감사인으로부터 감사받은 재무제표를 주주총회에서 승인받지 못하였더라도 동 재무제표를 사업보고서에 기재할 수 있으며, 이 경우 동 재무제표가 승인받지 않았으며, 이후 주주총회 승인과정에서 수정될 수 있다는 내용을 "재무정보 이용상의 유의점"에 기록하여야 한다.

뉴스 속의 재무제표분석

기업보고서에 언급된 사드 이슈.."위험요인 · 실적하락 · 계약해지 등"

중국의 '고고도미사일방어체계(THAAD, 사드) 보복' 여파로 중국 관련 사업을 하고 있는 상당수의 기업들이 직접 또는 간접적인 피해를 입고 있는 가운데 최근 주식시장에서도 주가 급락 등 관련 이슈가 본격적으로 반영되고 있다. 기업들은 이미 지난해 8월경부터 사업보고서 또는 투자설명서 등에 관련 이슈를 위험요인으로 인식해 기재해왔다. 10월까지는 대체로 일반적인 위험요소가 있는 대외환경 등의 수준으로 언급했지만 11월 이후부터는 실적하락 요인, 계약해지 요인 등으로 사드 이슈가 거론됐다.

10일 금융감독원 전자공시에 따르면 지난해 7월 사드배치가 발표된 다음달인 8월경부터 기업들은 사업보고서나 투자설명서 등에 사드 관련 이슈를 위험요인으로 언급하기 시작했다.

동원수산, BNK금융지주, 게임회사 미투온 등이 관련 이슈를 거론했다. 동원수산은 반기보고서에 '사드 배치에 따른 대중외교의 불균형'을 이익구조에 미칠만한 대형 변수 중 하나로 꼽았다.

BNK금융지주는 반기보고서에 '증시 시장여건' 관련 부분에서 화장품 관련주의 주가 하락을 전망하는 내용을 썼다. BNK금융지주는 "그간 상대적으로 강세를 보여왔던 건강관리, 화장품 등 중소형 성장주들은 비교적 가격 부담과 사드 배치 관련 우려 등으로 다소 부진할 것으로 예상된다"고 기재했다.

게임회사인 미투온은 투자설명서에 사드를 자사의 위험요인으로 인식했다. 미투온은 "최근 한국을 둘러싼 국제 정세 이슈인 사드배치 관련 이슈, 혐한(嫌韓) 이슈, 북핵 이슈 등이 당사 게임에 대한 인기에 부정적인 요소로 작용해 당사의 사업에 부정적인 영향을 미칠 수 있다"고 언급했다.

9월 들어선 대림산업이 중국 방문객 감소로 인한 호텔 골프사업 악영향을 위험요인으로 꼽았다. 대림산업은 "사드 배치 결정이 중국 방문객의 감소로 이어져 당사의 호텔 및 골프사업의 악영향을 미칠 수 있다"고 언급했다.

화장품업체 클리오는 중국 정부의 보복가능성을 언급했다. 클리오는 사드 관련 "향후 무역과 관련한 보복 우려가 제기되고 있으며, 사드로 인하여 무역규제가 강화될 경우 화장품 산업에 직접적인 영향을 미치게 된다"고 언급했다.

또 종합상사업을 하는 STX는 대중수출 감소가 불가피하다는 전망을 내놨다. STX는 "사드

배치로 인해 한·중 통상마찰 우려도 가중되고 있어 대중 수출 감소는 불가피할 것으로 전망되고 있다"고 전했다.

중국 관광객이 많은 제주도에서 사업을 하는 마제스타 역시 사드를 매출 감소 위험요인으로 언급했다. 마제스타는 "제주도 카지노 감독과 설치 및 사드의 영향으로 인하여 카지노 영업 부진 등 매출액 감소 위험이 상존하고 있는 상황"이라고 전했다.

화장품 업체인 코스맥스도 투자설명서에 "사드 등과 같은 대외적 이슈가 발생할 경우 간접적으로 당사의 매출에 부정적 영향을 끼칠수 있다"고 언급했다.

11월 이후에는 보타바이오, 한강인터트레이드, 큐로홀딩스, 제이스테판 등 상당수의 기업들이 사드를 위험요인으로 기재했다. 또 일부 기업들은 실적 전망치를 낮춰잡기도 했다.

하이즈항공은 실적 전망치 수정 공시를 하면서 사드를 언급했다. 하이즈항공은 2016년 매출 전망치를 기존 403.3억원에서 328억원으로 낮추면서 매출 감소 주요원인 중 하나로 "사드 등 대외적인 변수로 중국향 매출액 감소"라고 기재했다.

이후부터는 사드가 실질적으로 사업에 타격을 주고 있다는 내용들이 잇따라 나왔다.

투비소트트는 12월 계약 해지 건을 공시하면서 사유 중 하나로 사드를 거론했다. 투비소프트 자회사인 SFH가 중국 상하이 시정부의 국영투자기관 ISPC(대표 샘린, International Sourcing Promotion Center China)와 맺은 사모펀드(PEF) 투자합의각서(MOA, Memorandum of Agreement) 계약이 해지됐는데 회사측은 그 배경으로 사드를 언급했다. 투비소트는 "ISPC 한국 지사 철수 및 최근 사드 배치 등 한중 관계에 민감한 사항으로 인해 더 이상 MOA계약을 지속하기 힘든 상황으로 판단해 프로젝트 수행에 대한 협력을 중단한다는 공문을 ISPC로부터 일방적으로 통보 받았다"고 설명했다.

대형 유통업체인 이마트 역시 투자설명서에 "최근 중국의 사드 보복 등으로 중국 관광객이 감소 추세를 보이고 있다"는 내용을 담았다.

사드 부지 제공으로 직격탄을 맞은 롯데그룹 계열사 가운데선 호텔롯데가 사드를 언급했다. 다만 사드 이슈로 롯데그룹 계열사들이 직격탄을 맞은 것을 감안하면 다소 일반적인 내용이다. 호텔롯데는 지난 1월 23일 예비투자설명서에 "향후에도 국제 정세의 변화, 환율 변동, 2015년 발발한 메르스, 2016년 사드 배치 등과 같은 예기치 못한 악재로 인한 국내외 여행심리가 위축될 경우 당사 면세사업부의 주요 고객인 국내외 해외여행객수는 감소할 우려가 존재하며, 이 경우 당사의 실적은 악화될 수 있다"고 기재했다.

▲ 중국의 '사드 보복'이 지속되는 가운데 8일 유커의 관광명소인 서울 명동 거리가 한산한 모습이다.

〈출처 : 뉴스핌, 2017.3.10〉

제 3 장

재무제표분석 방법과 재무비율분석

〈학습목표〉

- 비교재무제표 분석에 대한 이해
- 구성비율분석에 대한 이해
- 추세분석에 대한 이해
- 재무비율분석에 대한 이해

제 1 절 재무제표분석 방법

재무제표분석은 재무제표가 재무제표 이용자들의 의사결정에 유용한 정보가 될 수 있도록 다양한 방법으로 분석하고 그 결과를 해석하는 것이다. 재무제표분석을 위해 사용되는 주요한 방법으로는 비교재무제표분석, 구성비율분석, 지수추세분석, 재무비율분석 등이 있다.

본 절에서는 이들 재무제표분석 방법들을 개략적으로 설명하고 이후 절에서는 재무비율분석을 보다 자세하게 기술한다.

1 비교재무제표분석

비교재무제표분석(comparative financial statement analysis)에는 기업 간 비교와 기간 간 비교가 있으며, 기업 간 비교는 동종경쟁업체 간 비교가 일반적이며, 이때 산업평균과의 비교도 병행할 수 있다. 기업 간 비교는 동종경쟁업체의 재무제표를 비교형식으로 표시한 것으로 재무제표의 각 항목이 기업 간에 어떻게 다른가를 비교 검토하며, 기간 간 비교는 두 기간 또는 여러 기간에 걸쳐 각 기간의 재무제표를 비교형식으로 표시하여 재무제표의 각 항목이 시간의 경과에 따라 어떻게 변동하는가를 검토하는 분석기법이다.

그리고 기업 간과 기간 간 비교를 종합한 형태의 비교도 동시에 수행될 수 있다. 기간 간 비교에서 비교재무상태표는 여러 기간의 재무상태표를 비교형식으로 표시하여 자산, 부채, 자본항목의 증감변동을 나타내며, 비교포괄손익계산서는 여러 기간의 포괄손익계산서를 비교형식으로 표시하여 수익과 비용, 순이익 등의 증감변동을 나타낸다. 그리고 비교현금흐름표는 여러 기간의 현금흐름표를 비교형식으로 표시하여 영업활동과 투자활동, 재무활동에서 발생한 현금흐름(현금의 유입과 유출)의 증감변동을 나타낸다.

2 구성비율분석

구성비율분석(common-size analysis)은 재무제표의 각 항목을 총액에 대한 구성비율(백분율 또는 공통형) 형태로 표시한 공통형 재무제표(common-size financial statement)를 이용하여 재무제표의 내부구조를 검토하는 분석기법이다. 공통형 재무상태표는 재무상태표의 각 항목을 총자산으로 나누어 작성하며, 공통형 재무상태표를 통해 자산구성 및 재무구조를 파악할 수 있다. 공통형 포괄손익계산서는 손익계산서의 각 항목을 매출로 나누어 작성하며, 공통형 포괄손익계산서를 통해 손익구성을 파악할 수 있다.

3 지수추세분석

지수추세분석(index-number trend analysis)은 재무제표 항목이나 재무비율을 기간별로 비교하여 그 변화추이를 파악하는 분석기법이다. 비교재무제표분석은 3년 이내의 단기간 비교 시에는 유용하나 3년 이상 장기간 비교를 할 때는 지수추세분석을 사용하는 것이 적절하다. 재무제표 항목의 지수추세분석을 위해서는 기준연도를 정하여 기준연도의 금액을 100으로 놓은 다음 비교연도의 금액을 기준연도의 금액으로 나눈 지수(index-number)를 표시하는 지수형 재무제표를 사용한다. 공통형 재무제표를 여러 기간에 대해 작성하면 재무상태표와 포괄손익계산서의 주요 구성비율들이 기간이 경과함에 따라 어떻게 변화해 왔는가를 파악할 수 있다. 재무비율의 장기간 변화추세를 볼 수 있는 재무비율에 대한 지수추세분석도 유용한 정보를 제공한다.

4 재무비율분석

재무비율분석(financial ratio analysis)은 재무제표상의 관련항목들을 대응시켜

비율을 산정하고, 산정된 비율을 통하여 기업의 수익성을 평가하거나 재무위험의 정도를 평가하는 분석기법이다. 예를 들면, 재무상태표에서 부채와 자기자본을 대응시켜 부채자기자본비율을 산정하면 기업의 자본구조가 어떻게 되어 있는지를 파악할 수 있으며, 포괄손익계산서에서 당기순이익과 매출을 대응시켜 매출순이익률을 산정하면 기업의 수익성을 파악할 수 있다. 재무비율분석에는 주로 현재 및 과거의 재무제표 자료가 사용되며 비율분석의 결과는 기업가치평가, 투자종목 선정, 신용평가, 대출결정 등과 같이 다양한 의사결정의 기초자료로 사용된다.

재무비율분석과 관련하여 재무비율의 종류, 재무비율분석시 유의사항 및 한계점 등 자세한 내용은 이후 절에서 기술한다.

제 2 절 재무비율

재무비율이란 재무제표에 나타나는 여러 항목들 간의 상호 관련성을 비율로 표시한 것이다. 재무비율이 정보이용자들의 의사결정에 유용한 자료로 활용되기 위해서는 재무비율 산출대상이 되는 기업의 위험과 수익, 종합적인 경영성과와 재무상태 등을 판단하는데 필요한 경제적인 의미를 내포하고 있어야 한다. 재무비율이 경제적인 의미를 내포하기 위해서는 재무비율을 산정하는데 사용된 재무제표 각 항목들 간에 상관관계가 존재하여야 하며, 이러한 상관관계를 바탕으로 한 재무비율은 정보이용자들에게 기업의 수익성, 위험 등을 종합적으로 판단할 수 있는 정보를 제공한다. 그러나 기업을 분석함에 있어서 단순하게 계산된 재무비율에만 의존하는 것보다 재무비율을 산정하는데 이용된 기초 재무정보자료를 보다 폭넓게 이해하고 검토하는 것이 필요하다.

제 3 절 재무비율분석시 고려사항

1 재무제표의 한계점

재무제표는 그 나름의 유용성과 한계점을 가지고 있다. 앞서 살펴본 한계점 이외에도 재무제표는 현재의 정보가 아니라 과거의 정보를 나타낸다는 추가적인 한계점이 있다. 일반적으로 12월 결산법인의 경우 다음 연도 2월이나 3월 재무제표가 공시된다. 따라서 재무제표가 공시되는 시점에서 이미 그 재무제표는 과거의 정보가 되어버린다. 재무비율분석시 재무제표가 가지는 이러한 한계점을 고려하여 재무비율이 가지는 의미를 해석하고 평가하여야 한다.

2 비계량정보의 활용 필요

재무비율분석이 객관적이기는 하지만 이러한 재무수치로만 표시할 수 없는 기업 고유의 특성이 있다. 따라서 재무비율분석과 더불어 기업조직, 경영자 및 종업원 등 비계량정보도 함께 고려하는 것이 필요하다.

3 분석의 목적 파악

재무비율분석은 그 분석목적에 따라 분석내용이 달라질 수 있다. 예를 들어, 기업에게 자금을 대출하는 은행의 입장에서는 대출원금과 이자의 회수가 중요 관심사일 것이다. 따라서 재무비율분석시 대출원금과 이자 회수를 위한 유동성 및 재무구조와 수익성에 대한 분석이 분석의 주요 목적이 될 것이다. 한편, 기업의 주식을 취득하고자 하는 주식투자자 입장이라면 당해 기업의 주가 상승과 배당이 중요 관심사이기 때문에 기업의 수익성과 성장성에 대한 분석이 분석의 주요 목적이 될 것이다. 따라서 재무비율분석은 분석목적에 따라 중요하게 생각하는 분석내용이 달라질 수 있으므로 이에 따른 적절한 분석과 평가를 하는 것이 필요하다.

4 기업의 성장단계 고려

재무비율분석시 분석대상 기업의 성장단계를 고려하여야 한다. 만약 분석대상 기업이 신생기업이라면 높은 수익성을 기대하기 어렵다. 오히려 효율성과 미래 성장성이 더 중요한 의미를 가질 수 있다.

한편, 분석대상 기업이 성장기업이라면 시장확대 등을 통해 매출이 급격하게 증가하므로 성장성에 대한 분석이 필요하다. 기업이 성장하기 위해서는 생산설비능력과 설비투자를 위한 자금조달능력도 필요하므로 성장성 판단에 있어서 이 두 가지 능력을 고려하여야 한다. 특히, 설비투자를 위한 자금조달이 영업활동현금흐름에서 가능한지 아니면 재무활동현금흐름에서 조달하는지의 여부는 기업의 향후 재무제표에 중요한 영향을 미치므로 이러한 내용을 면밀히 검토하여야 한다.

마지막으로, 성숙기에 있는 기업이라면 매출을 통해 이익 실현과 현금창출을 많이 할 것이므로 수익창출능력, 현금창출능력 등에 대한 분석이 중요하다. 또한 향후 기업의 사업다각화 또는 사업포트폴리오의 구성 등도 중요한 분석내용이 될 수 있다.

5 업종별 특성 이해

재무비율분석의 결과는 당해 기업이 속한 산업특성에 따라 달라질 수 있다. 예를 들어, 유동자산과 비유동자산의 비중이 업종에 따라 상당히 다른 양상을 나타낸다. 설비투자를 많이 필요로 하는 전자업종의 경우 총자산 중 비유동자산이 차지하는 비중이 크고, 서비스업의 경우 유동자산이 더 큰 비중을 차지한다. 이는 업종에 따라 재무상황이 달라질 수 있으므로 분석대상 기업이 속해 있는 업종의 재무적 상황과 특성을 정확히 파악하고 이해해야만 기업에 대한 정확한 재무비율분석이 가능할 것이다.

6 불확실한 미래상황에 대한 추정

재무제표는 과거의 재무정보이기 때문에 과거의 정보라는 한계점을 극복하기 위해서는 미래의 재무상황에 대한 추정이 필요하다. 미래에 대한 추정은 기업의 과거 재무정보를 이용함으로써 가능해진다. 미래상황에 대한 추정은 시장환경의 변화, 신제품 및 신기술 개발, 경쟁기업의 상황 등 외부환경 요인에 의해 많이 영향을 받으므로 미래상황 추정시 이러한 요소를 고려하여야 한다. 추정이라는 한계점이 있지만 그래도 미래상황에 대한 추정 재무제표를 이용한 재무비율분석은 과거 재무정보가 나타내지 못하는 정보를 제공한다는 측면에서 의미있는 정보가 될 수 있다.

제 4 절 재무정보의 원천

재무비율분석을 위해서는 재무정보가 필요하다. 재무정보의 가장 큰 원천은 기업이 공시하는 재무제표이며 기업의 주가나 전반적인 경제지표 등도 재무정보의 원천이 될 수 있으므로 재무정보의 원천은 생각보다 폭넓다. 가장 일반적으로 기업의 외부 정보이용자들이 구할 수 있는 재무정보는 기업이 공시하는 재무보고서(연차, 반기, 분기보고서)이다. 기업이 공시하는 재무보고서 이외에도 한국상장회사협의회, 신용평가기관, 재무분석가 등이 제공하는 기업에 관한 다양한 재무정보가 있으며 금융감독원의 전자공시시스템(dart.fss.or.kr)을 통해서도 감사보고서, 사업보고서는 물론 기업에 대한 재무적 혹은 비재무적인 추가 정보들을 입수할 수 있다.

제 5 절 재무비율의 종류

재무비율은 다음과 같이 분류할 수 있으며 여기서 제시하는 재무비율 이외에도 재무제표분석의 목적에 따라 다양한 재무비율이 있다. 따라서 재무비율분석 목적에 따라 적절한 재무비율을 선택하여 분석・평가할 수 있다.

① 유동성을 나타내는 비율 : 유동비율, 당좌비율
② 지급능력을 나타내는 비율 : 부채자산비율, 부채자기자본비율, 자기자본비율, 차입금의존도, 이자보상비율, 비유동비율, 비유동장기적합률
③ 수익률을 나타내는 비율 : 자산수익률, 자기자본수익률
④ 수익성을 나타내는 비율 : 매출총이익률, 매출영업이익률, 매출영업현금률, 매출순이익률, 매출현금흐름률, 주당순이익
⑤ 효율성(활동성)을 나타내는 비율 : 자산회전율, 자기자본회전율, 매출채권회전율, 매출채권회수기간, 재고자산회전율, 재고자산판매기간
⑥ 성장성을 나타내는 비율 : 매출증가율, 매출총이익증가율, 당기순이익증가율, 자산증가율
⑦ 보통주 관련 비율 : 배당수익률, 주가이익비율, 배당지급률(배당성향)

1 유동성을 나타내는 비율

유동성을 나타내는 비율은 기업의 단기지급능력을 나타내는 비율로 유동비율, 당좌비율 등이 있다.

1) 유동비율

유동비율은 유동자산을 유동부채로 나누어 측정하며, 유동성(liquidity)을 평가하는데 보편적으로 사용된다. 유동비율은 기업의 단기지급능력을 평가하는 비율로 유용하다. 유동부채는 단기간에 상환해야 할 부채로서 비유동자산을 현금화하여 상환하기보다는 유동자산을 현금화하여 상환하는 것이 더 쉬울 수 있다.

일반적으로 유동비율이 2 이상이면, 유동부채에 비해 유동자산이 2배 이상 많은 것이므로 단기지급능력이 만족할 만한 수준인 것으로 평가한다. 그러나 이러한 기준은 임의적인 기준으로서 많은 예외사항과 한계점을 가진다. 따라서 유동비율을 평가할 때 운전자금의 절대적 금액 규모도 함께 평가하는 것이 바람직하다.

$$\text{유동비율} = \frac{\text{유동자산}}{\text{유동부채}}$$

2) 당좌비율

당좌비율은 유동자산 중에서도 재고자산 및 선급비용과 같이 자산의 현금화 가능성, 즉 유동성이 상대적으로 낮은 자산을 제외한 당좌자산(현금, 예금, 유가증권 및 매출채권)을 유동부채로 나누어서 측정한다. 따라서 당좌비율은 유동비율보다 단기지급능력을 보다 엄격하게 측정하는 비율이라 할 수 있다.

일반적으로 당좌비율이 1 이상이면, 유동부채에 해당하는 만큼 당좌자산을 보유하고 있는 것으로 단기지급능력이 양호한 것으로 평가할 수 있다. 그러나 유동비율과 마찬가지로 이러한 기준은 임의적인 기준으로서 많은 예외사항과 한계점을 가지므로 종합적인 평가가 필요하다.

$$\text{당좌비율} = \frac{\text{당좌자산}}{\text{유동부채}}$$

2 지급능력을 나타내는 비율

지급능력을 나타내는 비율은 기업의 장기적인 존속가능성 및 장기 채무를 상환할 수 있는 능력을 나타내는 비율로 부채자산비율, 부채자기자본비율, 자기자본비율, 차입금의존도, 이자보상비율, 비유동비율, 비유동장기적합률 등이 있다.

1) 부채자산비율

부채자산비율(debt to total assets ratio)은 기업의 재무구조를 나타내는 비율로서 총부채를 총자산으로 나누어 측정하며, 기업의 총자산 중에서 부채가 차지하는 정도를 나타낸다.

$$\text{부채자산비율} = \frac{\text{총부채}}{\text{총자산}}$$

2) 부채자기자본비율

부채자기자본비율(debt to equity ratio)은 기업의 재무구조를 나타내는 비율로서 총부채를 자기자본으로 나누어 측정하며, 자기자본에 대한 타인자본(부채)의 상대적인 크기를 나타낸다.

우리나라에서는 부채자기자본비율을 통상적으로 부채비율(debt ratio)로 부르고 있다.

$$\text{부채자기자본비율} = \frac{\text{총부채}}{\text{자기자본}}$$

3) 자기자본비율

자기자본비율(equity ratio)은 기업의 재무구조를 나타내는 비율로서 자기자본을 총자본[타인자본(부채)과 자기자본(자본)]으로 나누어 측정하며, 기업의 총자본

중에서 자기자본이 차지하는 정도를 나타낸다.

$$자기자본비율 = \frac{자기자본}{총자본}$$

4) 차입금의존도

차입금의존도는 차입금(사채 포함)을 총자본[타인자본(부채)과 자기자본(자본)]으로 나누어 측정하며, 기업이 자금조달을 얼마나 많이 차입금(사채 포함)에 의존하는지 여부를 직접적으로 보여주는 비율이다. 총자본, 즉 총자산 중에서 부채가 차지하는 비율이 얼마나 되는지를 나타내는 부채자산비율 산정시 분자가 되는 부채에는 차입금 이외의 다른 부채(충당부채 등)가 포함되어 있으나, 차입금의존도 산정시 분자가 되는 차입금에는 기업의 순수 차입금(사채 포함)만 포함되므로, 기업의 자본조달 수단 중 차입금에 의존하는 정도를 직접적으로 나타내는 비율이라 할 수 있다.

$$차입금의존도 = \frac{차입금(사채\ 포함)}{총자본}$$

5) 이자보상비율

이자보상비율은 채권자에게 지급하는 이자와법인세비용차감전순이익으로 이자비용을 몇배나 지급할 수 있는가를 나타내는 비율이다. 이자보상비율은 채권자에게 지급하는 이자비용에 대한 안전도(safety margin)를 나타내는 비율로서 이 비율이 높을수록 안전도가 높다고 판단한다.

예를 들어, 기업이 벌어들인 돈으로 이자비용도 감당하지 못할 정도라면 이는 기업의 수익성이 좋지 않은 것으로 판단할 수도 있고, 차입금 등 이자비용을 부담하는 채무가 너무 많아 재무구조가 취약한 것으로 평가할 수도 있다. 따라서 이자보상비율은 기업이 벌어들인 돈으로 이자를 낼 수 있는 정도가 되는지 여부를 판단할 수 있는 재무비율이다.

한편, 이자보상비율 산정시 분자에 이자와법인세비용차감전순이익 대신 영업활동현금흐름을 사용하기도 한다.

$$\text{이자보상비율} = \frac{\text{당기순이익} + \text{법인세비용} + \text{이자비용}}{\text{이자비용}}$$

6) 비유동비율

비유동비율은 비유동자산을 자기자본으로 나누어 측정하며, 운용기간이 장기에 속하는 비유동자산을 어느 정도 자기자본으로 충당하였는가를 나타내는 비율이다.

$$\text{비유동비율} = \frac{\text{비유동자산}}{\text{자기자본}}$$

7) 비유동장기적합률

비유동장기적합률은 비유동자산을 비유동부채와 자기자본의 합계 금액으로 나누어 측정하며, 자금조달(비유동부채와 자기자본의 합계 금액)과 자금운용(비유동자산)의 안정성을 동시에 평가하는 비율이다. 비유동자산은 기업이 장기간 보유하는 자산으로서 비유동자산의 취득에 소요된 자금은 장기자금일 필요가 있다. 비유동장기적합률은 이와 같이 비유동자산의 취득에 소요된 자금이 얼마나 장기적인 자본에서 조달되었는지 여부를 측정하는 비율이다.

$$\text{비유동장기적합률} = \frac{\text{비유동자산}}{\text{비유동부채} + \text{자기자본}}$$

3 수익률을 나타내는 비율

수익률(return)을 나타내는 비율로는 자산수익률, 자기자본수익률 등이 있다.

1) 자산수익률

자산수익률은 당기순이익을 평균총자산으로 나누어 측정한다. 자산수익률을 자본수익률이라고도 하는데, 기업이 조달한 총자본[타인자본(부채)과 자기자본(자본)]을 수익창출에 얼마나 효율적으로 사용하고 있는지를 나타내는 비율이다. 자산수익률의 분자인 당기순이익은 일정기간 동안의 경영성과로서 흐름(flow)을 나타내는 반면, 분모인 총자산은 일정시점의 총자산의 잔액(stock)을 나타내고 있다. 따라서 분모인 총자산을 일정기간의 평균치로 측정하는 것이 보다 합리적이므로 기초와 기말시점 총자산의 단순 평균금액으로 측정한다.

$$\text{자산수익률} = \frac{\text{당기순이익} + \text{이자비용}(1-\text{법인세율})}{\text{평균총자산}}$$

2) 자기자본수익률

자기자본수익률은 당기순이익을 평균자기자본으로 나누어 측정하고, 기업이 조달한 자기자본을 수익창출에 얼마나 효율적으로 사용하고 있는지를 나타내는 비율이다.

$$\text{자기자본수익률} = \frac{\text{당기순이익}}{\text{평균자기자본}}$$

4 수익성을 나타내는 비율

수익성(profitability)을 나타내는 비율로는 매출총이익률, 매출영업이익률, 매출영업현금률, 매출순이익률, 매출현금흐름률, 주당순이익 등이 있다.

1) 매출총이익률

매출총이익률은 매출총이익을 매출로 나누어 측정하고, 매출로부터 얼마만큼의 매출총이익을 얻었는지를 나타내는 비율이다.

$$\text{매출총이익률} = \frac{\text{매출총이익}}{\text{매출}}$$

2) 매출영업이익률

매출영업이익률은 영업이익을 매출로 나누어 측정하고, 매출로부터 얼마만큼의 영업이익을 얻었는지를 나타내는 비율이다.

$$\text{매출영업이익률} = \frac{\text{영업이익}}{\text{매출}}$$

3) 매출영업현금률

매출영업현금률은 영업에서 창출된 현금을 매출로 나누어 측정하고, 매출영업이익률의 질과 매출의 현금창출력을 나타내는 비율이다.

$$\text{매출영업현금률} = \frac{\text{영업에서 창출된 현금}}{\text{매출}}$$

4) 매출순이익률

매출순이익률은 당기순이익을 매출로 나누어 측정하고, 매출로부터 얼마만큼의 당기순이익을 얻었는지를 나타내는 비율이다.

$$\text{매출순이익률} = \frac{\text{당기순이익}}{\text{매출}}$$

5) 매출현금흐름률

매출현금흐름률은 영업활동현금흐름을 매출로 나누어 측정하고, 매출순이익률의 질과 매출의 현금창출력을 나타내는 비율이다.

$$매출현금흐름률 = \frac{영업활동현금흐름}{매출}$$

6) 주당순이익

주당순이익은 보통주에게 귀속되는 당기순이익에서 가중평균유통보통주식수를 나누어 측정한다. 보통주에게 귀속되는 당기순이익은 당기순이익에서 우선주 소유주에게 배분되는 배당금을 차감한 금액이다.

$$주당순이익 = \frac{당기순이익 - 우선주\ 배당금}{가중평균유통보통주식수}$$

5 효율성을 나타내는 비율

효율성을 나타내는 비율로는 자산회전율, 자기자본회전율, 매출채권회전율, 매출채권회수기간, 재고자산회전율, 재고자산판매기간 등이 있다.

1) 자산회전율

자산회전율은 매출을 평균총자산으로 나누어 측정하며, 보유하고 있는 총자산이 수익을 창출하는 데 얼마나 효율적으로 사용되었는지를 평가하는 비율이다. 자산회전율이 높다는 것은 한 단위의 자산에서 보다 높은 매출이 실현되는 것이므로 자산이 효율적으로 사용되고 있는 것으로 평가할 수 있다.

$$자산회전율 = \frac{매출}{평균총자산}$$

2) 자기자본회전율

자기자본회전율은 매출을 평균자기자본으로 나누어 측정하며, 자산회전율과 마찬가지로 자기자본이 수익을 창출하는 데 얼마나 효율적으로 사용되었는지를 평가하는 비율이다. 자기자본회전율이 높다는 것은 한 단위의 자기자본에서 보다 높은 매출이 실현되는 것이므로 자기자본이 효율적으로 사용되고 있는 것으로 평가할 수 있다.

$$\text{자기자본회전율} = \frac{\text{매출}}{\text{평균자기자본}}$$

3) 매출채권회전율과 매출채권회수기간

매출채권회전율은 매출을 평균매출채권으로 나누어 측정하고, 매출채권이 현금화되는 속도 또는 매출채권에 대한 투자효율성을 나타낸다.

$$\text{매출채권회전율} = \frac{\text{매출}}{\text{평균매출채권}}$$

한편, 매출채권회수기간은 365일(1년)을 매출채권회전율로 나누어 측정한다. 이는 매출채권을 회수하는데 소요되는 평균기간을 의미한다. 매출채권회수기간은 기업의 신용기간에 대한 정책과 비교하여 분석함으로써 기업의 신용판매관리의 효율성을 평가할 수 있다.

예를 들어, 기업의 신용기간에 관한 정책에 의하면 매출채권회수기간이 20일이어야 하는데 기업의 실제 매출채권회수기간이 40일로 나타난 경우 이러한 차이에 대한 분석이 필요하다. 즉, 실제 매출채권 회수기간이 40일이라는 것은 기업이 매출채권을 효율적으로 회수하지 못하고 있음을 나타내고 있다. 이와 같이 기업의 매출채권회수기간 분석을 통해 기업이 보유하고 있는 매출채권에 대한 유동성을 평가할 수 있다. 만약 실제 매출채권회수기간이 기업이 정책적으로 설정한 기간보다 짧은 것으로 나타나면 매출채권의 유동성이 높은 것으로 평가할 수 있다.

$$매출채권회수기간 = \frac{365일}{매출채권회전율}$$

4) 재고자산회전율과 재고자산판매기간

재고자산회전율은 매출원가를 평균재고자산으로 나누어 측정한다. 재고자산회전율은 재고자산을 얼마나 효율적으로 관리하고 있는지를 나타내는 비율이다. 재고자산회전율이 높다는 것은 상대적으로 적은 재고자산으로 일정액의 매출을 달성하는 것이므로 재고자산이 효율적으로 관리되고 있는 것으로 평가할 수 있다.

$$재고자산회전율 = \frac{매출원가}{평균재고자산}$$

한편, 재고자산판매기간은 365일(1년)을 재고자산회전율로 나누어 측정한다. 이는 재고자산이 현금화되는 데 소요되는 평균기간을 의미한다. 재고자산판매기간은 기업의 재고자산 판매 및 관리에 대한 정책과 비교하여 분석함으로써 기업의 재고자산관리의 효율성을 평가할 수 있다.

예를 들어, 기업의 재고자산 판매 및 관리에 관한 정책상 재고자산판매기간이 60일이어야 하는데 기업의 실제 재고자산판매기간이 120일로 나타난 경우 이러한 차이에 대한 분석이 필요하다. 즉, 실제 재고자산판매기간이 120일이라는 것은 기업이 재고자산을 과다하게 보유하고 있거나 진부화된 재고자산이나 유동성이 낮은 재고자산을 많이 보유하고 있는 것으로 평가할 수 있다.

매출채권회수기간과 마찬가지로 재고자산판매기간 분석을 통해 기업이 보유하고 있는 재고자산에 대한 유동성을 평가할 수 있다. 만약 실제 재고자산판매기간이 기업이 정책적으로 설정한 기간보다 긴 것으로 나타나면 재고자산의 유동성이 낮은 것으로 평가할 수 있다.

$$재고자산판매기간 = \frac{365일}{재고자산회전율}$$

6 성장성을 나타내는 비율

성장성을 나타내는 비율로는 매출증가율, 매출총이익증가율, 당기순이익증가율, 자산증가율 등이 있다.

1) 매출증가율

매출증가율은 전기 대비 당기 매출 변동액에서 전기매출을 나누어 측정한다. 매출증가율은 전기와 비교해서 당기의 매출이 얼마나 증가했는지를 나타내는 비율로써 기업의 성장성을 나타내는 대표적인 비율이다. 일반적으로 매출증가율이 높을수록 성장성이 양호한 것으로 평가한다.

$$\text{매출증가율} = \frac{\text{당기매출} - \text{전기매출}}{\text{전기매출}}$$

2) 매출총이익증가율

매출총이익증가율은 전기 대비 당기 매출총이익 변동액에서 전기매출총이익을 나누어 측정한다. 매출총이익증가율은 전기와 비교해서 당기의 매출총이익이 얼마나 증가했는지를 나타내는 비율이다. 일반적으로 매출총이익증가율이 높을수록 성장성이 양호한 것으로 평가한다.

$$\text{매출총이익증가율} = \frac{\text{당기매출총이익} - \text{전기매출총이익}}{\text{전기매출총이익}}$$

3) 당기순이익증가율

당기순이익증가율은 전기 대비 당기순이익 변동액에서 전기순이익을 나누어 측정한다. 당기순이익증가율은 전기와 비교해서 당기의 순이익이 얼마나 증가했는지를 나타내는 비율이다. 일반적으로 당기순이익증가율이 높을수록 성장성이 양호한 것으로 평가한다.

$$당기순이익증가율 = \frac{당기순이익 - 전기순이익}{전기순이익}$$

4) 자산증가율

자산증가율은 전기 대비 당기총자산의 변동액에서 전기총자산을 나누어 측정한다. 자산증가율은 전기와 비교해서 당기의 총자산이 얼마나 증가했는지를 나타내는 비율이다. 일반적으로 자산증가율이 높을수록 성장성이 양호한 것으로 평가한다.

$$자산증가율 = \frac{당기총자산 - 전기총자산}{전기총자산}$$

7 보통주 관련 비율

보통주 관련 비율로는 배당수익률, 주가이익비율, 배당지급률(배당성향) 등이 있다.

1) 배당수익률

배당수익률은 주당배당금을 주가로 나누어 측정한다. 배당수익률은 주주가 배당으로 인해 얻는 수익률을 나타낸다.

$$배당수익률 = \frac{주당배당금}{주가}$$

2) 주가이익비율

주가이익비율은 주가를 주당순이익으로 나누어 측정한다. 주가이익비율은 주당 주식가격이 주당순이익에 비해 몇 배나 높게 또는 낮게 형성이 되어 있는

지를 판단하는 비율이다. 주가이익비율이 낮다는 것은 주당순이익에 비해 주가가 상대적으로 낮게 형성된 경우로서 향후 추가적인 주가 상승여력이 있는 것으로 평가할 수 있다. 반면, 주가이익비율이 높다는 것은 주당순이익에 비해 주가가 상대적으로 높게 형성된 경우로서 향후 추가적인 주가 하락 가능성이 있는 것으로 평가할 수 있다.

$$\text{주가이익비율} = \frac{\text{주가}}{\text{주당순이익}}$$

3) 배당지급률

배당지급률(배당성향)은 배당금을 당기순이익으로 나누어 측정한다. 즉, 당기순이익 중에서 보통주 주주에게 현금으로 배당을 지급한 비율을 나타낸다. 배당지급률을 통해 기업의 배당에 관한 정책을 이해할 수 있다.

$$\text{배당지급률} = \frac{\text{배당금}}{\text{당기순이익}}$$

제 6 절 재무비율분석시 유의사항

재무비율분석을 효율적이고 효과적으로 하기 위해서는 다음과 같이 유의해야 할 사항들이 있다.

첫째, 재무비율을 측정하는 주요 재무수치 간에는 상호 밀접한 관련성을 가지고 있다. 따라서 재무비율을 분석할 때 이러한 상호 관련성을 염두에 두고 재무비율이 의미하는 바를 해석해 낼 수 있어야 한다. 예를 들면 매출을 진작시키는 광고비 같은 영업비용을 줄여서 매출영업이익률을 단기적으로 향상시킬 수 있다. 그러나 이러한 비용을 줄이게 되면 장기적으로 매출이나 시장점유율을 떨어뜨리게 될 것이다.

따라서 이와 같은 겉보기의 단기적 이익률 향상은 기업의 미래전망을 훼손할 수 있다는 것을 염두에 두어야 한다. 또한 특정 재무비율만을 단독으로 사용하기보다는 여러 재무비율들을 종합적으로 사용하여 재무제표를 전체적이고 입체적으로 분석할 수 있어야 한다.

둘째, 특정 기업의 재무제표를 이용하여 재무비율을 분석하는 경우, 그 기업의 재무비율이 양호한지 불량한지를 평가하기 위해서는 비교대상이 되는 재무비율이 있어야 한다. 만약, 비교대상이 되는 재무비율이 적합하지 않은 경우 기업의 재무비율분석을 통한 그릇된 의사결정을 초래할 수도 있다.

비교대상으로 가장 많이 사용되는 재무비율은 실무계의 오랜 경험적 근거로 확립된 이상적인 재무비율이 있을 수 있다. 예를 들어, IMF 이후 부채자기자본비율을 200% 이내로 줄이도록 권고한 것이나 유동비율이 2, 당좌비율이 1을 넘어야 한다는 것 등이다. 그러나 이는 이상적인 재무비율일 뿐이며 특정 기업이 속한 산업환경이나 경제적 상황을 고려하지 않은 재무비율일 수 있다. 당해 기업의 과거 재무비율도 비교대상 재무비율이 될 수 있으며, 동종 산업에 속하는 다른 기업들의 평균 재무비율도 비교대상 재무비율이 될 수 있다. 따라서 재무비율분석시 비교대상 재무비율을 무엇으로 선택할지에 대해서도 신중하게 고려하여야 한다.

셋째, 재무비율은 재무제표의 여러 수치를 기준으로 산정하게 된다. 그러나 재무제표상에 나타난 여러 수치들은 다양한 회계처리방법을 통해 산출될 수 있기 때문에 수치의 크기뿐만 아니라 당해 수치들의 질(quality)도 함께 고려되어야 한다. 예를 들어, A기업과 B기업이 동일한 당기순이익을 보고하였다 하더라도, 이러한 당기순이익이 매년 일정 수준으로 유지되고 있는지 아니면 기간별로 당기순이익의 크기가 큰 차이를 나타내는지에 따라 이익의 질이 달라질 수 있다. 매년 일정수준의 당기순이익이 유지되고 있는 기업은 이익의 질이 좋은 것으로 평가할 수 있고, 매년 당기순이익의 크기가 큰 차이를 나타내는 기업은 이익의 질이 나쁜 것으로 평가할 수 있다. 이와 같이 이익의 질뿐만 아니라 자산도 당해 자산의 구성, 상태, 유동성 등을 감안하여 자산의 질이 좋은지 나쁜지를 평가할 수 있다.

제 7 절 재무비율분석의 한계점

재무비율분석은 간편하고 이용하기 쉽지만, 동시에 다음과 같은 여러 한계점도 가지고 있다.

① 재무비율분석은 발표된 재무제표 자료를 이용하여 수행되기 때문에 재무제표 자체가 잘못 작성되어 있거나 특정한 의도를 가지고 왜곡 표시되어 있다면 재무비율분석의 신뢰성은 매우 낮아지게 된다.

② 회계기준 자체의 한계점으로 인해 경영자의 능력, 연구개발능력, 지적자산 등은 재무제표에 반영되지 않기 때문에 재무비율분석만으로는 기업평가에 한계가 있다.

③ 재무비율 측정은 기업이 사용한 회계방법에 의해서도 영향을 받게 되는데 기업의 회계방법을 고려하지 않고 기계적으로 비율분석을 하면 분석이 오도될 수도 있다.

④ 재무비율분석은 재무제표 자료를 이용하여 수행된다. 재무비율분석을 하는 시점에서 재무제표 자료는 이미 과거의 회계자료이기 때문에 기업의 미래상태를 예측하는 목적에는 불충분할 수 있다. 이와 같은 문제점을 보완하기 위하여 합리적이고 체계적인 예측방법을 이용하여 추정재무제표를 작성하고 회계정보를 전문적으로 분석하는 재무분석가들의 예측치를 참고로 하여야 한다.

⑤ 재무상태표의 자산 및 부채가 대부분 역사적 원가로 평가되어 있다. 만약 인플레이션이 심한 경우라면 역사적 원가로 평가되어 있는 자산의 장부가치와 실제가치가 상당히 큰 차이를 보일 수 있다. 이러한 자산의 장부가치와 실제가치와의 차이에 따라 회계이익이 다르게 측정될 수도 있으므로 재무비율분석시 신중한 자세가 필요하다.

⑥ 재무제표에 포함되지 않은 부외부채(off-balance sheet liability)가 파악되지 않는다. 부외부채는 경제적 실질면에서는 부채에 해당되지만 재무제표에 부채로 기록되지 않은 부채를 말한다. 따라서 재무비율분석시 주석사항

을 면밀히 검토하여 이러한 부외부채가 재무비율분석에서 간과되지 않도록 하여야 한다.

⑦ 재무비율분석의 결과를 해석함에 있어서 상당한 주관이 개입될 수 있다. 예를 들어 유동비율이 높은 경우 단기지급능력이 우수하다고 평가할 수 있는 반면, 현금성 자산의 과다보유라는 점에서 부정적인 측면도 있다. 따라서 각종 재무비율분석의 결과가 서로 상이할 경우 기업의 경영상태 등을 감안한 종합적이고도 전문가적인 판단이 요구된다.

따라서 재무비율의 분석만으로는 기업평가에 한계가 있을 수밖에 없고 이러한 문제를 극복하기 위해서는 비계량적인 질적 분석이 병행되어야 하며, 비계량적인 질적 분석에는 산업분석과 기업의 경쟁전략분석 및 회계정책분석 등이 있다.

기업의 환경에는 산업환경, 경제적 환경, 사회·문화적 환경, 규제환경 등 다양한 환경이 있으며 그 중에서도 가장 중요한 것은 산업환경이다. 산업별로 공급자와의 관계, 고객과의 관계, 경쟁기업과의 관계에 따라 산업환경이 정해지게 되며, 이러한 관계를 분석하는 것이 산업분석이다.

기업의 수익성과 위험은 산업 내의 경쟁구조에 의해 영향을 받을 뿐 아니라 기업이 선택한 경쟁전략에 의해서도 큰 영향을 받는다. 기업의 대표적인 경쟁전략은 원가우위전략(cost leadership)과 제품차별화전략(product differentiation)이다. 대형할인점은 원가우위전략을 선택하는 예로 들 수 있으며, 유명브랜드의 고가 의류제품은 제품차별화전략을 선택하는 예이다.

재무제표분석에서는 기업의 경쟁전략을 충분히 이해하는 것이 매우 중요하다. 분석대상기업의 매출액이익률이나 회전율을 적절히 해석하고 미래예측을 하는 과정에서 기업의 경쟁전략을 염두에 두어야 하며, 동시에 기업의 경쟁적 지위의 유지에 필요한 영업활동을 실행해 나가고 있는지를 파악하여야 한다.

만일 기업이 원가우위전략을 추구한다면 원가우위를 지켜나가기 위해 주요 비용이 적절히 통제되고 있는지 여부와 만일 큰 변동이 발생한 경우에는 그 원인에 대해 상세한 분석을 수행하여야 하며, 차별화전략을 추구하는 기업의 경우에는 차별화우위를 지켜나가기 위한 연구개발활동, 마케팅활동, 애프터서비스활동 등이 적절히 이루어지고 있는가를 분석하여야 한다. 그리고 분석대상기업의 핵심적 영업활동을 파악하고, 그에 대해 당해 기업이 적용하고 있는 회계정책이 적절한가를 분석하여야 한다.

연습문제

3-1 **재무제표분석방법 중 비교재무제표분석, 구성비율분석, 지수추세분석, 재무비율분석의 의의를 기술하고, 각 분석방법의 장점과 단점을 기술하시오.**

풀이

비교재무제표분석 :

비교재무제표분석(comparative financial statement analysis)에는 기업 간 비교와 기간 간 비교가 있으며, 기업 간 비교는 동종경쟁업체 간 비교가 일반적이며, 이때 산업평균과의 비교도 병행할 수 있다.

기업 간 비교는 동종경쟁업체의 재무제표를 비교형식으로 표시한 것으로 재무제표의 각 항목이 기업 간에 어떻게 다른가를 비교 검토하며, 기간 간 비교는 두 기간 또는 여러 기간에 걸쳐 각 기간의 재무제표를 비교형식으로 표시하여 재무제표의 각 항목이 시간의 경과에 따라 어떻게 변동하는가를 검토하는 분석기법이다. 그리고 기업 간과 기간 간 비교를 종합한 형태의 비교도 동시에 수행될 수 있다.

기간 간 비교에서 비교재무상태표는 여러 기간의 재무상태표를 비교형식으로 표시하여 자산, 부채, 자본항목의 증감변동을 나타내며, 비교포괄손익계산서는 여러 기간의 포괄손익계산서를 비교형식으로 표시하여 수익과 비용, 그리고 순이익 등의 증감변동을 나타낸다. 그리고 비교현금흐름표는 여러 기간의 현금흐름표를 비교형식으로 표시하여 영업활동과 투자활동, 그리고 재무활동에서 발생한 현금흐름(현금의 유입과 유출)의 증감변동을 나타낸다.

구성비율분석 :

구성비율분석(common-size analysis)은 재무제표의 각 항목을 총액에 대한 구성비율(백분율 또는 공통형) 형태로 표시한 공통형 재무제표를 이용하여 재무제표의 내부구조를 검토하는 분석기법이다. 공통형 재무상태표는 재무상태표의 각 항목을 총자산으로 나누어 작성하며, 공통형 재무상태표를 통해 자산구성 및 재무구조를 파악할 수 있다. 공통형 포괄손익계산서는 손익계산서의 각 항목을 매출로 나누어 작성하며, 공통형 포괄손익계산서를 통해 손익구성을 파악할 수 있다.

지수추세분석 :

지수추세분석(index-number trend analysis)은 재무제표 항목이나 재무비율을 기간별로 비교하여 그 변화추이를 파악하는 분석기법이다. 비교재무제표분석은 3년 이내의 단기간 비교 시에는 유용하나 3년 이상 장기간 비교를 할 때는 지수추세분석을 사용하는 것이 적절하다. 재무제표 항목의 지수추세분석을 위해서는 기준연도를 정하여 기준연도의 금액을 100으로 놓은 다음 비교연도의 금액을 기준연도의 금액으로 나눈 지수(index-number)를 표시하는 지수형 재무제표를 사용한다. 공통형 재무제표를 여러 기간에 대해 작성하면 재무상태표와 포괄손익계산서의 주요 구성비율들이 기간이 경과함에 따라 어떻게 변화해 왔는가를 파악할 수 있다. 재무비율의 장기간 변화추세를 볼 수 있는 재무비율에 대한 지수추세분석도 유용한 정보를 제공한다.

재무비율분석 :

재무비율분석(financial ratio analysis)은 재무제표상의 관련항목들을 대응시켜 비율을 산정하고, 산정된 비율을 통하여 기업의 수익성을 평가하거나 재무위험의 정도를 평가하는 분석기법이다. 예를 들면, 재무상태표에서 부채와 자기자본을 대응시켜 부채자기자본비율을 산정하면 기업의 자본구조가 어떻게 되어 있는지를 파악할 수 있으며, 포괄손익계산서에서 당기순이익과 매출을 대응시켜 매출순이익률을 산정하면 기업의 수익성을 파악할 수 있다. 재무비율분석에는 주로 현재 및 과거의 재무제표 자료가 사용되며 비율분석의 결과는 기업가치평가, 투자종목 선정, 신용평가, 대출결정 등과 같이 다양한 의사결정의 기초 자료로 사용된다.

3-2 와룡(주)의 비교재무제표는 다음과 같다.

비교손익계산서

와룡(주) (단위 : 천원)

	20×6	20×5	20×4	20×3	20×2	20×1	20×0
매출	1,594	1,396	1,270	1,164	1,086	1,010	828
매출원가	1,146	932	802	702	652	610	486
매출총이익	448	464	468	462	434	400	342
영업비용	340	266	244	180	156	154	128
당기순이익	108	198	224	282	278	246	214

비교재무상태표

와룡(주) (단위 : 천원)

	20×6	20×5	20×4	20×3	20×2	20×1	20×0
자산							
현금	68	88	92	94	98	96	99
매출채권(순액)	480	504	456	350	308	292	206
재고자산	1,738	1,264	1,104	932	836	710	515
기타유동자산	46	42	24	44	38	38	19
장기투자자산	0	0	0	136	136	136	136
유형자산(순액)	2,120	2,114	1,852	1,044	1,078	960	825
총자산	4,452	4,012	3,528	2,600	2,494	2,232	1,800
부채와 자본							
유동부채	1,120	942	618	514	446	422	272
비유동부채	1,194	1,040	1,012	470	480	520	390
자본금	1,000	1,000	1,000	840	840	640	640
자본잉여금	250	250	250	180	180	160	160
이익잉여금	888	780	648	596	548	490	338
총부채와 자본	4,452	4,012	3,528	2,600	2,494	2,232	1,800

연습문제

〈 요구사항 〉

1. 20×0년을 기준연도로 하여 두 재무제표 개별항목의 추세를 나타내는 지수형 재무제표를 작성하시오.
2. 지수형 재무제표를 이용하여 추세분석을 하시오.

풀이 1. 지수형 재무제표

지수형 포괄손익계산서

와룡(주) (단위 : 천원)

	20×6	20×5	20×4	20×3	20×2	20×1	20×0
매 출	1,594	1,396	1,270	1,164	1,086	1,010	828
(지수)	(193)	(169)	(153)	(140)	(131)	(122)	(100)
매출원가	1,146	932	802	702	652	610	486
(지수)	(236)	(192)	(165)	(144)	(134)	(126)	(100)
매출총이익	448	464	468	462	434	400	342
(지수)	(131)	(136)	(137)	(135)	(127)	(117)	(100)
영업비용	340	266	244	180	156	154	128
(지수)	(266)	(208)	(191)	(141)	(122)	(120)	(100)
당기순이익	108	198	224	282	278	246	214
(지수)	(50)	(92.5)	(105)	(132)	(130)	(115)	(100)

지수형 재무상태표

와룡(주) (단위 : 천원)

	20×6	20×5	20×4	20×3	20×2	20×1	20×0
자산							
현금	68	88	92	94	98	96	99
(지수)	(69)	(89)	(93)	(95)	(99)	(97)	(100)
매출채권(순액)	480	504	456	350	308	292	206
(지수)	(233)	(245)	(221)	(170)	(150)	(142)	(100)
재고자산	1,738	1,264	1,104	932	836	710	515
(지수)	(337)	(245)	(214)	(181)	(162)	(138)	(100)
기타유동자산	46	42	24	44	38	38	19
(지수)	(242)	(221)	(126)	(232)	(200)	(200)	(100)
장기투자자산	0	0	0	136	136	136	136
(지수)	(0)	(0)	(0)	(100)	(100)	(100)	(100)
유형자산(순액)	2,120	2,114	1,852	1,044	1,078	960	825
(지수)	(257)	(256)	(224)	(127)	(131)	(116)	(100)
총자산	4,452	4,012	3,528	2,600	2,494	2,232	1,800
(지수)	(247)	(223)	(196)	(144)	(139)	(124)	(100)
부채와 자본							
유동부채	1,120	942	618	514	446	422	272
(지수)	(412)	(346)	(227)	(189)	(164)	(155)	(100)
비유동부채	1,194	1,040	1,012	470	480	520	390
(지수)	(306)	(267)	(259)	(121)	(123)	(133)	(100)
자본금	1,000	1,000	1,000	840	840	640	640
(지수)	(156)	(156)	(156)	(131)	(131)	(100)	(100)
자본잉여금	250	250	250	180	180	160	160
(지수)	(156)	(156)	(156)	(113)	(113)	(100)	(100)
이익잉여금	888	780	648	596	548	490	338
(지수)	(263)	(231)	(192)	(176)	(162)	(145)	(100)
총총부채와 자본	4,452	4,012	3,528	2,600	2,494	2,232	1,800
(지수)	(247)	(223)	(196)	(144)	(139)	(124)	(100)

2. 추세분석

▌포괄손익계산서 추세분석

매출은 20×0년 이후 지속적으로 증가해오고 있는 추세이며, 매출원가도 점진적으로 증가해오고 있는 추세이다. 매출원가 추세분석에서 특이할 만한 사실은 20×4년부터 매출원가가 급격하게 증가하였다는 사실이다.

매출총이익은 20×0년 이후 꾸준한 증가 추세를 보이다가 20×4년부터 매출원가의 급격한 증가에 기인하여 20×4년부터 다소 주춤한 증가 추세를 보인다. 20×5년부터는 매출총이익이 감소 추세로 반전하였다. 영업비용도 20×4년부터 급격한 증가 추세를 보이고 있으며, 이에 따라 당기순이익이 20×3년까지는 증가 추세를 보이다가 20×4년부터는 급격한 감소 추세를 보이고 있다.

▌재무상태표 추세분석

현금은 20×0년 이후 지속적인 감소 추세를 보이고 있다. 이로 인해 유동성 부족 문제에 직면할 수도 있으므로 각별한 주의를 필요로 한다. 매출채권은 20×0년 이후 지속적인 증가 추세를 보이고 있다. 이는 매출채권 회수 기일과 관련한 기업의 영업정책이 변화하였거나 매출채권이 적시에 회수되지 못한 것에 기인할 수 있다. 이는 매출채권에 대한 회수가능성에 심각한 문제를 야기하므로 이에 대한 대책이 필요할 것이다.

재고자산은 20×0년 이후 급격한 증가세를 보이고 있다. 재고자산의 증가는 팔리지 않은 재고자산의 누적으로 인해 발생할 수도 있으며, 기업의 재고자산 보유 정책의 변화에 기인하였을 수 있다. 만약 팔리지 않은 오래된 재고자산의 누적으로 재고자산이 증가하게 되었다면 이를 해소하기 위한 적절한 대책이 필요하며 재고자산을 공정가치로 평가하여 장부가액을 감소시키는 회계처리를 하여야 할지에 대해 고려해 보아야 할 것이다.

기타유동자산은 꾸준한 증가 추세를 보이고 있으며, 20×4년 이후부터는 장기투자자산을 보유하고 있지 아니하다. 유형자산은 지속적으로 증가하는 추세를 보이고 있다. 특히 20×4년에 급격한 증가를 보이고 있는 것으로 보아 20×4년에 유형자산에 대한 대규모 투자가 있었던 것으로 추정할 수 있다.

유동부채는 꾸준히 증가 추세를 보이고 있다. 만기가 1년 내에 도래하는 유동부채가 증가하는 것에 대비해서 이를 결제하기 위한 유동자산을 충분히 확보해야 할 것이다.

비유동부채도 지속적으로 증가 추세를 보이고 있다. 자본금 등 자본의 증가 추세와 비교할 때 유동부채와 비유동부채의 지속적인 증가로 인해 원금상환 및 이자비용에 대한 부담을 충분히 할 수 있는지에 대해서도 검토가 필요하다.

이익잉여금도 지속적인 증가 추세를 보이고 있다. 이는 당기순이익에서 배당금을 제외한 잉여이익이 지속적으로 누적되고 있다는 것으로서 20×0년 이후 당기순이익이 지속적으로 시현되고 있다는 증거이며, 당기순이익 범위 내에서 배당금 지급이 이루어지고 있음을 짐작할 수 있다.

연습문제

3-3 와룡(주)의 제8기와 제9기 비교포괄손익계산서는 다음과 같다.

	제9기	제8기
순매출	600,000	500,000
매출원가	490,000	430,000
매출총이익	110,000	70,000
영업비용	101,000	51,000
법인세비용차감전순이익	9,000	19,000
법인세비용	2,400	5,000
당기순이익	6,600	14,000

〈 요구사항 〉

1. 공통형 재무제표를 작성하시오.
2. 공통형 재무제표를 분석하시오.

풀이 1. 공통형 재무제표

	제9기	구성비율	제8기	구성비율
순매출	600,000	100%	500,000	100%
매출원가	490,000	82%	430,000	86%
매출총이익	110,000	18%	70,000	14%
영업비용	101,000	17%	51,000	10%
법인세비용차감전순이익	9,000	1%	19,000	4%
법인세비용	2,400	0%	5,000	1%
당기순이익	6,600	1%	14,000	3%

2. 공통형 재무제표 분석

제8기에 비해 제9기가 매출 대비 매출원가 비율이 감소하였다. 이는 원가절감에 의한 매출원가 감소로 이해할 수 있으며, 이로 인해 매출 대비 매출총이익 비율이 증가하였다. 와룡(주)은 매출의 약 18%를 매출총이익으로 기록하고 있으며, 영업비용이 매출의 17%에 해당하는 금액으로 다소 높은 것으로 나타났다. 이로 인해 법인세비용차감전순이익이 매출 대비 1%에 달하는 것으로 나타났다. 이는 제8기의 법인세비용차감전순이익이 매출 대비 4%에 달했던 것과 비교할 때 제9기에 영업비용의 증가로 인해 경영성과가 나빠진 것으로 평가할 수 있다. 이로 인해 매출 대비 당기순이익이 차지하는 비율도 제8기의 3%에 비해 1%에 그치는 것으로 나타났다. 즉, 제9기의 경우 100원의 매출에 대해 1원(제8기의 경우 3원)의 당기순이익을 시현한 것으로 나타났다. 이는 와룡(주)이 제8기에 비해 제9기에 원가절감을 통해 매출총이익을 증가시키기는 했으나 영업비용의 증가로 인해 오히려 당기순이익의 감소를 가져오는 결과를 초래하였다. 이는 기업의 경영성과를 위해서는 원가절감 못지않게 영업비용의 적절한 통제가 매우 중요하다는 것을 보여준다.

3-4 다음은 와룡(주)의 수익성비율과 와룡(주)이 속한 산업의 산업평균 수익성비율이다.

수익성비율	20×9년		20×8년	
	와룡(주)	산업평균	와룡(주)	산업평균
매출총이익률	23.6%	22.5&	15.6%	20.8%
매출영업이익률	7.0%	4.8%	4.4%	4.6%
매출순이익률	−2.9%	1.0%	1.1%	0.4%

〈요구사항〉

1. 20×8년부터 20×9년 사이 매출 성장은 둔화되었다. 그러나 매출총이익이 큰 폭으로 증가하였는데 이유를 설명하시오.
2. 20×9년에 매출영업이익률이 산업평균보다 높고 20×8년 대비로도 상승한 이유를 설명하시오.
3. 매출순이익률이 20×8년에는 산업평균보다 높았으나 20×9년에는 산업평균에 현저하게 못미치고 있다. 이러한 상황이 발생하게 된 이유를 설명하시오.

풀이

1. 매출원가율이 높아서 채산성이 떨어지는 제품을 포기하고 매출원가율이 낮아서 채산성이 높은 제품만을 생산하여 판매하는 전략을 선택하였기 때문이다.
2. 매출대비 판매비와관리비가 산업평균대비 낮고, 20×8년 대비로도 감소하였기 때문이다.
3. 20×9년에 매출대비 순이익이 산업평균보다 현저하게 낮은 것은 이자비용 등 영업외적인 요소로 인한 비용이 큰 폭으로 상승한 것에 기인한다.

연습문제

3-5 다음은 와룡(주)의 효율성비율과 와룡(주)이 속한 산업의 산업평균 효율성비율이다.

효율성비율	20×9년		20×8년	
	와룡(주)	산업평균	와룡(주)	산업평균
자산회전율	0.64회	1.25회	0.81회	1.45회
재고자산회전율	2.1회	4.6회	2.5회	5.4회
매출채권회전율	3.6회	7.2회	9.7회	8.4회
매출채권회수기간	98일	50일	39일	46일

〈요구사항〉

1. 산업평균과 비교할 때 효율성비율이 악화되는 이유를 추정하시오.
2. 재고자산회전율의 감소 이유를 추정하시오.
3. 와룡(주)의 경우 매출채권회전율이 큰 폭으로 하락하였다. 이에 대한 원인을 추정하고 이러한 매출채권회전율의 하락이 와룡(주)에 미치는 영향을 추정하시오.

풀이

1. 각종 회전율의 하락은 분자인 매출의 감소 또는 분모인 자산의 증가에 기인한다. 여기서 매출의 감소는 매출 부진을 의미하며, 자산의 증가는 과잉투자를 의미한다. 산업전체적으로도 자산회전율이 감소한 것으로 보아 산업전반에 걸쳐 매출 부진이 발생한 것으로 보이며, 특히 와룡(주)은 산업평균보다도 더 큰 폭으로 매출이 하락한 것으로 추정된다.
2. 산업 전체적으로 또는 와룡(주)의 경우에도 매출부진으로 재고가 누적되고 있는 것으로 추정된다.
3. 와룡(주)의 신용거래와 관련한 판매정책이 변화되었는지 검토하여야 한다. 만약 신용거래와 관련한 판매정책이 변화하지 않았음에도 불구하고 매출채권회전율이 큰 폭으로 하락한 경우에는 부실채권이 발생하였을 가능성이 높다. 이러한 부실채권의 발생 및 매출채권 회수 부진으로 인해 와룡(주)이 자금압박을 받을 가능성이 높아질 것이다.

3-6 다음은 와룡(주)의 지급능력비율과 와룡(주)이 속한 산업의 산업평균 지급능력비율이다.

지급능력비율	20×9년		20×8년	
	와룡(주)	산업평균	와룡(주)	산업평균
부채자기자본비율	197%	317%	126%	265%
차입금의존도	54.5%	42%	44.0%	36%
이자보상비율	0.6배	2.0배	1.3배	2.1배

〈요구사항〉

1. 와룡(주)의 부채자기자본비율이 증가한 이유를 추정하시오.
2. 와룡(주)의 지급능력을 종합적으로 평가하시오.

풀이 1. 부채자기자본비율은 부채를 자기자본으로 나누어 측정한다. 따라서 분자인 부채가 증가하거나 분모인 자기자본이 감소하면 부채자기자본비율은 증가하게 된다. 부채가 증가했다는 것은 외부차입이 늘어났다는 것이고 자기자본이 감소했다는 것은 당기순손실을 기록하면서 자기자본이 감소한 것으로 추정할 수 있다.

2. 와룡(주)의 부채자기자본비율은 산업평균과 비교할 때 낮은 수준이다. 따라서 와룡(주)의 재무구조는 건실한 편이라고 할 수 있다. 그러나 차입금의존도가 산업평균보다 높고 이자보상비율이 산업평균보다 훨씬 낮은 것으로 비추어 볼 때 차입금에 따른 이자비용의 부담이 다른 기업들보다 훨씬 높다는 것을 알 수 있다. 종합적으로 볼 때 와룡(주)의 부채자기자본비율은 산업평균보다 낮아서 안정성이 있어 보이지만 차입금의존도가 높고 이자보상비율이 낮아 지급능력이 낮다고 할 수 있다.

3-7 다음은 와룡(주)의 유동성비율과 와룡(주)이 속한 산업의 산업평균 유동성비율이다.

유동성비율	20×9년		20×8년	
	와룡(주)	산업평균	와룡(주)	산업평균
유동비율	261%	107%	252%	107%
당좌비율	85%	54%	83%	55%

〈요구사항〉

1. 와룡(주)의 유동비율은 높으나 당좌비율이 낮은 이유를 추정하시오.
2. 와룡(주)의 유동성을 종합적으로 평가하시오.

풀이 1. 재고자산 및 선급비용과 같이 자산의 현금화 가능성, 즉 유동성이 상대적으로 낮은 자산을 많이 보유하고 있기 때문일 것이다.

2. 와룡(주)의 경우 유동비율 및 당좌비율은 산업평균보다 높은 것으로 나타나 유동성이 양호한 것으로 보인다. 이는 1년 내에 현금화가 가능한 유동자산을 많이 보유하고 있는 것으로 해석할 수 있다. 아마도 유상증자 및 사채발행 등 자금조달을 통해 일시적으로 유동자산을 많이 보유하고 있을 것으로 추정된다.

연습문제

3-8 다음은 와룡(주)의 성장성비율과 와룡(주)이 속한 산업의 산업평균 성장성비율이다.

성장성비율	20×9년		20×8년	
	와룡(주)	산업평균	와룡(주)	산업평균
매출증가율	2.4%	7.4%	−14.8%	13.7%
자산증가율	36.8%	21.9%	11.6%	27.1%
유형자산증가율	12.6%	14.5%	−1.5%	16.5%

〈요구사항〉

1. 와룡(주)의 매출증가율이 산업평균에 비해 저조한 것으로 나타났다. 이와 관련하여 와룡(주)의 향후를 전망하시오.
2. 와룡(주)의 자산증가율이 높은 것에 비하여 유형자산증가율은 낮은 것에 대해 어떠한 해석을 할 수 있는지 설명하시오.

풀이

1. 와룡(주)의 매출 부진은 설비투자의 감소로 이어질 수 있다. 이는 향후 와룡(주)의 경쟁력과 성장에 큰 장애가 될 것이다. 매출증가율이 산업평균에 비하여 부진한데 이는 업계에서의 시장점유율이 감소하는 것으로 해석할 수도 있다.
2. 설비투자 이외에 투자자산이나 유동자산에 대한 투자가 활발한 것으로 추정할 수 있다. 특히 유동자산의 증가는 유상증자나 사채발행 등 자금조달로 인해 일시적인 유동자산의 증가가 발생한 것으로 추정할 수 있으며, 투자자산의 증가는 다른 기업이 발행하는 주식 및 부동산에 대한 투자 등이 증가한 것으로 추정할 수 있다.

3-9 재무제표분석에 사용되는 재무비율분석의 한계점을 서술하시오.

풀이 첫째, 재무비율분석은 발표된 재무제표 자료를 이용하여 수행되기 때문에 재무제표 자체가 잘못 작성되어 있거나 특정한 의도를 가지고 왜곡 표시되어져 있다면 재무비율분석의 신뢰성은 매우 낮아진다.

둘째, 회계기준 자체의 한계점으로 인해 경영자의 능력, 연구개발능력, 지적자산 등은 재무제표에 반영되지 않기 때문에 재무비율분석만으로는 기업평가에 한계가 있다.

셋째, 재무비율 측정은 기업이 사용한 회계방법에 의해서도 영향을 받게 되는데 이러한 사항을 고려하지 않고 기계적으로 사용하게 되면 분석이 오도될 수 있다.

넷째, 재무제표의 자료는 이미 과거의 회계자료이기 때문에 기업의 미래 상태를 예측하는 목적에는 불충분할 수 있다.

다섯째, 재무상태표의 자산 및 부채는 역사적 원가로 평가되어 있다. 만약 물가 상승이 심할 경우 역사적 원가로 평가되어 있는 자산의 장부가치와 실제가치가 크게 차이나므로 이를 분석할 시 신중한 자세가 필요하다.

여섯째, 재무제표에 포함되지 않는 부외부채가 파악되지 않는다. 부외부채는 경제적 실질면에서 부채에 해당되지만 재무제표에 부채로 기록되지 않은 부채이다. 따라서 재무비율분석시 주석사항을 면밀히 검토하여 이러한 사항을 놓치지 않도록 해야 한다.

일곱째, 재무비율분석의 결과를 해석함에 있어서 상당한 주관이 개입될 수 있다. 예를 들어 유동비율이 높은 경우 단기지급능력이 우수하다고 평가할 수 있는 반면, 현금성 자산의 과다보유라는 점에서 부정적인 요소도 포함하고 있다. 따라서 각종 재무비율분석의 결과가 서로 상이할 경우 기업의 경영상태 등을 감안하여 종합적인 의사결정을 내려야 한다.

뉴스 속의 재무제표분석

부채비율 계산되니 전자공시 다트에 하루 340만 '광클릭'

제2차 국민체감 20大 금융관행 개혁

전자공시시스템 '다트(DART)'가 지난해 개선된 이후, 작년 한해 하루평균 340만건의 클릭수를 기록한 것으로 나타났다.

금융감독원은 다트의 2016년 중 일평균 조회건수는 약 340만건으로 이는 전년보다 5.5% 증가한 수치라고 19일 밝혔다. 다트는 작년 6월 업그레이드를 거쳤다.

금감원은 다트 개선작업을 거치며, 상장법인이 제출한 사업보고서에 포함된 최근 3년간의 재무제표를 텍스트파일 형태로 일괄 다운로드 받아 동시에 비교 · 조회 가능하도록 업그레이드 했다고 설명했다.

부채비율 산정 등 기본적 재무제표 분석이 가능한 '재무정보 분석툴'을 이용해 회사명별 부채비율, 유동비율 등의 기본적 재무분석도 가능할 수 있도록 기능이 강화됐다.

금감원 관계자는 "공시정보 활용에 필요한 분석툴 및 노하우 제공을 더 늘려 이용자편의성을 보다 더 높일 계획"이라며 "국민들이 보다 쉽고 편리하게 금융정보를 이용할 수 있도록 정보제공 방법의 질적향상을 지속적으로 도모할 것"이라고 말했다.

이외에도 금감원은 금융소비자정보 포털 '파인'을 기본플랫폼으로 활용해 다트 정보제공의 길을 넓힐 방침이다.

앞서 금감원은 '제2차 국민체감 20大 금융관행 개혁'의 일환으로 금감원이 운용하고 있는 각종 금융정보 조회시스템의 이용자 편의성을 제고하기로 하고, 그간 개선방안 마련에 힘을 쏟아왔다.

〈출처 : 조세일보, 2017.1.19〉

제 2 편 재무제표분석의 실제

제 4 장

유동성분석

〈학습목표〉

- 경영활동을 분석함에 있어서 유동성의 중요성 이해
- 운전자본으로 측정하는 유동성과 그 구성요소의 이해
- 유동비율의 의미와 현금기준으로 측정하는 유동성에 대한 이해
- 영업주기 혹은 회전율로 측정하는 유동성의 의미와 분석
- 기타의 유동성 측정방법의 이해

제 1 절 유동성과 유동성분석의 중요성

지급능력(solvency)은 재무제표분석에 있어서 중요한 요소 중의 하나이다. 지급능력이란 단기적인 채무를 상환할 수 있는 능력뿐만 아니라 기업의 장기적인 존속가능성 및 장기적인 채무를 상환할 수 있는 능력을 의미한다. 단기적인 지급능력을 평가하기 위해서는 유동성(liquidity)분석이 필수적이며, 장기적인 존속가능성 및 장기채무상환능력을 평가하기 위해서는 기업의 재무건전성(financial strength)을 나타내는 자본구조(capital structure)의 분석이 필수적이다.

유동성이란 자산을 현금으로 전환시키거나 단기부채를 갚을 현금을 조달하는 능력을 의미한다. 단기란 관행적으로 1년까지의 기간을 의미하는데 대개의 경우는 기업의 정상영업주기(원재료의 구매로부터 판매를 거쳐 현금으로 회수할 때까지의 기간)와 일치한다.

유동성의 중요성은 기업이 단기채무에 대한 지급능력을 상실하게 된 상황을 생각해보면 쉽게 이해할 수 있다. 즉, 유동성 부족은 단순하게 보면, 단기채무를 지급할 수 있는 능력의 부족을 의미하지만 동시에 이윤을 얻을 수 있는 매입할인 기회를 이용할 수 없다는 것을 의미할 수 있다. 또한 경영활동의 기회가 제한되고 위축되어 있다는 것을 의미하기도 한다. 그러나 무엇보다도 기업이 유동부채를 지불할 능력을 상실하게 될 때 가장 심각한 유동성 문제가 발생한다. 이러한 경우를 맞게 되면 기업은 자산을 매각해야 하거나 심한 경우, 지급불능으로 인해 파산에 이를 수도 있다.

주주들의 입장에서 보면, 이러한 유동성 부족은 수익성이 낮아지고 이윤획득의 기회가 적어지게 되며 투자자금의 손실을 가져올 수 있다. 합명회사나 합자회사와 같이 기업 소유주들이 무한책임을 지는 경우 유동성이 부족하면 이들의 개인자산을 처분해야 할 경우도 생기게 된다. 채권자들의 입장에서 보면 유동성 부족은 이자 및 원금의 회수지연이나 회수불능의 원인이 될 수 있다. 기업이 제공하는 재화나 용역의 수요자인 고객이나 기업에게 재화와 용역을 공급하는 공급자들도 유동성 문제에 영향을 받기는 마찬가지이다. 즉, 유동성의 문제로 기업은 계약이행을 하지 못하고 주요 고객이나 공급자와의 관계가 손상될 수 있다. 따라서 유동성분석은 다른 어떤 분석보다도 더 중요한 분석이라고 할 수 있다.

제 2 절 운전자본분석

운전자본(working capital)은 유동성의 척도로서 가장 광범위하게 이용되고 있다. 운전자본은 유동부채를 초과하는 유동자산으로 정의하며, 유동부채가 유동자산을 초과하는 경우에 운전자본의 부족이 발생하고, 유동자산이 유동부채를 초과하는 경우에는 운전자본이 남게 된다.

운전자본은 유동성의 측정치로서 중요한 수치이며, 채권자에게는 채권의 안전성을 의미한다. 또한 운전자본은 현금의 유입 및 유출과정에서 발생될 수 있는 다양성 또는 불확실성에 대처할 수 있는 유동성 능력에 대한 측정치로서도 중요하다. 채권자와 투자자, 기타의 정보이용자에게 운전자본은 유동성과 지불능력에 대한 측정치로서 대단히 중요하기 때문에, 운전자본에 포함되는 항목의 분류가 적정한지 평가해 볼 필요가 있다.

1 유동자산

다음에 해당하는 자산은 유동자산으로 분류한다.

① 기업의 정상영업주기 내에 실현될 것으로 예상하거나, 정상영업주기 내에 판매하거나 소비할 의도가 있다.
② 주로 단기매매 목적으로 보유하고 있다.
③ 보고기간 후 12개월 이내에 실현될 것으로 예상한다.

④ 현금이나 현금성자산으로서, 교환이나 부채상환 목적으로의 사용에 대한 제한기간이 보고기간 후 12개월 이상이 아니다.

유동자산의 여러 가지 요건 중에 자산을 1년 이내에 현금으로 전환시키는 능력이 가장 중요한 요건이다. 또 다른 중요한 요건은 정상영업주기인데, 앞 절에서 언급한 대로 정상영업주기는 재료를 구입할 때부터 재화와 용역의 판매를 거쳐 최종 현금으로 전환될 때까지의 영업활동기간을 의미한다. 이 기간은 재고보유기간이 장기간인 산업(예를 들면, 담배, 증류주, 제재업) 또는 할부 판매 업종인 경우에는 많이 길어질 수 있다. 정상영업주기가 분명하지 않은 경우에는 1년을 원칙으로 한다. 이 절에서는 유동자산의 공통적인 특징을 간단히 알아보고 각각의 유동자산에 관해서는 제2절 4. 3) 유동비율의 분자(유동자산)에서 상세히 논의하기로 한다.

현금은 가장 확실한 유동자산인데, 그 이유는 대부분의 유동부채가 현금으로 지불되기 때문이다. 공장확장 용도와 같은 특정용도가 표시된 현금은 유동자산으로 간주할 수 없으며, 은행대출 계약에 따라 인출이 제한된 예금도 사용가능한 현금으로 간주할 수 없다. 현금성자산은 초과 보유한 현금을 일시적으로 투자한 것으로, 대개 이익을 얻을 목적으로 이루어진 것이다. 이런 투자는 단기성이며 손실이 발생하는 경우가 거의 없는 안전한 투자이다.

유동성 금융자산은 투자를 목적으로 취득한 채권 또는 지분증권이다. 유동성 금융자산에는 다음을 포함한다.

① 단기매매금융자산
② 보고기간 후 12개월 이내에 만기가 도래하거나 매도 등에 의하여 처분할 것이 거의 확실한 매도가능금융자산
③ 보고기간 후 12개월 이내에 만기가 도래하는 만기보유금융자산

또한 대손충당금을 차감한 순실현가능 매출채권(외상매출금과 받을어음)도 유동자산이다. 그러나 만기가 되기까지 1년 이상이 남은 장기매출채권은 유동자산으로 분류하지 않는다. 정상적인 판매로 발생한 할부미수금은 대개 기업의

정상 영업주기 내에 만기가 도래하기 때문에 유동자산으로 분류한다. 재무분석 과정에서 매출채권의 평가는 매우 신중해야 한다. 특히, 이런 매출이 위탁판매이거나 시용판매(반환조건부 판매)인 경우는 더욱 신중해야 한다. 관계기업에 대한 매출채권이나 종업원에 대한 미수금은 정상적인 영업과정에서 1년 이내에 회수 가능한 경우에만 유동자산으로 분류해야 한다.

재고자산은 유동자산이지만, 현재의 생산이나 판매수요를 초과하는 부분은 제외해야 한다. 이런 초과보유 재고자산은 비유동적인 것으로 간주해야 하며, 일반적인 재고자산과는 구별해야 한다. 그러나 이 점에 대해서는 기업 간에 실무상 차이가 많이 있으므로 재무분석과정에서 자세히 살펴보아야 한다. 재고자산의 평가는 특별히 주의를 기울여서 살펴보아야 할 부분인데, 예를 들면 재고자산의 취득단가가 계속 상승하는 상황에서 재고자산의 평가를 선입선출법(FIFO)으로 하는 경우, 후입선출법(LIFO)이나 가중평균법(weighted average)으로 하는 경우에 비하여 기말재고자산이 과대 평가되어 운전자본을 과대 측정할 수 있다. 선급비용 또한 유동자산이나 이는 선급비용이 현금으로 전환할 수 있어서라기보다 현금지출을 필요로 하는 재화나 서비스 공급에 대한 선지급금이기 때문이다.

자산을 현금으로 전환하는 능력이 유동자산으로 분류하는 유일한 결정요소는 아니며, 여기에는 경영자의 의도가 포함되어 있어야 하고, 이러한 분류가 그 업계의 관행이어야 한다. 그러나 경영자의 의도만으로는 충분하지 않다. 예를 들면, 매각예정 비유동자산의 경우 다른 자산들과 분리하여 재무상태표상에 표시된다. 매각예정 비유동자산이란, 즉시 판매 가능하고 판매가능성이 매우 높아야 한다. 즉, 경영진은 매각계획에 대해 분명한 책임을 지고 있으며 매수자를 찾는 적극적인 업무를 시작하고 판매는 일반적으로 12개월 내에 완료되어야 한다.

경영자들은 유동자산의 정의를 확대하려고 노력하는데 그럴수록 유동성분석 과정에서 재무분석가는 재무제표에만 의존하지 않고 재무분석가 스스로의 판단이 설 수 있도록 다양한 비율분석이나 분석적 측정을 사려 깊게 시도해야 한다. 경영자들은 유동자산의 정의를 확대 해석함으로써 상황을 실제보다 좋게 보이게 노력하는데 이것은 오히려 위험이 있다는 신호로 여겨질 수 있다.

2 유동부채

다음에 해당하는 자산은 유동부채로 분류한다.

① 정상영업주기 내에 결제될 것으로 예상하고 있다.
② 주로 단기매매 목적으로 보유하고 있다.
③ 보고기간 후 12개월 이내에 결제하기로 되어 있다.
④ 보고기간 후 12개월 이상 부채의 결제를 연기할 수 있는 무조건의 권리를 가지고 있지 않다.

유동부채에는 단기차입금, 매입채무(외상매입금과 지급어음), 미지급법인세, 미지급비용, 유동성장기부채 등이 있다. 유동자산에서와 마찬가지로 항상 유동부채가 적절하게 분류되어 있다고 가정해서는 안 된다.

유동성분석의 과정에서 지급해야 할 가능성이 상당히 높은 모든 유동성 채무가 유동부채로 보고되고 있는지 여부를 평가해야 한다. 유동부채에 누락항목이 생기면 운전자본의 분석이 어려워진다. 다음은 누락하기 쉬운 유동부채의 몇 가지 예이다.

- 대출보증과 관련된 우발부채로 운전자본을 계산할 때 우발사건이 실현될 수 있는 가능성을 평가할 필요가 있다.
- 비유동자산 구매나 건설계약에는 중간지급조건이 있다. 이러한 중간지급액은 부채가 아니라 약정액(commitments)으로 보고되고 있다. 운전자본을 계산할 때 이런 약정액은 부채에 포함해야 한다.

국제회계기준(IFRS)에 따라 재무상태표를 유동성/비유동성 구분법으로 표시하여 자산과 부채를 유동자산(유동부채)과 비유동자산(비유동부채)으로 구분 표시하는 경우 이연법인세자산(이연법인세부채)은 유동자산(유동부채)으로 분류하지 아니한다.

3 운전자본에 의한 유동성 측정

운전자본에 의한 유동성과 단기재무건전성의 측정은 채권자 측면에서 일반적인 분석사항이며, 주기적으로 유동자산과 유동부채의 차액을 검토할 필요가 있다. 대출계약이나 사채계약에는 대개 채무자인 기업이 최소한으로 유지해야 하는 운전자본을 명시한 조항이 있다. 재무분석가는 투자결정이나 투자추천을 하기 위해 운전자본의 크기를 평가하며, 정부기관에서는 기업을 규제하고 정책을 결정하기 위해 운전자본을 평가한다. 운전자본 금액이 매출이나 총자산과 같은 다른 중요한 재무변수와 관련이 있는 경우에는, 재무정보 이용자의 의사결정에 좀더 많은 영향을 미친다. 운전자본에 의한 유동성 측정시 기업간 운전자본을 직접적으로 비교하거나 운전자본의 적정성을 직접적으로 평가해서는 별로 효용성이 없다. 이에 대한 예가 〈사례 4-1〉에 있다.

사례 4-1

	의양(주)	오성(주)
유동자산	₩300,000	₩1,200,000
유동부채	100,000	1,000,000
운전자본	₩200,000	₩200,000

두 기업의 운전자본금액은 동일하다. 그러나 유동자산 대 유동부채의 상대적 크기를 비교해보면 의양(주)의 운전자본상태가 오성(주)보다 우수하다는 것을 알 수 있다.

4 유동비율에 의한 유동성 측정

〈사례 4-1〉은 운전자본의 절대적 크기보다 상대적 크기가 중요하다는 점을 강조한다. 즉, 두 기업 모두 절대금액으로는 20만원의 운전자본이 동일하게 존재하지만, 유동자산이 120만원인 기업과 유동자산이 30만원인 기업에 대해서는 각기 다른 결론을 내리게 된다. 실무에서 유동부채에 대한 유동자산의 상대적 크기의 측정방법으로 많이 쓰이는 방법이 유동비율(current ratio)이며, 다음과 같이 계산한다.

$$유동비율 = \frac{유동자산}{유동부채}$$

위의 사례에서 의양(주)의 유동비율은 3(30만원/10만원)이고, 오성(주)의 유동비율은 1.2(120만원/100만원)이다. 이 비율을 보면 의양(주)와 오성(주)의 재무상황이 다르다는 것을 알 수 있고, 이러한 기업 간의 비교능력 때문에 유동비율은 기업의 단기 유동성 평가에 가장 자주 쓰이는 비율 중의 하나이다.

1) 유동비율의 목적적합성

유동성의 척도로 유동비율을 많이 이용하는 이유는 다음과 같은 측정능력이 있기 때문이다.

- 유동부채 상환능력(current liability coverage) : 유동부채와 대비하여 유동자산 금액이 많으면 많을수록 유동부채를 상환할 가능성은 높아진다.
- 손실 수용능력(buffer against losses) : 손실 수용능력이 클수록 위험은 적어진다. 유동비율은 비화폐성유동자산의 가치가 하락해서 손실이 발생하더라도 그 손실을 수용할 수 있는 능력을 나타낸다.
- 유동자금에 대한 준비능력(reserve of liquid fund) : 유동비율은 기업의 현금흐름이 불확실해지거나 불의의 충격을 받았을 때 그러한 영향을 수용할 수 있는 능력을 나타내는 척도이다. 파업이 발생하거나 갑작스러운 비정상적 손실이 발생하면 기업의 현금흐름은 크게 악화된다.

유동비율이 유동성과 단기지급능력에 대한 매우 유용한 측정치이지만 일정한 한계점이 있다는 점도 알아야 한다. 다음에서는 유동비율이 가지는 한계점을 살펴보고자 한다.

2) 유동비율의 한계점

유동성과 단기지급능력에 대한 분석수단으로서 유동비율을 평가하기 위해서는 먼저 분자와 분모를 살펴볼 필요가 있다. 만약 유동성이란 유출되는 현금을 유입되는 현금으로 적절히 대처하는 능력이라고 정의한다면 유동비율은 이러한 요소를 모두 포함하고 있는가? 특히, 다음 두 물음에 대해 고려해 볼 필요가 있다.

① 유동비율이 미래의 현금유입과 유출의 형태(pattern)를 측정하고 예측하는가?
② 미래의 현금유출에 대처하기에 적절한 현금유입액이 얼마인지 측정할 수 있는가?

유동비율과 관련된 이 두 질문에 대한 대답은 '아니다'이다. 유동비율은 일정한 시점에서 유동부채를 갚는 데 사용가능한 자원의 정태적(static) 측정치일 뿐이다. 현재 현금자산을 비축한다는 것은 미래의 현금유입과 아무런 논리적 인과관계가 없다. 미래의 현금유입은 유동성에 대한 가장 중요한 지표이며 이러한 현금유입은 매출이나 현금지출, 순이익, 경영환경의 변화 등 유동비율계산에서는 쓰이지도 않는 요소들에 의해 결정된다. 이러한 유동비율의 한계를 명확히 이해하기 위해 유동비율의 개별적 구성요소를 좀더 자세히 검토할 필요가 있다.

3) 유동비율의 분자(유동자산)

다음에서는 유동비율을 이용한 재무분석을 위해 유동자산을 구성하는 각각의 구성요소와 그 의미를 설명한다.

(1) 현금및현금성자산

경영이 잘 되고 있는 기업이 소유한 현금은 일시적인 현금 불균형이나 부족에 대처하기 위한 준비금이다. 예를 들면, 경기가 나빠질 때는 매출을 통한 현금유입의 감소가 매입을 통한 현금유출의 감소보다 먼저 나타나기 때문에 초과 보유한 현금을 이용할 필요가 생긴다. 현금은 비수익성 자산이고 현금성자산은 보통의 경우 이윤이 낮은 예금이나 양도성예금증서 등이기 때문에 이러한 자산에 대한 투자는 가능한 한 최소화되어야 한다. 현금보유액은 현재의 기업활동 수준과는 아무런 관련이 없으며 미래의 활동수준을 예측하지도 못한다.

(2) 유동성 금융자산

적정한 금액 이상 보유하고 있는 초과현금은 일반적으로 현금성자산보다는 높은 수익을 내는 유동성 금융자산에 투자된다. 이러한 유동성 금융자산은 장래에 유동부채를 갚는 데 사용될 것이다. 유동성 금융자산은 투자를 목적으로 취득한 채권 또는 지분증권으로서 다음을 포함한다.

① 단기매매금융자산
② 보고기간 후 12개월 이내에 만기가 도래하거나 매도 등에 의하여 처분할 것이 거의 확실한 매도가능금융자산
③ 보고기간 후 12개월 이내에 만기가 도래하는 만기보유금융자산

단기매매금융자산은 단기매매 목적으로 보유하고 있는 시장성 있는 유가증권으로서 활성거래시장에서 공시되는 시장가격을 공정가치로 보고 당해 시장가격으로 평가하므로 공정가치를 추정하기 위한 평가기법을 사용할 필요가 없다.

보고기간 후 12개월 이내에 만기가 도래하거나 매도 등에 의하여 처분할 것이 거의 확실한 매도가능금융자산은 활성거래시장에서 공시되는 시장가격이 있는 경우에는 당해 시장가격을 공정가치로 보고 당해 시장가격으로 평가한다. 그러나 활성거래시장이 없는 경우 공정가치는 합리적인 평가기법을 사용하여 결정하여야 한다. 평가기법은 합리적인 판단력과 거래의사가 있는 독립된 당사

자 사이의 최근 거래를 사용하는 방법, 실질적으로 동일한 다른 금융상품의 현행 공정가치를 이용할 수 있다면 이를 참조하는 방법, 현금흐름할인방법 등을 포함한다.

한편, 보고기간 후 12개월 이내에 만기가 도래하는 만기보유금융자산은 유효이자율법을 사용하여 상각후원가로 측정한다.

유동성 금융자산의 공정가치는 금융시장의 수급상황 및 경제상황에 따라 수시로 변동한다. 따라서 재무분석을 기중에 실시함으로써 재무분석을 하는 시기가 보고기간 말과 차이가 많이 나는 경우, 보고기간 말을 기준으로 재무상태표에 표시된 공정가치와 재무분석을 하는 당시의 공정가치에 변동이 생길 가능성이 높아진다는 점을 염두에 두어야 한다.

(3) 매출채권

매출채권은 그 발생원천이 매출이다. 매출채권과 매출의 관계는 신용정책과 대금회수방법에 따라 달라진다. 매출채권의 변화는 반드시 비례적이지는 않지만 매출의 변화와 같은 방향으로 움직이는 경향이 있다. 매출채권은 계속 발생·회수되는 특징이 있기 때문에 매출채권의 잔액이 미래 현금유입액의 측정치가 되지는 못한다.

(4) 재고자산

매출채권과 마찬가지로 재고자산 금액의 주요 결정요인은 매출 또는 예상매출이며, 유동부채 수준에 따라 재고자산이 결정되지는 않는다. 매출은 수요와 공급의 함수이지만, 과학적인 재고자산관리방법(예를 들면, 경제적 주문량, 안전재고 및 재주문시점)을 이용하면 재고의 증감을 수요액과 비례적으로 움직이지 않고 그보다는 적은 물량의 재고자산을 보유함으로써 효율적인 재고자산 관리를 할 수 있다. 재고자산과 매출의 관계는 매출을 통해 재고자산이 현금으로 전환되는 과정을 관찰함으로써 이해할 수 있다.

재고판매로 인한 미래현금흐름은 실현되는 매출이익에 따라 달라지는데, 이것은 재고자산이 장부금액과 순실현가능가치 중에 낮은 금액, 즉 저가법으로 기록되기 때문이다. 일반적으로 순실현가능가치는 정상적인 영업과정의 예상판매가격에서 예상되는 추가완성원가와 예상되는 판매비용을 차감한 가치를 말한다. 다만, 예외적으로 원재료와 소모품의 경우 현행대체원가[1]를 최선의 순실현가능가치로 볼 수 있다. 유동비율을 계산하는 데 판매수준이나 이익의 폭을 고려하지 않고 있지만 사실은 이 두 가지 모두 미래현금유입의 중요한 결정요인이다.

(5) 선급비용

선급비용은 미래의 이익을 위한 지출이다. 이러한 이익은 일반적으로 1년 또는 기업의 영업주기 내에 실현되기 때문에 이익이 실현될 당시에 그에 대한 반대급부로 유동자금이 지출되는 일이 없게 한다. 일반적으로 선급비용은 다른 유동자산보다 금액이 적다. 그러나 상황이 좋지 않은 기업은 선급비용계정에 유동성이 의심스러운 항목을 포함시키는 경향이 있으므로 분석과정에서 주의를 기울여 그러한 항목은 운전자본과 유동비율 계산에서 제외시켜야 한다.

(6) 유동자산으로 표시되는 매각예정 비유동자산

매각예정 비유동자산의 경우 다른 자산들과 분리하여 재무상태에 표시된다. 매각예정 비유동자산이란 즉시 판매 가능하고 판매가능성이 매우 높아야 한다. 즉, 경영진은 매각계획에 대해 분명한 책임을 지고 있으며 매수자를 찾는 적극적인 업무를 시작하고 판매는 일반적으로 12개월 내에 완료되어야 한다.

4) 유동비율의 분모(유동부채)

유동부채는 유동비율의 핵심적인 요소인데 그 이유는 매출채권이나 재고자산이 현금유입의 원천인 것처럼 유동부채는 현금유출의 원천이 되기 때문이다. 유동부채는 주로 매출에 의해 발생하며 유동부채 상환능력이 유동비율 측정의 주요 목적이다. 예를 들어, 현금지출이 수반되는 매입은 매출의 함수이고 매입채무는 매출에 비례하여 움직인다. 매출에 변동이 없거나, 증가하면서 동 증가액만큼 유동부채를 상환해 간다면 유동비율은 상환활동이나 미래현금흐름에 미치는 영향을 전혀 나타내지 못한다. 또한 유동비율 계산에 이용되는 유동부

---

1) 현행대체원가란 기업이 소유하고 있는 자산과 동일하거나 유사한 자산을 현시점에서 재취득(또는 재생산)한다고 할 때 지급해야 하는 현금및현금성자산이다.

채는 미래에 지불해야 되는 현금유출액(예를 들면, 건설계약, 차입, 리스, 연금 등에 의한 미래지출 약정액)을 반영하지 않고 있는 문제점이 있다.

5 유동비율을 이용한 분석

유동비율을 검토한 결과 다음과 같은 세 가지 결론을 도출해낼 수 있다.

① 유동성은 예상되는 현금흐름에 따라 결정되며 현재 보유하고 있는 현금및 현금성자산의 영향은 크지 않다.
② 현재의 운전자본 계정잔액과 미래현금흐름의 패턴 사이에는 직접적인 관계가 없다.
③ 매출채권과 재고자산에 관한 경영방침은 주로 효율적이고 수익성 있는 자산이용에 초점을 맞추고 있고, 유동성에 관한 부분은 2차적인 관심사이다.

이러한 결론을 살펴보면 재무분석수단으로서 유동비율이 그다지 좋은 것은 아니나, 현실에서는 유동비율이 재무분석에 널리 쓰이고 있다. 그 이유는 유동비율이 이해하기 쉽고 계산이 편리하며 자료를 활용하기 좋기 때문이다. 만약 현금유입이 완전히 중단된다면 어떻게 될까? 보유하고 있는 유동자산으로 모든 유동부채를 갚을 수 있을까? 이러한 극단적인 분석은 대개의 경우 유용한 유동성 평가방법이 아니다. 이와 관련하여 다음과 같은 두 가지 다른 관점이 있다.

① 지급능력과 유동성에 대한 분석을 해보면 유동비율보다는 추정재무제표와 현금흐름에 대한 예측이 더 우수한 정보임을 알 수 있다. 특히, 이러한 분석은 제품에 대한 수요예측 등과 같이 재무제표에 포함되지 않은 정보가 필요하다.

② 유동부채에 대처하는 유동자산 능력에 대한 정적인 측정치의 의미로서 유동비율을 분석에 이용한다면 이때의 유동성에 대한 개념은 앞에서 설명한 것과는 다른 유동성의 개념이다. 유동성은 유동자산이 현금으로 전환될 수 있는 속도와 준비성이며 지나치게 많이 현금으로 전환되면 유동자산의 가치가 감소할 수도 있다.

유동비율을 효과적으로 이용하기 위해서는 유동비율의 한계점을 인식하고 적절한 상황에서만 사용할 필요가 있다. 즉, 첫째로 유동비율은 현재 유동자산이 유동부채에 대처하는 능력을 측정하는 데만 사용해야 한다는 의미이다. 둘째로 초과 보유한 유동자산은 현금흐름의 불균형이나 기타의 우발상황에 대비한 잉여유동성으로 인식해야 한다.

이 두 가지 관점은 기업의 청산을 가정하고 유동비율을 산정한 것이다. 그러나 이는 계속기업의 가정에 위배되는 것이다. 즉, 계속기업에서 유동자산은 반복적으로 회수되고 발생하는 특성이 있으며(예를 들면, 매출채권은 회수되고 또 다른 매출채권이 발생한다), 유동부채는 반복적으로 상환되고 발생하는 특성이 있다(예를 들면, 매입채무는 상환되고 또 다른 매입채무가 발생한다).

만일 위에서 설명한 대로 유동비율을 사용하고자 한다면 유동비율을 재무분석의 기초로 이용하기 전에 다음의 두 가지 구성요소를 평가하고 측정해야 한다.

① 유동비율 계산에 포함하는 유동자산과 유동부채의 질(quality)
② 유동자산과 유동부채의 유동성(회전율 또는 기간), 즉 재고자산판매와 매출채권회수 및 매입채무지급에 필요한 기간

몇 가지의 조정치와 비율을 사용하여 이 문제를 해결하면 유동비율을 이용하기가 한결 용이해진다. 이하에서는 실무에서 유동비율을 어떻게 적절히 사용하는가를 설명한다.

1) 비교분석

유동비율에 대한 비교분석은 정보이용자들이 관심을 갖는 주요 내용이다. 여기에는 두 가지 분석수단의 사용이 가능한데, 그 하나는 지수추세분석으로 유동비율이 지수로 전환되어 시간의 경과에 따라 변화되는 것을 검토한다. 또 하나는 백분율로 나타내는 구성비율분석(common-size analysis)인데, 유동자산과 유동부채의 구성비율이 시간의 경과에 따라 어떻게 변화되는가를 검토한다.

시간에 따른 유동비율의 변화는 조심스러운 해석이 요구되는데, 그 이유는 이 비율의 변화가 반드시 유동성의 변화 또는 영업성과의 변화를 의미하는 것은 아니기 때문이다. 예를 들어, 불경기에 재고자산과 매출채권은 축적되고 있는 가운데 기업이 유동부채를 계속 갚아나가면, 유동비율이 증가할 수 있다. 반대로 호경기 동안에는 매출액이 증가하고 이에 따라 당기순이익도 증가하게 되어 법인세부담액이 증가하게 된다. 이로 인해 미지급법인세가 증가하게 되고 이는 유동비율의 하락을 초래할 수도 있다. 기업이 영업성과가 좋아서 확장하는 경우에도 운전자본이 평소보다 더 많이 필요해져서 유동비율이 낮아질 수 있다.

〈사례 4-2〉는 운전자본의 증가가 수반되지 않는 기업의 확장으로 인해 유동비율이 낮아진, 그로 인해 운전자본이 더 많이 필요한 경우의 예를 보여주고 있다. 인플레이션도 유동자산과 유동부채의 잔액을 증가시킴으로써 이와 유사한 영향을 미칠 수 있다.

사례 4-2

와룡(주)의 재무자료를 보면 운전자본 총액에는 변함이 없으나 유동자산은 1년 동안 2배, 유동부채는 4배로 증가하여 유동비율이 3에서 1.5로 감소하였다.

	20×7년	20×6년
유동자산	₩600,000	₩300,000
유동부채	400,000	100,000
운전자본	₩200,000	₩200,000
유동비율	1.5	3

2) 비율관리

재무제표를 분석하는 과정에서 유동비율을 관리(분식회계의 일종)하고 있는지를 눈여겨봐야 한다. 결산기가 가까워오면 경영자는 매출채권 회수를 위해 압력을 넣고 재고를 정상수준 이하로 낮추고, 정상적인 구매를 연기시키기도 한다. 이러한 활동으로 얻은 현금은 유동부채를 상환하는 데 이용되고 그 결과 유동비율을 증가시키게 된다.

사례 4-3

와룡(주)은 유동부채를 ₩50,000 상환함으로써 상환 이전보다 유동비율이 더 증가하였다.

	상환 전	상환 후
유동자산	₩200,000	₩150,000
유동부채	100,000	50,000
운전자본	₩100,000	₩100,000
유동비율	2	3

경영자는 부채를 자산과 상쇄시켜서 유동비율을 높이려고 하는데, 〈사례 4-3〉은 이러한 예를 보여주고 있다. 또한 효과적인 재무분석을 위해서는 연단위의 비율계산뿐만 아니라 분기 단위로도 유동비율을 측정해 볼 필요가 있다. 분기별 분석을 하게 되면 경영자는 회계분식을 하기가 어려워질 뿐 아니라 분석의 과정에서 유동비율에 영향을 미치는 계절적인 변동도 파악할 수 있다. 예를 들어, 어떤 기업이 유동자산은 연중 고르게 분포되어 있으나 유동부채가 6월말에 가장 많고 12월말에 가장 적은 특성을 지닌다면 보고기간 말인 12월에 유동비율이 높다고 잘못 해석할 수 있다.

3) 표준비율

표준비율분석에 의하면 일반적으로 유동비율이 2 이상인 경우는 기업의 유동성이 양호하다고 할 수 있는 반면, 2 미만인 경우는 유동성에 위험이 있다고 판단한다. 표준으로서의 2는 유동부채 1원당 이용 가능한 유동자산이 2원 있다는 것을 뜻하며, 다른 관점에서 보면 청산의 과정에서 유동자산의 가치가 50% 감소해도 유동부채를 지불할 수는 있다는 것을 의미한다. 유동비율이 2보다 많이 높다면 유동부채의 상환에는 좋지만 자산을 비효율적으로 사용하여 수익률이 낮다는 의미가 될 수도 있으므로 이 점에도 유의하여야 한다. 표준에 의한 유동비율분석은 다음의 두 가지 점에서 한계가 있다.

① 유동비율을 평가함에 있어서 유동자산과 유동부채의 질이 더욱 중요하다(예를 들면, 유동비율이 동일한 두 기업 간에도 위험이 상당히 차이가 날 수 있는데, 그 이유는 유동자산과 유동부채의 질에 차이가 있기 때문이다).

② 운전자본의 필요액은 산업의 성격이나 정상영업주기 및 순거래기간의 길이에 따라 달라진다.

4) 거래기간분석

운전자본의 필요성은 요구되는 재고수준, 공급업자의 신용기간과 고객에 대한 신용기간 사이의 관계에 의해 영향을 받으며, 이러한 영향들이 기업의 순거래기간(순영업주기)을 결정한다. 따라서 운전자본의 필요성은 순거래기간에 직접적인 영향을 받으며, 순거래기간이 길어지면 길어질수록 운전자본의 필요성은 증대한다. 순거래기간(일)의 계산과 사례는 다음과 같다.

순거래기간(일) = 재고자산판매기간 + 매출채권회수기간 − 매입채무지급기간

재고자산판매기간 = 평균재고자산/1일 평균매출원가
= 평균재고자산/(매출원가÷365)

매출채권회수기간 = 평균매출채권/1일 평균매출액
= 평균매출채권/(매출액÷365)

매입채무지급기간 = 평균매입채무/1일 평균매입액
= 평균매입채무/(매입액÷365)

사례 4-4

와룡(주)의 재무정보 중에서 발췌한 부분은 아래와 같다.

	기 말	기 중	기 초
매　출		₩360,000	
매출채권	₩40,000		₩20,000
재고자산	50,000		100,000
매입채무	20,000		10,000
매출원가(감가상각비 ₩30,000 포함)		320,000	

와룡(주)의 1일 평균매입액의 추정 :

기말재고자산	₩50,000
매출원가	320,000
판매가능원가	370,000
차감 : 기초재고자산	(100,000)
매입 및 제조원가	270,000
차감 : 감가상각비	(30,000)
매입	₩240,000
1일 평균매입액 = ₩240,000/365 =	₩657.53

와룡(주)의 순거래기간을 계산하면 다음과 같다.

재고자산판매기간 = ₩75,000/(매출원가 ₩320,000÷365) =85.55일

매출채권회수기간 = ₩30,000/(매출 ₩360,000÷365) = 30.42일

영업주기(일) =	115.97일
차감 : 매입채무지급기간=	₩15,000 / 657.53=22.81일
순거래기간 =	93.16일

분석결과에 의하면, 와룡(주)의 재고자산판매기간은 85.55일이며, 매출채권회수기간(매출채권보유기간)이 30.42일이고, 매입채무지급기간이 22.81일(공급업자로부터는 22.81일간의 신용기간을 제공받고 있다는 의미임)이어서 순거래기간은 93.16일이다. 순거래기간이 길수록 운전자본의 필요성은 더 커진다. 반대로 매출채권의 보유기간이 짧아질수록, 재고자산 보유액이 작아질수록, 공급업자로

부터 받은 신용기간이 길어질수록 운전자본의 필요성은 낮아진다. 이러한 운전자본의 필요성은 업계의 여건과 관행에 의해 결정된다. 유동비율을 이용한 비교분석과 순거래기간의 측정을 통한 운전자본의 필요성에 대한 분석은 운전자본의 적정성에 대한 평가에 크게 도움이 된다.

5) 매출추세분석

유동자산의 유동성에 대한 분석에는 매출추세에 대한 검토가 포함되어야 한다. 매출은 재고자산을 매출채권 또는 현금으로 전환시키기 때문에, 매출이 증가하면 매출이 안정적일 때보다 재고자산을 매출채권 또는 현금으로 전환하는 것이 용이하며, 반대로 매출이 감소하면 재고자산을 매출채권 또는 현금으로 전환하는 것이 늦어진다.

6 당좌비율에 의한 유동성 측정

유동성을 보다 엄격하게 측정하기 위해서 당좌비율(acid-test(quick) ratio)이 이용된다. 이 비율은 비교적 빨리 현금으로 전환될 수 있는 자산만으로 구성되며, 다음과 같이 계산한다.

$$당좌비율 = \frac{당좌자산}{유동부채}$$

$$= \frac{현금및현금성자산 + 유동성금융자산 + 매출채권}{유동부채}$$

재고자산은 유동자산 중에서 유동성이 가장 낮기 때문에 당좌비율 계산에서 제외한다. 재고자산을 제외시키는 또 다른 이유는 재고자산은 다른 유동자산보다 평가에 있어서 경영자의 재량이 많기 때문이다. 그러나 어떤 재고자산은 대금회수가 잘 안되는 악성 매출채권보다 오히려 더 유동성이 높을 수 있다는 점도 유의해야 한다. 당좌비율에 대한 해석은 유동비율의 해석과 비슷하다. 당좌비율은 유동성을 좀더 엄격하게 측정하는 것이며, 이 당좌비율을 이용한 분석은 유동성을 평가하는 경우 재고자산을 제외시키면 더 나은 결과를 얻을 수 있을 때에 특히 유용하다. 당좌비율은 일반적으로 1 이상이면 양호한 것으로 본다.

7 방어기간에 의한 유동성 측정

1일 소요경비를 당좌자산으로 감당할 수 있는 기간으로 유동성을 측정한 것이 방어기간인데 다음과 같이 계산한다.

$$\text{방어기간} = \frac{\text{당좌자산}}{\text{1일 소요경비}}$$

$$= \frac{\text{현금및현금성자산} + \text{유동성금융자산} + \text{매출채권}}{(\text{매출원가} + \text{판매비와관리비} + \text{이자비용} - \text{비현금비용}^{2)}) \div 365}$$

이 방어기간은 비교적 빨리 현금으로 전환될 수 있는 자산만으로 기업이 영업에 필요한 현금지출을 얼마간 감당할 수 있는가를 나타내기 때문에 유동비율이나 당좌비율이 유동부채에 초점을 맞춘 것과는 상당히 다른 접근이라고 할 수 있다. 즉, 기업의 지속성을 위해서 반드시 영업에 필요한 현금지출을 감당할 수 있는 기간에 초점을 맞춘 것이다. 이 기간이 길면 길수록 유동성이 높은 것으로 평가된다.

8 유동성에 대한 현금관련 측정치

현금및현금성자산과 유동성금융자산은 '현금과 유사한' 자산으로서 유동자산 중에서 가장 유동적인 것이다. 따라서 다음에서는 유동성에 대한 현금관련 비율에 대해 살펴보기로 한다.

2) 현금지출이 수반되지 않는 비용으로서 유형자산 감가상각비, 무형자산 상각비 등이 있다.

1) 현금구성비율

유동자산 전체에 대한 '현금과 유사한' 자산의 비율인 현금구성비율은 유동자산의 유동성 정도에 대한 척도가 된다. 현금구성비율은 다음과 같이 계산한다.

$$현금구성비율 = \frac{현금및현금성자산+유동성금융자산}{유동자산}$$

현금구성비율이 클수록 유동자산의 유동성은 더 높다. 이 비율은 유동화과정에서 수치가 낮아질 가능성이 없으며, 유동자산을 현금으로 전환하는 데 소요되는 기간이 거의 없다. 그러나 현금및현금성자산도 제약이 있을 수 있음을 알아야 한다. 예를 들면, 금융기관 채권자는 기업이 일정액의 보상예금을 유지하기를 기대한다. 이러한 예금이 있을 때는 분석과정에서 이것이 기업의 신용에 미치는 영향, 은행과의 관계, 인출하지 않기로 한 무언의 약속을 어겼을 때 야기되는 문제 등을 평가해야 한다.

또한 현금구성비율 평가에 대한 두 가지 요소를 이해해야 한다. 하나는 현금을 효과적으로 운용하면서도 현금소요액을 최소한으로 낮추는 현금관리 실무이고, 다른 하나는 금융기관으로부터 필요한 시기에 필요한 금액만큼을 차입할 수 있는 자유대출계약(당좌차월계약이나 마이너스통장 등)인데, 이는 효과적인 현금의 대체방법이며 분석과정에서 고려해야 할 사항이다.

2) 현금비율

유동부채에 대한 현금보유의 적정성을 측정하는 비율은 현금비율(cash ratio)이며 다음과 같이 계산한다.

$$현금비율 = \frac{현금및현금성자산+유동성금융자산}{유동부채}$$

이 비율은 단기채무를 갚기 위한 현금의 가용성을 측정하는 것으로 유동자산과 유동부채의 순환발생(refunding)을 무시한 엄격한 기준이다. 이 비율은 현금및현금성자산 그리고 현금과 유사한 자산인 시장성있는 유가증권이 갖는 유동부채에 대한 상대적 크기를 측정하여 유동부채의 상환능력을 정태적인 면에서 보다 엄격하게 평가하게 한다. 유동성을 평가하는 데 있어서 현금의 중요성은 매우 중요한 것으로 경영에 실패한 경우를 살펴보면 많은 기업이 상당한 양의 비현금자산(유동자산과 비유동자산 모두 포함)을 보유하고도 채무를 상환하지 못하여 지급불능의 상태가 되고 흑자도산하였다.

3) 현금흐름비율

유동비율, 당좌비율, 현금비율 등은 정태적인 성질의 분석도구로서 채무를 갚는 데 있어서 적절한 지표가 되는 현금흐름의 중요성을 인식하는 능력이 부족하므로 유동성에 대한 동태적인 측정이 필요하게 된다. 부채는 현금으로 지급해야 하는 것이기 때문에 유동부채에 대한 영업활동현금흐름의 비교는 중요하다. 유동부채에 대한 영업활동현금흐름을 비교하는 비율은 유동비율의 정태적인 특성을 보완한다. 왜냐하면 분자인 영업활동현금흐름은 흐름의 변수를 반영하기 때문이다. 분석목적을 위해 특정기간의 영업활동현금흐름을 동일 기간의 유동부채와 비교해야 한다. 이 현금흐름비율(cash flow ratio or current cash debt coverage ratio)은 다음과 같이 계산한다.

$$\text{현금흐름비율} = \frac{\text{영업활동현금흐름}}{\text{평균유동부채}}$$

일반적으로 건실한 기업인 경우에 현금흐름비율은 0.4 이상이 바람직하다.

4) 현금보상률

차입금에 대한 현금보유의 적정성을 측정하는 비율은 현금보상률(cash coverage ratio)이며 다음과 같이 계산한다.

$$현금보상률 = \frac{현금및현금성자산 + 유동성금융자산}{차입금}$$

이 비율은 이자 지급과 원금 상환이 요구되는 차입금에 대한 현금의 가용성을 측정하는 것으로 현금및현금성자산 그리고 현금과 유사한 자산인 시장성있는 유가증권이 갖는 차입금에 대한 상대적 크기를 측정하여 차입금의 상환능력을 정태적인 면에서 엄격하게 평가하게 한다.

국제신용평가사인 Moody's에서는 이 비율이 100% 이상이면 Aaa 등급으로 분류한다. 다음은 삼성전자(주)의 2014년 사업보고서에서 공시하고 있는 현금보상률에 관한 내용이다.

4. 유동성 및 자금조달과 지출

당사는 당기말 61조 8,173억원의 유동자금을 보유하고 있습니다.
상기 유동자금은 i) 현금및현금등가물, ii) 단기금융상품, iii) 단기매도가능증권을 모두 포함한 금액이며 전기말 유동자금 54조 4,960억원 대비 7조 3,213억원 증가하였습니다.

당기말 당사 단기차입금(유동성대체 포함)은 9조 8,080억원으로, 전기말 8조 8,643억원 대비 9,437억원 증가하였고, 당기말 장기차입금은 1조 4,576억원으로 전기말 2조 2,962억원 대비 8,386억원 감소했습니다.

당기말 당사 Net Cash(유동자금-차입금)는 50조 5,517억으로, 전기말 43조 3,355억대비 7조 2,162억 증가했습니다.

당사의 유동성은 국제신용평가사 Moody's 유동성 평가지표 기준으로 상당히 양호함을 확인할 수 있습니다. Moody's가 사용하는 주요 유동성 지표인 cash coverage ratio(현금및현금등가물/차입금)는 최상위등급인 Aaa에 해당하는 유동성 비율을 보이고 있습니다.

구분	제46기	제45기	비고
Cash Coverage Ratio (유동자금/차입금)	549%	488%	Moody's 기준 Aaa : >100%

제 3 절 유동성에 대한 영업활동분석

영업활동의 유동성 측정은 유동성분석을 하는 데 있어서 중요한 요소이다. 이 절에서는 매출채권, 재고자산 및 유동부채와 관련한 영업활동의 유동성 측정에 대해 논의한다.

1 매출채권의 유동성 측정

주로 신용판매를 하는 기업의 경우 매출채권(외상매출금 및 받을어음)은 유동자산의 중요한 부분이다. 유동자산과 유동비율의 질을 포함한 유동성을 평가하기 위해서는 매출채권의 질과 유동성을 측정할 필요가 있다. 매출채권의 질과 유동성은 모두 회전율에 영향을 받는다. 매출채권의 질이란 손실 없는 회수가능성을 의미한다. 매출채권이 기업이 설정한 신용기간을 경과한 기간이 길수록 매출채권의 회수가능성은 낮아진다. 매출채권의 회전율은 매출채권의 만기 경과기간의 척도이다. 특히, 이 척도를 기업이 속한 산업의 평균회전율 및 기업이 허용한 신용기간을 토대로 계산된 예상회전율과 비교하는 것은 매출채권의 질과 유동성을 평가하는 유용한 분석방법이다. 매출채권의 유동성은 매출채권이 현금으로 전환되는 속도를 의미한다. 매출채권의 회전율은 이러한 현금전환속도의 측정치이다.

1) 매출채권회전율

매출채권회전율은 다음과 같이 계산한다.

$$\text{매출채권회전율} = \frac{\text{매출}}{\text{평균매출채권}}$$

평균매출채권을 계산하는 직접적인 방법은 그 회계기간의 기초매출채권과 기말매출채권을 더하여 2로 나눈 것이다. 월별 또는 분기별 수치를 이용하면 보다 정확한 추정을 할 수 있다. 매출의 변동이 많을수록 이 비율은 왜곡될 가능성이 높다. 매출채권의 회전율을 계산할 때는 매출채권에 외상매출금과 받을어음을 포함시켜야 한다. 또한 분자인 매출은 신용판매만을 포함시켜야 한다. 왜냐하면 현금판매로는 매출채권이 발생하지 않기 때문이다. 현금판매와 신용판매 수치는 재무제표에서 구분 공시가 되지 않기 때문에 일반적으로 총매출을 이용해 이 비율을 계산한다(현금매출 총계는 중요하지 않다고 가정한다).

만일 현금판매가 중요한 비율을 차지한다면 이 비율의 유용성은 낮아질 것이다. 그러나 총판매액에 대한 현금매출의 비율이 상대적으로 안정적이라면, 매출채권회전율에 대한 연도별 비교는 타당한 분석이 될 수 있다. 매출채권회전율은 매출채권이 평균적으로 얼마나 자주 회전(연중 발생과 회수)하는지를 나타내는 것으로 매출채권이 현금화되는 속도를 나타내는 지표이다.

사례 4-5

와룡(주)의 매출이 ₩1,200,000, 기초매출채권이 ₩150,000, 그리고 기말매출채권이 ₩250,000이라면 이 기업의 매출채권회전율은 다음과 같이 계산된다.

$$\frac{₩1,200,000}{(₩150,000+₩250,000)\div 2} = \frac{₩1,200,000}{₩200,000} = 6회$$

2) 매출채권회수기간

매출채권회전율은 회수속도를 측정하고 비교목적으로는 유용하지만, 기업이 고객에게 허용한 신용기간을 직접적으로 비교할 수는 없다. 이러한 후자의 비교는 매출채권회수기간(일)의 측정을 통해 가능하다. 매출채권회수기간이란 매출채권을 회수하는 데 평균적으로 소요되는 기간(일)의 측정치로 365일을 매출채권회전율로 나누어 계산한다.

$$\text{매출채권회수기간(일)} = \frac{\text{평균매출채권}}{\text{1일 평균매출}} = \frac{\text{평균매출채권}}{\text{매출} \div 365} = \frac{365}{\text{매출채권회전율}}$$

위의 사례에서 표시된 와룡(주)의 수치를 이용하여 매출채권회수기간(일)을 계산하면 아래와 같다.

$$\text{매출채권회수기간(일)} = \frac{365}{6} = \text{61일}$$

3) 매출채권 유동성의 측정치에 대한 해석

매출채권회전율과 회수기간은 기업이 제공하는 신용기간 또는 산업의 평균과 비교하는 데 유용하다. 회수기간을 기업이 허용한 신용기간과 비교하면, 정확한 날짜에 지불하는 고객이 어느 정도인지 평가할 수 있다. 예를 들어, 보통 외상매출기간이 40일인 경우, 평균회수기간이 61일이라는 것은 다음과 같은 몇 가지 상황을 반영하는 것이다.

① 회수노력의 부족
② 고객의 지불지연
③ 재정압박 상황에 있는 고객

회수노력의 부족은 경영자의 관리활동 개선을 통해 해결될 수 있으나 나머지 두 가지의 경우는 매출채권의 질과 유동성을 나타내는 것으로 경영자의 현명한 판단과 행동을 필요로 한다. 따라서 고객의 지불지연이 있을 경우 그 이유가 무엇인지를 파악하고 적절한 해결방안을 마련해야 하며, 재정압박 상황에 있는 고객의 경우는 신속한 대처방안을 마련해야 한다. 예를 들어, 평균회수기간이 61일이라고 해도 이것이 고객 전체의 지불기한이 지연되었다는 것을 나타내는 것이 아니고 한 두 명의 고객 때문에 회수기간이 늘어났을 수도 있음에 유념할 필요가 있다.

4) 매출채권의 연령조사

지연된 회수기간을 조사하기 위한 효과적인 분석수단 중의 하나는 매출채권의 연령(aging)을 조사하여 회수기간 연령일수에 따라 각 매출채권을 분류해 목록에 기록하는 방법이다. 다음에 나타난 리스트와 같은 매출채권연령표는 지불지연이 계속적으로 진행되고 있는지 아니면 특정한 기간에 집중되어 있는지를 보여준다.

	지불기간 초과일수				
	현재	1-30	31-60	61-90	90 이상
매출채권	₩3억	₩1억	₩2천	₩5천	₩1천

매출채권 경과일에 대한 분석을 통해 매출채권의 질과 유동성에 관해 보다 자세한 정보를 얻을 수 있어 경영의사결정에 도움을 받을 수 있다.

5) 회수기간에 따른 분석

다른 부분으로 관심을 돌려보면 받을어음도 세밀히 검토해 보아야 하는데, 그 이유는 받을어음은 보통의 신용거래계좌보다는 유리하지만 질적인 면에 있어서는 훨씬 더 위험할 수 있기 때문이다. 특히, 받을어음이 미지급된 신용거래의 신용기간을 연장하기 위해 발행된 경우라면 더욱 그러하다. 신용거래인 받을어음을 현금매출로 전환하면 전체 매출규모가 감소할 수도 있다는 점도 염두에 두어야 한다.

회수기간 평가에 있어서 판매정책적 측면도 고려되어야 한다. 예를 들어, 기업은 수익성이 좋다면 다소 매출채권 지급이 늦은 고객도 수용할 것이다. 이것은 매출에 따른 수익성이 좋기 때문에 신용기간이 늘어남에 따라 생기는 자금상의 기회비용을 보상하고도 남기 때문이다.

이런 상황이라면 매출채권의 질에 관한 재무분석내용이 바뀔 수 있으나 유동성은 별개의 문제이다. 기업은 또한 다음과 같은 경우에 신용기간을 자유롭게 연장할 수 있다. ① 신제품을 시장에 출시할 때, ② 초과설비활용을 위하여 매출을 확대시킬 때, ③ 특별한 경쟁상황일 때 등이다. 따라서 회수기간을 평가할 때 매출채권, 매출과 이익 간의 관계를 고려해야 한다.

6) 추세분석

시간에 따른 회수기간의 추세는 매출채권의 질과 유동성을 평가하는 데 중요하다. 대손충당금과 매출채권 총액 간의 관계의 추세도 유심히 살펴보아야 하는데, 다음과 같이 계산된다.

$$대손충당금\ 대\ 매출채권\ 비율 = \frac{대손충당금}{매출채권}$$

시간의 경과에 따라 이 비율이 증가하면 매출채권의 회수가능성이 낮아진다는 의미이다. 반대로 시간이 경과함에 따라 이 비율이 감소하면 회수가능성이 개선되었다는 의미도 있고, 대손충당금이 적절하게 계상되었는지를 다시 평가해야 할 필요가 있다는 의미도 된다.

2 재고자산회전율 측정

재고자산은 유동자산 중에 큰 비중을 차지하지만 재고자산의 보유와 기업이 적절한 유동자금을 유지해야 할 필요성과는 아무런 관계가 없다. 즉, 유동자금을 비축하는 수단으로 재고자산을 보유하는 경우란 없다.

재고자산은 이익을 얻기 위해 보유하는 투자자산이다. 이러한 이익은 고객에게 판매를 해서 발생하는 수익에서 생기는 것이다. 대부분의 기업들은 재고자산을 특정수준으로 유지해야 한다. 만일 재고자산이 부족하다면 판매량은 적정수준 이하로 떨어지게 될 것이다. 반대로 재고자산을 초과보유하면 금융비용, 보관료, 보험, 세금 등의 비용이 과도하게 발생할 뿐 아니라 진부화, 품질저하 등의 문제도 생기게 된다. 재고자산을 적정수준 이상으로 초과보유하지 않는다면 그 자금은 다른 곳에서 좀더 유용하게 사용될 수 있을 것이다. 재고자산은 보유함에 따른 위험이 높고 매출채권에 비해 현금화가 용이하지 않으므로 유동자산 중에 가장 유동성이 낮은 자산이다.

그러나 이러한 논리가 항상 적절하지는 않은데, 예를 들어 생필품이나 원재료와 같은 품목들은 시장에서 크게 노력을 하지 않고도 손실 없이 판매할 수도 있다. 그러나 패션상품, 특수부품 또는 장기보존이 어려운 품목들은 적시에 판매되지 않는다면 그 가치가 급속히 상실된다. 유동성을 평가함에 있어서는 재고자산의 질과 유동성에 대한 평가도 같이 이루어져야 한다. 재고자산회전율의 측정치는 이러한 분석을 하는 데 있어서 훌륭한 분석수단이 된다.

1) 재고자산회전율

재고자산회전율은 기업을 통해서 판매되는 재고자산의 판매속도를 측정한 것이며, 다음과 같이 계산한다.

$$\text{재고자산회전율} = \frac{\text{매출원가}}{\text{평균재고자산}}$$

평가의 일관성을 유지하기 위해서 매출원가를 분자로 사용해야 한다. 왜냐하면 분모인 재고자산도 원가로 기록되기 때문이다. 매출원가는 포괄손익계산서에 보고되지만 가끔은 매출원가를 표시하지 않는 경우도 있다. 이럴 때는 '수정된' 비율로 분자에 매출을 이용한다. 매출을 이용하면 회전율이 실제보다 과대표시되기 때문에 회전율의 효용성이 떨어지는 문제가 있지만, 그 대신 일관되게 사용하고 매출총이익의 변화가 작은 경우는 수정된 비율도 비교(추세)분석에 사용할 수 있다.

평균재고자산은 기초재고자산에 기말재고자산을 더한 후 2로 나누어서 계산한다. 이렇게 계산된 평균은 분기별 또는 월별 재고자산 수치를 평균화함으로써 더욱 정확하게 계산할 수 있다. 연말과 같은 특정한 날의 재고자산 수준을 평가하는 문제에 관심을 둘 경우, 이 날짜의 재고자산 금액을 분모로 이용해서 재고자산회전율을 계산할 수 있다. 분석의 과정에서 재고자산 평가방법을 살펴보고 필요한 경우(예 : 비정상적 물가상승 시기에 선입선출법을 사용)에는 적절히 조정을 해야 한다.

2) 재고자산판매기간

재고자산회전율은 판매속도를 측정하고 비교목적으로는 유용하지만, 기업의 구매와 생산정책을 평가하기 위해서는 재고자산판매기간(일)을 아는 것이 필요하며 365일을 재고자산회전율로 나누어 계산한다.

$$\text{재고자산판매기간(일)} = \frac{\text{평균재고자산}}{\text{1일 평균매출원가}} = \frac{\text{평균재고자산}}{\text{매출원가} \div 365} = \frac{365}{\text{재고자산회전율}}$$

재고자산판매기간(일)은 기업이 재고자산을 판매하는 데 평균적으로 소요되는 기간을 말한다. 재고자산판매기간과 관련된 또 다른 방법으로는 기말재고자산 판매에 소요되는 기간(days' sales in inventory)으로 다음과 같이 계산한다.

$$\text{기말재고자산판매기간(일)} = \frac{\text{기말재고자산}}{\text{1일 평균매출원가}}$$

기말재고자산판매기간(일)은 기말재고자산을 판매하는 데 걸리는 기간을 의미하며, 1일 평균매출원가는 다음과 같이 계산한다.

$$\text{1일 평균매출원가} = \frac{\text{매출원가}}{365}$$

사례 4-6

8차년도 기말 와룡(주)의 재무정보는 아래와 같다.

매 출	₩1,800,000
매출원가	1,200,000
기초재고자산	200,000
기말재고자산	₩400,000

1) 평균재고자산을 사용해서 재고자산회전율과 재고자산 판매기간을 구하면 다음과 같다.

$$재고자산회전율 = \frac{₩1,200,000}{(₩200,000+₩400,000)÷2} = 4회$$

$$재고자산판매기간 = \frac{365}{4} = 91일$$

2) 기말재고자산을 기초로 한 기말재고자산판매기간은 아래와 같다.

$$1일\ 평균매출원가 = \frac{₩1,200,000}{365} = ₩3,288$$

$$기말재고자산판매기간 = \frac{₩400,000}{₩3,288} = 122일$$

3) 재고자산회전율에 대한 해석

유동비율에서 유동자산은 유동부채에 대처하기 위한 자금으로 간주한다. 비슷한 관점에서 재고자산회전율은 유동자산의 한 구성요소인 재고자산의 질과 유동성에 대한 측정기준이 된다. 재고자산의 질이란 재고자산을 이용하고 처분하는 기업의 능력을 의미한다. 재고자산의 유동성을 분석할 때는 원가회수 여부가 관심거리이다. 정상적인 경영에서 재고자산은 보통 이익을 남기고 판매된다. 이러한 일반적인 상황에서 정상적인 이익마진은 중요한 의미를 갖는데, 왜냐하면 유동부채를 지불하는 데 사용하기 위해 취득한 자산은 이익과 원가를 모두 포함하기 때문이다. 지속적으로 성장하고 있는 기업은 유동부채를 갚는 데 재고자산을 사용하지 않는다. 그 이유는 재고자산이 정상 수준 이하로 떨어지면 매출이 심각하게 감소할 수 있기 때문이다.

시간이 지남에 따라 재고자산회전율이 감소하거나 또는 산업평균보다 낮아지는 경우는 진부화, 수요부족 또는 판매 불가능 등의 이유로 장기재고(slow-moving items)가 늘어나고 있다는 의미이다. 이러한 상황이 생기면 재고자산원가의 회수가능성을 의심하게 한다. 재고자산회전율의 하락원인이 매출 증가를 예상하고 재고자산을 축적한 것인지, 계약상의 약속·가격인상·조업중단 때문인지, 재고자산이 부족해서인지 등을 알아보기 위해서 좀더 상세한 분석을 할 필요가 있다. 또한 효과적인 재고자산관리는 재고자산회전율을 증가시키기 때문에 주문, 생산, 판매 및 유통을 통합관리함으로써 재고를 낮은 수준으로 유지하는 것을 목적으로 하는 재고자산관리시스템(예 : just-in-time system)에 관해서도 알아야 한다.

원재료, 재공품, 제품과 같은 주요 재고자산 요소에 대한 회전율을 분리하여 계산함으로써 재고자산회전율의 평가를 개선시킬 수 있다. 마찬가지로 기업의 부문별 회전율을 계산하는 것도 재고자산의 질에 관한 유용한 결론을 내리는 데 도움이 된다. 재고자산회전율은 다양한 재고자산에 대한 여러 가지 회전율의 집합체이다. 재고자산을 종류별로 구분하여 재고자산회전율을 계산하려고 할 때 자료의 이용가능성이 문제가 된다. 대부분의 기업은 재고자산 구성요소에 관한 자료를 재무제표에 공시하지 않고 이용자들이 요청할 때만 제공해 준다.

재고자산회전율은 재고자산이 현금으로 전환하는 속도를 측정하는 데 있어서 측정기준이 되기도 한다. 이러한 목적에 유용한 재고자산의 유동성 측정치로는 현금화기간(conversion period) 혹은 영업주기(operating cycle)가 있다. 이 측정치는 재고자산을 현금으로 전환하는 데 필요한 기간으로서 재고자산판매기간과 매출채권회수기간을 합친 것이다. 앞에서 예시한 두 가지의 사례에서 계산한 결과를 이용하여 다음과 같이 현금화기간을 계산할 수 있다.

재고자산판매기간	91일
매출채권회수기간	61
영업주기	152일

이것은 재고자산을 외상으로 판매하고 매출채권을 회수하는 데 걸리는 기간이 152일이라는 것을 의미한다.

재고자산회전율을 평가함에 있어서 여러 가지 대체적인 회계처리방법이 회전율의 구성요소에 영향을 미친다는 점을 염두에 두어야 한다. 물가가 상승하거나 하락하는 시기에 재고자산을 평가하기 위해 선입선출법(FIFO)을 사용하면 재고자산회전율과 유동비율 모두에 영향을 미친다. 즉, 재고자산의 평가방법은 유동비율의 분자, 분모 모두에 영향을 미치며, 분모에는 미지급법인세(유동부채) 형태로 영향을 미치게 된다. 물가가 비정상적으로 상승하는 시기에 선입선출법(FIFO)으로 재고자산을 평가하면 가중평균법(weighted average)으로 평가하는 것에 비해 재고자산이 비현실적으로 높게 평가되고 이 수치가 재고자산회전율이나 유동비율 계산에 쓰이는데, 이럴 때는 적절히 조정하여야 한다. 또한 어떤 기업은 연말에 재고를 비정상적으로 낮게 유지해서 회전율을 높이려는 경향도 있다.

3 유동부채의 유동성 측정

유동부채는 다음과 같은 두 가지 이유로 운전자본과 유동비율을 계산하는 데 중요한 의미를 갖는다.

① 유동부채는 유동자산이 유동부채보다 많아서 안전성(margin of safety)이 충분히 있는지를 측정하는 데 이용된다.
② 운전자본은 유동자산에서 유동부채를 차감한 것이다.

유동비율을 사용함에 있어서 관심의 대상은 유동성이고 계속기업 여부는 관심의 대상이 아니다. 그 이유는 정상적인 영업상황에서 유동부채는 상환하고 없어지는 것이 아니라 계속 발생하고 상환하면서 존재하기 때문이다. 매출이 안정적이면 매입과 유동부채도 안정적이다. 일반적으로 매출이 증가하면 유동부채도 증가한다. 매출의 방향과 추세는 미래의 유동부채 상환을 나타내는 좋은 지표가 된다.

1) 유동부채의 질

유동부채의 질은 유동비율을 분석하는 데 있어서 중요한 요소이다. 모든 유동부채가 똑같이 긴급하거나 강압적으로 상환요구를 받는 것은 아니다. 그러나 극단적인 예로 세금과 관련한 채무는 현재의 재무사정과는 상관없이 즉시 지불되어야 한다. 왜냐하면 정부의 회수권한은 절대적이기 때문이다. 반대의 극단적인 예로 기업과 장기간 관계를 유지하면서 상호 의지해온 공급업자에 대한 부채는 기업의 재무상황이 나쁘면 연기와 재조정이 가능하다.

유동부채의 질은 지급의 긴급한 정도에 의해서 판단해야 한다. 매출로 인해 유입된 자금은 유동부채를 상환하는 데 사용되며, 이 중에서 인건비 관련 채무가 가장 먼저 지급되어야 하는 채무이다. 매입채무나 기타 부채는 이러한 인건비 관련 채무를 지급한 후에 지급된다. 다음 장의 자금흐름에서 이러한 측면을 검토한다.

분석의 과정에서 유동자금의 지급이 필요한 부외부채(off-balance sheet liability)[3)]의 존재 여부도 검토해야 한다.

2) 매입채무회전율

매입채무회전율은 재고자산 매입을 평균 매입채무로 나눈 비율로 매입채무가 지급되는 속도를 나타낸다.

$$매입채무회전율 = \frac{매입}{평균매입채무}$$

이 비율이 높으면 매입채무의 결제가 빨리 이루어지고 있음을 나타내며 매입채무회전율을 낮게 유지할수록 운전자본 투자액을 줄일 수 있다. 이 비율을 계산하는 데 있어서 한 가지 어려운 점은 매입이 대체로 재무제표에 분리되어 보고되지 않는다는 점이다. 그러나 수정한 매출원가(매출원가에서 감각상각이나 기타 비현금비용을 차감)와 재고의 변동을 통해 다음과 같은 방법으로 매입을 추정할 수 있다.

$$매입 = 수정한\ 매출원가 + 기말재고자산 - 기초재고자산$$

3) 부외부채는 실질적으로 기업이 부담해야 하는 부채임에도 불구하고 재무상태표에 계상되어 있지 않은 누락된 부채를 말한다. 예를 들어, 매입 약정이나 리스부채 등이 있다.

3) 매입채무지급기간

매입채무회전율은 지급속도를 측정하고 비교목적으로는 유용하지만, 공급업자가 기업에 허용한 신용기간을 직접적으로 비교할 수는 없다. 따라서 이러한 비교는 매입채무지급기간(일)의 측정을 통해 가능하다. 매입채무지급기간(일)이란 매입채무를 결제하는 데 평균적으로 소요되는 기간의 측정치로 365일을 매입채무회전율로 나누어 계산한다.

$$\text{매입채무지급기간(일)} = \frac{\text{평균매입채무}}{\text{1일 평균매입}} = \frac{\text{평균매입채무}}{\text{매입} \div 365} = \frac{365}{\text{매입채무회전율}}$$

제 4 절 추가적인 유동성 측정방법

1 유동자산의 구성

유동자산의 구성내용을 살펴보면 운전자본의 유동성 정도를 알 수 있다. 구성비율분석(common-size percentage comparison)을 하여 비교하면 절대금액의 크기와는 상관없이 유동성을 비교해 볼 수 있다. 다음의 사례를 살펴보자.

사례 4-7

와룡(주)의 구성비율분석 자료는 아래와 같다.

	1차년도		2차년도	
유동자산				
현 금	₩30,000	30%	₩20,000	20%
매출채권	40,000	40	30,000	30
재고자산	30,000	30	50,000	50
총유동자산	₩100,000	100%	₩100,000	100%

와룡(주)의 유동자산 구성비율을 분석해보면, 2차년도가 1차년도에 비해 상대적으로 유동자산의 유동성이 악화된 것을 볼 수 있는데, 이것은 현금과 매출채권 모두 10% 감소된 것을 보면 알 수가 있다.

2 유동성지수

유동자산의 유동성을 평가할 때 유동성지수(liquidity index)를 이용하면 편리하다. 유동성지수의 산정은 다음의 〈사례 4-8〉과 같은 방법으로 한다.

유동성지수는 일수(days)로 표시하며 가중치로 계산한다. 가중치를 부여하는 과정이 타당해야 유동성지수도 유용성이 있다. 유동성지수의 증가는 유동성 악화를 의미하고, 지수의 감소는 유동성의 향상을 의미한다. 유동성지수는 신중하게 해석해야 하는데 그 이유는 지수는 그 자체로서는 특별한 의미가 없는 숫자일 뿐이기 때문이다. 유동성지수는 하나의 지수를 다른 지수와 비교할 때 비로소 의미가 생긴다. 이 분석은 기간별 유동성의 변화를 측정하거나 기업 간에 유동성을 비교할 때 유용한 방법이 된다.

재고자산이 매출채권으로 전환되는 데 걸리는 기간이 평균 50일이고 매출채권이 현금으로 전환되는 데 걸리는 기간이 평균 40일이라고 가정하고, 이를 이용하여 유동성지수를 계산하면 다음과 같다.

사례 4-8

〈1차년도〉

	금 액	×	현금으로 전환되는 데 걸리는 일수	=	결과치(금액×일수)
현 금	₩30,000		-		-
매출채권	40,000		40일		₩1,600,000
재고자산	30,000		90일*		2,700,000
총 액	₩100,000(a)				₩4,300,000(b)

유동성지수 = b/a = ₩4,300,000/₩100,000 = 43일

* 90일 = 재고자산회전기간 50일 + 매출채권회수기간 40일

〈2차년도〉

	금 액	×	현금으로 전환되는 데 걸리는 일수	=	결과치(금액×일수)
현 금	₩20,000		-		-
매출채권	30,000		40일		₩1,200,000
재고자산	50,000		90일		4,500,000
총 액	₩100,000(a)				₩5,700,000(b)

유동성지수 = b/a = ₩5,700,000/₩100,000 = 57일

와룡(주)의 1차년도와 2차년도의 유동성지수 계산결과를 보면 유동자산 구성요소의 상대적인 크기를 분석한 결과와 일치한다. 즉, 유동성은 2차년도가 1차년도에 비해 저하되어 있다.

3 재무유연성

유동성에 대한 일반적인 분석방법 외에도 유동성에 영향을 주는 중요한 질적 고려사항이 재무유연성(financial flexibility)이다. 재무유연성은 자금흐름이 예상치 못한 차질을 빚을 때 대처하는 능력이다. 즉, 자금을 빌리거나 자기자본을 조달하거나 또는 자산을 매각하고 재배치하거나 영업활동의 규모나 방향을 조정하는 능력을 의미한다.

이 중에서 기업의 차입능력은 다음과 같은 요소에 의해 결정되며, 이 능력은 계속 변화한다. 즉, 차입을 할 수 있는 능력은 기업의 수익성, 안정성, 규모, 업계의 위치, 자산 구성내용, 자본구조 등에 의해 좌우된다. 또 금융시장의 상황과 추세에 의해 좌우되기도 한다. 기업의 차입능력은 현금의 원천으로서 그리고 단기채무를 차환(turning over)하는 데 있어서 중요하다. 그리고 약정된 자금조달이나 신용한도액 설정은 현금을 이용할 수 있는 원천이 된다.

기업의 재무유연성 평가와 관련된 다른 요소로는 다음과 같은 것이 있다. ① 기업이 발행한 어음이나 사채 등에 대한 등급(rating), ② 자산매각에 대한 제

약, ③ 기업의 지출비용 중 자유재량적비용(지출을 지연 또는 중단할 수 있음)의 정도, ④ 변화하는 환경(예: 파업, 수요의 변화, 공급처의 문제 발생 등)에 신속히 대처하는 능력 등과 같은 것이 있다.

그리고 현금흐름표는 재무유연성을 평가하는데 필요한 현금흐름 정보를 제공하며 이들 정보를 이용한 재무유연성 분석은 제5장 현금흐름의 분석과 예측에서 다루기로 한다.

연습문제

4-1 **유동비율을 이용하여 유동성을 측정할 수 있다. 유동비율의 목적적합성과 한계점을 기술하시오.**

풀이

▌유동비율의 목적적합성 :

유동성의 척도로 유동비율을 많이 이용하는 이유는 다음과 같은 측정능력이 있기 때문이다.

- 유동부채 상환능력(current liability coverage) : 유동부채와 대비하여 유동자산 금액이 많으면 많을수록 유동부채를 상환할 가능성은 높아진다.
- 손실 수용능력(buffer against losses) : 손실 수용능력이 클수록 위험은 적어진다. 유동비율은 비화폐성유동자산의 가치가 하락해서 손실이 발생하더라도 그 손실을 수용할 수 있는 능력을 나타낸다.
- 유동자금에 대한 준비능력(reserve of liquid fund) : 유동비율은 기업의 현금흐름이 불확실해지거나 불의의 충격을 받았을 때 그러한 영향을 수용할 수 있는 능력을 나타내는 척도이다. 파업이 발생하거나 갑작스러운 비정상적 손실이 발생하면 기업의 현금흐름은 크게 악화된다.

▌유동비율의 한계점 :

유동성과 단기지급능력에 대한 분석수단으로서 유동비율을 평가하기 위해서는 먼저 분자와 분모를 살펴볼 필요가 있다. 만약 유동성이란 유출되는 현금을 유입되는 현금으로 적절히 대처하는 능력이라고 정의한다면 유동비율은 이러한 요소를 모두 포함하고 있는가? 특히, 다음 두 물음에 대해 고려해 볼 필요가 있다.

① 유동비율이 미래의 현금유입과 유출의 형태(pattern)를 측정하고 예측하는가?

② 미래의 현금유출에 대처하기에 적절한 현금유입액이 얼마인지 측정할 수 있는가?

유동비율과 관련된 이 두 질문에 대한 대답은 '아니다'이다. 유동비율은 일정한 시점에서 유동부채를 갚는 데 사용가능한 자원의 정적(static) 측정치일 뿐이다. 현재 현금자산을 비축한다는 것은 미래의 현금유입과 아무런 논리적 인과관계가 없다. 미래의 현금유입은 유동성에 대한 가장 중요한 지표이며 이러한 현금유입은 매출이나 현금지출, 순이익, 경영환경의 변화 등 유동비율계산에서는 쓰이지도 않는 요소들에 의해 결정된다. 이러한 유동비율의 한계를 명확히 이해하기 위해 유동비율의 개별적 구성요소를 좀더 자세히 검토할 필요가 있다.

4-2 다음은 와룡(주)의 부분 재무정보이다. 와룡(주)의 당좌비율, 방어기간, 현금구성비율, 현금비율, 현금흐름비율을 구하시오.

계정과목	금　액
유동자산	₩1,000,000
유동부채	500,000
평균 유동부채	600,000
현금및현금성자산	100,000
유동성 금융자산	200,000
매출채권	150,000
매출원가	3,000,000
판매비와관리비	400,000
이자비용	300,000
비현금비용	50,000
영업활동현금흐름	₩300,000

풀이

계정과목	금　액
당좌비율	$\frac{₩100,000+₩200,000+₩150,000}{₩500,000}=0.9$
방어기간	$\frac{₩100,000+₩200,000+₩150,000}{(₩3,000,000+₩400,000+₩300,000-₩50,000)\div 365}=45$일
현금구성비율	$\frac{₩100,000+₩200,000}{₩1,000,000}=0.3$
현금비율	$\frac{₩100,000+₩200,000}{₩500,000}=0.6$
현금흐름비율	$\frac{₩300,000}{₩600,000}=0.5$

연습문제

4-3 다음은 와룡(주)의 부분 재무정보이다. 와룡(주)의 매출채권회전율, 매출채권회수기간, 재고자산회전율, 재고자산판매기간, 매입채무회전율, 매입채무지급기간을 구하시오.

계정과목	기 초	기 말
매출채권	₩1,000,000	₩1,400,000
재고자산	400,000	800,000
매입채무	₩800,000	₩1,200,000

계정과목	금 액
매출	₩14,400,000
매출원가	9,600,000
기초재고	400,000
당기매입	10,000,000
기말재고	₩800,000

풀이

매출채권회전율	$\frac{₩14,400,000}{₩1,200,000} = 12$회
매출채권회수기간	$\frac{365}{12} = 30$일
재고자산회전율	$\frac{₩9,600,000}{₩600,000} = 16$회
재고자산판매기간	$\frac{365}{16} = 23$일
매입채무회전율	$\frac{₩10,000,000}{₩1,000,000} = 10$회
매입채무지급기간	$\frac{365}{10} = 37$일

뉴스 속의 재무제표분석

40개 상장건설사 유동성 지표 6년째 하락

40개 상장 건설사의 유동성 지표가 최근 6년간 지속적으로 감소한 것으로 나타났다.

한국건설산업연구원은 지난 26일 발표한 '건설동향브리핑' 561호에서 유가증권 상장 종합건설기업 40곳의 2006년~2015년 유동성을 분석한 결과 이 같이 나타났다고 밝혔다. 지난 2009년 1.48이던 유동비율은 지속적으로 감소해 2014년엔 1.66, 지난해는 1.68을 기록했다.

유동비율은 기업의 유동성을 측정하는 지표다. 1년 이내 현금화가 가능한 유동자산을 1년 이내 상환해야 하는 유동부채로 나눈 값이다. 수치가 높을수록 지불 능력이 크다는 것으로, 상환능력의 잣대로 활용한다.

기업의 자산이 많거나 수익성이 높더라도 유동성이 낮아 당장 갚아야 할 빚을 갚지 못하면 파산으로 이어질 수 있다. 이로 인해 자산 규모 상위 50%에 속하는 기업이 자산 규모 하위 50%에 속하는 기업에 비해 오히려 유동비율이 낮게 나타난다.

<그림 1> 2006년부터 2015년까지 상장 건설기업의 유동비율 추이

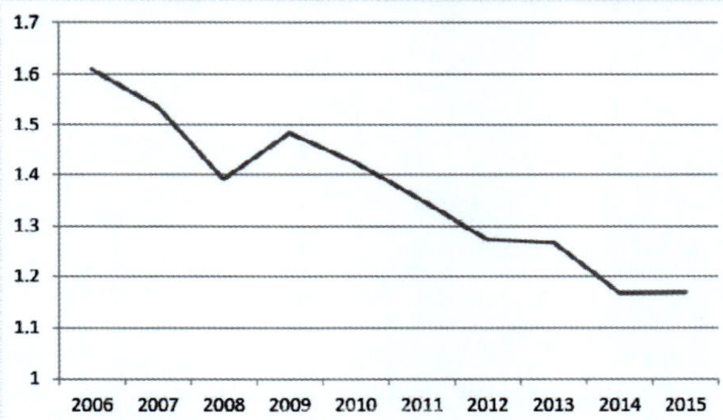

자료 : 금융감독원 전자공시시스템

유동성을 측정하는 또 다른 지표인 순운전자본 대 총자산 비율도 꾸준한 하락세를 보였다. 순운전자본 대 총자산 비율은 순운전자본을 총자산으로 나눈 값이다. 순운전자본은 유동자산에서 유동부채를 차감한 잔액이다. 영업활동을 하는 데 단기적으로 사용할 수 있는 자금이다. 지난해 순운전자본 대 총자산 비율은 0.03에 그쳤다.

반면 현금비율은 지난해 0.19%로 전년보다 상승했다. 현금비율은 현금및현금성자산을 유동부채로 나눠 측정한다.

이지혜 건산연 연구위원은 "향후 건설경기의 하락이 예상되고 국내외의 불확실성이 큰 만큼 미래에 발생 가능한 위험에 대비할 필요가 있다"며 "안정적인 기업 경영과 원활한 자본조달을 위해 일정 수준 이상의 유동성 확보가 시급하다"고 말했다.

〈출처 : 이데일리, 2016.12.27〉

제 5 장

현금흐름의 분석과 예측

〈학습목표〉

- 현금과 현금흐름에 대한 이해
- 현금흐름표의 이해와 작성
- 영업활동현금흐름의 이해와 해석
- 자유재량적현금흐름과 재무유연성 분석
- 현금흐름 관련 비율에 대한 이해와 해석
- 현금흐름 예측의 유용성과 기법의 이해

제 1 절 현 금

기업의 자원 중 현금(cash)은 가장 중요한 유동자산으로 기업경영활동인 영업, 투자 및 재무활동으로부터 유입되고 유출된다. 기업의 1년간 현금에 대한 최종정보는 재무상태표 자산 중 현금계정에 의해 제공된다. 재무상태표의 현금계정 금액은 1년 동안 기업에 총유입된 현금에서 총유출된 현금을 차감하고 남은 잔액을 의미한다.

그러나 재무상태표의 현금은 정태적인 정보로 회계연도 말 기업이 보유한 현금보유액에 대한 정보만 제공하지 실질적으로 현금이 어디로부터 얼마나 유입되어, 어디로 얼마나 유출되는지에 대한 동태적 정보를 제공하지는 못한다. 따라서 최근 현금에 대한 분석은 단순히 현금이라는 용어보다 현금흐름(cash flow)이라는 용어를 더욱 선호하여 사용한다.

현금흐름의 측정과 인식은 전통적인 이익을 계산하는 발생기준회계(accrual basis accounting)와는 다른 현금기준회계(cash basis accounting)에 의해 이루어진다. 예를 들어, 매출 중 현금매출과 외상매출을 고려해 보면, 발생기준과 현금기준의 차이를 이해할 수 있다.

사례 5-1

A기업과 B기업은 모두 동일한 제조업종이고, A기업의 경우 매출의 형태가 신용거래인 외상매출이며, B기업은 현금매출 형태로 이루어지는 것을 제외하고는 A기업과 모두 동일한 조건으로 가정한다. 단, 매출원가는 A기업과 B기업 모두 현금지출 형태로 이루어진다.

〈표 5-1〉 발생기준과 현금기준의 차이

	A기업	B기업
포괄손익계산서		
매출	10억 원	10억 원
매출원가	5억 원	5억 원
당기순이익	5억 원	5억 원
현 금	−5억 원	5억 원

위의 예에서 A기업과 B기업은 발생기준에 의한 포괄손익계산서상 당기순이익은 동일하게 5억원이지만, 현금기준 관점에서 보면 A기업의 매출은 수익이 발생한 사실은 분명하지만, 해당 수익이 현금으로 유입되지 않아 실질적인 현금흐름 측면에서 현금의 유입은 '−5억원'이 된다.

이것은 전통적인 포괄손익계산서상의 당기순이익은 현금의 실질적 유입과 유출에 의한 수익과 비용이 계산되는 것이 아니라 회계적 수익과 비용계정의 발생사실 유무에 의해 인식 및 측정된 금액이기 때문이다. 따라서 이러한 발생기준적 당기순이익의 한계를 극복하기 위해 현금흐름에 대한 내역을 산출 및 보고하기 위한 현금흐름표(statement of cash flows)의 중요성이 강조되고 있다.

제 2 절 현금흐름표의 이해와 작성

1 현금정보의 중요성

현금은 기업의 자산 중 가장 신속히 동원 가능한 자산이므로 기업에 유동성(liquidity) 및 재무유연성(financial flexibility)을 제공한다. 기업의 경영활동은 기업의 다양한 자원을 최종적으로 현금으로 전환하는 일련의 과정이다. 기업의 영업활동은 영업활동에서 발생된 수익을 최종 현금으로 회수하고, 이를 새로운 영업활동을 위해 투자하는 일련의 과정으로 이루어져 있다. 발생기준에 따른 수익과 비용의 인식에 의한 당기순이익은 기업수익활동의 최종 끝이 아니라 현금흐름만이 기업 수익력(profitability) 측정의 최종단계이다.

기업의 현금유입은 대부분 제품판매를 통해 이루어지고 원재료 및 재고 매입, 부채상환, 설비투자, 임금지급, 배당금지급 등과 같은 활동에 현금이 유출된다. 따라서 기업의 현금흐름에 대한 분석은 기업에 의해 일년 동안 수행된 영업활동(operating activities), 투자활동(investing activities) 및 재무활동(financing activities)에 관련된 모든 거래내용을 분석하는 것과 같다.

현금흐름분석은 기업의 유동성(liquidity), 지급능력(solvency) 및 재무유연성(financial flexibility)을 평가하는데 유용하다. 기업의 유동성은 기업의 단기지급능력을 나타내는 것으로 유동부채에 대한 즉시 상환가능한 현금보유수준을 의미하고, 지급능력은 기업의 장기지급능력을 나타내는 것으로 만기가 도래하는 장기부채에 대한 기업의 상환능력을 나타낸다. 재무유연성은 자금흐름이 예상치 못한 차질을 빚을 때 이에 대처하는 기업의 능력을 의미한다.

재무분석에서 중요한 위치를 차지하는 현금흐름분석은 기존의 재무제표인 재무상태표와 포괄손익계산서를 이용하여 분석할 수도 있다. 그러나 이러한 방식은 매우 불완전하며, 많은 현금흐름에 대한 정보가 누락되는 결과를 낳게 된다. 이러한 문제를 해결하기 위해 등장한 재무제표가 바로 현금흐름표이다. 현금흐름표는 다음과 같은 질문에 대한 해답을 제공하기 위해 개발된 것이다.

- 영업활동을 통한 현금의 유입(유출)은 얼마인가?
- 영업활동으로 조달된 현금이 어디에 지출되었는가?
- 부채상환의 현금원천은 무엇인가?
- 신규 유형자산의 현금원천은 무엇인가?
- 투자활동을 통해 증가된 현금수준은 어느 정도인가?
- 재무활동을 통해 조달된 현금의 사용처는 어디인가?

재무제표이용자 및 재무분석가는 위와 유사한 의문에 대해 현금흐름표를 통해 그 해답을 찾을 수 있다. 현금흐름표는 발생기준회계로 작성된 많은 거래내용을 현금기준 관점에서 재작성하므로 정확한 현금흐름표의 내용을 이해하기 위해서는 그 구조를 먼저 이해할 필요가 있다.

2 현금흐름표의 구조

현금흐름표는 기업의 활동을 기본적으로 영업, 투자 및 재무활동으로 구분하여 각각 현금유입과 현금유출 관련 정보를 제공하는 재무제표이다. 특히, 영업활동은 기업의 수익창출과 관련된 가장 기본적인 활동이다. 현금흐름표의 영업활동은 포괄손익계산서에 표시된 수익과 비용 관련 내용에서 제공하지 못하는 신용매출, 재고자산 투자, 신용매입 등과 관련된 영업활동에서 유입되고 유출된 순현금흐름에 대한 내용을 포함하고 있다. 영업활동의 현금흐름은 기본적으로 포괄손익계산서 계정(매출과 매출원가 등)과 재무상태표 계정 중 유동자산 및 유동부채와 관련된 계정(매출채권, 재고자산, 매입채무 및 기타 발생관련 비용 등)에 의해 계산된다.

현금흐름표의 투자활동은 비유동자산의 취득과 처분에 관련된 활동들로 구성된다. 투자활동은 설비투자자산의 취득 및 처분, 유가증권에 대한 투자 등과 같이 기업에 미래수익을 창출할 수 있는 자산에 대한 투자 관련 활동으로 구성된다. 따라서 투자활동은 기업의 수익창출능력에 대한 생산능력의 유지 및 미래 수익창출을 위한 잉여자금의 재투자 등이 매우 중요한 활동대상이다.

재무활동은 기업활동을 지원할 수 있는 재정의 확보, 인출 및 운용에 관련된 활동으로 구성된다. 가장 대표적인 재무활동은 사채 또는 유상증자 등을 통한 자금의 조달과 상환 등이 있다. 따라서 기업 재무활동의 대부분은 재무상태표의 부채와 자본계정에 연계되어 있다.

환율변동으로 인한 외화현금의 환산손익은 기존의 기업회계기준(K-GAAP)이나 일반기업회계기준에서는 별도로 구분하여 표시하도록 하지 않고 있으나, 국제회계기준(IFRS)에서는 외화로 표시된 현금및현금성자산의 환율변동효과를 현금흐름표에 별도로 보고하도록 하고 있다. 따라서 외화현금의 환산손익은 영업활동, 투자활동, 재무활동현금흐름 다음에 별도로 구분하여 표시한다.

〈표 5-2〉는 금융기업이 아닌 기업의 직접법에 의한 현금흐름표의 구조이며 〈표 5-3〉은 금융기업이 아닌 기업의 간접법에 의한 현금흐름표의 구조인데, 직접법과 간접법 간의 차이는 영업활동현금흐름의 차이에서 비롯된다.

〈표 5-2〉 현금흐름표의 구조

현금흐름표(직접법)

		(단위: 원) 20×2
영업활동현금흐름		
고객으로부터 유입된 현금	₩30,150	
공급자와 종업원에 대한 현금유출	(27,600)	
영업에서 창출된 현금	2,550	
이자지급	(270)	
법인세의 납부	(900)	
영업활동순현금흐름		1,380
투자활동현금흐름		
종속기업 X의 취득에 따른 순현금흐름	(550)	
유형자산의 취득	(350)	
설비의 처분	20	
이자수취	200	
배당금수취	200	
투자활동순현금흐름		(480)
재무활동현금흐름		
유상증자	250	
장기차입금	250	
금융리스부채의 지급	(90)	
배당금지급[(1)]	(1,200)	
재무활동순현금흐름		(790)
현금및현금성자산의 환율변동효과		5
현금및현금성자산의 순증가		115
기초 현금및현금성자산		120
기말 현금및현금성자산		₩235

(1) 영업활동현금흐름으로 분류도 가능

〈표 5-3〉 현금흐름표의 구조

현금흐름표(간접법)

		(단위: 원) 20×2
영업활동현금흐름		
법인세비용차감전순이익	₩3,350	
가감:		
감가상각비	450	
외화환산손실	40	
투자수익	(500)	
이자비용	400	
	3,740	
매출채권 및 기타채권의 증가	(500)	
재고자산의 감소	1,050	
매입채무의 감소	(1,740)	
영업에서 창출된 현금	2,550	
이자지급	(270)	
법인세의 납부	(900)	
영업활동순현금흐름		1,380
투자활동현금흐름		
종속기업 X의 취득에 따른 순현금흐름	(550)	
유형자산의 취득	(350)	
설비의 처분	20	
이자수취	200	
배당금수취	200	
투자활동순현금흐름		(480)
재무활동현금흐름		
유상증자	250	
장기차입금	250	
금융리스부채의 상환	(90)	
배당금지급[(1)]	(1,200)	
재무활동순현금흐름		(790)
현금및현금성자산의 환율변동효과		5
현금및현금성자산의 순증가		115
기초 현금및현금성자산		120
기말 현금및현금성자산		₩235

(1) 영업활동현금흐름으로 분류도 가능

3 현금흐름표의 작성

현금흐름표 작성방식은 영업활동에 대한 현금유입과 유출정보를 어떻게 작성하는가에 따라 크게 직접법(direct method)과 간접법(indirect method)으로 구분된다. 실무적 차원에서는 작성의 용이성 때문에 간접법이 더욱 선호되고 있다.

간접법은 포괄손익계산서의 법인세비용차감전순이익을 출발점으로 하여 발생기준 항목에 대한 가감을 통하여 최종적으로 영업활동으로 인한 순현금흐름을 산출하는 방법이다. 이 방법은 법인세비용차감전순이익과 영업활동현금흐름 사이의 조정내역에 대한 정보가 제공될 수 있기 때문에, 재무분석 차원에서 매우 유용한 추가정보가 제공된다. 그러나 직접법과 간접법은 중간과정에서 다소 차이가 있지만, 최종 영업활동으로 인한 순현금흐름은 동일하다.

간접법은 법인세비용차감전순이익에다 비현금흐름에 대한 조정을 통해 영업활동현금흐름을 산출하기 때문에 이익과 현금흐름 사이의 시간적 차이와 내용에 대한 이해를 더욱 풍부하게 해준다. 따라서 실무적으로 선호되고, 직접법은 간접법과의 상호 비교를 위한 보완적 수단으로 이용된다. 특히, 투자활동 및 재무활동 현금흐름은 간접법과 직접법에 따른 차이가 없다. 단지 영업활동현금흐름 산출방식에 차이가 있을 뿐이다. 간접법에 의한 현금흐름표 작성시의 영업활동현금흐름 산출을 위한 법인세비용차감전순이익 조정과 작성 예시는 다음과 같다.

1) 법인세비용차감전순이익에 대한 발생기준 계정의 조정

현금흐름표(간접법)는 포괄손익계산서의 법인세비용차감전순이익 계정에서 출발하여 재무상태표와 포괄손익계산서에 보고된 비현금성 계정에 대한 수정과정을 통해 작성된다. 즉, 발생기준 회계로 산출된 법인세비용차감전순이익에서 비현금성 수익과 비용 및 현금의 유입(유출)이 없는 이익(손실)을 가감(add-back)하고 이자비용을 가산한 후, 재무상태표 계정 중 발생기준과 관련된 유동자산(비현금성) 및 유동부채 계정을 조정하여 영업에서 창출된 현금을 산출한 다음 이자지급과 법인세의 납부를 차감하여 영업활동현금흐름을 산출한다. 다음은 가장 간단한 현금흐름표 중 영업활동현금흐름 산출구조이다.

		법인세비용차감전순이익
가감 :	+	감가상각비 및 상각비
	±	단기매매금융자산평가이익(손실)
	±	유형자산처분이익(손실)
	+	이자비용
	±	유동자산 및 유동부채 계정에 발생된 현금흐름
		영업에서 창출된 현금
	-	이자지급
	-	법인세의 납부
		영업활동현금흐름

(1) 현금의 유입(유출)이 없는 수익(비용)의 조정

현금흐름표의 작성에서 영업활동현금흐름 산출의 첫 번째 단계는 법인세비용차감전순이익에서 현금의 유입(유출)이 없는 수익과 비용을 조정하는 것이다. 이것은 발생기준 회계시스템에 익숙한 경우 매우 난해한 개념이다. 발생기준회계에서 감가상각비는 비용계정으로 포괄손익계산서 작성 시 수익에서 차감되어 법인세비용차감전순이익을 감소시키는 역할을 한다.

그러나 감가상각비는 이미 자산취득과정에서 모든 현금의 지출은 완료되고, 단지 자산의 내용연수(즉, 사용기간) 동안 해당 자산의 취득원가를 인위적으로 비용배분으로 처리하는 것이기 때문에 현금기준회계에서는 현금지출이 수반되지 않은 비용의 가장 대표적인 예가 된다. 현금지출이 수반되지 않은 비용임에도 법인세비용차감전순이익 산출에서 차감되었기 때문에 현금흐름표에서는 법인세비용차감전순이익에 다시 가산하게 된다.

발생기준회계에서 단기매매금융자산평가이익(손실)은 수익(비용)계정으로 포괄손익계산서 작성 시 수익(비용)에 가산되어 법인세비용차감전순이익을 증가(감소)시키는 역할을 한다.

그러나 단기매매금융자산평가이익(손실)은 미실현이익(손실)으로서 현금의 유입(유출)이 수반되지 않는 수익(비용)임에도 법인세비용차감전순이익 산출에서 가산(차감)되었기 때문에 현금흐름표에서 법인세비용차감전순이익에 다시 차감(가산)하게 된다.

따라서 현금흐름표는 포괄손익계산서의 법인세비용차감전순이익에 이러한 현금의 유입(유출)이 없는 수익 및 비용을 다음과 같이 가감하는 과정을 통해 작성된 재무제표로 이해할 수 있다.

		법인세비용차감전순이익
가감 :	+	감가상각비 및 상각비
	±	단기매매금융자산평가이익(손실)
		영업에서 창출된 현금

(2) 투자와 재무활동의 결과로 인한 수익과 비용의 조정

현금흐름표 작성에서 영업활동현금흐름 산출의 두 번째 단계는 투자와 재무활동의 결과로 인한 수익과 비용을 조정하는 것이다. 먼저 유형자산처분이익(손실)에 대한 조정이 영업활동으로 분류되어야 함을 이해하여야 한다.

다음으로 유형자산처분이익(손실) 계정은 발생기준회계에서는 유형자산 처분과정에서 수익(비용) 부분을 따로 인식하기 위해 필요한 계정이지만, 현금흐름회계에서는 현금의 유입(유출)이 별도로 이루어지지 않거나 투자와 재무활동의 결과로 인해 발생한다는 사실을 인식하여야 한다. 예를 들어, 와룡(주) 취득원가 ₩5,000의 토지를 ₩8,000에 매각하였다고 가정해 보면, 다음과 같은 분개가 일어난다.

(차변)	현 금	₩8,000	(대변)	토 지	₩5,000
				토지처분이익	₩3,000

토지처분이익 ₩3,000은 포괄손익계산서에 이익으로 인식되고, 법인세비용차감전순이익에 포함된다. 그러나 위 분개를 자세히 살펴보면, 이미 토지처분이익 ₩3,000은 현금계정 ₩8,000 속에 포함되어 있고, 단지 ₩8,000 중 ₩3,000이 발생기준 회계기준으로 이익임을 표시한 것이다. 즉, 유입된 현금

₩8,000은 현금흐름표에서 투자활동현금흐름에 이미 보고되고 이 거래에서 발생한 유형자산처분이익 ₩3,000은 포괄손익계산서에 반영되어 법인세비용차감전순이익을 증가시켰다. 따라서 영업활동현금흐름을 산출할 때 유형자산처분이익을 법인세비용차감전순이익에서 차감하지 않는다면 이 금액이 이중으로 계산되어 현금유입이 과대 계상된다.

따라서 현금흐름표는 포괄손익계산서의 법인세비용차감전순이익에 이러한 투자와 재무활동의 결과로 인한 수익(비용)을 다음과 같이 가감하는 과정을 통해 작성된 재무제표로 이해할 수 있다.

		법인세비용차감전순이익
가감 :	+	감가상각비 및 상각비
	±	단기매매금융자산평가이익(손실)
	±	유형자산처분이익(손실)
		영업에서 창출된 현금

(3) 이자비용의 조정

현금흐름표 작성에서 영업활동현금흐름 산출의 세 번째 단계는 당기순이익을 현금기준 회계로 나타낸 영업활동현금흐름을 산출하기 전 영업에서 창출된 현금을 산출하기 위해 법인세비용차감전순이익 산출에서 영업외비용인 이자비용이 이미 차감되었기 때문에 이 이자비용을 법인세비용차감전순이익에 가산하는 조정을 하는 것이다.

따라서 현금흐름표는 포괄손익계산서의 법인세비용차감전순이익에 이자비용을 다음과 같이 가산시키는 과정을 통해 작성된 재무제표로 이해할 수 있다.

		법인세비용차감전순이익
가감 :	+	감가상각비 및 상각비
	±	단기매매금융자산평가이익(손실)
	±	유형자산처분이익(손실)
	+	이자비용
		영업에서 창출된 현금

(4) 발생기준과 관계된 유동자산(비현금성) 및 유동부채 계정 증감의 조정

현금흐름표 작성에서 영업활동현금흐름 산출의 네 번째 단계는 발생기준과 관계된 유동자산(비현금성) 및 유동부채 계정의 증감을 조정하는 것이다. 발생기준회계에서는 수익은 가득되었을 때, 비용은 발생되었을 때 인식하고 이를 기록한다. 예를 들면 매출을 외상으로 했을 때는 현금수취가 없으며 대신 매출채권으로 기록한다. 선급보험료는 보험혜택을 받기 위해 미리 현금을 지불하였지만 아직 보험기간이 경과하지 않았기 때문에 비용화 하지 않고 자산으로 표시한다. 이와 비슷하게 미지급급여는 종업원이 기업을 위해 일함으로써 급여라는 비용이 발생했으나 아직 지급하지 않고 있는 계정이다. 따라서 영업활동현금흐름을 산출하기 위해서는 법인세비용차감전순이익에 이러한 발생항목과 선지급항목을 조정하는 것이 필요하다. 이러한 조정을 위해서는 유동자산(비현금성)과 유동부채 계정의 증감이 당기순이익과 현금에 미치는 영향을 분석해야만 한다.

① 유동자산(비현금성) 증감에 대한 조정

비현금성 유동자산계정의 증감에 대한 조정은 다음과 같이 한다. 영업활동현금흐름을 산출하기 위해서는 유동자산계정이 증가하면 증가액만큼 법인세비용차감전순이익에 차감하고 유동자산계정이 감소하면 감소액만큼 법인세비용차감전순이익에 가산한다. 다음은 이러한 조정의 필요성을 이해하기 위해 비현금성 유동자산계정의 증감이 당기순이익과 현금에 미치는 영향을 분석한다.

(가) 매출채권의 감소

아래에 예시한 바와 같이 와룡(주)의 매출채권이 기초 ₩30,000에서 기말 ₩20,000으로 ₩10,000이 감소하였다면 이것은 현금수취액이 매출보다 ₩10,000이 많았다는 것을 의미한다.

매출채권

1/1 잔액	₩30,000	고객으로부터 수취액	₩217,000
매출	207,000		
12/31 잔액	₩20,000		

위의 매출채권계정에서 보여주는 바와 같이 와룡(주)의 당기 중 매출이 ₩207,000(포괄손익계산서에 보고됨)인데 반해, 현금수취액은 ₩217,000이어서 현금수취액이 매출보다 ₩10,000 많은 만큼 매출채권의 잔액은 감소하였다. 따라서 영업활동현금흐름을 산출하기 위해서는 법인세비용차감전순이익에 매출채권 감소액 ₩10,000을 가산해 주어야 한다. 이와는 반대로 매출채권이 증가하면 현금수취액이 발생기준에서 가득한 수익보다 적게 된다. 따라서 영업활동현금흐름을 산출하기 위해서는 매출채권의 증가액만큼 법인세비용차감전순이익에 차감해야 한다.

(나) 재고자산의 증가

재고자산의 증가는 매출원가의 감소를 나타낸다. 즉, '기초재고 + 매입 − 기말재고 = 매출원가' 공식에서 보면 기초재고는 주어진 것이기 때문에 기말재고의 증감은 매출원가의 증감을 결정한다는 것을 알 수 있다.

와룡(주)의 재고가 당기 중에 ₩5,000 증가(₩10,000에서 ₩15,000으로 증가)하였다면 매출원가가 ₩5,000 감소했다는 것을 의미하며 이것은 법인세비용차감전순이익이 ₩5,000 증가했다는 것을 의미한다. 따라서 영업활동현금흐름을 산출하기 위해서는 법인세비용차감전순이익에서 당기 중 증가한 재고자산 ₩5,000을 차감해야 한다. 재고자산이 감소하면 매출원가가 증가하고 매출원가의 증가는 법인세비용차감전순이익의 감소를 의미하기 때문에, 영업활동현금흐름을 산출하기 위해서는 재고자산의 감소액만큼 법인세비용차감전순이익에 가산해야 한다.

(다) 선급비용의 증가

와룡(주)의 선급비용계정이 당기 중에 ₩4,000 증가하였다면 비용으로 선지급한 현금이 발생한 비용보다 ₩4,000이 많다는 것을 의미한다. 따라서 당기순이익을 영업활동현금흐름으로 산출하기 위해서는 선급비용계정이 증가한 ₩4,000만큼 법인세비용차감전순이익에 차감해야 한다. 만약 선급비용계정이 감소하였다면 발생한 비용이 비용으로 선(先) 지급한 현금보다 많았다는 것을 의미하기 때문에 영업활동 현금흐름을 산출하기 위해서는 선급비용계정이 감소한 금액만큼 법인세비용차감전순이익에 가산해야 한다.

② **유동부채 증감에 대한 조정**

유동부채계정의 증감에 대한 조정은 다음과 같이 한다. 영업활동현금흐름을 산출하기 위해서는 유동부채가 증가하면 증가액만큼 법인세비용차감전순이익에 가산하고 유동부채계정이 감소하면 감소액만큼 법인세비용차감전순이익에 차감한다. 다음은 이러한 조정의 필요성을 이해하기 위해 유동부채계정의 증감이 당기순이익과 현금에 미치는 영향을 분석한다.

(가) 매입채무의 증가

아래 예시에서 매입채무가 당기 중에 ₩12,000에서 ₩28,000으로 ₩16,000이 증가하였다면, 이것은 매입이 현금지급액보다 ₩16,000이 많았다는 것을 의미한다.

매입채무

공급자에게 지급액 ₩53,000	1/1	잔액	₩12,000
		매입	69,000
	12/31	잔액	₩28,000

위의 매입채무계정에서 보면 와룡(주)의 당기 중 매입이 ₩69,000(포괄손익계산서에 보고됨)인데 반해, 현금지급액은 ₩53,000이어서 매입이 현금지급액보다 ₩16,000 많은 만큼 매입채무의 잔액은 증가하였다. 매입이 지급액보다 많은 만큼(매입채무의 증가액) 매출원가가 증가되고 매출원가의 증가는 당기순이익을 그만큼 감소시킨다. 따라서 당기순이익을 영업활동현금흐름으로 산출하기 위해서는 법인세비용차감전순이익에 매입채무 증가액 ₩16,000을 가산해 주어야 한다. 매입채무가 감소하면 매입이 현금지급액보다 적었다는 것을 의미하기 때문에 영업활동현금흐름을 산출하기 위해서는 매입채무의 감소액만큼 법인세비용차감전순이익에 차감해야 한다.

(나) 미지급비용의 감소

와룡(주)의 미지급비용이 당기 중에 ₩5,000 감소하였다면 발생한 비용보다 비용으로 지급한 현금이 ₩5,000이 더 많았다는 것을 의미한다. 따라서 당기순이익을 영업활동현금흐름으로 산출하기 위해서는 미지급비용계정이 감소한 ₩5,000만큼 법인세비용차감전순이익에 차감해야 한다. 만약 미지급비용이 증가하였다면 발생한 비용보다 비용으로 지급한 현금이 더 적었다는 것을 의미하므로, 영업활동 현금흐름을 산출하기 위해서는 미지급비용계정이 증가한 만큼 법인세비용차감전순이익에 가산해야 한다.

이외에도 발생기준 계정과 관련된 계정의 조정으로 선수금(유동부채), 선수수익(유동부채) 등과 같은 계정의 조정이 수행된다.

재무상태표의 발생기준 계정의 조정을 요약하면 〈표 5-4〉와 같다.

〈표 5-4〉에서 유동자산의 증가는 현금의 유출을 의미하기 때문에 유동자산의 증가만큼 법인세비용차감전순이익에 차감해야 하며 반대로 유동자산의 감소는 현금흐름의 유입을 의미하기 때문에 유동자산의 감소만큼 법인세비용차감전순이익에 가산해야 한다.

또한 유동부채의 증가는 현금의 유입을 의미하기 때문에 유동부채의 증가만큼 법인세비용차감전순이익에 가산해야 하며 반대로 유동부채의 감소는 현금의 유출을 의미하기 때문에 유동부채의 감소만큼 차감해야 한다.

〈표 5-4〉 발생기준과 관련된 유동자산(비현금성) 및 유동부채계정의 조정

계 정	증 가	감 소
유동자산	현금유출→당기순이익에 차감	현금유입→당기순이익에 가산
유동부채	현금유입→당기순이익에 가산	현금유출→당기순이익에 차감

따라서 현금흐름표는 포괄손익계산서의 법인세비용차감전순이익에 다음과 같이 〈표 5-4〉에 제시한 발생기준과 관계된 유동자산(비현금성) 및 유동부채계정의 조정을 통해 작성된 재무제표로 이해할 수 있다.

법인세비용차감전순이익

가감 : + 감가상각비 및 상각비

± 단기매매금융자산평가이익(손실)

± 유형자산처분이익(손실)

\+ 이자비용

± 유동자산 및 유동부채 계정에서 발생된 현금흐름

영업에서 창출된 현금

(5) 이자지급 및 법인세 납부의 조정

현금흐름표 작성에서 영업활동현금흐름 산출의 마지막 단계는 이자지급과 법인세의 납부를 차감하는 조정을 하는 것이다. 이는 영업에서 창출된 현금에서 영업외비용으로 현금이 지급(유출)된 이자지급과 법인세의 납부를 차감시킴으로써 최종적으로 당기순이익을 현금기준회계로 나타낸 영업활동현금흐름을 산출하게 된다.

따라서 현금흐름표는 포괄손익계산서의 법인세비용차감전순이익에 이자지급과 법인세의 납부를 다음과 같이 차감하는 과정을 통해 작성된 재무제표로 이해할 수 있다.

법인세비용차감전순이익

가감 : + 감가상각비 및 상각비

± 단기매매금융자산평가이익(손실)

± 유형자산처분이익(손실)

\+ 이자비용

± 유동자산 및 유동부채 계정에 발생된 현금흐름

영업에서 창출된 현금

− 이자지급

− 법인세의 납부

영업활동현금흐름

2) 예 제

현금흐름표에 대한 이해를 돕기 위해 다음과 같은 가상적 거래에 대한 예제를 제공한다.

① 갑주식회사의 재무상태표와 포괄손익계산서

〈표 5-5〉 재무상태표 및 포괄손익계산서

재무상태표

갑주식회사 20×7년 말 및 20×8년 말 (단위 : 원)

계 정	20×8년	20×7년	변동액
자 산			
현 금	₩77,000	₩51,000	₩26,000
매출채권	48,000	39,000	9,000
재고자산	54,000	60,000	(6,000)
선급비용	6,000	9,000	(3,000)
설비자산	440,000	350,000	90,000
감가상각누계액	(145,000)	(125,000)	20,000
무형자산	51,000	58,000	(7,000)
자산 총계	₩531,000	₩442,000	
매입채무	₩51,000	₩56,000	(5,000)
미지급비용	18,000	14,000	4,000
장기차입금	30,000	31,000	(1,000)
사 채	0	150,000	(150,000)
보통주자본금	200,000	170,000	30,000
우선주자본금	175,000	0	175,000
이익잉여금	57,000	21,000	36,000
부채 및 자본 총계	₩531,000	₩442,000	

포괄손익계산서

갑주식회사 20×8년 1월 1일부터 12월 31일까지 (단위 : 원)

매출	₩660,000
매출원가	(363,000)
매출총이익	297,000
영업비용	(175,000)
영업외비용(1)	(3,000)
감가상각비 및 상각비	(35,000)
유형자산처분이익	5,000
외화환산이익	3,000
법인세비용(2)	(5,000)
당기순이익	₩87,000

(1) 영업외비용은 모두 이자비용이며 이자지급액은 ₩3,000이다.
(2) 법인세 납부액은 ₩5,000이다.

② 추가정보

가. 갑주식회사는 설비자산 취득과정에서 전체 대금 중 ₩30,000은 보통주 주식을 발행하고 취득하였다.

나. 갑주식회사는 취득원가 ₩10,000, 장부가치 ₩2,000인 설비자산을 2008년에 ₩7,000에 처분하였다. 다른 유형자산에 대한 처분은 없다.

다. 지급된 배당금은 ₩51,000이다.

라. 기말에 발생한 외화환산이익 ₩3,000 중 ₩1,000은 장기차입금의 환산이익이고 ₩2,000은 외화현금의 환산이익이다.

③ 현금흐름 산출과정

가. 현금흐름표의 작성은 포괄손익계산서의 법인세비용차감전순이익 ₩92,000에서 출발한다.

나. 비현금성 비용계정인 감가상각비 및 상각비에 대한 조정을 실시한다.

다. 비현금성 수익계정인 유형자산처분이익에 대한 조정을 실시한다.

라. 재무상태표 계정 중 발생기준회계와 관련된 유동자산 및 부채계정의 증감 방향을 확인한다. 먼저 유동자산(매출채권, 재고자산, 선급비용)을

살펴보면, 재무상태표의 변동금액이 증가인 경우 현금차원에서 보면 현금의 유출을 의미하고 변동금액이 감소인 경우 현금차원에서 보면 현금의 유입을 의미한다. 따라서 현금흐름표 작성에서 각각 가감 표시한다. 유동부채는 유동자산과 반대방향의 조정이 이루어진다.

마. 가~라 과정을 통해 영업활동현금흐름(₩113,000)을 계산한다.

바. 투자활동현금흐름을 계산하기 위해 설비자산의 취득과 처분에 관련된 내용을 T-계정 분석을 통해 살펴보면 다음과 같다.

설비자산			
기 초	₩350,000	처 분	₩10,000
당 기	100,000		
기 말	₩440,000		

설비자산은 기초에 ₩350,000으로 시작하여 기말에 ₩440,000으로 마감되므로 기중 변동액은 이 변동액과 일치하도록 구성되어야 한다. 먼저 기중 설비자산 중 처분액은 추가정보를 기초해 보면, ₩10,000(취득원가)임을 알 수 있다. 따라서 기중 설비자산의 추가매입금액은 ₩100,000(440,000=350,000+X−10,000)이고, 이 중 주식발행을 통해 취득한 부분은 추가정보를 참고하면 ₩30,000이므로 현금지출이 ₩70,000임을 유추하여 계산하여야 한다.

사. 자산매각과 관련된 영업 및 투자활동 관련 현금흐름 조정을 위해 위의 거래와 관련하여 다음과 같은 분개를 이용하여야 한다.

차변		대변	
현 금	₩7,000		
감가상각누계액	8,000		
		자산(취득원가)	₩10,000
		자산처분이익	5,000

분개 중 현금계정의 ₩7,000은 투자활동현금흐름 계산에 반영되어야 하고, 자산처분이익 계정의 ₩5,000은 영업활동현금흐름에서 차감되어야 한다.

아. 재무활동현금흐름 계산은 장기부채와 자본계정에 대한 조정으로 이루어진다. 따라서 본 예제에서는 사채상환(₩150,000), 우선주발행(₩175,000), 배당금지급(₩51,000)이 포함된다. 재무활동현금흐름은 ₩26,000이다.

자. 최종적으로 영업, 투자, 재무활동으로 인한 순현금흐름 및 외화현금환산손익과 재무상태표 현금계정의 기초잔액 합계가 기말잔액과 일치하는지 확인함으로써 현금흐름 산출의 적정성을 확인한다.

영업활동현금흐름		₩113,000
투자활동현금흐름	(63,000)	
재무활동현금흐름	(26,000)	
현금및현금성자산에 대한 환율변동효과		2,000
순현금흐름		26,000
기초현금		51,000
기말현금		₩77,000

비현금거래 : 설비자산 ₩30,000을 보통주를 발행하여 취득

④ 현금흐름표는 다음과 같다.

〈표 5-6〉 현금흐름표

현금흐름표

갑주식회사 20×8년 1월 1일부터 12월 31일까지 (단위 : 원)

계정	금액	
법인세비용차감전순이익	₩92,000	
가산(차감)		
감가상각비 및 상각비	35,000	
외화환산이익	(3,000)	
유형자산처분이익	(5,000)	
이자비용	3,000	
매출채권의 증가	(9,000)	
재고자산의 감소	6,000	
선급비용의 감소	3,000	
매입채무의 감소	(5,000)	
미지급비용의 증가	4,000	
영업에서 창출된 현금	121,000	
이자지급	(3,000)	
법인세의 납부	(5,000)	
영업활동현금흐름		113,000
설비자산취득	(70,000)	
설비자산처분	7,000	
투자활동현금흐름		(63,000)
사채상환	(150,000)	
우선주발행	175,000	
배당금지급	(51,000)	
재무활동현금흐름		(26,000)
현금및현금성자산에 대한 환율변동효과		2,000
순현금흐름		26,000
기초현금		51,000
기말현금		₩77,000

제 3 절 현금흐름분석

1 현금흐름 구분의 한계

현금흐름의 구분은 일반적으로 ① 당기순이익 결정항목은 영업활동현금흐름으로 분류하고, ② 관련자산의 재무상태표 분류와 일치하도록 한다는 분류원칙을 따르고 있다.

그러나 현금흐름의 구분을 보면 실제로는 투자활동현금흐름이나 재무활동현금흐름이지만 영업활동현금흐름으로 분류하기도 한다. 예를 들면 이자수익이나 배당금수익의 수취와 이자지급 등은 투자 및 재무활동에서 발생한 것이지만 영업활동현금흐름으로 분류하기도 한다.

이자와 배당금의 수취 및 지급에 따른 현금흐름은 각각 별도로 공시한다. 각 현금흐름은 매 기간 일관성 있게 영업활동, 투자활동 또는 재무활동으로 분류한다. 금융회사의 경우 이자지급, 이자수입 및 배당금수입은 일반적으로 영업활동현금흐름으로 분류한다. 그러나 다른 업종의 경우 이러한 현금흐름의 분류방법에 대하여 합의가 이루어지지 않았다. 이자지급, 이자수익 및 배당금수입은 당기순이익의 결정에 영향을 미치므로 영업활동현금흐름으로 분류할 수 있다. 다른 방법으로 이자지급, 이자수입 및 배당금수입은 재무자원을 획득하는 원가나 투자자산에 대한 수익으로 보아 각각 재무활동현금흐름이나 투자활동현금흐름으로 분류할 수도 있다.

반면, 실제로는 당기순이익에 영향을 미치는 현금흐름이라도 투자활동현금흐름이나 재무활동현금흐름으로 분류되는 것도 있다. 예를 들면, 유형자산이 장부가액 이상으로 판매되었을 때 판매대금 전액이 투자활동현금흐름으로 분류되고, 이와 관련하여 포괄손익계산서에 보고되는 유형자산처분이익은 현금흐름표에서 영업활동현금흐름에 포함되지 않도록 영업활동현금흐름에서 차감된다. 마찬가지로 부채상환에서 발생하는 손익은 차입금의 상환에 관련된 것으로서 재무활동현금흐름으로 분류하고 있다. 또한 하나의 거래가 두 가지 이상의 현금흐름으로 구분되는 경우도 있다. 예를 들면, 차입금의 상환에서 원금부분은 재무활동현금흐름으로, 이자부분은 영업활동현금흐름으로 분류한다.

법인세비용 등도 그 원천에 따라 영업활동, 투자활동 및 재무활동으로 분류하는 것이 타당하나 이런 분류에 따른 효익이 관련 비용을 정당화하지 못하기 때문에 소득금액에 대한 법인세비용 등의 유출액은 영업활동현금흐름으로 분류한다.

2 영업활동현금흐름과 당기순이익

아직도 많은 재무제표 이용자들은 발생기준회계에 따른 당기순이익과 현금흐름표의 영업활동현금흐름을 병행하여 사용하는 경우 기업의 영업활동에 대해 더 풍부한 정보를 제공할 수 있음을 이해하지 못하고 있다. 기업의 영업활동에 대한 이해는 포괄손익계산서와 현금흐름표 양쪽을 병행하여 사용하는 경우에 더욱 높아진다.

다음의 예는 갑주식회사의 포괄손익계산서와 현금흐름표의 영업활동현금흐름을 연계하여 이에 대한 이해를 돕는다.

포괄손익계산서는 당해 연도 기업의 수익성을 측정한 것이다. 포괄손익계산서는 발생기준에 따라 수익과 비용을 인식 및 측정하고, 이를 이용해 최종 당기순이익을 계산한다. 재무제표 중 기업의 수익성에 대한 정보를 가장 풍부하게 제공하는 것은 포괄손익계산서이다. 그러나 포괄손익계산서는 현금의 유입 및 유출 시점(timing), 유동성(liquidity)과 지급능력(solvency)에 대한 영업활동효과에 관한 정보는 제공하지 못한다. 이러한 정보는 현금흐름표를 이용할 때만 획득가능하다.

현금흐름표는 당기순이익보다 영업활동에 따른 현금의 유입 및 유출에 더 큰 강조점을 둔다. 이것은 영업활동현금흐름이 기업의 모든 이익창출활동과 관련되어 있기 때문이다. 이 측정치에는 기업의 수익 및 비용 항목뿐만 아니라 영업활동의 현금수요까지도 포함되어 있다.

〈표 5-7〉 포괄손익계산서와 영업활동현금흐름 비교

갑주식회사

포괄손익계산서		현금흐름표	
매출	₩660,000	현금매출	₩651,000
자산처분이익	5,000		
외화환산이익	3,000		
매출원가	(363,000)	공급업체지급액	(362,000)
영업비용	(183,000)	비용지급액	(176,000)
감가상각 및 상각비	(35,000)		
당기순이익	₩87,000	영업활동현금흐름	₩113,000

〈표 5-7〉은 포괄손익계산서와 현금흐름표의 영업활동현금흐름의 관계를 보여주고 있다. 현금흐름표는 기업 영업활동의 유동성 차원을 강조한다. 따라서 현금흐름표는 비유동자산 사용에 따른 원가배분(감가상각비) 등과 같은 항목을 고려하지 않기 때문에 수익성보다는 유동성에 초점을 두게 된다.

포괄손익계산서와 현금흐름표는 각각 단독 재무제표로 이용하는 것에 많은 한계가 있다. 이 두 재무제표는 병행하여 사용되어야 상호 보완적 시너지효과가 존재한다. 발생기준회계에 의해 계산된 당기순이익은 추정, 이연, 배분 및 가치평가에 의존하여 계산되므로 현금흐름과 같이 객관적 측정보다 주관성이 더욱 강조된다. 이러한 문제 때문에 재무분석과정에서 당기순이익의 질에 대한 보조지표로 영업활동현금흐름 정보가 사용된다. 일부 재무분석가는 당기순이익에 대한 영업활동현금흐름의 비율이 높은 경우에는 그렇지 않은 경우보다 더 높은 이익품질을 보유하고 있다고 주장한다.

현금흐름표의 영업활동현금흐름 정보는 당기순이익에 대한 유용한 보조정보이지만, 미래의 현금흐름과 수익성을 나타내는 당기순이익 정보를 대신할 수는 없다. 그러나 영업활동현금흐름은 유동성 및 지급능력을 계획하고 평가하는 데 매우 유용한 재무정보를 포함하고 있다. 이는 현금흐름표가 현금을 수반하지 않는 수익과 비용계정을 제외시키고 유동성이 가장 높은 현금흐름만을 고려하기 때문이다.

포괄손익계산서와 현금흐름표는 상호 독립적인 유용성을 보유하고 있기 때문에 이 두 재무제표 중 어느 것이 더 우월한가보다는 각 재무제표의 유용성과 한계를 이해하는 것이 더욱 중요하다.

3 현금흐름분석을 통한 추론

현금흐름표에 대한 분석은 기업의 영업, 투자 및 재무활동 차원에 대한 경영자의 의사결정수준과 그 영향을 평가하는 데 도움을 준다. 현금흐름의 분석기간을 장기로 하는 경우, 경영자가 경영조건의 변화에 대해 얼마나 민감하게 성공적으로 대응하였는지, 사업기회와 위기를 어떻게 극복하였는지에 대한 풍부한 정보를 제공한다.

현금흐름분석을 통한 추론은 경영자가 자원을 어디에서 조달하였으며, 투자를 어디에 하였는지, 영업활동을 통한 현금의 유입 및 유출 원천이 어디이며, 부채상환의 현금원천이 어디인지에 대한 정보제공을 포함한다. 또한 현금흐름분석을 통한 추론은 이익의 처분과 현금흐름의 규모, 구성, 패턴, 안정성 등에 대한 정보를 제공한다.

현금흐름분석은 재고자산에 투자된 단기현금, 매출로 인해 증가된 매출채권 변동규모, 매출채권에서 회수된 현금수준 등과 같은 정보를 제공한다. 수익성 높은 영업활동은 높은 영업활동현금흐름을 창출하기 때문에 현재의 생산수준을 유지하는데 필요한 투자는 물론 외부의 자금조달 없이 부채상환이나 배당 또는 추가적인 생산투자 등을 할 수 있다.

재무분석가는 영업활동현금흐름의 세부 구성내역에 대해 더욱 초점을 맞추어야 한다. 이러한 세부내역에 대한 분석은 기업 현금원천의 안정성에 대한 단서를 제공한다. 예를 들어, 매출채권의 일시적 매각 또는 과잉재고의 할인처분 등과 같은 영업활동에 의한 현금원천은 그 지속성이 유지되지 않는다. 현금원천의 안정성은 지속성이 높은 정상재고의 현금매출을 통해 유지될 가능성이 가장 높다.

영업활동현금흐름의 증가는 지속성이 높지는 않지만 유동부채의 증가에 의해 이루어질 수도 있다. 예를 들어, 기업이 단기유동부채의 지불기간을 증가시킨다면, 기업은 그 기간 동안 영업활동현금흐름의 지출을 억제하여 현금보유수준을 증가시킬 수 있다. 그러나 이러한 정책은 공급업체와의 관계에 부정적 영향을 주어 신용거래에 대한 이자비용의 상승, 원활한 원재료공급 등에 부정적 영향을 미침으로, 결국 기업 전체의 영업활동현금흐름을 감소시킬 수 있다.

4 현금흐름 정보의 의미

현금흐름표는 기업의 영업활동 결과를 예측하는데 유용하며, 동시에 기업의 미래 생산설비 확장과 필요 자본수요 및 현금유입 원천에 대한 평가 등에 유용한 정보를 제공한다. 또한 현금흐름표는 포괄손익계산서와 재무상태표를 연결시키는 중요한 역할을 하며, 현금의 유입 및 유출 원천에 대한 정보와 유동부채의 상환능력에 대한 중요한 정보를 제공한다. 더욱이 현금흐름표는 다음 사항에 대한 중요한 정보를 제공한다.

- 자본적지출을 위한 자금조달의 원천
- 기업 확장 및 자산취득을 위한 자금조달의 원천
- 자금조달 유형과 외부 자금조달의 의존성
- 미래 배당정책
- 부채조달 및 상환능력
- 예기치 못한 자금수요와 투자기회에 대한 재무유연성
- 이익의 질

현금흐름표는 경영의 예측이나 언론발표보다 기업의 결정과 의도에 대한 보다 신뢰할 수 있는 증거를 제공하기 때문에, 현금흐름표는 오도하거나 오류가 있는 영업활동의 결과 혹은 기대를 확인하는데 유용하다. 이는 현금흐름은 쉽게 조정할 수 없으나 당기순이익은 수익인식이나 비용이연의 방법을 통해 조정될 수 있기 때문이다. 따라서 당기순이익이 영업활동현금흐름과 관련성이 높을수록 이익의 질이 높다고 할 수 있다. 흑자도산 기업들의 경우 이익의 질이 매우 낮은데, 이는 도산하기 수년 전부터 순이익의 실현과는 달리 순영업활동 현금흐름이 급감하거나 순유출(−)을 나타내기 때문이다. 이익의 질과 관련된 추가적인 논의는 제9장에서 다루기로 한다.

재무분석가는 현금흐름표를 올바르게 분석하기 위해 현금흐름표의 구성요소를 상호 연계하여 분석하여야 한다. 예를 들어, 부채조달을 통한 자산매입 등과 같이 재무활동과 투자활동 사이의 연계성을 확인하여야 한다. 현금흐름의 변동은 그것의 방향이 긍정 또는 부정적이든 간에 단독으로 해석되어서는 안 되고, 기업의 재무구조 및 경영활동의 다양한 결과와 연계하여 해석하여야 한다. 예를 들어, 일부 기업의 현금흐름의 증가는 가치 있는 자산의 매각을 통해 이루어질 수 있으며, 이는 현금흐름 차원에서는 현금의 증가를 발생시키지만, 미래에 기업의 경쟁력에는 부정적인 영향을 주게 된다.

5 기업 및 경제상황 고려

재무상태표는 일정시점 기업의 재무상태(자산과 조달원천)에 대한 정보를 제공하며 포괄손익계산서는 일정기간 동안의 경영성과에 대한 정보를 제공한다. 수익의 발생은 자산(현금 및 비현금자산)을 증가시키고, 비용의 발생은 자산의 감소 또는 부채를 증가시킨다.

일부의 경우 포괄손익계산서를 통해 지속적으로 수익이 창출되고 있다고 보고한 기업에서도 기업확장 또는 부채상환에 필요한 현금부족을 경험하고 있음을 보여주고 있고, 신용매출의 증가가 유동성 문제를 더욱 악화시키는 경우도 있다. 또한 영업활동으로 인한 성과와 수익성을 투자 및 재무활동으로 인한 성과 및 수익과 구별해야 한다. 모든 기업의 각 활동은 상호 연계되어 있지만, 이들 활동 각각의 의미와 재무분석과정에서의 의미는 상이하기 때문이다. 따라서 현금흐름표는 이와 같은 여러 가지 문제에 대한 해답을 제공할 수 있다. 즉, 현금흐름표는 현금에 기초한 기업의 이익창출활동을 재구성한 것이다. 현금흐름표는 자산의 취득 및 그 원천이 어떠한 현금흐름에 기초하여 발생하였는지, 당기순이익과 영업활동현금흐름이 왜 차이가 나는지 등에 관한 정보를 제공한다.

현금을 창출하는 기업의 능력은 지급능력(solvency) 평가에서 핵심적 사항이다. 어떠한 기업도 장기간 현금의 생성 없이는 존속될 수 없다. 그러나 기업의 현금흐름분석은 기업 및 경제적 상황에 대한 심도 있는 고려가 필요하다. 성공 및 실패 기업 모두 현금흐름과 관련하여 문제를 경험할 수는 있지만, 그 이유는 명백하게 차이가 있다. 소비자 수요 확대에 직면하여 증가된 신용매출 및 재고자산 투자를 수행한 기업은 이를 통한 수익성 증가를 경험하게 되고 부채 및 자본조달에 대한 용이성을 확보할 수 있는 성공기업으로 자리잡게 된다. 그리고 이러한 수익성 증가는 현금흐름에 긍정적인 영향을 준다.

그러나 영업손실, 매출채권 및 재고자산회전율 감소 또는 복합적 원인으로 현금부족을 경험한 기업은 매출채권 및 재고자산 조정을 통해 인위적으로 현금흐름을 증가시킬 수 있지만, 소비자에 대한 서비스원가 증가로 마진율 감소를 유발하게 된다. 결국 이러한 문제는 현재 및 미래 현금흐름에 부정적 영향을 주고, 현금부족을 초래하게 된다. 실패 기업이 영업활동현금흐름의 부족분을 재무활동을 통해 일시적으로 자금을 조달할 수 있지만, 이것도 결국 자금조달비용의 증가로 인해 기업에 위기를 초래하게 된다.

운전자본에서 발생된 변동을 올바르게 해석하기 위해서는 기업의 경제적 상황에 대한 고려가 함께 수행되어야 한다. 예를 들어, 매출채권의 증가는 단순히 경기활성화에 따른 소비자의 제품수요 증가의 결과일 수도 있지만, 매출채권에 대한 비효율적인 기업신용관리업무에 기인될 수도 있다. 또한 재고자산 투자의 증가는 미래 제품수요에 대한 기대에 따른 생산성 향상의 결과일 수도 있지만, 기업의 비효율적인 생산정책의 결과일 수도 있다.

특히, 경제상황 중 인플레이션 상황에서는 기업의 재무부담 또는 기업의 경영환경에 미치는 영향 등이 신중히 고려되어야 한다. 특히, 인플레이션은 기업의 설비자산 대체, 재고자산 및 매출채권 증가, 현금배당 등과 같이 현행원가로 계산되는 의사결정에 심각한 영향을 준다.

6 자유재량적현금흐름

현금흐름표를 이용한 유용한 분석기법 중 하나는 자유재량적현금흐름(free cash flow)에 대한 계산이다. 자유재량적현금흐름은 계산에 사용된 구성요소에 대해 특히 주의해야 한다. 어떠한 구성요소를 이용하여 자유재량적현금흐름을 계산하는가에 따라 이 수치의 의미가 달라지기 때문이다. 현재까지 합의된 자유재량적현금흐름 계산의 구성요소는 없지만, 일반적으로 다음과 같은 계산식을 실무에서 선호한다.

영업활동현금흐름
− 생산능력유지를 위한 자본적지출
− 우선주 및 보통주 배당금
자유재량적현금흐름

양(+)의 자유재량적현금흐름은 현재의 생산능력을 유지할 수 있는 자본비용과 배당을 충당한 후에 부채의 상환이나 기업의 성장에 필요한 새로운 자산의 취득 및 추가적인 배당, 연구개발비, 광고선전비 등에 사용할 수 있는 금액을 나타낸다. 또한 자유재량적인현금흐름은 기업의 예기치 못한 자금수요와 투자기회에 대처할 수 있는 능력(재무유연성)을 제공한다. 따라서 기업의 성장과 재무유연성은 적정한 자유재량적현금흐름에 달려있다고 할 수 있다.

그리고 자유재량적현금흐름의 원천인 영업활동현금흐름이 기업의 성장잠재력과 경쟁력을 향상시키는 데 필요한 연구개발비, 광고선전비 등을 적정하게 지출한 후의 금액인지를 검토하는 것이 필요하다. 연구개발비, 광고선전비 등의 지출 적정성 검토는 해당 기업이 속한 산업의 평균, 해당 산업에서의 선두기업의 지출정도, 예년의 평균지출액 등이 기준이 될 수 있다.

현금흐름표는 일반적으로 생산능력유지에 필요한 자본비용금액을 별도로 공시하지 않고 생산능력확장에 지출된 금액까지 포함한 총자본비용을 공시하기 때문에 자유재량적현금흐름 산출시 이들 두 가지 자본비용을 구분해 내는 것이 문제이다.

7 재무유연성 분석

현금흐름표는 재무유연성을 분석하는데 필요한 현금흐름 정보를 제공하며 이들 정보를 이용한 재무유연성 분석은 다음과 같다.

(1) 영업활동현금흐름의 양호성과 추세

현금흐름의 가장 중요한 원천인 영업활동현금흐름의 양호성과 그 추세를 분석한다.

(2) 자유재량적현금흐름의 정도

자유재량적현금흐름이 부채상환은 물론 기업의 예기치 못한 자금수요와 투자기회에 대처할 수 있을 만큼 충분한가를 분석한다.

(3) 비유동부채 차입의 용이성

재무활동현금흐름을 통해 외부에서 비유동부채를 용이하게 조달하고 있는가를 분석한다.

8 현금흐름 관련 비율

현금흐름 관련 비율은 유동성분석(제4장)에서 설명한 현금구성비율, 현금비율, 현금흐름비율, 현금보상률 외에도 다양한 현금흐름 관련 비율이 있다.

(1) 현금흐름적정성비율

현금흐름적정성비율(cash flow adequacy ratio)은 일정한 성장수준에 필요한 현금을 영업활동에서 조달하는 정도를 나타내는 비율로 다음과 같이 계산한다.

$$\text{현금흐름적정성비율} = \frac{\text{영업활동현금흐름 5년간 합계}}{\text{자본적지출, 재고자산증가, 현금배당의 5년간 합계}}$$

현금흐름적정성비율이 1이면 기업이 일정한 성장수준에 필요한 현금을 전액 영업활동에서 조달한다는 것을 뜻한다.

(2) 현금재투자비율

현금재투자비율(cash reinvestment ratio)은 자산의 대체(replacing assets)와 영업성장(growth in operation)을 위해 재투자할 수 있는 유보된 영업활동현금흐름의 정도를 나타내는 비율로 다음과 같이 계산한다.

$$\text{현금재투자비율} = \frac{\text{영업활동현금흐름} - \text{배당금}}{\text{비유동자산}^{*} + \text{운전자본}}$$

* 유형・무형자산은 감가상각누계액 및 상각누계액 차감전 금액

현금재투자비율이 10%이면 자산의 대체와 영업성장을 위해 그 10%에 해당하는 현금을 기업내부(영업활동)에서 조달하여 재투자할 수 있다는 것을 의미하며 이 비율이 7~11%이면 일반적으로 만족할 만한 수준으로 본다.

(3) 영업활동현금흐름 대 자본적지출 비율

영업활동현금흐름 대 자본적지출 비율은 영업활동현금흐름으로 자본적지출을 감당하는 정도를 나타내는 비율로 다음과 같이 계산한다.

$$\text{영업활동현금흐름 대 자본적지출 비율} = \frac{\text{영업활동현금흐름}}{\text{자본적지출}}$$

이 비율이 높을수록 설비자산에 투하하는 자금 중 외부자금(부채)의 의존도가 낮기 때문에 재무유연성이 높아진다. 그러나 이 비율이 높은 경우라도 분자인 영업활동현금흐름이 커진 결과가 아니라 분모인 자본적지출을 크게 줄인 결과인 경우가 아닌지를 검토하는 것이 필요하다.

또한 자본집약적인 산업인 경우 주기적 설비투자에 따른 싸이클이 있으므로 비율의 크기만을 보고 기업의 재무유연성을 판단해서는 안된다. 그러나 장기적으로 이 비율이 항상 낮은 상태를 유지하는 기업은 자본적지출에 필요한 자금을 부채에 크게 의존하는 기업이라고 할 수 있다.

(4) 감가상각비 대 영업활동현금흐름 비율

감가상각비 대 영업활동현금흐름 비율은 영업활동현금흐름에 대한 감가상각비의 상대적 크기를 나타내는 비율로 다음과 같이 계산한다.

$$\text{감가상각비 대 영업활동현금흐름 비율} = \frac{\text{감가상각비}}{\text{영업활동현금흐름}}$$

감가상각비는 현금유출이 없는 비용이기 때문에 이 비율은 현재의 현금흐름 수준을 미래에도 유지할 수 있는 능력의 정도를 평가하게 하며, 이 비율이 높을수록 미래의 현금흐름에 대한 예측가능성이 높아진다.

(5) 감가상각비 대 자본적지출 비율

감가상각비 대 자본적지출 비율은 자본적지출에 대한 감가상각비의 상대적 크기를 나타내는 비율로 다음과 같이 계산한다.

$$\text{감가상각비 대 자본적지출 비율} = \frac{\text{감가상각비}}{\text{자본적지출}} = \frac{\text{영업활동현금흐름}}{\text{자본적지출}} \times \frac{\text{감가상각비}}{\text{영업활동현금흐름}}$$

이 비율은 설비자산 소모분의 대체(replacement) 정도를 나타내는 비율로 비율이 1을 초과(감가상각비 〉 자본적지출)하면 설비자산 소모분을 대체하지 못하고 있다는 것을 나타낸다. 이 비율이 1 미만(감가상각비 〈 자본적지출)이면 설비자산 소모분을 대체하고 있다고 볼 수 있다.

그러나 다음과 같은 경우에는 이러한 판단을 유보하여야 한다.

① 지속적인 물가상승시 역사적원가에 의한 명목상의 감가상각비는 현행원가에 의한 감가상각비보다 과소계상된다.

② 설비자산이 기술적 진보에 의한 부적응 및 구식화 되었음에도 이를 반영(내용연수 단축상각)하지 않은 경우 감가상각비가 과소계상 된다. 이러한 감가상각비의 과소계상은 순이익을 과대계상하게 되어 과대계상된 이익이 배당이나 과세로 유출됨으로써 자본잠식을 가져오게 된다.

③ 설비자산 소모분을 대체하고는 있으나 자본적지출이 적정하게 이루어지

지 않고 있는 경우 비율의 의미가 상실된다. 즉, 자본적지출이 기업의 상황에 맞지 않게 과소한 경우에는 경쟁력이 상실될 수 있다. 특히, 성장산업에서는 경쟁기업과 같은 비율로 설비자산을 확대하여 규모의 경제를 확보하지 못하면 경쟁에서 탈락할 수 있다는 것을 유념할 필요가 있다.

(6) 부채 대 영업활동현금흐름 비율

부채 대 영업활동현금흐름 비율(total debt to cash flow from operations)은 영업활동현금흐름에 대한 평균총부채의 상대적 크기를 나타내는 비율로 다음과 같이 계산한다.

$$\text{부채 대 영업활동현금흐름 비율} = \frac{\text{평균총부채}}{\text{영업활동현금흐름}}$$

이 비율이 낮을수록 장기지급능력과 재무유연성이 높아진다.

한편, 위 공식의 역으로 다음과 같은 비율을 계산할 수 있다.

$$\text{영업활동현금흐름 대 총부채 비율(cash debt coverage ratio)} = \frac{\text{영업활동현금흐름}}{\text{평균총부채}}$$

이 비율은 영업활동현금흐름으로 평균총부채를 감당할 수 있는 정도를 나타내며 이 비율이 높을수록 장기지급능력과 재무유연성이 높아진다.

(7) 주당 영업활동현금흐름

주당 영업활동현금흐름은 보통주 한 주당 영업활동현금흐름을 나타내며 다음과 같이 계산한다.

$$\text{주당 영업활동현금흐름} = \frac{\text{영업활동현금흐름} - \text{우선주배당금}}{\text{가중평균유통보통주식수}}$$

한편, 주당순이익을 다음과 같이 계산한다.

$$주당순이익 = \frac{당기순이익 - 우선주배당금}{가중평균유통보통주식수}$$

(8) 영업활동현금흐름 대 현금배당금 비율

영업활동현금흐름 대 현금배당금 비율은 현금배당금에 대한 영업활동현금흐름의 상대적 크기를 나타내는 비율로 다음과 같이 계산한다.

$$영업활동현금흐름\ 대\ 현금배당금\ 비율 = \frac{영업활동현금흐름}{현금배당금}$$

이 비율이 1 이상이면 영업활동현금흐름만으로도 현금배당금을 충당한다는 것을 의미한다. 이 비율이 1 미만이면 영업활동현금흐름만으로는 현금배당금을 충당하지 못하며 보유현금을 사용하거나 투자활동현금흐름이나 재무활동현금흐름에 의존한다는 것을 의미한다.

제 4 절 현금흐름의 단기예측

현금흐름의 단기예측은 기업의 유동성수준을 분석하는 데 있어서 가장 유용한 수단 중의 하나이다. 특히, 현금흐름의 단기예측은 기업의 현재와 미래의 영업활동을 평가하는 경영자나 중간관리자와 같은 내부사용자에게 중요한 재무분석과정이다. 또한 단기차입금을 상환할 수 있는 기업의 능력을 평가하는 현금흐름의 단기예측은 채권자와 같은 외부사용자에게도 중요하다. 특히, 기업이 유동부채를 지불할 수 있는 상환능력에 의구심이 발생한다면, 현금흐름의 단기예측은 더욱 중요한 재무분석수단의 역할을 담당한다.

현금흐름의 예측은 예측의 범위가 넓어질수록 정확성은 떨어지며, 예측기간이 길어질수록 예측의 신뢰도는 낮아진다. 이것은 현금유입과 유출에 영향을 미치는 요소의 수와 복잡성이 늘어나기 때문이다. 따라서 현금흐름의 단기예측의 정확성과 신뢰성은 예측과정에서 이용하는 정보와 밀접한 관련성이 있다.

이 절에서는 현금흐름 예측에 대한 이론과 실무적 적용방법을 설명함으로써 기업의 이해관계자에게 현금흐름 형태에 대해 보다 나은 통찰력을 제공한다.

1 매출 예측의 중요성

현금흐름 예측의 신뢰도는 매출 예측의 질(quality of the sales forecast)에 절대적으로 의존한다. 외부차입에 의한 자금조달이나 투자활동을 통한 자금의 사용과 같은 예외적인 경우를 제외하고는 대부분의 현금흐름은 매출과 관계가 있고, 매출에 의해 결정된다. 매출을 예측하기 위해서는 다음 사항에 대한 분석이 선행되어야 한다.

① 매출의 방향과 추세
② 시장점유율
③ 산업 및 경제상황
④ 생산과 재무역량
⑤ 경쟁적 요소들

특히, 이런 요소들은 기업이 생산하는 제품의 시장상황에 영향을 받는다.

2 현금흐름 예측과 추정재무제표 작성

단기현금흐름 예측의 합리성과 타당성은 보통 추정재무제표(pro forma financial statements)를 사용해서 확인할 수 있다. 현금흐름의 예측은 다양한 관련 가정을 토대로 예측기간 동안의 추정포괄손익계산서와 추정재무상태표를 작성하는 것에서 시작된다. 재무비율이나 기타 관련 요인들이 이러한 추정재무제표에서 계산될 수 있고, 그것들이 타당한지 여부는 과거 자료를 이용하여 재점검해 볼 수 있다. 이러한 비교를 할 경우에는 예측기간 동안 영향을 미칠 것으로 예상되는 요인들에 의해 추정재무제표는 다양한 방식으로 수정될 수 있다는 점을 염두에 두어야 한다.

다음은 와룡(주)의 재무자료를 사용하여 현금흐름 예측과정을 설명하였다.

와룡(주)은 최근에 뛰어난 호평을 받는 신형 전자처리장치를 시장에 출시하였다. 경영자는 6월 30일까지의 다음 6개월간에 대한 매출을 1월 ₩100,000, 2월 ₩125,000, 3월 ₩150,000, 4월 ₩175,000, 5월 ₩200,000, 6월 ₩250,000으로 추정하였다. 제1기 1월 1일의 현금잔고는 ₩15,000이다. 예상되는 매출 증가를 고려하여, 와룡(주)은 월별 최소 현금잔고를 ₩20,000(1월), ₩25,000(2월), ₩27,000(3월) 및 ₩30,000(4, 5, 6월)으로 유지하고자 한다. 기업은 매출 신장에 따른 자금수요를 위해 추가자금이 필요하다고 예측한다. 기업은 가격이 ₩20,000인 새로운 장비를 2월에 어음을 주고 구입할 예정이다. 지급어음은 2월부터 매달 ₩1,000씩 상환할 것이다. 새로 구입한 장비는 제1기 8월까지는 가동되지 않을 것이다.

기업은 이러한 자금수요를 충족하기 위한 자금조달로 몇 가지 방법을 계획하고 있다. 첫째는 보험회사로부터 지급보증을 받아서 장기채권 ₩110,000(채권발행비 ₩2,500 차감)을 발행하는 것이다. 채권의 발행은 4월에 ₩50,000, 5월에 ₩60,000으로 계획하고 있다. 기업은 추가적인 자금조달을 위해 부동산을 매각할 계획을 가지고 있는데, 매각으로 유입되는 자금은 5월에 ₩8,000, 6월에 ₩50,000으로 예상한다. 6월에는 ₩25,000에 장비를 처분할 예정이다(취득가는 ₩25,000이고 장부가는 0).

또한 추가적인 자금수요에 대비해서 기업은 은행에서 단기자금을 차입하기로 했다. 은행의 대출담당자는 그 기간 동안의 추정재무제표와 제1기 6월 30일을 기말로 하는 6개월 동안의 현금예측표(cash forecasts) 작성을 요구하였다. 더욱이 이 예측표에는 차입한 현금의 사용처와 차입금 상환을 위한 자금의 원천을 명시해주기를 요구하였다. 기업은 현금흐름예측의 중요성을 인식하고 대출담당 직원의 요구에 따르기 위하여 필요한 자료를 수집하기 시작하였다. 그

첫 단계로 기업은 매출채권의 회수형태를 추정하였다. 과거의 경험에 의하면 회수의 형태는 〈표 5-8〉과 같다.

〈표 5-8〉 매출채권 회수비율 추정

대금회수	총매출채권 비율(%)
매출 당월	40%
2번째 달	30
3번째 달	20
4번째 달	5
대손상각	5
	100%

〈표 5-9〉 현금회수 추정표

현금회수추정표 (제1기 1월~6월)							
	1월	2월	3월	4월	5월	6월	합 계
매출	₩100,000	₩125,000	₩150,000	₩175,000	₩200,000	₩250,000	₩1,000,000
현금회수							
첫째 달 : 40%	40,000	50,000	60,000	70,000	80,000	100,000	
둘째 달 : 30%		30,000	37,500	45,000	52,500	60,000	
셋째 달 : 20%			20,000	25,000	30,000	35,000	
넷째 달 : 5%				5,000	6,250	7,500	
총현금회수액	₩40,000	₩80,000	₩117,500	₩145,000	₩168,750	₩202,500	₩753,750
상각액 5%				₩5,000	₩6,250	₩7,500	₩ 18,750

〈표 5-10〉 비용추정표

비용추정표 (제1기 1월~6월)	
재료비	매출의 30%
노무비	매출의 25%
제조간접비 :	
변동비	매출의 10%
고정비	매월 ₩8,000(매월 ₩1,000의 감가상각비 포함)
판매비	매출의 10%
관리비 :	
변동비	매출의 8%
고정비	매월 ₩7,000

예상되는 제품매출에 따른 회수형태를 참조하여 기업은 다음 〈표 5-9〉와 같은 현금회수추정표를 작성하였다. 또한 전년도 재무제표를 통하여 비용(expenses)의 행태를 분석하여 매출 기준의 〈표 5-10〉과 같은 비용추정표(expense estimate)를 작성하였다. 이를 세부적으로 살펴보면, 와룡(주)은 비용이 발생되는 즉시 대금을 지급한다(월 감가상각액 ₩1,000 제외).

다만, 재고자산의 구입은 예외인데 재고자산을 구입하는 경우는 당월에 50%를 결제하고 나머지 50%는 다음 달에 결제한다. 제1기 1월 1일의 원재료 재고액은 ₩57,000이다. 기업은 제1기 1월~6월까지의 매월 말 원재료 재고액을 다음과 같이 추정한다. 월별로 ₩67,000, ₩67,500, ₩65,500, ₩69,000, ₩67,000, ₩71,000이다. 기업은 또한 이러한 원재료 구입에 따른 매입채무의 지급형태를 추정하였다.

〈표 5-11〉은 원재료 구입에 따른 현금지불 예상금액을 보여준다. 완성품 재고자산은 주문생산되기 때문에 존재하지 않을 것으로 예측되며, 〈표 5-12〉는 제1기 6월 30일을 기말로 한 6개월간의 현금예측표이다. 〈표 5-13〉은 제1기 6월 30일을 기말로 한 6개월간의 와룡(주)의 추정포괄손익계산서이며, 〈표 5-14〉는 제1기 6월 30일의 추정재무상태표이다. 이러한 추정재무제표는 신중히 검토해야 하며 추정재무제표는 그 예측치 자체뿐만 아니라 그러한 수치를 도출하게 된 가정에 대한 타당성 검토도 하여야 한다. 또한 추정재무제표에서 도출한 비율 및 관계를 검토해야 하고, 재무제표의 합리성 및 타당성을 파악하기 위하여 과거의 비율과도 비교해 보아야 한다.

〈표 5-11〉 현금지불 예측표

원재료 구입에 따른 현금지불 예측표(제1기 1월~6월)							
	1월	2월	3월	4월	5월	6월	합 계
재료구입비	₩40,000(1)	₩38,000(2)	₩43,000(3)	₩56,000(4)	₩58,000(5)	₩79,000(6)	₩314,000
지불액 :							
첫 달 : 50%	20,000	19,000	21,500	28,000	29,000	39,500	
둘째 달 : 50%		20,000	19,000	21,500	28,000	29,000	
총지불액	₩20,000	₩39,000	₩40,500	₩49,500	₩57,000	₩68,500	₩274,500

(1) (₩100,000×30%)+(₩67,000−₩57,000)=₩40,000
(2) (₩125,000×30%)+(₩67,500−₩67,000)=₩38,000
(3) (₩150,000×30%)+(₩65,500−₩67,500)=₩43,000
(4) (₩175,000×30%)+(₩69,000−₩65,500)=₩56,000
(5) (₩200,000×30%)+(₩67,000−₩69,000)=₩58,000
(6) (₩250,000×30%)+(₩71,000−₩67,000)=₩79,000

〈표 5-12〉 현금예측표

와룡(주)의 현금예측표 (제1기 1월~6월)							
	1월	2월	3월	4월	5월	6월	6개월 총계
현금잔액 : 기초	₩15,000	₩20,000	₩25,750	₩27,250	₩30,580	₩30,895	₩149,475
현금수령액 추가 :							
현금회수액	40,000	80,000	117,500	145,000	168,750	202,500	753,750
부동산매각[(3)]					8,000	50,000	58,000
채권발행[(3)]				47,500	60,000		107,500
장비처분[(3)]						25,000	25,000
총사용가능 현금	₩55,000	₩100,000	₩143,250	₩219,750	₩267,330	₩308,395	₩1,093,725
지출금 내역 :							
재료비	₩20,000	₩39,000	₩40,500	₩49,500	₩57,000	₩68,500	₩274,500
노무비[(1)]	25,000	31,250	37,500	43,750	50,000	62,500	250,000
고정간접비[(1)]	7,000	7,000	7,000	7,000	7,000	7,000	42,000
변동간접비[(1)]	10,000	12,500	15,000	17,500	20,000	25,000	100,000
판매비[(1)]	10,000	12,500	15,000	17,500	20,000	25,000	100,000
관리비[(1)]	15,000	17,000	19,000	21,000	23,000	27,000	122,000
법인세[(2)]						19,000	19,000
비유동자산 매입		1,000	1,000	1,000	1,000	1,000	5,000
총현금지출액	87,000	120,250	135,000	157,250	178,000	235,000	912,500
조정 전인 현금잔액(부족액)	(32,000)	(20,250)	8,250	62,500	89,330	73,395	181,225
최소요구현금액[(3)]	20,000	25,000	27,000	30,000	30,000	30,000	
요구되는 차입금	52,000	46,000	19,000	-	-	-	117,000
차입금 상환				30,000	58,000	29,000	(117,000)
차입금 지급이자[(4)]				1,920[5)]	435[6)]	145[7)]	2,500
기말현금잔액	20,000	25,750	27,250	30,580	30,895	44,250	44,250
차입금잔액	₩52,000	₩98,000	₩117,000	₩87,000	₩29,000	-	-

(1) 〈표 8-10〉의 자료를 통해 계산된 추정액
(2) 세율은 총 40%이며, 6월에 미지급법인세 중에서 ₩19,000의 법인세를 지급해야 할 것으로 예상한다.

(3) 기업의 기대치
(4) 매월 0.5%의 이자율로 이자가 계산되며 최초 이자현금지급일은 4월말로 가정한다. 다만, 현금부족으로 모든 차입금은 월초에 인출되고 월말에 상환되는 것으로 가정한다.
(5) ₩52,000×0.5%×4개월 = ₩1,040
₩46,000×0.5%×3개월 = ₩690
₩19,000×0.5%×2개월 = ₩190
1,920
(6) (₩52,000+₩46,000+₩19,000−₩30,000)×0.5%×1개월 = ₩435
(7) (₩52,000+₩46,000+₩19,000−₩30,000−₩58,000)×0.5%×1개월 = ₩145

〈표 5-13〉 추정포괄손익계산서

와룡(주) 제1기 6월 30일까지 6개월간

		예측의 근거
매출	₩1,000,000	예상매출액
매출원가 :		
재료비	300,000	표 8-10
노무비	250,000	표 8-10
간접비	148,000	표 8-10
	698,000	
매출총이익	302,000	
판매비	100,000	표 8-10
대손비용	18,750	표 8-9
관리비	122,000	표 8-10
	240,750	
영업이익	61,250	
장비처분이익	25,000	자료 및 표 8-12
이자비용	(2,500)	표 8-12
법인세비용차감전순이익	83,750	
법인세비용(세율 40%)	33,500	
당기순이익	₩50,250	

예를 들어, 와룡(주)의 유동비율(current ratio)은 추정재무상태표에서 제1기 1월 1일에는 2.6이었는데 제1기 6월 30일에는 3.5로 증가했다. 또한 제1기 6월 30일을 기말로 한 6개월 동안의 자기자본수익률이 8%를 초과하였다. 이러한 비율뿐만 아니라 회전율, 추세, 구성비율 등의 분석수치들도 적절하게 평가하여야 한다. 주요 부문에서 예상치를 넘는 차이가 발생하면 이에 대한 타당성을 검토하든지 혹은 오류로 확인되면 가정을 토대로 수정해야 한다. 이러한 과정을 통하여 추정에 대한 신뢰도를 높일 수 있다.

MS Excel과 같은 스프레드시트 프로그램은 추정을 분석하는 데 도움이 되는 유용한 도구이다. 민감도 검사(sensitivity test)에 있어서 변수를 변화시키기 쉬울수록 추정재무제표의 유용성은 향상된다. 그러나 이러한 프로그램이 편리하고 유용하다고 하더라도, 여전히 프로그램 계산결과의 토대가 되는 추정 및 가정을 개발하고 증명하는 것이 보다 중요하다. 주요 추정 및 가정의 합리성과 분석의 유용성은 평가 및 판단에 좌우되는 것이지 기술에 의해 좌우되는 것은 아니다.

〈표 5-14〉 추정재무상태표

와룡(주)

	제1기 1월 실제		제1기 6월 30일 추정	
자 산				
유동자산 :				
현 금	₩15,000		₩44,250	
매출채권(순액)	6,500		234,000	
재고자산-원재료	57,000		71,000	
유동자산 총액		₩78,500		₩349,250
투자부동산	58,000		-	
설비자산	206,400		201,400	
감가상각누계액	(36,400)		(17,400)	
순비유동자산		₩228,000		₩184,000
기타자산		3,000		3,000
총자산		₩309,500		₩536,250
부채와 자본				
유동부채 :				
매입채무	₩2,000		₩41,500	
미지급금(어음)	28,500		43,500	
미지급법인세	-		14,500	
유동부채총액		₩30,500		₩99,500
비유동부채	15,000		122,500	
보통주	168,000		168,000	
이익잉여금	96,000		146,250	
		₩279,000		₩436,750
총부채 및 자본		₩309,500		₩536,250

제 5 절 현금흐름의 장기예측

단기현금흐름 예측은 추정재무제표를 사용하기 때문에 기업의 재무적 유동성을 평가하는 데 있어서 매우 유용하고 신뢰할 수 있는 재무분석 수단이다. 그러나 추정재무제표를 사용한 현금예측의 신뢰도 및 타당성은 추정의 기간이 길어지면 감소한다. 즉, 추정의 기간이 2년이나 3년을 초과하면, 추정분석에 있어서 불확실성이 커지기 때문에 정확한 현금예측을 하기가 어려워진다.

따라서 장기현금흐름 예측은 매출채권의 회수와 노무비 및 재료비 지급에 초점을 맞추는 대신, 장기이익의 추정, 영업활동현금흐름, 기타 현금의 원천과 사용에 초점을 둔 재무분석을 수행한다.

현금흐름의 장기예측은 두 단계로 이루어진다. 첫 단계는 전기의 현금흐름표를 분석한다. 두 번째 단계는 해당 자료를 바탕으로 현금흐름 자료에 대해 수정(adjustment)을 하여 예측치를 산출한다.

1 장기현금흐름 예측을 위한 전기 현금흐름표의 분석

재무제표를 분석하는 데 있어서는 최근의 자료가 가장 적절한데, 그 이유는 최근의 재무제표는 현재 기업의 경영활동을 보여주기 때문이다. 경영활동에는 고유한 연속성이 있기 때문에, 최근의 경영성과가 예측에 가장 적합한 자료가 될 것이다.

최근의 성과가 중요하기 때문에, 가능하다면 최근 수년간의 재무제표를 확보하는 것이 좋다. 이것은 특히 현금흐름표를 분석할 때 중요한데 그 이유는 공장확장의 계획과 실행, 현대화전략, 운전자본의 변화 및 재무정책은 수년에 걸쳐 이루어지기 때문이다. 경영자의 계획과 성과를 분석하는 경우, 수년간의 현금흐름표를 분석하는 것이 유용한데, 이는 경영자의 전략과 그 성과를 보다 포괄적으로 분석할 수 있기 때문이다.

기업마다 상황이 다양하기 때문에, 현금흐름에 대한 '표준' 분석방법이란 것이 없지만 상당부분 공통점은 있다.

첫째, 분석을 함에 있어서 과거의 현금원천과 사용처를 파악해야 한다. 현금흐름표에 대한 구성비율분석(common-size analysis)은 연도별 비교에 도움이 된다.

둘째, 추세를 파악하기 위해서는, 몇 년간의 현금의 원천과 사용액을 합산하는 것이 유용하다. 그 이유는 연도별 혹은 분기별 보고기간은 추세에 대한 의미 있는 추정을 하기에는 너무 짧기 때문이다. 예를 들면, 중요한 프로젝트의 경우 자금조달이 수년에 걸쳐 이루어지기 때문이다. 현금원천 및 사용처를 평가할 때, 분석가는 다음과 같은 점에 유의해야 한다.

① 자산을 대체(replace)하는 자금은 내부에서 조달하는가, 아니면 외부에서 조달하는가?
② 사업을 확장하거나 기업을 인수하는 자금의 원천은 무엇인가?
③ 기업은 외부 자금조달에 어느 정도 의존하는가?
④ 기업의 투자수요와 투자기회는 어떠한가?
⑤ 기업이 필요로 하는 자금의 규모나 형태는 어떠한가?
⑥ 경영정책(예 : 배당금)은 현금흐름에 얼마나 민감한가?

전기 현금흐름표의 분석은 장기현금흐름을 예측하는 중요한 단계이며 이러한 분석은 재무제표의 전반적인 분석 틀 안에서 이루어져야 한다. 따라서 현금흐름표의 분석에서 얻은 추정치는 다른 재무제표의 분석을 통해 검증되거나 확인되어야 한다.

현금흐름표를 분석하여 추정치를 얻는 과정에서 경영에 대해 통찰할 수 있는 몇 가지가 있다. 첫째, 현금흐름표의 분석은 경영자의 의사결정의 질과 그것이 영업과 재무상태에 미치는 영향을 평가할 수 있도록 해준다. 둘째, 분석이 장기간에 걸친 것이면, 변화하는 경영상황에 부응하고 경영기회를 포착하여 경영의 어려움을 극복하는 경영자의 능력에 대해 판단할 수 있도록 해준다.

그리고 현금흐름표를 분석하면 기업이 자원을 어디에 투자하는지, 어떤 부문의 투자가 감소되었는지, 추가적인 현금은 어디서 생겼는지 그리고 기업의 부채 중 어떤 부문이 감소되었는지 등을 알 수 있다. 또한 이익을 어떻게 처분했는지, 잉여현금을 어디에 투자했는지도 알 수 있으며 영업활동현금흐름의 규모, 구성내용, 형태 및 안정성을 알 수 있다.

앞서 우리는 기업 내에서 현금이 어떻게 흘러가는가를 설명했다. 현금은 인건비, 재료비 및 간접비로 사용된다. 현금은 또한 현금으로의 전환이 느린 공장이나 장비 같은 비유동자산(long-term assets)의 구입에도 사용된다. 그러나 결국 모든 현금지출은 매출을 통하여 매출채권 또는 현금으로 전환시키는 데 사용된다. 영업에서 이익이 남는다는 것은 투자액을 초과하여 현금이 회수된다는 의미이며, 이로 인해 결국 현금흐름을 증가시키게 된다. 손실은 반대의 효과를 가져온다.

대부분의 사람들은 영업활동현금흐름을 이익이 없는 사업으로부터 이익이 많이 남을 가능성이 있는 쪽으로 자금의 방향을 바꿀 수 있는 경영자의 능력 지표로 보고 있다. 그러나 모든 영업활동현금흐름이 다 그러한 것은 아닌데, 그 이유는 채무의 상환, 주식의 재매수, 장비대체 및 배당금지급과 같은 항목에 대한 약정이 있기 때문이다. 영업활동현금흐름이 유일한 현금의 유입요소는 아니다. 왜냐하면 경영자는 외부의 자금조달 원천에 의존할 수 있기 때문이다. 뿐만 아니라 영업활동현금흐름의 구성요소에 대해서도 세밀한 검토를 하여야 한다. 이러한 구성요소는 현금출처의 안정성에 대한 중요한 단서를 제공한다.

예를 들어, 감가상각액은 비유동자산에 대한 투자액의 '회수'를 나타내는 안정적 구성요소이다. 감가상각액으로부터 회수한 현금은 보통 생산을 위한 자산을 유지하는 데 재투자된다. 이와 마찬가지로 영업권 상각(goodwill amortization) 역시 안정적 구성요소이지만 이러한 비현금이익의 회수액은 일반적으로 그러한 자산에 재투자되지는 않는다. 현금흐름표의 분석을 통한 추정에는 이익의 질(earnings quality)에 대한 평가가 포함된다. 이익의 질의 요소 중 하나로 기업상황의 변화가 현금흐름에 미치는 영향이 있다. 현금흐름표는 또한 이익의 질 추정과 관계있는 비현금이익의 구성요소도 보여주고 있다. 추정에는 추가적인 자금조달이 필요한 미래 이익의 잠재력을 평가하는 것도 포함된다.

2 현금의 원천 및 사용처의 예측

전기 현금흐름의 분석을 통하여 미래의 장기현금흐름의 원천과 사용처를 추정할 수 있다. 모든 경영활동, 특히 투자 및 재무활동에 대한 믿을 만한 현금예측은 장기현금흐름 예측의 신뢰도를 높여준다. 계획된 영업활동을 수행하는 데 필요한 현금과 그 계획된 활동을 수행하는 데 필요한 현금의 원천에 대한 예측은 신뢰성이 있어야 한다.

예를 들어, 어느 기업이 매출 및 이익이 신장될 것이라고 예측한다면 기업이 이러한 신장을 뒷받침하기 위한 재무적 능력이 있는지를 평가해야 한다. 미래 현금의 내부 또는 외부 원천에 대한 가능성과 원가를 분석함으로써 이러한 목적을 달성할 수 있다.

현금흐름표는 장기현금흐름 예측에 도움을 주는 훌륭한 분석도구이다. 현금흐름표를 예측하기 위해서는 맨 먼저 개별 자산수준에서 예상되는 변동과 이러한 변동을 통해 얻거나 사용할 현금을 세밀하게 추정해야 한다. 이러한 작업을 수행함에 있어서 고려할 중요한 요소들은 다음과 같다.

① 영업활동현금흐름을 신뢰성 있게 추정하기 위해서는 당기순이익 추정의 경우 감가상각(depreciation), 감모상각(depletion), 이연법인세, 아직 수령하지 않은 자회사 배당금 등에 대한 조정이 있어야 한다.

② 운전자본의 예측치는 매출채권, 재고자산, 지급어음과 같은 운전자본의 구성요소에 대한 요구수준을 추정함으로써 얻을 수 있다. 필요하다면, 예상되는 매출을 달성하는 데 소요되는 운전자본도 역시 총액 또는 순액기준을 근거로 추정할 수 있다(매출 증가분에 대한 운전자본 소요액 관계 이용).

③ 자산양도, 투자자산의 매각, 주식이나 채권발행과 같은 항목으로부터 현금원천을 추정할 필요가 있다.

④ 자본적지출 예측은 현재의 영업을 토대로 생산용량, 예상되는 신규 사업활동, 자산의 대체를 위한 원가의 추정 등을 고려한 조정을 통하여 얻을 수 있다.

⑤ 상환할 채무액과 배당금 지급액을 추정해야 한다.

3 현금흐름에 대한 상황예측

현금흐름표의 추정을 통하여, 기업에 대한 예상치 못한 변동의 영향이나 기업이 직면하는 어려움을 평가할 수 있는 능력이 생기게 된다. 예상치 못한 사건들은 보통 현금유입과 유출에 중요한 변동이 생기는 것을 보면 명확히 알 수 있다. 이러한 사건에는 불경기, 파업, 주요 고객의 상실, 시장변동 등이 있다. 현금흐름표를 추정하는 것은 기업의 방어적 태도 및 역량을 평가하는 첫 번째 단계가 된다.

이러한 분석을 통해 제시되는 기본문제는 다음과 같다.

기업이 선택할 수 있는 사항은 무엇이고, 현금흐름의 예상치 못한 변동에 대처하기 위해 사용할 수 있는 자원(내부・외부)으로는 무엇이 있는가? 이러한 분석은 기업의 재무유연성을 평가하는 데 적절하다. 동시에 현금흐름표의 예측치를 이용하여 기업이 직면한 어려움에 대처하고 기회를 포착하기 위해 사용할 수 있는 자원들을 평가할 수 있다. 또한 영업활동현금흐름에 미치는 이러한 사건들의 영향을 통해 현금의 원천과 사용처를 추적해 볼 수 있다. 그리고 이러한 상황예측은 변화하는 경영환경에 대처하기 위한 경영전략상의 변화를 모색하는 데에도 유용하며, 예측은 위험노출 정도를 평가하는 채권자들에게도 유용한 도구이다.

연습문제

5-1 **현금흐름표는 기본 재무제표 중 하나이다. 현금흐름표가 갖는 의미와 그 중요성을 기술하시오.**

풀이 현금흐름표는 기업의 활동을 기본적으로 영업, 재무 및 투자활동으로 구분하여 각각 현금유입과 현금유출 관련 정보를 제공하는 재무제표이다. 특히, 영업활동은 기업의 수익창출과 관련된 가장 기본적인 활동이다. 현금흐름표의 영업활동은 포괄손익계산서에 표시된 수익과 비용 관련 내용에서 제공하지 못하는 신용매출, 재고자산 투자, 신용매입 등과 관련된 영업활동에서 유입되고 유출된 순현금흐름에 대한 내용을 포함하고 있다.

현금흐름표의 투자활동은 비유동자산의 취득과 처분에 관련된 활동들로 구성된다. 투자활동은 설비투자자산의 취득 및 처분, 유가증권에 대한 투자 등과 같이 기업에 미래수익을 창출할 수 있는 자산에 대한 투자 관련 활동으로 구성된다. 따라서 투자활동은 기업의 수익창출능력에 대한 생산능력의 유지 및 미래 수익창출을 위한 잉여자금의 재투자 등이 매우 중요한 활동대상이다.

재무활동은 기업활동을 지원할 수 있는 재정의 확보, 인출 및 운용에 관련된 활동으로 구성된다. 가장 대표적인 재무활동은 사채 또는 유상증자 등을 통한 자금의 조달과 상환 등이 있다. 따라서 기업재무활동의 대부분은 재무상태표의 부채와 자본계정에 연계되어 있다.

현금은 기업의 자산 중 가장 신속히 동원 가능한 자산이므로 기업에 유동성 및 재무유연성을 제공한다. 기업의 경영활동은 기업의 다양한 자원을 최종적으로 현금으로 전환하는 일련의 과정이다. 기업의 영업활동은 영업활동에서 발생된 수익을 최종 현금으로 회수하고, 이를 새로운 영업활동을 위해 투자하는 일련의 과정으로 이루어져 있다. 발생기준에 따른 수익과 비용의 인식에 의한 당기순이익은 기업수익활동의 최종 끝이 아니라 현금흐름만이 기업 수익력(profitability) 측정의 최종단계이다.

기업의 현금유입은 제품판매를 통해 대부분 이루어지고 원재료 및 재고 매입, 부채상환, 설비투자, 임금지급, 배당금 지급 등과 같은 활동에 현금이 유출된다. 따라서 기업의 현금흐름에 대한 분석은 기업에 의해 일년 동안 수행된 영업활동(operating activities), 투자활동(investing activities) 및 재무활동(financing activities)에 관련된 모든 거래내용을 분석하는 것과 같다.

현금흐름분석은 기업의 유동성(liquidity), 지급능력(solvency) 및 재무유연성(financial flexibility)을 평가하는데 유용하다. 기업의 유동성은 기업의 단기지급능력을 나타내는 것으로 유동부채에 대한 즉시 상환가능한 현금보유수준을 의미하고, 지급능력은 기업의 장기지급능력을 나타내는 것으로 만기가 도래하는 장기부채에 대한 기업의 상환능력을 나타낸다. 재무유연성은 자금흐름이 예상치 못한 차질을 빚을 때 이에 대처하는 기업의 능력을 의미한다.

재무분석에서 중요한 위치를 차지하는 현금흐름분석은 기존의 재무제표인 재무상태표와 포괄손익계산서를 이용하여 분석할 수도 있다. 그러나 이러한 방식은 매우 불완전하며, 많은 현금흐름에 대한 정보가 누락되는 결과를 낳게 된다. 이러한 문제를 해결하기 위해 등장한 재무제표가 바로 현금흐름표이다. 현금흐름표는 다음과 같은 질문에 대한 해답을 제공하기 위해 개발된 것이다.

- 영업활동을 통한 현금의 유입(혹은 유출)은 얼마인가?
- 영업활동으로 조달된 현금이 어디에 지출되었는가?
- 부채상환의 현금원천은 무엇인가?
- 신규 유형자산의 현금원천은 무엇인가?
- 투자활동을 통해 증가된 현금수준은 어느 정도인가?
- 재무활동을 통해 조달된 현금의 사용처는 어디인가?

재무제표이용자 및 재무분석가는 위와 유사한 많은 의문에 대해 현금흐름표를 통해 그 해답을 찾을 수 있다.

5-2 다음의 자료를 이용하여 영업활동현금흐름을 구하시오.

포괄손익계산서 자료

과목	금액	비고
매출	₩800,000	
매출원가	(500,000)	
판매비와관리비	(150,000)	- 감가상각비 ₩30,000과 대손상각비 ₩500 포함
이자비용	(8,000)	- 사채할인발행차금 상각 ₩2,000 포함
유형자산처분이익	100,000	
법인세비용	(13,000)	
당기순이익	₩229,000	

재무상태표 자료

과목	기초잔액	기말잔액
매출채권	₩80,000	₩90,000
대손충당금	(1,000)	(1,200)
재고자산	60,000	55,000
매입채무	70,000	60,000
미지급판매비와관리비	3,000	2,000
미지급이자	2,000	3,200
미지급법인세	₩2,000	₩1,000

연습문제

풀이

현금흐름표 (간접법)

영업활동현금흐름		
법인세비용차감전순이익	₩242,000	
가감:		
감가상각비	30,000	
사채할인발행차금상각	2,000	
유형자산처분이익	(100,000)	
매출채권 증가	(9,800)	
재고자산 감소	5,000	
매입채무 감소	(10,000)	
미지급판매비와관리비 감소	(1,000)	
미지급이자 증가	1,200	
미지급법인세 감소	(1,000)	
영업에서 창출된 현금	158,400	
이자지급	(6,800)	
법인세의 납부	(14,000)	
영업활동순현금흐름		₩137,600

5-3 다음은 와룡(주)과 오성(주)의 요약현금흐름표이다. 각 기업의 기말 현금및현금성자산을 계산하시오.

계정과목	와룡(주)	오성(주)
영업활동현금흐름	(₩200)	(₩200)
투자활동현금흐름	(600)	(20)
재무활동현금흐름	800	155
현금및현금성자산에 대한 환율변동효과	20	15
기초 현금및현금성자산	₩50	₩100

풀이

계정과목	와룡(주)	오성(주)
기말 현금및현금성자산	₩70	₩50

5-4 **다음의 연결재무상태표와 연결포괄손익계산서, 그리고 추가 정보를 이용하여 연결현금흐름표를 작성하시오.**

- 종속기업의 모든 주식을 ₩590에 취득하였다. 취득 자산과 인수 부채의 공정가치는 다음과 같다.

재고자산	₩100
수취채권	100
현금	40
유형자산	650
매입채무	100
장기차입금	₩200

- 유상증자로 ₩250, 장기차입금으로 ₩250을 조달하였다.
- 이자비용은 ₩400이었고 이 가운데 ₩170을 당기에 지급하였다. 또한 과거기간의 이자비용과 관련하여 ₩100을 당기에 지급하였다.
- 배당금으로 ₩1,200을 지급하였다.
- 기초와 기말의 법인세부채는 각각 ₩1,000과 ₩400이었다. 당기에 추가로 ₩200의 세금이 발생하였다. 배당금수취에 대한 원천납부세액은 ₩100이었다.
- 그룹은 당기에 유형자산을 총 원가 ₩1,250에 취득하였으며 이 중에서 ₩900은 금융리스로 취득하였다. 나머지 ₩350은 현금으로 지급하였다.
- 취득원가가 ₩80이고 감가상각누계액이 ₩60인 공장 설비를 ₩20에 매각하였다.
- 20X2년 말의 수취채권에는 미수이자 ₩100이 포함되어 있다.

연결포괄손익계산서[1]

(20×2. 1. 1 ~ 20×2. 12. 31) (단위: 원)

매출	₩30,650
매출원가	(26,000)
매출총이익	4,650
감가상각비	(450)
판매비와관리비	(910)
이자비용	(400)
투자수익	500
외화환산손실	(40)
법인세비용차감전순이익	3,350
법인세비용	(300)
당기순이익	₩3,050

연습문제

(1) 20X2년 말로 종료하는 기간에 어떠한 기타포괄손익의 구성요소도 인식하지 아니하였다.

연결재무상태표

(20×2. 12. 31) (단위 : 원)

		20X2		20X1
자산				
현금및현금성자산		₩230		₩160
수취채권		1,900		1,200
재고자산		1,000		1,950
포트폴리오투자자산		2,500		2,500
유형자산	₩3,730		₩1,910	
감가상각누계액	(1,450)		(1,060)	
유형자산순액		2,280		850
자산총계		₩7,910		₩6,660
부채				
매입채무		250		1,890
미지급이자		230		100
미지급법인세		400		1,000
장기차입금		2,300		1,040
부채총계		₩3,180		₩4,030
자본				
납입자본		1,500		1,250
이익잉여금		3,230		1,380
자본총계		₩4,730		₩2,630
부채 및 자본 총계		₩7,910		₩6,660

풀이

연결현금흐름표 (직접법)

(20×2. 1. 1 ~ 20×2. 12. 31) (단위 : 원)

		20X2
영업활동현금흐름		
고객으로부터 유입된 현금	₩30,150	
공급자와 종업원에 대한 현금유출	(27,600)	
영업에서 창출된 현금	2,550	
이자지급	(270)	
법인세의 납부	(900)	
영업활동순현금흐름		₩1,380
투자활동현금흐름		
종속기업 X의 취득에 따른 순현금흐름(주석 A)	(550)	
유형자산의 취득(주석 B)	(350)	
설비의 처분	20	
이자수취	200	
배당금수취	200	
투자활동순현금흐름		(₩480)
재무활동현금흐름		
유상증자	250	
장기차입금	250	
금융리스부채의 지급	(90)	
배당금지급[(1)]	(1,200)	
재무활동순현금흐름		(₩790)
현금및현금성자산의 순증가		110
기초 현금및현금성자산		120
기말 현금및현금성자산		₩230

(1) 영업활동현금흐름으로 분류도 가능

연습문제

연결현금흐름표 (간접법)

(20×2. 1. 1 ~ 20×2. 12. 31) (단위 : 원)

		20X2
영업활동현금흐름		
법인세비용차감전순이익	₩3,350	
가감:		
감가상각비	450	
외화환산손실	40	
투자수익	(500)	
이자비용	400	
	3,740	
매출채권 및 기타채권의 증가	(500)	
재고자산의 감소	1,050	
매입채무의 감소	(1,740)	
영업에서 창출된 현금	2,550	
이자지급	(270)	
법인세의 납부	(900)	
영업활동순현금흐름		₩1,380
투자활동현금흐름		
종속기업 X의 취득에 따른 순현금흐름(주석 A)	(550)	
유형자산의 취득(주석 B)	(350)	
설비의 처분	20	
이자수취	200	
배당금수취	200	
투자활동순현금흐름		(₩480)
재무활동현금흐름		
유상증자	250	
장기차입금	250	
금융리스부채의 상환	(90)	
배당금지급[(1)]	(1,200)	
재무활동순현금흐름		(790)
현금및현금성자산의 순증가		110
기초 현금및현금성자산		120
기말 현금및현금성자산		₩230

(1) 영업활동현금흐름으로 분류도 가능

5-5 다음의 자료를 이용하여 와룡(주)과 오성(주)의 영업활동현금흐름 대 현금배당금 비율을 계산하고, 두 기업의 배당금 지급능력에 대해 평가하시오.

계정과목	와룡(주)	오성(주)
영업활동현금흐름	₩45,842	₩66,290
현금배당금 지급액	₩4,300	₩3,440

풀이

비율	와룡(주)	오성(주)
영업활동현금흐름 대 현금배당금 비율	10.66배	19.27배

영업활동현금흐름 대 현금배당금 비율은 기업이 영업활동현금흐름에서 얼마만큼 배당금으로 지불할 능력이 있는지를 측정하는 것이다. 이 비율이 높으면 높을수록 기업의 현금배당금 지급능력은 높다고 할 수 있다. 따라서 영업활동현금흐름 대 현금배당금 비율이 오성(주)이 와룡(주)에 비해 2배 가까이 높기 때문에 영업활동현금흐름만으로 현금배당금을 지불할 수 있는 능력이 오성(주)이 와룡(주)보다 2배 높다고 할 수 있다.

5-6 자유재량적현금흐름의 정의와 자유재량적현금흐름의 유용성 및 한계점을 기술하시오.

풀이

자유재량적현금흐름의 정의 :

영업활동현금흐름
 – 생산능력유지를 위한 자본적 지출
 – 우선주 및 보통주 배당금

자유재량적현금흐름

유용성 및 한계점 :

양(+)의 자유재량적현금흐름은 현재의 생산능력을 유지할 수 있는 자본비용과 배당을 충당한 후에 부채상환이나 기업의 성장에 필요한 새로운 자산의 취득 및 추가적인 배당, 연구개발비, 광고선전비 등에 사용할 수 있는 금액을 나타낸다. 또한 자유재량적현금흐름은 기업의 예기치 못한 자금수요와 투자기회에 대처할 수 있는 능력을 제공한다.

현금흐름표는 일반적으로 생산능력유지에 필요한 자본비용금액을 별도로 공시하지 않고 생산능력확장에 지출된 금액까지 포함한 총자본비용을 공시하기 때문에 자유재량적현금흐름 산출시 이들 두 가지 자본비용을 구분해 내는 것이 문제이다.

연습문제

5-7 다음은 추정재무제표를 작성하기 위한 와룡(주)의 과거 3년간 재무상태표와 포괄손익계산서 및 기본 가정들이다. 다음의 주어진 가정 하에 와룡(주)의 향후 3년간 추정재무상태표와 추정포괄손익계산서 및 추정현금흐름표를 작성하시오.

〈재무상태표〉

계정과목	20×3년	20×2년	20×1년
자산			
유동자산	₩5,583	₩4,685	₩3,728
현금및현금성자산	412	644	551
매출채권(순액)	2,886	2,094	1,789
재고자산	2,267	1,932	1,376
기타유동자산	18	15	12
비유동자산	1,574	1,361	1,134
투자자산	231	215	220
유형자산(순액)	1,320	1,120	885
무형자산	23	26	29
자산총계	₩7,157	₩6,046	₩4,862
부채			
유동부채	₩3,654	₩2,774	₩1,920
매입채무	3,212	2,326	1,443
단기차입금	220	200	230
유동성장기차입금	100	100	100
미지급법인세	104	138	140
기타유동부채	18	10	7
비유동부채	711	793	878
장기차입금	500	600	700
충당부채	211	193	178
부채총계	₩4,365	₩3,567	₩2,798
자본			
자본금	₩500	₩500	₩500
자본잉여금	100	100	100
이익잉여금	2,192	1,879	1,464
자본총계	₩2,792	₩2,479	₩2,064
부채와자본총계	₩7,157	₩6,046	₩4,862

〈포괄손익계산서〉

계정과목	20×3년	20×2년	20×1년
매출	₩20,613	₩16,104	₩13,764
매출원가	17,727	13,688	11,699
매출총이익	2,886	2,416	2,065
판매비와관리비	2,267	1,610	1,239
영업이익	619	806	826
이자비용	60	65	74
법인세비용차감전순이익	559	741	752
법인세비용	168	222	226
당기순이익	391	519	526
기타포괄손익	-	-	-
총포괄손익	₩391	₩519	₩526

〈기본가정〉

향후 3년간 추정치는 다음과 같다.

1. 매출 성장률 : 매년 28%
2. 매출원가율 : 매출액의 86%
3. 판매비와 관리비율 : 매출액의 11%
4. 이자비용 : 3년간 지속적으로 20×3년과 동일한 수준(₩60)
5. 법인세비용 : 3년간 지속적으로 법인세비용차감전순이익의 30% 수준
6. 총자산 성장률 : 매년 20.9%
7. 현금및현금성자산 성장률 : 매출액의 5% 수준
8. 매출채권 성장률 : 매출액의 14% 수준
9. 재고자산 성장률 : 매출액의 11% 수준
10. 기타유동자산 : 3년간 변화 없이 20×3년과 동일
11. 투자자산 : 매년 ₩10씩 증가
12. 유형자산 : 향후 투자계획에 따라 다음과 같이 추정

계정과목	20×6년	20×5년	20×4년
기초 장부가액	₩1,993	₩1,559	₩1,320
신규 투자금액	500	1,000	681
합 계	2,493	2,559	2,001
감 가 상 각 비	551	566	442
기말 장부가액	₩1,942	₩1,993	₩1,559

연습문제

13. 무형자산 : 향후 투자계획은 없으며 매년 ₩3씩 상각
14. 매입채무 : 매출액의 12.3% 수준
15. 미지급법인세 : 법인세비용의 62% 수준
16. 장기차입금 및 유동성장기차입금 : 장기차입금 상환계획에 따라 매년 ₩100씩 상환
17. 충당부채 : 매년 전년 대비 11%씩 증가
18. 자본금 및 자본잉여금 : 20×4년 액면금액 기준 ₩600 증자
19. 이익잉여금 : 매년 당기순이익의 20% 배당금으로 지급

풀이

추정포괄손익계산서

계정과목	20×6년	20×5년	20×4년
매출	₩43,229	₩33,773	₩26,385
매출원가	37,177	29,045	22,691
매출총이익	6,052	4,728	3,694
판매비와관리비	4,755	3,715	2,902
영업이익	1,297	1,013	792
이자비용	60	60	60
법인세비용차감전순이익	1,237	953	732
법인세비용	371	286	220
당기순이익	866	667	512
기타포괄손익	-	-	-
총포괄손익	₩866	₩667	₩512

추정재무상태표

계정과목	20×6년	20×5년	20×4년
자산			
유동자산	₩12,986	₩10,150	₩7,933
현금및현금성자산	2,161	1,689	1,319
매출채권(순액)	6,052	4,728	3,694
재고자산	4,755	3,715	2,902
기타유동자산	18	18	18
비유동자산	2,217	2,261	1,820
투자자산	261	251	241
유형자산(순액)	1,942	1,993	1,559
무형자산	14	17	20
자산총계	₩15,203	₩12,411	₩9,753
부채			
유동부채	9,693	7,520	5,319
매입채무	5,317	4,154	3,245
단기차입금	4,028	3,071	1,820
유동성장기차입금	100	100	100
미지급법인세	230	177	136
기타유동부채	18	18	18
비유동부채	481	555	632
장기차입금	200	300	400
충당부채	281	255	232
부채총계	₩10,174	₩8,075	₩5,951
자본			
자본금	₩1,100	₩1,100	₩1,100
자본잉여금	100	100	100
이익잉여금	3,829	3,136	2,602
자본총계	₩5,029	₩4,336	₩3,802
부채와자본총계	₩15,203	₩12,411	₩9,753

연습문제

추정현금흐름표(간접법)

계정과목	20×6년	20×5년	20×4년
법인세비용차감전순이익	₩1,237	₩953	₩732
가감 :			
감가상각비	551	566	442
무형자산상각비	3	3	3
이자비용	60	60	60
매출채권	(1,324)	(1,034)	(808)
재고자산	(1,040)	(813)	(635)
매입채무	1163	909	33
충당부채	26	23	21
영업에서 창출된 현금	676	667	(152)
이자지급	(60)	(60)	(60)
법인세 납부	(318)	(245)	(188)
영업활동순현금흐름	₩298	₩362	(₩400)
투자자산 증가	(10)	(10)	(10)
유형자산 증가	(500)	(1,000)	(681)
투자활동순현금흐름	(₩510)	(₩1,010)	(₩691)
단기차입금 증가	957	1,251	1,600
유상증자	0	0	600
유동성장기부채 상환	(100)	(100)	(100)
배당금 지급	(173)	(133)	(102)
재무활동순현금흐름	₩684	₩1,018	₩1,998
현금및현금성자산의 순증가	₩472	₩370	₩907
기초 현금및현금성자산	1,689	1,319	412
기말 현금및현금성자산	₩2,161	₩1,689	₩1,319

5-8 당기순이익과 영업활동현금흐름과의 관계를 기술하시오.

풀이 포괄손익계산서는 당해 연도의 기업 수익성을 측정한 것이다. 포괄손익계산서는 발생기준에 따라 수익과 비용을 인식 및 측정하고, 이를 이용해 최종 당기순이익을 계산한다. 재무제표 중 기업의 수익성에 대한 정보를 가장 풍부하게 제공하는 것은 포괄손익계산서이다. 그러나 포괄손익계산서는 현금유입 및 유출, 즉 현금흐름에 대한 정보는 제공하지 못한다. 이러한 정보는 현금흐름표를 이용할 때만 획득가능하다.

현금흐름표는 당기순이익보다 영업활동에 따른 현금의 유입 및 유출에 더 큰 강조점을 둔다. 이는 영업활동현금흐름이 기업의 모든 이익창출활동과 관련되어 있기 때문이다.

포괄손익계산서와 현금흐름표를 각각 단독 재무제표로 이용하는 데에는 많은 한계가 있다. 그러나 두 재무제표는 병행하여 사용할 경우에는 상호 보완적 시너지효과를 낸다. 발생기준회계에 의해 계산된 당기순이익은 추정, 이연, 배분 및 가치평가에 의존하여 계산되므로 현금흐름과 같이 객관적 측정보다 주관성이 더욱 강조된다. 이러한 문제 때문에 재무분석 과정에서 당기순이익의 질에 대한 지표로 영업활동현금흐름 정보가 사용된다. 일부 재무분석가는 당기순이익에 대한 영업활동현금흐름의 비율이 높은 경우에는 그렇지 않은 경우보다 더 높은 이익품질을 보유하고 있다고 주장한다.

현금흐름표의 영업활동현금흐름 정보는 당기순이익에 대한 유용한 보조 정보이지만, 미래의 현금흐름과 수익성을 나타내는 당기순이익 정보를 대신할 수는 없다. 그러나 영업활동현금흐름은 단기(short-term)유동성 및 장기(long- term)지급능력을 계획하고 평가하는 데 매우 유용한 재무정보를 포함하고 있다. 이는 현금흐름표가 현금을 수반하지 않는 수익과 비용계정을 제외시키고 유동성이 가장 높은 현금흐름만을 고려하기 때문이다.

포괄손익계산서와 현금흐름표는 상호 독립적인 유용성을 보유하고 있기 때문에 이 두 재무제표 중 어느 것이 더 우월한가보다는 각 재무제표의 유용성과 한계를 이해하는 것이 더욱 중요하다.

뉴스 속의 재무제표분석

30대 주요기업 현금수지 44% 악화돼

자사주 매입, 차입금 상환 등에 현금 사용 … 투자활동도 늘어

전자 자동차 철강 등 11개 주요업종 핵심 30대 기업의 올해 현금수지는 지난해보다 44% 감소한 것으로 나타났다. 이들 기업은 매출이 줄고 영업이익이 정체상태인데 현금수지까지 악화된 셈이다.

23일 내일신문이 삼성전자 현대자동차 포스코 등 30대 기업의 연결재무제표 현금흐름을 분석한 결과 올 3분기 현금수지는 6조6985억원이었다. 이는 지난해 같은 기간 현금수지 12조886억원보다 44% 줄어든 규모다.

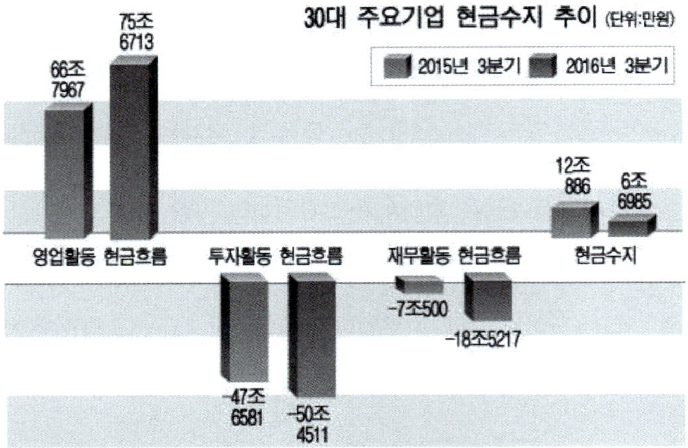

*금감원 공시시스템 자료 가공(현금수지= 영업활동+투자활동+재무활동현금흐름)

현금수지는 연결현금흐름표상 영업활동과 투자활동, 재무활동으로 인한 현금흐름을 모두 더한 수치다. 현금수지는 실제 현금 유입과 유출 상태를 나타낸다. 매입채무와 매출채권과 같은 외상거래를 가감했다. 여기에 유형자산 투자나 매각, 자본금 확충과 배당금 지급, 사채 발행이나 차입금 상환 등 현금 거래를 반영한 것이어서 실제 기업의 현금 유동성을 나타내고 있다.

분석 대상 업종은 전자(삼성 · LG전자) 자동차(현대 · 기아차, 현대모비스) 조선(대우조선해양, 삼성 · 현대중공업) 철강(포스코 현대제철 동국제강) 정유(SK에너지 GS칼텍스 에쓰오일 현대오일뱅크) 화학(LG화학 SK종합화학 롯데케미칼) 항공(대한 · 아시아나항공) 해운(한진해운 현대상선) 건설(현대 · 대우 · GS건설) 통신(SKT KT LGU+) 유통(신세계 롯데쇼핑 현대백화점) 등이다.

◆ **투자와 재무 현금흐름, 마이너스** = 30대기업의 현금흐름 형태는 영업활동은 (+), 투자활동과 재무활동에서는 (-) 형태를 띠었다. 영업활동에서 현금흐름은 75조6713억원의 현금이 유입됐다. 지난해 같은 기간 영업활동 현금수지는 66조7967억원이었다. 약 9조원 정도 현금이 더 들어온 셈이다. 올 3분기 이들 기업 영업이익은 약 46조4636억원이다. 영업이익보다 더 많은 현금을 확보한 셈이다.

투자활동에서의 현금수지는 마이너스 50조4511억원으로 지난해 같은 기간 47조6581억원보다 3조원의 현금이 더 나갔다. 투자활동 현금흐름이 마이너스인 경우는 기업이 유형자산이나 금융투자자산 등에 투자를 했을 가능성이 높다.

재무활동에서의 현금수지는 마이너스 18조5217억원이었다. 이는 지난해 마이너스 7조500억원보다 11조원의 현금이 더 유출돼 전체 현금수지를 줄인 주된 요인이다. 재무활동에서 눈에 띄는 기업은 삼성전자다. 삼성전자는 재무활동 현금수지가 마이너스 10조2604억원을 기록했다. 지난해 마이너스 2조9852억원보다 7조원 이상 현금이 사용된 것이다. 이는 삼성전자가 최근 진행하고 있는 주주가치 제고 경영전략의 하나인 자기주식 취득과 소각 행위의 영향이다. 삼성전자는 3분기까지 자사주 취득에 7조원 이상을 썼다.

30대기업의 전체적인 현금흐름을 살펴보면 영업활동에서 현금유입이 꾸준히 되고 시설유지를 위해 투자를 하고 있으며 차입금 상환을 하고 있는 모양새다. 일반적인 기업형태로 보면 성숙 또는 쇠퇴 단계와 일치한다.

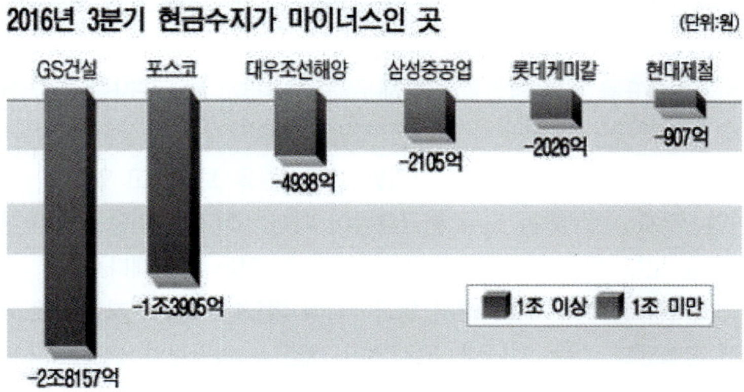

◆ **철강 · 건설 현금수지 마이너스** = 업종별로 보면 철강과 건설업의 현금수지가 마이너스를 기록했다.

철강 3사는 영업에서 7조8114억원의 현금유입을 기록했으나 투자(마이너스 4조9662억원) 재무(4조2839억원)에서 현금유출을 보여 전체적인 수지는 마이너스 1조4387억원을 나타냈다.

건설 3사도 영업에서 1840억원 현금수지를 냈으나 투자와 재무에서 각각 마이너스 3836억원, 2조4744억원을 기록해 전체적인 현금수지는 마이너스 2조6740억원을 나타냈다.

철강의 현금수지 특히 재무활동에서 현금흐름이 마이너스를 보인 것은 포스코가 3조원 이상 현금유출을 기록했기 때문이다. 포스코는 3조5206억원 어치 사채와 장기차입금 상환에 현금을 사용했다.

GS건설도 비슷한 경우다. 재무활동에서 현금흐름이 2조5571억원 마이너스다. GS건설은 현금흐름표에 장 · 단기 금융부채가 2조5000억원 정도 감소했다고 공시했다. 차입금 상환에 현금을 사용한 것이다.

◆ **대우조선해양 현대상선, 특이한 현금흐름 보여** = 수조원 분식회계가 드러난 대우조선해양은 현금흐름 형태가 다른 핵심기업과 양상이 다르다. 대우조선해양은 영업활동 현금흐름이 마이너스 5762억원, 투자활동에서는 32억원, 재무활동에서는 791억원이라고 밝혔다. 전체 현금수지는 마이너스 4938억원이었다.

회계전문가에 따르면 기본적인 영업활동에서 현금유출이 많다보니 이를 보충하기 위해 가지고 있는 투자자산을 매각하고 차입금을 늘리는 모습이다. 이런 현금흐름이 장기적으로 지속될 경우 회사 경영상태가 급속히 나빠져 현금 유동성이 악화될 가능성이 높다.

삼성중공업도 영업은 마이너스 투자와 재무는 플러스 현금흐름을 보여 대우조선해양과 비슷한 꼴이다.

현대상선의 현금흐름표를 보면 영업활동과 재무활동은 마이너스, 투자활동은 플러스였다. 이는 영업활동에서 부족한 현금과 채권자에 대한 차입금 상환액을 금융상품 매각을 통해 조달하고 있는 모습이다. 현금과 현금성자산이 3분기말 2288억원을 보유하고 있다.

GS건설은 영업 · 투자 · 재무활동 모두 현금흐름이 마이너스다. 영업활동 부족현금과 시설투자와 차입금 상환을 모두 기존 현금비축액에서 사용하고 있는 모양새다.

삼성전자 롯데케미칼 등은 투자활동에서 현금유출이 많았다. 삼성전자는 22조3578억원 현금이 투자활동에서 유출됐다. 이는 지난해 같은 기간 18조1463억원보다 4조원 이상 늘어난 규모다. 삼성전자는 생산설비 등 유형자산 취득에 14조원을 사용했다고 공시했다. 풍부한 자금을 운용하기 위해 단기금융상품 증가에 10조원 이상을 사용했다.

롯데케미칼은 투자활동에서 3조548억원 마이너스 현금흐름을 보였다. 회사는 현금흐름표에서 유형자산 취득이 1조1900억원, 사업결합으로 인한 순현금유출이 1조9000억원이라고 공시했다. 롯데케미칼은 기초유분 시설을 증설하고 특수고무 합작사업에 투자하는 등 신규사업을 벌이고 있다.

〈출처 : 내일신문, 2016.12.23〉

제 6 장

자본구조와 지급능력분석

〈학습목표〉

- 자본구조와 지급능력의 상호관계 이해
- 재무레버리지의 의미와 분석기법
- 자본구조 평가를 위한 장부가치 조정기법의 이해
- 자본구조의 구성과 지급능력에 대한 평가 및 해석을 위한 분석도구의 이해
- 지급능력분석을 위한 자산의 구성과 자산의 대처능력 측정
- 지급능력분석을 위한 이익력 측정

제 1 절 개 요

지급능력(solvency)은 재무제표분석에 있어서 중요한 요소 중의 하나이다. 지급능력이란 기업의 장기적인 존속가능성 및 장기적인 채무를 상환할 수 있는 능력을 의미한다. 단기적인 지급능력을 평가하기 위해서는 유동성(liquidity) 분석이 필수적이며, 장기적인 존속가능성 및 장기적인 채무상환능력을 평가하기 위해서는 기업의 재무건전성(financial strength)을 나타내는 자본구조(capital structure)의 분석이 필수적이다.

기업의 모든 활동, 즉 영업활동, 투자활동, 재무활동 등은 기업의 지급능력에 영향을 미친다. 지급능력분석에서 매우 중요한 요소 중의 하나는 자본구조의 구성내용이며, 자본구조는 기업에 소요되는 자금의 조달원천과 경제적 특성을 나타낸다.

본 장에서는 자본구조를 기술하고 지급능력분석의 중요성을 설명한다. 그리고 성공적인 영업활동은 기업의 지급능력을 좌우하기 때문에 본 장의 내용은 필수적인 비용을 충당할 수 있는 이익(earnings)과 이익력(earning power)에 대한 이해를 제공한다. 또한 지급능력분석의 여러 가지 도구에 대해서도 기술한다. 여기에는 레버리지 측정, 분석적인 회계조정, 자본구조분석 등이 포함되며 재무제표 자료를 이용하여 이러한 분석도구들의 활용방법을 예시한다. 자본구조에 있어서는 고유의 위험과 수익 사이의 관계 및 재무제표분석에 있어서의 의미를 논의한다.

제 2 절 지급능력분석의 핵심

지급능력분석은 유동성을 분석하는 것과 현저하게 다르다. 단기적인 지급능력을 평가하기 위한 유동성분석은 단기적이기 때문에 비교적 합리적이고 정확하게 현금흐름을 예측할 수 있다. 그러나 장기예측은 신뢰성이 다소 떨어지기 때문에 지급능력을 분석할 때에는 정확성이 다소 약하지만 보다 포괄적인 분석적 측정치를 사용한다.

지급능력의 분석에는 몇 가지 중요한 요소가 포함되는데, 자본구조의 분석이 그 중 하나이다. 자본구조는 자금조달의 원천을 의미한다. 자금조달형태는 비교적 영구적인 자기자본을 비롯하여 위험하고 일시적인 유동부채에 이르기까지 매우 다양하다. 일단 기업은 자금을 획득하면 그 자금을 여러 유형의 자산에 투자한다. 자산은 채권자에 대한 2차적인 지급담보의 원천이 되며, 그 범위는 특정 차입에만 담보로 연결된 특정 자산에서부터 무담보 채권자에 대한 일반적인 담보로 이용할 수 있는 자산까지 다양하다.

지급능력의 또 다른 중요 요소는 이익(earnings) 또는 이익력(earning power)이다. 즉, 이익력은 영업활동에서 현금을 반복적으로 발생시키는 능력을 의미한다. 이익에 기초한(earnings-based) 측정치들은 재무건전성(financial strength)에 대한 중요하고 신뢰성 있는 지표가 된다. 이익은 부채의 원금과 이자를 장기적으로 상환하는 데 있어서 가장 바람직하고 신뢰성 있는 현금의 원천이다. 영업활동으로 인한 현금유입의 측정치로서의 이익은 이자 및 고정비용에 대한 상환기준이 된다. 안정적인 이익의 흐름은 현금이 부족하여 차입을 하고자 할 때 기업의 능력에 대한 중요한 측정지표가 된다. 또한 이익은 재무적 곤경상태에서 기업이 재기할 것인가에 대한 측정지표도 된다.

채권자는 자신들의 자산을 보호하기 위해 기업이 상환불능상태가 되거나 재무적인 곤경에 처해질 것에 대비하여 대출계약서에 특정 자산을 담보로 설정해 둔다. 대출계약서에는 채무불이행의 의미를 규정해 둠으로써(실제로 발생하였을 경우의 법적인 조치 포함) 채무자가 심각한 재무적 곤경에 처해지기 전에 대출금을 조기에 회수할 수 있도록 한다. 계약서는 다음과 같은 내용으로 작성된다.

① 유동비율이나 부채자기자본비율과 같은 재무건전성을 나타내는 측정치의 강조
② 추가 채무발생의 금지
③ 지나친 이익배당이나 기업 또는 자산의 인수를 통해 기업자원이 유출되지 못하도록 약정

그러나 계약서가 있다고 해서 영업손실이 발생하지 않도록 보장해 줄 수는 없으며, 계약서에 보호조항이 아무리 많아도 이것이 기업의 영업성과 및 재무상태에 대한 경계와 감시의 기능을 대신할 수는 없다.

제 3 절 자본구조의 중요성

자본구조란 부채와 자기자본으로 조달된 자금의 구성내용을 말하며, 여러 가지 자금원천의 상대적인 크기에 의해 측정된다. 기업의 재무안전성과 지급불능의 위험은 그 기업의 자금원천과 기업이 소유하고 있는 여러 가지 자산의 유형 및 크기에 영향을 받는다. 〈표 6-1〉은 일반적인 기업의 자산 배분상태와 자금의 원천을 보여준다. 이 사례는 기업의 투자자산과 자금의 조달이 매우 다양할 수 있음을 강조한다.

〈표 6-1〉 일반적인 기업의 자산분포와 자본구조

자 산	부채와 자본
- 유형자산 - 투자부동산 - 무형자산 - 금융자산 - 지분법에 따라 회계처리하는 투자자산 - 생물자산 - 재고자산 - 매출채권 및 기타 채권 - 현금및현금성자산 - 매각예정으로 분류된 처분자산집단에 포함된 자산 - 이연법인세자산 - 당기법인세관련 자산	부채 : - 매입채무 및 기타 채무 - 충당부채 - 금융부채 - 매각예정으로 분류된 처분자산집단에 포함된 부채 - 이연법인세부채 - 당기법인세관련 부채 자본 : - 자본에 표시된 비지배지분(1) - 지배기업의 소유주에게 귀속되는 납입자본과 적립금

(1) 국제회계기준은 연결재무제표를 기본 재무제표로 하고 있다. 따라서 종속기업이 있는 지배기업의

경우 연결재무상태표, 연결포괄손익계산서, 연결자본변동표, 연결현금흐름표, 연결주석을 기본 재무제표로 공시하여야 한다. 연결재무상태표를 작성하는 경우 종속기업의 지분 중 지배기업에게 직접 또는 간접으로 귀속되지 않는 지분을 비지배지분이라 하며, 비지배지분은 연결재무상태표에서 자본에 포함하되 지배기업의 소유주지분과는 별도로 구분하여 표시한다.

1 부채와 자기자본의 특징

자본구조분석의 중요성은 여러 가지 관점에서 파악될 수 있으며, 부채와 자기자본 간에도 차이가 있다. 자기자본은 투자자의 입장에서 보면 위험성 있는 자본(risk capital)이다. 투자수익률이 확실하지 않고 원금을 어떤 형태로 반환받을지 명확하지 않은 것이 자기자본의 특징이다. 그러나 부채는 원금을 회수할 수 있다는 것이 특징이다. 그러므로 기업의 입장에서 볼 때 안정성 및 지급능력에는 자기자본이 더 유용성이 높다. 기업이 곤경에 처해 있을 시기에도 일정한 영구성과 지속성이 있으며, 투자자가 어떠한 강제적인 이익배당을 요구할 수 없다는 것이 또 다른 특징이다. 이로 인해 기업은 자기자본을 장기자산에 투자할 수 있으며 다소 위험한 사업이라도 원금상환에 대한 부담 없이 사업을 수행해 나갈 수 있다.

자기자본과 달리 유동 및 비유동부채는 반드시 상환하여야 한다. 부채상환기간이 길수록, 상환과 관련하여 요구조건이 적을수록, 기업은 부채에 대해 쉽게 대처할 수 있다. 기업의 재무상태에 관계없이 부채는 반드시 정해진 일자에 상환하여야 하며, 반드시 정기적인 이자도 지불해야 한다. 만일 기업의 손실로 자기자본이 '마이너스' 상태가 되면, 채권자도 역시 원금과 이자의 일부 또는 전부를 상실할 수 있다. 총자본구조 중에 부채의 비율이 클수록 고정비용 및 상환약정액이 상대적으로 높아질 것이며, 지급기일이 도래할 때 원금 및 이자를 상환할 수 없을 가능성도 증가한다.

보통주 투자자의 입장에서 보면 부채는 투자로 인해 손실이 발생할 수 있는 요소이기도 하며, 재무레버리지를 통해 잠재적 이익을 획득할 수 있는 대상이기도 하다. 재무레버리지는 수익을 증대시키기 위해 부채를 이용하는 것이다. 재무레버리지는 사업의 성공이나 실패를 증폭시킨다. 또한 재무레버리지는 상품가격의 등락이나 기술의 진부화 등과 같은 요소 때문에 위험을 증대시킨다. 지나치게 부채가 많으면 이익을 얻을 사업기회를 포착하기 위한 독창성이나 유연성이 떨어진다. 채권자의 경우에 자기자본이 증가하는 것을 선호하는데 그 이유는 기업이 어려워져도 채권자의 손실이 보호되기 때문이다. 기업의 자금수요에 비례하여 자기자본이 감소되면 채권자의 손실에 대비한 보호가 약화되므로 위험은 증가한다.

자본구조가 다름에 따라 자본비용이 다를 것이냐에 대하여는 논쟁이 있지만 분석의 관점에서는 이 문제가 비교적 명확하다. 기업을 분석함에 있어서 만약 부채자기자본비율이 매우 높다면 채권자의 위험은 증가하지만, 그 외의 상황은 동일하다. Modigliani-Miller의 가설에 의하면 완전경쟁시장에서 기업의 자본비용은 이자에 대한 세금공제를 제외하면, 부채와 자기자본의 구성비율에 영향을 받지 않는다. 그 이유는 주주가 주식의 포트폴리오 관리를 통하여 자신의 위험을 조절할 수 있기 때문이다. 이러한 가정에 의하면 부채를 통해서 발생되는 이점은 낮은 주가이익비율(price-to-earnings ratio) 때문에 상쇄되어 버린다.

자본비용에 대한 사람들의 견해가 어떠하든지 간에 기업은 투자의 결과로 손실이 생길 위험을 안고 있다. 이하에서는 부채를 이용하는 동기와 그 영향을 살펴보고 자본구조로부터 생기는 위험의 정도를 측정하는 방법을 소개한다.

2 부채를 통한 자금조달

기업이 부채를 통하여 영업활동의 자금을 조달하는 주요한 동기는 낮은 비용 때문이다. 주주의 시각에서 볼 때 부채가 자기자본보다 유리하다고 하는 이유에는 다음 두 가지가 있다.

① 대부분 부채의 이자는 확정되어 있다. 그리고 지급하는 이자는 부채를 운영하여 획득하는 수익보다 일반적으로 적다. 이 초과수익은 결국 지분투자자의 이익으로 돌아간다.

② 이자비용은 법인세를 공제받을 수 있는 비용임에 반하여 이익배당은 법인세를 공제받을 수 없다.

부채를 통한 자금조달이 위험분석에서 매우 중요하기 때문에 본 절에서는 이 요소들을 하나씩 살펴보기로 한다.

1) 재무레버리지의 개념

기업의 자본구조는 부채와 자기자본으로 구성된다. 일반적으로 채권자는 자기자본에 의한 보호장치가 없는 곳에는 투자하기를 싫어한다. 재무레버리지는 자본구조 중에서 고정비용을 지급해야 하는 부채의 규모를 나타내며, 기업이 지분을 기초로 어느 정도의 부채를 조달하고 있는가를 나타낸다. 이것은 기업이 초과수익을 획득하기 위해 자기자본에 기초하여 얼마나 부채를 차입하고 있는가를 의미한다.

다음의 〈표 6-2〉는 와룡(주)과 의양(주) 두 기업의 자산과 자본의 수익률 계산을 보여준다.

〈표 6-2〉 여러 가지 이익수준에서의 수익률

	자 산	자금원천		이자와 법인세차감 전순이익	이자 비용 (10%)	법인세[1]	순이익	순이익+[이자×(1−법인세율)]	수익률	
		부 채	자 본						자산[2]	자본[3]
(상황 1)										
와룡(주)	₩1,000,000	₩400,000	₩600,000	₩200,000	₩40,000	₩64,000	₩96,000	₩120,000	12.0%	16.0%
의양(주)	1,000,000	−	1,000,000	200,000	−	80,000	120,000	120,000	12.0	12.0
(상황 2)										
와룡(주)	1,000,000	400,000	600,000	100,000	40,000	24,000	36,000	60,000	6.0	6.0
의양(주)	1,000,000	−	1,000,000	100,000	−	40,000	60,000	60,000	6.0	6.0
(상황 3)										
와룡(주)	1,000,000	400,000	600,000	50,000	40,000	4,000	6,000	30,000	3.0	1.0
의양(주)	1,000,000	−	1,000,000	50,000	−	20,000	30,000	30,000	3.0	3.0

1) 법인세율=40%
2) 자산수익률=순이익+이자(1−0.40)/자산
3) 자기자본수익률=순이익/자기자본

와룡(주)과 의양(주) 두 기업은 자산규모가 같고, 이자와법인세비용차감전순이익(EBIT : Earnings Before Interest and Taxes)도 동일하다. 와룡(주)은 부채가 40%지만 의양(주)은 부채가 없다. 〈표 6-2〉 상황 1에서 와룡(주)의 자산수익률이 12%일 때 자기자본수익률은 16%이다. 이처럼 주주가 높은 수익을 얻을 수 있는 것은 자산수익률(12%)이 세후이자율(6%)보다 높기 때문이다. 그러나 의양(주)은 부채가 없기 때문에 자기자본수익률은 자산수익률과 같은 12%이다.

상황 2에서는 와룡(주)의 자산수익률(6%)이 세후이자율(6%)과 같아서 재무레버리지효과가 없으며, 따라서 자기자본수익률과 자산수익률이 같다. 상황 3에서는 재무레버리지가 역효과로 나타났다. 즉, 상황 3에서는 자산수익률(3%)이 세후이자율(6%)보다 낮기 때문에 자기자본수익률이 자산수익률보다 낮아서, 와룡(주)의 자기자본수익률은 부채가 없는 의양(주)의 자기자본수익률보다 낮다. 이 예제를 상황별로 정리하면 다음과 같다.

상황 1・2・3의 의양(주) : 부채를 이용하지 않는(재무레버리지가 없는) 기업의 자기자본수익률은 자산수익률과 같다.

상황 1의 와룡(주) : 부채를 이용하는 기업의 자산수익률이 세후이자율보다 높을 때 재무레버리지효과는 양(+)이 되어 자기자본수익률이 자산수익률보다 높아진다.

상황 2의 와룡(주) : 부채를 이용하는 기업의 자산수익률이 세후이자율과 같을 때 재무레버리지효과는 0이 되어 자기자본수익률이 자산수익률과 같아진다.

상황 3의 와룡(주) : 부채를 이용하는 기업의 자산수익률이 세후이자율보다 낮을 때 재무레버리지효과는 음(-)이 되어 자기자본수익률이 자산수익률보다 낮아진다.

그리고 재무레버지리효과는 기업상황이 좋을 때는 더 좋게, 나쁠 때는 더 나쁘게 나타난다. 예를 들면, 자산수익률이 세후이자율 이하로 떨어질수록, 부채를 이용하는 기업의 자기자본수익률은 자산수익률보다 현저히 낮아진다.

2) 이자의 세무상 비용공제

부채가 유리한 이유는 이자비용이 법인세공제항목이기 때문이다. 이에 대하여 앞의 〈표 6-2〉와 다음의 〈표 6-3〉의 사례를 통하여 살펴보기로 한다.

〈표 6-3〉 와룡(주)과 의양(주)의 상황2 재무자료

상황 2 재무자료	와룡(주)	의양(주)
이자와법인세비용차감전순이익	₩100,000	₩100,000
이자비용(10%×₩400,000)	40,000	-
법인세비용차감전순이익	60,000	100,000
법인세비용(40%)	24,000	40,000
순이익	36,000	60,000
사채권소지자에게 지급한 이자의 가산	40,000	-
증권소지자의 총수익(부채와 자기자본)	₩76,000	₩60,000

상황 2에서 와룡(주)의 자산수익률이 세후이자율과 같아서 재무레버리지효과는 0이 되어 자산수익률과 자기자본수익률이 같지만 와룡(주)의 타인자본(부채) 소유자와 자기자본 소유자에게 분배할 수 있는 총액은 의양(주)의 자기자본 소유자에게 분배할 수 있는 총액보다 ₩16,000이 많다. 이것은 와룡(주)이 의양(주)보다 세금부담이 낮기 때문이다. 그러나 이자의 세금공제효과는 이익이 충분하게 있을 때에만 가능하다는 점을 염두에 두어야 한다. 이상의 사례를 통해 이자비용의 의미를 정리하면 다음과 같다.

① 이자비용은 세금공제를 받을 수 있지만 자기자본 소유자에 대한 현금배당은 세금공제를 받을 수 없다.
② 이자비용은 세금공제를 받을 수 있기 때문에 자기자본 소유자에게 더 많은 이익을 가져다 줄 수 있다.
③ 이자비용의 지급불능은 파산을 초래하지만 이익배당의 지급불능은 그렇지 않다.

3) 재무레버리지의 기타 효과

재무레버리지가 갖는 초과수익과 이자비용의 법인세법상 비용공제 장점 외에 기업이 장기부채를 보유하면 자기자본 소유자에게 또 다른 이점이 있다. 예를 들면, 성장 중인 기업은 부채조달을 통하여 이익희석(earnings dilution)을 회피할 수 있다. 또한 이자율이 상승하는 시기에는 부채를 사용하는 기업은 낮은 고정금리로 이자비용을 지급하게 되어 부채를 이용하지 않는 경쟁기업보다 더욱 유리하다.

그러나 이자율이 하락하는 시기에는 반대의 경우도 일어날 수 있다. 영업성과가 악화되기 전에 부채를 늘리는 것은 전략적으로 기업에 유리하다. 왜냐하면 상황이 나빠지면 부채의 조달도 힘들고 이자비용도 올라가기 때문이다. 그리고 인플레이션 시기의 금융부채는 물가상승에 따른 이득을 가져다 준다.

3 재무레버리지의 효과측정

재무레버리지는 자기자본수익률이 자산수익률을 초과할 때 영업성과에 긍정적인 효과를 미친다. 본 절에서는 재무레버리지의 영향을 효과적으로 평가하기 위한 측정치들을 설명한다.

1) 재무레버리지지수

재무레버리지의 효과를 측정하는 방법 중의 하나는 재무레버리지지수(financial leverage index)이며, 다음과 같이 계산한다.

$$\text{재무레버리지지수} = \frac{\text{보통주자본수익률}}{\text{자산수익률}}$$

재무레버리지지수가 1보다 크면 재무레버리지의 효과가 유리하다(+)는 것을 의미하며, 1보다 작으면 재무레버리지의 효과가 불리하다(−)는 것을 의미한다.

정확하게 1이면 재무레버리지의 효과가 유리하지도 불리하지도 않다는 것으로 재무레버리지의 효과가 없다(0)는 것을 의미한다. 앞의 〈표 9-2〉의 재무자료를 사용하여 와룡(주)의 재무레버리지지수를 계산하면 다음과 같다.

$$\text{상황 1}: \frac{16.0\%}{12.0\%} = 1.33$$

$$\text{상황 2}: \frac{6.0\%}{6.0\%} = 1.00$$

$$\text{상황 3}: \frac{1.0\%}{3.0\%} = 0.33$$

상황 1에서는 자기자본수익률이 자산수익률을 초과하므로 재무레버리지지수가 1보다 큰 1.33이며, 이것은 재무레버리지효과가 유리(+)함을 의미한다. 상황 2에서는 자기자본수익률이 자산수익률과 같으므로 재무레버리지지수는 1.00이다. 이것은 재무레버리지의 효과가 없다(0)는 것을 의미한다. 상황 3에서는 재무레버리지지수가 0.33으로 1.00보다 작으며, 이것은 재무레버리지의 효과가 불리(−)함을 의미한다.

2) 재무레버리지비율

재무레버리지비율(financial leverage ratio)은 보통주자본으로 투자한 총자산의 정도를 나타내며, 다음과 같이 계산한다.

$$\text{재무레버리지비율} = \frac{\text{총자산}}{\text{보통주자본}}$$

보통주자본으로 투자한 총자산의 비중이 높으면 재무레버리지비율은 낮아진다. 재무레버리지를 성공적으로 활용하면 재무레버리지비율이 높아짐에 따라 자본수익률도 높아진다. 이와 동시에 재무레버리지비율이 높으면 수익성 변동으로 인한 위험도 커진다. 와룡(주)의 재무레버리지비율을 계산하면 다음과 같다.

$$\frac{₩1,000,000}{₩600,000} = 1.67$$

재무레버리지비율 1.67은 보통주자본 1이 지배하는 자산금액이 1.67이라는 뜻이다. 이 재무레버리지비율이 자본수익률의 한 구성 요소로서 어떤 역할을 하는지는 제7장 자본수익률분석에서 다루기로 한다.

제 4 절 자본구조분석의 회계적 의미

재무제표에서 자기자본과 부채의 측정 및 공시는 일반적으로 인정된 회계원칙에 따른다. 자본구조와 지급능력에 대한 의미를 분석할 때 반드시 이 회계원칙을 염두에 두어야 한다.

1 부채의 장부가치 조정

부채와 자기자본 사이의 관계는 장기지급능력을 평가하는 중요한 요소로서 이 관계를 이해하는 것이 분석과정에서 매우 중요하다. 재무상태표에 완전히 반영되지 않은 부외부채도 있고, 부채나 자기자본 항목 중에는 분석과정에서 장부가액을 그대로 이용해서는 안 되는 계정과목도 있다. 이러한 계정과목을 파악하고 분류하기 위해서는 계정과목이 발생하게 된 배경을 잘 이해하여야 한다.

1) 이연법인세부채

회계기준에 따라 인식한 자산·부채의 장부금액이 법인세법에서 인정되는 세무기준액과 일치하지 않은 경우가 있다. 예를 들면, 단기매매증권에 대한 평가에서 회계기준은 시가법으로 평가하나 법인세법은 원가법을 채택하고 있다. 이러한 두 가지 기준의 차이를 조정하기 위해 도입한 제도가 이연법인세제도이다.

자산·부채의 회계상 장부금액과 세무기준액의 차이인 일시적차이에 대하여 이연법인세자산·부채를 인식한다. 일시적차이 중 차감할 일시적차이는 미래의 과세소득에서 차감되어 법인세부담액을 감소시키므로 이에 대해서는 이연법인세자산을 인식한다. 반면, 일시적차이 중 가산할 일시적차이는 미래의 과세소득에서 가산되어 법인세부담액을 증가시키므로 이에 대해서는 이연법인세부채를 인식한다. 이연법인세자산·부채는 자산이 실현되거나 부채가 확정되는 기간의 예상세율을 적용하여 측정한다. 이연법인세자산·부채는 할인하거나 만기를 고려하지 않는다. 이연법인세자산의 장부금액은 이의 사용이 가능한 충분한 과세소득이 더 이상 확실하지 않은 경우 제거하여야 한다.

분석과정에서 이연법인세를 부채로 취급할 것인지 자기자본으로 취급할 것인지 혹은 일부는 부채로 일부는 자기자본으로 취급할 것인지에 대한 문제가 있다. 이 문제는 이연의 성질, 이 계정의 과거 경험(예를 들면, 성장패턴)과 미래의 역전가능성에 의해 좌우된다고 할 수 있다. 정상적인 상황에서는 이연법인세는 이연법인세부채계정이 된다.

2) 리스계약 관련 부채

리스는 크게 금융리스와 운용리스가 있다. 금융리스와 운용리스의 분류는 리스자산의 소유에 따른 효익과 위험이 리스제공자와 리스이용자에게 귀속되는 정도에 따라 구분되는 것이다.

리스자산의 소유에 따른 위험과 효익의 대부분이 리스제공자로부터 리스이용자에게 이전되는 경우 실질적으로는 리스이용자가 당해 자산을 취득한 것이나 마찬가지다. 이러한 리스거래는 금융리스로 분류한다. 금융리스의 경우 일반적으로 당해 리스자산의 법적 소유권은 리스제공자가 계속 보유하고 있으나, 당해 리스자산의 소유에 따른 위험과 효익이 리스이용자에게 있으므로 리스이용자의 재무제표에 사용권자산과 리스부채를 인식한다.

한편, 운용리스는 리스자산의 소유에 따른 위험과 효익의 대부분이 계속 리스제공자에게 있는 경우이다. 운용리스의 경우 일반적으로 당해 리스자산의 법적 소유권은 리스제공자가 계속 보유하고 있으며, 당해 리스자산의 소유에 따른 위험과 효익도 리스제공자가 지니고 있으므로 리스제공자의 재무제표에 운용리스자산을 인식한다. 이 경우에도 리스이용자는 재무제표에 사용권자산과 리스부채를 인식한다.

3) 충당부채 및 우발부채

충당부채는 과거 거래의 결과로서 현재 존재하는 법적 또는 의제의무로 미래에 자원의 유출가능성이 높고 의무를 이행하여야 할 금액을 신뢰성 있게 측정 가능하여야 한다. 충당부채는 재무상태표일 현재의 의무이다. 따라서 최선의 추정치로서 예상되는 지출액으로 측정된다. 만약 금액의 시간가치 효과가 중요한 경우 당해 의무는 유사한 만기 구조를 가지는 세전시장이자율로 할인하여 표시한다. 만약 그 근거가 충분하다면 충당부채의 변제에 필요한 금액에 영향을 주는 미래 사건 등을 충당부채의 금액에 반영하여야 한다. 다만, 제3자로부터 변제를 받을 권리는 충당부채의 장부금액에서 차감하여 표시하지 않는다. 충당부채는 재무상태표에 인식하고 충당부채와 관련된 세부사항은 주석으로 공시한다.

우발부채는 과거 사건은 발생하였으나 기업이 전적으로 통제할 수 없는 불확실한 미래 사건의 발생 여부에 의하여서만 그 존재 여부가 결정되는 잠재적인 의무이다. 또는 과거 사건이나 거래의 결과로 발생했지만 자원이 유출될 가능성이 높지 않거나, 의무를 이행하여야 할 금액을 신뢰성 있게 추정할 수 없는 현재의무를 우발부채라 한다. 우발부채는 재무상태표에는 인식하지 않고 관련 세부사항을 주석으로만 공시한다.

우발부채를 분석하는 과정에서 약정이나 우발부채가 실제 부채가 될 가능성을 평가하고 이러한 항목은 적절히 처리해야 한다. 예를 들면, 종속기업에 대한 채무보증 등 부채가 될 가능성이 높은 항목은 부채로 취급해야 한다. 우발부채가 있는 경우 기업의 장기상환능력은 감소할 수 있다. 이는 장기적으로 볼 때 우발부채와 관련된 불확실성이 제거되어 부채로 확정될 수 있기 때문이다. 이러한 우발부채는 재무제표의 주석에 표시되어 있으므로 재무제표 분석시 주석사항을 꼼꼼하게 살펴보아야 한다.

4) 금융부채

국제회계기준(IFRS)에서는 금융상품을 거래당사자 일방에게 금융자산을 발생시키고 동시에 다른 거래상대방에게 금융부채나 지분상품을 발생시키는 모든 계약으로 정의하고 있다. 따라서 금융상품을 발행하는 발행자는 계약의 실질과 금융부채 및 지분상품의 정의에 따라 최초인식시점에 금융상품이나 금융상품의 구성요소를 금융부채 또는 지분상품으로 분류하여야 한다. 금융부채로 분류하는 중요한 기준은 현금이나 다른 자산을 인도할 현재 의무가 존재하는지 여부이다.

국제회계기준(IFRS)에 의하면 금융부채의 정의는 다음과 같다.

(1) 다음 중 하나에 해당하는 계약상의 의무

① 거래상대방에게 현금 등 금융자산을 인도하기로 한 계약상 의무

② 잠재적으로 불리한 조건으로 거래상대방과 금융자산이나 금융부채를 교환하기로 한 계약상 의무

(2) 자기지분상품[1])으로 결제하거나 결제할 수 있는 다음 중 하나의 계약

① 인도할 자기지분상품의 수량이 확정되지 않은 비파생상품

1) 지분상품이란 기업의 자산에서 모든 부채를 차감한 후의 잔여지분을 나타내는 모든 계약을 말한다. 자기지분상품이란 기업 자신의 지분상품을 의미한다.

② 확정수량의 자기지분상품에 대하여 확정금액의 현금 등 금융자산을 교환하여 결제하는 방법이 아닌 방법으로 결제되거나 결제될 수 있는 파생상품(이 경우에 자기지분상품을 미래에 수취하거나 인도하기 위한 계약 자체는 자기지분상품에 해당하지 않는다)

금융부채로 분류되는 금융상품은 관련 이자, 배당 및 손익을 당기손익으로 인식하여야 한다. 금융자산과 금융부채는 기업이 인식한 자산과 부채를 상계할 수 있는 법적인 권리가 있고 기업이 순액으로 결제하거나 자산을 실현하는 동시에 부채를 결제할 의도를 가지고 있는 경우에 상계할 수 있다.

따라서 기업이 금융상품을 발행한 경우 계약의 실질과 금융부채 및 지분상품의 정의에 따라 최초인식시점에 금융부채 또는 지분상품으로 분류하여야 한다. 재무제표 분석 시 이러한 금융부채 또는 지분상품의 정의에 따라 재무제표 분류가 제대로 되었는지를 파악하고 혹시 금융부채로 표시되어야 할 금액이 지분상품으로 분류되지는 않았는지 주의 깊게 살펴볼 필요가 있다.

5) 부외부채

부외부채(off-balance sheet liability)란 장부에 기록하지 않은 부채를 말한다. 부채를 확정함에 있어서 대부분의 경영자는 새롭고 복잡한 방법을 이용하여 재무제표에 부채를 적게 보고하려고 노력한다. 부채를 장부에 적게 계상하는 경우 부채자기자본비율이 개선되어 추가적 자금조달이 가능하게 되거나 보다 유리한 조건으로 자금을 차입할 수 있게 된다.

또한 기존 차입계약조건에 따라 기업이 부담할 수 있는 부채의 상한이 정해져 있는 경우 재무제표에 부채를 기록하지 않음으로 인해 기업은 부채의 상한이 초과되는 것을 방지할 수 있다. 따라서 재무제표 분석시 주석을 주의 깊게 살피고, 경영자에게 질문을 하거나 이사회 의사록을 보거나 하는 방법으로 이러한 부외부채의 존재 여부를 파악하여야 한다.

6) 비지배지분

국제회계기준(IFRS)은 연결재무제표를 주 재무제표로 하고 있다. 한 개 이상의 종속기업을 가지고 있는 지배기업은 연결재무제표를 작성하여야 한다. 연결재무제표는 지배기업의 모든 종속기업을 포함하여야 하며 종속기업의 자산, 자본 및 부채를 연결재무제표에 포함시킨다. 그리고 종속기업에 대한 지배기업의 투자자산 잔액은 종속기업 자본에 대한 지배기업의 지분과 서로 상계 제거된다. 연결실체의 내부거래 및 내부거래로 인한 잔액은 제거된다. 연결실체 간 발생한 내부이익을 제거하고, 연결실체 간 발생한 내부거래로 인해 기말에 남아 있는 잔액과 연결실체 간 수익 및 비용을 합산한다.

비지배지분은 지배기업이 직접 또는 다른 종속기업을 통하여 간접으로 소유하지 않는 지분에 귀속되는 종속기업의 당기순손익 및 순자산에 해당하는 부분이다. 비지배지분은 연결재무상태표의 자본에 별도로 구분하여 표시한다.

비지배지분은 부채와 비슷하지만 부채가 아니다. 왜냐하면 강제적인 이익배당도 없고 원금상환 요구도 없기 때문이다. 이러한 관점에서 보면 비지배지분은 외부인의 자기자본에 대한 청구권 또는 그 비지배지분 비율만큼의 자산에 대한 청구권처럼 여겨진다. 비지배지분은 일반적으로 장부가치로 기록한다. 그러나 만약 지배기업이 얼마의 대가를 지불해야 비지배지분을 취득할 수 있는가에 대해 평가를 한다면 장부가치보다 시장가치가 더 적절한 측정치이다.

한편, 국제회계기준(IFRS)에서는 연결재무제표를 작성해야 하는 기업은 개별재무제표도 작성하도록 규정하고 있다. 개별재무제표는 국제회계기준(IFRS)에 의하여 작성된 개별 법적실체인 개별 기업의 재무제표를 말한다. 즉, 연결실체가 아닌 지배기업 자신만의 재무제표를 말한다. 국제회계기준(IFRS)에서는 개별재무제표를 작성할 때 종속기업에 대한 투자자산에 대하여 원가법이나 공정가치법에 따라 회계처리하도록 규정하고 있다. 따라서 지배기업의 경우에는 국제회계기준(IFRS)에 따라 연결재무제표를 주 재무제표로 작성해야 하고, 지배기업 자신만을 나타내는 개별재무제표도 작성하여야 한다.

7) 전환채무

전환채무는 일반적으로 부채로 기록한다. 그러나 이런 부채가 전환조건에 부합되면 보통주로 전환될 것이므로, 자본구조 분석목적상 이를 자기자본으로 분류해야 한다.

8) 상환우선주

기존의 기업회계기준(K-GAAP)에서는 상환우선주를 자기자본으로 분류하고 있으나 국제회계기준(IFRS)에서는 자기자본 또는 부채로 분류한다.

상환우선주는 미래에 미리 약정된 가격으로 상환되는 우선주로서 확정된 만기일이 없고 발행자가 상환할 수 있는 권리를 가진 경우에는 자기자본으로 분류한다. 그러나 우선주 중에서 확정된 만기일이 있어 발행자가 의무적으로 상환해야 하거나 우선주의 보유자가 상환을 청구할 수 있는 권리를 가진 우선주는 발행자가 보유자에게 금융자산을 이전해야 하는 의무가 있기 때문에 자기자본으로 분류하지 않고 금융부채로 분류한다.

2 자산의 장부가치 조정

자기자본은 자산이 부채를 초과하는 잔여지분이므로 자산의 장부가치를 수정하면 필연적으로 자기자본의 총액도 변경된다. 이런 이유 때문에 자본구조를 평가할 때 반드시 자산의 장부가치가 신뢰할 수 있는지를 평가해야 한다. 이하에서 몇 가지 조정의 예를 설명할 것이다. 상황에 따라 조정의 내용이나 크기는 달라질 수 있다.

3 시장가치의 인식

광산, 석유, 원목, 부동산 등과 같은 산업에서는 자산의 시장가치가 기업의 재무상태표상에 계상된 장부가치와 크게 다를 수 있다. 자산의 장부가치를 시장가치로 조정하면 자기자본에 영향을 미친다. 조정된 자산의 가치는 기업의 이익력 측정이나 고정비용 부담률(fixed charge coverage) 측정에 이용된다. 이런 조정을 하는 이유는 시장가치가 기업의 재무상태를 더 잘 반영한다고 가정하기 때문이다. 다음에서는 네 가지 중요한 자산항목의 시장가치조정에 대해 설명한다.

1) 재고자산

국제회계기준(IFRS)에서는 인정하지 않지만, 기존의 기업회계기준(K-GAAP)이나 일반 기업회계기준에서 인정되는 후입선출법(LIFO)에 따라 재고자산을 평가한 경우, 일반적으로 가격이 상승하는 시기라면 재고자산이 과소 표시된다. 기업은 일반적으로 선입선출법(FIFO)을 사용하여 계산한 재고자산평가액이 후입선출법(LIFO)을 사용하여 계산한 재고자산평가액을 초과하는 금액을 공시한다. 이 차이를 LIFO유보액(LIFO reserve)이라고 한다. 후입선출법(LIFO)이 인정되던 시기의 재무제표를 검토할 경우 이 유보액을 이용하여 재고자산을 현행가치(current value)로 조정할 수 있으며, 이에 따른 자기자본계정도 수정할 수 있다.

2) 시장성 있는 유가증권

국제회계기준(IFRS)에서는 시장성있는 유가증권을 시장가치로 측정하여 보고하도록 규정하고 있다. 그러나 시장성있는 유가증권을 역사적 취득원가로만 표시하도록 되어 있던 시기의 재무제표를 검토함에 있어서는 괄호 안의 설명이나 주기 또는 기타 정보를 충분히 이용하여 유가증권을 시장가치로 조정하고 그에 상응하는 자기자본도 수정해야 할 것이다.

3) 유형자산

국제회계기준(IFRS)에서는 유형자산의 취득시점에는 취득원가로 측정하지만, 취득이후에는 원가모형이나 재평가모형에 따라서 측정할 수 있도록 선택권을 부여하고 있다. 따라서 원가모형을 선택한 기업의 경우 분석목적상 재평가모형에 의한 유형자산의 공정가치를 고려해서 분석하는 것이 필요하다. 그리고 재평가모형을 선택하는 기업의 경우에는 주석을 통해 측정한 공정가치의 신뢰성을 고려해서 분석해야 한다.

유형자산을 재평가하면 일반적으로 유형자산의 장부금액이 증가한다. 따라서 기업의 부채자기자본비율이 감소하여 재무제표상의 재무구조가 더욱 건전하게 보일 수 있다. 또한 감가상각비가 증가하여 이익이 감소하게 된다.

4) 무형자산

재무상태표에 보고된 무형자산 항목은 자기자본 계산에 영향을 미친다. 분석의 과정에서 이러한 자산의 가치나 미래의 효용에 대해 평가하기가 어려우면 고려대상에서 제외시켜야 한다. 이렇게 보수적으로 조정하면 이런 자산의 장부가치만큼 자기자본이 줄어든다. 그러나 임의적으로 모든 무형자산을 제외시키는 것은 지나치게 보수주의적이어서 정당화하기가 어렵다. 분석의 과정에서 장부가치의 수정이 필요한 정보가 있으면 자산과 그에 상응하는 자본에 대하여 동시에 수정해야 한다.

제 5 절 자본구조의 구성내용과 지급능력분석

재무레버리지와 관련된 자본구조의 근본적인 위험은 기업이 위기상황에서 현금이 부족하게 되는 유동성부족 위험이다. 부채 중에는 이자비용과 원금상환의 형태로 고정적인 지급의무(fixed charge)를 부여하는 약정도 포함하고 있다. 고정적인 지급의무는 현금부족시 연기할 수는 있으나 연기를 하게 되면 주주와 채권자에게 불리한 결과가 발생한다. 재무레버리지를 갖는 자본구조는 또한 재무유연성이 없어지는 위험도 있다. 특히 시장상황이 불리한 시기에 기업이 높은 레버리지 형태의 자본구조로 구성되어 있다면 필요자금을 조달할 능력이 손상된다.

1 지급능력분석을 위한 자본구조 구성비율분석

재무위험에 대한 공통적인 측정치는 자본구조의 구성내용이다. 구성내용에 대한 분석을 하기 위해서는 재무상태표의 부채와 자본부분에 대해 구성비율 재무제표를 작성할 필요가 있다. 다음 〈표 6-4〉는 와룡(주)의 구성비율(common-size)분석 내용이다. 자본구조에 대한 구성비율분석의 장점은 자금원천의 상대적 크기를 보여주는 것이다. 표에서 보는 바와 같이 와룡(주)은 보통주(35.6%), 우선주(17.8%), 부채(41.2%)로 자금을 조달하였다. 그리고 이익의 일부는 기업에 유보하였다(4.5%). 구성비율분석을 하면 자산규모가 상이한 기업 간에도 비교가 가능하다. 구성비율분석의 변형으로 관계비율을 이용한 분석이 있다. 또 하나의 변형된 분석으로 장기자금원천에만 초점을 맞추고 유동부채를 제외하는 것이 있다.

〈표 6-4〉 와룡(주)의 자본구조 구성비율분석

부　채 :		
유동부채	₩428,000	19.0%
비유동부채	500,000	22.2%
총부채	₩928,000	41.2%
자　본 :		
우선주자본금	₩400,000	17.8%
보통주자본금	800,000	35.6
자본잉여금	20,000	0.9
이익잉여금	102,000	4.5
자기자본	₩1,322,000	58.8%
총부채와 자기자본	₩2,250,000	100.0%

2 지급능력분석을 위한 자본구조 관련 비율

자본구조 관련 비율은 지급능력분석 방법 중의 하나이며 자본구조 관련 비율 측정치는 자본구조 구성요소 간의 관계를 나타낸다. 본 절에서는 가장 일반적으로 많이 사용하는 비율을 설명할 것이다.

1) 부채자산비율

총부채와 총자산의 관계를 측정하기 위해서는 포괄적인 비율(comprehensive ratio)인 부채자산비율을 이용할 수 있다. 여기에서 총부채(total liabilities)는 유동부채 및 비유동부채와 분석 과정에서 부채로 볼 수 있는 기타 부채(우발부채 등)의 합계이며, 총자산(total assets)은 유동자산과 비유동자산의 합계이며 이는 자기자본에 타인자본인 부채를 합한 총자본(total capital)과 동일하다. 부채자산비율은 다음과 같이 계산한다.

$$\text{부채자산비율} = \frac{\text{총부채}}{\text{총자산}} = \frac{\text{총부채}}{\text{총자본}}$$

여기에서 (1－부채자산비율)은 자기자본비율(자기자본/총자본)을 나타낸다.

와룡(주)의 부채자산비율은 다음과 같다.

$$\frac{₩928,000}{₩2,250,000} = 0.412$$

이 측정치는 비율형식 0.412로 표시하거나 와룡(주)의 총자산의 41.2%가 부채로 이루어져 있는 것으로 설명되며, 이 비율이나 %가 높을수록 만기가 도래하는 부채를 상환하지 못할 위험이 커진다.

2) 부채자기자본비율

부채자기자본비율은 총부채 대 자기자본 비율로 나타내며 다음과 같이 계산한다.

$$\text{부채자기자본비율} = \frac{\text{총부채}}{\text{자기자본}}$$

우리나라에서는 이 비율을 통상 부채비율로 부르고 있는데, 이 비율은 자기자본에 대한 총부채의 상대적 크기를 나타내기 때문에 비율이 1(100%)을 넘을 수 있다. 그러나 총자산에 대한 총부채의 상대적 크기인 부채자산비율은 자본잠식인 경우를 제외하고는 1(100%)을 넘을 수 없다.

와룡(주)의 부채자기자본비율은 다음과 같다.

$$\frac{₩928,000}{₩1,322,000} = 0.702$$

이 비율은 와룡(주)의 부채가 자기자본의 0.702배라는 것을 의미한다. 또는 와룡(주)은 자기자본 1원당 0.702원의 부채가 있다고도 표현할 수 있다. 채권자들은 이 비율의 역수를 사용하기도 한다. 즉, 자기자본부채비율은 다음과 같이 계산한다.

$$자기자본부채비율 = \frac{자기자본}{총부채}$$

와룡(주)의 자기자본부채비율은 다음과 같다.

$$\frac{₩1,322,000}{₩928,000} = 1.425$$

채권자는 이 비율을 부채 1원당 1.425원의 자기자본이 부채를 뒷받침한다고 설명한다. 이 비율은 또한 와룡(주)의 자기자본이 부채에 의한 자본조달보다 더 많다는 것을 의미한다.

3) 비유동부채 대 자기자본 비율

비유동부채 대 자기자본 비율(non-current liabilities to equity ratio)은 비유동부채와 자기자본의 관계를 측정한다. 비율이 1을 초과하면 자기자본이 비유동부채보다 작다는 것을 나타낸다. 이 비율은 부채 대 지분 비율이라고도 불리며 계산방법은 다음과 같다.

$$비유동부채\ 대\ 자기자본\ 비율 = \frac{비유동부채}{자기자본}$$

와룡(주)의 비유동부채 대 자기자본 비율은 다음과 같다.

$$\frac{₩500,000}{₩1,322,000} = 0.378$$

이 비율은 와룡(주)의 비유동부채가 자기자본의 0.378배라는 것을 의미한다.

4) 유동부채 대 총부채 비율

단기에 만기가 도래되는 유동부채 대 총부채 간의 비율(current liabilities to total liabilities ratio)은 총부채에서 유동부채가 차지하는 비율을 의미하는 것으로 기업의 현금과 자금조달에 대한 단기수요를 나타내는 중요한 지표가 된다. 유동부채는 비유동부채 또는 감채기금 요구사항과는 달리 기업이 단기(주로 은행)자금에 의존하는 정도에 대한 지표가 된다. 유동부채는 일반적으로 고정금리가 아니라 시장이자율에 따라 변동하는 변동금리의 형태를 취한다.

와룡(주)의 유동부채 대 총부채 비율은 다음과 같다.

$$\text{유동부채 대 총부채 비율} = \frac{\text{유동부채}}{\text{총부채}} = \frac{₩428{,}000}{₩928{,}000} = 0.461$$

이 비율은 와룡(주)의 유동부채가 총부채의 0.461배라는 것을 의미한다.

5) 차입금의존도

차입금의존도는 기업의 자본조달 수단 중에서 차입금에 의존하는 정도를 직접적으로 나타낸다. 즉, 기업이 이자를 지불해야 하는 금융부채가 총자본에서 차지하는 비율을 나타내며 다음과 같이 계산한다.

$$\text{차입금의존도} = \frac{\text{차입금(사채 포함)}}{\text{총자본}}$$

국제회계기준(IFRS)에서는 재무상태표상의 비유동부채에서 금융부채를 구분표시하도록 하고 있기 때문에, 이자지불을 해야 하는 부채와 그렇지 않은 부채를 쉽게 구분해 낼 수 있다.

6) 주주지분의 시장가치

회계의 관행은 시장가치보다 역사적 원가를 더 선호한다. 주주지분은 자산에서 부채를 차감한 잔액이며, 장부가치는 일반적으로 시장가치와 다르다. 이 차이는 주요 비율을 계산할 때 특별한 의미를 갖는다. 장부가치의 조정이란 역사적 원가에서 시장가치로 자산의 가치를 재표시하는 것이다. 대체원가가 가끔 쓰이기도 하지만 시장가치에 대한 정보는 사실 획득하기가 어렵다. 이에 대한 해결방법의 한 가지로 자기자본의 계산을 현재의 증권시장에서의 가격을 이용해서 추정하는 것이다.

이 방법은 증권시장이 자산의 현행가치(current value)와 이익력(earing power)을 정확히 인식하고 있다고 가정한다. 이렇게 계산한 자기자본이 비율계산에 이용된다. 이 방법은 주식가격이 크게 변동할 때나 지나친 투기성 시장일 때 혹은 시장이 확실하지 않을 때는 그다지 유용하지 못하다. 주식가격이 기업의 기본적인 가치를 제대로 표현하지 못할 수도 있다. 주식가격을 이용하는 이유는 시장이 자기자본의 가치를 가장 유사하게 표현하고 있다는 증거가 있기 때문이다. 그리고 평균가격을 이용하면 일시적인 가격변동의 영향을 감소시킬 수 있다. 신뢰성 있는 자기자본가치를 이용하면 비율분석의 질을 향상시킬 수 있으며, 채권자에게는 자산으로 인한 안전장치에 대해 보다 현실적인 측정치를 제공할 수 있다.

자기자본의 장부가액이 시장가치보다 지속적으로 높다면 이는 재무상황이 취약하고 재무능력에 문제가 있음을 의미한다. 이것은 기업이 추가적으로 자기자본이나 부채를 증가시키는 능력에 영향을 미친다. 반대로 시장가치가 장부가치를 초과하는 것은 채권자에 대한 보호로 설명된다. 이것은 기업이 유리한 가격으로 자본을 획득할 수 있는 능력을 의미하며, 재무건전성(financial strength)의 지표가 된다. 자기자본에 대해 시장가치를 이용함으로써 이익력에 대한 측정치가 개선된다. 또한 자기자본의 시장가치는 자산의 이익력을 나타내기 때문에 자기자본의 시장가치를 이용한 비율 측정치는 이익력 비율과 일관성을 갖게 된다.

와룡(주)의 보통주의 평균시장가격과 우선주의 시장가치를 이용하여 부채자기자본비율을 계산할 수 있다.

$$\frac{\text{총부채}}{\text{보통주시장가치}+\text{우선주시장가치}}$$

$$\frac{₩928{,}000}{65{,}000^{(a)} \times ₩23^{(b)} + ₩289{,}615^{(c)}} = 0.520$$

(a) 보통주 발행주식수

(b) 제10기 회계연도의 평균주식가격(범위는 20~26)

(c) 우선주시장가치

자기자본의 시장가치는 자산의 이익력과 장기전망을 반영한다. 시장가치로 계산한 0.520과 장부가치를 이용하여 계산한 0.702를 비교해보면 시장가치를 이용한 비율이 더 유리함을 알 수 있다.

3 자본구조 측정치에 대한 해석

자본구조에 대한 구성비율분석이나 비율분석은 일반적으로 자본구조의 위험을 측정하는 것이다. 부채자산비율이 높을수록, 이자와 원금상환에 대한 고정적인 지급금액이 클수록, 이익이 하락하고 어려운 시기에 지급불능의 상황이 생길 가능성이 더 크다. 자본구조에 대한 측정치들은 대출심사의 수단이 된다. 예를 들면, 부채자산비율이 아주 낮을 경우(10% 또는 10% 미만), 기업의 재무상태에 대한 관심보다는 아마 다른 곳에 관심을 둘 것이다. 분석결과 부채가 자본구조에 중요한 부분을 차지한다는 점이 밝혀져야만 비로소 심층적인 분석을 시도할 것이며 재무상태나 영업성과 또는 미래 전망에 주의를 기울일 것이다.

유동성분석은 언제나 중요한데 그 이유는 장기지급능력을 평가하기 위해서는 먼저 기업이 가까운 미래에도 생존해 있다는 확신이 있어야 하기 때문이다. 앞 장에서 여러 가지 유동성분석 방법을 설명하였으며 또한 장기부채의 규모에 대비한 운전자본의 규모를 평가하였다. 운전자본을 최저수준 이상 유지하기를 요구하는 차입이나 사채계약을 보면 장기적으로 지급능력을 보장하기 위해서는 유동성이 얼마나 중요한지를 알 수 있다. 추가적으로 중요한 분석은 부채의 만기분석(크기와 시기), 이자비용분석, 위험요소분석 등이 있다. 위험요소로는 이익의 안정성과 지속성, 업계의 성과, 자산의 구성내용 등이 있다.

채권자에게는 앞에서 소개한 위험요소 이외에 또 다른 위험요소가 있다. 이는 쉽게 측정되지 않지만 채무약정서에는 채권의 보호를 위해 반드시 포함시켜야 하는데 이 위험요소는 기업이 기존의 채무와 동일순위 또는 선순위의 채무를 추가로 얻을 가능성이며, 이러한 위험을 '사건 위험'(event risk)이라고 부른다. 이러한 위험은 차입금에 의한 기업매수(leveraged buyouts) 거래 등에서 자주 발생한다. 이러한 거래로 인해 일반적으로 부채의 가치는 하락한다. 또 다른 손실위험으로는 기업이 배당을 비합리적인 수준으로 높이거나 위험한 자산에 투자하거나 부채의 위험이 높아지는 사업활동을 하는 것이다.

제 6 절 자산의 구성내용과 지급능력분석

본 절에서는 두 종류의 자산을 토대로 한 지급능력분석 방법을 설명한다.

1 지급능력분석을 위한 자산 구성비율분석

기업이 영업에 사용하는 자산에 따라 자금조달의 원천이 어느 정도 결정된다. 예를 들면, 비유동자산은 일반적으로 단기차입금으로 조달하지 않고 자기자본으로 조달한다. 자기자본이 충분하지 않을 때 부채는 비유동자산 구입을 위한 자금조달의 다른 원천이 된다. 특히, 전력이나 가스산업처럼 수익이 안정적인 경우는 더욱 그러하다.

자산의 구성비율분석은 자본구조의 위험을 평가하는 데 중요한 도구가 된다.

자산구성내용은 일반적으로 구성비율 재무상태표를 이용하여 평가한다. 〈표 6-5〉는 와룡(주)의 자산에 대한 구성비율분석을 보여준다(부채와 자본은 〈표 6-4〉에서 분석하였다). 자산의 분포상태와 자본구조에 의해 판단해 보면, 유동자산의 비율(61.1%)이 상대적으로 높기 때문에 부채구성비율 41.2%는 지나친 것이 아니다. 그러나 분석을 추가해보면 이런 초기의 해석이 변화할 수도 있다.

〈표 6-5〉 와룡(주)의 자산 구성비율분석

유동자산		
현 금	₩376,000	16.7%
매출채권	425,000	18.9
재고자산	574,000	25.5
총유동자산	₩1,375,000	61.1%
투자자산	₩268,000	11.9%
유형자산	368,000	16.4
무형자산	239,000	10.6
총자산	₩2,250,000	100.0%

2 지급능력분석을 위한 자산의 대처능력 측정

자산의 대처능력은 장기지급능력 평가에서 중요한 요소이다. 자산은 그 자체로 이익력이 있고 매각하면 현금화할 수 있기 때문에 채권자에게는 보호장치가 되며, 자산은 추가적 자금이 필요할 때 자금조달의 토대가 된다. 지급능력으로서의 자산의 대처능력은 다음과 같은 비율형식으로 나타낸다.

1) 비유동비율

비유동비율은 자기자본이 비유동자산(투자자산 · 유형자산 · 무형자산)에 어느 정도 투자되고 있는가를 나타내는 비율로 다음과 같이 계산한다.

$$\text{비유동비율} = \frac{\text{비유동자산(투자자산+유형자산+무형자산)}}{\text{자기자본}}$$

지급능력이란 관점에서 보면 비유동자산은 상환할 의무가 없는 자기자본의 범위 내에서 조달하는 것이 바람직하다. 그러나 일정기간에 상환해야 할 부채를 비유동자산 취득에 사용하면 그 비유동자산에서 기대되는 수익이 장기에 걸쳐 발생하기 때문에 판매가 계속하여 증가하지 않는 한, 부채를 지급할 수 없는 위험이 있다.

와룡(주)의 비유동비율은 다음과 같다.

$$\frac{₩875{,}000}{₩1{,}322{,}000} = 0.662$$

이 비율은 와룡(주)의 자기자본의 66.2%가 비유동자산에 투자되고 나머지는 유동자산에 투자되어 있다는 것을 의미한다. 비유동비율이 70%를 초과하면 비유동자산에 과대투자되어 있다고 보기도 하는데 이때는 다른 비율과 수익성 등을 면밀히 검토해야 한다.

이 비율이 1이면 자기자본과 비유동자산 금액이 같고 자기자본이 비유동자산에 전액 투자되고 있다는 것을 의미한다. 이는 또한 부채로 조달된 자금이 전액 유동자산에 투자되고 있다는 것을 의미한다. 이 비율이 1 이상이면 부채로 조달한 자금의 일부가 비유동자산에 투자되고 있다는 것을 의미한다.

2) 비유동장기적합률

비유동장기적합률은 장기자본에 속하는 비유동부채와 자기자본이 비유동자산에 어느 정도 투자되고 있는가를 나타내는 비율로 다음과 같이 계산한다.

$$\text{비유동장기적합률} = \frac{\text{비유동자산}}{\text{비유동부채} + \text{자기자본}}$$

지급능력의 관점에서 보면 비유동자산은 원칙적으로 자기자본의 범위 내에서 조달하는 것이 바람직하나 전기, 철도 등의 기간산업이나 중화학공업 등에서는 거액의 설비투자를 자기자본만으로 조달하기가 어렵기 때문에 부채도 비유동자산 취득에 사용할 수가 있다. 그러나 유동부채를 비유동자산 취득에 사용하면 지급불능의 위험이 너무 크기 때문에 상환기간이 장기인 비유동부채에 한하여 그 일부를 비유동자산 취득에 사용할 수 있을 것이다. 따라서 이 비율은 장기자본의 범위 내에서 비유동자산을 조달하지 않을 수 없는 산업에서 지급능력을 판단할 때 사용할 수 있을 것이다.

와룡(주)의 비유동장기적합률은 다음과 같다.

$$\frac{₩875,000}{₩500,000+₩1,322,000} = 0.480$$

이 비율은 와룡(주)의 장기자본인 비유동부채와 자기자본의 48%가 비유동자산에 투자되고 나머지 52%는 유동자산에 투자되어 있다는 것을 의미한다.

이 비율이 1이면 장기자본과 비유동자산의 금액이 같고 장기자본(비유동부채와 자기자본)이 비유동자산에 전액 투자되고 있다는 것을 의미한다. 이는 또한 유동자산은 전부 유동부채로 조달하고 있다는 것을 의미한다. 이 비율이 1 이상이면 유동부채로 조달한 자금의 일부가 비유동자산에 투자되고 있다는 것을 의미한다.

3) 비유동자산구성비율

비유동자산구성비율은 총자산 중에서 비유동자산이 차지하는 비율로 다음과 같이 계산한다.

$$\text{비유동자산구성비율} = \frac{\text{비유동자산}}{\text{총자산}}$$

이 비율은 낮을수록 유동성과 재무유연성이 높아지는데 이 비율이 50%를 초과하면 채권자가 불안하게 느낀다고 한다. 그러나 업종에 따라 표준비율이 크게 다를 것이라는 것을 염두에 두어야 한다. 이 비율을 낮추는 한 가지 방법은 비유동자산의 처분인데 이 경우 생산시설이 부족하면 설비자산을 운용리스하거나 제품의 부품생산을 하청주는 방법으로 해결할 수 있을 것이다.

와룡(주)의 비유동자산구성비율은 다음과 같다.

$$\frac{₩875{,}000}{₩2{,}250{,}000} = 0.389$$

이 비율은 와룡(주)의 총자산의 38.9%가 비유동자산으로 구성되어 있다는 것을 의미한다.

제 7 절 이익의 지급능력 측정

지급능력분석과 관련하여 지금까지는 자본구조(부채와 자기자본의 구성) 및 자산구성과 관련한 비율을 검토하였는데 본 절에서는 이익과 관련한 비율을 중심으로 설명한다.

1 지급능력으로서의 이익력

자본구조분석은 자본구조가 안고 있는 위험이 추가적인 분석을 필요로 하는지를 결정하게 하는 유익한 수단이다. 그러나 자본구조분석은 부채의 원리금 상환에 필요한 기업의 이익과 현금흐름에 대한 정보를 파악하지 못하는 한계가 있기 때문에 추가적인 분석으로 기업의 이익력(earnings coverage or earning power)과 현금흐름을 결합해서 분석할 필요가 있다. 부채에 대한 이자지급과 원리금을 상환하는데 궁극적으로 필요한 것은 기업이 매기에 얻는 이익과 이로부터 나오는 현금증가액이다. 따라서 기업이 달성하는 이익은 장기적으로 부채의 원리금을 상환할 수 있는 지급능력과 기업의 유동성 및 차입능력을 지속적으로 확보할 수 있는 중요한 원천이 된다.

2 지급능력분석을 위한 이익력 측정

지급능력은 궁극적으로 기업의 수익성을 나타내는 이익과 이 이익을 현금기준으로 수정한 이익(영업활동현금흐름)으로 부채의 이자지급과 원금을 상환할 수 있는 능력에 달려 있다. 지급능력으로서의 이익력은 다음과 같은 비율 형식으로 나타낸다.

1) 이자보상비율

이자보상비율(interest coverage ratio)은 기업이 창출한 가용할 수 있는 모든 이익, 즉 이자와법인세비용차감전순이익으로 이자비용을 몇 배나 감당할 수 있는지를 나타내는 비율로서 다음과 같이 계산한다.

$$\text{이자보상비율} = \frac{\text{당기순이익} + \text{법인세비용} + \text{이자비용}}{\text{이자비용}}$$

〈표 6-3〉에 제시된 재무자료에 의한 와룡(주)의 이자보상비율은 다음과 같다.

$$\frac{₩36,000 + ₩24,000 + ₩40,000}{₩40,000} = 2.5$$

이 비율은 와룡(주)이 창출한 가용할 수 있는 모든 이익인 이자와법인세비용차감전순이익으로 이자비용을 2.5배나 감당할 수 있다는 것을 의미한다. 부채가 있는 기업의 이자보상비율이 충분하면 이자지급 이행을 하지 않을 위험이 없으므로 부채상환일에 그 부채를 차환하거나 기간을 연장할 수 있을 것이다. 또한 추가적인 부채사용이 가능할 것이며 이자율도 상대적으로 낮은 유리한 조건으로 차입할 수 있을 것이다.

2) 영업이익이자보상비율

영업이익이자보상비율은 기업이 영업이익으로 이자비용을 몇배나 감당할 수 있는지를 나타내는 비율로서 다음과 같이 계산한다.

$$\text{영업이익이자보상비율} = \frac{\text{영업이익}}{\text{이자비용}}$$

이 비율은 기업이 창출한 가용할 수 있는 모든 이익으로 이자비용을 몇배나 감당할 수 있는지를 나타내는 이자보상비율과는 달리 영업에서 창출된 이익(영업이익)만으로 이자비용을 감당할 수 있는 정도를 나타낸다.

3) 영업현금이자보상비율

영업현금이자보상비율은 기업이 영업에서 창출한 현금으로 이자비용을 몇배나 감당할 수 있는지를 나타내는 비율로서 다음과 같이 계산한다.

$$\text{영업현금이자보상비율} = \frac{\text{영업에서 창출된 현금}}{\text{이자비용}}$$

이 비율은 발생기준회계에 의해 산출된 영업이익으로 이자비용을 몇배나 감당할 수 있는지를 나타내는 영업이익이자보상비율과는 달리 현금기준회계에 의해 산출된 영업에서 창출된 현금으로 이자비용을 감당할 수 있는 정도를 나타낸다.

〈표 6-3〉에 제시된 재무자료에 의해서 계산된 영업현금이자보상비율은 다음과 같다.

$$\frac{₩2,550}{₩400} = 6.4$$

이 비율은 영업에서 창출된 현금으로 이자비용을 6.4배나 감당할 수 있다는 것을 의미한다.

4) 영업현금이자지급비율

영업현금이자지급비율은 기업이 영업에서 창출된 현금으로 이자지급을 몇배나 감당할 수 있는지를 나타내는 비율로서 다음과 같이 계산한다.

$$\text{영업현금이자지급비율} = \frac{\text{영업에서 창출된 현금}}{\text{이자지급}}$$

이 비율은 영업에서 창출된 현금으로 이자비용을 몇배나 감당할 수 있는지를 나타내는 영업현금이자보상비율과는 달리 영업에서 창출된 현금으로 이자지급(현금으로 지급한 이자)을 감당할 수 있는 정도를 나타낸다.

〈표 6-3〉에 제시된 재무자료에 의해서 계산된 영업현금이자지급비율은 다음과 같다.

$$\frac{₩2,550}{₩270} = 9.4$$

이 비율은 영업에서 창출된 현금으로 이자지급을 9.4배나 할 수 있다는 것을 의미한다.

5) 영업활동현금흐름 대 부채 비율

영업활동현금흐름 대 부채 비율은 영업활동현금흐름으로 부채를 어느 정도 상환할 수 있는가를 나타내는 비율로 다음과 같이 계산한다.

$$\text{영업활동현금흐름 대 부채 비율} = \frac{\text{영업활동현금흐름}}{\text{평균부채}}$$

재무상태표(〈표 6-5〉)와 현금흐름표(〈표 6-6〉)의 자료에 의한 갑주식회사의 영업활동현금흐름 대 부채비율은 다음과 같다.

$$\frac{₩113{,}000}{(₩251{,}000 + ₩99{,}000) \div 2} = 0.646$$

이 비율은 갑주식회사의 영업활동현금흐름으로 부채를 64.6% 상환할 수 있다는 것을 의미한다. 기업의 영업활동으로부터 들어오는 현금이 영업활동현금흐름이기 때문에 이 현금흐름이 안정성과 지속성을 가지면서 금액적으로 부채상환에 대처할 수 있을 만큼 충분히 크다면 장기지급능력이 확보될 수 있다.

3 이익의 변동성과 지속성의 중요성

이익력의 측정치를 평가함에 있어서 중요한 요소 중의 하나는 시간의 경과에 따른 이익의 행태(behavior)이다. 이익의 행태가 안정적이면 이익력이 다소 낮아도 무방하다. 예를 들면, 전기나 가스사업은 경기의 변동이 거의 없으므로 다소 낮은 이익력도 허용된다. 반대로 기계류사업은 경기의 변동이 심하기 때문에 이러한 불확실성으로 인해 높은 이익력을 요구한다. 이익의 변동성과 지속성은 모두 시간의 경과에 따른 불확실성에 대한 공통적인 측정치이다. 분석에서 수용가능한 이익력을 결정하는 데는 이익의 변동성과 지속성 두 가지를 모두 이용하거나 또는 한 가지만 이용해도 무방하다. 이익의 지속성은 시간의 경과에 따른 이익의 (자기)상관관계로 측정한다.

연습문제

6-1 재무레버리지의 개념을 기술하시오.

풀이 기업의 자본구조는 부채와 자기자본으로 구성된다. 일반적으로 채권자는 자기자본에 의한 보호장치가 없는 곳에는 투자하기를 싫어한다. 재무레버리지는 자본구조 중에서 고정비용을 지급해야 하는 부채의 규모를 나타내며, 기업이 지분을 기초로 어느 정도의 부채를 조달하고 있는가를 나타낸다. 이것은 기업이 초과수익을 획득하기 위해 자기자본에 기초하여 얼마나 부채를 차입하고 있는가를 의미한다.

6-2 기업이 부채를 통하여 영업활동의 자금을 조달하는 주요한 동기는 낮은 비용 때문이다. 주주의 시각에서 볼 때 부채가 자기자본보다 유리하다고 하는 이유를 두 가지 기술하시오.

풀이 첫째, 대부분 부채의 이자는 확정되어 있다. 그리고 지급하는 이자는 부채를 운영하여 획득하는 수익보다 일반적으로 적다. 이 초과수익은 결국 지분투자자의 이익으로 돌아간다.

둘째, 이자비용은 법인세를 공제받을 수 있는 비용임에 반하여 이익배당은 법인세를 공제받을 수 없다.

6-3 다음의 재무자료를 이용하여 지급능력분석을 위한 자본구조 구성비율분석을 하시오.

계정과목	금 액
부채	
유동부채	₩4,000,000
비유동부채	3,000,000
부채총계	₩7,000,000
자본	
자본금	₩3,000,000
자본잉여금	1,000,000
이익잉여금	3,000,000
자본총계	₩7,000,000
총부채와 자본총계	₩14,000,000

풀이

계정과목	백분율
부채	
유동부채	28.6%
비유동부채	21.4%
부채총계	50%
자본	
자본금	21.4%
자본잉여금	7.2%
이익잉여금	21.4%
자본총계	50%
총부채와 자본총계	100.0%

6-4 **재무레버리지의 효과를 측정하는 방법으로 재무레버리지지수를 분석하는 방법이 있다. 다음 세 기업의 자산수익률과 보통주자본수익률이 다음과 같을 때 재무레버리지지수를 분석하고 재무레버리지효과의 유・불리를 기술하시오.**

기업	자산수익률	보통주자본수익률
A기업	10%	12%
B기업	8%	8%
C기업	6%	4%

풀이

기업	자산수익률	보통주 자본수익률	재무레버리지지수	유・불리
A기업	10%	12%	1.20	유리
B기업	8%	8%	1.00	영향 없음
C기업	6%	4%	0.67	불리

연습문제

6-5 지급능력분석을 위한 자본구조를 측정한다. 다음의 자료를 이용하여 부채자산비율, 부채자기자본비율, 자기자본부채비율, 비유동부채 대 자기자본 비율, 유동부채 대 총부채 비율, 차입금의존도, 주주지분의 시장가치를 이용한 부채자기자본비율을 계산하시오.

계정과목	금 액
총부채	₩1,500,000
총자산	5,000,000
자기자본	3,500,000
비유동부채	700,000
유동부채	800,000
사채와 장·단기차입금	1,200,000
보통주와 우선주의 시장가치	₩5,000,000

풀이

부채자산비율	0.3
부채자기자본비율	0.429
자기자본부채비율	2.333
비유동부채 대 자기자본 비율	0.2
유동부채 대 총부채 비율	0.533
차입금의존도	0.24
주주지분의 시장가치를 이용한 부채자기자본비율	0.3

6-6 다음의 재무정보를 이용하여 와룡(주)의 부채자산비율과 부채자기자본비율을 계산하시오.

계정과목	20×8년	20×7년
자산총계	₩536,961	₩505,907
부채총계	255,236	251,248
자본총계	₩281,725	₩254,659

풀이

구 분	20×8년	20×7년
부채자기자본비율	0.9060	0.9866
부채자산비율	0.4753	0.4966

6-7 다음의 자료를 이용하여 비유동장기적합률을 계산하시오.

계정과목	20×8년	20×7년
비유동자산	₩304,254	₩291,126
자산총계	1,000,000	900,000
비유동부채	59,628	35,102
부채총계	718,275	645,341
자본총계(자기자본)	₩281,725	₩254,659

풀이

구 분	20×8년	20×7년
비유동장기적합률	0.8913	1.0047

6-8 장기지급능력을 분석하는 한 방법으로 이익의 지급능력을 측정하는 방법이 있다. 지급능력으로서의 이익이 가지는 의미와 이익력을 측정하는 이자보상비율, 영업활동현금흐름 대 부채 비율을 기술하시오.

풀이

기업이 달성하는 이익은 장기적으로 부채의 원리금을 상환할 수 있는 지급능력과 기업의 유동성 및 차입능력을 지속적으로 확보할 수 있는 중요한 원천이 된다.

이자보상비율은 기업이 이자와법인세비용차감전순이익으로 이자비용을 몇 배나 지급할 수 있는지를 나타내는 비율로 다음과 같이 계산한다.

$$\text{이자보상비율} = \frac{\text{당기순이익} + \text{법인세비용} + \text{이자비용}}{\text{이자비용}}$$

부채가 있는 기업의 이자보상비율이 충분하면 이자지급 이행을 하지 않을 위험이 없으므로 부채상환일에 그 부채를 차환하거나 기간을 연장할 수 있을 것이다. 또한 추가적인 부채 사용이 가능할 것이며 이자율도 상대적으로 낮은 유리한 조건으로 차입할 수 있을 것이다.

영업활동현금흐름 대 부채 비율은 영업활동현금흐름으로 부채를 어느 정도 상환할 수 있는가를 나타내는 비율로 다음과 같이 계산한다.

$$\text{영업활동현금흐름 대 부채 비율} = \frac{\text{영업활동현금흐름}}{\text{평균부채}}$$

연습문제

기업의 영업활동으로부터 들어오는 현금이 영업활동현금흐름이기 때문에 이 현금흐름이 안정성과 지속성을 가지면서 금액적으로 부채상환에 대처할 수 있을 만큼 충분히 크다면 장기지급능력이 확보될 수 있다.

6-9 **다음의 자료를 이용하여 이자보상비율, 영업이익이자보상비율, 영업현금이자지급비율을 계산하시오.**

포괄손익계산서 항목	20×8년	20×7년
영업이익	₩ 1,200,000	₩ 1,800,000
법인세비용차감전순이익	1,000,000	1,500,000
법인세비용	300,000	400,000
당기순이익	700,000	1,100,000
이자비용	₩ 100,000	₩ 550,000
현금흐름표 항목	**20×8년**	**20×7년**
이자지급	80,000	400,000
영업에서 창출된 현금	900,000	1,250,000

풀이

구 분	20×8년	20×7년
이자보상비율	11.0	3.7
영업이익이자보상비율	12.0	3.3
영업현금이자보상비율	9.0	2.3
영업현금이자지급비율	11.3	3.1

뉴스 속의
재무제표분석

[면세점 3차대전] 경영능력 평가해보니 …
현대百 재무건전성 · 롯데百 지속가능성 최고

평가기준 1000점 만점에 배점 300점으로 당락 좌우…호텔신라, 단기지급능력 1위

면세점 선정을 둘러싸고 잡음이 끊이지 않는 가운데 17일 추가 사업자를 선정한다. 가장 관심이 집중되는 것은 대기업에 배정된 서울 시내 면세점 특허권 3장이다. 중소 · 중견 기업에 배정된 1곳을 포함하면 심사 이후 서울 시내에만 면세점이 13곳으로 늘어나 업계에서는 사실상 마지막 서울 시내 면세 특허권이란 평가가 나온다. 이에 롯데와 현대백화점, 신세계, SK네트웍스, HDC신라 등 참여 기업들은 저마다 나름의 절박한 심정으로 PT 준비에 한창이다. 본지는 관세청의 심사를 앞두고 3회에 걸쳐 특허권 신청 기업의 재무 · 경영 능력과 사회공헌, 상생 노력 등 주요 핵심 평가 지표를 비교 평가해 유력 사업자를 예측해 보고자 한다.

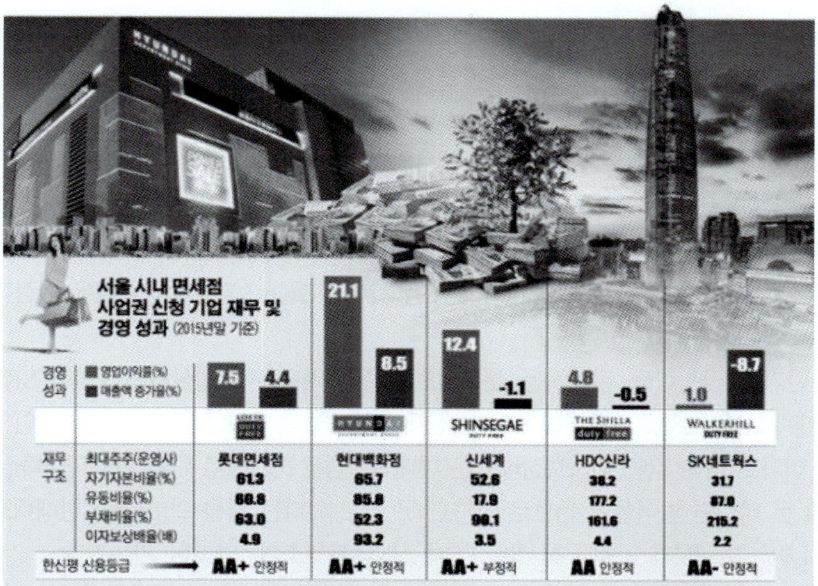

면세점 추가 사업자 선정이 17일로 정해진 가운데 서울 시내면세점 사업권 획득을 노리는 기업들이 사업계획을 비롯한 준비에 한창이다. 업계에서는 이번 면세사업 입찰기업 중 가장 높은

점수가 부여된 재무관련과 경영능력 평가 항목에서 현대백화점면세점과 롯데면세점이 두각을 나타내는 것으로 평가하고 있다. 아울러 지난해 특허를 취득한 신규 사업자의 영업 실적이 사업 초기임을 고려하더라도 적자가 계속되는 등 신통치 않다는 점을 들어 재무나 경영 능력이 이번 심사에서 더욱 중요한 잣대가 될 것으로 관측하고 있다.

17일 예정된 서울 시내 면세점 평가 기준은 △특허보세구역 관리역량(250점) △지속가능성 및 재무건전성 등 경영능력(300점) △관광 인프라 등 주변 환경요소(150점) △중소기업 제품 판매실적 등 경제 · 사회 발전 공헌도(150점) △기업이익의 사회 환원 및 상생협력 노력 정도(150점) 등 5개로 1000점 만점이다.

면세점 특허 취득 관건은 배점이 300점으로 가장 높은 재무건전성과 경영능력이다. 이 항목은 다시 재무건전성 및 투자규모의 적정성(180점)과 사업의 지속가능성(120점)으로 세분화된다. 다시 말해 장사는 잘할 수 있는지, 일시 부진이 있더라도 견딜 수 있는 체력이 있는지 보는 것이다.

재무건전성을 살펴보는 지표로는 자기자본비율과 유동비율, 이자보상배율, 부채비율, 감사의견의 적정성 등이 있다. 또 사업의 지속 가능성 평가 지표로는 신용평가 등급상 적정성과 성장성, 수익성, 사업전략 등 제출하는 사업계획서의 타당성 등이다.

업계에 따르면 이번 심사는 롯데면세점은 직접 운영하는 호텔롯데를, 올해 신설된 현대면세점과 HDC신라면세점, 신세계DF의 경우에는 각각 최대주주인 현대백화점과 호텔신라, 신세계의 재무제표에 근거해 평가를 대체할 것으로 알려졌다. 이에 각사의 지난해 별도재무제표를 살펴본 결과 현대면세점의 재무건전성이 가장 우위를 보였다.

기업이 보유한 전체 자산 중 자기자본이 차지하는 비율인 자기자본비율은 현대면세점이 65.7%로 가장 높았다. 이어 호텔롯데(61.3%)과 신세계(52.6%), 호텔신라(38.2%), SK네트웍스(31.7%)가 뒤를 이었다. 신용평가 업계에서는 통상 이 비율이 50% 이상일 경우 안정적으로 분류한다.

회사의 단기 지급능력을 판단하는 분석지표인 유동비율은 호텔신라 177.2%, SK네트웍스 87.0%, 현대백화점 85.8%, 호텔롯데 60.8%, 신세계 17.9% 순이었다. 회사가 벌어들인 영업이익을 지급한 이자로 나눈 값인 이자보상배율은 현대백화점은 93.2배로 단연 압도적이다. 이자보상배율이 1에 못 미치면 벌어들인 돈으로 이자도 못 갚고 있다는 것을 의미한다. 현대백화점 외에 호텔신라 4.4배, 호텔롯데 4.9배, 신세계 3.5배, SK네트웍스가 2.2배를 기록했다.

기업이 가진 자본 중 부채가 얼마나 차지하고 있는지를 나타내는 부채비율에서도 현대백화점이 52.3%로 가장 낮았다. SK네트웍스는 215.2%, 호텔신라가 161.6%로 통상 기준치인 100%를 웃돌았고 호텔롯데, 신세계가 각각 63.0%, 90.1%를 나타냈다.

경영성과 지표로 분류되는 매출액 증가율, 영업이익률에서도 현대백화점의 성적이 돋보였다. 현대백화점은 지난해 8.5%의 매출액 증가율을 보였다. 2위인 호텔롯데 4.4%의 두 배 수준이다. 호텔신라와 신세계, SK네트웍스는 각각 마이너스 0.5%, 1.1%, 8.7%로 역신장했다. 현대백화점은 영업이익률에서도 경쟁사를 압도했다. 작년 현대백화점 영업이익률은 21.1%에 달해 신세계 12.4%, 호텔롯데 7.5%, 호텔신라 4.8%, SK네트웍스 1.0%를 크게 따돌렸다.

이밖에 사업의 지속 가능성 평가지표 중 하나인 신용등급 부문에서도 현대백화점이 호텔롯데와 함께 최고 등급을 받아 우위를 보였다. 한국신용평가 신용등급을 보면 현대백화점과 호텔롯데가 'AA+안정적'으로 등급 판정이 같았다. 이어 신세계 'AA+부정적', 호텔신라 'AA안정적', SK네트웍스 'AA-안정적' 순이었다.

〈출처 : 이투데이, 2016.12.12〉

제 7 장

자본수익률분석

〈학습목표〉

- 재무제표분석에 있어서 수익률 측정의 유용성 이해
- 자산수익률의 분석 및 그 역할 이해
- 자산수익률을 분해하여 각 구성요소의 관련성 이해
- 보통주자본수익률의 분석 및 그 역할 이해
- 보통주자본수익률의 분해 및 각 구성요소의 관련성 이해
- 보통주자본수익률에 대한 재무레버리지의 효과 분석 및 그 역할 이해

제 1 절 개 요

투자자본수익률(return on invested capital)분석은 재무제표분석에 있어 중요한 의미를 갖는다. 제6장은 재무제표분석시 위험(risk)과 수익(return) 중 위험에 초점을 맞추었고, 본 장에서는 수익에 중점을 둔다.

투자자본수익률은 자본조달 원천과 규모에 따른 기업 이익창출과 관련이 있다. 자금을 조달하여 이익을 창출함에 성공했는지에 대한 측정치가 되며 기업의 지급능력(solvency) 위험에 대해서도 중요한 측정치가 된다. 본 장에서는 투자자본수익률과 재무제표분석이 갖는 목적적합성, 투자자본수익률의 측정과 해석에서 생기는 여러 가지 유형을 살펴본다. 또한 본 장은 계속사업과 성과향상을 위해 염두에 두어야 할 중요한 구성요소들, 즉 투자자본수익률을 구성하고 있는 요소들을 분리하여 살펴보고 재무레버리지의 역할과 중요성을 알아본다.

제 2 절 투자자본수익률의 중요성

성과측정방법은 매우 다양하다. 일반적으로는 성과측정에 수익(revenue), 매출총이익(gross profit), 당기순이익(net income) 등이 많이 쓰인다. 하지만 영업활동도 상호 의존적이며 측정도구도 상호 의존관계에 있기 때문에 기업성과를 측정하는 데 절대적이고 꼭 알맞은 보편적인 것은 없다.

예를 들면, 매출이 늘어나고 그에 따라 이익이 증가하는 것이 바람직한 방향이다. 매출의 금액뿐 아니라 매출량에 대해서도 이 논리는 그대로 적용된다. 매출총이익이나 당기순이익을 평가할 때는 투자자본과 관련하여 생각해야 한다. 예를 들면, 이익이 ₩10,000이라도 투자자본이 ₩20,000일 때와 ₩2,000,000일 때는 서로 상이하다. 서로 관련된 사항을 측정하고 평가하기 위해서는 결합분석(joint analysis)을 수행해야 한다. 매출총이익과 당기순이익을 평가하려면 반드시 투자자본을 같이 고려해야 한다.

성과측정도구의 하나로 가장 잘 알려진 투자자본수익률(return on invested capital) 또는 투자수익률(return on investment, ROI)은 이익(income)과 투자자본(invested capital)과의 관계를 나타낸다. 이 비율을 이용하면 기업이 투자자본을 이용하여 얼마나 영업을 잘했는지 비교할 수 있고 수익에 얼마만한 위험이 내재되어 있는지를 평가할 수 있으며, 또 다른 대체적인 투자자본과도 비교해 볼 수 있다. 정부채권을 보면 알 수 있듯이 위험이 낮으면 수익이 낮다. 높은 수익에는 높은 위험이 따른다. 투자자본수익률분석으로 이익과 여러 성과측정방법, 자금조달 원천과 수준을 비교해 볼 수 있다. 투자자본수익률은 다음과 같은 영역의 분석에 이용된다.

① 경영의 효율성
② 수익성
③ 이익예측
④ 계획과 통제

1 경영의 효율성 측정

투자자본수익률은 경영자의 기술력, 자원운용능력, 독창력, 동기부여 수준에 의해 결정된다. 경영자는 영업에 대해 책임을 지며 자금조달, 투자, 운용관리에 따른 의사결정을 하고 선택적 행동을 취하며, 전략을 수립하고 실행에 옮긴다. 투자자본수익률을 1년이나 장기간을 대상으로 측정하면 경영효율성 측면에서 더욱 목적적합한 측정치가 된다.

2 수익성 측정

투자자본수익률은 장기적인 재무건전성(financial strength)의 중요한 지표이다. 재무분석은 수익성을 평가하기 위해 재무상태표와 포괄손익계산서에서 요약된 중요한 측정치를 이용한다. 본 장에서 설명하는 투자자본수익률의 수익성 측정치는 재무상태표 항목에만 의존해 있는 장기재무능력을 측정하는 지급능력(solvency) 측정치(예 : 부채자산비율, 부채자기자본비율)보다 여러 가지 장점이 있다. 수익성 측정을 통해 서로 다른 투자자들(채권자와 주주)에게 그들의 투자자본수익률을 효과적으로 알려줄 수 있다. 또한 수익성 측정은 유동성분석에도 도움이 된다.

3 예상이익의 측정(measuring of forecasted earnings)

투자자본수익률은 이익을 예측하는 데도 유용하다. 이 측정치는 총투자자본을 과거이익, 현재이익 및 예측이익과 잘 연계시킨다. 경쟁사가 투자자본수익을 낙관적으로 예측했는지 비관적으로 예측했는지를 알 수 있고, 예측치가 기대치와 다를 때는 자금조달 원천을 평가할 수도 있다. 과거부터 기록되어 온 수익률과 기업상황의 변화, 새 프로젝트에서 기대하는 수익에 따라 기대수준은 결정된다. 투자자본수익률은 이익의 예측에 주된 또는 부수적인 방법으로 쓰이며 다른 이익예측방법의 합리성을 판단하는 데도 이용될 수 있다.

4 계획과 통제 측정(measuring for planning and control)

투자자본수익률은 계획, 예산편성, 조정, 평가, 통제에 중요한 역할을 한다. 이익은 각 사업부분에서 합쳐진 이익(손실)으로 구성된다. 한 사업부분의 이익은 개별 생산라인, 프로젝트 또는 다른 구성요소별로 합산된 것이다. 각각의 이익중심점(profit center)에서 통제가 잘 되고 결과에 대한 보상이 관리자에게 제대로 이루어지면 경영통제가 순조롭게 이루어지는 기업이다. 투자대안을 평가함에 있어서는 기대이익과 관련하여 성과평가를 해야 한다. 이러한 평가를 통해 기업차원의 전략이 수립되고 계획활동을 수행하게 된다.

제 3 절 투자자본수익률의 구성요소

투자자본수익률에 기초한 기업성과분석은 재무제표분석 관련 개념에 비추어 볼 때 적합성과 그 효과가 크다. 투자자본수익률은 다음과 같이 계산된다.

$$\text{투자자본수익률} = \frac{\text{이익}}{\text{투자자본}}$$

그러나 위 계산식의 분자나 분모가 모든 이해관계자들이 동의하는 것은 아니다. 왜냐하면 다양한 재무제표 이용자들은 다양한 견해를 가지기 때문이다. 이 절에서는 그 차이점이 무엇이며 여러 가지 계산식이 어떻게 서로 다른 이용자와 서로 다른 분석목적에 맞게 쓰이는지 설명한다. 투자자본을 먼저 설명하고, 다음으로 이익을 설명한다.

1 투자자본의 정의

수익률을 계산하는데 이용되는 투자자본에 대해 유일하고 보편적인 측정치란 존재하지 않는다. 투자자본수익률은 이익과 자본조달 수준에 대한 근본적인 개념을 제공해준다. 투자자본에 대한 측정치가 다양하다는 것은 이에 대한 이용자의 견해가 다양하다는 것을 의미한다. 이 절에서는 투자자본에 대한 다양한 측정치를 설명하고, 다양한 이용자나 여러 가지 해석의 목적에 대한 적합성을 살펴본다.

1) 총부채와 자기자본(total debt and equity capital)

수익성은 총자본(부채와 자기자본의 합계)의 관점에서 평가된다. 자산수익률은 영업의 효율성을 측정하는 데 적합하다. 이것은 모든 자산에서 나오는 수익을 나타내기 때문이다. 그러나 이 측정치는 자금조달 원천별 수익성을 구분하지 못한다. 원천별 자금조달효과를 무시하면 영업성과 평가에 한계가 있다. 투자자본수익률 계산을 위한 총자산은 조정할 필요가 있다. 다음에서는 세 가지 유형의 자산 조정내용에 대하여 설명할 것이다.

(1) 비생산적 자산의 조정(unproductive asset adjustment)

첫 번째 조정내용은 비생산적 자산과 관련이 있다. 비생산적 자산의 조정을 통해 유휴(遊休)설비, 건설 중인 자산, 잉여설비, 잉여재고나 현금, 이연자산(deferred assets)을 투자자본수익률에서 제외시킨다. 이는 영업활동을 하지 않는 투자자본은 수익에 대해 책임이 없다는 가정이다. 그러나 이런 주장은 관리통제도구로써 내부분석을 할 때는 타당하지만 경영의 효율성을 평가할 때는 그렇지 않다.

경영자는 주주나 채권자에 의해 만들어진 자금을 위탁받아 관리하며 그 투자액에 대한 재량권을 가진다. 자산을 처분할 수 있고 채권자에게 상환도 할 수 있고 배당도 할 수 있다. 따라서 이러한 유휴투자자본을 유지하는 이유가 있다면 투자자본에서 차감할 필요가 없다. 더욱이 비생산적인 자산을 유지함으로 인하여 장기적으로 이득이 생긴다면 장기적인 분석에서는 이 이득이 포함되어야 한다. 따라서 이러한 비생산적인 자산 역시 이익을 얻기 위한 것이므로 분석의 목적상 투자자본에서 차감하지 않아야 한다.

(2) 무형자산의 조정(intangible asset adjustment)

두 번째 조정의 내용으로는 무형자산의 차감이 있다. 조정의 근거는 무형자산이 가치가 있는지, 이익창출에 기여하는지에 대해 회의적이기 때문이다. 실제로 무형자산은 상각된 원가로 보고한다. 이 원가가 미래의 효용성을 초과한다면 감사보고서에서는 감액처리하거나 가치측정이 불확실하다고 보고한다. 비생산적 자산에서와 마찬가지로 이 조정도 뚜렷한 장점이 없다. 따라서 투자자본에서 무형자산을 제외하려면 명백한 증거가 있어야 하며, 단순히 정보가 없다거나 가치에 대한 막연한 의구심만으로는 제외하지 않아야 한다.

(3) 감가상각누계액의 조정(accumulated depreciation adjustment)

세 번째 조정은 투자자본에 감가상각누계액을 가산할 것인가 하는 문제이다(이익은 감가상각 후의 금액이다). 이 조정은 듀퐁식 방법이라고도 불리는데 그 이유는 듀퐁이 이 방식을 내부관리 목적으로 사용한 것에서 유래했기 때문이다. 가산하자고 주장하는 사람들은 기계를 사용하는 동안 기계는 최상의 상태를 유지하고 있었으므로, 감가상각누계액을 해당 자산의 가액에서 차감하지 말아야 한다고 주장한다.

그리고 감가상각누계액을 가산하지 않으면 다음의 회계기간에는 이익이 지속적으로 감소하는 투자자본과 비교된다고 한다. 따라서 이익에 변동이 없어도 투자자본이익률은 계속 올라가 진정한 영업성과를 알 수 없게 된다고 한다. 또한 이익을 동일한 자산과 비교해야 기간별로 수익성을 비교해 볼 수 있으며, 감가상각누계액을 가산함으로써 물가가 상승하는 시기에 역사적 원가로 보고된 자산에 대한 보완책이 된다고 한다. 그러나 물가변동을 반영한 회계를 적용하려면 재무제표의 모든 항목을 다시 작성할 때에만 타당성을 갖는다. 이러한 미숙한 조정은 오히려 득보다 실이 많을 수 있다.

듀퐁식 방법은 개별 생산단위와 운용관리의 내부통제에만 초점을 맞추고 있다는 사실을 염두에 두어야 한다. 감가상각누계액의 조정과 관련하여 듀퐁식 방법과는 다르게 기업 전체 영업성과에 초점을 맞추어야 한다. 기업 전체적으로 보면 감가상각누계액을 투자자본에 추가하지 않는 것이 타당하며, 이렇게 함으로써 감가상각비용을 차감한 순이익과 일관성을 유지하게 된다. 감가상각자산을 줄임으로써 이익이 증가하는 것은 감가상각을 통해 조달한 자금으로 새로운 감가상각자산을 구입함으로써 상쇄되고, 이 신규자산도 이익을 창출한다. 자산은 기간이 지날수록 유지보수비용이 증가하기 때문에 투자자본에 대한 감가상각비의 감소부분을 상쇄시킨다.

2) 비유동부채와 자기자본(long-term debt plus equity capital)

투자자본에 대한 또 다른 계산식에서는 비유동부채와 자기자본의 합계를 투자자본으로 보며, 장기자본(long-term capitalization)이라고도 한다. 총투자자본과의 차이는 이 계산식에서 제외한 유동부채만큼 발생한다. 이 계산식은 장기채권자와 주주에게 초점을 맞춘 것이다.

3) 자기자본(equity capital)

투자자본을 자기자본만으로 정의하면 자기자본수익률을 측정할 수 있다. 이것은 주주에게 돌아갈 몫을 의미하는 것으로, 앞의 재무레버리지에서 설명하였듯이 자기자본수익률은 주주에 대한 부채의 영향을 파악할 수 있다. 일반적으로 우선주는 고정된 배당을 받기 때문에 자기자본에서 제외한다.

4) 투자자본의 장부가치와 시장가치(book versus market value of investment capital)

투자자본수익률은 보통 시장가치가 아니라 재무제표에 기록된 장부가치를 이용해 계산한다. 그러나 재무제표에 기록되지 않는 자산들(명성, 인적자원) 때문에 장부가치보다 시장가치가 더 분석목적에 적합할 때가 있다. 또한 이익이 보수주의 회계처리 때문에 지연 인식될 수 있다. 이에 대한 한 가지 해결책은 계산식에서 시장가치를 장부가치 대신 쓰는 것이다.

5) 투자자의 투자금액과 기업의 투자금액(investor versus company invested capital)

투자자본수익률 계산에 있어서 기업이 투자한 자본과 투자자가 투자한 자본을 구별할 필요가 있다. 투자자가 투자한 자본은 기업의 증권에 대해 지불한 가격이다. 투자자가 장부가치로 증권을 취득한 경우를 제외하면 투자자가 투자한 금액과 기업의 투자금액은 상이하다. 분석상의 관심은 기업 차원이지 개인투자자 차원이 아니다. 뒷 부분에서 이 문제를 다시 다루고 개별 주주의 이익에 대해 살펴볼 것이다.

6) 특정 기간 투자자본수익률의 계산(computing invested capital for the period)

투자자본수익률을 어떻게 정의했건 상관없이 특정 기간 동안의 이익을 투자자본과 비교할 수 있다. 이때 한 기간 동안의 투자자본은 보통 평균치를 이용하며, 평균치를 이용하는 이유는 한 기간 동안의 투자자본이 변동하기 때문이다. 쉬운 방법 중에 하나는 기초와 기말 투자자본의 금액을 합해 2로 나누는 것인데, 적용시 주의를 요한다. 어떤 기업은 영업연도를 1월 1일~12월 31일로 하지 않고 사업특성에 맞게 정한다. 예를 들면, 소매업에서는 재고자산과 매출이 낮을 때(휴가시즌 후인 1월 31일)를 회계기말로 한다. 이 경우 기말의 재고자산은 전체 평균보다 아주 낮아진다. 조금 더 복잡한 방법으로는 매월 말의 잔액을 합하여 12로 나눈 평균을 이용하는 것이 있다.

2 이익의 정의

투자자본수익률을 계산하기 위해서는 이익을 측정해야 한다. 이익의 정의는 투자자본 정의에 따라 달라진다. 투자자본을 총부채와 자기자본으로 정의하면 이익은 이자비용차감전의 이익이 된다. 이자는 채권자에게 지불하는 것이므로 이익계산에서 이자를 제외해야 하며 비슷한 이유로 투자자본을 자기자본으로 정의하면 배당도 주주들에게 지급하는 것이므로 이익계산에서 제외한다. 따라서 자산수익률과 장기자본(비유동부채 및 자기자본)에 대한 수익률을 계산할 때는 이자와 배당을 차감하기 전의 이익을 사용한다. 장기자본의 경우 이자비용이 비유동부채에서만 발생했다고 가정한 것이다.

연결재무제표에서 비지배지분에 속하는 당기순이익은 이익에 포함되어야 한다. 연결재무상태표에서는 자회사의 자산을 전부 포함한다. 투자자산(분모)은 연결재무제표상의 자산 전부이고 이익(분자)은 지배기업의 몫만이 아니라 비지배지분에 속하는 몫이 포함된 당기순이익이기 때문이다. 이러한 이유로 자산수익률 계산에서는 비지배지분에 속하는 당기순이익을 포함한다.

투자자본을 총부채(채권자지분)를 제외한 자기자본으로 정의하면 비지배지분의 이익을 가산할 필요가 없다. 보통주수익률 계산에서는 우선주배당금을 차감한 후의 순이익을 이익으로 사용한다. 우선주배당금이 누적적이면 배당선언과 관계없이 이익계산시에 우선주배당금을 차감해야 한다. 그 이유는 보통주 주주의 청구권이 우선주 주주의 청구권보다 후순위이기 때문이다.

투자자본수익률 계산에 이용될 이익측정치는 법인세를 포함한 모든 비용을 반영해야 한다. 어떤 재무분석가는 법인세를 계산식에서 빼기도 한다. 그 이유는 영업성과에서 세금효과를 분리시키기 위해서라고 한다. 일부 재무분석가는 세율의 변화가 연도별 비교가능성을 저해한다고 한다. 또한 어떤 경우는 공제가능한 이월결손금 때문에 투자자본수익률 계산에 혼란이 있고 복잡해진다고 주장한다. 법인세는 기업이익을 감소시키므로 이익측정시에 반드시 반영이 되어야 하며, 특히 주주지분수익률 계산에서는 더욱 그러하다. 본 장의 뒷 부분에서 투자자본수익률을 분해해서 세금과 관련된 구성요소를 살펴볼 것이다.

3 투자자본과 이익의 조정(adjustments to invested capital and income)

투자자본수익률은 재무제표에 보고된 숫자를 출발점으로 계산된다. 그러나 제6장에서 언급하였듯이 일부 회계수치는 분석하기 전에 조정할 필요가 있다. 또 재무제표에 기록되어 있지 않은 어떤 항목은 포함시켜야 한다. 재고자산과 관련된 어떤 조정은 투자자본수익률 계산식의 분모와 분자 모두에 영향을 주기 때문에 조정에 따른 영향을 완화시킨다.

4 투자자본수익률 계산(computing return on invested capital)

이 절에서는 지금까지 논의해온 것을 투자자본수익률분석에 적용해 보기로 한다. 이익과 투자자본에 대한 여러 가지 측정치들이 사례로 제시된다. 이러한 목적으로 와룡(주)의 재무제표를 〈표 7-1〉과 〈표 7-2〉에 제시하였다. 투자수익률 계산은 제9기 자료를 이용하였고 천원 단위로 반올림하였다.

〈표 7-1〉 포괄손익계산서

와룡(주) 1/1~12/31 (단위 : 천원)

계정과목	8기	9기
매출	₩1,636,298	₩1,723,729
매출원가	1,473,293	1,579,401
영업이익	163,005	144,328
영업외수익	2,971	1,784
이자와법인세비용차감전이익	165,976	146,112
이자비용*	16,310	20,382
법인세비용차감전이익	149,666	125,730
법인세비용	71,770	61,161
당기순이익	77,896	64,569
현금배당		
우선주	2,908	2,908
보통주	39,209	38,898
재투자된 당기순이익	₩35,779	₩22,763

* 9기 장기차입부채 이자비용은 ₩19,695이며 유동부채 이자비용은 ₩687이다.

1) 자산수익률(return on assets)

자산수익률(ROA)은 타인자본과 자기자본이 투자된 총자산에 대한 수익률을 나타내는 비율로 다음과 같이 계산한다.

$$\text{자산수익률} = \frac{\text{당기순이익}^{*} + \text{이자비용}(1 - \text{법인세율})}{\text{평균총자산}}$$

* 연결손익계산서에 표시되는 연결실체 전체의 당기순이익. 이 당기순이익을 다시 지배기업의 소유주지분 당기순이익과 비지배지분 당기순이익으로 귀속을 구분하여 연결손익계산서에 표시한다.

와룡(주)의 제9기 자산수익률을 계산하면 다음과 같다.

$$\frac{\text{당기순이익}+\text{이자비용}(1-\text{법인세율})}{(\text{기초총자산}+\text{기말총자산})\div 2} = \frac{₩64,569+₩20,382(1-0.40)}{(₩1,333,982+₩1,371,621)\div 2} = 5.677\%$$

이자비용에 대한 세금조정상 이자는 세금공제(tax deductible)항목이다. 이자비용을 제외하려면 이로 인한 법인세효과도 제외해야 한다. 한계세율(marginal tax rate)이 40%라 가정하면 세금과 관련된 항목(이자비용)은 한계세율에 의해 측정해야 한다. 그리고 자산은 두 회계기간의 기말수치(year-end figures)를 평균한 것이다.

〈표 7-2〉 재무상태표

와룡(주) 12월 31일 현재 (단위 : 천원)

계정과목	8기	9기
자 산		
유동자산 :		
현 금	₩25,425	₩25,580
유가증권	38,008	28,910
매출채권	163,870	176,911
재고자산	264,882	277,795
총유동자산	492,185	509,196
비합병 자회사 장기성 매출채권과 투자자산	33,728	41,652
기타 장기성 매출채권과 투자자산	5,931	6,997
건설중인 자산	6,110	-
유형자산	773,361	790,774
무형자산	22,667	23,002
자산총계	₩1,333,982	₩1,371,621

부　채		
유동부채		
단기차입금	₩7,850	₩13,734
매입채무와 미지급비용	128,258	144,999
미지급배당금	10,404	10,483
미지급법인세	24,370	13,256
유동성장기부채	9,853	11,606
총유동부채	180,735	194,078
비유동부채	350,565	335,945
이연법인세	86,781	101,143
부채총계	₩618,081	₩631,166
자　본		
우선주자본금	₩41,538	₩41,538
보통주자본금	222,245	222,796
주식발행초과금	19,208	20,448
이익잉여금	436,752	459,515
차감 : 자기주식	(3,842)	(3,842)
자본총계	₩715,901	₩740,455
부채와 자본총계	₩1,333,982	₩1,371,621

2) 장기자본수익률(return on long-term capital)

장기자본수익률은 장기자본에 해당하는 비유동부채와 자기자본에 대한 수익률을 나타내는 비율로 다음과 같이 계산한다.

$$장기자본수익률 = \frac{당기순이익+이자비용(1-법인세율)}{평균비유동부채+평균자기자본}$$

와룡(주)의 제9기 장기자본수익률을 계산하면 다음과 같다.

$$\frac{당기순이익+이자비용(1-법인세율)}{(기초비유동부채+기말비유동부채+기초자기자본+기말자기자본)\div 2}$$

$$= \frac{₩64,569 + ₩19,695(1-0.40)}{(₩437,346 + ₩437,088 + ₩715,901 + ₩740,455) \div 2} = 6.55\%$$

와룡(주)의 경우 이연법인세는 장기성 이연법인세부채로 분류하고 비유동부채에 포함시켰다.

3) 보통주자본수익률(return on common shareholders' equity)

보통주자본수익률(ROCE)은 보통주자본에 대한 수익률을 나타내는 비율로 다음과 같이 계산한다.

$$\text{보통주자본수익률} = \frac{\text{당기순이익}^{*} - \text{우선주배당금}}{\text{평균보통주자본(지배기업 소유주지분)}}$$

* 지배기업의 연결손익계산서상에 표시되는 당기순이익 중 지배기업 소유주지분 당기순이익

와룡(주)의 9기 보통주자본수익률을 계산하면 다음과 같다.

$$\text{보통주자본수익률} = \frac{\text{당기순이익} - \text{우선주배당금}}{\text{평균보통주자본}}$$

$$= \frac{₩64,569 - ₩2,908}{(₩674,363 + ₩698,917) \div 2}$$

$$= 8.98\%$$

와룡(주)의 제9기 보통주자본수익률(8.98%)이 자산수익률(5.677%)보다 높은 것은 재무레버리지효과가 유리하다는 것을 의미한다.

제 4 절 자산수익률의 분석

투자자본수익률은 경영효율성평가, 수익성분석, 이익예측, 계획과 통제관리 등에 유용한 정보가 된다. 이러한 목적으로 투자자본수익률을 이용하려면 이 수익률의 정확한 의미를 완전하게 이해해야 한다. 왜냐하면 수익률의 측정치 중에는 기업의 성과를 이해하는 데 도움이 되는 요소가 포함되어 있기 때문이다. 이 절에서는 자금조달원천과 관계없이 총체적인 투자자본수익률을 검토하기로 한다. 이것을 보통 자산수익률(ROA)이라고 한다.

1 자산수익률의 분해(disaggregating return on assets)

자산수익률(ROA)에 대한 가장 간단한 형태의 계산식은 다음과 같다.

$$\text{자산수익률} = \frac{\text{이익}}{\text{평균총자산}}$$

이익을 매출과 관련된 개별항목으로 나눠볼 수 있는데, 이렇게 하는 이유는 경영성과를 분석하는 데 각 개별항목의 비율이 유용하기 때문이다. 매출은 수익성과 활동성을 판단하는 데 중요한 항목이다. 자산수익률은 다음과 같이 분해할 수 있다.

$$\text{자산수익률} = \frac{\text{이익}}{\text{평균총자산}} = \frac{\text{이익}}{\text{매출}} \times \frac{\text{매출}}{\text{평균총자산}}$$

$$= \text{매출이익률} \times \text{자산회전율}$$

앞의 〈표 7-1〉과 〈표 7-2〉의 와룡(주)의 제9기 재무제표를 이용하여 자산수익률을 분해하여 계산하면 다음과 같다.

$$\text{자산수익률} = \frac{₩64,569}{₩1,723,729} \times \frac{₩1,723,729}{₩1,352,801^{*}} = 3.746\% \times 1.2742 = 4.773\%$$

* (기초총자산 1,333,982+기말총자산 1,371,621)/2 = 1,352,801

자산수익률(4.773%)이 제3절에서 계산된 자산수익률(5.677%)과 상이한 것은 자산수익률 계산을 단순화하기 위해 자산수익률 계산식 분자에 세후이자비용 항목을 생략했기 때문이다.

매출이익률(profit margin)은 이익 대 매출 관계를 나타내는 것이며, 매출과 관련된 수익성을 측정한다. 매출 대 자산관계를 나타내는 자산회전율(asset turnover)은 자산으로 매출을 창출하는 효율성을 측정한다. 이런 분해작업은 자산수익률을 결정하는 매출이익률과 자산회전율의 역할을 강조하기 위해서이다. 이 두 구성요소는 수익성분석에서 좀더 자세한 내용을 다룰 수 있는 유용한 도구이며, 다음 [그림 7-1]에 기본 구성요소를 나열했다.

[그림 7-1] 자산수익률의 분해도

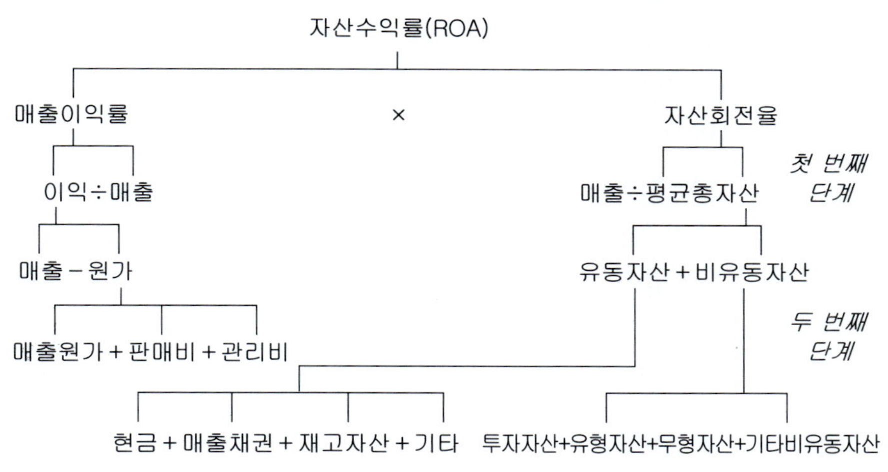

첫 번째 단계(first level)에서는 자산수익률에서 매출이익률과 자산회전율의 상호작용(interaction)을 나타내고 있으며, 두 번째 단계(second level)에서는 매출이익률과 자산회전율을 이루는 중요한 요소들(factors)을 나타내고 있다. 이 절에서는 첫 단계에 중점을 두고 설명한다.

2 매출이익률과 자산회전율의 관계 (relation between profit margin and asset turnover)

〈표 7-3〉에서 이 두 요소 간의 관계를 예시하였다. 정의에 따르면 자산수익률은 매출이익률과 자산회전율의 곱으로 나타난다. 이 표를 보면 X기업은 매출이익 10%, 자산회전율 1, 자산수익률 10%이고 Z기업은 X기업과 자산수익률은 같은데 매출이익률 1%, 자산회전율은 10이다. Y기업은 이 둘의 중간이다. 이 표는 동일한 자산수익률 10%에도 여러 가지 조합이 나올 수 있음을 보여준다.

이 장에서는 매출이익률과 자산회전율로 따로 나누었지만, 매출이익률과 자산회전율은 상호의존성(interdependent)을 가진다. 제8장 수익성분석에서 다시 논의하겠지만 고정비용의 비중이 큰 경우에는 매출 증대를 통해 자산회전율이 높아지면 매출이익률도 증가한다. 이것은 일정한 생산능력범위 내에서는 고정비로 인해 매출의 증가율보다 비용의 증가율이 낮아 매출증가율 이상으로 이익증가율이 높아지기 때문이다. 동일한 산업 내의 기업을 비교하여 자산회전율이 낮은 기업은 매출 증대를 통해 자산회전율을 높여 수익성을 높이는 것을 생각해야 한다.

〈표 7-3〉 자산수익률분석

구 분	X기업	Y기업	Z기업
매 출	₩5,000,000	₩10,000,000	₩10,000,000
이 익	500,000	500,000	100,000
자 산	5,000,000	5,000,000	1,000,000
매출이익률	10%	5%	1%
자산회전율	1	2	10
자산수익률	10%	10%	10%

자산수익률분석을 통해 전략적 행동을 위한 아이디어를 얻게 된다. 예로서 동일산업 내에 있고 자산수익률이 같은 두 기업을 생각해보자.

구 분	A기업	B기업
매 출	₩1,000,000	₩20,000,000
이 익	100,000	100,000
자 산	10,000,000	10,000,000
매출이익률	10%	0.5%
자산회전율	0.1	2
자산수익률	1%	1%

자산수익률은 두 기업 모두 형편없지만 전략측면에서 보면 두 기업이 취해야 할 행동은 상이하다. A기업의 매출이익률은 산업평균에 가까운 10%인데 반해, B기업은 상대적으로 낮다. A기업은 1단위의 투자자산으로 판매액이 0.1이 생기고 B기업은 2가 생긴다. A기업의 경우 왜 자산회전율이 이렇게 낮은가 하는 의문이 생긴다. 이익을 거의 창출하지 못하는 자산인가? 폐기처분해야 할 자산인가? 자산이 비효율적이거나 비효과적인가? A기업은 자산회전율을 높이는 데 중점을 두면(매출을 높이든지, 투자액을 낮추든지, 아니면 둘 다) 자산수익률을 즉시 개선할 수 있다. 왜냐하면 A기업은 산업평균을 넘어서까지 매출이익률을 상승시키기가 매우 어렵기 때문이다.

B기업은 상황이 전혀 다르다. 매출이익률이 낮은 것에 관심을 기울여야 한

다. 매출이익률이 낮은 이유는 여러 가지가 있지만 보통 비효율적인 설비나 생산방법, 수익성 없는 생산라인, 고정비가 많이 드는 초과생산능력, 과도한 판매비와 관리비용 등이 있다. 매출이익률이 낮은 기업 가운데는 유행이나 기술의 변화로 인해 새로운 투자를 해야 매출이익률을 올릴 수 있는 경우가 있다.

매출이익률이 높으면 높은 이익을 달성할 가능성이 있다고 보는 판단이 가능하지만 수익성에 대한 검증의 방법으로는 역시 투자자본수익률이 가장 적절하다. 슈퍼마켓은 매출이익률이 1%라도 만족하는데 그 이유는 투자자산이 적어서 자산회전율이 높기 때문이다. 마찬가지로 할인점도 매출이익률이 낮아도 무방한데 그 이유는 자산회전율이 높기 때문이다. 그러나 반대로 자본집약산업인 철강, 화학, 자동차산업은 투자자산이 많고 회전율이 낮아 성공하기 위해서는 매출이익률이 높아야 한다.

일년간의 수익성만 분석하는 것은 잘못된 결론을 유도할 수 있다. 많은 산업들이 주기성을 가지며, 특정 연도의 이익이 지나치게 많을 수도 있고 적을 수도 있다. 따라서 여러 해 동안의 수익을 측정하고 영업순환주기를 분석할 필요가 있다.

3 자산회전율분석(asset turnover analysis)

자산회전율분석은 어떤 기업이 자산을 얼마나 효율적으로 운용하는가의 정도를 측정한다. 자산의 효율성(efficiency)에 대한 가장 적합한 측정치는 매출이다. 왜냐하면 매출만이 진실된 이익을 창출하기 때문이다. 비정상적인 공급의 문제나 작업중단 등은 자산의 효율적 운용에 영향을 미치므로 특별하게 평가하고 해석해야 한다.

1) 자산회전율의 분해(disaggregation of asset turnover)

자산수익률을 결정하는 자산회전율의 계산은 다음과 같다.

$$자산회전율 = \frac{매출}{평균총자산}$$

개별자산의 회전율 변동을 평가하면 기업분석에 도움이 된다. 이 절에서는 자산계정별 자산회전율을 검토한다.

(1) 현금회전율(sales to cash)

현금및현금성자산은 매일의 거래를 목적으로 보유하고, 현금 입·출금의 불균형으로 인한 유동성 부족에 대비한 여유분이 된다. 어떤 사업에서든지 매출과 현금과의 관계는 적정하게 유지되어야 한다. 현금회전율이 너무 높은 것은 유동성 위기에 대한 신호이며 현금이 부족하기 때문이다. 현금회전율이 낮으면 현금이 너무 활용되지 않거나 초과 보유한다는 신호이며, 기업이 특별한 목적으로 현금을 많이 보유하면 일시적으로 회전율이 낮아진다. 유동성과 자금의 수익성은 상충관계에 있다.

(2) 매출채권회전율(sales to receivables)

신용거래를 주로 하는 기업의 경우에 매출채권은 매출의 함수이다. 매출채권회전율이 낮다는 것은 신용기간이 너무 길거나 고객이 지불할 능력이 없거나 회수활동이 부진해서이며, 매출채권회전율이 높다는 것은 엄격한 신용정책 혹은 신용거래 회피경향을 의미한다. 매출이 늘어나면 매출채권도 증가한다.

(3) 재고자산회전율(sales to inventories)

일정 매출을 유지하기 위해서는 일정한 재고를 유지해야 한다. 매출 대 재고 관계는 재고자산의 형태나 모델, 색상, 크기 그리고 소비자를 유인하거나 잡아두는 데 필요한 재고의 종류 등에 따라 산업별로 다양하다. 생산주기의 길이와 재고의 형태(필수품 대 사치품, 생산재와 소비재)는 재고자산회전율에 영향을 미친다. 재고자산회전율이 낮은 것은 과잉공급, 느린 운송 또는 진부화된 재고자산 때문이다. 이것은 또한 매출이 과대 추정되었다는 신호일 수 있다.

일시적으로 중요한 고객이 부진하거나 작업중단이 생기면 회전율이 낮아진다. 회전율이 높다는 것은 고객관계나 미래 매출에 문제를 초래하는 재고의 과소투자를 의미할 수 있다. 이는 고객상실 가능성 및 미래 매출 감소를 초래한다. 재고자산회전율에서 재고에 투자된 자금과 미래 고객상실 가능성 및 매출 감소는 상충관계가 있다.

(4) 유형자산회전율(sales to fixed assets)

매출과 유형자산관계는 가장 기본적이며 지속적으로 발생된다. 이러한 관계에 일시적으로 영향을 미치는 상황이 있는데, 이에는 과잉생산능력, 비효율적인 공장, 진부화된 장비, 수요변화, 원자재공급의 중단 등이 있다. 유형자산은 조금씩 증가하지 않고 일시에 큰 금액으로 증가한다. 이 때문에 유형자산회전율에 변화가 생긴다. 유형자산회전율에 있어서 높은 손익분기점을 갖는 유형자산투자와 매출을 높일 가능성이 있는 효율적이고 생산적인 장비 사이에는 상충관계가 있다.

(5) 기타자산회전율(sales to other assets)

선급비용, 미수수익 등은 기타자산이다. 기타자산과 매출은 항상 일정한 관계가 있는 것은 아니지만 매출과 완전히 관련이 없는 자산은 아니므로 기타자산회전율도 자산회전율 계산에서 고려되어야 한다. 예를 들어, 자산화된 개발비용은 미래 매출가능성을 나타내므로 기타자산회전율분석은 이러한 가능성을 고려해야 한다.

2) 자산회전율의 구성요소(factors in asset turnover)

자산수익률분석에는 몇 가지 추가요소가 있다. 중단사업부분의 영향도 평가해야 한다. 내부목적의 분석에서는 자료를 부서별, 생산라인별, 부문별로 수집한다. 이 세분화된 자료를 분석에 이용하면 분석의 신뢰성이 높아지고 더 많은 통찰력을 얻을 수 있다. 협상력이 좋다면 외부목적의 분석에서도 이러한 상세자료를 이용할 수 있다. 회계기간 중에 개별자산 수준에서 변동이 생기고 이것이 회전율 계산에 나쁜 방향으로 영향을 미치면 문제가 생긴다. 따라서 개별자산 수준에서나 총자산 수준에서나 평균치를 이용한다. 특히, 자산회전율 계산에서 분모는 기초와 기말의 평균을 이용한다. 자료만 있다면 월별 또는 분기별

평균도 무방하다.

지속적으로 자산회전율이 높다는 것은 기업이 효과적인 경영을 하고 있다는 의미이다. 또한 경영자는 단지 계절적으로 혹은 주기적으로만 잘 되는 사업과 성장하는 사업을 구별할 수 있다. 자산수익률을 구성하는 모든 요소를 살펴보면 기업이익의 원천과 한계를 알 수 있다. 매출이익률이나 자산회전율이 아무런 이유 없이 증가하는 일은 없다. 추가적인 이익성장을 위해서는 외부에서 자금을 조달하거나 내부이익을 유보하여 자산을 증가시켜야만 한다.

제 5 절 보통주자본수익률의 분석

보통주자본수익률(ROCE)은 주주들의 가장 큰 관심사이다. 보통주자본수익률은 자산수익률과 다른데, 그 차이는 투자자본의 개념에 있다. 보통주자본수익률에서의 투자자본은 총자산에서 부채와 우선주자본금을 차감한 것이다. 일반적으로 채권자는 투자한 곳에서 일정하게 정해진 수익을 획득하며, 우선주 주주는 대부분 고정금액의 배당을 받는다. 그러나 보통주 주주에게는 일정하거나 약속된 배당이 없다. 보통주 주주는 다른 자금원천(우선주 주주)에 대한 배당을 지급한 후 남는 잔여이익에 대해서만 청구권을 갖는다. 따라서 보통주자본수익률은 보통주 주주에게 매우 중요하다. 보통주자본수익률과 자산수익률 관계도 중요한데 재무레버리지가 성공했는지 여부를 분석하는 기초가 된다. 또한 보통주자본수익률은 보통주지분의 가치를 계산하는 데 중요한 역할을 한다. 회계정보에 기초한 주식가치평가 공식은 다음과 같다.

$$V_t = BV_t + \frac{NI_{t+1}-(k\times BV_t)}{(1+k)} + \frac{NI_{t+2}-(k\times BV_{t+1})}{(1+k)^2} + \cdots + \frac{NI_n-(k\times BV_{t+n-1})}{(1+k)^n} + \cdots$$

여기서, V_t = t기 기업가치 NI_n= n기 당기순이익
BV_t = t기 장부가치 K = 자본비용

위의 수식을 간단하게 하면 미래의 보통주자본수익률로 다시 쓸 수 있다.

$$V_t = BV_t + \frac{(ROCE_{t+1}-k)BV_t}{(1+k)} + \frac{(ROCE_{t+2}-k)BV_{t+1}}{(1+k)^2} + \cdots + \frac{(ROCE_{t+n}-k)BV_{t+n-1}}{(1+k)^n} + \cdots$$

여기서, $ROCE_{t+n} = t+n$기의 보통주자본수익률

보통주자본수익률(ROCE)은 우선주배당금을 차감한 후의 당기순이익을 기초의 보통주자본금으로 나눈 값이다. 즉, 보통주자본수익률(ROCE)이 투자자의 요구수익률보다 크다는 말은 보통주자본의 가치가 장부가치를 초과해서 상승한다는 의미이다.

1 보통주자본수익률의 분해(disaggregating return on common equity)

위의 보통주자본수익률(ROCE) 산식은 기초의 보통주 잔액을 이용하여 계산하였지만 실무에서는 분석의 목적으로 평균치를 이용한다. 자산수익률(ROA)처럼 보통주수익률 각각의 구성 요소를 나누어 보는 것은 아주 유용하다. 보통주자본수익률 산식은 다음과 같다.

$$\text{보통주자본수익률} = \frac{\text{당기순이익} - \text{우선주배당금}}{\text{평균보통주자본}}$$

이는 다음과 같이 분해할 수 있다.

$$\frac{\text{당기순이익} - \text{우선주배당금}}{\text{평균보통주자본}} = \frac{\text{당기순이익} - \text{우선주배당금}}{\text{매출}} \times \frac{\text{매출}}{\text{평균총자산}} \times \frac{\text{평균총자산}}{\text{평균보통주자본}}$$

$$= \text{수정후매출이익률} \times \text{자산회전율} \times \text{재무레버리지비율}$$

수정후매출이익률(adjusted profit margin)은 매출에서 모든 비용을 공제하고, 우선주에 대한 배당을 하고 난 후에 남은 보통주 주주를 위한 이익 대 매출 관계를 나타내는 것이다. 자산회전율은 자산수익률에서 정의한 것과 같고, 재무

레버리지비율은 보통주자본으로 투자한 자산의 비율을 나타낸다. 재무레버리지비율이 높아질수록 보통주자본으로 투자한 자산이 적고 재무레버리지는 크다는 의미이다. 이 구성요소들은 기업의 성과를 분석하고 보통주자본수익률을 평가하는 데 유용한 수치이다.[1]

앞의 〈표 7-1〉과 〈표 7-2〉의 와룡(주) 제9기 재무제표를 이용하여 보통주자본수익률(ROCE)을 분해하여 계산하면 다음과 같다(단위 : 백만원).

$$\text{보통주자본수익률} = \text{수정후매출이익률} \times \text{자산회전율} \times \text{재무레버리지비율}$$

$$\text{보통주자본수익률} = \frac{₩65-₩3}{(₩674+₩699)\div 2}$$

$$= \frac{₩65-₩3}{₩1,724} \times \frac{₩1,724}{(₩1,334+₩1,372)\div 2} \times \frac{(₩1,334+₩1,372)\div 2}{(₩674+₩699)\div 2}$$

$$\text{보통주자본수익률} = 9.025\% = 3.596\% \times 1.274 \times 1.970$$

보통주자본수익률(9.025%)이 제3절에서 계산된 보통주자본수익률(8.98%)과 상이한 것은 계산을 간편하게 하기 위해 금액 단위를 높이면서 사사오입했기 때문이다.

여기에 변형을 가하면 기업의 또 다른 측면을 분석할 수 있다. 그 한 가지가 자산회전율과 재무레버리지비율을 합하는 것이다. 와룡(주)에 있어 보통주자본 1을 얻을 때 보통주가 아닌 원천으로부터의 자본조달(예, 부채나 우선주)이 0.97

---

1) 또 다른 형태의 보통주자본수익률의 분해는 자산수익률의 변형이다.

ROCE = ROA × 수익레버리지 × 재무레버리지비율

$$\frac{\text{당기순이익}-\text{우선주배당금}}{\text{평균보통주자본}} = \frac{\text{당기순이익}+\text{이자비용}(1-\text{법인세율})+\text{비지배지분이익}}{\text{평균총자산}} \times$$

$$\frac{\text{당기순이익}-\text{우선주배당금}}{\text{당기순이익}+\text{이자비용}(1-\text{법인세율})+\text{비지배지분이익}} \times \frac{\text{평균총자산}}{\text{평균보통주자본}}$$

자산수익률은 자본조달원천과 무관한 수익률을 나타낸다. 위의 두 가지 레버리지 구성요소는 보통주자본수익률을 증가시키기 위해 채권자와 우선주 주주를 통한 자금조달의 영향을 나타낸다. 수익레버리지는 채권자와 지분투자자 몫의 이익에 대한 보통주 주주 몫의 이익의 상대적인 크기를 나타낸다. 재무레버리지비율은 보통주 주주에 의해 투자된 자산의 크기, 즉 보통주자본으로 투자한 총자산의 정도를 나타낸다.

생긴다. 총자금조달금액 1.97로 2.51의 매출을 발생시킨다. 자산회전율이 1.274이므로 1.970×1.274=2.51이 된다. 2.51에다가 수정후매출이익률 3.596%를 곱하면 보통주자본수익률 9.025%(2.51×3.596%)를 얻을 수 있다.

또 다른 변형으로는 수정후매출이익률을 세전수정후매출이익률과 세유보율(tax retention component or retention rate)로 나누는 것이 있다.

$$\frac{\text{당기순이익}-\text{우선주배당금}}{\text{매출}}=\frac{\text{세전이익}-\text{우선주배당금}}{\text{매출}}\times\frac{\text{당기순이익}-\text{우선주배당금}}{\text{세전이익}-\text{우선주배당금}}$$

$$\text{수정후매출이익률}=\text{세전수정후매출이익률}\times\text{세유보율}$$

수정후매출이익률을 분해하는 목적은 수정후매출이익률을 영업효율성(operating effectiveness)의 측정치인 세전수정후매출이익률과 세관리효율성(tax management effectiveness)의 측정치인 세유보율로 분해해 보기 위해서이다. 세유보율이 높으면 세관리효율성이 높다는 것을 의미한다.

와룡(주)의 경우 3.596%의 수정후매출이익률은 다음과 같이 분해된다.

$$3.596\%=\frac{₩126-₩3}{₩1,724}\times\frac{₩65-₩3}{₩126-₩3}=7.135\%\times50.406\%$$

보통주자본수익률 분석은 기업의 성과를 정확하게 이해하게 해준다. 보통주자본수익률이 하락하면, 하락의 원인이 되는 구성요소를 파악해야 한다. 또한 보통주자본수익률을 향상시킬 가능성이 가장 높은 곳을 찾고 이 전략을 성공적으로 수행할 가능성을 검토해야 한다. 예를 들어, 재무레버리지가 높아 더 이상 높일 수 없다면 수정후매출이익률과 자산회전율에 관심을 두어야 한다. 기업의 전략과 개선가능성에 대한 분석은 산업과 경제상황에 따라 달라진다. 동일산업 내의 다른 기업과 비교해서 매출이익률이 높은가 낮은가? 자산회전율에 개선가능성이 있는 부분은 어떤 것인가 등을 검토해야 한다. 수익률을 평가함에 있어서 이 장에서 설명한 구조적인 접근법을 이용하고 적절히 해석하는 것이 분석에 도움이 될 것이다.

2 보통주자본수익률의 추가적 분해 (further disaggregation of return on common equity)

보통주자본수익률을 더 세밀하게 분해하는 것은 분석에 도움이 된다. 특히, 다음과 같은 방법으로 세금과 이자를 당기순이익에서 분리할 수 있다.

EBIT = 당기순이익 + 이자 + 세금

EBIT(earnings before interest and taxes)는 이자와법인세차감전순이익이다. 이 순이익 구성요소를 ROCE 계산식에 대입해보면 다음과 같다.

ROCE = [(EBIT매출이익률×자산회전율) − 이자회전율]×재무레버리지비율 ×세유보율

EBIT매출이익률은 EBIT를 매출로 나눈 것이고, 이자회전율은 이자비용을 평균총자산으로 나눈 것이다. 다른 구성요소는 이전에 정의한 것과 같다. 이자회전율은 이자부담률(interest burden)로 보는데, 이자부담률이 높으면 보통주자본수익률은 낮으며, 세유보율이 높으면 보통주자본수익률은 높아지게 된다.

이 분해는 보통주자본수익률(ROCE)에 대한 이자와 세금의 영향을 나타내 준다.

3 보통주자본의 성장성 평가(assessing growth in common equity)

1) 보통주자본성장률

보통주자본성장률은 이익유보액을 통해 보통주자본의 성장성을 평가한다. 이 분석은 외부로부터의 자금조달을 고려하지 않은 보통주자본의 성장성에 중점을 둔다. 보통주자본의 성장성을 평가하기 위해 매 기별로 이익은 유보되고 배당금

지급액은 일정하다고 가정한다. 보통주자본성장률의 계산은 다음과 같다.

$$\text{보통주자본성장률} = \frac{\text{당기순이익} - \text{우선주배당금} - \text{보통주배당금}}{\text{평균보통주자본}}$$

앞의 〈표 7-1〉과 〈표 7-2〉를 이용해 와룡(주)의 9기 자본성장률을 구해 보면 다음과 같다.

$$3.35\% = \frac{₩65 - ₩3 - ₩39}{(₩674 + ₩699) \div 2}$$

이 측정치는 현재의 자금조달 수준을 증가시키지 않더라도 보통주자본이 연간 3.35% 성장한다는 의미이다.

2) 지속적자본성장률(sustainable equity growth rate)

지속적자본성장률을 나타내는 기업의 내부성장은 이익유보액과 유보한 이익으로부터 얻는 이익에 의해 결정된다. 이를 계산식으로 표시하면 다음과 같다.

$$\text{지속적자본성장률} = \text{ROCE} \times (1 - \text{배당지급률})$$

와룡(주)의 제9기 배당지급률은 64.7%(₩41,806/₩64,569)이므로 지속적자본성장률은 다음과 같이 계산할 수 있다.

$$3.18\% = 9.025\% \times (1 - 0.647)$$

와룡(주)은 이익이 8기에 ₩77,896천에서 9기에 ₩64,569천으로 떨어졌다. 이처럼 이익은 감소하는데 배당을 일정하게 지급하면 지속적자본성장률이 하락하게 된다. 미래의 자본성장률을 예측하기 위해서는 과거 수년간 성장률의 평균값을 구해보는 것이 좋다. 그리고 이익유보액의 변화가능성과 ROCE의 예측액도 염두에 두어야 한다.

4 재무레버리지와 보통주자본수익률 (financial leverage and return on common equity)

여기에서는 보통주자본수익률에 대한 재무레버리지의 효과를 분석해 본다. 재무레버리지란 보통주자본 외의 투자자본의 크기를 나타낸다. 분석을 위해 와룡(주)의 재무제표를 이용하기로 한다. 첫 단계로 제9기와 제8기 말의 자금원천별 잔액의 평균을 구한다.

와룡(주) (단위 : 천원)

유동부채(유동성 비유동부채 제외)		₩176,677
비유동부채	343,255	
유동성 비유동부채	10,729	353,984
이연법인세		93,962
우선주		41,538
보통주		686,640
총자산		₩1,352,801

법인세 비용 차감전 순이익	₩125,730
법인세비용	61,161
당기순이익	64,569
우선주배당금	2,908
보통주지분 이익	61,661
총이자비용	20,382
단기이자비용(5%)	687
비유동부채이자비용	₩19,695

다음으로 손익계산서에서 적합한 재무자료를 구한다. 이 수치들을 이용하여 자산수익률을 계산하면 다음과 같다.

$$ROA = \frac{\text{당기순이익} + \text{이자} \times (1 - \text{세율})}{\text{평균총자산}}$$

$$= \frac{₩64,569 + ₩20,382(1-0.40)}{₩1,352,801}$$

$$= 5.677\%$$

5.677%인 자산수익률은 재무레버리지 영향을 평가하는 데 적합한 자료이다. 이 수치는 보통주 주주 이외의 자본공급자가 5.677%보다 낮은 이익을 획득한다면, 보통주 주주에게 이득이라는 것을 의미한다. 보통주 주주와 다른 자본공급자 사이의 수익률 차이가 클수록 재무레버리지는 성공적이라고 하겠다.

〈표 7-4〉에서 와룡(주)의 재무레버리지에 대해 자세히 설명하였다. 이 표는 주요한 자금공급자별 수익과 상대적 공헌도를 보여준다. 또한 각 자금공급자들의 수익이 ROCE에 미치는 영향 정도를 보여준다. 몇 가지 경우를 살펴보면 유동부채를 이용하기 때문에 보통주 주주들에게 생긴 ₩9,618의 이익은 유동부채에 이자비용이 거의 없었기 때문이고, 비유동부채로 인한 ₩8,279의 이익은 대부분 이자에 대한 세금공제 때문이다. 이연법인세로 인한 이득은 이자 없는 자금을 사용해서 ₩5,334의 이득을 본 것과 같다. 우선주배당금은 세금이 공제되는 항목이 아니므로 보통주 주주에게는 레버리지로 인한 손실 ₩550이 발생한다.

자산수익률	5.677%
보통주레버리지효과	3.303
보통주자본수익률	8.980%

〈표 7-4〉 보통주자본수익률

(단위 : 천원)

자금공급원	평균자금 공급	5.677%로 공급된 자금으로 번 이익(A)	자금공급자에 지급액(B)	보통주 수익 (A-B)
유동부채	₩176,677	₩10,030	₩412(a)	₩9,618
비유동부채	353,984	20,096	11,817(b)	8,279
이연법인세	93,962	5,334	-	5,334
우선주	41,538	2,358	2,908(c)	(550)
자금공급자의 수익률을 초과한 이익				22,681
가산 : 보통주	686,640	38,980	-	38,980
총 계	₩1,352,801	₩76,798	₩15,137	
총지분수익				₩61,661

(a) 유동부채이자비용 ₩687에서 세금효과 40% 차감후 금액 〈표 7-1〉 참조
(b) 비유동부채이자비용 ₩19,695에서 세금효과 40% 차감후 금액 〈표 7-1〉 참조
(c) 우선주배당금 〈표 7-1〉 참조 -세금공제 없음

재무레버리지의 분석을 각 구성요소 차원으로 확대해보자. 와룡(주)의 보통주자본수익률을 계산하면 다음과 같다.

$$\frac{\text{당기순이익}-\text{우선주배당금}}{\text{평균보통주자본}} = \frac{₩61,661}{₩686,640} = 8.980\%$$

〈표 7-4〉를 보면 재무레버리지로 인해 보통주 주주에게 생긴 이익이 ₩22,681이다. 보통주자본에 대한 비율로 계산하면 다음과 같다.

$$\frac{\text{자금공급자의 수익을 초과한 이익}}{\text{평균보통주자본}} = \frac{₩22,681}{₩686,640} = 3.303\%$$

이 3.303%는 재무레버리지의 효과로 인해 보통주자본수익률(8.890%)이 자산수익률(5.677%)을 초과한 비율이다.

5 보통주자본수익률 대 투자수익률 (return on common shareholders' equity versus investment)

보통주자본수익률은 당기순이익과 보통주자본의 관계로 측정된다. 보통주자본은 장부가치로 측정되는데, 이 장부가치는 개인투자자가 투자와 관련하여 얼마를 지불하는 것이 타당한지를 알려주지는 않는다. 대부분의 개인투자자는 액면가치로 주식을 구매하지 않기 때문에 이 점이 중요하다. 주식구입을 위해 지불한 가격은 주주투자수익률(ROSI : return on shareholders' investment)을 결정하는 중요한 요소가 되며, 이것을 계산하면 다음과 같다.

$$ROSI = \frac{\text{배당금} + \text{재투자한 이익의 시장가치}}{\text{주가}}$$

〈표 7-5〉 와룡(주)의 재무자료

당기순이익	₩6
보통주 현금배당	(2)
재투자한 이익	₩4
보통주 장부가치	₩60
시장가치 대 장부가치 비율	2 : 1
재투자이익 시장가치평가액	₩4

〈표 7-5〉에서 와룡(주)의 재무자료를 보면 보통주자본수익률은 10%(₩6/₩60)이다. 그러나 주식을 시장가격(2×₩60)으로 구입했으므로 주주의 주주투자수익률은 5%이다.

$$\text{ROSI} = 5\% = \frac{₩2 + ₩4}{2 \times ₩60}$$

주주의 투자수익률 계산에서 사용하는 가정 중의 하나는 재투자된 이익이 시장가격에 반영된다는 것이다. 투자자는 시장이 재투자된 이익을 어떻게 평가하는가를 고려하는 것이 중요하다. 와룡(주)의 주당순이익은 ₩6인데 주주는 배당금으로 ₩2를 받고, 시장이 재투자한 이익에 대해 ₩4의 가치를 인정해줌으로써 ₩6의 이익을 가지게 되는 것이다. 만약 시장이 재투자한 이익의 가치를 보고된 수치인 ₩4보다 크게 평가하면(예를 들어, 5.2) 주당 주주이익배수(shareholder multiple per share)는 다음과 같이 계산된다.

$$\text{주당 주주이익배수} = \frac{\text{배당금+재투자한 이익의 시장가치}}{\text{당기순이익}}$$

$$\frac{₩2+₩5.2}{₩6} = \frac{₩7.2}{₩6} = 1.20$$

이것은 기업이 ₩1을 벌어서 재투자하여 주주에게 ₩1.2의 부를 돌려준다는 의미이다. 그러나 실제에서는 여러 가지 변수가 많아서 주당 주주이익배수가 높다고 반드시 배당액이 많아지거나 주가가 높게 형성되지는 않는다. 또한 ROCE와 ROSI의 상관관계는 낮은 것으로 나타나기도 한다(ROCE는 재투자된 이익의 시장가치는 포함하지 않는다). ROSI는 시장가치평가에 많이 의존한다. 지분증권을 분석할 때는 반드시 시장가격과 재무제표를 같이 분석해야 한다. 기업의 가치와 주식가치를 구별하는 것은 매우 중요하다. 예를 들면, 재무제표를 보면 기반이 탄탄하고 관리가 잘되는 기업으로 나타나지만, 주식이 과대평가되어 있기 때문에 좋지 않은 투자대상일 수 있다. 반대로 운영은 허술하지만 주식이 과소평가되어 있기 때문에 좋은 투자대상이 될 수도 있다.

6 배당관련비율

지분투자자(보통주 주주)가 미래의 현금흐름에 관심을 갖는 중요한 이유 중의 하나는 배당이다. 이 배당과 관련하여 기업의 배당정책을 나타내는 배당지급률(dividend payout ratio) 및 이익유보율(earnings retention ratio) 그리고 배당의 크기를 나타내는 배당률과 배당수익률(dividend yield) 등이 있으며 다음과 같이 계산한다.

$$\text{배당지급률(배당성향)} = \frac{\text{배당금}}{\text{당기순이익}}$$

$$\text{이익유보율} = \frac{\text{당기순이익}-\text{배당금}}{\text{당기순이익}}$$

이들 비율은 기업의 배당정책을 나타내며 미래수익의 불확실성에 대한 경영자의 인식을 반영한다. 배당지급률이 낮다는 것은 당기순이익을 배당을 통해 주주에게 유출시키기보다 기업내부에 유보하는 금액이 크다는 것을 의미한다.

$$\text{배당률} = \frac{\text{배당금}}{\text{유통주식수}}$$

이 배당률은 1주당 배당금을 나타낸다.

$$\text{배당률} = \frac{\text{배당금}}{\text{자본금}} = \frac{\text{주당배당금}}{\text{주식의 액면금액}}$$

이 배당률은 주식의 액면금액 1원당 배당금을 나타낸다.

배당수익률은 주가에 대한 배당금의 크기를 나타내는 비율이며 주가는 보통 연말종가를 사용한다.

$$\text{배당수익률} = \frac{\text{배당금}}{\text{주가}\times\text{유통주식수}} = \frac{\text{주당배당금}}{\text{주가}}$$

연습문제

7-1 **성과측정방법은 매우 다양하다. 일반적으로는 성과측정에 수익(revenue), 매출총이익(gross profit), 순이익(net income) 등이 많이 사용된다. 성과측정도구의 하나로 가장 잘 알려진 투자자본수익률(return on invested capital)의 중요성을 기술하고, 투자자본수익률 분석이 어떤 영역의 분석에 주로 이용되는지 기술하시오.**

풀이 1. 경영의 효율성 측정

투자자본수익률은 경영자의 기술력, 자원운용능력, 독창력, 동기부여 수준에 의해 결정된다. 경영자는 영업에 대해 책임을 지며 자금조달, 투자, 운용관리에 따른 의사결정을 하고 선택적 행동을 취하며, 전략을 수립하고 실행에 옮긴다. 투자자본수익률을 1년이나 장기간을 대상으로 측정하면 경영효율성 측면에서 더욱 목적적합한 측정치가 된다.

2. 수익성 측정

투자자본수익률은 장기적인 재무건전성(financial strength)의 중요한 지표이다. 재무분석은 수익성을 평가하기 위해 재무상태표와 포괄손익계산서에서 간략하고 중요한 측정치를 이용한다. 본 장에서 설명하는 투자자본수익률 계산방법의 수익성 측정치는 장기재무능력 측정치나 재무상태표에만 의존해 있는 지급능력 측정치(예 : 부채자산비율, 부채자기자본비율)보다 여러 가지 장점이 있다. 수익성 측정을 통해 서로 다른 투자자들(채권자와 주주)에게 그들의 투자자본수익률을 효과적으로 알려줄 수 있다. 또한 수익성 측정은 유동성분석에도 도움이 된다.

3. 예상이익의 측정(measuring of forecasted earnings)

투자자본수익률은 이익을 예측하는 데도 유용하다. 이 측정치는 총투자자본을 과거이익, 현재이익 및 예측이익과 잘 연계시킨다. 경쟁사가 투자자본수익을 낙관적으로 예측했는지 비관적으로 예측했는지를 알 수 있고, 예측치가 기대치와 다를 때는 자금조달원천을 평가할 수도 있다. 과거부터 기록되어 온 수익률과 기업상황의 변화, 새 프로젝트에서 기대하는 수익에 따라 기대수준은 결정된다. 투자자본수익률은 이익의 예측에 주된 또는 부수적인 방법으로 쓰이며 다른 이익예측방법의 합리성을 판단하는 데도 이용될 수 있다.

4. 계획과 통제 측정(measuring for planning and control)

투자자본수익률은 계획, 예산편성, 조정, 평가, 통제에 중요한 역할을 한다. 이익은 각 사업부분에서 합쳐진 이익(손실)으로 구성된다. 한 사업부분의 이익은 개별 생산라인, 프로젝트 또는 다른 구성요소별로 합산된 것이다. 각각의 이익중심점(profit center)에서 통제가 잘 되고 결과에 대한 보상이 관리자에게 제대로 이루어지면 경영통제가 순조롭게 이루어지는 기업이다. 투자대안을 평가함에 있어서는 기대이익과 관련하여 성과평가를 해야 한다. 이러한 평가를 통해 기업차원의 전략이 수립되고 계획활동을 수행하게 된다.

연습문제

7-2 **이익과 투자자본에 대한 여러 가지 측정치들 중에서 ① 자산수익률, ② 장기자본수익률, ③ 보통주자본수익률에 대해 기술하시오.**

풀이 ① **자산수익률**(return on total assets)

자산수익률은 타인자본과 자기자본이 투자된 총자산에 대한 수익률을 나타내는 비율로 다음과 같이 계산한다.

$$\text{자산수익률} = \frac{\text{당기순이익}^{①} + \text{이자비용}(1-\text{법인세율}) + \text{비지배지분순이익}^{②}}{\text{평균총자산}}$$

① 지배기업의 개별손익계산서상에 나타나는 당기순이익. 즉, 지배기업지분순이익

② 국제회계기준(IFRS)에서 비지배지분순이익(소수지분순이익)은 연결손익계산서의 당기순이익에 포함된 종속기업의 당기순이익 중 비지배지분율에 해당하는 금액

① + ② = 연결손익계산서에 표시되는 연결실체 전체의 당기순이익. 이 당기순이익은 지배기업지분순이익과 비지배지분순이익으로 구분하여 연결손익계산서 본문에 표시한다.

② **장기자본수익률**(return on long-term capital)

장기자본수익률은 장기자본에 해당하는 비유동부채와 자기자본에 대한 수익률을 나타내는 비율로 다음과 같이 계산한다.

$$\text{장기자본수익률} = \frac{\text{당기순이익}+\text{이자비용}(1-\text{법인세율})+\text{비지배지분순이익}}{\text{평균비유동부채}+\text{평균자기자본}}$$

③ **보통주자본수익률**(return on common shareholders equity)

보통주자본수익률은 보통주자본에 대한 수익률을 나타내는 비율로 다음과 같이 계산한다.

$$\text{보통주자본수익률} = \frac{\text{당기순이익} - \text{우선주배당금}}{\text{평균보통주지분}}$$

7-3 **자산수익률의 의미를 기술하시오. 또한 자산수익률은 매출액이익률과 자산회전율로 분해될 수 있는데 이 두 비율의 관계를 기술하시오.**

풀이 자산수익률(또는 총자산수익률)에 대한 가장 간단한 형태의 계산식은 다음과 같다.

$$\text{자산수익률} = \frac{\text{이익}}{\text{평균총자산}}$$

이익을 매출과 관련된 개별항목으로 나눠볼 수 있는데, 이렇게 하는 이유는 경영성과를 분석하는 데 각 개별항목의 비율이 유용하기 때문이다. 매출은 수익성과 활동성을 판단하는 데 중요한 항목이다. 자산수익률은 다음과 같이 분해할 수 있다.

$$\text{자산수익률(ROA)} = \frac{\text{이익}}{\text{평균총자산}} = \frac{\text{이익}}{\text{매출}} \times \frac{\text{매출}}{\text{평균총자산}}$$

$$= \text{매출이익률} \times \text{자산회전율}$$

매출이익률(profit margin)은 이익 대 매출 관계를 나타내는 것이며, 매출과 관련된 수익성을 측정한다. 매출 대 자산관계를 나타내는 자산회전율(asset turnover)은 자산으로 매출을 창출하는 효과성을 측정한다. 이런 분해작업은 자산수익률을 결정하는 매출이익률과 자산회전율의 역할을 강조하기 위해서이다.

매출이익률과 자산회전율의 관계(relation between profit margin and asset turnover)는 다음과 같다. 정의에 따르면 자산수익률은 매출이익률과 자산회전율의 곱으로 나타난다. 따라서 매출이익률과 자산회전율은 상호의존성(inter- dependent)을 가진다. 고정비용의 비중이 큰 경우에는 자산회전율이 높으면 매출이익률도 증가한다. 이것은 일정한 생산능력범위 내에서는 매출의 증가보다 비용의 증가율이 낮기 때문이다. 동일한 산업 내의 기업을 비교하여 자산회전율이 낮은 기업은 자산회전율을 높이면 수익성이 높아진다.

연습문제

7-4 보통주자본수익률을 분해하고, 각 분해 요소별로 어떠한 의미를 가지는지 기술하시오.

풀이 보통주자본수익률 계산은 다음과 같다.

$$\text{보통주자본수익률(ROCE)} = \frac{\text{당기순이익} - \text{우선주배당금}}{\text{평균보통주지분}}$$

이는 다음과 같이 분해할 수 있다.

$$\frac{\text{당기순이익} - \text{우선주배당금}}{\text{평균보통주자본}} = \frac{\text{당기순이익} - \text{우선주배당금}}{\text{매출}} \times \frac{\text{매출}}{\text{평균총자산}} \times \frac{\text{평균총자산}}{\text{평균보통주자본}}$$

$$= \text{수정후매출이익률} \times \text{자산회전율} \times \text{재무레버리지}$$

수정후매출이익률(adjusted profit margin)은 매출에서 모든 비용을 공제하고, 우선주에 대한 배당을 하고 난 후에 남은 보통주 주주를 위한 이익 대 매출 관계를 나타내는 것이다. 자산회전율은 자산수익률에서 정의한 것과 같고, 재무레버리지비율은 보통주자본으로 투자한 자산의 비율을 나타낸다. 재무레버리지비율이 높아질수록 보통주자본으로 투자한 자산이 적고 재무레버리지는 크다는 의미이다. 이 구성요소들은 기업의 성과를 분석하고 보통주수익률을 평가하는 데 유용한 수치이다.

또 다른 변형으로는 수정후매출이익률을 세전매출이익률과 유보율로 나누는 것이 있다.

$$\frac{\text{당기순이익} - \text{우선주배당금}}{\text{매출}} = \frac{\text{세전이익} - \text{우선주배당금}}{\text{매출}} \times \frac{\text{당기순이익} - \text{우선주배당금}}{\text{세전이익} - \text{우선주배당금}}$$

수정후 매출이익률 = 세전매출이익률 × 유보율

수정후매출액이익률을 분해하는 목적은 영업효율성의 측정치인 세전이익을 재무관리 효율성의 측정치인 유보율로 분해해 보기 위해서이다.

이러한 분석은 기업의 성과를 정확하게 이해하게 해준다. 보통주수익률이 하락하면, 하락의 원인이 되는 구성요소를 파악해야 한다. 또한 투자자본수익률에 있어 향상될 가능성이 가장 높은 곳을 찾고 이 전략을 성공적으로 수행할 가능성을 평가할 수 있다. 예를 들어, 재무레버리지가 높아 더 이상 높일 수 없다면 수정후매출이익률과 자산회전율에 관심을 두어야 한다. 기업의 전략과 개선가능성에 대한 분석은 산업과 경제상황에 따라 달라진다. 동일산업 내의 다른 기업과 비교해서 매출이익률이 높은가 낮은가? 자산회전율에 개선가능성이 있는 부분은 어떤 것인가 등을 검토하여야 한다.

7-5 보통주자본의 성장성을 평가하기 위한 비율을 두 가지 기술하고, 각 비율이 가지는 의미를 기술하시오.

풀이 보통주자본의 성장성을 평가하기 위한 비율은 보통주자본성장률과 지속적인 자본성장률이 있다.

(1) 보통주자본성장률

보통주자본성장률은 이익유보액을 통해 보통주자본의 성장성을 평가한다. 이 분석은 외부로부터의 자금조달을 고려하지 않은 보통주자본의 성장성에 중점을 둔다. 보통주자본의 성장성을 평가하기 위해 매 기별로 이익은 유보되고 배당금 지급액은 일정하다고 가정한다. 보통주자본성장률의 계산은 다음과 같다.

$$\text{자본성장률} = \frac{\text{당기순이익} - \text{우선주배당금} - \text{보통주배당금}}{\text{평균보통주자본}}$$

(2) 지속적인 자본성장률(sustainable equity growth rate)

지속적인 자본성장률을 보면 기업의 내부성장은 ① 이익유보액과 ② 유보한 이익으로부터 얻는 이익에 의해 결정된다는 것을 알 수 있다. 이를 계산식으로 표시하면 다음과 같다.

$$\text{지속적인 자본성장률} = \text{보통주자본수익률} \times (1 - \text{배당금지급률})$$

이익은 하락하는데 배당을 일정하게 지급하면 지속적인 자본성장률은 하락하게 된다. 미래의 자본성장률을 예측하기 위해서는 과거 수년간 성장률의 평균값을 구해보는 것이 좋다. 그리고 이익보유액의 변화가능성과 보통주자본수익률의 예측액도 염두에 두어야 한다.

연습문제

7-6 와룡(주)은 두 가지 제품인 제품 A와 제품 B를 주로 판매하고 있다. 과거 2년 간 매출총이익과 구성요소는 다음과 같다.

	제7기	제6기
매　　출		
제품 A	₩60,000	₩35,000
제품 B	30,000	45,000
합　　계	90,000	80,000
매출원가		
제품 A	50,000	28,000
제품 B	19,500	27,000
합　　계	69,500	55,000
매출총이익	₩20,500	₩25,000

제품 A의 단위당 판매가격은 제6기에 ₩5, 제7기에 ₩6이다. 제품 B는 2년간 ₩5[illegible]으로 동일하다. 증권분석가는 와룡(주)이 제7기에 매출은 12.5% 증가했음에도 매출총이익이 ₩4,500 감소했음에 놀라고 있다.

〈요구사항〉

제6기와 비교하여 제7기의 매출총이익 변화를 체계적으로 분석하라. 판매수량, 가격, 원가 및 제품배합이 매출총이익에 미치는 영향을 논의하라.

풀이 제6기의 매출총이익률은 $\frac{₩25,000}{₩80,000}$ = 31.25%이고, 제7기의 매출총이익률은 $\frac{₩20,500}{₩90,000}$ =22.78%이다. 매출총이익률은 8.47% 포인트 감소하였다. 그 원인으로는 제조원가의 증가로 볼 수 있다. 세분화하여 제품A의 경우 매출이 71.42% 증가하고 이익은 42.86% 증가하였다. 제품 B의 경우 매출이 33.33% 감소하고 이익은 41.67% 감소하였다. 판매수량이 증가하더라도 판매가격에서 원가가 차지하는 비중이 크다면 매출총이익은 판매수량의 증가만큼 증가하지 못한다. 고정설비의 노후화, 보유하고 있는 재고자산의 수익능력이 낮은 경우, 원재료 원가의 증가 등 여러 요인들이 매출원가를 상승시킨다.

7-7 다음은 와룡(주)의 재무제표 정보이다.

구 분	20×9년	20×8년
당기순이익	₩31,767	₩35,405
이자비용	10,585	11,705
법인세율	30%	30%
비지배지분순이익	5,764	3,246
기초총자산	505,907	536,961
기말총자산	536,961	442,052
기초비유동부채	218,054	204,931
기말비유동부채	198,574	147,524
기초자기자본	150,354	144,530
기말자기자본	₩144,385	₩138,542

〈 요구사항 〉
1. 와룡(주)의 자산수익률을 구하시오.
2. 와룡(주)의 장기자본수익률을 구하시오.

풀이 1. 총자산수익률

구 분	20×9년	20×8년
당기순이익+이자비용(1−법인세율) +비지배지분순이익	₩31,767+₩10,585(1-30%) +₩5,764	₩35,405+₩11,705(1-30%) +₩3,246
평균총자산	₩521,434	₩489,507
자산수익률	8.62%	9.57%

2. 장기자본수익률

구 분	20×9년	20×8년
당기순이익+이자비용(1−법인세율) +비지배지분순이익	₩31,767+₩10,585(1-30%) +₩5,764	₩35,405+₩11,705(1-30%) +₩3,246
평균장기자본	₩355,684	₩317,764
장기자본수익률	12.63%	14.74%

연습문제

7-8 다음의 자료를 이용하여 와룡(주)의 자산수익률을 계산하시오. 또한 자산수익률은 두 가지 결정 요인에 의해 결정되는데, 자산수익률을 두 가지 요소로 분해하시오.

계정과목	20×8년	20×7년
당기순이익	₩31,767	₩35,405
매출	970,174	980,907
기초총자산	505,907	442,052
기말총자산	536,961	505,907
평균총자산	₩521,434	₩473,980

와룡(주)의 발행주식은 모두 보통주이며, 우선주는 발행하지 않았다.

풀이

비율	20×8년	20×7년
자산수익률	6.09%	7.47%
매출순이익률	3.27%	3.61%
자산회전율	1.86	2.07

7-9 투자자본수익률의 여러 측정치들 중 하나인 자산수익률은 타인자본과 자기자본이 투자된 총자산에 대한 수익률을 나타내는 비율이다. 다음의 자료를 이용하여 와룡(주)의 투자자본수익률 중 하나인 자산수익률을 계산하시오.

계정과목	20×8년	20×7년
당기순이익	₩20,538	₩65,204
이자비용	10,569	14,333
법인세율	30%	40%
비지배지분 순이익	5,621	4,028
기초총자산	505,907	442,052
기말총자산	₩536,961	₩505,907

풀이

비율	20×8년	20×7년
자산수익률	6.44%	16.42%

7-10 다음은 와룡(주)의 재무제표이다. 각 연도별로 매출순이익률, 자산수익률, 자산회전율, 보통주 자본수익률을 계산하시오.

계정과목	20×8년	20×7년
당기순이익	₩40,000	₩52,500
매출	1,000,000	1,050,000
평균총자산	200,000	230,000
평균보통주자본	₩160,000	₩170,000

풀이

비율	20×8년	20×7년
매출순이익률	4%	5%
자산수익률	20%	22.8%
자산회전율	5회	4.6회
보통주자본수익률	25%	30.9%

7-11 다음은 와룡(주)의 재무상황을 나타낸 요약재무제표이다.

(단위 : 만원)

계정과목	20×3년	20×4년	20×5년
매출	250	340	500
매출총이익	130	170	180
영업이익	200	250	300
당기순이익	200	100	100
평균보통주자본	380	260	350
유동자산	250	200	200
유동부채	160	150	100
평균매출채권	140	120	150

연습문제

(단위 : %)

항　목	20×4년 동종산업	20×5년 동종산업
유동비율	215.50	190.60
보통주자본수익률	28.50	30.90
매출채권회전율	4.8	4.2
매출증가율	48	50

〈요구사항〉

1. 와룡(주)의 요약재무제표를 참고하여 각 20×4년, 20×5년도의 재무비율을 산출하시오(유동비율, 보통주자본수익률, 매출채권회전율, 매출증가율).
2. 20×4년도 각 비율의 값과 동종산업의 평균을 비교하여 그 의미를 설명하시오.

풀이 1.

(단위 : %)

항　목	20×4년	20×5년
유동비율	133.33	200
보통주수익률	38.46	28.57
매출채권회전율	2.8	3.3
매출증가율	36	47

* 유동비율 : 유동자산/유동부채×100
  20×4년 ⇒ 2,000,000/1,500,000×100 = 133.3
  20×5년 ⇒ 2,000,000/1,000,000×100 = 200
* 보통주자본수익률 : (당기순이익 – 우선주배당금)/평균보통주자본
  20×4년 ⇒ 1,000,000/2,600,000×100 = 38.46
  20×5년 ⇒ 1,000,000/3,500,000×100 = 28.57
* 매출채권회전율 : 매출/평균매출채권
  20×4년 ⇒ 3,400,000/1,200,000 = 2.8
  20×5년 ⇒ 5,000,000/1,500,000 = 3.3
* 매출증가율 : 당기매출–전기매출/전기매출×100
  20×4년 ⇒ (3,400,000–2,500,000)/2,500,000×100 = 36
  20×5년 ⇒ (5,000,000–3,400,000)/3,400,000×100 = 47

2. 첫째, 유동비율은 유동성을 평가하는데 일반적으로 사용하며, 기업의 단기지급능력의 지표이다. 와룡(주)의 경우 동종산업의 215.50 값과 비교하여 40%나 낮다. 이는 단기간에 상환해야 할 부채가 자산보다 많다는 의미로 단기지급능력이 떨어진다고 해석된다. 둘째, 보통주자본수익률은 동종산업 평균에 비하여 1.3배 높은 것으로 나타났으

며 기업이 조달한 보통주자본을 적절히 사용하고 있다고 볼 수 있다. 셋째, 매출채권회전율은 동종산업에 비하여 50%나 낮게 나타났고 이는 매출채권이 적절한 시기에 회수되지 않아 현금화하는 속도가 느려 투자효율성이 낮다고 해석된다. 넷째, 매출증가율은 전기의 매출과 당기의 매출이 얼마나 증가하였는지를 확인하는 지표이다. 와룡(주)의 매출증가율은 동종산업과 비교하여 낮은편으로 성장성이 불안정하다는 것을 알 수 있다. 따라서 20×4년에 와룡(주)은 단기지급능력이 떨어지고, 매출채권회전율이 낮아 투자효율성이 떨어지며, 성장성도 불안정하여 투자의사 결정시 주의를 요하는 기업으로 평가된다.

7-12 다음은 와룡(주)의 재무제표 정보이다.

구 분	20×9년	20×8년
당기순이익	₩31,767	₩35,405
우순주배당금	500	500
보통주배당금	4,300	4,000
1주당 주가	₩10,000	₩11,000
유통주식수	40	40

〈 요구사항 〉
1. 와룡(주)의 이익유보율을 구하시오.
2. 와룡(주)의 배당수익률을 구하시오.

풀이 1. 이익유보율

구 분	20×9년	20×8년
유보이익	₩26,967	₩30,905
당기순이익	₩31,767	₩35,405
이익유보율	84.89%	87.29%

2. 배당수익률

구 분	20×9년	20×8년
총배당금	₩4,800	₩4,500
주가 * 유통주식수	₩400,000	₩440,000
배당수익률	1.2%	1.0%

연습문제

7-13 다음의 자료를 이용하여 와룡(주)의 보통주수익률을 계산하시오. 또한 보통주수익률은 세 가지 결정요인에 의해 결정되는데, 보통주수익률을 세 가지 요소로 분해하시오.

계정과목	20×8년	20×7년
당기순이익	₩31,767	₩35,405
평균보통주자본	281,725	254,659
매출	970,174	980,907
평균자산총계	₩536,961	₩505,907

와룡(주)의 발행주식은 모두 보통주이며, 우선주는 발행하지 않았다.

풀이

비율	20×8년	20×7년
보통주자본수익률	11.28%	13.90%
수정후매출이익률	3.27%	3.61%
자산회전율	1.81회	1.94회
재무레버리지비율	1.91%	1.99%

뉴스 속의 재무제표분석

골드만 "올해 S&P500 자기자본수익률 반등…3가지 요인은 악재"

(뉴욕=연합인포맥스) 윤영숙 기자 = 골드만삭스는 올해 시장에 주요 위험이 있지만, 스탠더드앤드푸어스(S&P)500지수에 상장된 기업들의 자기자본수익률(ROE)이 전년보다 높아질 것으로 예상했다.

29일(현지시간) CNBC에 따르면 골드만삭스의 데이비드 코스틴 수석 주식 전략가는 올해 이익 마진이 확대됨에 따라 수익성 지표인 기업들의 ROE가 전년보다 반등할 것이라고 말했다.

코스틴 전략가는 "S&P500 기업들의 마진이 올해 11.2% 증가할 것으로 예상한다"라며 "이는 S&P500 지수 전체는 물론 작년 가장 크게 타격을 입은 경기순환주의 ROE를 지지해줄 것"이라고 말했다.

ROE는 기업의 당기순이익을 자기자본으로 나눈 뒤 100을 곱한 수치로 표시한다.

작년 S&P500지수에 상장된 500대 기업의 ROE는 14.6%로 2016년 이후 최저였다.

그러나 코스틴 전략가는 팬데믹에서 경제가 개선됨에 따라 ROE가 반등할 것으로 예상했다.

다만 투입 비용, 즉 상품을 제조하는데 발생하는 비용이 증가하고, 금리 상승에 따른 이자 비용이 오르고 있는 점, 바이든 행정부가 세금 인상을 계획하고 있는 점 등은 위험 요인으로 지적했다.

코스틴 전략가는 투자자들이 공급망의 병목현상이나 투입 비용 압박에 대해 우려를 표하고 있다며 "투입 비용 상승분을 소비자들에게 전가하는 기업의 역량이 S&P500지수의 이익 마진 궤적을 결정하는 주요 요소가 될 것"이라고 말했다.

골드만은 또 국채금리가 1.65% 수준까지 오르는 등 올해에만 70bp 오르면서 투자자들이 차입 비용을 우려하기 시작했다고 전했다.

코스틴 전략가는 이외에도 세금 인상도 S&P500지수의 ROE에 영향을 미칠 수 있다며 "실효세율의 하락이 지난 45년간 ROE 확대에 두 번째로 큰 기여를 해왔다"고 분석했다.

그는 "작년 S&P500 기업의 실효세율 중간값은 18%로 1975년 이후 최저였다"라며 "바이든 대통령이 법인세 인상을 요구하고 있으며 바이든의 계획안이 그대로 시행될 경우 S&P500지수의 주당 순익이 9%가량 줄어들 것"이라고 말했다.

〈출처 : 연합인포맥스(http://news.einfomax.co.kr)〉

제 8 장

수익성분석

〈학습목표〉

- 수익성분석의 중요성, 이익분석 조정의 필요성 이해
- 수익성 평가를 위한 수익의 원천, 지속성, 측정방법 및 인식 분석
- 수량, 가격, 매출원가에 근거한 매출총이익 계산 및 평가
- 백분율, 지수 및 비율분석을 이용한 영업비용 및 영업외비용분석
- 유효법인세율과 법인세 공시내용에 대한 이해
- 손익분기점분석 및 수익성 평가와의 관련성 이해
- 수익성에 대한 영업레버리지 및 의미 해석

제 1 절 개 요

수익성(profitability) 또는 수익력이란 기업이 수익을 올릴 수 있는 능력, 즉 이익을 획득할 수 있는 능력을 말한다. 따라서 수익성분석(profitability analysis)은 재무제표분석에 있어서 중요한 부분을 차지하며, 수익률분석(return analy-sis)을 보완해 준다. 그리고 수익성분석은 관련 항목(매출, 매출원가, 영업비용, 영업외비용 등)의 원천과 지속성, 인식과 측정, 주요한 경제적 관계를 평가해준다. 그 결과로 기업의 수익률과 위험의 특성을 보다 정확하게 추정할 수 있게 한다. 수익성분석은 또한 경영(영업상의 의사결정)에서 기인하는 성과와 경영외적인 의사결정(법인세 및 판매가격)에서 기인하는 성과를 구분해 준다.

제 2 절 수익성분석

기업의 수익성분석은 재무제표분석에서 중요한 부분이다. 모든 재무제표는 수익성분석에 관련되어 있지만 포괄손익계산서가 가장 중요하다. 포괄손익계산서는 일정기간에 있어서 특정 기업의 경영성과를 보고한 재무제표이다. 경영성과는 기업의 기본목적이며, 기업의 가치와 지급능력, 유동성을 결정하는 데 중요한 역할을 한다.

수익성분석은 모든 이해관계자들, 특히 주주와 채권자들에게 아주 중요하다. 주주의 경우 이익은 주식가치 변동의 가장 중요한 결정요소이다. 이익의 측정과 예측은 주주와 잠재적 투자자들에게 중요한 평가요소이며 채권자에게는 이익과 영업활동현금흐름이 이자와 원금상환의 일반적이고 바람직한 원천이다.

기업의 수익성을 평가할 때는 다음과 같은 몇 가지 질문에 초점을 맞추어야 한다.

- 기업의 적정한 이익측정치는 무엇인가?
- 이익의 질은 무엇인가?
- 이익예측에 이익의 어떤 요소가 가장 중요한가?
- 이익과 그 구성요소(안정성과 추세 포함)는 얼마나 지속적인가?
- 기업의 수익성이란 무엇인가?

1 이익측정 요소

이익은 개념적으로 보고기간의 수익에서 비용을 차감한 금액으로 정의된다. 특히, 이익측정 과정에서 다음과 같은 요소에 대한 심도있는 고려가 필요하다.

1) 추정의 문제

이익측정은 미래 사건결과에 대한 추정치에 의해 영향을 받는다. 이러한 추정은 판단과 가능성의 문제이며 정확한 추정을 위해서는 현재와 미래 기간에 걸쳐서 수익과 비용을 배분해야 한다. 또한 추정은 다양한 자산의 미래유동성을 판단해야 하고 부채와 의무사항을 추정해야 한다. 이익측정은 전문가 사이에도 일치된 의견이 형성되기가 어렵고 일반적으로 평가자의 재량적 요소가 포함된다.

2) 회계방법

이익측정을 좌우하는 회계기준은 전문가의 경험, 법규, 경영상의 사건, 기타 사회적 영향 등의 결과이다. 회계기준은 이러한 요소들의 균형도 잡아주고 이익측정에 대한 서로 다른 관심과 견해를 절충한다. 각기 다른 경영환경에 동일한 회계방법을 적용하는 데는 한계가 있다.

3) 공시에 대한 인센티브

회계실무자는 재무제표를 진실하게 공시하기를 원한다. 이것은 회계가 중립적이며 경영상 사건이 어떻게 인식되는가에 영향을 주지 않고 경영상의 사건을 표현해야 함을 의미한다. 실무자는 다양한 회계선택 대체안 중에서 기업상황에 가장 적정한 회계방법을 선택해야 하고, 기업 이해관계자의 의사결정에 영향을 미치는 정보를 공시하게 된다.

이익측정과 재무제표는 경영상의 압박, 경쟁, 자금조달 등 다양한 경영환경이 반영된다. 이러한 경영환경에서 경영자는 자신의 한계효익을 추구할 동기를 보유한다. 예를 들어, 경영진은 자신의 경영보상이 이익과 연계되어 있는 경우 이익에 대한 조정동기를 갖는다. 또한 주주는 당기순이익에 가장 큰 관심을 갖는다. 따라서 채권자들은 이러한 경영자의 조정동기를 제어할 수 있는 안전장치를 필요로 한다. 회계담당자와 감사인에 대한 공시의무는 바로 이러한 경영자의 기회주의적 동기에 따른 압박이다(특히, 회계의 불분명한 부분에 대해서). 이러한 공시의무 때문에 '적절한' 측정치보다 '수용가능한' 측정치를 선택하도록 압박을 받는다. 분석과정에서는 이런 공시의무를 인식하고 그에 따라서 이익을 평가해야 한다.

4) 사용자의 다양성

재무제표는 많은 이해관계자의 다양한 요구사항에 부응하는 일반목적의 보고서이다. 하나의 간단한 이익수치가 모든 이용자들에게 타당할 수는 없다. 어떤 이해관계자는 당기순이익에만 관심이 있고, 일부 이해관계자는 고용기회에, 또 어떤 이해관계자는 사회적 책임에 관심을 둔다. 이렇게 견해가 다양하기 때문에 분석 과정에서 이익은 수익성 측정의 출발점일 뿐이다. 재무제표와 기타의 자료에서 얻은 정보를 토대로 이익을 관심과 목적에 따라 조정해야 한다.

2 이익분석의 단계

이익과 그 구성요소의 분석은 다음과 같이 두 단계로 이루어진다.

첫 번째 단계는 회계 및 그 측정에 대한 분석이다. 그러기 위해서는 수익과 비용에 대한 회계처리를 이해해야 한다. 또한 자산과 부채에 대한 회계처리도 이해되어야 하는데, 그 이유는 일부 자산은 원가가 이연된 것이고, 일부 부채는 이익이 이연된 것이기 때문이다. 그리고 회계방법의 차이를 이해하고 그 차이가 이익의 측정과 비교분석에 미치는 영향을 평가해야 한다.

두 번째 단계는 분석도구를 이익분석에 적용하고 분석결과를 해석하는 것이다. 분석도구를 적용하는 이유는 이익분석과 관계된 여러 가지 목적을 달성하기 위해서이다. 이익의 예측, 이익의 지속성과 질에 대한 평가, 수익력의 추정 등이 이러한 목적이 되겠다.

제 3 절 수익분석

이 절에서는 기업의 수익(흔히 매출이라 한다)을 분석하는 데 초점을 맞춘다. 수익분석(analyzing revenues)을 통해 다음과 같은 몇 가지 질문에 대한 해답을 구할 수 있다.

- 주요한 수익의 원천은 무엇인가?
- 수익의 원천은 얼마나 지속되는가?
- 수익과 매출채권, 재고자산은 어떤 관련성이 있는가?
- 수익은 언제 기록되고 어떻게 측정되는가?

1 수익의 주요 원천

이익분석은 기업의 주요 수익원천에 대한 이해가 선행되어야 한다. 이 정보는 사업이 다각화된 기업의 경우 특히 중요하다. 사업다각화 기업인 경우에 각각의 시장이나 제품생산라인에는 고유의 성장패턴과 수익성, 미래의 가능성(잠재력)이 존재한다. 이 경우에 구성비율분석(common-size analysis)은 수익의 원천을 분석하는 좋은 방법이다. 구성비율분석은 수익총액에 대한 주요한 각 수익이 차지하는 비율을 알 수 있게 한다.

1) 사업이 다각화된 기업에 대한 논의

사업다각화 기업의 재무제표를 분석하기 위해서는 기업 전체에 대한 개별 영업부문의 영향을 분리해서 해석해야 한다. 그러나 이것은 각기 다른 사업부문은 서로 다른 수익률과 위험, 성장기회를 가지고 있기 때문에 쉽지 않다. 정확한 분석을 위해서는 사업부문별로 상세한 정보를 획득해야 한다. 이익에 대한 평가와 예측, 가치측정은 부문별로 세분화된 변동성과 성장성과 위험에 대한 정보가 필요하다. 자산의 구성요소나 필요한 자금의 소요액도 사업부문마다 상이하므로 별도의 분석이 필요하다. 채권자는 어떤 사업부문에서 현금이 창출되며, 어떤 사업부문에서 현금이 소비되는지 알고 싶어 한다.

투자 및 금융활동의 구조, 사업부문별 규모와 수익성, 사업부문별 경영능력을 안다는 것은 중요한 정보가 된다. 이익의 성장가능성에 대한 평가도 사업부문별 예측을 통해 하게 된다. 이러한 목적에 유용한 한 가지 분석방법은 사업부문별 이익기여도 분석이다. 여기서는 삼성전자(주)의 최근 3년간의 각 사업부문별 영업이익과 기여도(비율)를 표시하였다. 그리고 32기에 대비하여 34기의 성장률을 나타내었는데, 최근 정보통신부문에서 두드러진 성장률을 보였다.

또한 총영업이익에 대한 기여도는 반도체와 정보통신부문에서 큰 비중을 차지하고 있음을 알 수 있다.

〈표 8-1〉 삼성전자(주)의 부문별 이익기여도와 성장률

(단위 : 백만원, %)

사업부문	영업이익								성장률 (34기/32기)
	32기		33기		34기		평 균		
	금액	비율	금액	비율	금액	비율	금액	비율	
디지털미디어	₩524,594	7.1	₩292,825	12.8	₩385,278	5.3	₩400,899	7.1	−26.56
생활가전	187,309	2.5	182,934	8.0	128,586	1.7	166,276	2.9	−31.35
정보통신총괄	908,401	12.2	1,374,087	59.8	2,982,265	41.2	1,754,918	31.0	228.30
반도체	6,057,705	81.5	698,370	30.4	3,817,449	52.7	3,524,508	62.3	−36.98
기타 사업	−242,854	−3.3	−252,882	−11.0	−68,906	−0.9	−188,214	−3.3	71.63
합 계	₩7,435,155	100	₩2,295,334	100	₩7,244,672	100	₩5,658,387	100	2.56

2) 사업부문별 보고

영업성과와 재무상태에 관한 정보는 사업부문별로 다양하다. 사업부문별 공시를 완전하게 하려면 주요 사업부문별 손익계산서와 재무상태표, 현금흐름표에 대한 내용을 상세히 제시해야 한다. 그러나 사업부문별 수준의 완전공시는 실제로는 흔치 않은데, 그 이유는 사업부문을 분리하는 것이 어렵고 경쟁적 지위에 손해를 가져올 수 있는 정보를 유출하지 않으려는 이유 때문이다.

규제기관은 사업부문별로, 국가별 활동별로, 수출매출별로, 주요 고객별로 보고하기를 요구한다. 위험과 수익률 평가는 재무제표분석의 주요 목적이며, 실무에서는 이 평가에 있어서 사업부문별 공시의 가치를 인정하고 있다. 기업이 서로 다른 수익률과 위험 및 성장가능성을 가진 여러 산업영역에서 혹은 여러 지역에서 사업을 하는 경우 이러한 기업을 분석하기 위해서는 사업부문별 자료가 필요하다. 이러한 자료를 통해서 현금의 유입과 유출의 시기, 금액에 영향을 미치는 불확실성을 제거할 수 있다.

실무에서는 매출이나 영업이익, 사업부문별로 인식가능한 자산이 총자산에서 10% 이상을 차지하는 경우에 중요한 부문으로 간주한다(이러한 부문에 대한 정보는 공시해야 한다). 이들 사업부문들이 영업의 중요한 부분이 되기 위해서는

보고된 사업부문의 매출 합계가 적어도 총매출의 75% 이상이 되어야 한다. 실무에서 부문별 보고는 부문의 수가 10개 이내여야 한다고 주장한다. 각 부문에 대해 기업은 매년 다음의 사항을 보고해야 한다. 즉, ① 매출－부문 간 매출 및 외부고객에 대한 매출 전부, ② 영업이익－수익에서 영업비용 차감, ③ 사업부문별 인식가능한 자산, ④ 자본지출액, ⑤ 감가상각, 상각 비용 등이다. 실무에서는 이전가격이나 원가배분에 대해 회계방법은 규정하지 않지만 그에 대한 공시는 요구한다.

또한 실무에서는 특정 단일고객에 대한 매출이 전체 매출의 10%가 되면, 해당 고객에 대한 수익은 별도로 보고해야 한다. 기업의 국제영업과 수출, 매출, 지역에 따른 부문화에 대한 지침도 제공한다. 미국 SEC의 경우 경쟁력, 고객의 존도, 주요 제품 및 서비스, 주문잔액, 원재료의 구입처와 사용가능성, 특허, 연구개발비, 직원의 수, 영업의 계절성을 포함한 기업의 부문별 사업에 대한 설명을 요구한다.

3) 사업부문별 보고의 분석적 의미

사업이 다각화된 기업에서 한 부문이 누락되거나 연결재무제표에서 자회사의 일부가 누락되면 분석에 많은 문제를 야기한다. 비록 사업부문에 대한 정보를 이용할 수 있다고 해도 수익성분석을 하기 위해 해당 정보를 이용할 경우에는 보다 신중해야 한다. 사업부문의 정보가 특별하고 상세할수록 수익과 비용의 회계배분방법에 따른 결과가 상이하다. 내부회계실무에서는 공통원가의 배분은 경영자의 수용가능성, 공정성, 합리성을 토대로 한다. 이러한 개념들은 수익성분석과는 관련성이 거의 없다.

공통비용의 배분은 임의적이며 타당성과 정확성이 떨어진다. 이러한 예로 연구개발비용, 판촉비, 광고비, 이자, 연금비용, 법인세, 일반관리비 등이 있다. 비용의 배분이나 부문 간의 이전에 대한 일반적인 원칙은 없다. 사업부문별 보고서를 이용할 때 이러한 한계점을 인식하고 있어야 한다.

회계실무에서는 사업부문별 정보의 한계성을 인식하고 있다. 이것이 사업부문별 공헌이익(수익에서 부문별 직접 운영비를 차감한 금액)을 공시하지 않는 이유이다. 미국 FASB의 경우 사업부문 간의 매출이나 원가이전은 그에 대한 가격측정을 어떻게 하는지에 상관없이 보고하기를 요구하며, 가격측정에 대한 특정한 규정은 제시하지 않는다. 또한 특정 수익과 비용은 부문과 상관이 없거나 또는 객관적으로 사업부문에 배부될 수 없다는 것을 인정한다. 결과적으로 이익이 부문별 보고를 통해 공시될 필요는 없다. 특히, 미국의 FASB는 "부문의 구분은 상당부분 경영진의 판단의 결과이다"라고 지적하였다.

재무제표에서 이러한 한계성에 대한 분석적 의미(기업지침과 규정의 부족)는 상당히 중요하다. 부문별 정보는 경영자에 의해 사전에 해석되고 조작되는 정보이다. 사업부문별 정보는 불확실하다는 사실을 알고 이용해야 하며, 해당 정보에서 도출한 추론은 다른 원천을 통해 검증받아야 한다. 그러나 다른 증거로 해당 정보가 신뢰성이 있다고 판명되면 분석에 대단히 중요한 자료원천이 된다. 특히, 사업부문별 자료는 다음에 대한 분석에 큰 도움을 줄 수 있다.

- 매출증가분석 : 사업부문별 매출 경향분석은 수익성 평가에 유용하다. 매출증가는 다음의 몇 가지, 즉 ① 가격변동, ② 수량변동, ③ 매수와 분할, ④ 환율변동 요인의 결과이다. 경영자의 검토 및 분석(MD&A)을 보면 매출이 증가한 이유를 알 수 있다.
- 자산증가분석 : 사업부문별 인식가능한 자산에 대한 추세분석은 수익성분석과 관련이 있다. 자본지출액과 감가상각을 비교해보면 사업부문별 '실질' 성장률을 알 수 있다. 지역별 사업부문 보고서를 분석할 때는 보고된 값에 상당한 영향을 미칠 수 있는 외화환율 변동에 유의해야 한다.
- 수익성분석 : 사업부문별 인식가능한 자산 대비 영업이익과 매출 대비 영업이익의 측정치는 수익성분석에 유용하다. 사업부문별 이익자료의 한계성 때문에 분석은 추세 대비 절대수준에 초점이 맞추어져야 한다.

2 수익의 지속성

수익의 안정성, 추세 혹은 지속성은 수익성을 분석하는 데 매우 중요하다. 사업부문별로 수익의 지속성을 평가할 수 있다면 수익성분석은 향상될 것이다. 이 절에서는 수익의 지속성을 평가하기 위한 두 가지 유용한 분석도구를 설명한다. ① 지수추세분석, ② 경영자의 검토 및 분석(MD&A)에 대한 평가이다.

1) 지수추세분석(index number trend analysis)

전체 혹은 사업부문별로 수익의 지속성을 평가하는 데 유용한 방법으로 지수추세분석이 있다. 삼성전자(주)의 각 사업부문별에 대한 3년간의 지수추세(영업이익기준)분석이 〈표 8-2〉에 제시되어 있다. 일반적으로 5년간의 지수추세를 사용하지만 현재 자료의 불충분(주석기준)으로 인하여 3년간의 자료를 제시하였다. 제32기의 수익을 100%로 하고 모든 기간의 수익은 제32기의 수익과 비교한다(예를 들면, 33기의 지수는 33기의 수익을 32기의 수익으로 나눈 값이다). 사업부문별 수익지수는 산업표준(industry norms)이나 경쟁업체의 유사한 측정치와 서로 관련이 있으며 이들과 비교된다. 또 기간의 경과에 따른 수익의 자기상관성을 계산하여 수익의 지속성을 측정할 수 있다. 수익의 지속성분석과 관련한 몇 가지 고려사항은 다음과 같다.

- 기업여건에 따른 수익의 수요민감도
- 신제품 또는 개선한 제품에 대한 수요예측능력
- 고객분석－집중성, 의존성 및 안정성
- 특정 부문에 대한 수익의 집중도 또는 의존도
- 판매직원에 대한 수익의 의존성
- 지역별 시장의 다양화

〈표 8-2〉 삼성전자(주)의 생산라인별 수익에 대한 추세백분율분석(32기=100)

(단위 : 백만원)

사업부문	영업이익					
	32기		33기		34기	
	금액	지수	금액	지수	금액	지수
디지털미디어	₩524,594	100	₩292,825	56	₩385,278	73
생활가전	187,309	100	182,934	98	128,586	69
정보통신총괄	908,401	100	1,374,087	151	2,982,265	328
반도체	6,057,705	100	698,370	11	3,817,449	63
기타 사업	−242,854	100	−252,882	96	−68,906	172
합 계	₩7,435,155	100	₩2,295,334	31	₩7,244,672	97

2) 경영자의 검토 및 분석

기업의 재무상태와 영업성과에 대한 경영자의 검토 및 분석(MD & A)이 수익의 지속성분석에 유용한 경우가 있다. 이 정보는 수익을 포함한 재무회계의 기간별 변화에 대한 이해와 평가에 도움이 된다. 경영자는 영업활동을 이해하는 데 필요한 수익과 비용의 변동내용을 보고해야 한다. 여기에는 영업이익에 영향을 주는 특별사건, 영업에 영향을 줄 가능성이 있거나 영향을 주는 불확실성이나 추세, 재료비 또는 노무비 증가와 같은 수익과 비용에 있어서 급속한 변동 등이 있다.

경영자는 수익의 증가가 가격의 상승에 기인하는 것인지, 수량이 늘어난 것인지, 물가상승 때문인지 혹은 신제품을 출하해서인지를 구별하여 보고할 책임이 있다. 경영자는 재무제표에 분명히 나타나지 않는 추세와 현상을 검토하고 추정정보를 보고하며, 재무성과를 설명하고 미래에 대한 예측정보를 보고해야 한다. 특히, 미국의 SEC는 경영자의 검토 및 분석(MD&A)이 현금흐름의 금액과 불확실성의 평가를 통해서 재무상태와 영업결과를 분석하는 데 타당한 정보를 제공해야 한다고 주장한다.

그러나 경영자의 검토 및 분석(MD&A)을 작성하는 보고지침은 거의 없다. 경영자는 어떤 타당한 정보를 취급할 것인가에 대해서는 상당한 재량권이 있다. 목적은 경영자에 의해 서술형식으로 의미있는 공시를 하여 재무제표에서는 얻을 수 없는 정보를 제공하는 것이다. 경영자의 태도와 동기에 따라 이 목적의 성공 여부가 결정된다. 미국의 경우 경영자는 SEC의 감독에 대한 예상을 염두에 두기 때문에 경영자의 검토 및 분석(MD&A)에 제공하는 정보에 대한 부주의한 태도 또는 기만행위를 할 수 없으므로, 분석과정에서 이 정보는 도움이 된다. 이 정보는 유용한 통찰력을 주고 경영자의 미래에 대한 전망을 알려준다. 우리는 이러한 공시내용을 제공된 정보에 대한 분석적 추가정보(특히, 독립적으로 입증될 때)와 경영자의 전략적 계획 및 행동에 대한 통찰력을 얻는 수단으로 이용할 수 있다.

3 수익, 매출채권 및 재고자산 간의 관계

수익과 매출채권, 수익과 재고자산의 관계는 영업성과 평가에 중요한 간서를 제공한다. 또한 미래성과를 예측하는 데 이용되기도 한다.

1) 수익과 매출채권

수익의 지속성에 대한 정확한 평가는 매출채권의 질(회수가능성)과 유동성(회수시기)의 평가와 동반되어야 한다. 이것은 이익의 질을 평가하는 데 있어서 수익과 매출채권 사이의 관계가 있기 때문이다. 만일 매출채권의 증가율이 수익의 증가율을 초과하면, 분석을 통해서 그 원인을 파악해야 한다. 일반적인 원인은 인센티브가 늘어나서일 수도 있고, 신용기간이 확대 되어서일 수도 있고, 기업의 전략적 선택일 수도 있다. 이러한 상황들은 모두 미래수익에 대해 유리하게 또는 불리하게 영향을 미친다. 뿐만 아니라 이런 상황들은 매출채권의 회수가능성에도 영향을 미친다.

삼성전자(주)의 최근 5년 동안의 당기순이익과 매출채권의 관계가 〈표 8-3〉에 나와 있다.

〈표 8-3〉을 보면 30기에서 31기의 당기순이익이 무려 912%가 순수증가함을 알 수 있다. 당기순이익은 33기에만 감소하였을 뿐 수직적으로 상승함을 알 수

있다. 이는 33기의 당기순이익이 전기에 비해 부진하였으므로 이에 대한 기업 내부의 반성과 사업전략의 부분수정으로 인해 34기에 다시 만회를 한 것으로 추측되며, 매출채권은 30기 이후에 계속 10% 이상 감소를 하였으며, 34기는 매출 및 당기순이익의 급증에 따른 일시적 증가현상으로 이해할 수 있다.

〈표 8-3〉 삼성전자(주)의 당기순이익과 매출채권 관계분석

(단위 : 백만원, %)

구 분	30기	31기	32기	33기	34기
당기순이익	₩313,216	₩3,170,403	₩6,014,530	₩2,946,935	₩7,051,761
변 동 률	–	912.2	89.6	−51.0	139.3
매 출 채 권	₩1,620,221	₩1,334,971	₩1,162,484	₩1,010,912	₩1,104,885
변 동 률	–	−17.6	−12.9	−13.0	9.3

2) 수익과 재고자산

재고자산 요소에 대한 분석은 미래수익과 영업활동에 대한 중요한 단서를 제공한다. 예를 들어, 완성품은 증가하는데 원재료 또는 재공품이 줄어들면 생산량 감소를 예측할 수 있다. 삼성전자(주)의 최근 5년 동안의 당기순이익과 재고자산과의 관계는 〈표 8-4〉에 나와 있다.

〈표 8-4〉 삼성전자(주)의 당기순이익과 재고자산 관계분석

(단위 : 백만원)

구 분	30기	31기	32기	33기	34기
당기순이익	₩313,216	₩3,170,403	₩6,014,530	₩2,946,935	₩7,051,761
재고자산 :					
상 품	494,867	330,317	286,055	164,726	115,180
제 품	255,031	242,629	451,489	278,212	355,363
반제품	12,242	13,389	20,721	20,530	45,329
재공품	478,370	653,112	961,869	762,261	835,085
원재료	431,909	842,838	855,554	567,612	702,474
기 타	174,381	179,096	227,074	171,564	219,292
총재고자산	₩1,846,800	₩2,261,381	₩2,802,762	₩1,964,905	₩2,272,723

〈표 8-4〉를 살펴보면 삼성전자(주)의 경우에 상품 또는 제품의 재고가 전반적으로 감소함을 알 수 있다. 이는 창고비용 등 보관비용의 감소로 인해 상대적으로 당기순이익 증가의 요인을 발생시킨 것으로 해석된다. 또한 삼성전자(주)는 전반적으로 당기순이익의 급증에 비해, 재고자산은 완만한 증가를 보이고 있는데 이는 삼성전자(주)가 재고관리를 효율적으로 한 것을 나타낸다. 예를 들면, 31기에 비해 34기의 당기순이익은 122% 증가한 반면, 총재고자산의 규모는 0.5% 증가에 그쳐, 매우 효과적으로 생산량예측과 재고관리를 한 것으로 평가할 수 있다.

4 수익인식과 측정

수익인식과 측정에는 다양한 기준들이 존재한다. 어떤 방법들은 다른 방법보다 훨씬 더 보수적이다. 정확한 분석을 위해서는 해당 기업이 사용하는 수익을 인식하는 방법과 그것의 의미를 알아야 한다. 아울러 비교분석을 할 때는 여러 기업들이 사용하는 수익인식방법 간의 차이점에 대해서도 숙지해야 한다. 또한 수익을 예측할 때 사용된 수익인식방법이 기업성과와 영업활동에 적절한 측정치를 나타내주는가에 대해 고려해야 한다.

제 4 절 매출원가분석

보통 매출에 대한 백분율로 표시하는 매출원가는 대부분의 기업에 있어서 단일항목으로는 가장 큰 항목이다. 매출원가와 판매비, 관리비, 금융비용 등의 일반비용을 구별짓는 일반적으로 인정된 원가구분방법은 없다. 이것은 특히 일반관리비를 분류하는 경우에는 더욱 그렇다. 분석과정에서는 원가의 분류방법과 그것이 개별원가 구성요소에 미치는 영향, 기업 내 혹은 기업 간의 비교분석 등에 세심한 주의를 기울여야 한다.

1 매출총이익 측정

매출총이익(gross profit, gross margin)은 핵심적인 성과측정기준으로 매출(수익)에서 매출원가를 차감한 이익으로 측정하며 백분율로 표시하기도 한다. 삼성전자(주)의 제34기 매출총이익은 아래와 같다.

〈표 8-5〉 삼성전자(주) 매출총이익

(단위 : 백만원)

구 분	금 액	백분율
매출	₩40,511,563	100%
매출원가	26,945,866	66.5
매출총이익	₩13,565,697	33.5

삼성전자(주)의 매출총이익은 ₩13,565,697백만 또는 매출액의 33.5%이다. 나머지 모든 비용(cost)은 매출총이익에서 차감하며, 이익이란 이러한 비용(cost)을 지불하고 남은 잔액이다. 기업이 이익을 얻기 위해서는 충분한 매출총이익을 창출해야 한다. 또한 매출총이익은 연구개발비, 마케팅비, 광고비와 같은 미래를 위한 중요한 지출을 충당하는 데 충분해야 한다. 매출총이익은 경쟁이나 자본투자, 회수되어야 하는 원가의 수준이 각기 다른 산업에 따라 다르다.

2 매출총이익의 변동분석

매출총이익의 분석 시에는 매출과 매출원가의 변동을 설명하는 요인들에 더욱 세심한 주의를 기울여야 한다. 매출총이익의 변동분석은 보통 내부적으로 실행되는데, 그 이유는 그것이 단위당 판매가격 및 단위당 원가와 같은 비공개 자료를 필요로 하기 때문이다. 만약 기업이 단일품목만을 판매하는 경우가 아니라면, 생산라인별 자료가 분석에 도움이 된다. 내부분석의 경우(또한 자료가 허용하는 한 외부분석의 경우도 마찬가지로)에 매출총이익의 변동을 측정하는 것이 바람직하다.

다음 사례는 와룡(주)의 매출총이익 변동을 분석한 것이다. 와룡(주)의 최근 2년 동안의 재무자료는 〈표 8-6〉과 같다(삼성전자(주)의 경우, 판매수량과 단위당 원가에 대한 정보의 부족으로 인해 와룡(주)으로 대체함).

〈표 8-6〉 와룡(주) 요약재무자료

(단위 : 백만원)

항 목	결산일은 12월 31일		연간 변동	
	1기	2기	증가	감소
1. 매출	₩657.6	₩687.5	₩29.9	
2. 매출원가	237.3	245.3	8.0	
3. 매출총이익	420.3	442.2	21.9	
4. 판매수량	215.6	231.5	15.9	
5. 단위당 판매가격(1÷4)	3.05	2.97		₩0.08
6. 단위당 원가(2÷4)	₩1.10	₩1.06		₩0.04

〈표 8-6〉의 재무자료를 이용하여 1기와 2기의 와룡(주)의 매출총이익 차이 ₩21,900,000을 분석해 보기로 한다. 분석은 매출 변동, 매출원가 변동의 순서로 할 것이다. 다음은 매출 및 매출원가 변동을 단계적으로 분석한 내용이며, 그 결과는 〈표 8-7〉에 표시되어 있다.

〈표 8-7〉 매출총이익 변동분석표

와룡(주)	1기와 2기	(단위 : 백만원)
매출 변동분석		
1. 판매수량 변동 :		
수량변동(15.9) × 1기의 판매단가(3.05)		₩48.5
2. 판매가격 변동 :		
판매가격 변동(−0.08) × 1기의 판매량(215.6)		−17.2
		31.3
3. 수량과 단가의 결합변동(15.9 × (−0.08))		−1.3
순매출의 증가		₩30.0*
매출원가 변동분석		
1. 판매수량 변동		
수량변동(15.9) × 1기의 단위당 원가(1.10)		₩17.5
2. 단위당 원가변동		
단위당 원가변동(−0.04) × 1기의 판매량(215.6)		−8.6
		8.9
3. 수량과 원가의 결합변동(15.9 × (−0.04))		−0.6
매출원가 증가		8.3*
매출총이익의 순변동		₩21.7*

* 차이가 나는 것은 반올림 때문임.

매출 변동분석은 〈표 8-7〉에 나타낸 바와 같이 다음과 같은 단계로 이루어진다.

- 단계 1 : 첫 번째로 단위당 판매가격은 변하지 않는다는 가정하에 연간 판매수량 변동에 초점을 맞춘다. 수량변동(15.9)에 단위당 가격(₩3.05)을 곱하면 매출증가액(₩48.5)을 알 수 있다.
- 단계 2 : 두 번째로 판매수량이 일정하다는 가정에서 판매가격의 연간 변동에 초점을 맞춘다. 판매가격의 감소액(−₩0.08)에 판매수량(215.6)을 곱하면 매출감소액(−₩17.2)을 얻을 수 있다.
- 단계 3 : 단계 1과 2의 가정은 변동의 원인을 강조하기 위해 단순화한 것이다. 즉, 단계 1과 2의 가정에서는 수량 및 단가의 결합변동(joint changes)을 무시하고 있다. 따라서 세 번째는 수량 및 단가의 결합변동에 초점을 맞춘다. 판매수량은 증가(15.9)했는데 단가가 감소(−₩0.08)했기 때문에 매출은

순감소(−₩1.3)했다.

- 단계 4 : 단계 1~3은 ₩30의 순매출 증가를 설명하고 있다. 즉, 매출 ₩30의 증가는 ① 수량변동(48.5), ② 가격변동(−₩17.2), ③ 수량 및 가격의 결합변동(−₩1.3)이 합해져서 된 것임을 설명하고 있다.

매출원가 변동분석도 〈표 8-7〉에 나타낸 바와 같이 매출 변동분석과 같은 단계로 이루어진다.

3 매출총이익 변동에 대한 해석

매출과 매출원가의 변동을 분석하면 매출총이익 변동의 주된 원인을 파악하기가 용이해진다. 매출총이익 변동의 요인은 다음과 같다.

- 매출수량 증가
- 매출수량 감소
- 단위당 판매가격 증가
- 단위당 판매가격 감소
- 단위당 원가 증가
- 단위당 원가 감소

판매수량과 판매단가가 동시에 변동하거나 판매수량과 단위당 원가가 동시에 변동하는 것은 흔히 있는 일이다. 매출총이익 변동에 대한 분석의 결과를 해석하기 위해서는 이러한 변동의 주요한 요인을 파악해야 한다. 그리고 이러한 요인들이 변화한 이유를 평가해야 한다. 분석의 과정이 확장되어서 전략적 기업활동을 통해 매출총이익을 개선하는 노력을 할 수도 있다.

매출총이익이 감소하는 이유가 매출단가가 낮아져서이고 산업계의 생산능력이 너무 많아서 가격인하가 필연적이라면 이러한 상황에 대해 경영자가 전략적 행동을 할 여지가 별로 없다고 비관적으로 분석한다. 그러나 매출총이익이 감소한 이유가 단위당 원가의 증가에 있다면, 이에 대처하기 위해 경영자가 취할 수 있는 전략적 행동이 많다고 긍정적으로 분석할 수 있다.

매출원가 및 매출총이익을 해석할 때, 특히 비교분석의 경우에 회계방법에서 발생되는 왜곡 가능성을 염두에 두어야 한다. 이것은 모든 원가분석에 적용되는 것이지만, 재고자산과 감가상각 회계에서는 특히 중요하다. 이들 두 항목은 많은 주의를 기울여야 하는데, 그 이유는 이들이 원가에서 차지하는 비중이 크고 이들 항목에 대한 여러 가지 대체적인 회계처리방법 간에 차이가 크기 때문이다.

제 5 절 비용분석

1 비용분석(analyzing company expenses)의 개요

대부분의 비용은 수익과 관련하여 파악할 수 있고 측정할 수 있다. 그 이유는 수익이 모든 영업활동에 대한 기본적인 측정치이기 때문이다. 다음 세 가지 분석방법은 모두 수익과 비용 간의 관계를 토대로 하고 있다.

1) 구성비율분석(common-size analysis)

동일 규모로 표준화한 손익계산서는 비용을 수익에 대한 구성비율(백분율)의 관계로 표시하며, 비용과 매출 사이의 관계는 기간에 걸쳐 검토하거나 경쟁업체들의 자료와 비교한다.

2) 지수추세분석(index-number trend analysis)

손익계산서의 지수추세분석은 이익과 그 구성요소를 기준연도와 비교하여 지수형태로 표시한다. 이 분석은 특정 항목이 여러 기간에 걸쳐 상대적으로 변동한 것에 초점을 맞추며, 그 의미를 파악하고 평가할 수 있게 해준다. 또한 이 분석은 비용의 변동을 수익의 변동 혹은 다른 관련비용의 변동과 비교한다. 동일 규모로 표준화한 재무상태표를 이용해서 비용의 변화율을 자산과 부채의 변화율과 비교해 볼 수 있다.[1)]

3) 영업비율분석(operating ratio analysis)

영업비율은 영업비용(혹은 그 구성요소)과 수익 사이의 관계를 측정한다. 영업비율 분자를 제품매출원가와 기타 영업비용을 합한 금액으로 하고 분모를 매출로 하여 계산한 수치와 같다. 이자 및 법인세는 이 비율계산에서 제외되는데, 그 이유는 영업비율은 영업효율에 관심을 집중하고 자금조달이나 세무관리와는 관계가 없기 때문이다. 영업비율은 기업 내부 또는 기업 간의 비교 모두에 유용하다. 이익에 대한 분석과정의 중간단계로서 영업비율을 적절히 해석하기 위해서는 매출총이익이나 판매비, 마케팅비, 일반관리비 등이 변동하는 이유를 분석해야 한다.

2 각종 비용의 분석방법

1) 판매비(selling expenses)

판매비분석은 다음의 세 가지 주요 영역에 초점을 맞춘다.

- 수익과 핵심비용 간의 관계 평가
- 대손비용 평가
- 미래를 대비한 마케팅비용의 추세와 생산성 평가

(1) 판매비와 수익과의 관계

판매비와 수익과의 관계의 중요성은 업종별 또는 기업별로 차이가 있다. 일부 기업은 판매비가 주로 수수료이며 매우 변동적인 반면, 일부 기업은 판매비

1) 예를 들면, 수익이나 수익과 관련된 비용의 변화는 재고자산이나 매출채권의 변화를 설명할 수 있다.

가 대부분 고정적이다. 분석을 하는 과정에서 이러한 변동적이고 고정적인 구성요소 간의 구별이 필요하다. 이러한 구성요소들이 세분화될수록 분석도 더욱 의미가 있게 된다.

① 〈표 8-8〉의 분석을 통해 알 수 있는 것은 30기 대비 34기의 판매비와 수익의 상승률이 비슷하게 전개되었음을 알 수 있다(수익 : ₩40,512/₩20,084(202%) 대비 판매비용 : ₩5,139/₩3,008(171%)).

② 광고선전비는 30기 대비 34기의 상승률이 199%를 나타내었으며, 이는 매출에 어느 정도 기여를 한 것으로 추측이 되며, 운반비의 매출 대비 비율은 비슷한 수준을 유지하나 상승률이 246%로 나타나 변동비적인 성격을 나타내고 있다.

③ 지급수수료와 감가상각비는 30기 대비 31기의 상승률은 각각 3%로 큰 변화가 없으나 매출 대비 비율은 각각 50% 감소함으로써 고정비적인 성격을 나타내고 있다.

〈표 8-8〉 삼성전자(주)의 판매비와관리비에 대한 구성요소 분석

(단위 : 십억원)

	34기		33기		32기		31기		30기	
매출	₩40,512		₩32,380		₩34,284		₩26,118		₩20,084	
매출지수		202%		161%		171%		130%		100%
판매비와관리비										
급여[(1)]	614	1.5%	409	1.3%	405	1.2%	285	1.1%	363	1.8%
지급수수료	1,031	2.5%	825	2.5%	940	2.7%	915	3.5%	1,001	5.0%
광고선전 및 판촉비	992	2.4%	810	2.5%	546	1.6%	422	1.6%	499	2.5%
운반비	394	1.0%	340	1.1%	286	0.8%	203	0.8%	160	0.8%
연구개발비[(2)]	2,942	7.3%	2,418	7.5%	2,019	5.9%	1,592	6.1%	1,664	8.3%
판매비와관리비	1,760	4.4%	1,533	4.8%	1,320	3.9%	961	3.7%	22	0.1%
제조경비	1,182	2.9%	885	2.7%	699	2.0%	631	2.4%	1,642	8.2%
감가상각비	93	0.2%	112	0.3%	103	0.3%	105	0.4%	90	0.4%
기타판매비와관리비	255	0.6%	656	2.0%	1,255	3.7%	1,084	4.2%	873	4.3%
총판매비와관리비	₩5,139	12.7%	₩4,685	14.5%	₩4,855	14.2%	₩3,975	15.2%	₩3,008	15.0%

(1) 급여에 퇴직급여 포함.

(2) 연구개발비는 판매비와관리비(연구비 및 경상개발비 항목) 및 제조경비(경상연구개발비 항목)에 포함된 것을 합한 금액

④ 연구개발비는 판매비와관리비로 분류되는 연구개발비와 제조경비로 분류되는 연구개발비가 있다. 판매비와관리비로 분류되는 연구개발비는 전액 당기비용으로 계상되는 반면, 제조경비로 분류되는 연구개발비는 당해 제조경비가 투입된 제품 등이 전액 판매되지 않고 기말재고자산으로 남아 있는 경우에는 전액 당기비용으로 계상되지 않고, 판매되지 않은 부분에 해당하는 일부 금액이 기말재고자산에 포함되어 있다.

〈표 8-8〉에서 삼성전자(주)의 경우 30기에 판매비와관리비로 분류되는 연구개발비가 전체 매출에서 차지하는 비율이 0.1%로서 다른 회계기간에 비해 현저하게 낮은 것을 알 수 있다. 반면, 제조경비로 분류되는 연구개발비는 전체 매출에서 차지하는 비율이 8.2%로서 다른 회계기간에 비해 현저하게 높은 것을 알 수 있다. 이는 30기의 경우 연구개발비 관련 지출을 판매비와관리비로 분류하여 전액 당기비용으로 계상하기보다 제조경비로 분류함으로써 판매되지 않은 일부 금액에 대해서 되도록이면 자산(기말재고자산)으로 계상하고자 한 의도로 유추해 볼 수 있을 것이다.

이러한 유추에 대한 근거로, 30기부터 34기까지의 삼성전자(주)의 손익구성의 추세를 살펴보면 30기에 해당하는 1998 회계연도의 경우 영업이익은 ₩3,099,958백만이지만, 영업외수익이 ₩2,111,338백만, 영업외비용이 ₩4,800,440백만으로 순영업외손실이 ₩2,689,102백만(영업외수익 ₩2,111,338백만 – 영업외비용이 ₩4,800,440백만)이다. 30기에 해당하는 1998 회계연도는 우리나라에 외환위기가 시작(1997년 12월에 우리나라가 IMF에 구제 금융을 신청)된 직후 연도로서 이자율이 급상승한 시기였다. 이로 인해 삼성전자(주)도 영업외비용에서 이자비용이 ₩1,116,346백만으로 상당부분 차지하고 있었다.

이는 영업외적인 원인으로 인해 과다한 비용이 발생한 경우로서, 이로 인해 30기의 당기순이익도 그 이후의 다른 회계연도에 비해 현저하게 낮은 것으로 나타났다. 이러한 상황에서 연구개발비와 관련한 지출을 판매비와관리비로 분류하여 전액 당기비용으로 계상하기보다, 제조경비로 분류하여 일부 금액이라도 기말재고자산으로 자산화하고자 한 의도로 유추해 볼 수 있을 것이다.

〈표 8-9〉에서 보는 바와 같이 대손비용과 관련해서도 30기의 경우 바로 직후 회계연도인 31기나 32기에 비해 매출채권 대비 대손충당금 비율이 현저하게 낮은 것을 발견할 수 있다. 30기에 해당하는 1998 회계연도의 경우 우리나라가 외환위기에 처해 있었던 해로서 많은 기업들이 경제적 불확실의 상황과 재정적으로 어려운 상황에 직면해 있었다. 따라서 30기인 1998 회계연도에 삼성전자(주)의 매출채권에 대한 대손발생가능성도 외환위기가 아니었던 회계연도에 비해 상대적으로 높았을 것이고 이로 인해 매출채권 대비 대손충당금 비율이 높게 나타났었어야 함에도 불구하고 30기의 매출채권 대비 대손충당금 비율이 예년과 동일한 수준으로 나타나고 있다. 이는 30기의 당기순이익이 감소하는 것을 회피하기 위해 매출채권 대비 대손충당금을 30기에 과소 설정한 것으로 유추해 볼 수 있을 것이다.

30기에 대손충당금을 과소 설정한 결과로 인해 31기와 32기에 일시적으로 대손충당금을 추가 설정함으로써 다른 회계연도에 비해 매출채권 대비 대손충당금 비율이 현저하게 높아진 것을 발견할 수 있다. 일반적으로 이러한 이익관리는 이익의 변동을 감소시키기 위한 이익평준화 방법의 일환으로 이용되어지기도 하며, 이와 같은 이익의 안정성 및 지속성을 유지하기 위한 이익평준화는 시장이 긍정적으로 반응하는 것으로 실증연구되고 있다.

또한 판매비의 증가원인을 추가로 분석해 보면 다음과 같다.

① 수익과 비례적인 관계인 판매비가 증가하면, 이로 인해 매출이 증가하는가를 파악해야 한다.
② 판매비를 많이 지출해도 매출이 좀처럼 증가하지 않는 경우가 있다. 이는 시장이 포화상태이거나 브랜드 충실도가 낮아서, 혹은 새로운 판매지역에서 비용을 지나치게 많이 사용했기 때문이다.
③ 신고객과 기존고객 사이에 수익 대비 백분율로 표시한 판매비에 차이가 있는가를 분석할 필요가 있다. 이것은 수익성을 예측하는 데 도움이 된다. 만일 기업이 매출을 늘리기 위해 판매비를 많이 증가시켜야 한다면 수익성은 제한되거나 감소하게 된다.

(2) 대손비용

대손비용(bad debts expense)은 보통 마케팅비용으로 간주된다. 대손비용의 크기는 대손충당금(allowance for doubtful accounts)의 크기와 관련이 있기 때문에 대손충당금과 매출채권 사이의 관계를 검토하면 유용하게 분석할 수 있다.

〈표 8-9〉 삼성전자(주)의 대손비용

(단위 : 백만원)

항 목	34기	33기	32기	31기	30기
대손충당금	₩16,287	₩15,002	₩129,405	₩133,890	₩16,366
매출채권	₩1,121,180	₩1,025,914	₩1,291,889	₩1,468,862	₩1,636,586
매출채권 대비 충당금비율	1.45%	1.46%	10.02%	9.11%	1.0%

〈표 8-9〉에서 보는 바와 같이 삼성전자(주)의 경우 30기에 비해 매출채권과 관련된 31기 및 32기에 대손충당금이 크게 증가한 것을 알 수 있다. 이는 매출채권의 회수가능성이 매우 불투명해졌거나, 대손율의 설정에 오류 내지 기업 내의 신용정책 방향이 수정되었을 경우를 생각해 볼 수 있다.

삼성전자(주)에 대한 30~34기 주석을 살펴본 바로는 이에 대한 별다른 이유 설명이 없이 과거의 경험과 장래 대손예상액을 추정하여 대손충당금을 설정하고 있는 것으로 보아 당시 우리나라의 외환위기에 의한 경제적 불확실성으로 인해 31기와 32기는 매출채권의 회수가능성이 일시적으로 불투명했던 것으로 보인다. 33기와 34기에는 다시 1%대의 정상적인 대손율을 설정함으로써 회수가능성이 높은 매출채권으로 구성되었다고 판단할 수 있다.

(3) 미래를 위한(future-directed) 마케팅비용

일부 판촉비나 광고비는 당기뿐 아니라 차기에도 효과를 기대한다. 그러나 이러한 비용으로 인해 발생되는 미래의 이익을 측정하는 것은 매우 어렵다. 그러나 광고 및 판촉을 위한 비용은 당기뿐만 아니라 미래의 매출에도 영향을 미치는 것이 분명하다고 가정해야 한다. 미래를 위한 마케팅활동은 자의적이기 때문에 분석과정에서 이런 비용지출의 연도별 추세를 고려해야 한다. 이러한 지출은 미래 매출에 영향을 미칠 뿐 아니라, 이를 통해 보고하는 이익을 관리하는 경영자의 의도도 알 수 있다. 이러한 자유재량적인 비용이 이익의 질에 미치는 영향에 대해서는 다음 장에서 논의한다.

(4) 감가상각비

감가상각비는 금액이 상당히 크고, 경과시간에 따라 산정되기 때문에 고정원가(fixed cost)로 간주된다[2]. 대부분의 비용과는 달리 감가상각비와 이익 간의 관계는 별 의미가 없는데, 그 이유는 감가상각비가 고정비의 성격이 있기 때문이다. 따라서 감가상각비와 감가상각대상자산(유형자산의 취득원가)과의 관계가 더 큰 의미가 있다. 이러한 관계의 측정은 감가상각비 대 감가상각대상자산의 비율로 나타낸다.

$$\text{감가상각비 대 감가상각대상자산 비율} = \frac{\text{감가상각비}}{\text{감가상각대상자산}}$$

이 비율은 총감가상각률의 변동을 알 수 있게 한다. 이것은 감가상각비 수준을 평가하고 이익을 유연화하는지를 파악하는 데 유용하다. 또한 자산을 범주별로 나누어 계산한 비율도 매우 유용하고 자산의 내용연수를 분석하는 것도 중요하다.

2) 수선유지비(maintenance and repairs expenses)

수선유지비는 토지를 제외한 유형자산 투자액의 생산활동 정도에 따라 달라진다. 수선유지비는 매출원가와 기타비용에 영향을 준다. 수선유지비는 변동비용과 고정비용으로 이루어져 있기 때문에 매출과 직접적인 비례관계는 아니다. 따라서 매출 대 수선유지비의 관계에 대한 기간별 혹은 기업 간의 비교를 할 때는 세심한 주의를 기울여야 한다. 수선유지비는 주로 자의적인 비용이라는 점을 명심해야 한다. 비용지출의 시기를 잘 조절해서 한 기간의 이익이 떨어지지 않게도 하고 유동성 자원을 유지하게 하기도 한다.[3]

2) 만약 감가상각비를 생산량에 따라 산정하면 변동원가의 성격을 갖는다.

감가상각비를 평가할 때에도 수선유지비를 고려해야 한다. 자산의 효용(내용)연수를 추정할 때는 유지보수 등에 대한 가정을 필요로 한다. 수선유지비가 삭감된다면 자산의 효용수명은 이에 따라 줄어든다. 수선유지비의 삭감으로 인해 이익이 과대 표시되면 이를 대처하기 위해 감가상각비를 상향조정할 필요가 있다.

3) 일반관리비(general and administrative expenses)

대부분의 일반관리비는 고정비용이다. 그 이유는 주로 급료나 임차료와 같은 항목들로 구성되어 있기 때문이다. 경기가 좋을 경우 이러한 비용은 증가하는 경향이 있다. 일반관리비를 분석할 때 추세와 매출에 대비한 백분율에 각별히 유의하여야 한다.

4) 자금조달비용 및 기타비용

(1) 자금조달비용(financing expenses)

자금조달비용은 대부분 고정비용이다(단기차입금 이자는 제외). 경험에 비추어 볼 때, 채권자로부터 조달된 대부분의 자금은 차환을 통해 치환될 뿐이고 자기자금으로 전환되지 않는 한 없어지지 않는다. 이자비용에는 할증발행이나 할인발행차금(사채발행비 포함)의 상각액이 포함된다. 차입금의 비용(cost)과 신용상태(credit standing)를 분석하는 데 평균유효이자율(average effective interest rate)이 유용하며, 이는 다음과 같이 산정한다.

$$\text{평균유효이자율} = \frac{\text{총발생이자}}{\text{이자가 발생하는 부채의 평균}}$$

삼성전자(주)의 최근 5년간 유효이자율의 변화는 다음 표와 같다.

---

3) 예를 들면, 사전적인 정비나 수선을 연기하거나 한정시킬 수 있다(연기시키면 생산성의 손실이 생기는 비용도 있다). 이러한 점에서 관리자의 의사결정은 이익의 질에 영향을 미친다.

〈표 8-10〉 삼성전자(주) 유효이자율 변화

(단위 : 백만원)

구 분	34기	33기	32기	31기	30기
이자비용	₩100,501	₩205,145	₩343,367	₩721,199	₩1,116,347
이자발생부채의 평균액	₩2,165,509	₩3,382,830	₩4,903,165	₩7,862,790	₩10,823,728
평균유효이자율	4.64%	6.06%	7.00%	9.17%	10.31%

〈표 8-10〉에서 알 수 있듯이 이자를 발생시키는 부채는 30기의 평균액(기초와 기말의 평균)과 그 이후의 회계연도를 단순비교하면 34기의 경우 30기에 비해 1/5 수준으로 감소하였고, 더불어 유효이자율도 10.31%에서 4.64%로 감소함을 알 수 있다. 이는 최근의 저금리시대의 도래와 이자발생 부채의 지속적인 감소조치로 인한 기업의 재무건전성의 상승으로 저비용의 자금을 조달할 수 있는 환경이 조성되었다고 분석할 수 있다.

기업이 이자의 변동에 얼마나 민감한가를 측정하기 위해서는 부채 중에 우대금리 같은 이자율에 연계된 부채가 얼마나 차지하는지를 알아야 한다. 이자율이 증가하는 기간에는 시장이자율에 연계된 부채를 보유한 기업이 더 위험한데 그 이유는 높은 이자를 부담해야 되기 때문이다. 이와 반대로 이자율이 떨어지면 이러한 기업의 이익은 증대된다.

(2) 기타 비용 및 수익(other expenses and revenues)

기타 비용 및 수익은 기업의 수익성을 평가하는 데 있어 큰 역할을 못하는 경우가 대부분이다. 기타 비용 항목은 기업의 총비용과 관련해 볼 때 금액이 작으며 특징이 없다. 그러나 어떤 항목은 수익성을 평가하는 데 있어서 유용한 요소이지만 총액 중에 분리해낼 수 없는 경우도 있다. 기타 수익의 분석은 유용하다. 왜냐하면 이 수익에는 새로운 벤처부문에 대한 투자에서 얻은 이익이 포함될 수도 있고 다른 곳에서는 얻을 수 없는 정보를 가지고 있을 수도 있기 때문이다.

5) 법인세비용(income tax expenses)

법인세는 기업과 정부기관 간의 이익분배를 나타내며, 법인세는 세전이익에서 상당부분을 차지한다. 이러한 이유로 분석의 과정에서 법인세에 대해 특별히 유의해야 한다.

(1) 유효법인세율 측정

법인의 소득세는 세법으로 정해진 누진 다단계 비율로 과세된다. 과세소득과 발생기준 이익 사이에 이익이나 비용의 인식시기가 다소 차이가 있지만, 이것이 유효법인세에 영향을 주지는 않는다.[4] 법인세 발생액과 법인세비용차감전순이익의 관계를 유효법인세율(effective tax rate) 혹은 법인세율이라고 부르는데, 영구적인 법인세차이의 영향을 받는다.[5] 유효법인세율은 다음과 같이 산정되며, 삼성전자(주)의 34기 유효법인세율은 다음과 같다.

$$\frac{\text{법인세비용}}{\text{법인세비용차감전순이익}} = \frac{₩1,818,705}{₩8,870,466} = 20.5\%$$

유효법인세율 20.5%는 법인세율 25%보다 낮은데 이는 전술한 바와 같이 영구적 차이 및 세액공제 등으로 4.5%만큼 감소되었다. 삼성전자(주)의 유효법인세율은 중단사업의 손익이나 비정상적인 손익을 포함한 모든 손익이 반영된 이익을 사용하여 계산된 것이다.

한 기업의 세금상태 및 납입액을 이해하기 위해 모든 세금 관련 계정을 조정할 때 순이익에 영향을 미치지 않는 법인세효과도 있다는 점을 고려해야 한다. 이익 수준이나 추세 또는 예측치를 평가함에 있어서, 유효법인세율이 정상 혹은 예상률과 다른 이유를 확인해야 한다. 법인세는 증폭성이 있어서 유효법인세율에 작은 변동이 있으면 이익에는 큰 변동이 생긴다.

4) 그 이유는 기간 간에 소득세를 배분하는 목적은 세금을 실제로 언제 납부하는가와 상관없이 조세비용을 발생기준 이익에 대비시키기 위해서이다.
5) 영구적 차이의 예로는 법인세 환급액, 접대비 손금 한도 초과액(non-deductible) 등이 있다.

3 법인세비용차감전순이익에 대한 고려

순이익과 주당이익을 검토하기 위해서는 유효법인세율의 변화를 분석할 필요가 있다. 이는 법인세차감전 영업실적에 귀속된다. 법인세비용차감전순이익도 분석에 유용한 정보인데, 이는 법인세비용차감전의 영업실적이 영업효율성이란 측면에서 중요하기 때문이다. 법인세비용차감전 영업실적은 경영자의 기업 운영능력을 나타내는데 유효법인세율의 변동으로 인한 성과와는 구별된다. 경영자는 일반적으로 세무업무에 대해서는 경영활동보다 통제력이 떨어진다.

4 이익 및 그 구성요소의 변동분석

이익의 연간 변동에 대한 분석을 함에 있어서 이익의 증감에 영향을 미치는 요소를 측정할 필요가 있다. 이 분석을 이른바 변동분석(variation analysis)이라고 한다. 이 분석은 이익요소의 증감을 백분율로 표시한 이익 및 이익요소 변동표(the statement of variation in income and income components)를 활용한다.

〈표 8-11〉은 삼성전자(주)의 32~34기(평균)와 29~31기(평균)의 당기순이익 증감액과 백분율변동을 나타낸 표이다.

〈표 8-11〉 삼성전자(주) 이익변동분석

(단위 : 백만원)

항　목	32~34기 (평균)	29~31기 (평균)	증감액	증감률
당기순이익을 증가시키는 요소				
매출	₩35,725,230	₩21,555,774	₩14,169,456	65.7%
매출원가(차감)	24,484,659	14,779,329	9,705,330	65.7
매출총이익	11,240,571	6,776,445	4,464,126	65.9
이자수익	171,862	218,160	−46,298	−21.2

기타 당기순이익 증가요인	1,989,200	1,852,293	136,907	7.4
당기순이익을 증가시키는 항목총계	13,401,633	8,846,898	4,554,735	51.5
당기순이익을 감소시키는 요소				
마케팅비 및 매출비용	1,996,352	1,229,455	766,897	62.4
관리비	2,048,122	1,734,291	313,831	18.1
연구개발비	1,537,710	333,472	1,204,238	361.1
이자비용	216,338	865,530	−649,192	−75.0
기타비용	918,604	3,153,334	−2,234,730	−70.9
법인세비용	1,346,765	328,441	1,018,324	310.0
당기순이익을 감소시키는 항목총계	8,063,891	7,644,523	419,368	5.5
당기순이익	₩5,337,742	₩1,202,375	₩4,135,367	343.9%

〈표 8-11〉에서 보면 매출 및 매출원가는 32~34기가 29~31기에 비해 65.7%씩 증가하여 원가관리가 일정함을 보여주고 있다. 주목할 만한 것은 순이익을 증가시키는 항목의 총금액 증가는 51.5%인 반면, 당기순이익을 감소시키는 항목의 증가율은 5.5%를 나타냄으로써, 저비용 고효율의 어떠한 정답을 제시하는 것과 같은 느낌이다. 비용에서는 관리비의 증가가 18.1%에 그친 반면, 연구개발비는 361.1%의 증가율을 보여 신기술개발에 집중적인 노력을 기울인 것으로 보인다. 그리고 이자비용과 특히 기타비용을 획기적으로 줄이고, 관리비 증가를 최소화하는 효율적 경영을 실천함으로써 이러한 결과가 당기순이익에 그대로 반영되어 343.9%의 증가를 나타내고 있다.

또한 매출순이익률을 살펴보면 이러한 결과를 더 자세히 이해할 수 있다. 29~31기는 5.6%(₩1,202,375/₩21,555,774), 32~34기는 14.9%(₩5,337,742/₩35,725,230)를 나타냄으로써 높은 성장과 효율적인 경영의 실현을 짐작할 수 있다.

5 비용의 효율적 통제 여부 분석

기업이 비용을 효율적으로 통제하고 있는지의 여부를 분석하는 것은 기업의 수익성을 분석하는 적절한 방법 중의 하나이다. 비용의 효율적 통제 여부 분석에는 다음과 같은 비율분석이 사용된다.

1) 매출총이익률

매출총이익률은 매출에서 매출총이익(매출－매출원가)이 차지하는 비율을 나타내며 다음과 같이 계산한다.

$$\text{매출총이익률} = \frac{\text{매출총이익}}{\text{매출}}$$

매출총이익률은 마진(margin)을 의미하며 이 비율은 경영자가 매출원가를 얼마나 잘 통제하고 있는가를 나타내주는 지표가 된다.

〈표 8-11〉 자료를 이용하여 삼성전자(주)의 매출총이익률을 살펴보면 29~31기에 31.4%(₩6,776,445/₩21,555,774), 32~34기에 31.5%(₩11,240,571/₩35,725,230)를 나타내어 삼성전자(주)가 매출원가를 안정적으로 잘 통제하고 있음을 알 수 있다.

2) 손익분기매출총이익률

손익분기매출총이익률은 매출에서 총비용(매출원가 및 법인세비용 제외)이 차지하는 비율을 나타내며 다음과 같이 계산한다.

$$\text{손익분기매출총이익률} = \frac{\text{총비용(매출원가 및 법인세비용 제외)}}{\text{매출}}$$

이 비율은 손익분기를 이루는 매출총이익률을 나타내며 매출총이익만으로 법인세비용을 제외한 총비용을 감당할 수 있는 최소한(손익분기)의 매출총이익률을 의미한다. 그리고 이 비율은 매출원가 및 법인세비용을 제외한 총비용이 매출에서 차지하는 비율을 나타내기 때문에 경영자가 비용을 얼마나 효율적으로 통제하고 있는가를 보여주는 지표가 된다.

〈표 8-11〉 자료를 이용하여 삼성전자(주)의 손익분기매출총이익률을 살펴보면 29~31기에 33.9%(₩7,316,082 / ₩21,555,774), 32~34기에 18.8%(₩6,717 126 / ₩35,725,230)를 나타내고 있다. 이는 29~31기에는 매출총이익률(31.4%)이 손익분기매출총이익률(33.9%)에 못 미치고 있으나 32~34기에는 매출총이익률(31.5%)이 손익분기매출총이익률(18.8%)을 훨씬 상회하고 있어 삼성전자(주)가 32~34기에 비용을 매우 효율적으로 통제하였음을 나타낸다.

3) 매출순이익률

매출순이익률은 매출에서 당기순이익이 차지하는 비율을 나타내며 다음과 같이 계산한다.

$$매출순이익률 = \frac{당기순이익}{매출}$$

매출순이익률은 매출에서 매출원가를 포함하는 모든 비용을 차감한 후에 남는 당기순이익이 매출에서 차지하는 비율을 나타내기 때문에 이 비율이 높다는 것은 다음의 결과에서 비롯한다고 할 수 있다.

① 제품 또는 서비스가 질적으로 높거나 독특하고 제품이나 서비스의 만족도에 있어서 고객의 확고한 신뢰를 얻고 있는 결과
② 비용을 엄격히 통제하여 효율적인 영업활동을 한 결과

매출순이익률이 높은 것이 ①과 ②가 합해진 결과일 수도 있지만 ①의 결과이고 ②의 결과는 아닐 수도 있다. 즉, 매출순이익률이 높아서 높은 수익성을 보이고는 있어도 반드시 효율적인 영업활동을 한다고 말할 수 없다.

왜냐하면 매출순이익률이 높은 이유가 비용은 효율적으로 통제하지 못하고 있어도 제품 또는 서비스가 질적으로 높고 독특하여 가격경쟁력이 있는데서 비롯된 것일 수 있다.

〈표 8-11〉 자료를 이용하여 삼성전자(주)의 매출순이익률을 살펴보면 29~31기는 5.6%(₩1,202,375/₩21,555,774), 32~34기는 14.9%(₩5,337,742/₩35,725,230)를 나타냄으로써 32~34기가 29~31기에 비해 2.5배 이상 매출순이익률을 실현하고 있음을 알 수 있다.

4) 매출현금흐름률

매출현금흐름률은 매출에 대한 영업활동현금흐름의 상대적 크기를 나타내는 비율로 다음과 같이 계산한다.

$$\text{매출현금흐름률} = \frac{\text{영업활동현금흐름}}{\text{매출}}$$

이 비율의 분자인 영업활동현금흐름은 발생주의회계에 의한 당기순이익을 현금주의회계로 나타낸 것으로서 당기순이익의 질을 나타낸다. 따라서 매출현금흐름률은 매출순이익률의 질을 나타낸다.

또한 매출현금흐름률은 매출의 최종 현금창출력을 나타내기 때문에 미래의 현금흐름을 예측하는데 유용하다.

5) 당기순이익 대 매출총이익 비율

당기순이익 대 매출총이익 비율은 매출총이익에서 당기순이익이 차지하는 비율을 나타내며 다음과 같이 계산한다.

$$\text{당기순이익 대 매출총이익 비율} = \frac{\text{당기순이익}}{\text{매출총이익}}$$

이 비율은 매출총이익에서 매출원가를 제외한 모든 비용을 차감한 후에 얻게되는 당기순이익이 매출총이익에서 차지하는 비율을 나타내기 때문에 경영자가 비용을 얼마나 효율적으로 통제하고 있는가를 보여주는 지표가 된다.

〈표 8-11〉 자료를 이용하여 삼성전자(주)의 당기순이익 대 매출총이익률을 살펴보면 29~31기는 17.7%(₩1,202,375/₩6,776,445), 32~34기는 47.5%(₩5,337,742/₩11,240,571)를 나타냄으로써 32~34기가 29~31기에 비해 2.5배 이상 당기순이익 대 매출총이익 비율을 실현하고 있음을 알 수 있다. 이는 삼성전자(주)가 32~34기에 비용을 매우 효율적으로 통제하였음을 나타낸다. 이 결과는 〈표 8- 11〉의 이익변동분석에서 나타난 결과와 일치한다.

이상에서 논의한 5가지 비율 중에서 매출총이익률, 손익분기매출총이익률, 매출순이익률 그리고 당기순이익 대 매출총이익 비율이 나타내는 바를 삼성전자(주)의 결과를 가지고 통합적으로 분석해 보면 다음과 같다.

삼성전자(주)는 두 분석기간(29~31기와 32~34기)에 걸쳐 원가를 안정적으로 통제하는 가운데 매출순이익률과 당기순이익 대 매출총이익 비율이 32~34기가 29~31기에 비해 각각 2.5배 이상 높게 나타남으로써 매출순이익률의 상승이 삼성전자(주)의 효율적인 비용통제에 있음을 나타낸다. 또한 손익분기매출총이익률이 29~31기(33.9%)에 비해 32~34기(18.8%)에 약 45% 낮아진 점에서도 비용의 효율적인 통제가 있었음을 나타내고 있다. 이것은 〈표 8-11〉에 나타난 삼성전자(주)의 이익변동분석 결과와 일치한다.

6 영업활동의 수익성 분석

기업의 주된 활동인 영업활동으로부터 획득한 영업이익에 대한 분석은 기업의 안정적 수익성과 미래의 현금흐름을 예측하는데 보다 유용하게 쓰인다. 영업활동의 수익성 분석에는 다음의 매출영업이익률이 사용된다.

매출영업이익률은 매출에서 영업이익이 차지하는 비율을 나타내며 다음과 같이 계산한다.

$$\text{매출영업이익률} = \frac{\text{영업이익}}{\text{매출}}$$

영업이익은 매출에서 매출원가와 영업비용인 판매비와관리비를 차감한 후의 이익을 나타내기 때문에 기업의 수익성을 나타내는 중요한 지표이다.

〈표 8-11〉 자료를 이용하여 삼성전자(주)의 매출영업이익률을 살펴보면 29~31기는 16.1%(₩3,479,227/₩21,555,774), 32~34기는 15.8%(₩5,658,387/₩35,725,230)를 각각 나타냄으로써 매출영업이익률이 안정적인 추세를 보이고 있다.

특히 32~34기에 기업의 미래 성장에 필요한 마케팅비 및 매출비용과 연구개발비를 대폭 증액한 가운데서도 32~34기가 29~31기와 비슷한 크기의 매출영업이익률을 달성함으로써 삼성전자(주)의 미래 지향적 경영전략과 경영능력의 우수성을 보여주고 있다.

7 영업활동의 현금창출력 분석

기업이 영업에서 현금을 창출하는 능력에 대한 분석은 기업의 안정적 수익성을 나타내는 매출영업이익률의 질을 파악하고 미래의 현금흐름을 예측하는데 유용하다.

영업활동의 현금창출력 분석에는 한국채택국제회계기준(IFRS)에 의한 현금흐름표에서 얻을 수 있는 영업에서 창출된 현금을 매출로 나누어 측정한 매출영업현금률을 사용한다.

$$\text{매출영업현금률} = \frac{\text{영업에서 창출된 현금}}{\text{매출}}$$

이 비율의 분자인 영업에서 창출된 현금은 발생주의회계에 의한 영업이익을 현금주의회계로 나타낸 것으로서 영업이익의 질을 나타낸다. 따라서 매출영업현금률은 매출영업이익률의 질을 나타낸다.

또한 매출영업현금률은 기업의 주된 활동인 영업에서 얻는 수익인 매출의 현금창출력을 나타내기 때문에 미래의 현금흐름을 예측하는데 유용하다.

제 6 절 손익분기점분석

손익분기점분석(break-even analysis)은 다음과 같은 의의와 핵심 포인트를 가지고 있다.

① 손익분기점분석은 수익과 비용 사이의 관계에 초점을 맞추고 있다.
② 손익분기점분석 가운데 중요한 점은 비용을 변동비와 고정비로 구분하는 것이다.
③ 변동비는 수익에 따라 직접 변동하는 반면, 고정비는 관련범위 수익(매출) 수준에서 일정하게 유지된다.

1 손익분기점 분석사례

변동 행태(behavior) 혹은 고정 행태를 기준으로 비용을 구분하는 것은 다음 사례를 보면 잘 알 수 있다.

사례 8-1

와룡(주)은 대학신문에 광고를 실었다. 광고내용은 교내에서 곧 열리게 될 회계분석가들의 모임에서 특별할인 쿠폰으로 전자제품을 판매할 기회를 한 사람에게 제공한다는 것이다. 판매조건으로는 모임을 주최하는 조직위원회로부터 ₩10의 판매허가증을 구매할 것과 판매점을 ₩140의 임차료를 지불하고 임차하는 것이다. 해당 전자업체 측이 판매원에게 파는 가격은 ₩3이며 팔리지 않는 물건은 전액 반품할 권리를 준다. 업체는 또한 판매가격을 ₩8로 정했다. 각 전자제품은 할인쿠폰과 함께 포장되어 있다. 당신은 이 일을 시작할지 여부를 결정해야 한다. 얼마나 팔아야 손익분기점에 이를지 궁금할 것이다. 이러한 물음에 대한 답을 얻기 위해 손익분기점 분석을 해보도록 한다.

1) 등식에 의한 손익분기점분석

① 첫 단계는 이익의 등식을 세우는 것이다.

매출=변동비+고정비+이익(혹은 손실)

② 손익분기점은 손실도 이익도 없는 상태를 말한다. 손실이나 이익이 0이라면 이익등식은 다음과 같이 단순화된다.

매출=변동비+고정비

③ 위의 사례의 경우 매출은 팔린 전자제품의 수×₩8로 구할 수 있다. 이와 마찬가지로 변동비는 팔린 전자제품의 수×₩3이며, 고정비는 면허비 ₩10+임차료 ₩140이다. 이러한 관계를 이익등식에 대입해보면 다음과 같다.

₩8X=₩3X+₩150

이때, 매출=₩8(판매단가) × X
변동비=₩3(단위당 변동비) × X
고정비=₩10(면허비)+₩140(임차료)

④ 고정비는 판매된 전자제품의 수에 상관없이 발생한다. X에 대한 등식은 다음과 같이 구할 수 있다.

(₩8 − ₩3)X=₩150
X=30개(손익분기점이 되기 위한 판매수량)

손익분기점에 이를 때까지 판매해야 하는 전자제품 수를 알고 있는 것은 이러한 일을 시작할 것인지 여부를 결정하는 데 있어 중요하다. 이러한 정보는 최소한 손익분기점 이상 팔 가능성을 평가하는 데 도움을 준다. 손익분기점에서의 수량을 결정하는 것은 단일품목 업체에서만 가능하다.

⑤ 기업들은 보통 여러 종류의 품목을 판매한다. 이는 전자제품과 아울러 계

산기와 헤드폰을 같이 판매하는 경우에 예상될 시나리오일 수도 있다. 이러한 경우, 손익분기점 단위수량계산은 부적절하다.

⑥ 위와 같은 경우에는 손익분기 매출에 초점을 맞추어야 한다. 손익분기점 매출분석을 이익등식을 사용해 위의 시나리오에 적용해보면 다음과 같다(Y는 손익분기점 매출).

> Y=(가격에 대한 변동비 비율 : %)×Y+고정비
> Y=0.375Y+₩150
> 0.625Y=₩150
> Y=₩240

⑦ 이는 ₩240어치의 전자제품을 팔아야 손익분기점에 이른다는 사실을 보여준다. ₩240은 위에서 계산된 30개의 손익분기점에서의 수량(제품당 ₩8)과 일치한다. 변동비 비율은 판매가격(₩8)에 대한 변동비(₩3)의 비율이다. 이러한 비율은 매출 중 37.5%는 변동비라고 해석된다.

2) 도표에 의한 손익분기점분석

① 도표를 근거로 한 분석을 통해 손익분기점을 추정할 수도 있다.

② 도표를 근거로 한 분석은 일반적으로 정확성이 떨어지기는 하지만, 눈금에 따라 그려진 그래프는 등식을 근거로 한 분석과 동일한 해를 보여준다.

③ 도표를 근거로 한 분석의 특징은 손익분기점을 직접 묘사하는 데 있으며, 아울러 손익분기점 위의 이익 및 그 아래의 손실을 넓은 범위까지 보여주는 데 있다.

3) 공헌이익에 의한 손익분기점분석(contribution margin break-even analysis)

① 공헌이익분석은 손익분기점을 분석하는 또 다른 방법이다. 이 방법은 매출, 비용 및 이익 간의 관계에 대해 또 다른 견해를 제시해 줄 수 있다.

② 공헌이익(contribution margin)은 매출액에서 변동비를 차감한 후 남은 잔

액이다. 이익이 발생하기 전에 공헌이익은 반드시 고정비를 충당하게 되어 있다.

③ 앞의 사례에서 전자제품의 경우를 통해 단위당 공헌이익은 다음과 같이 계산된다.

전자제품 판매단가	₩8
전자제품당 변동비	₩3
단위당 공헌이익	₩5

④ 단위당(전자제품) 공헌이익 ₩5이 고정비 ₩150을 충당하기 때문에 손익분기점은 다음과 같다.

$$\frac{\text{고정비}}{\text{단위당 공헌이익}} = \frac{₩150}{₩5} = 30\text{개}$$

이것은 제품이 30개가 팔리면 고정비가 모두 충당되고 그 이후로 팔리는 것은 단위당 ₩5만큼 공헌이익이 생긴다는 의미이다.

⑤ 공헌이익분석은 매출을 통해 분석할 수도 있으며, 그 결과 손익분기점을 계산할 수 있다. 이 분석은 단위당 공헌이익보다는 공헌이익률을 사용한다. 공헌이익률은 다음과 같이 계산한다.

$$\text{공헌이익률} = \frac{\text{단위당 공헌이익}}{\text{판매단가}} = \frac{₩5}{₩8} = 0.625$$

⑥ 전자제품의 경우, 금액으로 표시한 손익분기점은 다음과 같이 계산한다.

$$\frac{\text{고정비}}{\text{공헌이익률}} = \frac{₩150}{0.625} = ₩240$$

공헌이익분석은 손익분기점을 평가하는 데 중요한 도구이다.

4) 손익분기점분석에 대한 상세한 고려

손익분기점에서 다양한 가설, 요구사항, 상황분석(민감도분석, what-if analysis)을 도출할 수 있다. 다음의 두 사례는 이 분석의 장점을 일부 보여주고 있다.

① **사례 1 :** 전자제품 판매로 이익이 ₩400 남아야 한다면 전자제품을 얼마나 팔아야 하는가?

> 매출(S) = (변동비 백분율%)(매출)+고정비+이익
> S = 0.375S+₩150+₩400
> 0.625S = ₩550
> S = ₩880
> ₩880÷₩8 = 110개(수량)

② **사례 2 :** 만약 전자제품에 회계분석가 위원회 측의 인장을 찍는 데 동의하면 위원회는 임차료 없이 무료로 판매점을 제공하기로 한다고 하자. 이러한 내용을 해당 전자업체와 토의한 결과 단가를 ₩3에서 ₩4로 올리는 조건으로 합의했다. 위원회의 제의를 받아들인다면 손익분기점은 얼마인가? 이에 대한 해답을 알기 위해서는 그들의 제의로 고정비가 ₩140 감소하고 변동비는 단위당 ₩1이 증가한다는 사실을 염두에 두어야 한다. 판매된 제품수량(X)으로 손익분기점을 계산하면 다음과 같다.

> 매출 = 변동비+고정비
> ₩8x = ₩4x+₩10
> ₩4x = ₩10
> x = 2.5개(혹은 반올림해서 3개)

이러한 제의로 훨씬 낮은 수준에서 손익분기점을 이루고 있다. 따라서 판매위험도 줄어든다. 그러나 이는 또한 공헌이익이 감소되어 많이 팔게 되면 이전보다 이익이 적어진다. 결정을 내리기에 앞서, 단위당 변동비가 ₩3이고 고정비가 ₩150인 당초 제안의 총비용과 단위당 변동비가 ₩4이

고 고정비가 ₩10인 새로운 제안의 총비용이 일치하는 매출수량이 얼마인지 계산해보는 것이 유용하다. x가 매출수량이라면 다음과 같이 계산한다.

$$₩4x+₩10=₩3x+₩150$$
$$₩1x=₩140$$
$$x=140개$$

이 결과는 140개 이상의 전자제품을 팔 경우에는 변동비가 ₩3인 당초의 제안이 보다 수익성이 높다는 것을 의미한다.

2 손익분기점분석의 한계

1) 고정 · 변동 · 준변동 비용의 식별

실제로 많은 경우에서 고정비와 변동비를 쉽게 분리할 수 없다. 이들 비용은 매출의 변동에 일정하지도 정확히 비례적으로 변동하지도 않는다.[6] 제품, 경품권, 소모품, 인건비 등의 변동비는 매출에 따라 직접 변한다. 그러나 실제로는 고정 및 변동의 특성을 함께 가진 비용이 있다. 이를 준변동비(semivariable expense)라고 하는데 그 예로는 수선비, 간접재료비, 간접노무비, 연료비 등이 있다. 손익분기점분석에서 이러한 변동요소는 고정요소와 분리해야 한다. 이런 이유로 내부자료를 이용하지 못하면 손익분기점분석이 어려워지는 경우가 생긴다.

2) 손익분기점분석에서의 가정

손익분기점분석에는 보통 몇 개의 단순한 가정이 있다. 가정 때문에 결과를

6) 식품점에서의 비용이 전형적인 경우가 된다. 고정비의 상당부분을 차지하는 임차비, 감가상각비, 유지비, 수도광열비, 감독비 등의 고정비는 일정 매출 범위 내에서 변동하지 않는다. 그러나 이러한 고정비는 매출과 상관없이 변동할 수 있는데, 예를 들면 경영자가 식품점 관리자의 봉급을 올리는 경우이다.

무효화하지는 않겠지만 손익분기점분석을 하는 과정에서 그와 관련한 제반 가정과 그 가정이 미치는 영향을 알고 있는 것이 유용할 것이다.

(1) 비용 및 수익에 대한 가정

① 비용은 고정・변동 요소로 분리할 수 있다.
② 변동비는 판매량에 따라 직접 변동한다.
③ 고정비는 해당 분석범위(관련범위) 내에서 항상 일정하다.
④ 판매단가는 해당 분석범위(관련범위) 내에서 항상 일정하다.

(2) 영업 및 환경 요인에 대한 가정

① 매출의 배합은 분석범위(관련범위) 내에서 항상 일정하다.
② 영업효율성은 항상 일정하다.
③ 원가요인들의 가격은 항상 일정하다.
④ 판매량은 비용에 영향을 미치는 유일한 요인이다.
⑤ 기초・기말 재고자산수준은 변동이 없다.
⑥ 일반적인 물가수준은 일정하다.

3) 손익분기점분석에 대한 민감도분석

위의 가정들로 인해 손익분기점분석에 대한 민감도분석이 중요하다. 이러한 분석은 손익분기점분석의 결론이 가정의 변동에 대해 얼마나 민감한지를 검증해준다.[7)] 모든 가정이 똑같이 중요하다거나 영향력이 있지는 않다. 판매량이 비용에 영향을 미치는 주된 요인이라고 가정하지만 한편으로는 파업, 정책, 법률 및 경쟁력 같은 많은 요인들이 영향을 미친다. 분석 과정에서는 이러한 가정을 염두에 두어야 하지만 수정이 필요한 요소도 있다는 사실을 알아야 한다.

7) 예를 들어, 판매가격은 판매량에 상관없이 변하지 않는다고 가정을 내리는 것은 경제이론이나 현실과 다르다. 사실상 매출선(sales line)은 직선이라기보다 곡선이다. 분석에서 오차가 얼마나 크냐고 하는 것은 매출선이 분석에서 가정하고 있는 직선과 얼마나 차이가 있느냐에 달려 있다.

3 손익분기점분석의 이용 및 의미

손익분기점분석의 한계를 파악하고 그 결과를 적절히 해석한다면, 손익분기점분석은 매우 유용한 도구이다. 그 용도는 손익분기점(이익=0)을 계산하는 것 이상으로 광범위하다. 손익분기점분석은 미래의 여러 가지 상황에서 수익, 비용, 이익을 추정하는 데 유용하다. 또한 이 분석은 기업내부뿐만 아니라 외부에서도 적용할 여지가 많다. 기업경영에 있어서 손익분기점분석은 가격결정, 비용관리 및 수익성 추정에 유용하다. 이는 또한 표준원가계산제도(standard cost systems)에 따른 여러 가지 활동수준에서의 가격결정에 대한 근거를 제시하며, 변동예산과 관련한 비용관리에 유용한 도구가 된다. 또한, 손익분기점분석은 공장 확장 및 신제품 도입과 같은 특정한 경영의사결정에 따른 영향, 또는 다양한 활동수준에서 기업의 수익성에 미치는 외적 영향 등을 측정하기 위한 손익분기점 도표를 작성하는 데 유용하다. 외적 분석(external analysis)의 경우, 수익성 예측에 손익분기점분석을 사용하는 것으로 다양한 경제조건이나 경영전략이 수익성에 미치는 영향을 평가하는 데 유용하다.

1) 손익분기점분석의 적용

신뢰성 있는 손익분기점분석은 이익의 예측, 경영위험의 평가, 수익성을 평가하는데 유용하다.

(1) 일반적인 도표의 분석

와룡(주)의 손익분기점에서의 매출은 ₩1,387,000, 매출수량은 1,156,000개이며 변동비는 ₩887,000, 고정비는 ₩500,000(총비용 ₩1,387,000)이고, 평균판매단가는 ₩1.2이다. 변동비 비율은 ₩887/₩1,387 혹은 64%이며, 이것은 공헌이익률이 36%임을 의미한다. 이는 ₩1 매출할 때마다 ₩0.36이 고정비를 충당하고 손익분기 이후에는 이익을 발생시킨다는 것을 말한다. 당기매출 ₩1,387,000에서 얻은 와룡(주)의 공헌이익은 고정비 ₩500,000을 충당하기에 충분하다. 고정비가 낮아질수록 손익분기점은 내려간다. 어떤 사업이 변동비만 있다면 손익분기점은 없으며 이러한 형태의 사업에서는 처음부터 이익이 생긴다.

(2) 제품배합 상황에서의 시사점

각 제품은 서로 다른 수익, 비용, 이익폭(profit margin)을 가지고 있기 때문에, 제품배합의 변동은 손익분기점과 수익, 비용 및 이익 간의 관계에 영향을 미친다. 제품배합이 안정적이어야 손익분기점분석이 타당하다. 또한 판매가격이나 생산원가가 극적으로 혹은 자주 변동하지 않아야 한다.

(3) 최대 생산능력으로의 확장

[그림 8-1]에서 고정비 ₩500,000은 매출액이 ₩2,400,000(혹은 2,000단위)이 될 때까지는 유효할 것이라고 가정한다. 이는 거의 100%의 생산능력에 있는 지점이다. 손익분기점은 생산능력의 50% 정도이고, 당기매출은 생산능력의 58%이다. 100%의 생산능력에서는 고정비가 더 필요할 수 있음을 알 수 있다. 기업이 생산능력을 확장하지 않고 고정비와 손익분기점을 증가시키지 않으려면(변동비 비율은 변하지 않는다고 가정), 고려해 볼 수 있는 선택안으로는 ① 매

〈그림 8-1〉 와룡(주)의 손익분기점 도표

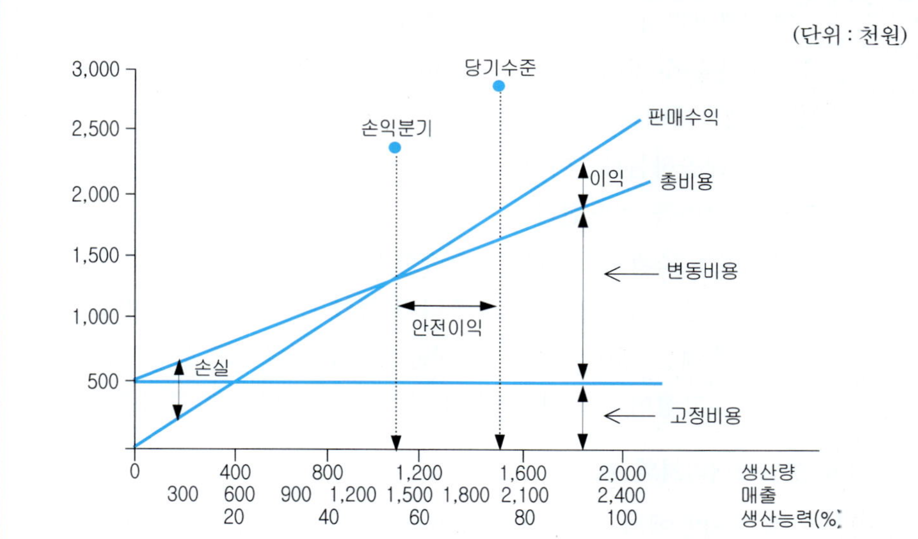

출 성장 포기, ② 교대근무 추가를 통해 변동비 증가, ③ 외부인에게 하청을 주고 일부 이익을 포기하는 것 등이 있다.

(4) 안전이익의 의의

안전이익은 실제 또는 예상 매출이 손익분기점의 매출을 초과하는 금액을 말하며, 기업수익성의 안전도를 판단하는데 쓰인다. [그림 8-1]에서 ₩1,800,000의 당기매출은 손익분기점 매출 ₩1,387,000을 약 ₩413,000 넘은 점으로서 이 금액이 당기의 안전이익(safety margin)이다. 안전이익은 실제 또는 예상매출이 손익분기점의 매출을 초과하는 금액을 나타내기 때문에 손실에 대한 완충장치의 의미를 갖는다. 따라서 요구되는 투자수익(return on investment)을 얻을 수 있는 매출을 표의 해당 지점에 표시하는데, 안전이익을 이용할 수 있다. 그리고 안전이익은 보통주에 배당을 할 수 없는 점을 표시하는데 이용할 수 있으며, 또한 현재의 이익으로는 우선주에 대한 배당을 할 수 없다는 사실을 나타내는 데 이용될 수 있다.

2) 영업레버리지와 손익분기점분석(operating leverage and break-even analysis)

(1) 영업레버리지의 의의

영업레버리지란 특정 고정비 수준에서, 매출 변동에 따른 수익성 변동이 매출변동비율에 비례적이지 않고 더 큰 비율로 수익성에 영향을 미치는 것을 말한다. 재무레버리지는 고정이자의 자금을 조달하여 지분투자자들에게 더 많은 이익을 제공하는데, 이와 마찬가지로 영업레버리지도 더 높은 수익성을 얻기 위해 고정비를 이용한다.

고정비를 초과하여 이익이 증가하면 자기자본에 대한 수익성은 증폭된다. 고정비를 충당하기에 충분한 매출이 발생할 때까지는 손실이 발생하며, 고정비를 충당한 후에는 매출의 신장이 매출증가율 이상으로 높은 이익증가율을 가져온다. 이는 고정비로 인해 매출의 증가율보다 비용의 증가율이 낮기 때문이다.

(2) 영업레버리지의 효과

〈표 8-12〉에서 와룡(주)은 ₩100,000의 고정비와 60%의 변동비를 구성하고

있다. 손익분기점에 도달한 시기(3기)와 관련하여, 4기에 20% 매출증가로 전년 대비 무한대의 이익증가가 발생하였다(전년도 이익은 0이었으므로). 5기에서 20%의 매출증가는 4기 대비 120%의 이익증가를 초래하였으며, 6기의 20% 매출증가는 5기와 비교하여 65%의 이익증가를 초래하였다.

영업레버리지 효과는 손익분기점 위로 매출이 상승되어감에 따라 감소하게 되는데, 그 이유는 이익을 비교하는 기본수치가 점차 커지기 때문이다.

〈표 8-12〉 와룡(주)의 매출 및 비용추이

(단위 : 백만원)

연도	매 출	변동비	고정비	이익(손실)	전기 증가비(%)	
					매 출	이 익
1	₩100,000	₩60,000	₩100,000	(₩60,000)	—	—
2	200,000	120,000	100,000	(20,000)	100%	—
3	250,000	150,000	100,000	—	25	—
4	300,000	180,000	100,000	20,000	20	무한
5	360,000	216,000	100,000	44,000	20	120%
6	₩432,000	₩259,200	₩100,000	₩72,800	20	65

영업레버리지도 하향 위험을 안고 있다(₩200,000에서 ₩100,000으로 매출이 50% 감소하면 손실은 3배 커진다).

(3) 영업레버리지와 영업잠재력

영업레버리지분석에서 손익분기점에 근접한 기업이 매출변동으로 인한 손익의 비율변동이 상대적으로 더 크다는 사실에 주목해야 한다. 따라서 매출 변동성이 높을수록 영업레버리지 위험도 크다. 매출이 증가할 때는 변동성이 바람직하나 감소할 때는 변동성은 실제 매출의 감소 이상으로 나쁜 결과를 초래할 수 있다. 분석 과정에서 흔히 영업레버리지로 잘못 설명되는 영업잠재력에 대해 고려해야 하는데, 영업잠재력(operating potential)이란 매출은 많은데 이익률이 매우 저조한 경우를 의미한다. 이익률이 개선되어야 잠재력이 생긴다. 높은 매출 수준에서는 이익률이 조금만 변동해도 순이익에 큰 영향을 미친다. 이는 주당 매출이나 주당 이익에서도 유추가 가능하다. 즉, 영업레버리지 혹은 영업잠재력으로 인한 수익성에 변동이 생기면 주당 이익에는 그보다 비례적으로 더 큰 변동이 생긴다.

3) 변동비 비율의 타당성

① 이익의 변동성도 변동비 비율에 좌우된다. 변동비 비율이 높은 기업과 비교해서 변동비 비율이 낮은 업체는 손익분기점 이상 매출이 증가하면 더 높은 이익을 얻는다. [사례 8-2]가 이를 잘 보여준다.

사례 8-2

A기업은 ₩700,000의 고정비와 매출의 30%에 해당하는 변동비 비율을 갖고 있다. B기업은 ₩300,000의 고정비와 매출의 70%에 해당하는 변동비 비율을 가지고 있다. 두 기업은 모두 매출이 ₩1,000,000 정도이며 모두 손익분기점에 있다. 매출이 ₩100,000 증가하면 A기업은 ₩70,000의 이익이 생기고 B기업은 ₩30,000의 이익이 생긴다. A기업의 영업레버리지가 훨씬 크며, 그 결과 손익분기점 이상으로 매출이 증가하면 A기업은 B기업보다 더 높은 이익을 얻을 수 있으나 매출을 손익분기점(₩1,000,000) 이상으로 증가시키는 데 따른 위험도 크다.

② 위의 사례에서 손익분기점은 위험평가의 유일한 기준이 아님을 알 수 있으며, 오히려 변동비 비율에 대해 유의해야 한다.

4) 고정비 수준의 타당성

변동비 비율을 조정하지 못하는 경우에 고정비가 높을수록 손익분기점도 높아진다. 다른 요인들이 일정하다면, 고정비가 변동하는 비율만큼 손익분기점도 동일한 비율로 변동한다. 와룡(주)의 사례를 살펴보자.

와룡(주)의 손익분기점 손익계산서		
매 출		₩100,000
변동비	₩60,000	
고정비	40,000	100,000
순이익		-

와룡(주)의 고정비가 ₩48,000으로 20% 증가하는 경우, 손익분기점 매출 수준은 반드시 20% 증가해야 고정비와 변동비의 증가분을 충당할 수 있다.

와룡(주)의 손익분기점 손익계산서

매출(20% 증가)		₩120,000
변동비(매출의 60%)	₩72,000	
고정비(40,000×120%)	48,000	120,000
순이익		-

손익분기점이 올라가면 영업위험도 증가한다. 이는 손익분기점을 달성하기 위해서는 더 높은 매출에 의존해야 한다는 사실을 의미한다. 다른 관점에서 이것은 낮은 손익분기점을 갖는 기업과 비교해보면, 상대적으로 경기침체에 취약하다는 사실을 의미한다.[8)]

고정비는 또 다른 부작용이 있는데, 손익분기점이 높을수록 노동수요와 같은 여러 가지 수요에 자유롭게 대처하지 못한다. 고정비가 높을수록 파업의 비용이 커지고 높은 임금요구를 거절하지 못한다. 기술혁신부문에는 고정비가 증가하는 것이 흔한 일이고, 이로 인해서 인건비와 같은 변동비를 절감하고 경영효율을 개선한다. 비유동자산 투자, 특히 숙련된 운영자가 필요한 비유동자산에 대한 투자에는 이러한 자산을 유지하고 교환하는 데 드는 비용보다 훨씬 많은 고정비용이 소요된다.

고정비가 높으면 생산능력이 증가되거나 변동비가 감소되는 장점도 있지만, 손익분기점이 높음으로 해서 위험을 줄이기 위해 고정비를 삭감하는 것이 타당한 경우가 있다.[9)] 수익성을 추정할 때, 고정비 가정은 일정한 제품내합으로 현실적인 생산능력 내에서만 타당성이 있다는 점을 염두에 두어야 한다. 현재

8) 항공사는 일반적으로 영업위험이 높다. 항공사가 항공기에 많이 투자하면 손익분기점도 올라간다. 항공기가 많으면 승객당 변동비를 낮출 수 있지만, 항공사는 추정승객 증가율에 의존하여 의사결정을 한다. 이 추정이 맞지 않으면 항공사의 이익률은 급속히 낮아지고 급기야 손실도 보게 될 것이다.

9) 예를 들어, 영업직원의 급료를 고정급에서 실적수당으로 전환함으로써 고정비를 줄일 수 있다. 작업시간 연장, 완성품 구매, 하도급, 이익이 나지 않는 생산라인 중단 등을 통해 고정비를 피할 수 있다. 잠재적 수익성을 분석할 때, 영업실적에 미치는 고정비의 영향에 주의를 기울여야 한다.

의 생산능력을 넘어서까지 수익성을 추정하자면 생산능력 확장에 따른 고정비의 증가와 자금수요의 증가를 고려해야 한다.

5) 공헌이익의 중요성(importance of contribution margin)

영업레버리지는 공헌이익에 좌우되기 때문에 공헌이익의 크기에 유의해야 한다. 공헌이익에 영향을 주는 요인들, 즉 변동비와 판매가격의 변동을 항상 파악해야 한다. 변동은 일반적으로 여러 가지 요인들이 복합되어 일어나며, 고정비와 변동비의 통제가 잘 되고 예상되는 범위 내에 있다면 매출이 증가하면 이익도 증가한다.

4 목표이익과 법인세를 고려한 CVP 분석

기업이 목표이익이 0인 손익분기점을 넘어 목표이익과 법인세를 고려한 법인세비용차감후목표이익을 설정할 수 있다.

1) 목표이익(target profit)

목표이익 산출식은 손익분기점(목표이익이 0) 산출식과 동일하며 다음과 같다.

$$목표이익을\ 달성하는데\ 필요한\ 판매량 = \frac{총고정비 + 목표이익}{단위당\ 공헌이익}$$

$$목표이익을\ 달성하는데\ 필요한\ 매출 = \frac{총고정비 + 목표이익}{공헌이익률}$$

사례 **8-3**

단위당 판매가격 : ₩50, 단위당 변동비 : ₩30, 총고정비 : ₩1,000일 때 목표이익이 ₩600이라면 이에 필요한 판매량과 매출을 계산하면 다음과 같다.

$$\text{판매량} = \frac{₩1,000 + ₩600}{₩20} = 80$$

매출 = 80 × ₩50 = ₩4,000

2) 법인세를 고려한 CVP 분석

법인세를 납부한 후에 최종적으로 얻을 수 있는 목표이익 산출식은 다음과 같다.

$$\text{법인세비용차감후순이익} = \text{법인세비용차감전순이익} \times (1 - \text{법인세율})$$
$$= (\text{총수익} - \text{총변동비} - \text{총고정비}) \times (1 - \text{법인세율})$$

$$\text{단위당 공헌이익} \times \text{판매량} = \frac{\text{법인세비용차감후순이익}}{(1-\text{법인세율})} + \text{총고정비}$$

법인세비용차감후목표이익을 달성하는데 필요한 목표판매량

$$= \frac{\text{총고정비} + \text{법인세비용차감후목표이익} \div (1-\text{법인세율})}{\text{단위당 공헌이익}}$$

사례 **8-4**

사례 1의 상황에서 법인세비용차감후목표이익이 ₩600이라면 이에 필요한 판대량과 매출을 계산하면 다음과 같다(법인세율은 40%로 가정한다).

$$\text{판매량} = \frac{₩1,000 + ₩600 \div (1 - 0.4)}{₩20} = 100$$

매출 = 100 × ₩50 = ₩5,000

5 다품종생산기업의 CVP 분석

기업이 다품종을 생산할 경우에 손익분기점 산출방식은 단일품종 생산에서의 손익분기점 산출방식과 다르다.

다품종생산기업의 손익분기점은 가중평균공헌이익률법(weighted average contribution margin ratio method)을 이용하여 다음과 같이 계산한다.

1) $\text{제품별공헌이익률} = \dfrac{\text{단위당 공헌이익}}{\text{단위당 판매가격}} = \dfrac{\text{단위당 판매가격} - \text{단위당 변동비}}{\text{단위당 판매가격}}$

$= 1 - \text{변동비율} = 1 - (\text{제품별 변동비} / \text{제품별 매출})$

2) $\text{가중평균공헌이익률} = \sum_{i=1}^{n}(\text{제품 } i\text{의 매출구성비}) \times (\text{제품 } i\text{의 공헌이익률})$

3) $\text{손익분기점의 매출} = \dfrac{\text{고정비}}{\text{가중평균공헌이익률}}$

4) 제품별 손익분기점의 매출 = 손익분기점의 매출 × 제품별 매출구성비

사례 8-5

우성(주)은 A, B, C의 세 가지 제품을 제조·판매하고 있는데, 각 제품의 판매단가, 단위당 변동비, 각 제품이 총매출에서 차지하는 비율은 다음과 같다.

제 품	단 가	단위당 변동비	단위당 공헌이익	매출/총매출(%)
A	₩400	₩300	₩100	30
B	1,000	700	₩300	30
C	₩2,000	₩1,200	₩800	40

이 기업의 총고정비는 ₩300,000이며, 총매출에서 차지하는 각 제품의 매출비율이 변하지 않는다고 가정할 때, 제품별 공헌이익률, 가중평균공헌이익률, 손익분기점을 계산하면 다음과 같다.

(1) 각 제품의 공헌이익률

$$제품별\ 공헌이익률 = \frac{단위당\ 공헌이익}{단위당\ 판매가격}$$

$$A : \frac{₩100}{₩400} = 0.25$$

$$B : \frac{₩300}{₩1,000} = 0.30$$

$$C : \frac{₩800}{₩2,000} = 0.40$$

(2) 가중평균공헌이익률

	공헌이익률		매출비율		
A :	0.25	×	0.3	=	0.075
B :	0.30	×	0.3	=	0.090
C :	0.40	×	0.4	=	0.160
	가중평균공헌이익률			=	0.325

(3) 손익분기점의 매출

$$손익분기점의\ 매출 = \frac{고정비}{가중평균공헌이익률} = \frac{₩300,000}{0.325} = ₩\ 923,077$$

(4) 제품별 손익분기점의 매출

A : ₩923,077 × 0.3 = ₩276,923

B : ₩923,077 × 0.3 = ₩276,923

C : ₩923,077 × 0.4 = ₩369,231

연습문제

8-1 다음의 자료를 이용하여 매출순이익률, 당기순이익 대 매출총이익 비율, 매출총이익률, 손익분기매출총이익률을 계산하시오.

계정과목	20×8년	20×7년
매출	₩970,174	₩980,907
매출원가	732,998	735,869
매출총이익	237,176	245,038
총비용(매출원가 및 법인세 비용 제외)	170,000	200,000
당기순이익	₩31,767	₩35,405

풀이

비율	20×8년	20×7년
매출순이익률	3.27%	3.61%
당기순이익 대 매출총이익 비율	13.39%	14.45%
매출총이익률	24.45%	24.98%
손익분기총매출이익률	17.52%	20.39%

8-2 다음의 자료를 이용하여 매출순이익률, 매출현금흐름률, 매출영업이익률, 매출영업현금률을 계산하시오.

계정과목	20×8년	20×7년
매출	₩660,000	₩520,000
영업이익	87,000	39,000
당기순이익	82,000	35,000
영업에서 창출된 현금	93,500	42,500
영업활동현금흐름	₩90,000	₩40,000

풀이

비율	20×8년	20×7년
매출순이익률	12.42%	6.73%
매출현금흐름률	13.64%	7.69%
매출영업이익률	13.18%	7.50%
매출영업현금률	14.17%	8.17%

8-3 커피전문점 별다방(주)에서 판매하는 커피 가격은 한 잔에 ₩4,000이며, 변동비는 한 잔당 ₩1,000이다. 고정비는 임차료 및 인건비 등으로 월 ₩3,000,000이 발생한다.

〈 요구사항 〉

1. 손익분기점 월 판매량을 구하시오.
2. 손익분기점 월 매출을 구하시오.
3. 손익분기점의 포괄손익계산서를 작성하시오.
4. 목표이익이 월 ₩1,500,000인 경우 목표이익 월 판매량과 목표이익 월 매출을 구하고 포괄손익계산서를 작성하시오.
5. 목표이익률이 35%인 경우 월 판매량과 월 매출을 구하시오.
6. 법인세율이 30%이고, 세후목표이익이 ₩840,000인 경우 세후목표이익을 달성하기 위한 월 판매량과 월 매출을 구하고 포괄손익계산서를 작성하시오.

풀이

1. 1,000잔
2. ₩4,000,000
3. 포괄손익계산서

계정과목	금 액	
매출	@₩4,000 * 1,000	₩4,000,000
변동비	@₩1,000 * 1,000	1,000,000
공헌이익	@₩3,000 * 1,000	3,000,000
고정비		3,000,000
당기순이익		–

4. 목표이익 월 판매량 : 1,500잔
   목표이익 월 매출 : ₩6,000,000

계정과목	금 액	
매출	@₩4,000 * 1,500	₩6,000,000
변동비	@₩1,000 * 1,500	1,500,000
공헌이익	@₩3,000 * 1,500	4,500,000
고정비		3,000,000
당기순이익		₩1,500,000

연습문제

5. 목표이익률이 35%인 경우 월 판매량 : 1,875잔
   목표이익률이 35%인 경우 월 매출 : ₩7,500,000

계정과목	금	액
매출	@₩4,000 * 1,875	₩7,500,000
변동비	@₩1,000 * 1,875	1,875,000
공헌이익	@₩3,000 * 1,875	5,625,000
고정비		3,000,000
당기순이익		₩2,625,000

6. 세후목표이익이 ₩840,000인 월 판매량 : 1,400잔
   세후목표이익이 ₩840,000인 월 매출 : ₩5,600,000

계정과목	금	액
매출	@₩4,000 * 1,400	₩5,600,000
변동비	@₩1,000 * 1,400	1,400,000
공헌이익	@₩3,000 * 1,400	4,200,000
고정비		3,000,000
법인세비용차감전순이익		1,200,000
법인세비용		360,000
당기순이익		₩840,000

뉴스 속의 재무제표분석

한국재무제표분석연구소, '재무제표와 분식회계'... 회계 투명성 높여야

[기업분석] 신세계인터내셔날, 수익성 개선 동반되는 질적 성장 시현…올해 영업익 397억원 전망

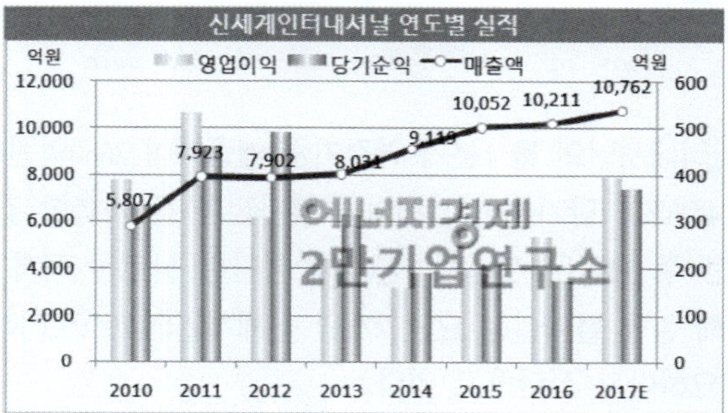

신세계인터내셔날은 지난해 4분기에 가시화되었던 전 사업부의 고른 수익성 개선 요인들이 올해 외형 성장과 함께 극대화될 것으로 보인다.

하나금융투자 이화영 연구원은 신세계인터내셔날의 올해 연결기준 매출액이 1조762억원(전년비 +5.4%), 영업이익 397억원(전년비 +47.0%), 당기순이익 370억원(전년비 +112.6%)에 이를 것으로 내다보고 있다.

신세계인터내셔날의 지난해 연결기준 매출액은 1조211억원(전년비 +1.6%), 영업이익 270억원(전년비 +35.7%), 당기순이익 174억원(전년비 -17.1%)으로 잠정 집계됐다.

이 연구원은 "올해 외형은 양질의 신규 브랜드(끌로에, 폴 스미스 등) 론칭과 지난해 3개와 올해 1개의 신세계 백화점 출점 수혜가 예상되다"면서 "톰보이 리뉴얼 효과도 기대된다"고 진단했다.

이 연구원은 "지난해 4분기 정국 불안에 따른 유통망 객수 감소로 매출은 부진했으나 전 사업부의 고른 수익성 개선이 고무적"이라고 판단했다.

OPM(영업이익률)은 전년동기 대비 2%포인트 증가한 5.3%를 기록했다. 해외패션부문은 발주 적중률 향상과 할인율 전년대비 축소에 의한 원가율이 개선된 것으로 나타났다.

국내패션부문은 SI빌리지닷컴 초기 투자 비용 발생에도 불구하고 적자브랜드 살로몬 제거 효과를 보였다.

신세계인터내셔날의 실적 턴어라운드는 올해 1분기부터 가시화될 전망이다.

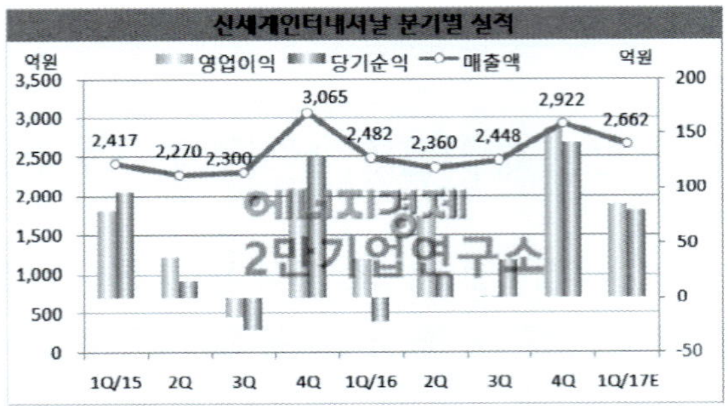

이 연구원은 신세계인터내셔날의 올 1분기 연결기준 매출액이 2660억원(전년비 +7.3%), 영업이익 85억원(전년비 +143.6%), 당기순이이 80억원(흑자전환)을 기록할 것으로 전망하고 있다.

올 1분기 수익성 개선 주 요인은 지난해 1분기에 중단한 살로몬 적자 제거 효과다.

이 연구원은 다만 올해 실적 불확실성 요인 2개인 신세계인터코스코리아, 폴푸아레에 대해서는 지속적인 점검이 필요하다고 진단하고 있다.

화장품 생산법인 신세계인터코스코리아는 지난 2월부터 오산 공장 가동을 본격화 했으며 가동 첫 해로 연간 약 15~20억 내외의 지분법 손실발생이 예상된다.

2015년 인수한 글로벌 상표권 '폴 푸아레'는 지난해 10월 프랑스 현지법인을 설립했으며 모든 인력 현지 채용을 시작으로 브랜드 비즈니스를 위한 준비작업에 들어간다.

이 연구원은 사업 전개 속도와 투자 비용 등에 대한 체크가 필요하다고 판단했다.

신세계인터내셔날의 주가는 7일 종가 6만5200원으로 지난 1월 11일의 저점 5만9600원에 비해 9.4% 오른 수준에서 거래되고 있다.

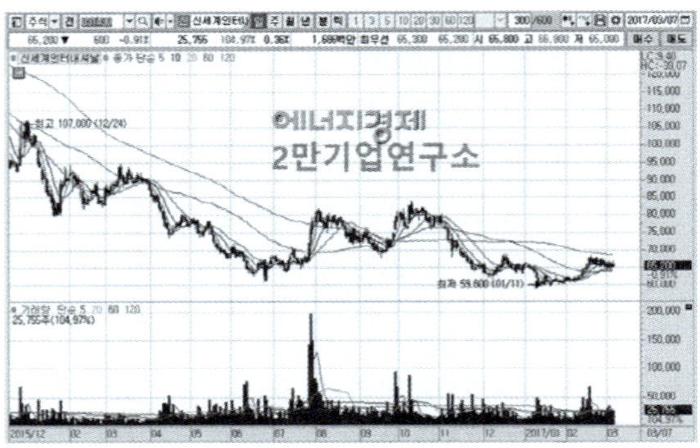

〈출처 : 에너지경제신문, 2017.3.8〉

제 9 장

이익분석과 가치평가

〈학습목표〉

- 이익의 질과 측정에 대한 이해
- 이익의 질에 대한 재무상태표 분석의 이해
- 이익의 지속성과 결정요소에 대한 이해
- 이익에 기초한 가치평가에 대한 이해
- 가치평가를 위한 이익력과 이익예측에 대한 이해

제 1 절 개 요

본 장의 초점은 이익에 기초한 재무제표분석 기법을 이해하는 것이다. 제7, 제8장에서는 재무제표상의 수익률(return)과 수익성(profitability)분석을 설명했고, 본 장은 앞에서 다루었던 분석을 확장하여 이익의 질, 이익의 지속성, 이익평가 및 이익예측을 살펴본다. 이익의 질은 기업의 성과에 대한 측정치로서 이익이 얼마나 타당한가를 의미한다. 여기에는 이익의 질을 결정하는 결정요소로서 기업의 영업환경, 회계원칙의 선택과 적용도 포함된다. 이익의 지속성은 광범위하게 정의되며, 이익의 안정성, 예측가능성, 변동성 및 추세 등이 포함된다. 또한 이익관리(earnings management)도 지속성에 대한 하나의 결정요소로 간주된다.

가치평가분석은 기업가치의 산정방법으로서 이익과 기타 회계 측정치를 중요하게 고려한다. 이익을 예측(earnings forecasting)하기 위해서는 이익력(earning power), 추정기술(estimation techniques), 확인 메커니즘(monitoring mechanism)을 고려해야 한다.

본 장은 이익을 기준으로 한 재무분석에 대한 몇 가지 유용한 도구를 설명하고 있다. 재무제표의 재계산(recasting)과 조정(adjustment)을 설명할 것이며, 아울러 이익요소 항목을 경상·비경상, 영업·비영업 및 특별·보통으로 구분해 설명한다. 또한 이익기준분석의 적용을 몇 가지 사례를 통해 설명한다.

제 2 절 이익의 질

재무분석가는 이익을 정확하게 측정하고 인식하기 위해 기업의 거래와 사건을 추정하고 해석할 수 있어야 한다. 이전 장에서 이익분석에서 강조한 점은 회계상의 이익은 유일한 것이 아니고 회계가정과 적용한 원칙에 의존한다는 사실이었다. 이익측정을 복잡하게 하는 요인은 발생기준회계(accrual basis accounting)와 현금기준회계(cash basis accounting) 간의 차이에 있다. 발생기준회계에서는 수익은 실현되었을 때 인식하고 비용은 발생했을 때 인식하는 데 반해, 현금기준회계에서는 이익이 실현되었는지 비용이 발생하였는지와 상관없이 현금의 유입과 유출에 의해 이익을 인식한다. 현금흐름은 여러 가지 한계가 있지만 그것은 사업의 성공과 유동성에 중요한 요소이다. 이러한 이유로 재무분석가는 이익에 대한 현금기준과 발생기준 측정치 모두에 관심을 가져야 한다.

발생기준회계는 다양한 추정과 해석이 요구되기 때문에, 일부의 경우 발생항목 측정치의 신뢰도에 대해 의문이 제기되고 있다. 그러나 대부분의 자산에 대한 회계정보는 발생기준으로 측정되는 것이 타당하므로 이러한 관점은 모두 정당하지 않다. 발생기준회계는 실현된 수익과 발생된 비용이라는 회계개념으로 회계처리하기 위해 현금흐름을 조정한다. 특히, 분석에서 관심을 기울여야 할 부분은 적용된 가정과 원칙 그리고 분석목적에 적절한 조정방식 등이다. 재무분석과정에서 현재와 미래의 기업성과를 잘 이해하기 위해서는 발생기준으로 작성한 회계정보를 활용해야 한다.

또한 회계와 감사의 위험은 이익에 좌우된다는 사실을 인지해야 한다. 회계와 감사가 개선됨으로 인해 재무제표의 분식 및 허위표시 발생률은 감소되었지만, 경영자의 부정이나 허위진술은 좀처럼 없어지지 않고 있으며, 이로 인해 심각한 감사실패도 초래되고 있다. 이익평가분석은 경영자의 성격이나 성향을 포함하여 회계와 감사의 위험을 종합적으로 평가해야 한다. 이익의 지속성(추세와 수준) 평가는 경영자 평가와 관련되어 있다. 마찬가지로 이익실적은 경영자의 능력을 확인하는 분석방법이다. 경영자의 능력은 이익예측에 있어 매우 중요한(수량화 할 수 없는) 요소이다. 특히, 분석과정에서 경영자의 교체에 유의해야 하며 경영자의 능력, 성격, 위험감수 경향에 대해 기업이 얼마나 의존하는가를 평가해야 한다.

1 이익의 질 측정

이익의 질 측정(measuring quality of earnings)은 서로 다른 기업의 이익을 비교할 필요성과 이익을 기준으로 한 평가에 있어서 질적인 차이를 파악하려는 필요에서 비롯되었다. 이익의 질이 무엇으로 구성되어 있는지에 대해서는 아직 완벽한 합의가 이루어지지 않은 상태이다. 본 절에서는 일반적으로 이익의 질을 구성하는 것으로 이미 확인된 요소를 검토하고, 그것들에 대한 평가를 보여주는 사례를 살펴보기로 한다.

1) 이익의 질 결정요소

이익의 질에 영향을 미치는 것으로 확인되는 4가지 요소가 있다. 이들 요소를 하나씩 살펴보기로 한다.

(1) 회계원칙의 선택방향

이익의 질에 영향을 미치는 첫 번째 요소는 회계원칙의 선택방향이다. '일반적으로 인정된 회계원칙'에는 경영자가 선택할 재량권(discretion)이 있다. 이러한 재량은 낙관적 혹은 보수적일 수 있다. 보수적으로 결정된 이익의 질은 상대적으로 높게 인식된다. 왜냐하면 그러한 이익은 낙관적으로 결정된 이익과 비교하여 현재나 미래의 성과를 과대표시하지 않기 때문이다. 보수주의 회계는 이익을 과대표시하거나 소급적으로 변경시킬 가능성을 줄인다. 보수적 선택의 예로 물가상승 시기에 재고자산 평가방법 중 후입선출법(LIFO)을 선택하는 것과 감가상각 방법 중 가속상각이 있다. 그러나 과도한 보수적 경향은 이익의 질에 일시적으로는 기여하지만 장기적으로는 이익의 신뢰도 및 타당성을 떨어뜨린다. 선택한 회계원칙을 검토하면 경영자의 경향이나 태도를 알 수 있다.

(2) 자유재량적비용 지출의 정도

이익의 질에 영향을 미치는 두 번째 요소는 경영자의 자유재량적비용 지출의 정도이다. 즉, 경영자가 회계원칙 적용과 관련된 의사결정을 통해 자산에 대한 재투자나 이익력의 유지 및 증진을 위해 적절한 대비를 했는지 여부가 있다. 경영자는 수익과 비용을 결정하는 회계원칙의 적용을 통해 이익금액을 결정할 수 있는 재량권을 갖고 있기 때문에 광고비, 마케팅비, 수선유지비, 연구개발비 등과 같은 자유재량적비용은 보고된 이익(혹은 손실)의 수준에 맞추기 위해서 그 금액이나 지출의 시기를 조절할 수 있다. 영업상황과는 무관하게 기업의 유지와 성장에 필요한 비용 금액이나 지출 시기가 조절된 이익은 이익의 질이 낮은 것이다. 따라서 기업의 성장에 중요한 자유재량적비용 지출이 기업의 매출(수익) 규모와 비교하여 일정수준을 계속하여 유지하고 있을 때의 이익은 그렇지 못한 이익보다 질적으로 높다고 평가한다.

(3) 이익의 변동성 정도

이익의 질에 영향을 미치는 세 번째 요소는 이익의 추세가 안정적이냐 불안정하냐 하는 문제와 관련된다. 즉, 이익의 변동성 정도이다. 경영상의 자유재량적 행위의 결과가 아닌 기업외부의 경기순화적인 요소나 산업이나 기업특성이 기업이익에 영향을 미치는 경우가 있다. 특정 기업의 이익을 수년간에 걸쳐 비교하여 볼 때, 그 이익추세가 안정적이라면 이익의 질은 높다고 하고 이익의 변동가능성이 커서 불안정하다면 이익의 질은 낮다고 평가한다.

산업이나 기업 특성과 관련하여 이익을 불안정하게 하는 요인은 다음과 같은 것들이 있다.

① 제품수요의 가격탄력성(수요량의 변동률/가격의 변동률)
　이 비율이 1보다 크면 탄력적이어서 이익이 불안정하게 되고 1보다 작으면 비탄력적이어서 이익이 안정적이 된다.

② 제품간의 상관관계
　제품간의 상관관계가 부(−)이면 (예 : 하복과 동복, 에어컨과 히터) 이익이 안정적이 되고, 상관관계가 정(+)이면 (예 : 자동차와 타이어, 컴퓨터와 소프트웨어) 이익이 불안정하게 된다.

③ 기업 고유 특성상의 위험
　원재료 가격이 불안정한 특정 원재료에 의존하거나, 특정 개인의 경영수완이나 기술에 의존하는 등의 기업 고유 특성상의 위험이 이익을 불안정하게 한다.

(4) 당기순이익과 영업활동현금흐름과의 관련성 정도

이익의 질에 영향을 미치는 네 번째 요소는 발생기준 회계에 의해 산출된 순이익과 현금기준 회계에 의해 산출된 영업활동현금흐름과의 관련성 정도이다. 영업활동으로 인한 현금흐름이 이익에 가깝게 나타날수록 이익에 대한 신뢰도가 높아지기 때문에 이익의 질이 높다고 평가한다.

이익의 질에 영향을 미치는 이상의 4가지 요소들은 기업의 미래현금흐름과 밀접한 관련이 있는 것들이다. 따라서 이익의 질은 시장이 기업을 평가하는 결과로 나타나는 주가이익(price-earnings : PE)비율과 유효이자율에 영향을 미친다.

2) 재량적 회계선택의 분석

이익의 질을 결정하는 주요 결정요소로 경영자가 어떻게 회계원칙을 선택하고 적용하느냐가 있다. 본 절은 몇 가지 중요한 자유재량적 회계비용을 중점적으로 살펴보는데, 이는 이익의 질을 평가하는 데 도움이 되기 때문이다. 자유재량적비용(discretionary expenditure)은 자원을 유지하고 보고된 이익에 영향을 주기 위해 여러 기간에 걸쳐 경영자가 변화를 줄 수 있는 지출액이다. 이러한 이유 때문에 재무분석에서 자유재량적비용에 주의를 기울여야 한다. 재무분석가는 현재의 영업상황과 과거기간의 수준, 현재와 미래에 대한 예측과 관련하여 자유재량적비용의 적정성을 평가해야 한다.

(1) 수선유지비

경영자는 유지(maintenance)비용 계정처리에 대해 상당한 재량을 갖고 있으며, 수선(repairs)비 관련 계정처리에서도 일정부분 재량을 갖고 있다. 분석을 통하여 이러한 비용(cost)과 실제 활동을 비교해 볼 수 있다. 수선과 유지의 수준을 연도별로 비교하는 데는 다음의 두 가지 비율이 유용하다.

첫 번째 비율은 수선유지비용과 영업활동과의 관계이며, 다음과 같이 계산한다.

$$\text{수선유지비 대 매출 비율} = \frac{\text{수선유지비}}{\text{매출}}$$

재고자산에 큰 변화가 없다면, 매출은 영업활동에 대한 좋은 지표이다. 연도별 재고수준이 변화할 경우는 조정이 필요하다. 이는 두 가지 측면에서 조정을 해야 하는데, 즉 ① 기말재고자산을 판매가로 예측하여 이를 매출에 더하고, ② 기초재고자산을 판매가로 예측하여 이를 매출에서 차감한다.

재고수준에 상당한 변화가 있을 경우 이렇게 조정하면 매출이 당기매입의 판매가(매출－기말재고 판매가＋기초재고 판매가＝매입 판매가)가 되어 매출이 아닌 매입 판매가가 영업활동에 대한 지표가 된다.

두 번째 비율은 수선유지비와 투자수준과의 관계인데 여기서 투자는 이러한 수선유지비가 발생되게 하는 투자이며, 다음과 같이 계산한다.

$$\text{수선유지비 대 투자수준 비율} = \frac{\text{수선유지비}}{\text{유형자산(토지 제외)의 감가상각누계액차감후순액}}$$

정보가 충분할 경우 수선유지비와 특정 범주의 자산 간의 비율도 계산할 수 있다. 자산에 대한 수선유지활동이 불충분하면 그 자산의 내용연수를 수정해야 한다. 연도별 수선유지비의 추세는 지수(index number)로 환산하여 나타낼 수 있으며, 또한 관련 계정과 비교해 볼 수 있다. 이러한 두 가지의 비율을 측정하는 이유는 수선유지비가 적절한 수준으로 집행되고 있는지 확인하고, 수선유지비가 이익의 질에 영향을 미치도록 '관리'되고 있는지 여부를 파악하기 위해서이다.

삼성전자(주)는 〈표 9-1〉에서 보는 바와 같이 20×0년 수선유지비가 최근 2년보다 다소 높으나 전반적으로 3개년 수선유지비는 일정비율을 유지하고 있다고 볼 수 있다.

〈표 9-1〉 삼성전자(주)의 수선유지비분석

(단위 : 천원)

	20×2년	20×1년	20×0년
수선유지비	₩15,688,000	₩14,020,881	₩21,185,238
매출	₩40,511,563,000	₩32,380,375,608	₩34,283,752,279
수선유지비/매출	0.04%	0.04%	0.06%
수선유지비	₩15,688,000	₩14,020,881	₩21,135,238
유형자산 (감가상각누계액차감후순액)	₩12,336,799,000	₩11,406,355,173	₩10,545,886,247
수선유지비/유형자산	0.13%	0.12%	0.20%

(2) 광고비

광고비 지출액은 대부분 당기 이후에 영향을 미친다. 따라서 광고비 지출액과 단기성과 간에는 인과관계가 높지 않다. 이는 또한 경영자가 매출에 즉각적인 영향을 미치지 않는 광고비를 삭감할 수 있다는 사실을 의미하기도 한다. 그러나 장기간에 걸쳐서는 영향을 받을 것이다. 분석을 하기 위해서는 광고비의 연도별 변동을 살펴봄으로써 광고비가 미래 매출과 이익의 질에 미치는 영향을 평가해야 한다. 광고비 지출액의 추세를 평가하는 데는 몇 가지 방법이 있다. 한 가지 방법으로는 광고비 지출액을 지수추세로 환산하는 것인데 이때 '정상 연도'를 기준으로 사용한다. 그런 다음 이러한 지수추세를 매출, 매출총이익, 이익 등의 추세와 비교해본다. 또 다른 측정방법으로 광고비 대 매출 비율이 있다.

$$광고비\ 대\ 매출\ 비율 = \frac{광고비}{매출}$$

회계기간별로 비율을 비교함으로써 광고비의 변동내역을 파악한다. 수년간에 걸친 광고비 대 매출의 비율을 분석해보면 특정 판촉전략에 대한 기업의 의존성을 파악할 수 있다.

〈표 9-2〉 삼성전자(주) 광고비 대비 매출 비율

(단위 : 천원)

	20×2년	20×1년	20×0년
광고비	₩699,357,000	₩517,548,582	₩374,449,272
매출	₩40,511,563,000	₩32,380,375,608	₩34,283,752,279
광고비/매출	1.73%	1.60%	1.09%

삼성전자(주)는 〈표 9-2〉에서 보는 바와 같이 광고비 대 매출 비율이 3년간 크게 증가하는 추세를 보이고 있어 마케팅활동을 강화하고 있음을 짐작할 수 있다. 이것은 미래의 매출과 이익의 질에 영향을 미치게 된다. 또한 광고비 대 총판매비를 비교하는 방법도 있다.

$$\text{광고비 대 총판매비 비율} = \frac{\text{광고비}}{\text{총판매비}}$$

이 비율은 여타의 판촉방법에 대한 광고비의 변동을 파악하는 데 유용하다. 이 비율을 경쟁업체의 비율과 비교해보면 제품에 대한 시장의 수용 정도와 매출을 늘리기 위해 어느 정도의 판매촉진 노력이 필요한지 알 수 있다.

(3) 연구개발비

연구개발비(research and development costs)는 재무제표에서 분석과 해석이 가장 난해한 비용항목 중의 하나이다. 그러나 연구개발비가 중요한 이유는 연구개발비의 금액 때문이 아니라 미래의 성과에 이것이 미치는 영향 때문이다. 재미있는 사실은 연구개발비는 과거의 경험에 비추어 볼 때보다 훨씬 기업에 생산적인 기여를 많이 한다. 유전, 화학, 전자, 광학 및 생물 분야에서 성공적인 연구개발 활동을 보여주는 사례들은 수없이 많다. 그러나 각각의 성공적 프로젝트를 살펴보면 실패도 무수히 많음을 알 수 있다. 이러한 연구의 실패란 이득도 보지 못하고 지출 혹은 상각된 막대한 금액을 의미한다. 또한 '연구란 무엇인가' 라는 문제와 '왜곡될 가능성은 없는가' 하는 문제가 있다. 연구라는 단어는 첨단의 과학적 연구로부터 일상적인 시험까지 모두에 사용된다.

분석 과정에서 연구개발비뿐만 아니라 연구개발비가 없는 경우에도 주의를 기울여야 한다. 연구개발비는 대부분이 고정원가이고 금액이 크며, 미래의 기업성과에 대한 실마리를 보여준다. 분석에서는 또한 측정이 불가능한 요소(혹은 질적인 요소)와 측정이 가능한 요소를 서로 구분해야 한다. 질적 요소(qualitative factors)에는 연구의 질이 있다. 연구의 질에는 직원과 조직의 수준, 리더의 평판, 연구결과의 상용화 가능성 등이 있다. 질적 분석은 다른 분석과 같이 병행하여 수행되어야 한다.

또한 외부지원 연구비(정부 포함)와 자체지원 연구비는 서로 구분해야 한다. 후자는 기업의 목적과 부합할 가능성이 상대적으로 높다. 소모된 액수만을 기준으로 하여 연구를 평가할 수는 없다. 연구비 지출액은 적용되는 회계처리방식에 따라 비용(연구개발비 : 판매비와관리비 및 제조경비에 포함된 연구비 및 경상개발비)이 되기도 하고 자산(개발비 : 무형자산)이 되기도 한다. 계량가능한 요소도 연구개발 지출액에 대한 분석에서 유용하게 쓰인다. 분석의 목적은 미래에 이익을 줄 수 있는 현재의 연구개발비 금액을 파악하는 것이다. 이들 이익은 연구개발 지출액을 다음의 항목과 대비함으로써 측정된다.

- 매출 성장
- 신제품
- 설비자산 인수(성공촉진을 위해)
- 수익성

연구개발비의 또 다른 주요 척도로는 영업활동과 관련된 연구개발비의 상대적 크기이다. 이러한 연구개발비는 대개 연구개발부서의 고정원가이며, 경영자의 재량에 따라 매출에 변동이 없어도 변동시킬 수 있는 것이다. 이익의 질과 관련해볼 때, 분석과정에서 연구개발 지출액의 연도별 변화를 평가해야 한다. 분석에는 지수추세분석과 비율분석이 있으며, 비율은 다음과 같이 계산된다.

$$\text{연구개발비 대 매출 비율} = \frac{\text{연구개발비}}{\text{매출}}$$

회계기간에 걸쳐 이러한 비율을 유심히 비교해보면, 기업이 연구개발에 쏟은 노력이 잘 유지되고 있는지 혹은 그러한 노력이 영업활동에 따라 변하고 있는지 여부를 파악할 수 있다. 일시적인 연구노력은 일관된 장기간의 프로그램이 지닌 예측가능성 혹은 질이 결여되어 있는 것이 일반적이다.

삼성전자(주)는 〈표 9-3〉에서 보는 바와 같이 연구개발비 대 매출 비율이 20×1년에 7.5%, 20×3년에 8.1%, 20×5년에 크게 증가하여 9.4%, 20×8년에 9.5%로 20×5년 이후 9%대를 유지하고 있으며, 세계 유수기업 수준인 10%대 진입을 눈앞에 두고 있다. 이처럼 높은 연구개발비 대 매출 비율과 동 비율이 일정 수준을 계속 유지하고 있는 삼성전자(주)의 이익은 그렇지 않은 경우의 이익에 비해 상대적으로 이익의 질이 높다고 할 수 있다.

〈표 9-3〉 삼성전자(주) 연구개발비 분석

(단위 : 백만원)

	20×8년	20×5년	20×3년	20×1년
연구개발비*	₩6,900,730	₩5,409,771	₩3,529,433	₩2,418,234
매출	₩72,952,911	₩57,457,670	₩43,582,016	₩32,380,375
연구개발비/매출	9.5%	9.4%	8.1%	7.5%

* 연구개발비는 판매비와관리비 및 제조경비에 포함된 것을 합한 금액

(4) 기타 자유재량적인 미래 지향성 비용

미래와 관련된 또 다른 자유재량적비용 지출이 있다. 예를 들면, 교육훈련비, 경영개발비 등이다. 이러한 인적자원 관련 비용은 보통 발생한 기간에 지출되는 반면, 유용성은 미래에 있는 경우가 많다. 분석의 과정에서는 당기의 이익과 미래의 전망을 평가하기 위하여 이를 파악해야 한다.

2 이익의 질에 대한 재무상태표 분석

재무제표의 자산과 부채 가치는 이익의 질을 분석하는 데 중요한 단서를 제

공한다. 재무상태표 분석은 이익을 기준으로 한 분석법을 보완해주는 중요한 분석기법이다. 본 절에서는 재무상태표 분석이 갖는 세 가지 유의점을 설명한다.

1) 자산에 대한 보수주의 경향

재무상태표의 자산가치의 적정성은 자산가치가 궁극적으로 비용으로 인식되는 것과 관련이 있다(현금, 만기보유 투자자산 및 토지와 같은 몇 가지 사항은 예외로 함). 이를 다음과 같은 일반명제로 설명할 수 있다. 즉, 자산이 과대표시되면 누적이익 역시 과대표시된다. 그 이유는 이익에 이러한 자산의 취득원가를 감가상각하는 비용이 포함되지 않았기 때문이다. 그러한 명제의 역도 참이 된다. 즉, 자산이 과소표시되면 누적이익도 과소표시된다.

보수주의에서 이익은 실현되었을 때만 인식한다. 보수주의의 엄격한 해석에서 일부 이탈하는 경향이 존재하기는 하지만(예를 들면, 유가증권 회계처리), 대부분의 자산은 그것의 현재가치 혹은 실현가능가치가 원가를 훨씬 넘어설 때조차 원가로 보고된다. 기업결합을 지분풀링법으로 처리하면 피인수기업의 장부가치를 그대로 이월할 수 있도록 허용한다. 하지만 그러한 가치는 현재의 시장가치 혹은 그러한 자산가치 평가액보다 훨씬 낮을 수도 있다. 지분풀링법에서는 과소표시된 자산은 가치가 실현될 때 이익으로 기록할 수 있도록 허용한다. 이것은 이전에 과소표시된 자산을 인정하고 있음을 보여주는 경우이다. 이러한 이익은 이전에 이미 '구입 및 지불'된 것이기 때문에 이익능력 혹은 경영자의 영업성과를 나타내지는 않는다.

2) 충당금 및 부채에 대한 보수주의 경향

재무분석에서는 충당금과 부채가치를 이익과 관련시키는 경우에 다음과 같은 명제에 유의해야 한다. 즉, 충당금과 부채(예 : 사채)가 과소평가되던 누적이익은 과대표시된다. 그 이유는 이익에는 충당금 혹은 부채를 시장가치로 조정하는 데 필요한 비용(예 : 제품보증비, 이자비용)이 포함되어 있지 않기 때문이다. 예를 들면 제품보증충당금, 퇴직급여충당금 등을 과소표시하면 누적이익은 과대표시된다. 이와는 반대로 당기 및 미래 부채 혹은 손실에 대해 과다하게 충당금(over provision)을 설정하면 이익은 과소표시(혹은 손실의 과대표시)된다. 자산과 부채의 보고된 가치에 기인한 이익효과와 관련된 명제를 고려하면 이러한 가치에 대한 분석은 이익의 질을 평가하는 데 있어 중요한 요소임을 알 수 있다.

3) 자산에 대한 위험

이익의 질과 관련한 재무상태표 분석에 또 다른 차원의 접근이 필요하다. 이러한 접근은 미래에 실현되는 자산에 대해서 여러 가지 위험이 존재하기 때문이다. 이러한 위험은 확률적 성격이 매우 높다. 매출채권의 미래 실현율은 재고자산 원가의 실현율보다 높다. 이와 마찬가지로 재고자산원가의 미래 실현율은 영업권의 실현율보다 높다. 위험에 따른 자산의 분석은 이익의 질과 관련이 있다. 회계보고 절차상 지출이 이연되면 이익의 질은 떨어진다. 실례로 이익의 질을 평가하기 위해 두 가지 특정 자산에 관하여 위험분석을 설명한다.

(1) 매출채권

매출의 질은 매출채권을 얼마나 적절하게 평가하느냐에 따라 달라진다. 정확한 매출채권 평가는 화폐의 시간가치와 채무 불이행(default)의 위험을 파악해야 한다. 매출채권의 수준과 매출채권과 매출의 관계는 이익의 질을 평가하는 데 도움이 된다. 매출채권이 증가한 것이 공격적인 판매촉진활동이나 비용이 많이 소요되는 인센티브를 통해 재고를 기업으로부터 기업의 판매 대리점(distributor)으로 옮긴 것에 불과하다면, 이러한 매출은 단지 미래 매출로부터 매출실적을 차입한 것이므로 이익의 질은 떨어진다.

(2) 재고자산

재고자산이 과대표시되면 이익도 과대표시된다. 이러한 과대표시의 원인은 수량, 원가계산, 가격결정 혹은 재공품 평가에서 비롯될 수 있다. 재고자산 항목이 복잡해질수록 혹은 평가가 내부적으로 마련된 원가기록에 의존할수록 오류나 허위표시로 인해 재고자산 원가의 추정이 어려워진다. 특히, 제각(write off)해야 하는 재고자산 원가가 재고로 남아있을 때 과대표시된다. 재고자산을 과소표시하는 것은 미래에 효익이 있어서 기말재고자산에 포함되어 있어야 할 것을 제각처리하는 것이다. 재고자산을 과소표시하면 당기의 이익은 과소표시되고 미래의 이익은 과대표시된다.

3 외부요인과 이익의 질

이익의 질은 기업의 외부요인에 영향을 받는다. 이러한 외부요인은 이익의 신뢰도를 높이거나 낮춘다. 한 가지 외부요인으로 국외 이익(foreign earnings)의 질이 있다. 국외 이익의 질은 자금의 회수, 환율변동(currency fluctuation), 정치적·사회적 조건 및 해당 국가의 관습과 규정에서 발생하는 어려움과 불확실성에 영향을 받는다. 어떤 국가는 고용자의 해고에 대한 유연성이 부족한데, 이들 기업은 대체로 노무비를 고정원가로 회계처리한다.

또 다른 외부요인으로 규제(regulation)가 있다. 예를 들어, 공익에 대한 규제환경이 공익사업에서 발생하는 이익의 질에 영향을 미친다. 공정하지 못하거나 혹은 적대적인 규제환경은 원가와 판매가격에 영향을 미칠 수 있으며, 그에 따라 미래 이익의 불확실성이 커지므로 결국 이익의 질을 떨어뜨린다. 또한 이익원천(earnings source)의 안정성 및 신뢰도는 이익의 질에 영향을 미친다. 정부의 방위 관련 세입은 국제 간의 긴장이 고조된 시기에는 신뢰성이 있지만 평화 시에는 정치적 사건에 영향을 받는다. 물가수준의 변동은 이익의 질에 영향을 미친다. 물가수준이 오르면 재고자산 평가로 인한 이익[1]이나 감가상각비 같은 비용의 과소표시로 인한 이익이 생기는데 이는 이익의 질을 떨어뜨린다. 마지막으로 영업의 복잡성에 기인한 불확실성 때문에 복합기업(conglomerates)의 이익은 비교적 질이 낮은 이익으로 간주된다.

1) 국제회계기준(IFRS)은 재고자산평가에서 후입선출법(LIFO)의 사용을 허용하고 있지 않기 때문에 물가가 오르면 기말재고자산 평가금액의 증가로 인해 매출원가가 감소하게 되어 이익이 증가한다.

제 3 절 이익의 지속성

재무분석가는 이익분석을 통해 기업의 이익 흐름에서 안정성이나 예측가능성 혹은 지속성을 나타내는 요소를 파악해야 한다. 이러한 요소는 무작위요소 혹은 비경상적 요소와 구분되어야 한다. 이러한 구분을 통해 이익력의 신뢰성 있는 추정을 하는데 도움을 얻는다. 특히, 이익분석은 이익관리(income management) 혹은 이익유연화(income smoothing)에 주의를 기울여야 한다.

이익관리나 이익유연화는 이익의 안정성이나 예측가능성에 크게 손상을 입힌다. 그러한 활동이 영업실적에서 나타나는 왜곡 혹은 특이성을 제거한다고 경영자는 주장하지만, 이러한 행동은 기업의 환경이자 경험의 한 부분인 자연스럽고도 주기적인 변동성을 왜곡시킨다. 이러한 영향을 식별하는 것은 한 기업의 위험을 평가하는 데 있어서 중요하다. 본 절에서는 이익의 지속성과 관련 있는 요소들, 즉 이익수준, 추세 등을 살펴볼 것이다.

1 분석을 위한 이익의 재계산과 수정

분석의 목적은 이익 및 이익의 구성요소를 재계산하여 안정적이고 정상적이며 지속적인 이익의 구성요소에서 무작위적이고 이상적이며 독특하고 비경상적인 요소를 구분하는 데 있다. 후자에 해당하는 요소는 별도로 분석하고 조사해야 한다. 재계산의 목적 중 하나는 당기 이익에 포함된 요소 중에 전기에 포함시키는 것이 더 타당한 요소를 파악하는 것이다.

1) 이익의 지속성에 관한 정보

포괄손익계산서와 기타 재무제표는 이익분석을 위한 시발점이다. 재무분석가는 일반적으로 세부적인 이익구성요소 정보가 있는 포괄손익계산서를 선호한다. 이익과 이익구성요소의 정확한 구성 및 처리는 이를 담당하는 회계담당자의 시각에 따라 달라진다. 이러한 시각 중의 하나는 '정상영업'에 대한 경영자의 해석을 토대로 이득이나 손실(gains or losses)을 이익에 포함하거나 혹은 이익에서 제외시켜야 한다고 주장한다. 이러한 견해는 논란의 여지가 있는데다 갖가지 비판을 받기 쉽다.

또 다른 견해는 총액주의(clean surplus relation)로서 이 접근법은 대부분의 손익은 발생시점에 보고되어야 한다고 주장한다. 그러나 전기의 결과를 어떤 식으로 재표시할지에 관한 문제가 수반된다. 오류수정과 같은 몇 가지 예외를 제외하고는 현재 실무에서는 회계계정을 재표시하지 않도록 하고 있다. 이익을 재계산하거나 수정하기 위해서는 신뢰성 있고 타당한 정보가 필요하다. 이러한 정보의 주요 출처로는 다음과 같은 것이 있다.

- 부문별 정보를 포함하는 포괄손익계산서
  - ㉠ 계속사업부문의 손익
  - ㉡ 중단사업부문의 손익
  - ㉢ 기타 포괄손익
- 기타 재무제표와 주석
- 재무제표에 대한 경영자의 설명
- 경영자의 검토 및 분석(MD&A)

공시내용이 이익의 지속성을 평가하는 데 있어서 반드시 충분한 자료를 포함하지는 않는다. 따라서 재무분석가는 가능하다면 이익의 지속성 평가에 필요한 정보를 얻기 위하여 모든 자료에 접근하는 것이 바람직하다. 타당성 있는 자료라면 비교가능성과 해석가능성이 있어야 한다. 예를 들면, 제품배합(product-mix)의 변화, 기술혁신, 작업정지 및 원재료 부족 등이 있다.

2) 이익과 이익구성요소의 재계산

재무분석가가 일단 모든 유용한 정보를 확보했다면 다년간의 손익계산서(적어도 5년 이상)를 이익의 지속성을 평가하기 위해 재계산하고 조정해야 한다. 이익을 재계산하고 조정하면 이익력을 결정하는 데도 도움이 된다.

이익 재계산의 목적은 이익의 구성요소를 재정리하여 의미있게 분류하고 분석에 도움이 되는 양식을 제시하는 데 있다. 각 구성요소는 재정리되고 세분되거나 혹은 법인세효과를 반영할 수 있지만 합계 총액은 보고된 각 회계기간의 순이익과 일치해야 한다. 한 회계기간 내의 이익요소를 분석적으로 재분류하면 이익수준을 평가하는 데 도움이 된다. 특히, 재량적 비용은 분리해야 한다. 또한 합병되지 않은 종속기업이나 관련기업의 이익에 포함된 지분 등과 같은 요소도 똑같이 적용되는데, 이러한 요소는 세후 순액(net of tax)으로 보고된다. 계속사업부문의 요소가 아닌 요소들은 세액효과를 소거해야 한다.

법인세 관련 공시내용을 보면 법인세를 감소시키거나 혹은 증가시키는 요인을 분리시킬 수 있다. 이렇게 분리함으로써 앞서 말한 요인의 경상적 특성(recurring nature)을 분석할 수 있도록 해준다. 영구적인 법인세차이는 모두 여기에 해당된다. 분석적 절차를 수행하기 위해서는 법정세율로 세금을 계산하고, 세액감면이나 자본이득세율, 비과세이득, 저율의 국외법인세율 등으로 인한 세금효과를 차감해야 한다. 또한 추가 외국법인세, 세금불공제비용, 지방세 같은 요소들을 포함시켜야 한다. 중요하지 않은 항목은 개략적으로 계산해서 기타항목으로 표시한다. 분석적으로 재계산된 손익계산서는 본 분석에 필요한 만큼의 세부적인 자료를 포함하고 있으며 주석으로 추가설명한다. 〈표 9-4〉에서는 분석적으로 재계산된 와룡(주)의 손익계산서를 볼 수 있다.

〈표 9-4〉 손익계산서 재계산 사례

손 익 계 산 서

와룡(주) 6기~11기 (단위 : 백만원)

항 목	11기	10기	9기	8기	7기	6기
순매출	₩6,204.1	₩6,205.8	₩5,672.1	₩4,872.6	₩4,490.4	₩4,286.8
이자수익	26.0	17.6	38.3	29.5	29.5	27.4
총수익	₩6,230.1	₩6,223.4	₩5,710.4	₩4,902.1	₩4,519.9	₩4,314.2
원가와 비용						
매출원가	3,727.1	3,893.5	3,651.8	3,077.8	2,897.8	2,820.5
마케팅비 및 판매비	760.8	760.1	605.9	514.2	422.7	363.0
광고비	195.4	220.4	212.9	219.1	203.5	181.4
수선유지비	173.9	180.6	173.9	155.6	148.8	144.0
일반관리비	306.7	290.7	252.1	232.6	213.9	195.9
연구개발비	56.3	53.7	47.7	46.9	44.8	42.2
주가관련 인센티브 프로그램	15.4	(0.1)	17.4	(2.7)	-	8.5
외환조정비	0.8	3.3	19.3	16.6	4.8	0.7
기타 순비용	(3.3)	(2.0)	(1.4)	(4.7)	(0.4)	(9.0)
감가상각비	194.5	184.1	175.9	162.0	139.0	120.8
무형 및 기타 자산상각	14.1	16.8	16.4	8.9	5.6	6.0
이자비용	116.2	111.6	94.1	53.9	51.7	56.0
원가와비용	₩5,557.9	₩5,712.7	₩5,266.0	₩4,480.2	₩4,132.2	₩3,930.0
계열기업 및 비지배지분의 이익지분조정 전 이익	672.2	510.7	444.4	421.9	387.7	384.2
계열기업 이익에 대한 지분	2.4	13.5	10.4	6.3	15.1	4.3
비지배지분	(7.2)	(5.7)	(5.3)	(6.3)	(4.7)	(3.9)
법인세 차감전이익	667.4	518.5	449.5	421.9	398.1	384.6
법정세율에 따른 법인세	(226.9)	(176.3)	(152.8)	(143.5)	(179.1)	(176.9)
영업이익	440.5	342.2	296.7	278.4	219.0	207.7
지방세	(20.0)	(6.6)	(3.8)	(11.8)	(8.6)	(8.0)
투자세액공제	-	-	-	-	4.4	11.6
손금불산입되는 무형자산 상각	(4.0)	(1.6)	(1.2)	(2.6)	(1.4)	-
과세되지 않았거나 과세된 국외이익	2.0	(2.2)	(0.2)	3.2	11.1	15.2
기타 : 세액효과	(17.0)	(2.2)	(0.1)	(3.7)	7.5	(4.7)
대덕(주)과의 거래	-	-	-	-	4.5	-

해체, 구조조정 및 임시비	-	(339.1)	(343.0)	(40.6)	-	-
해체, 구조조정 및 임시비의 세액효과	-	13.9	64.7	13.9	-	-
8기와 7기의 기업매각 이익	-	-	-	3.1	9.7	-
종속기업의 설비 매각손실, 세후순액	-	-	-	-	(1.7)	-
후입선출법(LIFO) 청산이득	-	-	-	1.7	2.8	1.4
회계방법의 변경에 따른 누적효과 이전의 이익	401.5	4.4	13.1	241.6	247.3	223.2
법인세에 대한 회계방법 변경의 누적효과	-	-	-	32.5	-	-
보고된 순이익	401.5	4.4	13.1	274.1	247.3	223.2
매출원가	4,095.5	4,258.2	4,001.6	3,392.8	3,180.5	3,082.8
- : 수선유지비	(173.9)	(180.6)	(173.9)	(155.6)	(148.8)	(144.00)
- : 감가상각액(a)	(194.5)	(184.1)	(175.9)	(162.0)	(139.0)	(120.1)
+ : 후입선출법 청산이익(b)	-	-	-	2.6	5.1	2.6
	3,727.1	3,893.5	3,651.8	3,077.8	2,897.8	2,821.3
마케팅비 및 판매비	956.2	980.5	818.8	733.3	626.2	544.4
- : 광고비	(195.4)	(20.4)	(212.9)	(219.1)	(203.5)	(181.4)
	760.8	960.1	605.9	514.2	422.7	363.0
기타비용(이익)	26.2	14.7	32.4	(3.2)	(9.5)	5.5
- : 주가관련 인센티브 프로그램	(15.4)	0.1	(17.4)	2.7	-	(8.5)
- : 무형자산상각액	(14.1)	(16.8)	(16.4)	(8.9)	(5.6)	(6.0)
- : 8기와 7기의 기업매각 이익	-	-	-	4.7	14.7	-
기타순비용	(3.3)	(2.0)	(1.4)	(4.7)	(0.4)	(9.0)
법정세율로 계산한 해체, 구조조정 및 임시비용의 세액효과	-	115.3[c]	116.6[d]	13.9	-	-
손금불산입되는 해체, 구조조정, 임시비	-	(101.4)[e]	(51.9)[f]	-	-	-
	-	₩13.9	₩64.7	₩13.9	-	-

* 법인세율은 8기~11기가 34%, 7기 45%, 6기가 46%였다.

† 이 액수는 6기에는 밝히지 않았다.

(a) 대부분의 감가상각비는 상품매출원가에 포함된다고 가정한다.

(b) 법인세 차감 전 후입선출법 청산이익, 예를 들어 8기의 경우 이것을 계산하면 ₩1.7/(1−0.34)=₩2.58백만이 된다.

(c) ₩339.1 〈22〉 × 0.34=₩115.3

(d) ₩343.0 〈22〉 × 0.34=₩116.6

(e) ₩179.4 〈26〉 × 0.565 〈136〉=₩101.4

(f) ₩106.5 〈26〉 × 0.487 〈136〉=₩51.9

3) 이익과 이익구성요소의 수정

수정단계에서는 재계산된 손익계산서와 기타 유용한 자료를 이용하여 이익구성요소를 적합한 회계연도에 배정한다. 특별항목(세후순액)이나 비경상항목의 귀속기간을 결정할 때는 특히 주의해야 한다. 또한 영업손실의 이월에 따른 법인세이득은 손실발생 연도에 귀속시켜야 한다. 소송 종결에 따른 비용이나 이익은 전기와 관련될 수 있다. 이와 마찬가지로 중단사업부분의 매각으로 인한 이익이나 손실은 보통 수년간의 영업실적과 관련된다.

회계원칙이나 추정에서 변경이 있는 경우는 분석 중인 모든 회계연도를 소급처리하여 수정해야 한다. 변경된 회계원칙이 기업회계기준에서 인정된다면 전년도는 변경된 회계방법으로 다시 작성해야 한다. 이렇게 재작성(restatement)함으로써 회계원칙의 변경에 따른 누적효과는 해당 기별로 재배분된다. 추정의 변경은 몇 가지 예외적인 경우를 제외하고는 전진법으로 처리한다. 모든 기간을 비교가능하도록 조정할 수 있는 능력은 정보의 이용가능성에 달려 있다. 이익의 지속성을 평가하기 전에 위와 같은 수정을 통해 가능한 한 최적의 이익추정치를 계산할 필요가 있다.

〈표 9-5〉는 와룡(주)의 수정된 손익계산서를 보여준다. 여기서는 모든 이익구성요소를 고려한다. 만약 한 이익요소 중 보고기간에서 제외시켜야 할 경우 ① 해당 이익요소(세후 순액)를 전기의 영업실적으로 이전시키거나 ② 분석대상 기간별 이익에 해당 요소를 배분한다. 이익구성요소가 특정 기간에 해당되지 않는 경우에는 전기이익에 이익요소를 배분해야 한다. 그러나 이익요소의 배분은 이익능력을 결정하는 경우 도움이 되지만 이익추세의 분석에는 왜곡이 발생할 수 있다. 또한 손익을 다른 기간으로 이전한다고 해서 전년도 실적의 허위표시를 교정해주지 못한다는 사실도 이해해야 한다. 예를 들어, 어떤 기간에 특허침해에 대한 손해배상을 받았으면 이는 전기에 매출 손실이 있었거나 다른 피해가 발생했음을 시사한다.

수익이나 비용이 비경상적이거나 비반복적으로 발생하면 이익의 변동성(volatility)은 증가하고 이익요소가 작아진다. 이러한 특징은 매도가능한 유가증권의 매각손익이나 외화환산조정과 같은 거래에도 동일하게 적용된다. 흔히 조정과정에서 자본에서 파생되는 지분효과(equity effect)를 제외시킨다. 그러나 이 효과는 기업의 영구적 이익의 일부이다. 이 효과는 소유주의 지분을 증감시키고 이익능력에 영향을 미친다. 따라서 수정과정에서 이들 항목을 누락했으면 그러한 항목들은 평균이익능력분석에 포함되어야 한다.

〈표 9-5〉 수정된 손익계산서

수정된 손익계산서

와룡(주) 6기~11기 (단위 : 백만원)

	11기	10기	9기	8기	7기	6기	합계
보고된 순이익	₩401.5	₩4.4	₩13.1	₩274.1	₩247.3	₩223.2	₩1,163.6
해체, 구조조정 및 임시비		339.1	343.0	40.6			
해체, 구조조정 등의 세액효과		(13.9)	(64.7)	(13.9)			
8기와 7기의 기업매각 손익				(3.1)	(9.7)		
종속기업의 설비매각 손실					1.7		
대덕(주)과의 거래					(4.5)		
후입선출법 청산이익				(1.7)	(2.8)	(1.4)	
법인세에 대한 회계변경의 누적효과				(32.5)			
조정된 순이익	₩401.5	₩329.6	₩291.4	₩263.5	₩232.0	₩211.8	
회계기간 중 총순이익							₩1,163.6
회계기간 중 평균이익							₩ 193.9

2 이익지속성의 결정요소

이익분석은 예측과 평가의 목적으로 이익을 재계산하고 수정한 후 다음으로 이익의 지속성을 평가해야 한다. 이익의 변동성, 이익추세, 이익관리, 경영자 인센티브 등은 모두 이익지속성에 대한 잠재적 영향요인이다. 영업주기별로 그리고 장기간에 걸쳐서 이익지속성을 평가해야 한다.

1) 이익의 변동성

영업주기에 따라 변동성이 높은 이익은 안정성을 가진 이익에 비해 바람직하지 않다. 그 이유는 이익변동성이 주가변동과 관련이 있기 때문이다. 이러한 평가를 위해 표준변동척도(standard variability measure)를 활용할 수 있다. 이익변동을 평가할 때 한정된 기간의 이익을 검증함으로 인해 나타나는 한계를 파악해야 한다. 분석목적에 따라 최소한 다음 두 가지의 측정치가 있다.

(1) 평균이익

평균이익은 보통 5년 내지 10년간의 자료를 활용하여 계산한다. 평균계산은 변동성과 특이성, 특별히 주기적인 요소들을 평균화하여 이익력 측정치의 신뢰도를 높일 수 있다.

(2) 최소이익

보통 가장 최근의 영업주기로부터 선택된다. 최소이익을 사용하면 고위험에 민감한 요소의 분석에 도움이 된다. 최소이익은 최악의 경우를 고려한 시나리오를 반영한다.

2) 이익추세

안정된 성장추세를 반영하는 이익은 바람직하다. 이익동향은 순수하게 통계적 방법으로 혹은 추세분석표(trend statement)를 통하여 평가할 수 있다. 추세분석은 앞의 〈표 9-5〉에서 제시된 것과 같이 재계산 및 수정과정을 거친 이익수치를 사용한다. 이익추세를 알면 기업의 현재와 미래의 성과를 알 수 있고(주기적, 성장성, 방어적), 경영의 질을 알 수 있다. 그러나 추세에 영향을 미치는 회계상의 왜곡을 주의해야 한다. 회계원칙의 변경과 기업결합의 효과(특히, 매수)는 특히 중요하고, 이러한 변동은 조정되어야 한다.

이익관리의 주요한 동기는 이익추세에 영향을 미치기 위한 것이다. 이익관리실무를 할 때는 이익추세가 기업가치평가에 있어서 중요하다고 생각한다. 또한 과거의 보고된 이익을 소급해서 수정하더라도 주가에 영향을 미치지 않는다고 생각한다. 즉, 한 기업이 일단 손실을 입은 후 이를 보고하면 손실 유무는 손실의 크기만큼이나 기업가치 평가목적상 중요하다. 회계를 이익추세를 개선하는 수단으로 이용하려는 경영자의 의도로 인해 이익유연화를 포함한 세련된 이익관리기법이 생겨났다.

3) 이익관리

이익의 허위표시나 왜곡과 이익관리를 구분하는 것이 중요하다. 이익관리는 특정 성과를 보고할 목적으로 '수용가능한'(acceptable) 회계원칙을 사용한다. 경영자는 이익관리의 목적을 달성하기 위해 회계원칙을 허용가능한 실무의 범위 내에서 선택하여 (논쟁의 여지는 있지만) 수행한다. 이것은 내용이라기보다는 형식의 문제이다.

이익관리는 실제 거래에 영향을 미치는 것이 아니라 부채나 비용을 회계기간에 걸쳐서 재배분할 뿐이다. 이익관리의 주목적은 이익이 좋은 연도와 나쁜 연도, 현재와 미래 사이에 이익을 옮김으로써 이익의 변동성을 완화시키는 것이다. 실제 이익관리는 여러 가지 형식을 취한다. 특히, 주의해야 할 이익관리의 형태로는 다음과 같은 사항이 있다.

① 회계방법(method) 혹은 회계가정(assumptions)의 변경
② 특별손익의 상쇄 : 이렇게 하면 이익의 추세에 불리한 영향을 주는 특별하거나 갑작스런 이익이 제거된다.
③ 이익하향화(big baths) : 당기의 실적이 최악으로 나쁠 때 미래의 비용과 손실까지 미리 당기에 부담시키는 기법이다. 이렇게 하면 미래의 이익은 이러한 비용과 손실의 부담이 없기 때문에 증가된다.
④ 평가감(write-downs) : 영업성과가 좋지 않을 때 영업권(goodwill)이나 유형자산 등을 평가감하는 것은 또 다른 방법이다. 평가감을 정당화시키는 방법으로 현재의 경제여건으로는 장부가치보다 현재가치가 낮다고 주장한다. 그러나 경영자가 목표로 하는 투자자본수익률에 맞도록 운영자산을 평가감한 것은 특히 좋지 않은 것이라고 하겠다.
⑤ 수익과 비용의 인식시기 조정 : 이 방법은 수익 및 비용의 인식시기를 조

절하여 이익추세와 이익을 관리한다. 예를 들면, 수익, 자산매각, 연구비, 광고비, 수선유지비 등의 시기조절이 있다. 대부분의 이익관리 기법과는 달리 실제거래 발생에 대한 시기를 결정해야 한다.

⑥ 공격적 회계적용 : 회계기간 간에 이익을 재배분하기 위해 공격적 회계를 적용한다. 예를 들면, 이익에 영향을 미치기 위하여 재고자산을 과도하게 계상한다. 이러한 실무는 정상적인 기준을 벗어난 것이다.

4) 경영자 인센티브

재무제표분석에서 회계 측정치에 대한 경영자 인센티브의 영향이 존재하며 이것은 특히 이익의 지속성을 평가하는데 유용하다. 경험에 비추어 보면 경영자나 소유주 혹은 종업원은 자신의 목적이나 이익을 위해 회계를 조작하고 왜곡하는 경우가 많다. 재무상태가 어려운 기업일수록 조작할 우려가 높고, 이러한 조작이 생존의 방편이라는 말로 정당화되기도 한다. 성장세에 있는 기업 역시 이익관리를 통해 성장기업으로서 어렵게 얻은 명성을 지키고자 노력한다. 보상제도나 기타 회계에 기준한 인센티브 혹은 제약은 경영자가 이익을 관리할 동기가 된다.

분석에서는 보고이익과 관련된 경영자 인센티브를 파악해야 한다. 이익관리는 보고된 이익을 파악하는 것부터 시작한다. 이익을 관리함으로써 차기 이후의 저조한 이익기간에서 이용할 '적립금'(reserve)을 생성한다. 재미있는 사실은 이익관리를 하면 정보이용자가 이익창출력을 평가하는 데 도움이 된다고 주장하는 사람들이 있다. 이러한 점은 논란의 여지가 있지만, 재무보고의 목적은 아니다. 이익의 구성요소를 완전히 공시하고 경영자의 설명이 부연되는 것이 보다 바람직하다. 분석의 목적에 따라 보고된 이익을 평균화하거나 유연화하거나 혹은 조정할 수 있다.

현행의 회계실무는 이익관리를 바람직하지 않게 여긴다. 그러나 경영자에 대한 인센티브가 있고 영업실적을 관리하고 확인하기 위해 회계수치를 이용한다면, 분석과정에서는 이익관리나 이익의 허위표시 가능성이 있다고 생각해야 한다. 분석에서는 이익을 관리하기 위한 기업의 여러 가지 인센티브를 구분 파악해야 하며 특히, 회계실무를 면밀하게 관찰해서 재무제표에 일관성이 있는지를 파악해야 한다.

제 4 절 이익에 기초한 가치평가

기업가치평가는 많은 재무제표 이용자들의 중요한 목적이다. 신뢰성 있는 기업가치평가는 유가증권의 매입·처분 의사결정에 도움이 되고, 대출 관련 기업의 가치를 평가하고 기업결합을 위한 기업가격을 추정하고, 주식의 공모가격을 정할 수도 있으며 그 외에도 여러 가지 유용성이 높다. 이 절에서는 회계를 기초로 한 기업가치 평가를 소개하고 재무제표분석에 이러한 방법이 어떻게 사용되는지 설명한다.

기업가치평가는 전통적으로 할인된 현금흐름법(discounted cash flow : DCF)으로 한다. DCF법은 기업의 지분평가를 투자자가 사용할 수 있는 현금흐름의 추정치를 토대로 계산된다. 이 추정치는 기업의 자본비용으로 할인된다.[2] 회계에 기초한 기업가치평가모형은 본 교재의 앞 부분에서 소개했으며, 이 절에서 기술하는 DCF법과도 이론적으로 일관성이 있다. 즉, 회계에 기초한 가치평가방법과 DCF법은 가치추정 개념상 동일하다.

1 주가와 회계자료의 관계

다음의 공식은 제7장에서 자세히 설명한 모델이다.

2) 일반적 대안으로 기업부채 및 지분자본의 가중평균치를 통해 부채 보유자 및 지분 보유자에게 유용한 예상현금흐름을 할인해주는 것이다. 이것으로 기업의 총가치 예상액을 계산한다. 한 기업의 지분가치는 기업의 부채가치를 공제하여 얻는다.

$$V_t = BV_t + \frac{(ROCE_{t+1} - k) \times BV_t}{(1+k)} + \frac{(ROCE_{t+2} - k) \times BV_{t+1}}{(1+k)^2} + \cdots + $$

$$+ \cdots + \frac{(ROCE_{t+n} - k) \times BV_{t+n-1}}{(1+k)^n} + \cdots$$

본 모델은 t기의 기업의 가치(V_t)는 비정상적미래이익의 현재가치와 t기의 장부가격(BV_t)이다. 비정상적이익은 보통주자본수익률(ROCEt)과 자기자본비용(k)의 차이에 기초장부가격(BV_t)을 곱한 것과 같다. 본 평가모형은 미래의 ROCE와 장부가격의 추정치를 이용해서 기업가치를 평가하는 데 미래 수익성의 추정이 얼마나 중요한지를 보여준다. 즉, 이익과 이익력의 질과 지속성을 고려해야 이에 대한 정확한 예측 측정치를 얻을 수 있다.

회계에 기초한 기업가치 평가법에 대한 일반적 비평은 다음과 같다. 즉, 이익은 경영자 자신의 개인적 목적과 이해 때문에 회계수치가 조작되거나 왜곡될 수 있다는 것이다. 따라서 다음과 같은 의문이 생긴다. 회계자료를 조작하면 회계를 기초로 하는 기업가치평가는 영향을 받는가? 그 대답은 그렇다/아니다 둘 다 해당된다.

영향이 없다고 하는 쪽의 주장에 따르면 회계의 선택은 이익과 장부가치 양쪽에 영향을 미친다. 공격적(이익증가) 회계를 선택하면 더 높은 이익과 장부가격이 생긴다. 그러나 모든 원가의 흐름이 손익계산서(총액주의 가정)를 통해 이동하기 때문에 이러한 선택은 단기에만 유효하다. 몇 기간이 지나고 나면 공격적 회계를 선택하는 기업의 이익은 신중한 회계를 선택하는 기업의 그것과 비교해 볼 때 낮게 된다.

반대로 '그렇다' 쪽의 대답은 분석 과정에서 미래의 수익성을 추정하는 토대로 보고된 회계자료를 사용한다는 현실에 그 근거를 두고 있다. 회계선택에 따라 현재 기업의 실제 경제적 성과를 감출 수 있기 때문에 기업의 당기 및 미래 성과와 관련하여 비숙련 분석가는 잘못된 방향으로 분석할 수 있다. 비록 회계를 기초로 한 가치평가가 회계조작에 영향을 받더라도 이 장에서 거론한 분석 기법은 분석에 있어 중요한 의미를 갖는다.

2 기본적인 가치평가 배수(fundamental valuation multiples)

흔히 인용되는 두 가지 기업가치평가 측정치로 주가장부가치(price-to-book : PB)비율과 주가이익(price-to-earnigns : PE)비율이 있다. 이용자는 이 비율을 근거로 투자결정을 할 때가 많이 있다. 주식의 거래가격을 고려하지 않고 분석을 통해 '기본적인' PB 및 PE비율을 얻는 과정을 설명한다. 기본적인 비율과 현재 주가에 내재된 비율을 비교해봄으로써 주식에 투자할 것인가를 평가할 수 있다. 상장되어 거래되는 기업이 아닌 경우는 이 기본적인 비율이 지분가치 평가에 이용될 수 있다.

1) 주가장부가치비율

주가장부가치(PB)비율은 주가 대 주당장부가액의 비율로 주가가 주당장부가액의 몇 배로 형성되어 있는지를 나타내며 다음과 같이 계산한다.

$$PB\text{비율} = \frac{\text{지분의 시장가격}}{\text{지분의 장부가격}} = \frac{\text{주가}}{\text{주당장부가액}}$$

주당장부가액은 다음과 같이 계산한다.

$$\text{주당장부가액} = \frac{\text{보통주에게 귀속할 장부가액(순자산)}}{\text{보통주유통주식수}}$$

회계기준 식을 분자의 지분가격에 대입함으로써 PB비율은 다음과 같은 회계자료로 나타낼 수 있다.

$$PB\text{비율} = \frac{V_t}{BV_t} = 1 + \left[\frac{(ROCE_{t+1}-k)}{(1+k)}\right] + \left[\frac{(ROCE_{t+2}-k)}{(1+k)^2} \times \frac{BV_{t+1}}{BV_t}\right] + \left[\frac{(ROCE_{t+3}-k)}{(1+k)^3} \times \frac{BV_{t+2}}{BV_t}\right] + \cdots$$

이 식에서 몇 가지 중요한 사실을 알 수 있다. 미래의 ROCE와 장부가치가 늘어감에 따라 PB비율은 증가한다. 자본비용(위험) k가 증가하면 PB비율은 감소한다. 시장이 미래에 비정상적이익(음이든 양이든 간에)을 기대하고 있으면 PB비율은 1에서 벗어난다. 미래의 비정상적이익에 대한 현재가치가 양(음)이면 PB비율은 1 이상(이하)이 된다.

주가와 주당장부가액이 일반적으로 일치하지 않는데 그 이유는 다음과 같다.

(1) 조달 당시의 원가로 기록된 자기자본에 기인한다.

일반물가의 변동, 개별자산의 가격변동과 자산의 평가손익이 발생했느나 회계에서 이를 인식하지 못한 결과에 기인한다.

(2) 시장(투자자)의 해당기업에 대한 미래의 전망에 기인한다.

시장이 기업의 미래를 낙관적으로 평가하면 PB비율은 1보다 크게 나타날 것이다. 기업의 수익력이 양호하고 성장하는 기업이면서 기업이 속한 산업의 전망이 양호할 때 시장은 기업의 미래를 낙관적으로 평가한다. PB비율이 1이면 시장이 기업을 비관적으로 보고 있으며 기업의 가치를 청산가치로 평가하고 있다는 것을 의미한다. 비율이 1 이하이면 시장이 기업을 매우 비관적으로 평가하고 있다는 것을 의미한다. 그러나 예외적으로 기업의 미래 전망이 양호해도 재무상태표에 구식화된 자산이 감가되지 않고 있거나 특정 자산이 과대평가되고 있을 때도 이 비율이 1 이하일 수 있다.

(3) 국내외적인 경제전망에 기인한다.

경제불황시 일반적인 경제전망이 어두울 때도 PB비율이 하락한다.

2) 주가이익비율

주가이익(PE)비율[3]은 주가 대 주당순이익의 비율로 주가가 주당순이익의 몇

3) 이 비율의 역(reverse)은 이익수익률(earnings yield)이며 주가에 대한 주당순이익의 크기를 나타내는 비율로 다음과 같이 계산한다.

$$이익수익률 = \frac{주당순이익}{주가}$$

배로 형성되어 있는지를 나타내며 다음과 같이 계산한다.

$$PE\text{비율} = \frac{\text{지분의 시장가격}}{\text{당기순이익}} = \frac{\text{주가}}{\text{주당순이익}}$$

주당순이익(earnings per share : EPS)은 다음과 같이 계산한다.

$$EPS = \frac{\text{보통주에게 귀속할 당기순이익(손실)}}{\text{가중평균 보통주유통주식수}}$$

회계기준 식을 분자의 지분가격에 대입한 후 단순화시키면 PE비율은 다음과 같은 회계자료로 나타낼 수 있다.

$$PE\text{비율} = \frac{V_t}{NI_t} = \overline{PE} + \frac{\overline{PE}}{NI_t}\left[\frac{\Delta NI^a_{t+1}}{(1+k)} + \frac{\Delta NI^a_{t+2}}{(1+k)^2} + \cdots\right] - \frac{d_t}{NI_t}$$

여기서 $\overline{\mathrm{PE}} = [(1+k)/k]$는 '정상'(normal) PE 비율이고, ΔNI^a_{t+1} +1는 전년도와 비교해서(즉, $NI^a_{t+1} - NI^a_t$) $t+1$년의 비정상적이익의 예상변화량이며, d_t는 t년의 이익배당이다.

이 식에서 여러 가지 핵심적 견해를 얻을 수 있다. 자본비용이 증가하면, PE비율은 감소한다. 투자자들이 미래에 비정상적이익을 예상하면 PE비율은 정상 PE($\overline{\mathrm{PE}}$)에서 벗어난다. 미래의 비정상적이익이 증가(감소)한다면, PE비율은 정상 PE($\overline{\mathrm{PE}}$)보다 커진다(작아진다). 미래에 비정상적이익이 존재하면 PE와 정상 PE($\overline{\mathrm{PE}}$)의 편차 정도는 당기 이익수준에 좌우된다. 당기 이익수준이 증가(감소)하면 PE비율은 감소(증가)한다.

한 기업의 PE비율이 타 기업의 PE비율보다 높은 이유는 다음과 같다.

(1) 미래 성장잠재력이 상대적으로 크다.

(2) 위험이 상대적으로 낮다.

(3) 이익이 보수적으로 측정되어 있다.

(4) 이익의 추세가 안정적이다.

(5) 이익의 질이 높다.

3) PB 및 PE비율의 조합

PB비율과 PE비율의 실제치를 같이 검토하면, 미래의 수익성에 대한 시장의 기대치를 알 수 있다. PB비율은 장부가치와 장부가치의 증가에 대한 미래 수익성[4)]의 함수인 반면, PE비율은 당기 이익수준과 미래 수익성 사이의 함수관계이다. 다음 표는 PB 및 PE비율의 다양한 조합이 내포하는 의미를 요약하고 있다.

〈표 9-6〉 PB와 PE의 조합분석

	낮은 PB	높은 PB
낮은 PE	당기 수준에 비해, 이익은 증가세가 둔화되거나 감소될 것으로 예상된다. 낮은 ROCE가 예상됨.	당기 수준에 비해, 이익은 증가세가 둔화되거나 감소될 것으로 예상되지만, 높은 ROCE가 예상됨.
높은 PE	당기 수준에 비해, 이익은 증가세가 빨라질 것으로 예상되지만, 낮은 ROCE가 예상됨.	당기 수준에 비해, 이익은 증가세가 빨라질 것으로 예상되며 높은 ROCE가 예상됨.

3 이익기준 가치평가(earning-based valuation)의 사례

와룡(주)의 재무자료를 활용하여 이익기준 가치평가를 설명한다. 1기 1월 1일 와룡(주)의 지분의 장부가치는 ₩50,000이다. 기업의 자본비용(k)은 15%이다. 이 책에서 거론한 분석기법을 활용하여 현재와 미래 예상을 면밀히 검토하고, 다음과 같은 회계예측치를 얻었다.

4) 더 자세한 내용은 S. H. Penman의 '가격-수익 비율 및 시장-장부 비율의 표시 및 성장평가'를 참조(*Journal of Accounting Research*, 1996년 가을). 회계기준 지분 평가모형을 잘 요약한 내용으로는 M. P. Bauman의 '근본적 회계분석 연구 개요'를 참조(*Journal of Accounting Literature*, 1996).

〈표 9-7〉 와룡(주)의 요약손익계산서

	1기	2기	3기	4기	5기
매출	₩100,000	₩113,000	₩127,690	₩144,290	₩144,290
영업비	77,500	90,000	103,000	118,000	119,040
감가상각비	10,000	11,300	12,770	14,430	14,430
당기순이익	12,500	11,700	11,420	11,860	10,820
이익배당	₩6,000	₩4,355	₩3,120	₩11,860	₩10,820

6기 이후는 회계자료와 이익배당이 5기 수준일 것이라고 예상한다. 회계기준 평가모형을 적용하기 위해 위의 회계추정치를 활용하여 미래의 예상장부가격 및 ROCE를 계산해보기로 한다. 이 자료만 있으면 장부가치의 추정은 간단하다. 예를 들어, 2기 1월 1일의 장부가치는 ₩56,500으로 계산된다(기초장부가치 ₩50,000 + 당기순이익 ₩12,500 − 이익배당 ₩6,000). 3기부터 5기까지의 1월 1일의 예상장부가치는 각각 ₩63,845, ₩72,145, ₩72,145이다.

회계기준 평가모형은 기초장부가치(beginning-of-period book value)를 활용하여 계산된 ROCE를 활용한다. 1기의 예상 ROCE는 25%(₩12,500 ÷ ₩50,000)이다. 2기에서 5기까지의 예상 ROCE는 각각 20.71%, 17.89%, 16.44% 및 15%이다.

1기 1월 1일 와룡(주)의 지분가격을 회계기준 평가모형을 활용하여 계산하면 다음과 같다.

$$₩58,594 = ₩50,000 + \frac{(0.25-0.15)\times ₩50,000}{1.15} + \frac{(0.2071-0.15)\times ₩56,500}{1.15^2}$$
$$+ \frac{(0.1789-0.15)\times ₩63,845}{1.15^3} + \frac{(0.1644-0.15)\times ₩72,145}{1.15^4}$$
$$+ \frac{(0.15-0.15)\times ₩72,145}{1.15^5} + 0 + \cdots$$

회계자료를 토대로 평가해 보면, 와룡(주)의 주식은 1기 1월 1일에는 PB 비율 1.17(₩58,594 ÷ ₩50,000)로 매각되어야 함을 알 수 있다. 주식시장 관계자들의 기대치는 평가모형의 결과와 차이가 날 수 있는데 이것은 실제 주가를 사용한 PB 비율이 1.17이 아니라는 의미이다. 이러한 경우에 두 가지 가능성을 고려해야 한다. 하나는 미래 수익성의 추정이 너무 낙관적 혹은 비관적인 경우이고, 둘째로는 주가가 잘못 책정된 경우이다. 이러한 결정은 기본적인 분석의 주요한 부분이다. 사례와 관련하여 다음의 세 가지 사실은 중요한 내용이다.

① 예상 ROCE는 5기 이후에는 15%이다. 이러한 15%의 수익률은 당시 와룡(주)의 자본비용과 동일하다. 5기 이후는 ROCE가 자본비용과 동일하기 때문에, 매년 영업성과는 와룡(주)의 기업가치를 변경시키지 않는다(즉, 비정상적 이익은 0이다). ROCE는 점점 자본비용에 근접한다고 하는 가정은 기본적인 경제학을 토대로 하고 있다. 즉, 어느 산업에서 한 기업이 자본비용을 초과하여 ROCE를 얻을 경우, 다른 기업들이 업계로 뛰어들 것이며 그 결과 비정상적이익은 0이 될 것이다.[5] 경쟁으로 인한 예상효과는 미래의 수익성에 대한 본 추정에 내포되어 있다. 예를 들면, 당기순이익을 매출에 대한 백분율로 나타내면 1기의 12.5%(12,500÷100,000)에서 5기 이후의 7.5%(10,820÷144,290)로 꾸준히 감소한다.

② PE비율은 당기와 미래의 이익 모두를 기준으로 하기 때문에, 1기 1월 1일 와룡(주)의 PE비율은 계산할 수 없는데 그 이유는 전기의 자료가 없기 때문이다. 2기 1월 1일의 PE비율을 계산하면 다음과 같다.

$$4.91 = \frac{1.15^{a)}}{0.15} + \frac{\left(\frac{1.15}{0.15}\right)}{₩12{,}500^{b)}}\left[\frac{₩3{,}225^{c)} - ₩5{,}000^{d)}}{1.15} + \frac{₩1{,}844 - ₩3{,}266}{1.15^2} + \frac{₩1{,}039 - ₩1{,}845}{1.15^3} + \frac{₩0 - ₩1{,}039}{1.15^4}\right] - \frac{₩6{,}000}{₩12{,}500}$$

5) 비정상적 수익이 0이 되더라도 회계원칙의 보수적 경향 때문에 비정상적인 수익성이 양으로 보일 수 있다. 이러한 문제는 여기서 다루어지지 않지만, 본 분석은 보수적인 회계원칙이 미래의 ROCE에 미치는 효과를 고려해야 한다. 예를 들면, 대부분의 연구개발비는 비용으로 처리되기 때문에, 제약업종의 기업들은 상대적으로 ROCE가 높은 특징이 있다.

a) $1.15 = (1+k) = (1+0.15)$

b) ₩12,500 $= NI_t =$ 당기순이익

c) $NI^a{}_{t+1} = (0.2071 - 0.15) \times$ ₩56,500 = ₩3,225

d) $NI^a{}_t = (0.25 - 0.15) \times$ ₩50,000 = ₩5,000

③ 본 가치평가 추정에서 배당액은 매년 말에 지불된다고 가정한다. 그러나 이러한 현금흐름은 대략 연중에 발생한다고 가정하는 것이 현실적이다. 가치평가 예측치를 연중 현금흐름으로 할인하면 미래 비정상적이익의 현재가치에 (1+k/2)를 곱한다. 와룡(주)의 경우, 조정된 가치평가 추정액은 ₩59,239이다. 이러한 추정치는 ₩50,000+(1+[0.15/2])×₩8,594로 계산된다. ₩8,594(₩58,594 − ₩50,000)는 미래 비정상이익의 현재가치를 나타낸다.

제 5 절 가치평가를 위한 이익력과 이익예측

본 절은 가치평가를 위한 이익력과 이익예측(earning power and earnings forecasts for valuation)에 관해 설명한다. 그리고 이러한 평가자료를 확인하고 수정하기 위해 중간보고(interim reports)를 활용하는 것에 대해서도 논의한다.

1 이익력

이익력(earning power)은 영업활동에서 현금을 반복적으로 발생시키는 능력을 의미한다. 즉, 예측가능한 미래에까지 지속할 것으로 기대되는 이익의 수준을 의미한다. 이익력은 거의 예외 없이 기업가치평가의 중요한 요소로 인식되고 있다. 회계를 기초로 한 평가모형은 이익력의 자본화(capitalization)를 포함하고 있는데, 자본화를 하기 위해서는 자본비용과 미래에 예상되는 위험 및 수익률을 반영하는 수치자료를 활용해야 한다. 이익이나 재무제표를 분석하는 대부분의 목적은 이익력을 결정하기 위해서이다.

1) 이익력 측정

이익력이란 회계가 아닌 재무분석에서 비롯된 개념이다. 이익력은 이익과 이익구성요소의 지속성과 안정성에 초점을 맞춘다. 이익력을 계산할 때는 재무제표를 사용히며 이러한 계산에는 지식, 판단, 경험, 전망이 필요하다. 많은 평가모형은 미래의 현금흐름을 활용한다. 발생기준에 의한 이익은 현금흐름과는 관계 없이 수익은 실현되었을 때, 비용은 발생되었을 때 인식하여 산출한다. 이익은 가치평가 목적에 대한 가장 신뢰성 있고 적절한 척도이다.

가치평가는 미래지향적이지만 미래의 성과를 추정하기 위해서는 당기와 전기 영업성과의 타당성을 인식해야 한다. 특정한 회계연도만이 아닌 최근 수년간에 걸친 이익은 실제 영업성과를 반영하고 성과분석의 토대가 되는 미래 영업활동에 대한 전망을 하게 해준다. 가치평가는 투자, 대출 등 많은 의사결정에 매우 중요하다. 따라서 가치평가 추정치는 반드시 신뢰성이 있어야 하고 아울러 설명이 가능해야 하며, 추정치가 기준에서 벗어나는지의 여부도 면밀히 점검해 보아야 한다.

2) 이익력에 대한 측정기간(time horizon for earning power)

1년이라는 기간은 신뢰성 있는 이익측정을 하기에는 너무 짧은 기간일 때가 많다. 그 이유는 여러 가지 투자 및 자금조달활동이 지니는 장기적 특성, 영업주기의 영향 및 다양한 비경상요인이 존재하기 때문이다. 보통 기업의 이익력을 가장 잘 평가할 수 있는 방법으로 수년간에 걸친 평균(혹은 누적)이익을 활용한다.

이익력을 평가할 때 선택하는 기간의 범위는 업종이나 기타 특징에 따라 다양하다. 평균이익 계산에 실무에서는 5년 내지 10년의 기간을 이용한다. 이렇게 기간을 연장하면 1년간의 성과가 지니는 왜곡이나 불균등 및 기타 일시적 영향 등의 문제점을 어느 정도 해소할 수 있다. 5년간 이익계산이 최근의 추세이며 이 기간 중 적절성이 떨어지는 영업성과는 제외시킨다.

이익의 질과 지속성에는 이익의 추세가 중요하다. 이익의 추세는 이익력을 측정하는 데 있어서 하나의 중요한 요소이다. 이익이 유지되는 추세를 보이면 이익평균화 과정을 조정하여 최근의 이익에 가중치를 더 줄 수 있다.

예를 들면, 5년 이익계산에서 가장 최근의 이익은 5/15의 가중치를 가지고 바로 전의 이익은 가중치가 4/15가 되며 이런 식으로 5년 전의 이익이 가중치가 1/15이 될 때까지 거슬러 올라간다. 최근의 성과가 미래계획과 상이한 경우에 전기이익보다는 이익예측에 더 많이 의존해야 한다.

2 이익예측

이익예측은 재무제표의 분석과 평가의 주된 부분이다. 분석적 관점에서 볼 때, 이익수준을 평가하는 것은 이익예측과 밀접하게 관련되어 있다. 그 이유는 이익의 적절한 예측을 통해 이익구성요소의 분석과 미래 이익의 수준을 평가할 수 있기 때문이다. 따라서 본 장의 서두에서 거론한 내용의 상당부분은 이익예측에 적용할 수 있다.

이익예측을 하기 위해서는 이익요소를 분석하고 그것의 미래수준을 추정해야 한다. 이때 구성요소와 미래 영업조건 간의 상호작용을 고려해야 한다. 또한 이익구성요소의 지속성과 안정성도 고려해야 한다. 이에는 경상적(recurring) 항목과 비경상적(nonrecurring) 항목의 분석도 포함된다.

1) 이익예측의 기법

이익예측은 전기 이익을 포함하여 유용한 모든 정보를 효과적으로 사용해야 한다. 또한 예측은 자료의 분해(disaggregation)를 통해서도 정보를 얻을 수 있다. 자료분해를 하기 위해서는 생산라인 혹은 생산부문별 자료를 이용해야 하며, 부문 간에 위험이나 수익성, 성장성이 현저하게 다를 때는 자료의 분해가 특히 유용하다. 〈표 9-9〉에서 와룡(주)의 부문이익을 보면 부문별 실적이 총실적을 통해 얼마나 감추어지는지를 보여준다.

〈표 9-9〉 와룡(주)의 부문이익과 총순이익

(단위 : 백만원)

	20×4	20×5	20×6	20×7
전기제품	₩1,800	₩1,700	₩1,500	₩1,200
고객서비스	600	800	1,100	1,400
총순이익	₩2,400	₩2,500	₩2,600	₩2,600

예측은 통계적 추정(extrapolation)과 구별되어야 한다. 통계적 추정은 추세가 지속된다고 가정하고 그러한 추세를 이용하여 기계적으로 미래를 추정한다. 추정(projection) 역시 예측(forecast)과 구별되어야 하는데, 추정은 보통 실현가능성이 전제되지 않은 가정을 토대로 하여 미래를 예측한다는 점에서 예측과 다르다.

연간 이익의 성장은 보통 무작위적이다. 어떤 이용자는 이를 이익성장은 추정할 수 없다는 의미로 해석한다. 그러나 이러한 연구는 이익의 총액에 대한 연구이지 개별 이익요소에 대한 연구가 아니다. 신뢰성 있는 이익예측은 단순히 과거의 이익추세를 이용하여 통계적으로 예측해서는 얻어지지 않는다. 이익구성요소를 분석하고 양적이든 질적이든 유용한 모든 자료를 고려함으로써 이익예측은 신뢰성을 얻게 된다. 이러한 이익구성요소를 추정할 뿐만 아니라 미래의 영업상황에 대한 고려도 해야 한다.

이익예측의 적절한 정보원천으로 경영자의 검토 및 분석(management's discussion and analysis : MD&A)이 있다. 이 자료에는 경영자의 미래에 대한 견해와 태도가 나타나 있고 경영성과에 영향을 미칠 요인들에 대한 언급이 있다. 자본시장이 요구하는 재무상태와 경영성과에 대한 예측치를 기업이 제때에 내놓지 못하는 상황에서 기업으로 하여금 MD&A를 통해 미래의 전망에 대한 정보를 제공하도록 하고 있다.

2) 이익예측의 요소

이익예측이 미래의 전망에 의존하는 반면, 예측과정은 현재와 과거의 증거에 의존해야 한다. 이러한 증거를 토대로 예상되는 미래의 상황을 추정한다. 분석을 함에 있어서는 기업이 속한 산업을 포함해서 기업성과의 지속성과 가능성(momentum)을 평가해야 한다. 과거와 미래를 혼동하지 말아야 하며 미래에는 불확실성이 있다. 이익은 총수익에서 총비용을 차감한 것이고 이익예측치는 이와 동일한 구성요소의 예측치이다. 이익은 수익이나 비용에 비하면 작은 금액이기 때문에 수익이나 비용에는 작은 변동이 있어도 이것이 이익에는 큰 변동으로 나타나게 된다.

이익예측에서 또 다른 요소는 예측이 지닌 합리성을 검토하는 것이다. 이러한 목적으로 투자자본의 수익률을 사용하는 경우가 있다. 이익예측치가 과거의 투자자본수익률이나 업계의 수익률과 크게 다르면 예측치와 예측의 과정을 다시 평가해야 한다. 예측수익률이 다르면 반드시 수정할 필요는 없지만 신뢰성을 높이도록 다시 평가해봐야 한다. 투자자본의 수익률은 이익에 좌우되며 이익은 경영의 질과 자산관리 및 자금조달의 결과이다.

- 경영의 질(management quality) : 자산을 수익성 있게 효율적으로 활용하는 지략 있는 경영을 해야 한다. 제반 관계와 추세가 안정적이라고 가정하는 것은 경영의 기술과 깊이 그리고 경영의 지속성에 큰 변화가 없다는 것을 의미한다. 이것은 또한 경영기술이 입증된 영업의 형태에 큰 변화가 없다는 것을 의미하기도 한다.
- 자산관리(asset management) 및 자금조달 : 수익성 있는 경영의 두 번째 요소는 자산관리와 그러한 자산에 대한 성공적인 자금조달이다. 기업은 영업확장을 위해 자산이 필요하다. 성공의 지속성과 성장예측은 자금조달 원천과 그 원천이 이익에 미치는 영향에 달려 있다.

기업의 재무상황은 이익예측에 대한 또 다른 요소이다. 유동성이 부족하면 성공적 경영을 할 수 없으며 자본구조가 위험하면 경영자의 행동이 제한을 받는다. 이러한 여타의 경제적·산업적·경쟁적 요인들이 이익예측과 관련된다.

이익추정을 하기 위해서는 과거에 대한 이해와 미래에 대한 예상을 결합해야 한다. 자본적 지출, 주문잔고, 제품수요의 추세 등과 같은 미래의 성과지표에 특별한 관심을 기울여야 한다. 이익의 추정은 상당히 불확실한 것이다. 예측 불가능한 사건이나 환경 때문에 이익예측치가 현실과 상당히 차이가 날 수 있다. 예측과 관련된 성과를 지속적으로 확인하고 예측치를 적절히 수정하는 방법으로 불확실성에 대처해야 한다.

3) 이익예측치의 보고

최근에는 기업에 의한 이익예측치의 공시에 많은 관심이 집중되고 있다. 일부 국가에서는 특정 상황에서는 예측치 공시를 요구하며 실제로 경영자의 예측치는 연차보고서에 없는 좋은 정보라고 믿고 있다. 경영자(내부관계자)의 예측은 재무분석가(외부관계자)가 판단한 예측과는 다르다. 예측의 신뢰도는 정보 접근성과 사용한 가정에 좌우된다. 분석의 과정에서 경영자나 분석가의 예측치를 이용할 것인가의 여부는 그러한 예측에 이용된 가정의 평가에 달려 있다. SEC(미국 증권거래위원회)는 예측을 성의 있게 하도록 요구하고 합리적인 기준을 토대로 예측을 하도록 요구한다.

또한 대부분의 예측치도 재무제표 양식으로 보고하기를 권장하고, 투자자들이 신뢰도를 평가하기에 충분한 자료를 첨부하도록 권하고 있다. SEC는 예측치의 공시를 장려할 목적으로 예측이 실현되지 않는 경우 일어날 수 있는 소송사건으로부터 기업을 보호하는 '안전한 피난처'(safe harbor) 규정을 갖추고 있다. 이 규정은 예측이 합리적인 근거에 의하여 성실하게 수행한 경우의 기업을 보호하는 규정이다.

3 이익예측치의 확인과 수정을 위한 중간보고서

이익력이나 이익예측치의 평가는 입증하기 어려운 미래의 상황을 토대로 하고 있다. 분석은 지속적으로 기업의 성과를 확인해야 하며, 아울러 이를 최근의 예측 및 가정과 비교해야 한다. 또한 현재의 기업상황을 반영하여 예측치를 정기적으로 수정해야 한다. 중간재무제표는 성과확인을 하는 데 유용한 자료원천이 된다. 중간보고서는 사용자의 요구에 맞추어 보통 반기 또는 분기별로 보고된다. 중간보고서는 이익력과 이익예측에 대한 평가를 재검토하는 데 유용하다. 그러나 1년 내의 중간기간에 이익의 구성요소를 배정해야 하는 어려움 때문에 중간보고가 갖는 한계를 인식해야 한다. 이 장의 나머지 부분은 이러한 한계 및 그것이 중간보고에 미치는 영향을 설명한다.

1) 기말 수정

1년 동안의 영업실적을 확정하는 데는 발생기준에 따른 많은 수정(adjustments)과 추정(estimates)이 필요하며 이러한 연말수정은 복잡하며 시간과 비용이 많이 든다. 예를 들면, 수익인식, 재고자산평가, 제조간접비 배부(allocating overhead), 유가증권의 시가반영, 대손추정 등이 있다.

중간보고에서의 수정은 연말정산 자료와 비교해 볼 때 상대적으로 완전성과 신뢰성이 낮다. 따라서 중간보고에서의 이익측정치는 정확성이 떨어진다.

2) 영업활동의 계절성

영업활동에서 계절성(seasonality)이 존재하는 기업이 다수 있다. 따라서 매출이나 생산활동이 중간보고에서 불균등하게 배분되는 경우가 생긴다. 그리고 이런 이유로 중간보고 이익의 비교가 왜곡될 수 있다. 또한 광고비, 연구개발비, 수선유지비와 같은 자유재량적비용을 배분할 때 여러 가지 문제를 야기하기도 한다. 이들 비용이 매출에 비례하여 움직인다면, 그러한 비용들은 보통 전체 회계기간 동안의 예상매출을 근거로 하여 발생된다. 또한 중간보고 기간에 걸친 고정비 배분의 문제도 존재한다.

3) 통합보고법

중간보고서는 보통 연차보고서의 요건과 똑같은 방법으로 이루어진다. 분기별 보고가 분기보다는 전체 일년간 보고내용의 일부이지 독립된 내용이 아니기 때문에 중간보고 기간 간에 수익과 비용을 발생기준으로 처리해야 한다. 따라서 재고자산의 가격하락, 물량부족, 불량매출채권 등도 반영되어야 한다.

손실이나 비경상적인 항목도 발생한 중간보고기간에 보고되어야 한다. 그러나 광고비는 발생기에 효익이 없다면 그렇게 처리하지 말아야 한다. 또한 재고자산의 영구적 가치하락을 보고해야 하며 법인세는 연중 예상되는 유효법인세율을 적용하여 발생기준으로 보고해야 한다.

4) 중간보고서 분석의 의미

중간보고서 분석시에 중간보고서가 갖는 추정오류와 자유재량성을 인식해야 한다. 중간자료는 감사받지 않기 때문에 사업보고서만큼 신뢰성이 높지 않다. 그러나 감독기관의 규정 때문에 어느 정도의 신뢰성은 지닌다. 그러나 모든 보고기준이 분석에 유용한 것은 아니다. 예를 들면, 감독기관의 요구 때문에 중간보고서에 포함된 특별항목(extraordinary items)은 분석을 할 때 조정해야 한다. 마찬가지로 비용을 중간 보고기간 중에도 발생기준으로 처리하는 것이 합리적이지만 아직 이러한 발생들을 적절히 다룰 명확한 규정이 없다는 것을 분석시에 기억해야 한다.

기간 간에 비용을 옮기는 것이 수익을 옮기는 것보다 쉽다. 따라서 분석시에 중간기간의 수익을 그 기간의 성과측정치로 한다. 일부 중간보고서의 계절성 문제는 최근 분기를 포함한 현재까지(year-to-date)의 누적치를 사용함으로써 해결될 수 있다.

연습문제

9-1 이익의 질에 대해 설명하시오.

풀이 이익측정을 복잡하게 하는 요인은 발생기준회계(accrual accounting)와 현금기준회계(cash accounting) 간의 차이에 있다. 발생기준회계는 다양한 추정과 해석이 요구되기 때문에, 일부의 경우 발생항목 측정치의 신뢰도에 대해 의문이 제기되고 있다. 따라서 기업에 보고한 회계이익은 기업간에 질적인 차이를 보이게 된다. 이러한 기업간 이익의 질적인 차이를 이익의 질(earnings quality)이라고 지칭한다. 특히, 이러한 질적인 차이를 유발시키는 대표적인 요인으로 기업이 채택한 회계원칙 유형, 경영자의 재량적 발생액의 규모, 경영위험 및 당기순이익과 현금흐름의 관련성 정도가 있다.

9-2 이익의 질을 결정짓는 요소 중 재량적 회계선택과 보수주의의 관련성에 대해 설명하시오.

풀이 '일반적으로 인정된 회계원칙' 중에서 경영자는 자신의 재량권(discretion)으로 선택 가능한 회계원칙의 집합이 존재한다. 이러한 재량권은 낙관적 혹은 보수적일 수 있다. 보수적으로 결정된 이익의 질은 상대적으로 높게 인식된다. 왜냐하면 그러한 이익은 낙관적 방식으로 결정된 이익과 비교하여 현재나 미래의 성과를 과대표시하지 않기 때문이다. 보수주의 회계는 이익을 과대표시하거나 소급적으로 변경시킬 가능성을 줄인다. 보수적 선택의 예로 물가상승시기에 후입선출법(LIFO)을 선택하는 것과 가속상각이 있다. 그러나 과도한 보수적 경향은 이익의 질에 일시적으로는 기여하지만 장기적으로는 이익의 신뢰도 및 타당성을 떨어뜨린다. 선택한 회계원칙을 검토하면 경영자의 경향이나 태도를 알 수 있다.

9-3 이익의 질의 결정과 자산에 대한 보수주의 회계처리의 관련성에 대해 설명하시오.

풀이 재무상태표의 자산가치의 적정성은 자산가치가 궁극적으로 비용으로 처리인식되는 것과 관련이 있다(현금, 만기보유 투자자산 및 토지와 같은 몇 가지 사항은 예외로 함). 이를 다음과 같은 일반명제로 설명할 수 있다. 즉, 자산이 과대표시되면 누적이익 역시 과대표시된다. 그 이유는 이익에 이러한 자산의 취득원가를 감가상각하는 비용이 포함되지 않기 때문이다. 그러한 명제의 역도 참이 된다. 즉, 자산이 과소표시되면 누적이익도 과소표시된다.

9-4 이익의 지속성에 대해 설명하시오.

풀이 기업의 이해관계자들은 적정한 이익분석을 통해 기업의 이익의 흐름에서 안정성이나 예측가능성을 확인하려고 노력한다. 이러한 노력은 특히 이익요소 중 무작위요소 혹은 비경상적 요소와 경상적 요소를 구분하는 것에 초점을 두고 있다. 이러한 구분을 통해 이익능력의 신뢰성 있는 추정을 하는 데 도움을 얻는다. 이익의 경상적 또는 정상적 부분은 미래에도 그 추세가 연속되어질 가능성이 높으며, 이러한 이익은 지속성이 높은 것으로 판단되어지는데, 이러한 이익요소의 분석을 이익지속성 분석이라고 지칭한다. 특히, 이익지속성 분석은 이익관리(income management) 혹은 이익유연화(income smoothing)에 주의를 기울여야 한다. 이익관리나 이익유연화는 이익의 안정성이나 예측가능성에 크게 손상을 입힌다. 그러한 활동이 영업실적에서 나타나는 왜곡 혹은 특이성을 제거한다고 경영자는 주장하지만, 이러한 행동은 기업의 환경이자 경험의 한 부분인 자연스럽고도 주기적인 변동성을 왜곡시킨다. 이러한 영향을 식별하는 것은 한 기업의 위험을 평가하는 데 있어서 중요하다.

9-5 PB비율과 PE비율에 대해 설명하시오.

풀이 주가장부가치(PB)비율은 주가 대 주당장부가액의 비율로 주가가 주당장부가액의 몇 배로 형성되어 있는가를 나타낸다. 자본시장이 기업의 미래를 낙관적으로 판단한다면, PB비율은 1보다 크게 나타날 것이며, 만약 PB비율이 1보다 적다면, 자본시장이 해당 기업을 매우 비관적으로 평가하고 있음을 의미한다. 주가이익(PE)비율은 주가 대 주당순이익의 비율로 주가가 주당순이익의 몇 배로 형성되어 있는지를 나타낸다. 해당 기업의 PE비율이 상승하는 이유는 ① 해당 기업의 미래 성장잠재력이 상대적으로 매우 크거나 ② 기업위험이 상대적으로 낮거나 ③ 이익의 질과 추세가 안정적인 경우 등이 있다.

연습문제

9-6 다음 자료를 바탕으로 각각의 물음에 답하시오.

와룡(주)의 요약 재무정보

	1기	2기	3기	4기	5기
매출	₩100,000	₩113,000	₩127,190	₩144,290	₩144,290
영업비	77,500	90,000	103,000	118,000	119,040
감가상각비	10,000	11,300	12,770	14,430	14,430
순이익	12,500	11,700	11,420	11,860	10,820
이익배당	₩ 6,000	₩4,355	₩3,120	₩11,860	₩10,820

〈요구사항〉

1. 1기부터 5기까지 매기의 초과이익을 계산하시오.
2. 2기부터 5기까지 매기 와룡(주)의 회계정보에 기초한 기업가치를 평가하시오.
3. 2기부터 5기까지 매기초 와룡(주)의 PB비율을 계산하시오.
4. 3기부터 5기까지 매기초 와룡(주)의 PE비율을 계산하시오.

풀이

1. 초과이익계산
   Ⓐ 기간1 : ₩12,500 − (.15)(₩50,000) = ₩5,000
   Ⓑ 기간2 : ₩11,700 − (.15)(₩56,500) = ₩3,226
   Ⓒ 기간3 : ₩11,420 − (.15)(₩63,845) = ₩1,845
   Ⓓ 기간4 : ₩11,860 − (.15)(₩72,145) = ₩1,039
   Ⓔ 기간5 : ₩10,820 − (.15)(₩72,145) = −

2. 회계정보에 기초한 기업가치
   Ⓐ 기간2 : ₩56,500+₩3,226/1.15^2+₩1,845/1.15^3+ ₩1,039/1.15^4
   = ₩60,747
   Ⓑ 기간3 : ₩63,845+₩1,845/1.15^3+₩1,03/1.15^4 = ₩65,652
   Ⓒ 기간4 : ₩72,145+₩1,039/1.15^4 = ₩72,739
   Ⓓ 기간5 : = ₩72,145

3. PB비율의 계산
   Ⓐ 기간2 : 1+(.2071−.15)/1.15+[(.1789−.15)/1.15^2]×
   [₩63,845/₩56,500]+[(.1644−.15)/1.15^3]×
   [₩72,145/₩56,500] = 1.09
   Ⓑ 기간3 : 1+(.1789−.15)/1.15+[(.1644−.15)/1.15^2]
   ×[₩72,145/₩56,500] = 1.04

Ⓒ 기간4 : 1+[(.1644−.15)/1.15] = 1.01

Ⓓ 기간5 : 1.00

4. PE비율의 계산

Ⓐ 기간3 : 7.67+[7.67/₩11,700]×[(₩1,845−₩3,226)/1.15+(₩1,039−₩1,845)/1.15^2]+[(₩0−₩1,039)/1.15^3] −₩4,355/₩11,700=5.66

Ⓑ 기간4 : 7.67+[7.67/₩11,420]×[(₩1,039−₩1,845)/1.15 +(₩0−₩1,039)/1.15^2] −₩3,120/₩11,420=6.40

Ⓒ 기간5 : 7.67+[7.67/₩11,860]×[(₩0−₩1,039)/1.15] −₩11,860/₩11,860=6.08

9-7 다음의 와룡(주) 자료를 바탕으로 각각의 물음에 답하시오.

	1	2	3	4	5	6	7
당기순이익	₩1,034	₩1,130	₩1,218	₩1,256	₩1,278	₩1,404	₩1,546
자산장부가치	₩5,308	₩5,292	₩5,834	₩6,338	₩6,728	₩7,266	₩7,856

〈요구사항〉

1. 7년도 이후에는 초과이익이 "0"으로 예측되어지고, 자본비용이 13%라고 가정하고, 와룡(주)의 1차년도 회계정보에 기초한 기업가치를 평가하시오.
2. (1)의 금액을 기준으로 하여 와룡(주)의 PB비율을 계산하라. 만약 자본시장에서 실제 PB비율이 1.95라면 계산상 PB비율과 이 비율의 차이는 무엇을 의미하는가?
3. (1)의 금액을 기준으로 하여 와룡(주)의 PE비율을 계산하라. 만약 자본시장에서 실제 PE비율이 10이라면 계산상 PE비율과 이 비율의 차이는 무엇을 의미하는가?

풀이 1. 회계정보에 기초한 와룡(주)의 1차년도 기업가치

	1	2	3	4	5	6	7
당기순이익	₩1,034	₩1,130	₩1,218	₩1,256	₩1,278	₩1,404	₩1,546
장부가치(기초)	5,308	5,292	5,834	6,338	6,728	7,266	7,856
초과이익(a)	344	422	460	432	403	459	525
현재가치계수	0.855	0.783	0.693	0.613	0.543	0.480	0.425
초과이익(현재가치조정)	₩304	₩346	₩319	₩265	₩219	₩221	₩223

연습문제

(a) 초과이익 = 당기순이익 − (13%×기초장부가치)

1차연도 기업가치 = 5,308 + 304 + 346 + 319 + 265 + 219 + 221 + 223 = 7,205

2. PB비율의 계산 :

PB = 7,205 / 5,308 = 1.36

실제 PB비율이 1.95이고 계산상 PB비율이 1.36이라면 와룡(주)의 자산에 대한 기업가치평가가 자본시장에서 과대평가되고 있음을 의미한다.

3. PE비율의 계산 :

PE = 7,205 / 1,034 = 6.97

실제 PE비율이 10이고 계산상 PE비율이 6.97이라면 와룡(주)의 이익에 대한 기업가치평가가 자본시장에서 과대평가되고 있음을 의미한다.

뉴스 속의 재무제표분석

[기업분석] 매각 진행중인 금호타이어 가치평가, 실적보다 'M&A'가 변수

금호타이어 연도별 당기순이익 추이
(자료/ 금융감독원 전자공시, 단위/ 억원)

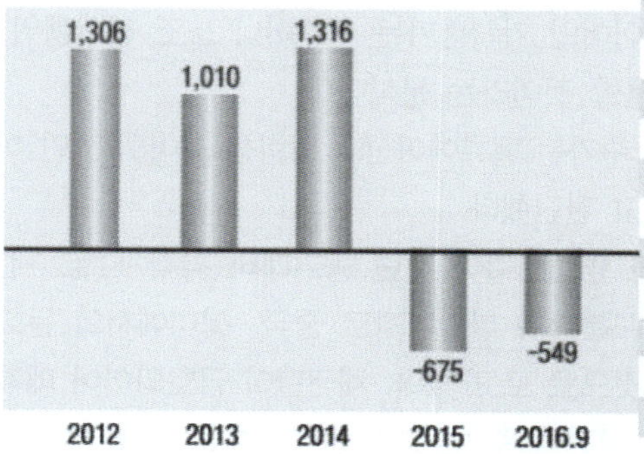

금호타이어 기업 개요(2016년 9월 말 기준)

구분	내용
회장	박삼구
자본금	7900억원
액면가	5000원
자본총계	1조1654억원
부채총계	3조9143억원
자산총계	5조797억원
부채비율	335.9%
매출액	2조1567억원
영업이익	653억원
당기순이익	-549억원
주당순이익	-338원

금호타이어 매각을 위한 실사가 한창 진행중이다. 금호타이어 매각을 주관하고 있는 산업은행은 링롱타이어, 지프로, 더블스타, 상하이 에어로스페이스 인더스트리(SAIC), 인도 아폴로타이어 등 5개 업체를 인수적격후보로 선정한 바 있다.

이들 인수적격후보 가운데 SAIC가 예비입찰에서 최고가를 제시한 것으로 알려졌다. SAIC는 중국 항공부품업체이며 모회사는 중국 최대 국영 비행기 제조사인 COMAC(Commercial Aviation Corp of China)이다.

인수적격후보들은 업종에 다소 차이가 있지만 타이어 업종과 시너지를 낼 만한 사업을 영위하고 있다. 또 중국계 전략적투자자도 포함된 것으로 전해졌다.

금호타이어는 수년간 글로벌 타이어업계 순위 11~13위를 오르내리고 있고 M&A(인수합병) 시장에서 매력적인 매물로 평가받고 있다.

타이어 시장점유율이 높지 않은 글로벌 업체의 경우에는 금호타이어를 인수할 경우 일순간 10위권 진입을 꾀할 수 있다는 장점도 있다. 특히 전세계 8곳에 걸쳐 있는 금호타이어 공장은 더욱 '군침' 이 도는 아이템이라 할 수 있다. 금호타이어를 제대로 M&A 하기 위해서는 반드시 기업가치를 평가해야 하는 과정을 거쳐야 한다.

금호타이어의 실적을 보면 최근년도의 경우 상당히 악화되어 있다.

금호타이어의 당기순이익은 2012년 1306억원, 2013년 1010억원, 2014년 1316억원에 달했으나 2015년 -675억원, 올해 9월 말 현재 -549억원을 기록했다. 올 9월 말 현재 매출액은 2조1567억원, 영업이익은 653억원으로 나타났다.

노사간의 관계도 썩 부드럽지는 않다. 금호타이어 노동조합은 지난 4일 쟁의행위에 돌입할 것을 결의했다. 노조는 지난 1~2일 광주·곡성·평택공장 조합원 2926명을 대상으로 쟁의행위 찬반투표를 진행한 결과 72.86%의 찬성률로 쟁의 행위가 가결됐다고 밝혔다.

금호타이어 노사는 지난 6월부터 5개월이 넘도록 10차례 이상 본교섭을 가졌지만 입장차를 좁히지 못했다. 그러나 매각이 진행중인 금호타이어의 가치평가는 실적이나 노조 쟁의행위 돌입 결의 등 악재보다 M&A 자체가 변수로 작용할 것이라는 분석이다.

하나금융투자 송선재 연구원은 "금호타이어의 주가는 밸류에이션과 방향성 사이의 고민"이라며 "그 와중에 M&A가 변수로 작용하고 있다"고 판단했다.

송 연구원은 금호타이어의 올 4분기 매출액과 영업이익이 전년 동기대비 각각 +1%, -13% 변동한 7919억원과 373억원으로 예상하고 있다. 3분기와 마찬가지로 중국·북미에서의 둔화가 이어지지만 3분기의 수익성 부진에서는 벗어날 것으로 보고 있다. 채권단이 금호타이어 매각의 원활한 진행을 위해 인수후보들의 실사 비용을 보전해 주기로 한것도 눈길을 끈다.

금호타이어는 해외 8곳에 공장을 갖고 있어 인수적격후보들이 이를 실사하려면 적지 않은 비용이 들어간다. 금호타이어는 인수적격후보들의 실사가 끝나고 내년 1월 중순 본입찰이 실시될 것으로 전망된다. 금호타이어의 주가는 16일 종가 8140원으로 올해 9월 19일의 고점 1만1500원에 비해 29.2% 하락한 수준에서 거래되고 있다.

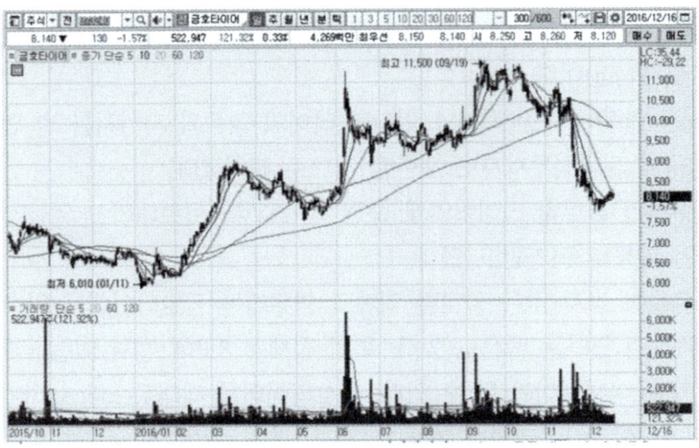

〈출처 : 글로벌이코노믹, 2016.12.18〉

제 10 장

회계정보와 기업가치평가

〈학습목표〉

- 초과이익모형의 이해
- 초과이익모형과 기존 평가모형의 비교
- 경제적부가가치의 이해
- 경제적부가가치의 실무적 적용 능력 습득

제 1 절 개 요

1990년대 초반 이래로 많은 학자들과 실무자들은 기업이 흑자를 기록하고도 주가(기업가치)는 계속 하락하고 최악의 경우 부실기업이 속출하는 상황에 직면하는데 대해 그 원인이 무엇인지에 대한 논의가 현재까지 지속되고 있다.

그 원인에 대해서는 여러 가지 논의가 있지만, 현재 가장 일반적인 이론은 기업이 존속하려면 지속적인 가치창출(또는 이익)이 전제되어야 한다는 것이다. 기업가치는 자산가치와 수익가치의 합으로 구성된다. 여기서 자산가치는 현재 보유 자산의 공정가액에서 보유 부채액을 뺀 금액이다. 이에 비하여 수익가치는 미래 초과이익의 창출능력을 의미한다. 즉, 미래 초과이익과 미래 기업가치 창출은 동일한 의미로서 사용할 수 있다. 여기서 초과이익은 '(자기자본수익률−자기자본비용)×자기자본'으로 표현된다.

그러나 재무적 성과의 핵심인 초과이익의 측정에는 다소 논쟁이 있다. 즉, 외부보고용으로 산출되는 회계적 초과이익을 그대로 기업가치평가에 적용하는 것은 기업간 회계처리방법의 차이 또는 성과평가에 부적합한 발생항목들의 포함 등으로 말미암아 진실된 기업가치평가에 문제가 있다. 이러한 문제를 고려하여 초과이익 개념을 기업가치 창출에 적합하도록 조정한 것이 경제적부가가치(EVA : Economic Value Added)이다. 따라서 본 장은 최근까지 회계학 및 경영학 영역에서 주목하고 있는 기업가치평가 문제를 회계정보에 기초하여 설명한다.

제 2 절 초과이익모형(AEM : Abnormal Earning Model)

1 초과이익모형(AEM)의 도입 배경

최근 기업환경의 새로운 변화, 즉 주식시장 개방, 기업 인수·합병 증가, 기업지배구조 개선 등으로 기업가치평가 방법의 중요성이 매우 증대하고 있다. 그러나 기업의 가치평가를 위한 기초 분석자료로 첫째, 내부자료를 사용하는 방법은 자료입수와 타 기업과의 비교가 어렵다는 한계가 있으며 둘째, 외부 공시자료를 사용하는 방법은 기업의 내재가치를 제대로 반영하지 못한다는 문제점을 가진다. 현대 재무이론과 회계학계의 오랜 연구 결과가 축적된 결과, 1995년 올슨(Ohlson) 교수가 '초과이익모형'(AEM : Abnormal Earning Model)이라는 가치평가 기법을 개발하였다. 즉, 초과이익모형(AEM)은 기존의 평가 방법들이 가지고 있는 한계와 문제점을 해결함으로써 새롭게 부각받고 있는 기업가치평가 방법이다.

기존의 기업가치평가 방법은 크게 자산가치평가 방법, 수익가치평가 방법, 상대가치평가 방법으로 나누어 볼 수 있다. 자산가치평가 방법은 기업이 보유하고 있는 순자산의 장부가치를 평가하는 방법으로 이해가 쉽고 객관적인 반면, 수익가치평가 방법은 미래 수익창출 능력을 평가하는 방법인데, 미래의 현금흐름과 할인율 추정을 통해 기업가치를 평가하는 방법으로 기업의 내재가치를 가장 잘 반영한다. 상대가치평가 방법은 대상기업과 유사기업의 주가를 배수화해서 사용하거나 동종업계에서 발생한 실제거래의 인수가액을 참고해서 평가하는데, 계산과정이 간단하므로 실무에 자주 이용된다.

기업가치평가 방법은 분석을 위한 기초자료로 기업의 내부자료와 외부공시자료를 사용하는데, 각각 한계와 문제점을 가지고 있다. 기업의 내부자료를 사용하는 수익가치평가 방법의 경우, 정확성과 신뢰성을 확보할 수 있는 반면에 자료입수가 어렵고 타 기업과의 비교가 용이치 않다는 한계가 있다. 외부 공시자료(재무제표상의 회계정보, 주가 등)를 이용하는 자산가치평가 방법이나 상대가치평가 방법의 경우, 자료입수가 쉽고 타 기업과의 비교는 용이하지만 정확성과 신뢰성을 확보할 수 없다는 문제점을 가진다.

초과이익모형(AEM)은 이러한 기존의 가치평가 방법들의 한계와 문제점을 동시에 해결할 수 있으므로 새로운 대안으로 부각되고 있다. AEM은 초과이익 추정 과정을 거치므로 수익가치평가 방법으로 분류되고, 외부에 공시된 회계정보를 이용하므로 자료입수와 타 기업과의 비교가 용이하며, 기업의 내재가치 산정에 있어서도 정확성과 신뢰성을 확보한다.

2 초과이익모형(AEM)

초과이익모형은 기업가치를 순자산의 장부가치(book value)와 미래에 창출할 초과이익의 합이라고 가정하고 있다. AEM의 개념적 타당성은 다음과 같다.

첫째, AEM의 기본모형은 회계의 기본적 이익합산구조(즉, 당기의 기업가치는 전기의 장부가치에다가 1년 동안의 가치증분을 합산해서 도출)와 일치하고 있다.

둘째, 회계수치는 기업마다 이익 보고시점과 회계처리 방법이 다르므로 과대·과소 계상되기 쉬우나, AEM은 초과이익을 추정하는 과정에서 이를 적절하게 상쇄시킬 수 있다.

그러나 AEM은 기업마다 회계처리 방법이 다양하고 이익보고 시점이 다르므로, 회계정보는 이익의 과대·과소 계상, 비교 가능성·일관성의 결여라는 한계점을 가진다. 그럼에도 불구하고, AEM은 회계정보를 이용하여 기업의 내재가치를 평가할 수 있는데, 이는 AEM하에서는 현재의 순장부가치의 변동이 미래의 초과이익의 현가와 동일한 수준만큼 반대방향으로 영향을 미쳐 서로 상쇄되기 때문이다.

〈표 10-1〉 초과이익모형(AEM)의 기본모형

기업가치 = 순자산장부가치 + [미래초과이익기대값/할인율]

$$P_t = BV_t + \sum_{\tau=1}^{T} E[X^a_{t+\tau}]/[R^\tau_F]$$

단, P : 기업가치, BV : 순자산장부가치, R_F : 할인율, X^a : 초과이익, t : 기간

3 초과이익모형(AEM)과 기존의 평가모형과의 비교

AEM은 자료수집과 타 기업과의 비교가 용이하며 기업의 내재가치를 반영할 수 있으므로 기존의 평가모형보다 이론적으로 정교하며 실무적용 측면에서 유리하다. 즉, 자산가치평가 방법은 장부가치를 활용하므로 이해가 쉽고 객관적이나, 기업의 내재가치를 제대로 반영하지 못한다. 또한 수익가치평가 방법은 미래의 수익창출 능력에 대한 추정을 통해 기업의 내재가치를 정확하게 반영할 수 있으나 자료입수와 타 기업과의 비교가 어렵고 계산과정이 복잡하다. 상대가치평가 방법은 비교대상이 될 수 있는 유사기업의 주가나 실제 인수가액을 참조하므로 계산이 간단하고 실무 적용이 용이하지만, 유사기업을 찾기가 곤란하고 선정기준도 모호하다.

AEM은 현금흐름할인모형(DCF)에 비해 불확실한 추정에 의존하는 정도가 적다. 예를 들어, DCF는 미래 현금흐름 추정시 자의적 가정이 개입될 수 있다는 한계점을 가지는데, AEM은 미래 추정치에 의존하는 불확실성을 현저하게 감소시킬 수 있다.

〈표 10-2〉 AEM과 DCF 모형의 비교

	방 식	장 점	단 점
AEM	• 미래초과이익 추정 • 외부에 공시된 회계 정보 사용	• 기업내재가치 반영 • 자료수집 용이 • 타 기업과의 비교 용이 • 추정에 의존하는 정도 (불확실성) 감소	• 미래초과이익 추정에 자의성 개입
DCF	• 미래현금흐름의 크기, 지속성, 할인율 추정 • 기업 내부자료 사용	• 기업내재가치 반영	• 추정에 자의성 개입 • 자료수집 곤란 • 타 기업과의 비교가능성 낮음 • 계산과정이 복잡

4 초과이익모형(AEM)의 실무적 활용

AEM의 실무적 활용가능성은 대체로 다음과 같다.

첫째, 적정 가치평가에 활용 가능함

둘째, 사업부문별 성과평가에 활용 가능함

셋째, 관리회계상의 의사결정 문제에 판단기준을 제공해줌

먼저 AEM의 적정가치평가 활용성은 예를 들면, 초과이익모형을 이용하여 기업이 보유하고 있는 주식의 적정 주가를 산정할 수 있고, 벤처, IT, 하이테크 기업과 같이, 무형자산과 지적자산의 비중이 높은 기업을 가치평가할 경우에도 활용이 용이할 뿐만 아니라, 부실기업의 판정, M&A 대상기업의 가치평가에 기준으로 활용 가능하다.

또한 AEM의 실무적 활용성은 사업부문별 성과평가에 활용가능하다는 것이다. 즉, 사업부문별 경영실적평가가 가능하므로 생산성 향상 및 재무구조 개선 수단으로 사용할 수 있고, 사업부문별 성과를 보상체계와 연계시켜 책임경영을 확립할 수 있다.

마지막으로 AEM의 세번째 활용성은 AEM이 미래에 창출할 기대치가 높은

사업부문을 식별·제시할 수 있으므로, 이를 통해 기업은 핵심역량 위주로 상시 구조조정이 가능하고, 기업의 한정된 자원을 효과적으로 사용하기 위한 투자안의 선택과정에서 판단기준으로 활용할 수 있다는 것이다.

사례 10-1

핵심역량을 가진 사업부문의 발굴

AEM으로 계산해본 결과, G사업부의 순자산(자산에서 부채를 공제한 금액)은 ₩2억 9천만, 기업가치는 ₩2억 9천 9백만, M사업부의 장부 가치는 ₩4천7백만, 기업가치는 ₩3억 1천만으로 각각 산출되었다고 한다면, 이때, 기업가치가 장부가치를 초과하고 있는 부분이야말로 그 사업부가 보유하고 있는 미래 초과이익의 가치인 것이므로, G사업부는 ₩2억 9천 9백만 − ₩2억 9천만 = ₩9백만, M사업부는 ₩3억 1천만 − ₩4천 7백만 = ₩2억 6천 3백만이라는 초과이익을 각각 달성하고 있다.

G사업부에 비해서, M사업부의 기업가치(주가)가 자산규모에 비해 월등히 높은 이유는 과거 이익이 높아서가 아니라 앞으로의 기대치인 미래 현금흐름이 매우 좋을 것이라는 기대 때문이다. 따라서, M사업부야말로 핵심역량을 가진 부서로 판단되므로 기업의 한정된 자원을 이곳에 집중시켜야 할 것이다.

5 이익경영과 초과이익의 관계

기업의 이윤추구 경영은 새로운 개념은 아니지만, 최근에 와서야 이윤추구에 대한 정확한 경영학적 개념이 정립되고 있다. 예를 들면, 흑자경영을 하는 기업의 도산은 경영학자에게 흑자를 기록하고 있는데, 왜 기업의 주가는 하락 또는 기업이 도산하는가에 대한 의구심을 제기하게 했다.

최근 회계학 및 경영학의 합의된 의견은 회계이익 측정의 부정확성 등 여러 가지 원인이 있을 수 있지만, 가장 근본적인 것은 흑자를 내는 것만으로는 부족하고 초과이익을 내야지만 기업가치가 증가한다는 결론에 도달하였다. 예를 들어, 자기자본이 ₩1,000억이고 자기자본비용이 15%인 기업이 ₩200억의 이익을 기록했다고 가정해보자. 이때 초과이익은 ₩50억(=₩200억 − ₩1,000억×0.15)

이기 때문에 성공적인 경영으로 평가한다. 그러나 만약 이익이 ₩100억이었다면, 전통적인 관점에서는 성공적인 경영이지만, 새로운 관점에서는 초과이익이 -₩50억이기 때문에 실패한 경영으로 평가된다.

또한 '이익/자기자본', 즉 자기자본이익률(ROE : return on equity)을 초과이익 계산공식에 대입하면 성공적인 경영이란 자기자본수익률(ROE)이 자기자본비용을 초과하는 경우(초과이익이 양의 값을 가짐)이며 이때에 기업가치가 증가된 것으로 평가한다.

제 3 절 경제적부가가치(EVA : Economic Value Added)

1 성과평가로서 초과이익의 문제점

초과이익은 기업가치평가에 몇 가지 문제점이 있다. 첫째, 초과이익은 단순히 주주입장만의 기업가치평가인데, 이는 초과이익의 정의에서 자기자본에 대한 사용대가만을 고려한다는 점에서 쉽게 이해할 수 있다. 그러나 기업에 자금을 공급하는 투자자는 주주뿐만 아니라 채권자도 있음을 고려해 볼 때, 기업가치는 주주와 채권자 모두를 고려해야 한다.

둘째, 기업차원에서 자본의 유입은 주주와 채권자로 구분할 수 있지만, 실제 자본의 투자는 이 두 자본이 모두 함께 사용된다. 따라서 초과이익의 정의와 같이 자기자본만을 고려하여 기업가치를 평가하는 것은 전체 기업입장에서 논리적 타당성이 약하다.

셋째, 회계적으로 산출된 이익은 기업간 또는 사업부간 회계처리방법의 차이와 발생액의 포함 등으로, 상당한 조정이 있어야만 객관적으로 기업간 비교가 가능하다.

2 EVA의 등장배경

과거에는 흔히 경영성과를 측정하는 지표로 회계적 이익, 즉 매출, 시장점유율, 당기순이익의 크기 또는 성장률이 성과지표로 사용되어 왔지만, 글로벌 경쟁시대, 무한경쟁 시대에는 평가지표도 달라져야 하고 평가에 활용되는 정보도 달라져야 한다. 최근 미국 기업들의 최고경영자나 재무담당자들 사이에서 광범위한 지지를 얻고 있는 성과지표인 경제적부가가치(EVA : Economic Value Added)는 새롭게 각광받는 성과지표로 과거의 이익이나 규모중심의 성과평가지표들을 급속히 대체하고 있다.

EVA는 뉴욕의 컨설팅 기업인 Stern Stewart사에 의해 개발되었는데, 1980년대 이후 미국의 코카콜라, AT&T, 영국의 유니레버, 로이드, 독일의 베바, 지멘스 등 세계 초우량 기업들이 자사의 성과측정지표로서 EVA를 채택하고 있다. 이렇게 EVA가 성과지표 중 세계적으로 광범위한 지지를 받는 이유는 무엇일까?

그 이유는 EVA가 기업가치를 측정하고 평가할 수 있는 논리적인 틀을 가지고 있기 때문이다. 경영자원의 효율성을 정확히 짚어내기 위해서는 투하된 경영자원의 양과 이로부터 얻어낸 부가가치의 양을 정확히 측정할 수 있어야 한다. 그런데 그 동안 보편적으로 사용한 경영성과인 매출 증대나 순이익 증가는 이러한 경영효율성을 정확히 반영 및 평가할 수 없다. 이러한 관점에서 EVA는 투하자본의 평가는 물론 이들 투하자본으로부터 창출된 가치를 정확하게 평가해 주는 지표이다.

또한 사업부문별로 특정 기간 동안 영업활동을 통해 획득한 경제적부가가치를 가감없이 반영할 수 있다는 장점을 지닌다. 따라서 회계기간 말에 재무제표에 반영되는 재무성과를 통해 산출되는 EVA는 과거의 매출이나 순이익과 같은 손익계산서 내의 항목뿐만 아니라 투하자본의 내역을 보여주는 재무상태표 항목의 관리도 가능하게 함으로써 기업의 수익성과 자산의 효율성을 함께 고려할 수 있게 하였다.

〈표 10-3〉 EVA와 전통적인 이익지표와의 비교

	EVA	경상이익률
내용	– 사업용에 투하된 자본(장부가 기준)에 대한 그 해의 경제적부가가치	– 경상이익 대 매출
공식	– (세후영업이익/투하자본 – 가중평균자본비용)×투하자본	– 경상이익/매출
장점	– 사업에 투하된 자본에 대한 전체 수익률 (return) 고려 – 포괄손익계산서, 재무상태표 정보 모두 감안 – 사업의 performance에 초점	– 포괄손익계산서 성과가 좋으면 높음 – 영업활동 이외의 성과도 포함
단점	– 당해연도 성과(단기적 지표)	– 당해연도 성과(단기적 지표)

3 EVA의 정의

경제적부가가치(EVA)는 초과이익 모형의 문제를 해결하기 위해 전체 차원의 기업가치 평가에 초점을 두고 있고, 이를 위해 기업이 창출하는 경제적부가가치를 이용하여 기업가치를 측정하는 것이다. 특히, EVA는 전체 투자자(주주와 채권자) 관점에서 기업가치를 평가하기 위해 초과이익 측정치를 다음과 같이 수정한다.

① 기업에 투하된 자본을 자기자본에서 '자기자본과 타인자본의 합계'로 수정한다.

② 자기자본비용을 자기자본과 타인자본의 합계를 기준으로 가중평균자본비용으로 수정한다.

③ 이익은 이자지급전이익으로 변경하는데, 이는 당기순이익에다 이자비용을 합산하고 법인세비용을 조정한 것을 의미한다. 이는 당기순이익이 순수한 주주의 몫이라면 이자지급전이익은 주주와 채권자의 합산된 몫이기 때문이다.

〈표 10-4〉 초과이익과 EVA의 개념 비교

	기업가치 관점	이익 정의	투하자본 정의	자본비용 정의
초과이익	주주관점	당기순이익	자기자본	자기자본비용
EVA	주주와 채권자	세후영업이익	자기자본+타인자본	가중평균자본비용

4 EVA의 측정

1) 이자비용차감전이익(세후영업이익) 측정

이자비용차감전이익(세후영업이익)은 당기순이익에 이자비용(세금조정후)을 가산하여 측정한다. 또한 실무에서는 매출에서 매출원가, 판매비와관리비, 법인세비용을 차감한 후의 금액을 사용하기도 하는데, 이를 세후영업이익이라고 부른다.

세후영업이익(Net Operating Profit Less Adjusted Taxes : NOPLAT)은 영업이익(Earnings Before Interest and Taxes : EBIT)에서 이에 대한 법인세비용을 공제한 금액을 의미하며, 이는 EVA의 정의에서 이미 언급하였듯이 EVA의 초점은 영업자산을 통한 이익창출에 관심을 두기 때문이다. 따라서 NOPLAT은 영업외비용 중에서 주항목인 이자비용을 법인세비용차감전순이익에 가감하여 계산할 수도 있다.

NOPLAT = 영업이익(EBIT) − EBIT기준 법인세비용
= 법인세비용차감전순이익 − 이자비용법인세절감효과 +
이자비용 − 법인세비용
= 법인세비용차감전순이익 + 이자비용(세후) − 법인세비용
= 당기순이익 + 이자비용(세후)

〈표 10-5〉 와룡(주)의 세후영업이익

(단위 : 억원)

	20×7	20×8	20×9(예상)
법인세비용차감전순이익	₩201	₩253	₩285
이자비용(세금조정후)	187	229	272
법인세비용	(34)	(41)	(49)
세후영업이익	₩354	₩441	₩508

2) 투하자본의 측정

주주입장에서 기업투하자본의 정의는 자기자본과 타인자본의 합으로 구성된다. 그러나 타인자본, 즉 부채 중 이자비용이 지급되지 않는 것(예, 매입채무, 미지급비용, 선수금, 선수수익, 퇴직급여부채 등)은 타인자본에서 제외된다. 즉, 투하자본은 자기자본과 이자지급부채(예, 사채, 차입금 등)의 합으로 측정한다.

> 자산 = 부채 + 자기자본
> = (이자지급부채 + 이자를 지급하지 않는 부채) + 자기자본
> 자산 − 이자를 지급하지 않는 부채 = 이자지급부채 + 자기자본

위 공식에서 좌변, 즉 '자산 − 이자를 지급하지 않는 부채'는 투하자본을 자금운용측면에서 측정한 것으로 영업용자산에서 영업용부채(일반적으로 이자지급이 없음)를 뺀 것으로 측정가능함을 의미하고, 우변, 즉 이자지급부채 + 자기자본은 투하자본을 자금조달측면에서 측정할 수 있음을 의미한다.

〈표 10-6〉 와룡(주)의 투하자본

(단위 : 억원)

	20×7	20×8	20×9(예상)
영업용 유동자산	₩768	₩812	₩901
이자지급이 없는 부채	-378	-397	-411
운전자본	390	415	490
유형자산	1,234	1,421	1,578
기타 자산 - 기타 이자지급이 없는 부채	-56	-62	-69
영업용투하자본*	₩1,568	₩1,774	₩1,999

* 2006년 영업용투하자본은 ₩1,500

3) 가중평균자본비용의 측정

자본비용은 자기자본과 이자지급부채의 가중평균자본비용을 적용한다. 예를 들면, 기업의 자기자본이 ₩300억(자기자본비용 15% 가정)이고, 이자지급부채가 ₩150억(세후평균이자비용 8% 가정)인 경우, 가중평균자본비용은 15%×(₩300억/₩450억) + 8%×(₩150억/₩450억)=12.7%(반올림)이다.

〈표 10-7〉은 와룡(주)의 투하자본과 자본비용을 나타내며 가중평균자본비용을 계산하기 위한 기초자료가 된다.

〈표 10-7〉 와룡(주)의 투하자본과 자본비용

(단위 : 억원)

	20×7	20×8	20×9(예상)
이자지급부채	₩150	₩150	₩250
자기자본	₩1,418	₩1,624	₩1,749
영업용투하자본	₩1,568	₩1,774	₩1,999
이자지급이 없는 부채	₩434	₩459	₩480
총자산	₩2,002	₩2,089	₩2,229
자기자본비용	20%	25%	25%
세후평균이자비용	10%	13%	15%

4) EVA 계산

〈표 10-8〉은 와룡(주)의 EVA 계산 사례이다. 〈표 10-8〉에서 투하자본의 평균은 기초 투하자본과 기말 투하자본의 가중평균을 사용함을 의미한다. 이는 기업이 연중 평균적으로 사용한 투하자본을 측정하기 위해 편의상 실무에서는 기초와 기말의 평균을 사용한다. 또한 '세후영업이익/투하자본' 비율은 투하자본을 통해 획득된 수익률을 의미하며, 예제에서는 20×7년, 20×8년 및 20×9년이 23.1%, 26.4% 및 26.9%로 가중평균자본비용보다 높게 나타났다. 이는 와룡(주)이 성공적인 가치창출 경영, 즉 EVA 중심 경영을 하고 있음을 보여준다.

〈표 10-8〉의 마지막 행인 EVA 수치가 매 연도 모두 양(+)의 값을 보여주고 있는데, 이는 와룡(주)이 투하자본을 통한 부가가치 창출을 달성하고 있음을 나타낸다. 20×8년에는 20×7년에 비해 EVA가 감소하다가 다시 20×9년에 회복되고 있어, 기업의 가치창출 경영이 호전되는 것으로 평가된다.

〈표 10-8〉 와룡(주)의 EVA 계산 사례

(단위 : 억원)

	20×7	20×8	20×9(예상)
(1) 세후영업이익	₩354	₩441	₩508
(2) 평균투하자본	₩1,534	₩1,671	₩1,887
(3) (1)/(2)	23.1%	26.4%	26.9%
(4) 가중평균자본비용	19.1%	24.0%	23.8%
(5) EVA	₩61	₩40	₩59

계산과정 :

(1) 평균투하자본

20×7년 = (20×6년기말+20×7년기말)/2
= (₩1,500+₩1,568)/2=₩1,534

20×8년 = (20×7년기말+20×8년기말)/2
= (₩1,568+₩1,774)/2=₩1,671

20×9년 = (20×8년기말+20×9년기말)/2
= (₩1,774+₩1,999)/2=₩1,887

(2) 가중평균자본비용={자기자본비용×(자기자본/총자본)+세후평균이자비용×(이자지급부채/총자본)}

20×7년 = {20%×(₩1,418/₩1,568)+10%×(₩150/₩1,568)}=19.1%

20×8년 = {25%×(₩1,624/₩1,774)+13%×(₩150/₩1,774)}=24.0%

20×9년 = {25%×(₩1,749/₩1,999)+15%×(₩250/₩1,999)}=23.8%

(3) EVA = 세후영업이익 − (가중평균자본비용×평균투하자본)

20×7년 = ₩354 − (0.191×₩1,534) = ₩61

20×8년 = ₩441 − (0.240×₩1,671) = ₩40

20×9년 = ₩508 − (0.238×₩1,887) = ₩59

5 EVA를 통한 재무제표분석

대부분의 이익 또는 이익률 지표는, 투하자본에 대한 사용대가, 즉 자본비용을 고려하지 않는다. 투자는 미래를 위한 것이므로 미래의 사업전망에 관계없이 당기의 이익만을 추구한다면 무리한 투자를 감행하여 장기적으로 기업이 부실화되는 운명을 맞게 된다. 이같은 논리는 1970~80년대의 외형위주의 성장전략이 실패한 데서 찾을 수 있다. 결국 무차별적인 자본조달(자본비용 증가)과 무리한 투자(장기적 초과이익 감소)가 기업의 재무상태와 경영성과를 악화시키는 결과를 초래하였다.

[그림 10-1]은 '이익/매출' 비율(대표적으로 '세후영업이익/매출' 비율)과 'EVA / 투하자본' 비율의 차이를 비교하고 있다. 그림의 각 상자에서 아래 왼쪽의 숫자는 제조기업인 와룡(주)의 비율이며, 아래 오른쪽 숫자는 경쟁기업인 성서(주)의 비율이다. 결론부터 말하면 'EVA/투하자본' 비율은 '이익/매출' 비율은 물론 투하자본규모 및 가중평균자본비용을 종합적으로 고려한 지표이다.

그림의 가운데 부분에 있는 상자에서 보는 바와 같이, 와룡(주)의 '세후영업이익/매출' 비율은 15.1%로서 경쟁사의 14.3%보다 높다. 그럼에도 불구하고 와룡(주)의 주가는 성서(주)보다 낮게 형성되어 있다(와룡(주)의 주가는 ₩18,000, 그리고 성서(주)의 주가는 ₩27,000). 그 원인을 EVA 기준으로 원인을 규명하면, [그림 10-1]과 같다.

[그림 10-1] 이익/매출 비율과 EVA/투하자본 비율 기준에 따른 분석

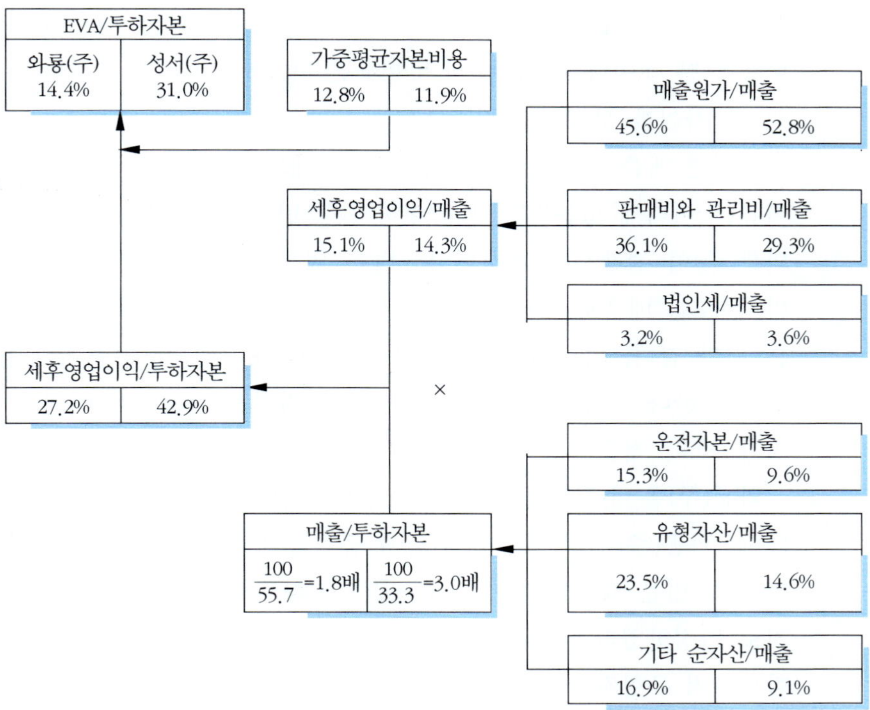

도표의 가운데에 위치한 '세후영업이익/매출' 비율에서 세후영업이익은 그의 오른쪽 가지처럼, 매출에서 세 가지 영업비용을 빼서 계산한다(도표에서는 매출 대비 비율로 계산). 즉, 매출(100%)에서 세 가지 영업비용(45.6%, 36.1% 및 3.2%)을 빼면 와룡(주)의 비율인 15.1%가 나온다.

한편 [그림 10-1]에서 아래쪽의 '매출/투하자본' 비율은 투하자본을 운전자본, 유형자산 및 기타 자산으로 구성된다고 가정하여 계산한 것이다. 와룡(주)의 비율은 1.8배, 경쟁사의 비율은 3.0배이다. 이는 와룡(주)이 경쟁사에 비하여 더 많은 자본을 영업활동에 투자하고 있다는 것을 의미한다. 그런데 위에서 산출한 두 개의 비율, 즉 '세후영업이익/매출' 비율과 '매출/투하자본' 비율을 곱하면, '세후영업이익/투하자본' 비율이 계산된다.

[그림 10-1]의 왼쪽에 있는 것처럼 와룡(주)의 이 비율은 27.2%이며, 경쟁사의 비율은 42.9%로서 크게 역전되었음을 알 수 있다. 마지막으로 도표의 왼쪽 상단의 'EVA/투하자본' 비율은 '세후영업이익/투하자본' 비율에서 가중평균자본비용을 뺀 것이다. 와룡(주)사의 비율은 14.4% 그리고 경쟁사의 비율은 31.0%로서 큰 차이를 보이고 있다.

그러면 매출이익률은 와룡(주)이 높은데도 EVA 창출은 와룡(주)이 훨씬 낮은 이유는 어디에 있는가? '매출/투하자본' 비율이 큰 차이가 있기 때문이다. 즉, 와룡(주)이 경쟁사에 비하여 더 많은 업무용 투하자본을 가지고 있기 때문이다. 분모를 매출로 사용하는 이익성과지표는 영업활동에 투하된 자본을 무시하는 것과 같다. 따라서 와룡(주)은 가치창출(EVA)을 하려면 업무용 투하자본을 줄여야 한다는 사실을 알 수 있다. 많은 자본을 사용하여 이익을 내는 것은 의미가 적고, 적은 자본으로 이익을 창출하는 것이 잘하는 경영이라는 것이다.

와룡(주)은 운전자본(예, 재고자산, 매출채권 등)을 줄이기 위한 방안을 강조하였다. 와룡(주)은 이제까지 매출에 중점을 두었기 때문에 과도한 생산을 하고 있었고, 많은 재고를 쌓아 놓고 있었다. 따라서 300억원에 달하는 재고를 줄이기로 결정하였다. 한편 생산성과 가동률이 떨어지는 공장들을 폐쇄 또는 통합함으로써 유형자산의 보유를 400억원 가량 줄이는 구조조정을 단행하였다. 이 같은 공장의 폐쇄 및 통합은 가동률의 증가로 인하여 생산원가가 낮아지는 부수적 효과도 나타났다. 이같이 EVA에 의한 성과평가는 투하자본의 효율성 제고라는 장점을 포함하고 있다.

EVA 차트는 미국의 듀퐁사가 자회사 및 사업부의 경영평가를 위하여 내부적으로 개발한 종합관리시스템을 변형시킨 것으로서, 기업본부가 각 사업부의 경영성과를 관리하는 수단으로 널리 이용되고 있다. EVA 차트에서 사업부에 대한 단일 평가지표는 'EVA/자기자본' 또는 'EVA/투하자본' 비율이다. 그리고 이 비율은 [그림 10-2]와 같이 분해할 수 있다. 단, 'EVA/투하자본'을 사용하는 경우는 도표에서 마지막 항인 '투하자본/자기자본'을 제외하면 된다.

[그림 10-2] EVA 차트

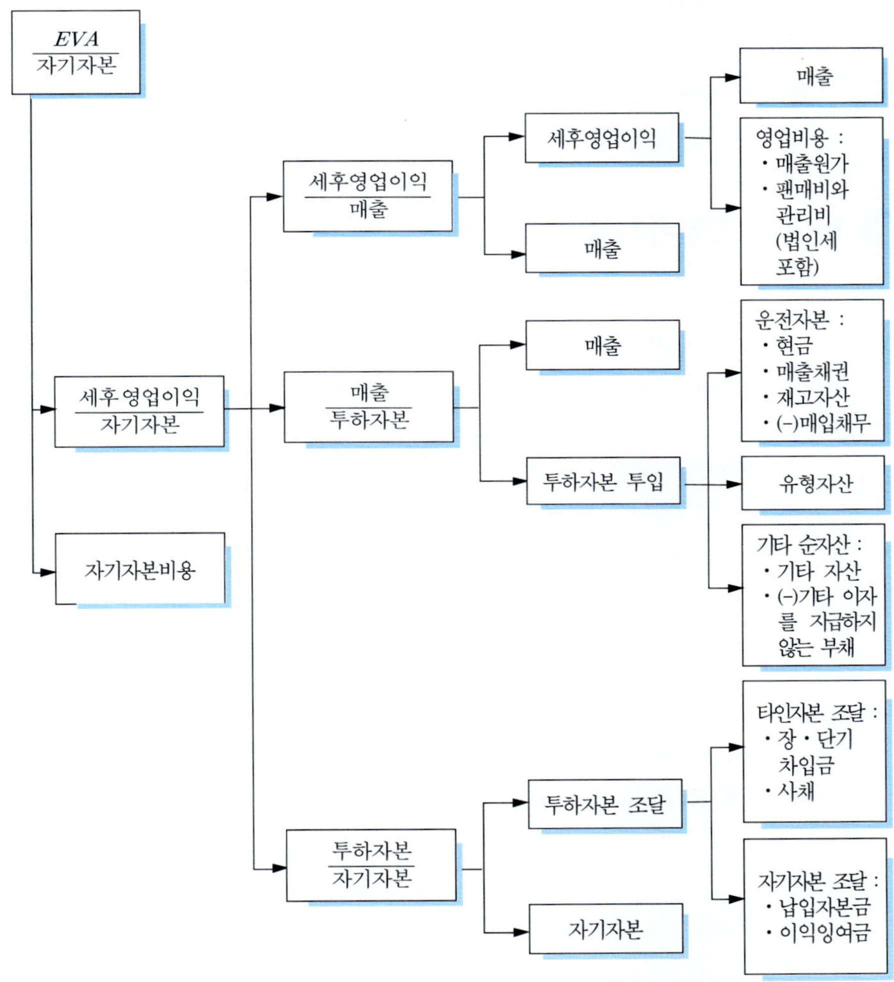

위의 분해를 더욱 확장하면 재무상태표 및 손익계산서의 주요 항목으로 나뭇가지처럼 전개된다. 이를 EVA 차트라고 부른다. EVA 차트는 EVA가 어떤 항목들로 구성되며, 어떤 항목들의 변화에 주의를 기울여야 하는지를 나타내 준다. 예를 들어, EVA비율의 구성요소인 '세후영업이익/매출' 비율이 전년에 비하여(또는 다른 모범적 기업이나 경쟁기업에 비하여) 저조하였다고 가정하여 보

자. 그러면 1차적으로 '세후영업이익/매출' 비율의 분모인 매출이 저조하였는지 또는 분자인 세후영업이익이 저조하였는지를 점검한다. 만약 분자인 세후영업이익이 저조하였다면, 2차적인 단계로 어떤 영업비용 항목(매출원가, 판매비와 관리비 등)이 증가하였는지를 계속 점검하여 나가는 것이다.

6 EVA와 기업가치평가

EVA는 이미 위에서 언급하였듯이 t 기간의 EVA_t는 세후영업이익(NOPLATt)이 자본의 사용대가인 '$r_w \cdot IB_t$'를 초과하는 부분이다.

EVA = 세후영업이익 − 자본의 사용대가
= 세후영업이익 − r_w · 기초영업투하자본
= $(ROIC - r_w)$기초영업투하자본

여기서 : ROIC = 세후영업이익/영업투하자본=영업투하자본수익률
r_w = 가중평균자본비용

특히, 위에 제시된 EVA에 기초한 기업가치평가는 영업투하자본의 장부가치와 미래 EVA 발생액의 현재가치의 합으로 측정된다.

기업가치 = 영업투하자본 장부가치 + 미래 EVA의 현재가치

$$V_t = IB_t + (NOPLAT_{t+1} - r_w \cdot IB_t)/(1+r_w) + (NOPLAT_{t+2} - r_w \cdot IB_{t+1})/(1+r_w)^2 + \cdots$$

$$= IB_t + \sum_{\tau=1}^{T} \frac{(ROIC_{t+\tau} - r_w) IB_{t+\tau-1}}{(1+r_w)^{\tau}}$$

IB_t: t기의 영업투하자본

어느 기업이 미래에 가중평균자본비용(rw)만큼의 영업투하자본수익률(ROIC)을 획득할 것으로 예상한다면, 이 기업의 가치는 현재의 영업투하자본 투자액

인 IB_t와 같다. 이에 반해 미래의 ROIC가 가중평균자본비용보다 커서 양(+)의 EVA가 기대된다면, 기업가치는 증가하게 되고, 미래의 ROIC가 가중평균자본비용에 못 미치게 되면, 기업가치는 감소하게 된다.

연습문제

10-1 초과이익모형에 대해 설명하시오.

풀이 1995년 올슨(Ohlson) 교수가 초과이익모형(AEM: Abnormal Earning Model)이라는 가치평가 기법을 개발하였다. 초과이익모형은 기업가치를 자산의 장부가치(book value)와 미래에 창출할 초과이익의 합이라고 가정하고 있다. AEM의 개념적 타당성은 다음과 같다. 첫째, AEM의 기본모형은 회계의 기본적 이익합산구조(즉, 당기의 기업가치는 전기의 장부가치에다가 1년 동안의 가치 증분을 합산해서 도출)와 일치하고 있고, 둘째, 회계수치는 기업마다 이익 보고시점과 회계처리 방법이 다르므로 과대·과소 계상되기 쉬우나, AEM은 초과이익을 추정하는 과정에서 이를 적절하게 상쇄시킬 수 있다.

10-2 초과이익모형의 실무적 활용 가능성에 대해 설명하시오.

풀이 AEM의 실무적 활용가능성은 대체로 다음과 같다. 첫째, 적정가치평가에 활용 가능하다. 둘째, 사업부문별 성과평가에 활용 가능하다. 셋째, 관리회계상의 의사결정 문제에 판단기준을 제공해준다. 먼저 AEM의 적정가치평가 활용성은 예를 들면, 초과이익모형을 이용하여 기업이 보유하고 있는 주식의 적정 주가를 산정할 수 있고, 벤처, IT, 하이테크 기업과 같이, 무형자산과 지식자산의 비중이 높은 기업을 가치평가할 경우에도 활용이 용이할 뿐만 아니라, 부실기업의 판정, M&A 대상기업의 가치평가에 기준으로 활용 가능하다. 또한 AEM의 실무적 활용성은 사업부문별 성과평가에 활용 가능하다는 것이다. 즉, 사업부문별 경영실적평가가 가능하므로 생산성 향상 및 재무구조 개선수단으로 사용할 수 있고, 사업부문별 성과를 보상체계와 연계시켜 책임경영을 확립할 수 있다. 마지막으로 AEM의 세 번째 활용성은 AEM이 미래에 창출할 기대치가 높은 사업부문을 식별·제시할 수 있으므로, 이를 통해 기업은 핵심역량 위주로 구조조정이 상시 가능하고, 기업의 한정된 자원을 효과적으로 사용하기 위한 투자안의 선택과정에서 판단기준으로 활용할 수 있다는 것이다.

10-3 초과이익모형의 문제점에 대해 서술하시오.

풀이 초과이익은 기업가치평가에 몇 가지 문제점이 있다. 첫째, 초과이익은 단순히 주주입장만의 기업가치 평가인데, 이는 초과이익의 정의에서 자기자본에 대한 사용대가만을 고려한다는 점에서 쉽게 이해할 수 있다. 그러나 기업에 자금을 공급하는 투자자는 주주뿐만 아니라 채권자도 있음을 고려해 볼 때, 기업가치는 주주와 채권자 모두를 고려해야 한다. 둘째, 기업차원에서 자본의 유입은 주주와 채권자로 구분할 수 있지만, 실제 자본의 투자는 이 두 자본이 모두 함께 사용된다. 따라서 초과이익의 정의와 같이 자기자본만을 고려하여 기업가치를 평가하는 것은 전체 기업입장에서 논리적 타당성이 약하다. 셋째, 회계적으로 산출된 이익은 기업간 또는 사업부간 회계처리방법의 차이 그리고 발생액의 포함 등으로 상당한 조정이 있어야만, 객관적으로 기업간 비교가 가능하다.

10-4 EVA가 기업가치평가 모형으로 최근 주목받고 있는 이유는 무엇인가?

풀이 이유는 EVA가 기업가치를 측정하고 평가할 수 있는 논리적인 틀을 가지고 있기 때문이다. 경영자원의 효율성을 정확히 짚어내기 위해서는 투하된 경영자원의 양과 이로부터 얻어낸 부가가치의 양을 정확히 측정할 수 있어야 한다. 그런데 그동안 보편적으로 사용한 경영성과인 매출 증대나 순이익 증가는 이러한 경영효율성을 정확히 반영 및 평가할 수 없다. 이러한 관점에서 EVA는 투하자산의 평가는 물론 이들 투하자산으로부터 창출된 가치를 정확하게 평가해 주는 지표이다. 또한 사업부문별로 특정 기간 동안 영업활동을 통해 획득한 경제적부가가치를 가감없이 반영할 수 있다는 장점을 지닌다. 따라서 회계기간 말에 재무제표에 반영되는 재무성과를 통해 산출되는 EVA는 과거의 매출이나 순이익과 같은 손익계산서 내의 항목뿐만 아니라 투하자산의 내역을 보여주는 재무상태표 항목의 관리도 가능하게 함으로써 기업의 수익성과 자산의 효율성을 함께 고려할 수 있게 하였다.

연습문제

10-5 EVA의 측정과정에 대해 설명하시오.

풀이 경제적부가가치(EVA)는 초과이익모형의 근본문제를 해결하기 위해 전체 차원의 기업가치 평가를 위해 기업이 창출하는 경제적부가가치 개념을 이용하여 기업가치를 측정하는 것이다. 특히, EVA 관점에서 기업가치를 평가하기 위해서는 전체 투자자(주주와 채권자) 관점으로 기업가치를 평가하기 위해 초과이익 측정치는 다음과 같은 단계를 거쳐 측정되어진다. 첫째, 기업에 투자된 자본을 자기자본에서 '자기자본과 타인자본의 합계'로 수정한다. 둘째, 자기자본비용을 자기자본과 타인자본의 합계를 기준으로 가중평균자본비용으로 수정한다. 셋째, 이익은 이자지급전이익으로 변경하는데, 이는 당기순이익에다 이자비용을 합산하고 법인세를 조정한 것을 의미한다. 이는 당기순이익이 순수한 주주의 몫이라면 이자지급전이익은 주주와 채권자의 합산된 몫이기 때문이다.

10-6 세후영업이익과 투하자본에 대해 설명하시오.

풀이 세후영업이익(이자비용차감전이익)은 '당기순이익에 이자비용(세후)을 가산하여 측정'한다. 또한 실무에서는'매출에서 매출원가, 판매비와관리비 그리고 법인세만을 차감한 후의 금액'을 사용하기도 하는데, 이를 세후영업이익이라고 부른다. 주주입장에서 기업 투하자본의 정의는 자기자본과 타인자본의 합으로 구성된다. 그러나 타인자본, 즉 부채 중 이자비용이 지급되지 않는 것(예, 매입채무, 미지급비용, 선수금, 선수수익, 퇴직급여부채 등)은 타인자본에서 제외된다. 즉, 투하자본은 '자기자본과 이자지급부채(예, 사채, 차입금 등)의 합'으로 측정한다.

10-7 와룡(주)은 20×1년말에 ₩90,000의 자기자본으로 설립되어 출자금의 전부를 설비자산취득에 사용하였다. 영업기간은 3년으로 한정하고, 첫년도 당기순이익은 ₩30,000, 둘째 해에는 ₩20,000 그리고 마지막 연도에는 ₩20,000의 당기순이익을 예측되며, 세금은 없는 것으로 가정한다. 배당금은 20×2년부터 각각 ₩60,000, ₩50,000 및 ₩50,000으로 가정한다. 와룡(주)의 자기자본비용을 10%으로 가정할 때, 초과이익모형에 근거한 20×2년 와룡(주)의 주주지분가치는 얼마인가?

풀이 (1) 와룡(주)의 약식 재무제표

	20×2년	20×3년	20×4년
기초 자기자본	₩90,000	₩60,000	₩30,000
순이익	30,000	20,000	20,000
배당	60,000	50,000	50,000
기말 자기자본	₩60,000	₩30,000	-

(2) 와룡(주)의 초과이익모형에 근거한 주주지분가치

	20×2년	20×3년	20×4년
기초 자기자본	₩90,000	₩60,000	₩30,000
순이익	30,000	20,000	20,000
0.1×기초자기자본	9,000	6,000	3,000
초과이익	₩21,000	₩14,000	₩17,000

$$주주지분가치 = 90{,}000 + 21{,}000/(1+0.1) + 14{,}000/(1+0.1)^2 + 17{,}000/(1+0.1)^3$$
$$= 133{,}000.4$$

연습문제

10-8 20×1년 3월말 현재(20×0년의 배당지급후) 와룡(주)의 주당순자산이 ₩20,000인 기업에 대해 다음과 같이 미래 5년간에 대해 주당순이익과 주당배당이 예측되었다. 단, 자기자본비용은 12%로 가정한다. 각 연도별로 와룡(주)의 1주당 초과이익을 계산하시오.

	20×1년	20×2년	20×3년	20×4년	20×5년
주당순이익	₩4,700	₩4,900	₩5,000	₩5,120	₩5,590
주당배당	₩1,200	₩1,200	₩1,200	₩1,200	₩1,200

풀이 와룡(주)의 1주당 초과이익

	20×1년	20×2년	20×3년	20×4년	20×5년
주당순이익	₩4,700	₩4,900	₩5,000	₩5,120	₩5,590
주당배당	1,200	1,200	1,200	1,200	1,200
주당순자산	23,500	27,200	31,000	34,920	39,310
0.12×주당순자산	2,400	2,820	3,264	3,720	4,190.4
1주당초과이익	₩2,300	₩2,080	₩1,736	₩1,400	₩1,399.6

10-9 와룡(주)은 20×9년 초 ₩100,000으로 설립되었고, 세후영업이익(NOPLAT)은 ₩15,000이고, 투하자본수익률(ROIC)은 15%로 예상되며, 가중평균자본비용(rw)은 10%로 장기간 계속될 것으로 예측된다. 5년 동안 매년초 ₩10,000의 추가투자를 계획하고 있으며, 이를 통한 투자수익률은 15%로 예상한다. 5년 후에는 투하자본수익률과 가중평균자본비용이 동일할 것으로 예상된다. 이러한 정보를 바탕으로 와룡(주)의 EVA에 기초한 기업가치를 평가하시오.

풀이 와룡(주)의 EVA에 기초한 기업가치

투하자본		₩100,000
+현 투하자본의	EVA	50,000 = (.15−.10)(100)/.10
+신규투자 첫해	EVA	5,000 = (.15−.10)(10)/.10
+신규투자 둘째해	EVA	4,550 = [(.15−.10)(10)/.10]/1.1
+신규투자 셋째해	EVA	4,130 = [(.15−.10)(10)/.10]/$(1.1)^2$
+신규투자 넷째해	EVA	3,760 = [(.15−.10)(10)/.10]/$(1.1)^3$
+신규투자 다섯째해	EVA	₩3,420 = [(.15−.10)(10)/.10]/$(1.1)^4$
기업가치 총액 = ₩170,850		

10-10 **다음은 와룡(주)의 20×0년 실제 재무자료와 20×1년 3월 초 예측한 미래 4년간(20×1-20×4)에 대한 예측자료이다.**

	20×0년	20×1년	20×2년	20×3년	20×4년
영업투하자본	₩350	₩360	₩370	₩340	₩320
ROIC(%)	13.5	13.0	12.6	13.8	14.5

와룡(주)의 평균자본비용은 10%인 경우 미래 4년간의 EVA를 계산하시오.

풀이 와룡(주)의 EVA

	20×0년	20×1년	20×2년	20×3년	20×4년
영업투하자본	₩350	₩360	₩370	₩340	₩320
ROIC(%)	13.5	13.0	12.6	13.8	14.5
EVA*		₩10.5	₩9.36	₩14.06	₩15.3

* EVA=(ROIC - 0.1)×기초 영업투하자본

뉴스 속의 재무제표분석

베어링가치형펀드, 매출 · 이익 · 미래성장 삼박자 가치주 발굴…1년 수익률 15%

가치주펀드 평균대비 50배 성과 … 금리 · 물가 상승기에 가치주 유리
삼성전자 등 대형주 비중 65%

◆ 상품 분석 / 베어링가치형펀드 ◆

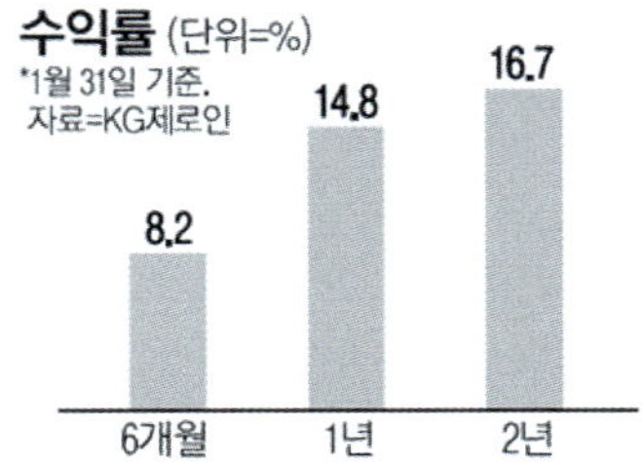

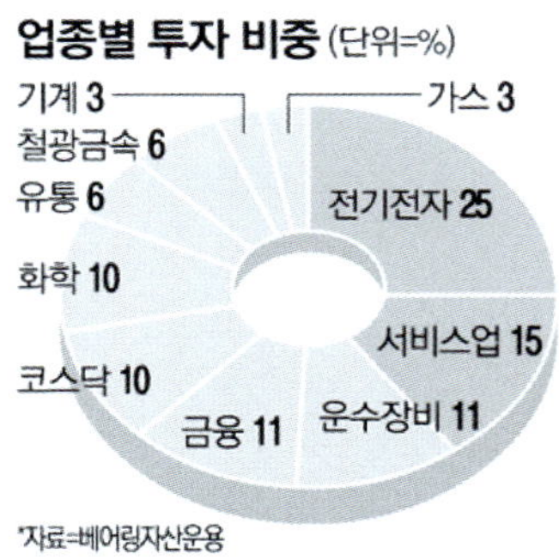

최근 글로벌 주식시장의 투자자들이 실적 대비 저평가된 '가치주'에 꽂혔다. 특히 가치주 펀드의 수익률 성적표도 개선되고 있는 상황이어서 일부 전문가들은 3년 만에 다시 가치주 펀드 전성시대가 열릴 것이라는 전망을 내놓을 정도다. 이 중에서도 베어링자산운용의 '베어링가치형펀드'는 국내 가치주 펀드 중에서 성적표가 최우등생 수준이다. 2006년 출시된 '베어링가치형펀드'는 '베어링고배당펀드'와 함께 국내 주식형 펀드 부문의 강자로 매년 이름을 올리고 있는 베어링자산운용의 대표 펀드다.

2일 펀드평가사인 KG제로인에 따르면 베어링가치형펀드의 최근 1년 수익률(지난달 31일 기준)은 14.8%에 달했다. 최근 2년 수익률은 16.7%였다. 가치주 펀드의 전체 평균 수익률이 최근 1년 0.3%, 최근 2년 0.1%였던 점을 감안하면 베어링가치형펀드 수익률은 '압도적'이었다는 표현도 어색하지 않다. 무엇보다도 꾸준함이 이 펀드의 최대 강점 중 하나다. 설정 이후 수익률은 120%가량으로 매년 10%가량의 수익률을 내온 셈이다.

가치주 펀드는 펀드매니저가 기업의 가치보다 주가가 낮다고 판단되는 주식을 장기간 보유해 수익을 극대화하는 상품이다. 저평가된 주식에 투자하는 만큼 수익률이 상승할 가능성도 높다. 지난해 가치주 펀드 실적은 만족스럽지 못했지만 시장은 올해 가치주 펀드 수익률에 긍정적 전망을 쏟아내고 있다. 그동안 금리와 물가가 상승하는 시기에 가치주 펀드가 높은 수익률을 기록해왔다는 점은 최근 미국의 금리 인상 기조가 뚜렷한 분위기에서 시사하는 바가 크다.

특히 베어링가치형펀드의 차별화된 가치주 운용 전략은 백화점식으로 단순히 저평가 기업에 투자하기보다는 가치함정(항상 주가가 싼 기업)에 빠지지 않기 위해 매출과 순이익이 동시에

증가할 가능성이 높아 향후 저평가 영역을 빠르게 탈피할 수 있는 종목을 찾아내는 데 전력하는 것이다.

또 주가가 시장이나 동일 업종과 비교해 높더라도 상대적 가치가 부각되는 가치주에 투자한다. 높은 브랜드 가치를 지닌 기업, 경쟁 기업의 진입이 어려운 견고한 사업모델이나 신기술을 갖추고 있는 기업, 뛰어난 경영능력이 있는 경영진에 의해 운영되는 기업, 문화 · 콘텐츠 등 탁월한 무형자산을 통해 부가가치를 창출하는 기업 중 상대가치가 부각되는 기업이 투자 대상이다. 이와 함께 현금 창출과 배당능력이 뛰어난 기업, 일시적 업황 악화 · 구조조정 등의 과정에서 턴어라운드가 예상되는 기업 등도 편입 대상으로 삼고 있다. 이를 위해 베어링자산운용은 계량모형을 활용해 개별 기업의 가치 · 성장 잠재력 등을 철저히 분석한다. 장기적 사업 전망과 미래 실적이 불투명한 기업을 걸러내기 위한 조치다.

덕분에 수익률은 물론 샤프지수도 안정적으로 나타나고 있다. 샤프지수란 펀드가 한 단위의 위험자산에 투자함으로써 얻은 초과수익의 정도를 나타내는 지표다. 따라서 샤프지수가 높을수록 투자 성과가 성공적이라고 할 수 있다. 베어링가치형펀드의 샤프지수는 최근 1년은 1.0, 최근 6개월은 1.7로 다른 가치주 펀드의 평균인 -0.1을 크게 상회한다. 이는 곧 대다수의 가치주 펀드가 손실을 낸 데 반해 베어링가치형펀드는 꾸준히 초과수익을 올렸다는 것을 뜻한다.

작년 11월 1일 기준 펀드가 담은 주식 종목은 총 83개다. 대형주 투자 비중이 65.1%로 높다. 펀드가 가장 많이 담고 있는 종목은 삼성전자로 펀드 내 비중이 16.05%다. 이어 포스코(3.2%) 롯데케미칼(2.2%) 현대차(2.2%) SK에너지(2.2%) 등이 상위 보유 종목이다. 신광선 펀드매니저는 "그동안 소외됐던 은행 철강 화학 기계 조선 IT하드웨어 소재 등의 저평가 가치주를 선제적으로 발굴해 투자했던 점이 성과에 주효했다"고 말했다. 그는 "일반적으로 금리가 상승할 때 할인율이 높아지면서 성장주 대비 가치주의 투자 매력이 높아진다"며 "미국이 올해에도 세 차례의 추가 금리 인상을 예고한 데다 국내 금리도 추가 인하가 어려울 것으로 예상됨에 따라 저PER(주가수익비율)와 저PBR(주가순자산비율) 주식에 대한 관심은 당분간 지속될 것"이라고 덧붙였다.

〈출처 : 매일경제신문, 2017.2.2〉

제 11 장

기업부실과 재무제표분석

〈학습목표〉

- 기업부실의 의미 이해
- 기업부실의 유형 분류 이해
- 기업부실의 징후 이해
- 기업부실의 예측모형에 대한 이해
- 부실기업의 재무적 특성에 대한 이해

제 1 절 기업부실의 의의

1 기업부실의 중요성

기업이 부실화 되는 경우 기업의 모든 이해관계자(예, 투자자, 채권자, 경영자, 종업원, 거래처 등)가 막대한 경제적 및 사회적 손실을 입게 된다. 특히 한 기업의 도산이 다른 기업의 연쇄적 도산을 초래하는 경우 국가경제 전체 차원에서 실업증가의 원인, 사회적・경제적 손실 그리고 부실기업 관련 부실채권 누적으로 금융기관(은행)의 부실화로 연쇄반응을 일으켜 결국 한 나라의 경제에 치명적 위기를 초래하게 된다.

따라서 기업부실의 가능성을 사전에 예측하는 것이 매우 중요하다. 이러한 기업부실 예측을 통해 기업은 사전적으로 자구책을 강구(구조조정, 감량경영, 다른 기업과 합병 등)할 수 있고, 관련 금융기관은 불량채권(대손위험) 극소화, 대출이자조정, 대출계약조건 변경 등을 시도할 수 있다. 또한 사회 전체적으로 결국 자원의 효율적 배분 기능을 수행하기 위해 부실기업을 정리할 수 있는 사전적 기회를 가질 수 있다.

2 기업부실 관련 용어

기업부실과 유사한 다양한 용어가 경제 및 사회분야에서 통용되고 있다. 가장 대표적인 기업부실과 관련된 용어는 다음과 같다.

㉠ 부실(Failure)

경제적부실(실현된수익률 < 위험가중투자수익률)

법적부실

㉡ 지급불능(Insolvency)

기술적 지급불능 → 일시적 유동성 부족

파산적 지급불능 → 만성적 유동성 부족

㉢ 채무불이행(Default)

기술적 채무불이행

공식적 채무불이행

㉣ 파산(Bankruptcy)

파산은 다음과 같은 개념이 포함된 복합적 용어이다.

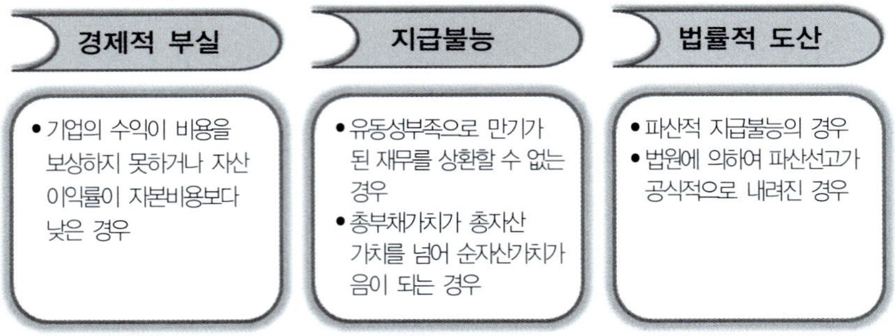

3 기업부실의 유형

기업부실은 대부분 내부적 요인에 의해 발생되며, 그 요인을 살펴보면 환경적응 실패, 방만경영, 확장경영, 자금부족, 연구개발 실패에 따른 요인에 의해 발생된다. 환경적응 실패는 최종적으로 판매부진으로 이어지고, 방만경영은 생산성 저하, 확장경영은 과도한 차입금에 따른 과도한 이자비용 부담, 자금부족은 현금흐름에 악영향을 주고, 연구개발 실패는 경쟁력 저하로 귀결된다.

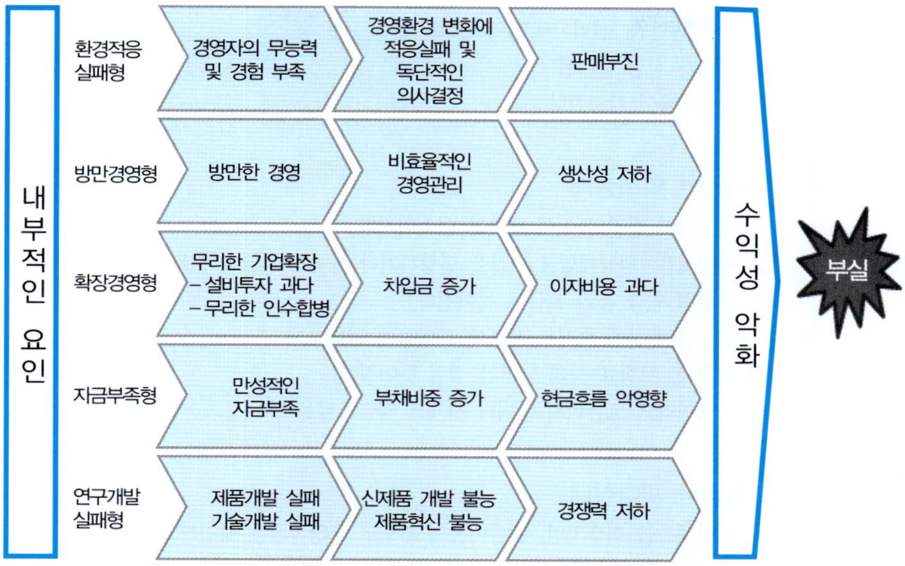

4 기업부실 징후

1) 부실징후 체크리스트

기업부실은 건전한 기업이 어느 한 순간 돌연 부실해지는 것이 아니라 점진적으로 진행된다. 예를 들어 Newton은 기업부실화 과정을 4단계인 잠복기, 현금부족, 재무적 지급불능, 총체적 지급불능으로 구분하였다. 따라서 기업부실화 과정에서 다양한 징후들이 포착될 수 있다. 이와 관련하여 국내 금융기관들은 다음과 같은 부실징후 체크리스트를 활용하기도 한다.

부실징후 체크리스트(A형)

(가) 이익 감소상태

(1) 매출(수주, 거래처, 단가)이 점점 줄어든다.
(2) 금융비용이 계속 늘어난다.
(3) 대손(貸損)이 점점 늘어난다.

(4) 가동률(인원, 설비, 자재)이 감소한다.
(5) 경비가 점점 늘어난다.
(6) 순이익률이 감소한다.

(나) 자금난 악화상태

(1) 차입금이 점점 늘어서 변제가 어려워진다.
(2) 지급어음, 외상매입금 지급을 연장하거나 몰아서 지급하게 된다.
(3) 종업원 임금 등의 지급이 늦어진다.
(4) 차입금 때문에 수시로 은행에 드나들게 된다.
(5) 원천세, 보험료 등의 납부가 점점 늦어진다.
(6) 소액이라도 고금리의 돈이나 사채로 자금조달을 한다.

(다) 차입금 과다상태

(1) 외상매출금 회수지연, 받을어음의 부도로 운영자금을 차입하고 있다.
(2) 기타 채권회수 불능으로 운영자금을 차입하고 있다.
(3) 적자가 생겨 운영자금을 차입하고 있다.
(4) 재고누적으로 운영자금을 차입하고 있다.
(5) 과다한 설비투자로 운영자금을 차입하고 있다.

(라) 회생곤란상태

(1) 능력이 있는 사원이 계속 그만둔다.
(2) 자금조달을 위해 분식결산을 한다.
(3) 주거래은행 및 정부의 중소기업 기관에서 자금을 조달할 수 없다.
(4) 고금리의 자금을 조달하고 어음을 남발한다.
(5) 어음을 지급기일 전에 소지인으로부터 회수한다.

*** 평가방법**

o (가), (나), (다)항목 중 5개 이상 해당 ⇒ 극히 위험한 상태
3-4개 해당 ⇒ 불안한 상태
1-2개 해당 ⇒ 주의해야 할 상태
o (라) 항목 중 1개 이상 해당 ⇒ 부도 또는 도산직전 상태

부실징후 체크리스트(B형)

(1) 회사의 수위나 안내양이 불친절하다.
(2) 사장과 경리사원의 부재가 잦다.

(3) 사원들의 출퇴근율이 저조하다.
(4) 사내의 기강이 해이해졌다.
(5) 어음거래가 불량해진다.
(6) 높은 이자의 어음이 나돈다.
(7) 회의가 빈번하고 장시간이다.
(8) 이상한 바겐세일을 한다.
(9) 갑작스레 부동산을 처분한다.
(10) 거래처가 자주 바뀐다.
(11) 상품가격이 터무니없이 오른다.
(12) 경기추세와 수요변화를 무시한다.
(13) 주거래은행 등 거래금융기관이 변경된다.
(14) 비상식적으로 임원이동을 한다.
(15) 간부와 사원의 퇴사가 잦다.
(16) 경영자가 공과 사를 혼동하고 있다.
(17) 대주주의 지분변동이 불안정하다.
(18) 후계자의 계승을 둘러싸고 분쟁이 있다.
(19) 경영자의 성격이 내성적으로 바뀐다.
(20) 낯선 사람들이 드나들기 시작한다.
(21) 악성루머가 되풀이해서 떠돈다.
(22) 경영자가 정치 같은 일에 너무 관심을 쏟는다.
(23) 사무실에 비해 사장실이 호화롭다.
(24) 사장이 분수에 넘친 호화생활을 한다.
(25) 경영자의 여성관계 소문이 그치지 않는다.
(26) 경영자가 점쟁이의 말을 너무 믿는다.
(27) 무리하게 본사 사옥을 늘렸다.
(28) 화장실이나 창고가 지저분하다.
(29) 회사게시판에 부착된 내용들이 부정적이다.
(30) 간판이 쓰러져 있거나 쇼윈도우가 지저분하다.

*** 판단기준**

10개 이상 해당 → 부도 가능성 내재
15개 이상 해당 → 부도 요주의
20개 이상 해당 → 부도 위험
25개 이상 해당 → 부도 확실

2) 재무제표에 기초한 부실징후의 발견 방법

(1) 손익계산서

- 매출의 지속적 감소
- 매출원가 및 판매비·일반관리비의 급증
- 경상적인 영업비와 제조간접비의 증가
- 과도한 금융비용 부담
- 이익률의 현저한 감소
- 이익수준과 비교하여 배당금의 과다지급
- 결손의 누적

(2) 재무상태표

- 현금의 절대적 부족
- 순운전자본의 만성적 부족
- 매출채권 및 재고자산의 급증
- 고정자산에 대한 과대투자
- 단기차입금 및 기타 유동부채의 급증
- 과다한 장기부채
- 타인자본의존도의 심화
- 차입조건이나 금리면에서 불리한 신규차입금의 증가

(3) 현금흐름표

- 순현금유입의 감소
- 영업·투자·재무활동별 현금조달과 운용의 불균형
- 영업활동에서 조달된 현금의 부족
- 영업활동현금흐름의 감소추세
- 단기차입금의 조달에 의해 장기부채를 상환하는 사례의 빈발
- 과다한 배당금의 지급

3) 기업실태 조사 및 관찰을 통한 부실징후의 발견 방법

(1) 경영자의 행동

- 행선지가 불분명하고 면접거부, 부재
- 현장순회 줄고 외출급증
- 현실을 무시한 계획과 허세
- 타인과 전문가의 충고 무시
- 자포자기 및 경영의욕 상실
- 약속위반, 언행불일치 현저

(2) 판매활동과 매입 · 재고

- 납기지연, 크레임 증대, 반품 증가
- 주요 거래처의 경영불만, 부도 발생
- 강력한 경쟁업자, 경쟁상품 출현에 대한 대처 부족
- 자회사 등에의 판매 증가, 강제 판매
- 덤핑, 채산성이 안맞는 수주개시
- 과도한 바이어 접대와 뇌물수수
- 조건이 나쁜 매입의 실행
- 주요한 매입체의 이유없는 변경
- 재고자산 과다, 재고관리의 부재

(3) 주요설비와 생산활동

- 유휴인력 및 유휴설비의 현저한 증가
- 제품불량률, 불합격률 증가
- 생산계획의 혼란, 생산효율성의 저하
- 기계설비가동률이 정상시보다 심각하게 저하
- 공장, 운용자산, 사용자재의 매각
- 본업이탈, 다각화, 자회사 설립에 과도한 정력 낭비
- 무모한 공장신축
- 보수활동 및 정비 불량, 근무환경 불량

(4) 재무・자금관리활동

- 각종 대출금의 연체, 회수불능 매출채권 등 불량채권의 누적
- 부채초과, 채무과다, 과소자본
- 유가증권, 부동산, 골동품, 귀금속 등의 매각 및 매출처 확보에 급급
- 선수금, 가수금의 이상적인 증가
- 운전자본 감소, 고리사채의 이용
- 융통어음의 급팽창
- 양도담보 설정변화, 근저당권 취소신청
- 금융비용 과다
- 3개년 이상의 연속적인 적자
- 회계감사의견이 부적정 의견, 무의견

(5) 경영관리층과 종업원의 행동

- 회의의 빈번화와 장시간화
- 유능한 중심인물의 이동, 퇴사, 사임
- 임직원간의 대립, 내분, 분열, 책임 전가
- 비밀주의 만연, 소재불명, 외출빈번
- 외부에 자사를 비방, 푸념
- 유능하고 중요한 기술자, 종업원 등의 퇴사 속출
- 경리담당자의 부재, 업무부담 과중
- 종업원들의 사기저하, 직장규율 문란, 근무기강 해이

제 2 절 기업부실의 예측 모형

1 알트만 방법

알트만의 Z값을 이용하여 기업부실을 예측할 수 있다. Z값은 미국의 경제학자 에드워드 알트만 교수가 부도 예측을 위해 만든 모형으로 기존문헌에서 보편적으로 이용되었던 비율들을 이용하여 27 변수를 선정하였다.

독립변수는 유동성(순운전자본/자산총계), 지급능력(이익잉여금/자산총계), 수익성(영업이익/자산총계), 레버리지(시가총액/부채총계) 및 효율성(매출/자산총계)을 측정하는 변수들이다. 이들 변수들에 가중치를 부여하여 계산된 Z값을 기준으로 부실기업과 건전기업으로 판정한다. Z값을 구하는 구체적인 산식은 다음과 같다.

$$Z = 1.2(X_1) + 1.4(X_2) + 3.3(X_3) + 0.6(X_4) + 1.0(X_5)$$

- Z = 판별점수
- X_1 = (유동자산 − 유동부채) / 자산총계
- X_2 = 이익잉여금 / 자산총계
- X_3 = 영업이익 / [(전기 자산총계 + 당기 자산총계)×0.5]
- X_4 = 시가총액 / 부채총계
- X_5 = 매출 / [(전기 자산총계 + 당기 자산총계)×0.5]

위의 수식을 통해 구한 Z값이 1.81보다 작으면 부실기업으로 판정되고, 2.67보다 크면 건전한 기업으로 판정된다. Z값이 1.81과 2.67 사이에 있으면 판정을 보류하고, 정확한 판정을 위해서는 보다 자세한 분석을 수행해야 한다. Z값의 독립변수들의 의미를 구체적으로 살펴보면 다음과 같다.

첫째, X_1은 유동성(liquidity) 변수로 단기에 현금으로의 전환능력을 의미한다. 유동자산에서 유동부채를 차감한 후에 이를 자산총계로 나누어 준 값이 클수록 Z값은 상승한다. 둘째, X_2는 기업의 지급능력을 측정하는 변수로 이익잉여

금이 클수록 부채상환능력이 높다고 판단한다. 셋째, X_3는 수익성 변수로 영업이익이 많을수록 부채상환능력은 높다. 넷째, X_4는 레버리지 변수로 부채상환능력을 나타낸다. 다섯째, X_5는 효율성 변수로 경영자가 기업가치를 극대화하기 위하여 자산을 얼마나 효율적으로 운용하고 있는가를 측정한다.

사례

요약 B/S(20×1.12.31 현재) (단위 : 억원)

자산		부채	
유동자산	31,575	유동부채	22,421
(재고자산 :	8,502)	고정부채	25,653
(특수관계자대여금 : 686)		(외부차입 :	42,046)
고정자산	27,142	부채 총계	48,074
(건설가계정, 투자, 이연자산	: 17,840)	자본총계	10,643
		(자본금	: 4,208)
		(이익잉여금	: 1,241)
자산총계	58,717	부채와 자본 총계	55,717

(발행주식수 84,165,196주, 기말주가 3,500원)
→ 지분(시장가치) : 2,946억원

요약 P/L(20×1.1.1−20×1.12.31) (단위: 억원)

매출	46,995
총비용(감가상각비, 지급이자제외)	40,612
감가상각비(제조원가+판관비)	1,397
지급이자	4,904
영업이익	4,986
경상이익	116
법인세차감전순이익	82
법인세	36
당기순이익	46

〈Z−Score분석결과〉

	재무비율	가중치
X_1	0.16	1.2
X_2	0.02	1.4
X_3	0.08	3.3
X_4	0.06	0.6
X_5	0.8	1.0
Z-Score		1.32

Z−score : 1.32, 이는 1.81보다 낮으므로 도산가능성이 높다고 판정됨.

2 신용분석법

1) 신용분석의 의의

신용분석법은 대출신청기업의 대출상환 가능성과 신용위험을 평가하여 기업부실 수준을 파악하는 방법이다. 일반적으로 시중은행에서 보편적으로 사용하는 기업부실 평가모형이다. 그러나 신용분석법은 두 가지 필연적인 오류를 발생시킬 수 있는데, 첫 번째는 원리금을 상환할 수 없는 고객에게 대출을 실행하여 원리금손실, 대출금 관리에 따르는 기회비용, 대출손실을 줄이기 위해 지출되는 법률비용 등을 발생시킬 수 있고, 두 번째는 원리금을 상환할 수 있는 고객에게 대출을 해주지 않아서 은행의 미래 이익을 감소시킬 수 있는 기회비용의 발생이다.

신용분석의 일반적 5C는 다음과 같다.

(1) 인격(character) : 대출금상환에 대한 차입자의 의지로서 과거의 거래실적을 살펴보거나 차입자와의 대면접촉 등을 통하여 판단할 수 있다.

(2) 능력(capacity) : 대출금에 대한 차입자의 상환능력으로 재무제표에 대한 분석과 미래의 기대현금흐름을 추정하여 판단할 수 있다.

(3) 자본(capital) : 차입자의 순자산규모(자산-부채)로서 이는 장기적으로 대출금상환을 보증해 주는 담보가 된다.

(4) 담보(collateral) : 채무불이행시 차입자로부터 확보할 수 있는 담보자산으로서 물적 담보가 여의치 않을 경우 인적 보증(personal guarantees)으로 대치될 수 있다.

(5) 상황(condition) : 일반적인 경제상황이나 고객의 부채상환능력에 영향을 줄 수 있는 특별한 상황변화를 의미하는 것으로 대출자의 상환능력에 대하여 몇 가지 가능한 시나리오를 가정해 보고 최악의 상황에 대비해야 한다.

신용분석법의 적용은 먼저 대출신청기업의 원리금상환능력을 여러 평가항목에 따라 평가하여 신용도를 종합점수화 하는 것으로 다음 단계로 이루어진다.

- 1단계 : 주요 평가요소의 선정

구분	평가내용	주요 비율
유동성비율	단기채무지급능력	유동비율, 당좌비율, 현금비율, 현금흐름비율
자본구조비율	장기채무지급능력	부채자기자본비율, 비유동비율, 이자보상비율
효율성비율	자산의 효율적 이용도	자산회전율, 재고자산회전율, 매출채권회전율, 유형자산회전율
수익성비율	경영의 총괄적 효율성	매출순이익률, 자산수익률, 보통주자본수익률
생산성비율	인적·물적 자원의 성과	부가가치율, 노동생산성, 자본생산성
시장가치비율	시장에서의 상대적 평가	주가이익비율, 주가장부가치비율

구분	평가내용
생산요소	생산시설, 영업레버리지, 공장자동화, 품질관리, 기술개발, 원자재조달, 규모의 경제 등
마케팅요소	제품종류, 제품의 질, 제품가격, 판매조직, 광고활동, 시장점유율 등
인적자원요소	경영자의 능력, 노사관계, 직원채용 및 배치의 합리성, 근로조건 및 복지시설, 기업공개 여부 등
재무요소	거래신뢰도, 금융기관 관계, 자금동원능력, 지배구조, 외환위험 등
전략요소	연구개발투자, 경영전략방향, 최고경영진구성, 대정부관계 등

- 2단계 : 선정된 각 평가요소에 중요도에 따라 가중치 부여, 통계적 기법 및 경험에 입각한 주관적 판단
- 3단계 : 평가요소의 가중치를 고려하여 점수 반영
- 4단계 : 종합신용평점의 계산 및 신용등급의 분류

2) 신용분석법 예제

(1) 은행의 기업체 종합평가표

평 가 항 목			적용구분	배점	평점구분		특기사항
					등급	평점	
1. 재무상태 (40)	자 본 구 성		—	15			
	유 동 성		—	10			
	수익성	자산수익률	—	5			
		매출영업이익률	—	5			
	안 전 성		—	5			
2. 사업현황 및 전망 (20)	효 율 성		—	5			
	성 장 성		—	5			
	판 매 전 망		주1	10			
			주2	5			
	기 술 수 준		주2	5			
3. 거래신뢰도 (25)	연체, 대지급, 부도발생		—	5			
	업 력		—	5			
	사 업 장 등		—	5			
	당 행 거 래		—	10			
4. 인적자원 (15)	경 영 자		—	10			
	근 로 조 건		—	5			
종 합 평 점				100			

종합 신용도	A급 : 80점 이상 〈우 수〉	B급 : 60점 이상 〈양 호〉	C급 : 50점 이상 〈보 통〉	D급 : 40점 이상 〈취 약〉	E급 : 40점 미만 〈주 의〉

주: 1) 적용구분 중 '—'은 전 업종 공통적용 항목임.
2) 적용구분 중 '주2'는 제조업, 수산업, 광업, 건설업, 가스 및 중기업종으로 평가하는 업체에 적용하며, '주1'은 '주2' 이외의 업종으로 평가하는 업체에 적용함.
3) 감가상각비 초과 당기순손실, 매출액 20% 이상 감소, 자기자본비율 0% 미만, 황색거래처로서 종합평점이 60점 이상인 경우에는 종합평점을 59점으로 부여함.

(2) 평가 기준

평가항목				산출근거	평가등급
대항목	중항목	구분	소항목		
1. 재무상태	자본구성	공통	자기자본비율	$\frac{\text{자기자본}}{\text{총 자 본}} \times 100\%$	
	유동성	··	유동비율	$\frac{\text{유동자산}}{\text{유동부채}} \times 100\%$	
	수익성	··	자산수익률	$\frac{\text{당기순이익} + \text{이자비용}(1 - \text{법인세율})}{\text{평균총자산}} \times 100\%$	
		··	매출영업이익률	$\frac{\text{영업이익}}{\text{매 출}} \times 100\%$	
	안전성	··	비유동장기적합률의 역	$\frac{\text{자기자본} + \text{비유동부채}}{\text{비유동자산}}$	
2. 사업현황 및 전망	효율성	··	자산회전율	$\frac{\text{매 출}}{\text{평균자산}}$ (　　회)	
		··	매출채권회전율	$\frac{\text{매 출}}{\text{평균매출채권}}$ (　　회)	
	성장성	··	총자본증가율	$\frac{\text{당기말총자본}}{\text{전기말총자본}} \times 100\text{-}100\%$	
		··	매출증가율	$\frac{\text{당기매출}}{\text{전기매출}} \times 100\text{-}100\%$	
	사업전망	주1	판매전망	연도매출 천원 연도매출 천원, 매출증가율 % 연도매출 천원, 매출증가율 % 동업계의 매출증가율 %	
		주2		결산 3기 이상 ( ), 2기 ( ), 1기 이하 ( ) 전기 영업실적 있는 미기장기업 ( ) 전기 영업실적 없는 기업 ( )	
		주2	기술수준	해당 기술분야 종사 기술 인력수 : 명 특허 또는 실용신안 : 유 ( ), 무 ( ), 출원 중 ( ) 공인규격 : 유 ( ), 무 ( ), 출원 중 ( )	
3. 거래신뢰도	대외거래	공통	연체, 대지급, 부도발생	무 ( ), 유 (발생기간: , 금융기관:)	
		공통	업력	년 (설립일 : 년 월 일)	
		공통	사업장 등	사 업 장 : 자가 ( ), 임차 ( ) 소유권제한 유 ( ) 무 ( ) 거주주택 : 자가 ( ), 임차 ( ) 소유권제한 유 ( ) 무 ( )	
	당행거래	··	당행(지점)거래기간	당행 년 (지점 년)	
		··	당행 거래 실적	최근 3개월 평잔 만원	

4. 인적 자원	경영자	••	경영경력	동업계　　년	
		••	연령	만　　세	
		••	경영성과	흑자 (3년, 2년, 1년)	
	종업원	••	근로조건	작업환경(양호, 보통, 불량) 유(식당, 상여금제도, 기숙사, 유급휴가)	

3 통계기법

1) 판별분석법

판별분석은 부실기업 판정에 유용하다고 주장되는 다양한 재무자료 또는 비재무자료 등을 이용하여 분석표본 기업을 두 부류로 구분하는 통계적 기법이다. 여신기관이 우량기업 대 불량기업, 채권의 등급평가 등에 보편적으로 사용하는 통계기법이다. 일반적인 판별모형은 다음과 같다.

$$Z_i = a_1X_1 + a_2X_2 + a_3X_3 + \cdots\cdots + a_pX_p$$

Z_i : 기업 i의 판별점수

$X_1, X_2, X_3 \ldots X_p$: 판별재무변수

$a_1, a_2, a_3, \cdots, a_p$: 판별계수

판별분석은 여러 변수를 동시에 비교할 수 있는 통계기법이므로 많은 기업을 대상으로 동시적인 집단간 차이 분석이 가능하다. 그러나 과거의 자료를 이용하는 관계로 미래 예측에 한계가 있으며, 판별모형에 투입되는 변수의 선정 논리에 대한 객관적인 기준제공이 어렵다.

2) 기타 통계기법

요인분석(factor analysis)은 많은 변수들 사이의 관련성을 분석하고 그들 변수 사이에 숨겨진 공통요인을 확인하고, 이를 그룹화 하는 과정을 통해 그 변수간

공통성을 확인하는 통계기법이다. 가령 수많은 재무비율을 요인분석하면, 수익성, 효율성, 성장성 등에 관련된 변수들이 함께 그룹화되고, 이를 통해 이들 변수간 공통적으로 작용하는 공분산을 확인하여 이를 통해 부실 기업과 비부실 기업 사이의 차이를 확인하는 방법이다.

로짓분석(logistic analysis)은 판별분석과 유사하지만, 종속변수에 0 또는 1이라는 질적변수를 두고, 설명변수에는 양적인 변수를 두는 즉, 기업이 도산하면 1, 도산하지 않으면 0으로 설정하여 분석한다. 통계이론상 로짓모형은 일반적인 정규분포 가정이 요구되지 않기 때문에 종속 변수가 0과 1 사이에 존재한 경우 이를 도산 확률로 준용하여 사용할 수 있는 편리점이 있다.

제 3 절 기업부실과 재무적 특성

1 재무건전성 분석

부실기업의 재무건전성은 상당히 취약하고 평균 부채자기자본비율은 건전기업보다 일반적으로 높다. 또한 부실기업은 전체 부채 중 이자를 지급해야 하는 차입금이 많으며 차입금의 만기구조도 취약하다. 전체 차입금 중 1년 이내에 상환해야 하는 단기차입금 비중이 전체 부채에서 차지하는 비중이 높다. 부실기업의 재무건전성에서 특히 우려되는 부문은 전체 부채 중 이자를 지급해야 하는 차입금이 많다는 것이다. 따라서 외부여건이 추가적으로 나빠져 경영성과가 더욱 악화된다면 대출 만기연장 등의 어려움을 짧은 시간 안에 반복적으로 되풀이 할 수 있다. 부실기업은 채무상환능력이 떨어지기 때문에 차입금평균이자율도 건전기업보다 높다.

2 수익성과 성장성 분석

부실기업의 수익성과 성장성이 매우 부진하고, 대체로 매출영업이익률이 마이너스 형태를 띄고 있다. 수익성을 효과적으로 측정할 수 있는 비율은 매출영업이익률이다. 이 비율은 이자비용, 외화관련손익, 지분법평가손익 등 기업의 영업활동과 관련이 없는 손익에 영향을 받지 않으므로 사업 본연의 수익성을 판단하는데 유용하다.

부실기업의 매출영업이익률은 제품 판매를 통해 이익을 내기보다는 오히려 손실을 기록하고 있는 상황을 판단하는데 기초가 된다. 부실기업은 영업활동을 통해서 이익을 창출하지 못하기 때문에 이자보상비율도 마이너스일 가능성이 높다. 부실기업의 이자보상비율은 마이너스 값을 가질 확률이 높고, 따라서 부실기업은 정상적인 영업활동을 통해서 이자비용을 지불할 수 없기 때문에, 원리금을 상환하기 위해서는 보유 자산을 매각하거나 금융기관으로부터 차입을 해야 하는 상황에 처하게 된다.

부실기업의 성장성도 상당히 낮다. 부실기업의 매출 성장성과 건전기업의 매출 성장성 비교를 통해 부실기업 유무를 판단할 수 있다. 일반적으로 매출이 증가하면 수익성은 개선되지만, 매출 증가에도 수익성이 더욱 나빠질 수 있다. 예를 들어, 부실기업이 재고를 처분하는 과정에서 원가 이하의 가격으로 제품을 팔거나 가격을 큰 폭으로 할인하여 제품을 공급하기 때문에 매출 증가에도 불구하고 수익성이 부진하게 된다. 즉, 부실기업은 매출 확대를 위해 출혈판매도 감수하게 된다.

3 자산효율성 분석

부실기업은 자산효율성 측면도 건전기업과 비교하여 상당히 뒤쳐질 가능성이 높다. 자산효율성은 기업의 영업활동에 자산이 얼마나 효율적으로 이용되고 있는지로 측정된다. 자산효율성 비율로는 매출을 자산으로 나눈 자산회전율이 많이 사용된다. 자산회전율이 낮다는 것은 부실기업이 투자를 효율적으로 하지 못한 부분이 많다는 것을 의미한다. 이상의 분석을 종합하면 부실기업의 수익성과 성장성 부진이 채무상환능력의 취약으로 이어진다. 그러나 이러한 분석은 부실기업의 현재 상황을 이해하는데 유용하지만 부실기업의 수익성과 성장성이 개선되고 있는지 악화되고 있는지를 동태적으로 보여주는 데는 미흡하다.

4 현금흐름 분석

부실 가능성이 큰 기업들은 현재 재무곤경에서 벗어나기 위해 재고 처분, 투자 축소 등의 노력을 기울여야 한다. 따라서 부실기업은 재고 처분이나 매출채권 회수에 노력을 기울이게 된다. 현금흐름표의 영업활동현금흐름의 구성요소인 영업활동 관련 자산·부채 변동에서 기업의 재고 처분, 매출채권 회수 노력을 파악할 수 있다. 매출채권이나 재고 증가, 즉 영업활동 관련 자산의 증가는 기업의 현금 축소로 나타나며 매출채권이나 재고 감소, 즉 영업활동 관련 자산 감소는 기업의 현금 증가로 이어진다. 부실기업은 영업활동을 통해 기업에 필요한 현금을 제대로 조달하지 못하며 영업활동현금흐름은 감소 추세를 나타낸다.

현금흐름표의 '투자활동으로 인한 현금유입'은 건물, 토지, 보유 유가증권, 계열회사 주식 등의 매각으로 회사에 유입된 현금을 의미한다. 부실기업의 투자현금유입이 부진한 원인은 주식시장이나 부동산시장에 크게 영향을 받기 때문에 자산처분시 정상가격을 받기가 쉽지 않다.

부실기업의 투자금액은 감소될 가능성이 높다. 현금흐름표의 '투자활동으로 인한 현금유출'은 설비투자, 계열회사의 주식 취득 등 기업의 투자금액을 나타내므로 이에 대한 정밀한 분석이 요구된다. 이는 경영여건 악화로 인해 부실기업이 빠르게 투자를 축소하기 때문이다. 부실기업은 영업활동을 통해 순유입되는 현금이 미미하기 때문에 금융기관 등을 통한 외부자금조달이 증가할 가능성이 있다. 현금흐름표의 재무활동현금흐름은 금융기관 차입, 회사채 발행, 유상증자 등 외부 조달금액에서 채무원리금 상환, 배당금 지급 등 기업 외부로 유출된 금액을 차감하여 계산되며, 부실기업 판단시 이에 대한 추가적인 분석이 요구된다. 부실기업은 외부 금융기관으로부터 계속 자금을 조달하고 있으나, 건전기업은 영업활동을 통해 조달한 현금으로 차입금에 대한 원리금을 상환해 나간다. 따라서 부실기업은 현재의 재무곤경을 타개하기 위해 자산매각, 투자 축소, 재고자산 처분, 매출채권 회수 등에 심혈을 기울인다.

제 4 절 기업부실 평가에 유용한 재무비율

유동성, 지급능력, 수익성, 효율성 등에 관한 재무비율이 기업부실 평가에 유용하다.

1 유동성(Liquidity)비율

유동성비율은 자산, 부채, 자본, 현금흐름 등의 관계를 비율로 전환하여 기업의 단기채무 지급능력을 측정하는 재무비율이다.

- 유동비율
- 당좌비율
- 현금구성비율
- 현금비율
- 현금흐름비율
- 현금보상률

2 지급능력(Solvency)비율

지급능력비율은 자산, 부채, 자본, 이자비용, 이익, 현금흐름 등의 관계를 비율로 전환하여 기업의 장기채무 지급능력을 측정하는 재무비율이다. 이 비율에는 기업의 자본구조가 안고 있는 위험을 측정하는 자본구조비율과 부채의 원리금 상환능력을 측정하는 이익력비율이 있다.

- 자본구조(capital structure)비율
  - 부채자산비율
  - 부채자기자본비율
  - 비유동부채 대 자기자본 비율
  - 유동부채 대 총부채 비율
  - 비유동비율
  - 비유동장기적합률
  - 비유동자산구성비율
  - 이자보상비율
  - 차입금의존도

- 이익력(earnings coverage)비율
  - 이자보상비율
  - 영업이익이자보상비율
  - 영업현금이자지급비율
  - 영업활동현금흐름 대 부채 비율

3 수익성(Profitability)비율

수익성비율은 기업의 경영성과를 측정하는 재무비율로서 기업 활동이 어떻게 실질적인 이익으로 연결되어 창출되는가를 판단하는 비율이며 기업의 수익성을 측정하는 비율이다.

- 매출총이익률
- 매출순이익률
- 손익분기매출총이익률
- 매출현금흐름률
- 매출영업이익률
- 매출영업현금률

4 효율성(Efficiency)비율

효율성비율은 기업에 투하된 자산이 일정한 기간 중에 얼마나 효율적으로 운용되고 있는지를 측정하는 재무비율로 기업의 매출에 대한 투하자산의 효율성을 측정하는 비율이다.

- 자산회전율
- 매출채권회전율
- 재고자산회전율
- 유형자산회전율

연습문제

11-1 기업부실 분석이 자본시장에서 중요한 이유에 대해 설명하시오.

풀이 기업이 부실화 되는 경우 기업의 모든 이해관계자(예, 투자자, 채권자, 경영자, 종업원, 거래처 등)가 막대한 경제적 및 사회적 손실을 초래하게 된다. 특히 한 기업의 도산이 다른 기업의 연쇄적 도산을 초래하는 경우 국가경제 전체 차원에서 실업증가의 원인, 사회적·경제적 손실 그리고 부실기업 관련 부실채권 누적으로 금융기관(은행)의 부실화로 연쇄반응을 일으켜 결국 한 나라의 경제에 치명적 위기를 초래하게 된다.

11-2 기업부실, 지급불능, 채무불이행 및 파산 용어에 대해 구분하시오.

풀이

㉠ 부실(Failure)
경제적부실(실현된수익률 < 위험가중투자수익률)
법적부실

㉡ 지급불능(Insolvency)
기술적 지급불능 → 일시적 유동성 부족
파산적 지급불능 → 만성적 유동성 부족

㉢ 채무불이행(Default)
기술적 채무불이행
공식적 채무불이행

㉣ 파산(Bankruptcy)
파산은 경제적 부실, 지급불능 및 법률적 도산 개념이 모두 포함된 복합적 용어

11-3 재무제표에 기초한 기업부실 징후 판정에 대해 설명하시오.

풀이 기업부실에 대해 재무제표에 나타나는 다양한 회계정보의 변화추이를 분석하여 이를 통해 기업부실 가능성을 판단하는 방법이다. 예를 들어, 손익계산서 내용 중 매출의 지속적 감소, 매출원가 및 판매비·일반관리비의 급증, 경상적인 영업비와 제조간접비의 증가 등을 통해 기업부실 징후를 파악할 수 있으며, 재무상태표에 나타나는 현금의 절대적 부족, 순운전자본의 만성적 부족, 매출채권 및 재고자산의 급증, 단기차입금 및 기타 유동부채의 급증 등을 통해 유사한 기업부실 징후를 사전에 파악할 수 있다.

11-4 기업부실 판정기법인 알트만 방법에 대해 설명하시오.

풀이 알트만의 Z값을 이용하여 기업부실을 예측할 수 있다. Z값은 미국의 경제학자 에드워드 알트만 교수가 부도 예측을 위해 만든 모형으로 기존문헌에서 보편적으로 이용되었던 비율들을 이용하여 27 변수를 선정하였다. 독립변수는 유동성(순운전자본/자산총계), 지급능력(이익잉여금/자산총계), 수익성(영업이익/자산총계), 레버리지(시가총액/부채총계) 및 효율성(매출/자산총계)을 측정하는 변수들이다. 이들 변수들에 가중치를 부여하여 계산된 Z값을 기준으로 부실기업과 건전기업으로 판정한다.

11-5 신용분석법에 대해 설명하시오.

풀이 신용분석법은 대출신청기업의 대출상환 가능성과 신용위험을 평가하여 기업부실 수준을 파악하는 방법이다. 일반적으로 시중은행에서 보편적으로 사용하는 기업부실 평가모형이다. 그러나 신용분석법은 두 가지 필연적인 오류를 발생시킬 수 있는데, 첫 번째는 원리금을 상환할 수 없는 고객에게 대출을 실행하여 원리금손실, 대출금 관리에 따르는 기회비용, 대출손실을 줄이기 위해 지출되는 법률비용 등을 발생시킬 수 있고, 두 번째는 원리금을 상환할 수 있는 고객에게 대출을 해주지 않아서 은행의 미래 이익을 감소시킬 수 있는 기회비용의 발생이다. 신용분석법의 적용은 먼저 대출신청기업의 원리금상환능력을 여러 평가항목에 따라 평가하여 신용도를 종합점수화 하는 것으로 다음 단계로 이루어진다.

1단계 : 주요 평가요소의 선정

2단계 : 선정된 각 평가요소에 중요도에 따라 가중치 부여, 통계적기법 및 경험에 입각한 주관적 판단

3단계 : 평가요소의 가중치를 고려하여 점수 반영

4단계 : 종합신용평점의 계산 및 신용등급의 분류

연습문제

11-6 기업부실 평가에 유용한 재무비율에는 어떠한 유형이 있는지 설명하시오.

풀이 유동성, 지급능력, 수익성, 성장성, 효율성 등에 관한 재무비율이 기업부실 평가에 유용하다. 즉, (1) 자산, 부채, 자본, 현금흐름 등의 관계를 비율로 전환하여 기업의 단기채무 지불능력을 측정하는 유동성비율, (2) 자산, 부채, 자본, 이자비용, 이익, 현금흐름 등의 관계를 비율로 전환하여 기업의 장기채무 지급능력을 측정하는 지급능력비율, (3) 기업의 경영성과를 측정하는 수익성비율, (4) 기업에 투하된 자산이 일정한 기간 중에 얼마나 효율적으로 운용되고 있는지를 측정하는 효율성비율이다.

뉴스 속의
재무제표분석

작년 국내 '좀비기업' 70곳

번 돈으로 대출이자도 못 갚아, 한경연 "선제적 구조조정 시급"

한국 500대 기업 중 이자보상배율 1 미만 기업

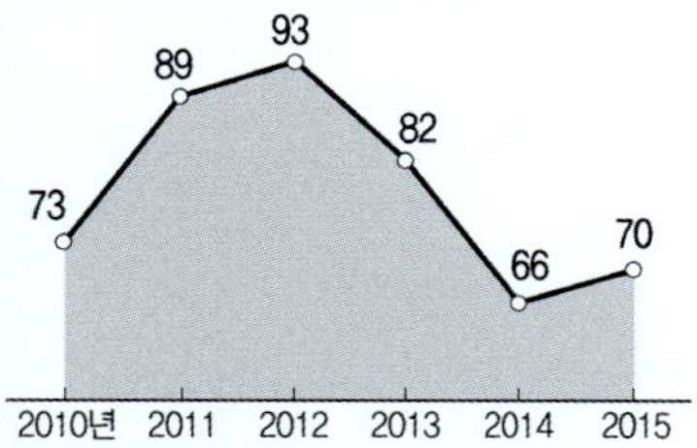

※ 이자보상배율=영업이익을 이자비용으로 나눈 비율
1 미만이면 잠재적 부실기업으로 봄

한국 · 미국 · 중국 · 일본의 시가총액 500대 기업 가운데 한국의 잠재적 부실기업이 가장 많은 것으로 분석됐다.

한국경제연구원이 2010~2015년 6년간 4개국 시가총액 500대 기업의 이자보상배율을 분석한 결과 한국의 이자보상배율 1 미만 기업이 6년간 평균 78.8개로 네 나라 중 가장 많았다. 500대 기업 가운데 15%가량은 잠재적 부실기업이라는 얘기다. 중국이 6년간 평균 45.8개로 한국 다음이었고, 미국은 21.8개, 일본은 15개였다.

이자보상배율은 기업이 한 해 동안 벌어들인 돈(영업이익)이 그 해에 갚아야 할 이자에 비해 얼마나 많은지를 나타내는 지표다. 영업이익을 이자비용으로 나눠 구한다. 이자보상배율이 1보다 작다는 것은 번 돈으로 이자도 못 갚는다는 뜻으로, 잠재적 부실기업으로 평가된다. 통상 3년 연속 이자보상배율이 1 미만이면 자체 생존 능력이 없는 한계기업으로 분류된다.

지난해 기준 한국 500대 기업의 이자보상배율은 평균 7.15로 집계됐다. 중국이 6.10으로 한국보다 다소 낮았다. 미국은 8.39, 일본은 38.12였다. 한경연은 "일본은 기업들이 전반적으로 은행 차입 의존도가 낮아 영업이익이 적어도 이자보상배율은 높은 편"이라고 설명했다.

지난해 한 해만 보면 잠재적 부실기업(이자보상배율 1 미만) 수는 중국이 78개로 가장 많았고, 한국 70개, 미국 39개, 일본 9개 순이었다. 한국의 잠재적 부실기업 수는 2012년 93개로 정점을 찍은 뒤 2014년 66개로 줄었다가 다시 증가했다.

한경연은 "최근 구조조정이 진행 중인 조선 · 해운산업뿐 아니라 공급 과잉이 지속되고 있는 다른 업종에서 추가로 자금난에 시달리는 기업이 나올 수 있다" 며 "선제적인 구조조정이 필요하다"고 진단했다.

대출에 의존해 연명하는 부실기업을 정리하면 당장은 그 기업에 속한 일자리가 줄어든다. 그러나 부실기업에 투입하는 자원을 정상 기업에 지원해 일자리가 더 늘어날 수 있다는 것이 전문가들의 분석이다.

〈출처 : 한국경제, 2016.6.13〉

제 12 장

분식회계

〈학습목표〉

- 분식회계 의미와 동기의 이해
- 분식회계 수법에 대한 이해
- 분식회계 실사례 분석을 통한 분식회계 이해
- 분식회계 적발 방법에 대한 이해

제 1 절 분식회계의 의의

분식회계는 영어로 window dressing(쇼윈도 장식, 겉치레)으로 표현한다. dressing이란 샐러드에 뿌려 먹는 소스로 샐러드를 보다 더 먹음직스럽게 보이게 한다. 진열창에 상품을 장식하는 경우에도 좋아 보이게 장식을 하고자 할 것이다. 이렇듯 분식회계(window dressing)란 기업의 재무상태나 경영성과를 실제보다 좋아 보이게 할 목적으로 재무제표상의 수치를 고의로 왜곡시키는 것이다. 기업의 자산이나 수익을 실제보다 부풀리거나 부채나 비용을 실제보다 작아 보이게 감추는 방법으로 재무제표상의 수치를 왜곡시키는 것이 분식회계이다.

창고에 실제로 존재하지 않는 재고자산을 있는 것처럼 장부를 조작하여 자산을 과대계상하는 수법, 팔지도 않은 제품을 판매한 것처럼 속여서 매출과 매출채권을 부풀리는 수법, 차입금이 실제로 존재함에도 불구하고 없는 것처럼 부채를 과소계상하는 수법, 비용이 발생하였음에도 불구하고 비용을 재무제표에 계상하지 않는 수법 등이 실제보다 좋게 보이게 하는 분식회계의 수법으로 이용되고 있다.

반대로 기업의 재무상태나 경영성과를 실제보다 나쁘게 보이게 할 목적으로 재무제표상의 수치를 고의로 왜곡시키는 것도 분식회계에 속하며, 이를 역분식회계라고 한다. 기업의 이익이 많으면 세금을 많이 부담하게 되고, 근로자들이 임금협상에서 더 많은 임금을 요구하는 것이 부담되는 기업의 경우 세금 부담이나 근로자에 의한 임금 인상 요구를 회피하기 위하여 실제보다 이익을 적게 계상하는 분식회계를 하는 경우도 있다.

분식회계가 이루어진 왜곡된 재무제표를 이용하여 재무제표분석을 하는 경우 재무비율이 왜곡되어 나타나고, 제대로 된 재무제표분석의 목적을 달성할 수 없게 된다. 분식회계가 이루어지지 않은 기업의 재무상태와 경영성과를 경제적 실질 그대로 나타내는 재무제표를 이용하여야만 올바른 재무제표분석을 할 수 있게 된다.

분식회계를 통해 왜곡된 재무제표는 주주와 채권자들로 하여금 잘못된 투자의사결정을 하게 함으로써 그들에게 손해를 끼치게 된다. 분식회계는 법으로 금지되어 있으며, 분식회계를 한 기업은 주식회사의 외부감사에 관한 법률 및 자본시장과 금융투자업에 관한 법률에 따라 벌칙이 부과된다.

우리나라의 대표적인 분식회계 사건으로는 1998년 대우그룹의 41조 원에 달하는 분식회계 사건과 분식회계 재무제표를 기초로 발생된 10조 원대 사기대출 사건이다. 대우그룹은 해외에서 차입을 하고도 이를 재무제표에 부채로 기록하지 않았으며, 재고자산이 실제로 존재하지 않는데도 존재하는 것처럼 자산으로 기록하였다. 기계나 공장건물과 같은 유형자산에 대해 매년 감가상각비를 계상하여 비용으로 기록하여야 함에도 불구하고 이를 비용으로 기록하지 않았다. 대우그룹의 분식회계로 인해 사회·경제적으로 엄청난 손해를 초래하였으며 수조원의 국민 혈세가 투입되었다. 당시 법원은 대우그룹 분식회계의 피고인들에게 역대 최고액인 총 26조 원대의 추징금과 함께 중형을 선고했다. 또한 대우그룹을 회계감사했던 회계법인도 결국 청산하였다.

이후 우리나라는 IMF 외환위기 극복과 맞물려, 자본시장 전반에 걸쳐 회계 투명성을 높이기 위한 법규와 제도를 정비하였고 회계업계도 자정노력을 기울여 오고 있다. 그럼에도 불구하고 2002년 SK글로벌, 2012년 부산저축은행, STX조선해양, 2013년 동양그룹, 모뉴엘, 2014년 대우조선해양 등 20년이 지난 지금까지도 여전히 분식회계는 우리 경제의 근간을 뒤 흔드는 심각한 문제가 되고 있다. 심지어 2016년에 스위스 국제경영개발대학원(IMD)이 발표한 회계 및 감사 적절성 부문에 대한 국제경쟁력 평가에서도 평가대상 61개국 중 최하위 61위를 기록하였다.

제 2 절 분식회계의 동기[1]

1 이익을 평준화시키기 위한 분식회계

이익평준화(income smoothing)는 이익유연화라고도 한다. 이익평준화를 통해 장기적으로 조세를 절감할 수 있고, 경영자 개인의 지위를 확보하고 개인적인 효용을 극대화하기 위한 도구로 사용할 수 있다.

이해관계자들이 기업의 파산가능성을 평가할 때 이익평준화가 되어 있는 기업은 그렇지 않은 기업에 비해 그 파산가능성을 낮게 평가할 수 있다. 이익이 평준화된 기업은 그렇지 않은 기업에 비해 이익에 대한 유연성(flexibility)이 있는 것으로 평가되기 때문이다. 자본시장에서는 이익의 증감 변동이 큰 기업보다 이익의 증감 변동이 작은 기업, 즉 이익이 평준화된 기업을 더 우호적으로 평가한다(Hunt, A., S. Moyer, and T. Shevlin(1995)). 따라서 경영자는 기업의 가치를 자본시장에서 더 긍정적으로 평가받도록 하기 위해 이익을 평준화하는 분식회계를 할 가능성이 있다.

2 경영자의 보상을 최대화하기 위한 분식회계

소유와 경영이 분리된 상황에서 경영자의 보상이 기업의 경영성과에 따라 결정되는 구조라면, 경영자는 자신의 보상을 최대한으로 받아내기 위해서 이익을 과대계상하는 분식회계를 할 가능성이 있다.

---

1) 자본시장에서의 회계정보 유용성(2010년, 신영사) 제8장 제4절 이익조정의 동기와 선행연구

3 부채계약 위반을 회피하기 위한 분식회계

기업이 차입계약을 위반하게 되면 차입금을 조기에 상환해야 하거나, 부담해야 되는 차입이자율이 높아지거나, 추가적인 차입금을 조달하기 어려워질 수 있다. 차입계약은 재무제표의 수치에 근거해서 그 계약의 위반 여부를 판단한다. 따라서 경영자는 차입계약을 위반하지 않기 위해서 분식회계를 이용해 재무제표의 회계수치를 조작하고자 할 동기가 있다.

4 정치적 비용을 최소화 하기 위한 분식회계

정치적 비용을 지불할 가능성이 클 경우 분식회계를 통해 당기의 이익을 미래 기간에 이연시켜 보고할 가능성이 있다. 통신사들이 너무 많은 이익을 내는 경우 소비자들은 통신사가 통신요금을 너무 높게 책정했다고 비난할 수 있고, 정부는 통신요금을 낮추도록 통신사를 규제하고자 할 것이다. 이런 경우 통신사는 정치적 비용을 지불할 가능성이 높기 때문에 당기의 이익을 미래 기간에 넘기는 분식회계를 할 가능성이 있다.

5 법인세 절감을 위한 분식회계

당기의 이익이 크게 증가하면 법인세 납부의 기준이 되는 과세표준도 같이 증가하게 되고 이에 따라 법인세도 증가하게 된다. 따라서 법인세 절감을 위해 과세표준을 하향조정할 여유가 있으면 과세표준을 감소시키는 분식회계를 할 가능성이 있다. 반대로, 당기의 이익이 크게 감소하면 과세당국에서는 기업이 세금을 적게 납부하려는 의도로 이익을 감소시키지 않았는지 의구심을 가지게 된다. 따라서 법인세를 전기와 비슷하게 납부하기 위하여 과세표준을 증가시키는 분식회계를 할 가능성이 있다. 이처럼 경영자는 법인세절감 및 세무당국과의 우호적인 관계 유지를 위해 분식회계를 할 가능성이 있다.

6 주식가치를 높이기 위한 분식회계

회계정보는 기업의 주식가치와 자본비용에 영향을 미치기 때문에 경영자는 신규상장이나 유상증자 전에 분식회계를 통해 이익을 과대계상하여 실제보다 높은 가격으로 주식을 발행하고자 하는 동기를 가진다.

7 정부규제를 회피하기 위한 분식회계

은행, 보험, 증권과 같은 금융기관의 경우 금융시장에 미치는 파급효과와 업종의 공익적 특성 등으로 인해 재무건전성에 대한 정부의 규제를 받게 된다. 이러한 경우 회계수치에 근거한 재무건전성 기준을 달성하기 위해 분식회계를 할 가능성이 있다. 특히, 독점기업의 경우 과다한 이익은 소비자 불만과 정부규제를 촉발할 수 있으므로 이익을 하향조정하고자 하는 분식회계를 할 가능성이 높다.

8 부실을 은폐하기 위한 분식회계

재무적 곤경에 처한 부실기업은 부실이라는 사실을 은폐하기 위하여 분식회계를 자행한다. 지속적인 영업손실이나 당기순손실을 기록하는 기업의 경우 분식회계를 통해 이익을 과대계상하는 것으로 나타났다(DeFond, M. and J. Jiambalvo(1994)).

이와는 반대로, 재무적 곤경에 처한 부실기업이 이익을 증가시키는 분식회계가 아니라 오히려 이익을 감소시키는 분식회계를 하기도 한다(DeAngelo, H., L.

DeAngelo, and D. Skinner(1994)). 부실기업이 이익을 감소시키는 분식회계를 하는 이유는 다음과 같다. 이익을 증가시키는 분식회계를 하게 되면 그 기업은 자본시장에서 나쁜 평판을 얻게 되고, 나쁜 평판은 결국 그 기업의 자본조달비용이 높아지는 결과를 초래하기 때문이다. 또한 경영자는 그 기업이 재무적으로 어려운 상황이라는 것을 이해관계자들에게 인식시켜 해결책을 모색하고자 하기 때문에 이익을 증가시키는 분식회계를 하지 않는다는 것이다.

분식회계 기업의 재무적 특성을 살펴본 연구에서는 이자비용이 클수록, 전기오류수정손익이 클수록 분식회계를 많이 하는 것으로 나타났다(Beneish, M. D.(1997), 최관과 백원선(1998)).

분식회계 기업은 일반적으로 그 규모가 작고, 주식시장에 상장되지 않았으며, 경영성과가 매우 저조하고, 분식회계 금액은 기업 규모에 비해 상당히 크고, 한 해가 아니라 여러 해에 걸쳐 분식회계가 이루어졌으며, 분식회계의 수법은 수익을 조기에 인식하거나 가공의 수익을 인식하여 이익을 과대계상한 것으로 나타났다. 또한 분식회계에 최고경영자가 가담하였고, 기업의 감사위원회가 제 역할을 하지 못하였으며, 이사회 구성원 중 경영자의 분식회계를 감시, 감독할 수 있는 사외이사의 비중이 낮았으며, 창업자나 소유자가 이사회의 구성원인 것으로 나타났다(Beasley, M., J. Carcello, and D. Hermanson(1999)).

9 사기를 은폐하기 위한 분식회계

사기(fraud)라는 사실을 은폐하기 위하여 분식회계를 자행한다. 매출을 부풀리거나 가짜 제품을 수출한 것처럼 위조하고 매출을 기록하며 재고자산이나 매출채권을 허위로 계상하는 등의 분식회계를 통해 사기를 은폐한다. 제4절의 분식회계 사례에서 예시한 네오세미테크와 모뉴엘 등이 이에 해당하는 전형적인 예이다.

이들 기업은 사기를 은폐하기 위하여 해외 허위거래를 통해 가공의 매출을 기록하였고, 분식회계가 이루어진 재무제표를 기초로 허위 수출매출채권을 작성하여 은행에 넘기는 방식으로 금융기관으로부터 대출을 받았으며 대출금의 상환기일이 도래하면 또다시 허위 수출매출채권을 만들어서 대출을 받아 상환하는 방식의 돌려막기를 하였다.

제 3 절 분식회계 수법

1 자산의 과대계상

자산계정을 과대하게 계상하거나 가공의 자산계정을 생성하여 자산규모를 증대시키는 것을 의미한다. 가장 일반적으로 이용되는 자산계정은 재고자산이나 매출채권 계정을 과대하게 평가하는 것이다. 재고자산은 보유과정에서 자산으로 분류되지만, 판매시 매출원가로 계상된다. 따라서 재무상태표와 손익계산서 모두에 영향을 주는 계정으로 재고자산 계정의 분식회계를 통해 이익까지 조작할 수 있는 가장 일반적인 분식회계 대상 계정으로 인식되고 있다. 존재하지 않는 재고자산을 존재하는 것처럼 위장하여 재고자산을 과대계상하는 수법이 있다. 경제적 진부화로 판매할 수 없는 제품을 손실로 계상하지 않고 그대로 재고자산으로 계상하는 수법도 분식회계의 한 수법이다.

허위의 매출을 기록함으로써 매출채권이 과대계상되기도 한다. 현금으로 회수하여 더 이상 매출채권이 존재하지 않는데도 불구하고 장부상 매출채권이 존재하는 것처럼 기록하여 가공의 매출채권을 계상하기도 한다. 매출채권 거래처를 이중으로 중복 기재하여 매출채권을 과대계상하는 수법도 있다. 매출채권에 대한 현금 회수가능성을 지나치게 낙관적으로 판단하여 받을 수 없는 매출채권임에도 불구하고 재무제표에 기록함으로써 매출채권을 과대계상하는 수법이 있다.

2 부채의 과소계상

부채계정에 대한 분식회계의 일반적 목적은 기존의 부채규모를 축소하여 보고하기 위한 것이다. 이것은 과다한 부채를 보유하고 있는 기업의 경우 부채의 상환과 이자비용 지급에 대한 부담이 크기 때문에 자본시장에서 신용도를 낮게 평가한다. 따라서 과다한 부채를 보유하고 있는 기업의 경우 그렇지 않은 기업에 비해 자본조달 과정에서 자본조달비용이 상대적으로 높아질 수 있다. 일반적인 부채계정의 분식회계 유형은 기존의 부채규모를 축소시키거나 부외부채 형식으로 기업의 차입거래를 숨기는 방법을 이용한다. 실질적으로는 은행으로부터 차입하였으나 차입사실을 재무제표에 부채로 기록하지 않는 분식회계 수법이 있다.

3 수익의 과대계상

기업이 수익과대계상을 통해 분식회계를 시도하는 경우 해당 기업은 정상적인 수익금액에 가공의 금액을 포함하여 매출을 과대계상하거나 수익의 인식조건에 부합되지 않는 단계에서 수익을 조기인식하여 장부에 기록하는 방식을 사용한다. 더욱이 최근 수익과대계상 방식은 조선이나 건설 등에서 진행률을 과대계상하는 방식, 불확실성이 큰 거래에 대해 수익을 조기에 인식하는 방식, 고객에 의해 반품된 제품을 매출로 그대로 보고하는 방식, 거래업체간 상호 제품교환을 통해 매출을 과대계상하는 방식을 사용하고 있다.

조선업종이나 건설업종의 경우 장기간 프로젝트를 진행하는 수주산업에 속하므로, 특성상 공사의 진행정도에 따라 공사수익을 인식한다. 최근 문제가 되고 있는 대우조선해양이나 STX조선해양의 분식회계에서 나타난 바와 같이 공사수익을 공사의 진행정도에 따라 인식하는 경우, 여러 가지 추정이 수반되는 진행률을 의도적으로 과대계상하여 공사수익이 과대계상되는 분식회계를 자행하게 된다.

'공사수익 = 수주금액 × 진행률'이다. 여기서 진행률을 과대계상하면 공사수익이 자동으로 과대계상 된다.

'진행률 = 당기까지 투입된 누적공사원가 / 추정 총공사예정원가'이다. 여기서 진행률을 과대계상하기 위해서는 분모에 해당하는 '추정 총공사예정원가'를 줄이면 된다. 총공사예정원가는 기업이 추정하는 금액이므로 이 추정에 있어서 자의성이 개입되어 과소 금액으로 추정될 수 있다.

대우조선해양이나 STX조선해양의 분식회계에서도 이 '추정 총공사예정원가'를 과소 추정하여 '진행률'을 과대 추정함으로써 공사수익을 과대계상한 것이다. 그러나 진행률 과대 추정을 영원히 숨길 수 있는 것은 아니다. 분모에 해당하는 총공사예정원가를 실제보다 과소 금액으로 추정했기 때문에 공사기간의 후반부로 갈수록 실제로 발생한 총공사예정원가는 그보다 더 큰 것으로 나타날 것이다. 즉, 공사기간의 초반부에 공사수익을 과대계상하여 이익을 과대계상한 분식회계의 반대효과가, 공사기간 후반부에 들어서는 실제 공사비용이 더 크게 나타나므로 그 동안 과대계상했던 이익이 반전되어 손실이 발생하는 결과가 나타난다.

이러한 진행률을 적용한 공사수익은 조선업종뿐만 아니라 건설업종에도 해당되는 것이므로 진행률을 적용하는 기업에 대해서는 진행률 추정이 합리적인 가정과 근거에 의해 이루어졌는지 면밀히 검토하여야 한다.

4 비용의 과소계상

비용계정을 이용한 분식회계 유형은 해당연도의 비용 발생액을 축소시키거나 다음연도로 넘기는 방법이 가장 대표적이다.

자산의 가치가 하락하는 경우, 해당 자산의 가치 감소분만큼 자산손상이라는 비용으로 기록하여야 함에도 불구하고 이를 기록하지 않는 수법도 있다. 또 다른 방법으로 매출채권 회수가능성을 근거 없이 낙관적으로 설정하여 당해 연도 대손상각비를 과소 설정하는 방식과, 감가상각비 계상과정에서 감가상각비 계산에 필요한 추정 수치를 조작하여 감가상각비를 과소계상하는 방식 등이 이용된다.

실질적으로는 은행으로부터 차입하였으나 차입사실을 재무제표에 부채로 기록하지 않는 분식회계 수법을 설명하였다. 장부상으로는 차입금으로 기록되지 않았으나 실제로는 차입하였기 때문에 차입금에 대한 이자비용이 지출될 것이다. 이러한 이자비용의 지출을 숨기기 위해 지출된 이자비용을 비용으로 기록하지 않고, 가공의 자산으로 기록할 수도 있다. 이렇게 되면 비용을 과소계상하게 됨과 동시에 자산을 과대계상하는 결과를 초래한다.

5 계속성의 변경

정당한 사유 없이 회계변경을 하여 이전 기간과의 계속성을 파괴하는 분식회계의 수법이다. 회계변경이란 회계추정의 변경과 회계정책의 변경 두 가지로 구분된다. 무형자산의 상각기간을 조정한다든가 유형자산의 내용연수나 감가상각방법을 조정하는 수법이 있다.

이익을 과소계상하고자 하는 경우에는 비용을 많이 계상하면 되므로, 무형자산이나 유형자산의 상각기간을 당초보다 줄여서 당기에 무형자산 상각비(비용) 또는 유형자산 감가상각비(비용)를 많이 계상할 수 있다. 반대로 이익을 과대계상하고자 하는 경우에는 비용을 적게 계상하면 되므로, 무형자산이나 유형자산의 상각기간을 당초보다 늘려서 당기에 무형자산 상각비(비용) 또는 유형자산 감가상각비(비용)를 적게 계상할 수 있다. 이와 같이 정당하지 못한 회계변경을 통해 계속성을 변경하게 되면 재무제표의 기간별 비교가능성이 낮아지게 된다.

6 관계회사간의 부당한 거래

분식회계 중 가장 확인이 어려운 수법이 관계회사와 같은 특수관계자를 이용한 분식회계 수법이다. 관계회사간에는 상호 영향력을 행사할 수 있는 특수관계에 있으므로 독립성과 거래의 투명성이 결여될 수 있다. 따라서 관계회사를 이용하여 회계연도 말에 밀어내기 매출을 하여 매출을 과대계상하거나, 모회사가 자회사에게 유형자산을 시장가격보다 비싼 가격으로 판매함으로써 모회사의 유형자산처분이익을 과대계상하는 수법이 있다.

회계기준에서는 관계회사와의 거래 및 출자회사와의 거래에 대한 중요 사항을 주석사항으로 공시하도록 규정하고 있지만, 해당 회사가 이를 의도적으로 은닉 또는 조작하는 경우 이를 확인하기가 쉽지 않다. 세계적인 분식회계 사건인 엔론 사건에서도 이러한 유형의 관계회사를 이용한 분식회계 사례가 존재하였다.

〈표 12-1〉 분식회계 수법

구 분	내 용
자산의 과대계상	재고자산 과대계상, 매출채권 과대계상
부채의 과소계상	차입금 과소계상, 부외부채 은폐
수익의 과대계상	매출 과대계상, 공사수익 과대계상
비용의 과소계상	자산손상 과소계상, 대손상각비 과소계상, 감가상각비 과소계상
계속성의 변경	정당한 사유 없이 회계정책이나 회계추정을 변경
관계회사간의 부당한 거래	회계연도말 밀어내기 매출, 유형자산 처분이익 과대계상

제 4 절 분식회계를 통한 사기행각 사례

1 네오세미테크의 분식회계[2)]

네오세미테크는 반도체 웨이퍼 제조기업이었다. 2009년 우회상장[3)]을 통해

2) 최악의 '분식회계 네오세미테크' 오 대표 15년형·벌금 520억 선고 받음(머니투데이, 2015.7.31).
3) 우회상장이란 비상장기업이 상장기업을 인수·합병하는 방법을 통해 공개된 자본시장(유가증권시장

코스닥시장에 상장하였으며, 2010년 8월에 갑작스럽게 상장폐지 되었다. 상장폐지로 인하여 소액주주 7,000여명이 피해를 입게 되었다. 코스닥시장 상장기간 중 주식이 거래정지 된 기간을 제외하면 실질적인 상장기간은 약 5개월에 불과했다. 네오세미테크의 대표이사는 분식회계로 인해 징역 15년, 벌금 520억원이라는 중형을 선고 받았다.

네오세미테크의 분식회계 수법은 전형적인 매출 부풀리기 수법이었다. 네오세미테크의 경영자는 홍콩 등에 페이퍼컴퍼니(SPC)를 설립하고, 이 페이퍼컴퍼니에 제품을 수출한 것처럼 가짜로 위조하고 매출을 기록한 것이었다. 실제 제품의 인도없이 모양만 유사한 위장 제품을 매출하는 방식이었다. 실제로는 제품을 판매하지 않았으면서 장부상으로 판매한 것처럼 꾸며서 허위 매출을 기록한 것이다. 가공매출뿐만 아니라, 재고자산과 매출채권도 허위로 과대계상하였다. 심지어 2008년에는 101억원의 매출을 기록하면서 매출원가는 0원으로 기록하기도 하였다. 홍콩의 페이퍼컴퍼니로부터 제품을 가짜로 수입하면서 수입대금도 홍콩 계좌로 빼돌리는 수법을 이용하여 비자금을 만들기도 하였다.

네오세미테크의 매출은 2007년 315억원을 기록하다가, 2009년에 와서는 972억원의 매출을 기록하였다. 3년 사이에 300% 넘게 매출이 급증하였음에도 불구하고 영업활동현금흐름은 마이너스(-)를 기록하고 있었다. 영업이익과 영업활동현금흐름의 큰 차이는 전형적인 매출 부풀리기 분식회계 수법의 결과로 볼 수 있다.

〈표 12-2〉 네오세미테크의 영업이익과 영업활동현금흐름 비교

(단위 : 억원)

구 분	2009년	2008년	2007년
매출	972	1,032	315
영업이익(A)	13	354	28
영업활동현금흐름(B)	−141	−16	14
차이(A−B)	154	370	14

및 코스닥시장)에 진입하는 것을 말한다. 백도어리스팅(back door listing)이라고도 한다. 상장요건을 충족시키기에는 미흡하지만 성장성이 높은 우량한 비상장기업에게 공개된 자본시장에서의 자본조달 기회를 주기 위해 도입된 제도이다.

유형자산도 실제 실물이 없음에도 불구하고 기계장치를 허위로 매입한 것처럼 꾸며서 과대계상하였으며, 비용으로 계상할 금액을 건설중인자산으로 허위계상하기도 하였다. 네오세미테크의 분식회계가 발견된 것은 새롭게 바뀐 감사인 덕분이었다. 새롭게 바뀐 외부감사인은 네오세미테크의 1,200억원이 넘는 가공매출을 발견하고, 감사의견을 '의견거절'로 표명하였다. 외부감사인의 '의견거절'로 인해 분식회계 사실을 세상에 밝히고 주식 투자자들의 피해를 최소화 할 수 있었다.

2 모뉴엘의 분식회계[4)]

모뉴엘은 고속 성장으로 매출 1조원을 달성하여 '1조클럽의 신화'를 달성하였다. 모뉴엘은 2004년 설립되었으며, 삼성전자 북미 판매왕이었던 박홍석 대표가 맡으면서 공격적으로 경영을 하였다.

네오세미테크와 유사하게 모뉴엘도 해외 허위거래를 통해 가공의 매출을 기록하였고 분식회계가 이루어진 재무제표를 기초로 은행으로부터 대출을 받았다. 실제 가치가 2만원밖에 안되는 홈시어터 PC의 수출가격을 250만원으로 조작해서 수출서류를 꾸미고 이 수출매출채권을 은행에 넘기는 방식으로 금융기관으로부터 대출을 받았다. 그리고 대출금의 상환기일이 도래하면 또다시 허위 수출매출채권을 만들어서 대출을 받은 뒤에 상환하는 방식의 돌려막기를 하였다.

금융기관에게 수출매출채권을 넘기는 과정에서 한국무역보험공사로부터 보증서를 발급받았기 때문에 금융기관은 이 보증서에 근거해서 모뉴엘에게 대출을 해 준 셈이다. 그러나 한국무역보험공사에 제출한 서류도 모두 허위거래를 통한 가공 매출서류로 만들어졌기 때문에 한국무역보험공사와 금융기관 모두 모뉴엘의 사기행각에 속아 넘어간 것이다.

모뉴엘도 네오세미테크와 마찬가지의 매출 부풀리기 분식회계 수법을 이용

4) 모뉴엘의 부실징후는 재무제표에 있었다(서울신문, 2014.11.18).

하였기 때문에 현금흐름표의 영업활동현금흐름만 영업이익과 잘 비교해 보았더라도 분식회계 가능성을 탐지할 수 있었을 것이다. 3년 사이에 매출이 300% 가까이 급증하였음에도 불구하고 영업활동현금흐름은 급격한 감소를 기록하고 있었다. 그리고 영업이익과 영업활동현금흐름의 차이가 점점 커지고 있었다.

〈표 12-3〉 모뉴엘의 영업이익과 영업활동현금흐름 비교

(단위 : 억원)

구 분	2013년	2012년	2011년
매출	11,409	8,251	4,605
영업이익(A)	1,050	859	387
영업활동현금흐름(B)	15	143	128
차이(A-B)	1,035	716	259

모뉴엘은 가공 매출과 온갖 수단의 분식회계 수법이 사용된 잘 꾸며진 재무제표를 이용하여 10개 금융기관으로부터 3조 4,000억원의 대출을 받았으며, 금융기관 피해액만 5,400억원대에 달했다. 기업은행이 1,500억원, 산업은행이 1,165억원, 외환은행이 1,100억원의 대출금을 떼인 것으로 나타나 주로 국책은행들의 피해가 컸다. 서울중앙지법은 벤처신화로 불린 모뉴엘의 박홍석 대표에게 징역 25년, 추징금 361억원을 선고하였다.

3 STX조선의 분식회계[5)]

STX조선은 조선업에서 전형적으로 분식회계수법으로 사용되는 선박 건조 공사진행률을 과대계상하는 수법으로 이익을 과대계상하였다. 2조 3,000억원대 분식회계를 자행한 STX그룹의 강덕수 회장은 분식회계 및 횡령·배임 등 혐의(특정경제범죄 가중처벌법상 횡령 등)로 서울지법으로부터 징역 6년을 선고 받았다. 2조 3,000억원대 분식회계를 통해 9,000억원대의 사기대출을 받고 1조

5) 법원 "분식회계 STX조선, 주주들에게 49억 배상하라"(연합뉴스, 2017.1.25)

7,500억원어치 회사채를 발행한 혐의로 자본시장과 금융투자업에 관한 법률도 위반하였다.

〈표 12-4〉 STX조선의 영업이익과 영업활동현금흐름 비교

(단위 : 억원)

구 분	2012년	2011년	2010년	2009년
매출	62,211	74,076	89,112	111,683
영업이익(A)	6,986	9,702	1,290	306
영업활동현금흐름(B)	384	1,208	12,689	−15,206
차이(A−B)	6,602	8,494	−11,399	15,512

STX조선의 경우 매출이 2009년 이후 감소하고 있음에도 불구하고 영업이익은 오히려 급격히 증가하고 있고 영업활동현금흐름은 2010년 이후 급격히 감소하고 있음을 알 수 있다. 이는 분식회계를 통해 매출과 영업이익을 과대계상하였다 하더라도 영업활동현금흐름은 분식회계를 통해 조작할 수 없기 때문에 있는 그대로 감소하는 추세를 나타내는 것이다.

4 대우조선해양의 분식회계[6)]

대우조선해양은 저가로 수주한 해양특수선 건조 프로젝트의 추정 총공사예정원가를 과소산정하여 공사진행률을 부풀리고, 공사수익을 과대계상함으로써 이익을 과대계상하는 분식회계를 하였다. 이후 기술부족, 과다수주 등의 업무 비효율로 실제투입되는 원가가 추정 총공사예정원가를 초과하는 현상이 발생하였으나 이를 손실로 즉시 반영하지 않고 계속 숨기고 있었다. 이러한 분식회계를 통해 대우조선해양은 2012년부터 2014년까지 영업이익을 보고하였으나 영업활동현금흐름은 감소되는 것으로 나타났다. 다음은 대우조선해양의 2013년

6) 대우조선 원가율 조작 의혹(내일신문, 2016.10.5)

과 2014년 분식회계 사실이 밝혀지기 전에 보고된 재무자료이다.

〈표 12-5〉 대우조선해양의 영업이익과 영업활동현금흐름 비교

(단위 : 억원)

구 분	2015년	2014년	2013년	2012년	2011년	2010년	2009년
매출	150,070	154,553	147,244	140,578	139,032	129,894	132,386
영업이익(A)	8,000	4,500	4,600	4,862	10,887	11,985	6,675
영업활동현금흐름(B)	−8,430	−5,602	−11,979	−9,960	22	−2,097	−15,196
차이(A−B)	16,430	10,102	16,579	14,822	10,865	14,082	21,871

STX조선과 마찬가지로 대우조선해양의 경우에도 매출이 2009년 이후 점차 증가하는 추세이고 영업이익을 보고하고 있음에도 불구하고 영업활동현금흐름은 2011년을 제외하고는 계속 마이너스(−) 금액을 보고하고 있다. 이는 분식회계를 통해 영업이익을 과대계상한 결과이다.

대우조선해양의 고재호 사장은 5조원대 분식회계를 통해 보기 좋게 꾸며진 재무제표를 바탕으로 금융기관으로부터 21조 원대 사기대출 등을 한 혐의로 구속기소 되었다.

제 5 절 분식회계의 적발 방법

1 계정과목별 추세분석

추세분석(trend analysis)은 재무제표 항목이나 재무비율을 기간별로 비교하여 그 변화추이를 파악하는 분석기법이다. 비교재무제표분석은 3년 이내의 단기간 비교 시에는 유용하나 3년 이상 장기간 비교를 할 때는 추세분석을 사용하

는 것이 적절하다. 특정한 계정과목에 대해 일정기간 추세를 분석하는 방법이다. 추세를 통한 시계열분석을 함으로써 계정과목별 증감상황을 살펴보고, 비정상적 변화가 있는 계정과목을 발견할 수 있다. 발견된 계정과목에 대해서는 해당 계정과목과 관련 있는 다른 계정과목을 추세분석해 봄으로써 분식회계 여부를 확인할 수 있다.

추세분석시 연도별 추세분석과 더불어 월별이나 분기별 추세분석도 필요하다. 월별이나 분기별 추세분석을 해 보면, 특정 계정과목의 계절적 특성이나 연말 혹은 연초에 특이한 증감 변동이 발생하는 것을 적발할 수 있다. 이러한 특이한 증감 변동에 대해 그 원인이 무엇인지 찾는 것도 분식회계를 적발할 수 있는 하나의 방법이다.

관계회사 내부거래를 통한 밀어내기 매출이나 가공매출의 경우 연말에 집중해서 이루어지는 경우가 많기 때문에 월별 추세분석을 통해 적발할 수 있다. 밀어내기 매출이나 가공매출을 기록한 다음에, 다음연도 연초에 이러한 거래 기록을 취소하기 위하여 되사는 가공의 거래를 할 수도 있기 때문에 월별 추세분석의 연초 자료를 분석하여야 한다.

2 재무비율의 비교분석

재무비율의 비교분석은 기업의 당년도 재무비율을 전년도 재무비율과 비교분석하거나, 해당 기업과 동종업계에 속하는 다른 비교대상 기업의 재무비율과 비교분석하는 방법이다. 재무비율을 비교분석함으로써 비정상적 변화나 이상치가 있는 재무비율을 발견할 수 있다. 발견된 재무비율과 관련된 계정과목에 대해서 분식회계 여부를 확인할 수 있다.

재무비율을 비교분석하기 위해서는 계정과목 상호간의 연관성에 대한 지식과 재무비율의 의미를 이해하여야 한다. 매출과 매출수수료와의 관계, 매출과 매출총이익과의 관계, 매출과 매출채권과의 관계, 매출과 매입액의 관계, 차입금과 이자비용과의 관계, 유형자산과 감가상각비와의 관계, 법인세비용차감전 순이익과 법인세비용과의 관계 등은 계정과목간에 일정한 관계성이 있다. 이들

관계성을 나타내는 재무비율을 전년도 또는 비교대상기업과 비교함으로써 비정상적인 변화가 있는 재무비율을 발견할 수 있으며, 이를 통해 해당 계정과목의 분식회계 여부를 확인할 수 있다.

본서의 앞부분에서 설명한 재무제표분석 방법들이 재무비율의 비교분석에 이용될 수 있다.

3 현금흐름표와 비교분석

현금흐름표를 재무상태표, 포괄손익계산서, 자본변동표 등 다른 재무제표와 연계하여 분석하면 분식회계의 징후를 발견할 수 있다. 현금흐름표는 영업활동, 투자활동, 재무활동이 현금흐름에 미친 영향을 유입(+)과 유출(−)의 원인별로 나타내 주는 재무제표이다. 현금흐름표는 실제로 유입되고 유출되는 현금을 기초로 작성되므로 경영자의 주관적인 판단이나 대체적인 회계처리방법의 선택에 영향을 받지 않는 재무제표이다. 따라서 자산이나 부채의 평가에 있어서 경영자의 주관적 판단 및 추정이 개입되거나 회계처리방법의 선택이 영향을 받는 재무상태표, 포괄손익계산서, 자본변동표에 비해 객관적인 재무제표라 할 수 있다.

손익계산서에서 영업이익을 보고한 기업이 현금흐름표의 영업활동현금흐름은 마이너스(−) 금액을 보고할 수 있다. 이는 영업활동에서 발생한 수익이 영업활동에서 발생한 비용보다 더 커서 영업이익을 보고하였다 하더라도, 재고자산 판매 등과 같은 영업활동을 통해 유입(+)된 현금보다 유출(−)된 현금이 더 많다는 것을 의미한다. 현금흐름의 유입(+)과 유출(−)은 기업이 자의적으로 분식회계를 통해 조정할 수 없다. 그러나 영업수익과 영업비용은 분식회계를 통해 조정할 수 있다. 따라서 영업활동현금흐름이 마이너스(−)임에도 불구하고 영업이익을 기록하였다면 기업이 영업수익을 과대계상하고 영업비용을 과소계상하는 분식회계를 통해 영업이익을 보고하였을 가능성이 높다는 것을 의심해 보아야 한다.

〈표 12-6〉 대우조선해양의 영업이익과 영업활동현금흐름 비교

(단위 : 억원)

구 분	2015년	2014년	2013년
영업이익(A)	−30,764	4,543	4,242
영업활동현금흐름(B)	−6,063	−5,233	−12,680
차이(A−B)	−24,701	9,776	16,922

대우조선해양의 분식회계가 있었던 해로 밝혀진 2013년과 2014년을 살펴보면 손익계산서상 영업이익을 보고하고 있지만 현금흐름표의 영업활동현금흐름은 마이너스(-) 금액을 기록하고 있다. 이와 같이 분식회계가 의심되는 기업에 대해서는 영업이익과 영업활동현금흐름만 비교해 보더라도 분식회계의 가능성을 적발할 수 있다. 2015년은 대우조선해양의 분식회계가 세상에 드러난 해로 그 동안 숨겨놓았던 영업손실이 수면위로 부각되어 영업손실 30,764억원이 보고되었다.

연습문제

12-1 분식회계의 의미와 동기에 대하여 설명하시오.

풀이 분식회계란 기업의 재무상태나 경영성과를 실제보다 좋아 보이게 할 목적으로 재무제표상의 수치를 고의로 왜곡시키는 것이다. 기업의 자산이나 수익을 실제보다 부풀리거나 부채나 비용을 실제보다 작아 보이게 감추는 방법으로 재무제표상의 수치를 왜곡시키는 것이 분식회계이다.

분식회계의 동기는 이익평준화, 경영자 보상의 최대화, 부채계약 위반의 회피, 정치적 비용의 최소화, 법인세 절감, 주식가치의 고양, 정부규제 회피, 부실의 은폐, 사기의 은폐 등이 있다.

12-2 분식회계의 수법에 대하여 설명하시오.

풀이 분식회계의 수법은 크게 6가지로 구분할 수 있다. 첫째, 자산과대계상은 자산계정을 과대하게 계상하거나 가공의 자산계정을 생성하여 자산규모를 증대시키는 것을 의미하며, 가장 일반적으로 이용되는 자산계정은 재고자산 계정을 과대하게 평가하는 것이다. 둘째, 부채의 과소계상으로 부채계정에 대한 분식회계의 일반적 목적은 기존의 부채규모를 축소하여 보고하기 위한 것이다. 이것은 과다부채의 보유는 기업의 신용과 자본조달 과정에서 자본조달비용의 상승을 초래하기 때문이다. 일반적인 부채계정의 분식회계 수법은 기존의 부채규모를 축소시키거나 부외부채 형식으로 기업의 회계거래에서 숨기는 방법을 이용한다. 셋째, 기업이 수익과대계상을 통해 분식회계를 시도하는 경우, 해당 기업은 정상적인 수익금액에 가공의 금액을 포함하여 매출을 과대계상하거나 수익의 인식조건에 부합되지 않는 단계에서 수익을 조기인식하여 장부에 기록하는 방식을 사용하여 수익을 과대계상 한다. 넷째, 비용과소계상으로 비용계정을 이용한 분식회계 수법은 해당연도의 비용 발생액을 축소시키거나 차기로 이연시키는 방법이 가장 대표적이다. 또 다른 방법으로 매출채권 회수가능성을 근거 없이 낙관적으로 설정하여 당해 연도 대손상각비를 과소 설정하는 방식과 감가상각비 계상과정에서 감가상각비 계산에 필요한 추정 수치를 조작하여 감가상각비를 과소계상하는 방식 등이 이용된다. 다섯째, 정당한 사유없이 회계변경을 하여 이전 기간과의 계속성을 파괴하는 분식회계의 수법이다. 무형자산의 상각기간을 조정한다든가 유형자산의 내용연수나 감가상각방법을 조정하는 수법이 있다. 여섯째, 내부거래를 악용한 방법으로 분식회계 중 가장 확인이 난해한 방식이 관계회사와 같은 특수관계자를 이용한 분식회계 수법이다. 회계기준에서는 관계회사와의 거래 및 출자회사와의 거래에 대한 중요 사항이 주석사항으로 공시되도록 규정하고 있지만, 해당 회사가 이를 의도적으로 은닉 또는 조작하는 경우 이를 확인하기가 용이하지 않다.

12-3 경영자가 분식회계를 하는 동기는 여러 가지가 있다. 분식회계의 동기에 대해서 설명하시오.

풀이 분식회계는 여러 가지 동기에 의해 자행되고 있다. 그 중에서 선행연구를 통해 분석된 분식회계 동기에 대해 살펴본다.

1) 이익을 평준화시키기 위한 동기로 분식회계를 한다. 즉, 이익의 변동폭을 줄이기 위해 분식회계를 하는데 이를 이익유연화라고도 한다. 자본시장에서는 이익의 증감 변동이 큰 기업보다 그 증감 변동이 작은 기업을 더 긍정적으로 평가한다. 따라서 자본시장에서의 긍정적 평가를 받기 위해 이익을 평준화 또는 유연화시키기 위하여 분식회계를 한다.
2) 경영자가 보상을 많이 받아가기 위해 분식회계를 한다. 경영자의 보상은 기업의 경영성과와 직결된다. 따라서 경영자 보상을 최대한 많이 받아가기 위하여 분식회계를 자행한다.
3) 기업이 차입을 하는 경우 차입과 관련하여 여러 가지 제약을 받게 된다. 예를 들어 차입약정서에 향후 부채비율이 일정 수준 이상이 되면 차입금을 상환해야 하거나 차입 이자율이 높아지는 내용이 포함될 수 있다. 따라서 경영자는 부채자기자본비율을 일정 수준 이하가 되도록 하기 위하여 분식회계를 자행한다.
4) 통신사와 같이 독과점 기업의 경우 정부로부터 통신요금 규제를 받는다. 통신사가 너무 많은 이익을 내면 소비자로부터 통신요금이 너무 높게 책정되었다고 비난받을 수 있으므로 정부는 통신요금을 낮추도록 규제할 것이다. 이 경우 통신사는 이익을 적게 계상하는 분식회계를 할 동기가 생긴다.
5) 회계상 이익을 기초로 과세소득을 계산하고 과세소득에 근거해서 세금을 납부한다. 기업이 세금을 적게 내고자 한다면 이익을 감소시키는 분식회계를 할 것이다. 반대로 기업이 세금을 많이 내고자 한다면 이익을 증가시키는 분식회계를 할 것이다.
6) 이익은 주가에 영향을 미친다. 이익을 많이 계상하면 주가가 상승하고, 손실을 많이 계상하면 주가가 하락한다. 따라서 경영자는 기업의 주가를 올리기 위해 이익을 과대 계상하는 분식회계를 자행한다.
7) 금융기관의 경우 업종이 가지는 특수성으로 인해 정부로부터 규제를 받는다. 정부의 규제는 회계수치에 근거한 재무건전성 기준이 있으며, 경영자는 이 기준을 달성하기 위해 분식회계를 자행한다.
8) 재무적 곤경에 처한 부실기업은 그 사실을 숨기고자 한다. 재무적 곤경이라는 사실이 시장에 알려지면 주가가 떨어지고 기업의 자본조달비용이 상승한다. 따라서 기업은 그 부실을 은폐하기 위하여 분식회계를 자행한다.
9) 사기행각을 은폐하기 위하여 분식회계를 자행한다. 모뉴엘 사건과 같이 실제 수출을 하지도 않고서 수출을 한 것처럼 신용장을 위조하고, 이를 담보로 금융기관으로부터 자금을 융통하는 사기행각을 은폐하기 위하여 분식회계를 자행한다.

뉴스 속의 재무제표분석

한국재무제표분석연구소, '재무제표와 분식회계' … 회계 투명성 높여야

▲ 서울중앙지법 형사25부는 모뉴엘 박홍석 대표에게 징역 23년에 추징금 361억원을 선고했다. ⓒ뉴스타운

기업들은 재무제표를 만들어서 기업 이해관계자들에게 제공한다.

재무제표는 재무회계의 과정을 통해 수집, 처리된 정보를 정기적으로 이용자에게 전달하는 방법으로서 재무보고의 가장 핵심적인 보고수단으로 활용되고 있다.

상법에는 대차대조표, 손익계산서 및 이익잉여금처분계산서 또는 결손금처리계산서를 재무제표로 하고 있으며, 기업회계기준에서는 대차대조표, 손익계산서, 이익잉여금처분계산서 또는 결손금처리계산서 및 현금흐름표, 주기 및 주석을 재무제표로 정하고 있다.

기업의 재무상태를 알 수 있는 보고서를 조작한다면, 기업의 상태를 왜곡된 정보로만 알게 되는 것이다.

기업이 자산이나 이익을 실제보다 부풀려 재무제표상의 수치를 고의로 왜곡시키는 것을 분식회계라고 하는데, 이는 주주와 채권자들의 판단을 왜곡시킴으로써 그들에게 손해를 끼치기 때문에 법으로 금지되어 있지만, 공인회계사의 감사보고서를 통해서도 분식회계 사실이 제대로 밝혀지지 않는 경우가 많다.

아직 창고에 쌓여 있는 재고의 가치를 장부에 과대계상하는 수법, 팔지도 않은 물품의 매출전표를 끊어 매출채권을 부풀리는 수법, 매출채권의 대손충당금을 고의로 적게 잡아 이익을 부풀리는 수법 등이 분식회계 방법으로 많이 사용된다.

지난 16일, 서울중앙지법 형사25부는 모뉴엘 박홍석 대표에게 징역 23년에 추징금 361억원을 선고했다. '벤처 신화'로 불린 모뉴엘은 제품 가격을 부풀리거나 허위 수출 서류를 만들어 10개 시중은행에서 3조4000억원을 대출받은 것으로 드러났다. 금융기관 피해액만 5400억원에 달했다. 그동안 사법부는 횡령 · 주가조작 같은 경제 범죄에 관대한 처벌을 해왔었다. 그래서 한탕하고 감방에 들어갔다 나오면 된다는 사고방식을 가진 사기꾼들이 설쳤던 것이다. 다른 사람 재산에 피해를 준 범죄를 도덕성이나 신체를 훼손한 것보다 죄질이 가볍다고 본 것이다.

금융당국이 은행권의 분식회계적출시스템에 대해 집중 점검에 나섰다. 대우조선해양등의 분식회계 논란이 제기되면서 은행들이 대출 기업의 회계정보를 제대로 들여다보고 있는 지를 점검하기 위한 조치다.

금융감독원은 이달 국내 18개 은행의 '재무 이상치 분석 시스템(분식회계적출시스템)'에 대한 점검에 들어갔다. 재무 이상치 분석 시스템은 은행들이 대출을 내준 거래 기업들의 매출채권, 매입채무, 재고자산, 선수금 등의 회계처리를 분석한다. 거래기업이 은행을 속여 분식회계를 바탕으로 불법대출을 받아가는지를 점검하는 것이다.

2003년 SK글로벌 분식회계 사건이 터진 이후 은행들이 기업들의 회계투명성을 직접 감시토록 한 것이다. 하지만 매출채권을 위조해 대출을 받은 중소가전업체 모뉴엘의 부실대출 사건이 발생하는 등 은행들의 분식회계적출시스템이 제 역할을 못하고 있다는 지적이 꾸준히 나왔다.

특히 주식이 공개된 상장기업에서의 분식회계는 피해규모가 엄청나다. 이제 기업의 분식회계에 대한 특단의 조치뿐만 아니라, 모든 기업의 재무제표를 공개해야 한다는 주장도 나오고 있다.

뉴스타운에서는 한국재무제표분석연구소, 투명회계감시센터와 함께 상장기업 및 재무제표 공개기업들의 재무제표를 분석하여 올바른 정보를 제공할 예정이다.

〈출처 : 뉴스타운, 2015.10.19〉

제 13 장

재무제표분석을 통한 분식회계 적발

〈학습목표〉

- 계정과목 분석을 통한 분식회계 추정
- 재무비율을 통한 분식회계 추정
- 분식회계에 대한 감독당국의 징계 및 공개

제 1 절 분식회계 가능성이 높은 계정과목 분석

다음은 K기업의 20×4, 20×5, 20×6년 재무제표이다. K기업의 20×6년 순자산은 −468,241백만원으로, 20×5년 순자산 105,842백만원과 비교할 때 574,083백만원 감소하였다. 20×6년 재고자산평가손실로 118,688백만원을 계상하였고, 20×5년과 비교하여 대손상각비가 102,283백만원 증가하였다.

〈표 13-1〉 K기업의 요약재무제표 일부

(단위 : 백만원)

항 목	20×6년	20×5년	20×4년
순자산	−468,241	105,842	103,337
대손상각비	103,477	1,194	571
재고자산평가손실	118,688	0	0
관계회사주식감액손실	28,987	0	0
전기매출원가과소계상	14,088	0	0
투자자산감액손실	26,108	0	0
관계회사채권대손상각비	1,750	0	1.0

1 대손상각비의 급격한 증가와 분식회계 관련성 확인

K기업이 20×6년에 계상한 대손상각비 103,477백만원은 20×5년에 계상한 대손상각비 1,194백만원보다 8,566% 증가한 금액이다. 대손상각비의 적정성을 확인하기 위해 반드시 다음을 확인하여야 한다. 모든 채권의 적정한 대손상각비를 계상하기 위해서는 매년 대손추산액 및 회수불가능 채권을 평가하여야 하므로, 과거에 비해 일시적으로 거액의 대손상각비가 발생하기는 어렵다. 따라서 거액의 대손상각비를 계상한 것은 회사가 과거에 채권의 대손가능성을 합리적이고 객관적으로 평가하지 않았기 때문이다. 과거에 인식하여야 할 대손

상각비를 인식하지 아니하고 당기에 모두 인식하였기 때문에 20×6년에 급격하게 대손상각비가 증가되었을 가능성이 높다. 이에 대한 확인을 통해 대손상각비를 이용한 분식회계 가능성을 검토할 수 있다.

2 재고자산평가손실의 계상과 분식회계 관련성 확인

K기업은 20×5년과 20×4년 중 재고자산평가손실을 계상한 적이 한 번도 없었으나, 20×6년에 재고자산평가손실 118,688백만원을 계상하였다. 재고자산평가손실의 분식회계 유무는 재고자산 금액의 변동과 함께 분석되어야 한다. 특히 수년에 걸쳐 재고자산 가치가 감소되고 있는데도 재고자산평가손실이 특정 연도에 일시에 인식되었다는 것은 해당 기업이 과거 연도에 재고자산과 관련된 회계처리를 적정하지 않게 했다는 것을 시사한다.

3 관계회사주식감액손실의 계상과 분식회계 관련성 확인

K기업은 20×5년과 20×4년 중 관계회사주식감액손실을 계상한 적이 없으나, 20×6년에 관계회사주식감액손실 28,987백만원을 계상하였다. 이 경우 K기업의 관계회사주식감액손실을 발생시킨 관계회사의 존재에 대한 파악 및 해당 관계회사에 대한 재무상태를 분석하여야 한다. 예를 들어, 최근 3사업연도 동안 자본잠식 등과 같은 원인에 의해 관계회사주식감액손실을 계상하였다면, 동일한 회계연도에 감액사유가 발생하기 위해서는 동일한 시기에 관계회사의 자본잠식이 시작되어야 한다. 따라서 거액의 관계회사주식감액손실을 특정 연도에 일시에 계상하였다는 것은 과거 계상하지 않은 관계회사주식감액손실을 당기에 모두 계상한 것이라고 추정할 수 있다.

4 전기 매출원가 과소계상과 분식회계 관련성 확인

K기업의 20×4년 당기순이익은 847백만원이었다. K기업이 20×4년에 과소계상한 매출원가 14,088백만원을 20×6년에 발견하고 이를 20×6년 재무제표에서 전기오류수정손익으로 하여 이익잉여금에서 조정하지 않고, 20×4년의 매출원가로 계상한다면 20×4년은 당기순이익 847백만원이 아니라, 당기순손실 13,241백만원으로 전환된다.

이렇게 이미 보고된 20×4년도 당기순이익 847백만원이 과소계상한 매출원가 14,088백만원을 반영하면 당기순손실 13,241백만원으로 전환되는 것은 20×4년도에 회사가 분식회계를 했다는 것을 의심할 만큼 중대한 사건이다. 이러한 사건은 단순한 계산착오 등의 이유로 일어난 오류라고 하기에는 금액과 상황이 중요하므로 20×4년 매출원가의 과소계상은 분식회계의 의도가 있는 것으로 추정할 수 있고, 이에 대한 추가적인 분석이 요구된다.

5 관계회사채권 대손상각비의 계상과 분식회계 관련성 확인

20×4년과 20×5년 중에는 관계회사채권 대손상각비를 별도로 계상하지 않았으나 20×6년 중 판매비와관리비에 계상된 대손상각비 이외에 영업외비용으로 관계회사채권 대손상각비 1,750백만원을 계상하고 있다. 채권에 대한 대손상각비를 계상하기 위해서는 매년 대손추산액 및 회수불가능 채권을 평가하여야 하므로, 과거에 계상되지 않았던 관계회사에 대한 대손추산액 및 회수불가능 채권이 일시에 거액으로 발생하기는 어렵다. 따라서 당기에 거액의 관계회사채권 대손상각비가 인식된 것은, 회사와 감사인이 과거 관계회사채권에 대한 대손가능성을 합리적이고 객관적으로 평가하지 않았기 때문에, 과거 인식하여야 할 관계회사채권 대손상각비를 인식하지 아니하고 당기에 모두 인식하였기 때문이라고 추정된다.

제 2 절 재무비율을 통한 분식회계 가능성 분석

〈표 13-2〉에서 S산업개발의 요약재무제표를 통해 분식회계의 가능성을 알아본다. 조사기간 대부분의 연도에서 당기순손실이 발생하여 경영성과에 문제가 있을 것으로 보인다. 그 중에서도 20×4년에 비해 20×5년도 매출이 39.3%나 감소하고 당기순손실은 166억원으로 매출인 171억원과 동일한 수준으로 나타났다. 또한 자산은 감소 추세를 보였고 부채는 자본의 4~5배에 달하여 불안정한 재무상태를 보이고 있다. 이러한 상황에서 20×5년 470억원의 유상증자를 실시하였고, 과도한 부채로 이자비용이 15억원에서 27억원으로 늘어났고 영업외비용이 일정수준 이상을 넘어서 당기순손실을 확대시키는 원인이 되었다.

현금의 흐름 중 영업활동현금흐름은 20×0년, 20×4년, 20×5년이 음(-)의 값으로 영업활동을 통한 현금조달능력이 부족한 상황이었다. 일반적으로 영업활동현금흐름이 음(-)인 경우 재무활동으로 자금을 창출하므로 재무활동현금흐름은 20×4년부터 양(+)의 값을 보인다.

그러나 S산업개발의 경우 영업활동현금흐름이 불안정한 상황에서 2009년부터 20×3년까지 장·단기차입금의 상환으로 재무활동현금흐름이 음(-)의 값으로 나타나 현금 유동성에 어려움이 있었을 것으로 예측할 수 있다. 이 때문에 부족한 자금을 조달하기 위해서 20×4년에 신주인수권부사채 50억원, 20×5년에 유상증자 470억원이 유입되어 재무활동현금흐름이 양(+)의 값으로 변경되었다.

〈표 13-2〉 S산업개발의 요약 재무제표[1]

(단위 : 백만원)

계정과목		20×0년	20×1년	20×2년	20×3년	20×4년	20×5년	20×6년
매출		30,514	27,273	28,405	30,142	28,341	17,185	19,052
매출총이익		7,975	8,866	12,494	11,775	10,008	7,475	9,666
영업이익		−4,729	19	3,379	2,663	1,039	−6,232	1,378
당기순이익		−8,143	−4,853	490	510	−5,634	−16,614	7,373
자산총계		47,691	35,462	33,593	32,332	29,577	39,120	48,956
부채총계		37,584	29,748	27,618	21,820	24,279	4,586	5,342
자본총계		9,092	5,598	5,859	9,497	5,182	34,419	48,956
현금흐름	영업활동	−985	108	2,927	1,749	−297	−1,615	1,609
	투자활동	−5,254	4,646	−753	−781	−2,995	−26,885	−5,749
	재무활동	−4,072	−5,601	−1,676	−922	2,910	29,005	5,216
현금 증감		−9,471	−737	388	−15	−382	336	1,275

제3장에서 언급한 재무비율분석(financial ratio analysis)을 참고하여 S산업개발의 분식에 대한 가능성을 좀 더 면밀히 살펴본다.

재무비율분석은 재무제표상의 관련항목들을 상호 대응시켜 비율을 산정하고, 산정된 비율을 통하여 기업의 수익성을 평가하거나 재무위험의 정도를 평가한다.

장·단기지급능력, 수익성, 효율성(활동성) 및 성장성으로 구분한 재무비율을 산출하고, S산업개발이 속한 산업의 평균비율을 제시하여 비교가능성을 높인다. 이러한 재무비율분석을 통해 S산업개발의 유동성 및 수익성과 재무위험의 정도 등을 평가하며, 분석의 지표로 사용된 기간은 분식회계에 대한 감리를 실시한 20×1년부터 20×5년까지에서 전후 1년을 포함한 20×0년부터 20×6년까지이다.

1) 20×4년에 신주인수권부사채 50억 원을 발행하고, 20×5년에는 470억 원의 유상증자를 실시함

1 장 · 단기지급능력 분석을 통한 분식회계 관련성 확인

〈표 13-3〉은 장·단기지급능력을 평가하는데 사용된 비율로 유동비율, 부채자기자본비율, 비유동장기적합률이 나타나 있다. 단기적 지급능력을 나타내는 유동비율의 값은 통상 200% 정도인데, S산업개발은 유상증자가 실시되기 이전 20×0년부터 20×4년까지 100% 내외로 단기부채를 상환하기 위한 유동성을 충분히 확보하지 못한 것으로 보인다.

재무구조(타인자본 의존도와 장기적 부채지급능력)를 나타내는 부채자기자본비율이 229.76~531.40%로, 동종산업의 평균에 비해 3.6배 이상 높아 재무건전성이 낮았다. 또한 S산업개발은 결정적으로 과다한 부채로 인해 이자비용 문제가 발생하여 당기순손실 규모가 확대되는 요인이 되었다. 그리고 자금운용 안전성의 척도인 비유동장기적합률은 거액의 설비투자가 필요한 산업의 기업(동종산업의 평균은 100% 이하임)이라 할지라도 100% 이하로 유지되어야 재무적 안전성이 있는데, S산업개발의 경우 110.19~255.44%였다. 이는 유동부채로 조달한 자금의 일부가 비유동자산에 투자되고 있다는 것을 의미한다. 20×5년 유상증자 등을 실시하여 일시적으로 문제가 해소되는 것처럼 보이나 전반적으로 장·단기지급능력에 문제가 발생할 가능성이 높아 보인다.

〈표 13-3〉 S산업개발의 장 · 단기지급능력비율 분석결과

(단위 : %)

항 목		20×0년	20×1년	20×2년	20×3년	20×4년	20×5년	20×6년
유동비율[1)]	S산업개발	95.03	108.23	68.98	88.76	96.86	582.92	531.17
	동종산업	201.50	180.39	166.60	175.25	188.14	145.49	104.23
부채자기자본 비율[2)]	S산업개발	413.37	531.40	471.38	229.76	468.53	13.32	10.91
	동종산업	77.82	77.90	79.65	76.66	79.61	89.19	112.73
비유동장기[3)] 적합률	S산업개발	110.89	123.93	255.44	152.86	173.64	29.89	28.03
	동종산업	42.08	47.76	53.02	51.93	48.61	60.38	74.78

1) 유동자산/유동부채
2) 총부채/자기자본
3) 비유동자산/비유동부채+자기자본

2 수익성 분석을 통한 분식회계 관련성 확인

〈표 13-4〉에는 수익성비율이 나타나 있는데 기업이 조달한 타인자본과 자기자본을 수익창출에 얼마나 효율적으로 사용하고 있는지를 나타내는 자기자본수익률과 자산수익률은 두 지표가 유사한 양상을 보인다. S산업개발은 분석 대상의 대부분 연도(20×0년, 20×1년, 20×4년, 20×5년)에서 당기순손실이 났으며 자기자본수익률이나 자산수익률이 음(-)의 값을 나타내는데, 자기자본수익률의 경우 산업의 평균 또한 음(-)의 값이다. 이는 비슷한 시기의 동종산업의 자기자본수익률도 좋지 않았음을 나타내고 있지만 동종 산업평균 자기자본이익률이 -1.80~4.75%인데 반하여 S산업개발은 -69.22~-83.06%로 자기자본수익률이 훨씬 좋지 않았다.

또한 매출활동과 관련하여 수익성을 나타내는 매출총이익률, 매출영업이익률, 매출순이익률을 분석하였는데 매출총이익률은 26.14~50.73%로 산업평균과 유사하거나 혹은 더 나은 수익성을 실현하는 것으로 나타났다. 그리고 영업활동의 성과를 나타내는 매출영업이익률은 20×2년부터 20×4년까지는 산업

〈표 13-4〉 S산업개발의 수익성비율 분석결과

(단위 : %)

항 목		20×0년	20×1년	20×2년	20×3년	20×4년	20×5년	20×6년
자기자본1) 수익률	S산업개발	-54.47	-59.30	12.82	10.35	-69.22	-83.06	22.23
	동종산업	-2.86	-2.78	-3.83	-1.80	-2.41	-4.75	-17.62
자산2) 수익률	S산업개발	-11.98	-8.16	5.03	5.16	-14.48	-46.35	20.12
	동종산업	2.65	2.74	2.12	3.32	2.96	1.65	-4.90
매출3) 총이익률	S산업개발	26.14	32.51	43.99	39.07	35.31	43.50	50.73
	동종산업	25.77	32.20	29.49	31.56	30.20	31.06	30.52
매출영업4) 이익률	S산업개발	-15.50	0.07	11.90	8.83	3.67	-36.26	7.23
	동종산업	4.12	8.09	4.26	6.06	3.65	4.05	6.29
매출5) 순이익률	S산업개발	-26.69	-17.79	1.73	1.69	-19.88	-96.68	38.70
	동종산업	-1.74	-1.67	-2.48	-0.66	-1.15	-3.32	-12.23

1) 당기순이익/평균자기자본, 2) 당기순이익+이자비용(1-법인세율)/평균총자산,
3) 매출총이익/매출, 4)영업이익/매출, 5) 당기순이익/매출

평균보다 높은 값을 보였지만 20×5년에는 -36.26%로 급격히 하락하였다. 매출순이익률의 경우에도 20×2년과 20×3년 및 20×6년을 제외한 나머지 연도에서는 산업평균에 비해 현저히 낮은 평균값을 보였다. 따라서 S산업개발의 수익성 비율이 산업평균보다 현저히 낮아 수익성이 좋지 않은 기업으로 평가할 수 있다.

3 효율성 분석을 통한 분식회계 관련성 확인

효율성비율은 자산의 효율적 관리를 나타내는 비율로서 자산회전율, 매출채권회전율, 재고자산회전율 등이 있다. 자산의 활용도에 대한 총괄적 지표인 자산회전율의 값은 산업평균과 유사한 값으로 자산을 과다하게 투자하거나 비효율적으로 이용되고 있다는 점을 찾을 수 없다. 매출채권회전율은 대체로 산업평균과 유사하지만 20×4년은 2.51회로 크게 낮아져서 매출채권이 현금화되는 속도에 문제가 있는 것으로 나타났다.

재고자산관리의 효율성을 나타내는 재고자산회전율은 2.14~4.1회지만 산업평균은 4.02~5.04회에 비해 현저히 낮은 평균값으로 재고자산이 신속히 판매되지 않아 진부화가 이루어지고 있음을 알 수 있다. 〈표 13-5〉의 효율성(활동성)비율분석 결과는 총자산 관점에서는 자산이 효율적으로 사용되고 있지만 재고자산에 대해서는 효율적인 관리가 이루어지지 않고 있음을 나타낸다.

〈표 13-5〉 S산업개발의 효율성비율 분석결과

(단위 : %)

항 목		20×0년	20×1년	20×2년	20×3년	20×4년	20×5년	20×6년
자산[1] 회전율	S산업개발	0.36	0.43	0.6	0.69	0.69	0.28	0.22
	동종산업	0.41	0.37	0.43	0.44	0.48	0.4	0.48
매출채권[2] 회전율	S산업개발	3.89	4.01	3.53	3.95	2.51	2.84	2.95
	동종산업	4.25	3.88	4.31	4.08	4.23	3.64	3.05
재고자산[3] 회전율	S산업개발	3.39	3.03	2.45	2.14	4.1	3.74	2.89
	동종산업	4.1	4.02	4.69	4.71	5.04	4.23	4.72

1) 매출/평균총자산, 2) 매출/평균매출채권, 3) 매출원가/평균재고자산

4 성장성 분석을 통한 분식회계 관련성 확인

〈표 13-6〉에서는 성장성을 나타내는 매출증가율, 당기순이익증가율, 자산증가율이 나타나 있다. 기업규모나 이익의 증가 등 외적인 성장성을 나타내는 자산증가율이나 매출증가율의 산업평균은 지속적으로 증가하는 추세였으나, S산업개발의 자산증가율의 경우 -3.75~-32.26%로 성장하기보다는 반대로 감소하는 추세를 보였다.

매출증가율의 경우는 높을수록 성장성이 양호하다고 평가하며 S산업개발의 경우 증가와 감소로 자주 변동이 있었는데, 특히 20×5년은 전기 대비 매출이 −39.36%나 감소하였다. 당기순이익증가율은 당기순손실이 발생한 연도가 많아(20×0년, 20×1년, 20×4년, 20×5년) 20×3년과 20×6년을 제외하고는 증가율에 의미가 없다고 볼 수 있다. 성장성 분석비율을 살펴보면 기업의 규모는 감소하는 추세이고 매출이나 순이익은 성장과 감소의 반복적인 발생으로 일정한 추세를 발견하기 어렵다. 이것은 미래의 높은 불확실성을 반영하는 것으로 해석할 수 있다.

〈표 13-6〉 S산업개발의 성장성비율 분석결과

(단위 : %)

항 목		20×0년	20×1년	20×2년	20×3년	20×4년	20×5년	20×6년
매출 증가율[1]	S산업개발	0.18	−10.62	4.15	6.12	−5.98	−39.36	10.86
	동종산업	28.87	10.05	17.55	7.28	24.16	12.55	39.23
당기순이익[2] 증가율	S산업개발	적자지속	적자지속	흑자전환	4.08	적자전환	적자지속	144.38
자산증가율[3]	S산업개발	−17.15	−25.64	−5.27	−3.75	−8.52	−32.26	25.14
	동종산업	31.36	12.54	20.04	9.77	26.65	15.04	41.36

1) 당기매출–전기매출/전기매출
2) 당기순이익–전기순이익/전기순이익
3) 당기총자산–전기총자산/전기총자산

제 3 절 분식회계에 대한 감독당국의 징계 및 공개

기업이 회계처리기준을 위반하여 분식회계를 하거나, 감사인이 회계감사기준에서 정한 절차를 취하지 않아 기업의 분식회계를 적발하지 못하는 경우 감독당국은 외부감사인과 공인회계사, 기업에 대해 징계를 내린다.

외부감사인에 대해서는 감사인 등록취소, 일정기간 동안의 업무의 전부 또는 일부 정지, 분식회계를 자행한 기업에 대한 일정기간 동안의 감사업무 제한, 손해배상공동기금 추가적립, 경고, 주의, 시정요구 등과 같은 징계를 한다.

회계감사를 담당한 공인회계사에 대해서는 등록취소, 일정기간 동안의 직무정지, 상장법인 등에 대한 감사업무 제한, 분식회계를 자행한 기업에 대한 일정기간 동안의 감사업무 제한, 한국공인회계사회가 실시하는 직무연수, 경고, 주의, 시정요구 등과 같은 징계를 한다.

분식회계를 자행한 기업에 대해서는 유가증권 발행제한, 임원의 해임권고, 감사인 지정 또는 변경요구, 경고, 주의, 시정요구 등과 같은 징계를 한다.

징계를 할 때에는 분식회계의 질적 특성, 고의성 유무, 과실의 정도 등 정상을 참작하여 조치를 가중하거나 경감할 수 있다. 특히 고의로 분식회계를 자행한 경우에는 검찰에 고발하거나 수사를 의뢰할 수 있다. 분식회계 내용과 그에 대한 감독당국의 징계내용을 금융감독원 홈페이지에 공개하여 누구나 분식회계 내용과 징계내용을 찾아볼 수 있도록 하였다. 또한 분식회계 내용과 징계내용은 금융기관, 한국증권선물거래소, 전국은행연합회 등 금융기관협회, 신용평가기관, 국세청, 공정거래위원회, 예금보험공사 등에도 통보된다.

분식회계로 징계받은 기업을 조회하는 방법은 금융감독원 홈페이지(www.fss.or.kr)에서 업무자료 → 공시·회계 → 회계포탈 → 회계감리 부분을 조회하면 '회계감리결과제재'를 찾을 수 있다. 분식회계를 한 기업에 대한 제재조치와 그 기업을 감사한 외부감사인 등에 대한 제재조치를 확인할 수 있다.

금융감독원
SITEMAP
뉴스레터
KOR
ENG
파인
민원·신고
참여마당
법규정보
업무자료
알림·소식
금감원소개
금융은 튼튼하게
소비자는 행복하게
금융감독원의 약속입니다.
금융감독원
금융은 튼튼하게
파인
금융관행개혁
불법금융 SOS
알림판
외국인 금융민원상담
통역서비스개시
세부내역 바로가기
금융소비자 정보포털
민원신청
1사1교 금융교육
서민금융 1332
공인회계사
금융교육센터
금융감독법규
채용
보이스피싱 지킴이
콜센터 1332
금융상품 한눈에
금융관행 개혁
금융중심지 지원센터
보험사기 방지센터

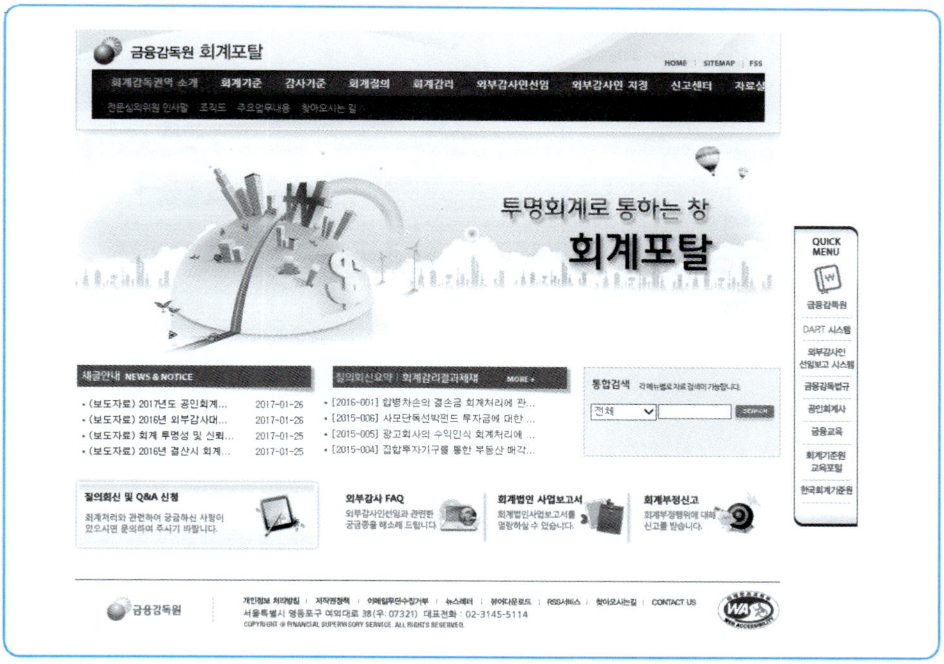
금융감독원 회계포탈
HOME
SITEMAP
FSS
회계감독권역 소개
회계기준
감사기준
회계결의
회계감리
외부감사인선임
외부감사인 지정
신고센터
투명회계로 통하는 창
회계포탈
새글안내 NEWS & NOTICE
• (보도자료) 2017년도 공인회계... 2017-01-26
• (보도자료) 2016년 외부감사대... 2017-01-26
• (보도자료) 회계 투명성 및 신뢰... 2017-01-25
• (보도자료) 2016년 결산시 회계... 2017-01-25
질의회신요약 | 회계감리결과제재
• [2016-001] 합병차손의 결손금 회계처리에 관...
• [2015-006] 사모단독선박펀드 투자금에 대한...
• [2015-005] 광고회사의 수익인식 회계처리에...
• [2015-004] 집합투자기구를 통한 부동산 매각...
통합검색
질의회신 및 Q&A 신청
외부감사 FAQ
회계법인 사업보고서
회계부정신고
QUICK MENU
금융감독원
DART 시스템
외부감사인 선임보고 시스템
금융감독법규
공인회계사
금융교육
회계기준원 교육포털
한국회계기준원
금융감독원
서울특별시 영등포구 여의대로 38(우: 07321) 대표전화 : 02-3145-5114

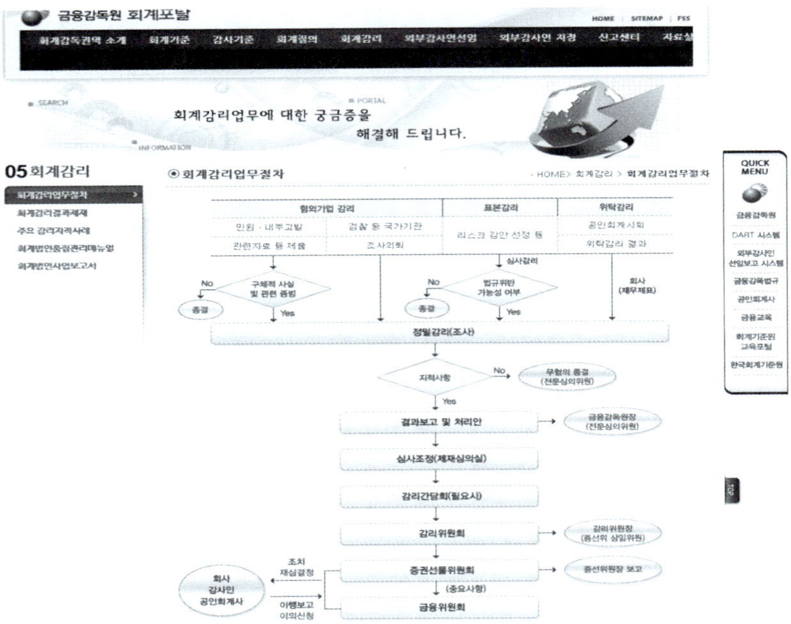
금융감독원 회계포탈
HOME | SITEMAP | FSS
회계감독권역 소개 회계기준 감사기준 회계질의 회계감리 외부감사인선임 외부감사인 지정 신고센터 자료실
회계감리업무에 대한 궁금증을
해결해 드립니다.
05 회계감리
회계감리업무절차
회계감리결과제재
주요 감리지적사례
회계법인품질관리매뉴얼
회계법인사업보고서
회계감리업무절차
HOME > 회계감리 > 회계감리업무절차
혐의기업 감리
민원 · 내부고발
검찰 등 국가기관
관련자료 등 제출
조사의뢰
표본감리
리스크 감안 선정 등
위탁감리
공인회계사회
위탁감리 결과
심사감리
구체적 사실 및 관련 증빙
법규위반 가능성 여부
회사 (재무제표)
No
Yes
종결
정밀감리(조사)
지적사항
무혐의 종결 (전문심의위원)
결과보고 및 처리안
금융감독원장 (전문심의위원)
심사조정(제재심의실)
감리간담회(필요시)
감리위원회
감리위원장 (증선위 상임위원)
증권선물위원회
증선위원장 보고
(중요사항)
금융위원회
조치 재심결정
이행보고 이의신청
회사 감사인 공인회계사
QUICK MENU
금융감독원
DART 시스템
외부감사인 선임보고 시스템
금융감독법규
공인회계사
금융교육
회계기준원 교육포털
한국회계기준원

금융감독원 회계포탈
HOME | SITEMAP | FSS
회계감독권역 소개 회계기준 감사기준 회계질의 회계감리 외부감사인선임 외부감사인 지정 신고센터 자료실
회계감리업무에 대한 궁금증을
해결해 드립니다.
05 회계감리
회계감리업무절차
회계감리결과제재
주요 감리지적사례
회계법인품질관리매뉴얼
회계법인사업보고서
회계감리결과제재
HOME > 회계감리 > 회계감리결과제재
회계감리결과제재(회사기준) | 회계감리결과제재(감사인기준)
자료 검색 회사명 검색기간
총 121건의 게시물이 있습니다.
번호 회사명 감리대상연도 조치일 상장여부 조치내역
121 대우조선해양(주) 2008년~2016.1분기 2017-02-23 유가증권시장
120 (주)엠제이비 2014 2017-02-15 기타
119 (주)씨에스 2014 2017-02-15 코스닥시장
118 한화첨단소재(주) 2004~2005 2016-12-28 기타
117 (주)한화갤러리아 2004~2006 2016-12-28 기타
116 (주)한화건설 2005~2006 2016-12-28 기타
115 2016-12-21 기타
114 2016-12-21 기타
113 (주)엠앤에프 2011~2015.9.30 2016-12-21 코스닥시장
112 송화프리텍 2013~2014 2016-12-21 기타
PAGE 1/13
1 2 3 4 5 6 7 8 9 10
QUICK MENU
금융감독원
DART 시스템
외부감사인 선임보고 시스템
금융감독법규
공인회계사
금융교육
회계기준원 교육포털
한국회계기준원
금융감독원
서울특별시 영등포구 여의대로 38(우: 07321) 대표전화 : 02-3145-5114

번호	제목	담당부서	등록일	첨부파일	조회수
35	2015년 주요 감리지적사례	회계심사국	2016-07-28		2598
34	2014년 감리지적사례	회계감독1국	2015-01-05		7034
33	감리지적사례(2014-1)	회계감독1국	2014-03-14		5987
32	감리지적사례(2013-1)	회계감독1국	2014-01-08		4239
31	2013년 감리지적사례	회계감독1국	2014-01-08		4705
30	2012년 감리지적사례	회계감독1국	2013-01-09		6537
29	2011년 감리지적사례	회계감독1국	2012-01-06		6452
28	2010년 감리지적사례	회계서비스1국	2011-05-02		5507
27	2009년 감리지적사례	회계서비스1국	2011-05-02		4014
26	연결감리 지적사례	회계서비스1국	2008-12-09		6623

연습문제

13-1 **경영자가 분식회계를 할 가능성이 높은 계정과목에는 어떠한 것들이 있는지 설명하시오.**

풀이 재무제표의 여러 계정과목 중 특히 분식회계에 용이하게 사용되는 계정과목이 있다. 일반적으로 경영자의 추정이 개입되는 계정과목이 분식회계 수단으로 많이 사용된다.

대손상각비의 경우 채권의 회수가능성에 대한 경영자의 주관이 개입된다. 따라서 경영자가 이익을 많이 내고 싶은 경우 채권의 회수가능성을 높게 평가하여 대손상각비를 적게 계상하면 되고, 이익을 적게 내고 싶은 경우 채권의 회수가능성을 낮게 평가하여 대손상각비를 많이 계상하면 된다.

재고자산의 가치가 하락한 부분에 대해 재고자산평가손실을 계상하여야 한다. 그러나 그 가치 하락에 대해서도 경영자의 주관적 추정이 개입될 수 있다. 따라서 이익을 많이 내고 싶은 경우 재고자산의 가치가 낮음에도 불구하고 높게 평가하여 재고자산평가손실을 적게 계상할 수 있다.

이와 같이 자산의 가치를 평가하는데 있어서 시장에서 형성된 공정한 가치를 이용하는 것이 아니라, 경영자의 주관적 추정이 개입되어 그 가치를 측정하는 경우 경영자의 의도에 따라 가치가 과소계상 또는 과대계상 되어질 수 있다. 이러한 계정과목들이 분식회계의 가능성이 높은 계정과목이 된다.

13-2 **분식회계 가능성을 탐지하기 위하여 재무비율분석을 할 수 있다. 분식회계 가능성을 분석하는데 있어서 재무비율분석이 어떻게 이용되는지 설명하시오.**

풀이 재무비율분석은 재무제표상의 관련 항목들을 상호 대응시켜 비율을 산정하고, 산정된 비율로 수익성이나 재무위험을 평가한다. 이러한 재무비율분석 결과, 과거의 재무비율이나 산업평균비율 등과 그 차이가 크다면 분식회계의 가능성을 의심해 보고 해당 비율에 사용된 계정과목을 주의깊게 살펴보아야 한다. 또한 같은 해의 여러 재무비율간에 일관성이 없다면 이도 분식회계의 가능성을 의심해 보아야 한다. 예를 들어, 환율이 상승하는 상황에서 원재료를 수입하는 기업의 경우 제품제조원가가 높아질 것이므로 매출원가도 상승할 것이다. 그럼에도 불구하고 매출총이익율이 환율이 일정한 회계연도와 비슷한 수준으로 유지된다면 어떤 이유에서 매출총이익율이 과거와 비슷하게 나타나는지를 살펴보아야 한다.

뉴스 속의 재무제표분석

김열중(부사장 · CFO), 대우조선 원가율 조작 의혹

김현미 "회계 정정공시, 전임 CFO 봐주기" … 대우조선 "회계법인이 수정"

김열중 대우조선해양 부사장(최고재무책임자 · CFO)이 대우조선해양의 2013년과 2014년 연결재무제표를 정정공시하는 과정에서 원가율을 조작했다는 의혹이 제기됐다.

대우조선해양 원가율 추이 (단위:%,%p) *자료:김현미 의원실

구분	2006	2007	2008	2009	2010	2011	2012	2013	2014	2015	2016.06
정정 전								93.28	93.19		
원가율	99.10	92.39	88.62	91.61	87.18	88.13	91.92	99.14	100.49	114.58	100.74
전년 대비		−6.71	−3.77	+2.99	−4.43	+0.95	+3.79	+7.22	+1.35	+14.09	−13.84

2013년과 2014년 대우조선해양 매출액 및 매출원가 정정공시

2013년 연결 손익계산서				2014년 연결 손익계산서			
구분	수정 전	수정 후	차이	구분	수정 전	수정 후	차이
매출액	15조3052억	14조7244	−5808억	매출액	16조7862억	15조4691억	−1조3171억
매출원가	14조2772억	14조5974	3201억	매출원가	15조6433억	15조5452억	−981억

(단위:원) *자료:김현미 의원실

5일 국회 기획재정위원회 소속 김현미(더불어민주당 · 고양시정) 의원은 "김 부사장이 대우조선해양의 재무제표를 정정하면서 원가율을 100% 선에 맞춰서 김갑중 전 부사장(CFO)의 형사처벌을 면하는 데 도움을 주고자 했을 가능성이 존재한다"고 밝혔다.

김 의원에 따르면 대우조선해양의 원가율은 2006년 99.10%에서 2010년 87.18%로 낮아졌다가 2012년 91.92%, 2013년 93.28%, 2014년 93.19%로 비슷한 수준을 유지하고 있다. 하지만 정정공시 이후 분식회계혐의를 받고 있는 2013년의 원가율은 99.14%, 2014년은 100.49%로 상승했다. 2015년은 114.58%, 2016년 6월말 현재는 100.74%다.

원가율은 매출액 대비 제조원가의 비율을 계산한 것으로 100%를 넘어설 경우 적자가 날 것을 알면서도 수주를 한 것이어서 배임혐의가 인정될 가능성이 있다.

김 의원은 김 부사장이 회계오류를 수정한 이후에도 원가율을 100% 수준에 머물게 함으로써 '추정되는 제조원가 안에서 최대한 낮은 가격으로 입찰한 것이지, 손실이 날 것을 알면서도 저가수주를 한 것은 아니다'라는 전임자들의 항변에 근거를 마련해줬다는 입장이다. 2014년의 손

실을 줄이는 방식으로 원가율을 100%에 맞추려했다는 의심을 하고 있다.

김 의원은 원가율 조작이 의심되는 재무제표상의 이상 지표 3가지를 제시했다. 먼저 매출원가에 대한 정정공시다.

분식회계 오류를 바로잡으면 미청구공사 감소, 초과청구공사 증가에 따라 매출이 줄고 매출원가는 증가해 은닉된 손실이 드러난다. 대우조선해양의 2013년 매출액은 정정공시후 5808억원이 줄고 매출원가는 3201억원 증가했다. 하지만 2014년은 매출액이 1조3171억원 줄었고 매출원가도 981억원 감소했다. 김 의원은 "조선업 빅3의 대규모 손실은 해양플랜트 부문의 대규모 공사원가 상승이 주지의 사실인데 2014년 정정 사업보고서는 그것에 반하는 결과"라고 말했다.

두 번째는 장기매출채권 상각이다. 장기매출채권 상각은 앞으로 받아야할 돈을 받지 못해 손실로 처리하는 것이다. 2013년은 정정공시를 통해 3130억원의 장기매출채권을 추가 상각해 모두 8863억원을 손실처리했다. 하지만 2014년은 정정공시에서 오히려 장기매출채권이 101억원 늘어 상각으로 처리할 손실액이 줄었다.

마지막으로 2013년과 2014년 2조4280억원의 손실을 분배하면서 두 해의 영업손실을 각각 1조2140억원으로 억원단위까지 동일하게 배분했다는 것이다. 두 해의 정정 영업이익은 각각 -7731억원과 -7429억원으로 다르지만, 최초 공시한 영업이익과 비교하면 변동분은 같다.

김 의원은 "정정공시의 회계처리는 2013년의 손실을 키우고 2014년의 손실을 줄이려는 방향으로 보여진다"며 "김 부사장이 전임 CFO의 형사처벌을 면하는 데 도움을 주고자 했을 가능성이 있다"고 말했다.

이에 대해 대우조선해양 관계자는 "사업보고서의 오류 수정은 손실을 2015년 회계에 반영하려던 것을 회계법인이 2013년과 2014년으로 나눠서 하자고 한 것이지 우리가 임의대로 한 게 아니다"라고 말했다.

한편 김 부사장은 올해 초 대우조선해양의 '2015 회계연도' 결산을 하면서 자본잠식율 50% 초과에 따른 관리종목 지정을 피하고 채권단으로부터 계속 지원을 받기 위해 영업손실 1200억원을 축소조작한 혐의를 받고 있다.

검찰 관계자는 "자료를 분석하는 과정에서 영업손실 1200억원이 고의로 축소 조작된 객관적 증거를 확보했다"며 "회계사기에 가담한 대우조선해양 실무자들도 이를 모두 인정했다"고 말했다. 검찰은 김 부사장과 현 경영진의 공모 여부에 대한 조사를 진행하고 있다.

김 의원은 "1200억원 분식회계혐의에 원가율조작혐의를 추가해 김 부사장의 수사를 재개하도록 검찰에 공식 촉구한다."고 말했다.

〈출처 : 내일신문, 2016.10.5〉

부록

1. 삼성전자주식회사 감사보고서(국문)
2. 삼성전자주식회사 감사보고서(영문)
3. 국문 · 영문 계정과목 비교표

부록 1

삼성전자주식회사 감사보고서(국문)

목　　　　차

삼성전자주식회사와 그 종속기업

연 결 재 무 제 표 에 대 한

감 사 보 고 서

제 52 기

2020년 01월 01일 부터

2020년 12월 31일 까지

안진회계법인

독립된 감사인의 감사보고서

삼성전자주식회사
주주 및 이사회 귀중

감사의견

우리는 삼성전자주식회사와 그 종속기업들(이하 "연결회사")의 연결재무제표를 감사하였습니다. 동 연결재무제표는 2020년 12월 31일 현재의 연결재무상태표, 동일로 종료되는 보고기간의 연결손익계산서, 연결포괄손익계산서, 연결자본변동표 및 연결현금흐름표 그리고 유의적 회계정책의 요약을 포함한 연결재무제표의 주석으로 구성되어 있습니다.

우리의 의견으로는 별첨된 연결회사의 연결재무제표는 연결회사의 2020년 12월 31일 현재의 연결재무상태, 동일로 종료되는 보고기간의 재무성과 및 현금흐름을 한국채택국제회계기준에 따라 중요성의 관점에서 공정하게 표시하고 있습니다.

감사의견근거

우리는 대한민국의 회계감사기준에 따라 감사를 수행하였습니다. 이 기준에 따른 우리의 책임은 이 감사보고서의 연결재무제표감사에 대한 감사인의 책임 단락에 기술되어 있습니다. 우리는 연결재무제표감사와 관련된 대한민국의 윤리적 요구사항에 따라 연결회사로부터 독립적이며, 그러한 요구사항에 따른 기타의 윤리적 책임을 이행하였습니다. 우리가 입수한 감사증거가 감사의견을 위한 근거로서 충분하고 적합하다고 우리는 믿습니다.

핵심감사사항

핵심감사사항은 우리의 전문가적 판단에 따라 당기 연결재무제표감사에서 가장 유의적인 사항들입니다. 해당 사항들은 연결재무제표 전체에 대한 감사의 관점에서 우리의 의견형성 시 다루어졌으며, 우리는 이런 사항에 대하여 별도의 의견을 제공하지는않습니다.

가. 재화의 판매장려활동에 대한 매출차감

핵심감사사항으로 결정한 이유
IM(Information technology & Mobile communications) 부문 및 CE(Consumer Electronics) 부문에서 재화의 판매 시 연결회사는 명시적이거나 암묵적인 약정에 의거하여 유통업자 및 통신업자 등에게 할인 및 장려금 등을 제공하는 매출장려활동을 수행합니다. 연결재무제표에 대한 주석2(중요한 회계처리방침), 주석3(중요한 회계추정 및 가정)에서 설명한 바와 같이, 연결회사는 매출장려활동에 대한 예상지출액을 추정하여 재화의 판매에 따른 수익에서 차감합니다.

수익 차감 금액의 적정성과 관련하여 연결회사 경영진의 유의적인 추정 및 판단이 수반되어 편의가 개입될 가능성이 있으며 그 금액이 유의적인 것으로 판단되는 바, 우리는 재화의 판매장려활동에 대한 매출차감을 핵심감사사항으로 결정하였습니다.

핵심감사사항이 감사에서 다루어진 방법
연결회사의 재화의 판매 관련 매출장려활동 등의 회계처리에 대하여 우리가 수행한 주요 감사절차는 다음과 같습니다.
· 매출차감 처리 관련 연결회사의 정책, 프로세스 및 내부통제 이해
· 매출차감 처리 관련 시스템에 대한 이해 및 평가
· 매출차감 정책의 승인에 대한 내부 통제 평가
· 매출차감 추정 및 사후 정산 금액의 승인에 대한 내부 통제 평가
· 매출차감 거래 근거 문서검사를 통한 추정의 적정성 확인
· 판매장려금의 추정치와 정산 금액 비교 및 관련 문서검사를 통한 매출차감금액의 적정성 확인

나. 영업권 및 내용연수가 비한정인 무형자산 손상

핵심감사사항으로 결정한 이유
2020년 12월 31일 현재 연결회사는 Harman 부문의 영업권 및 내용연수가 비한정인 무형자산을 보유하고 있습니다(주석11 참조). 연결재무제표에 대한 주석2(중요한 회계처리방침), 주석3(중요한 회계추정 및 가정)에서 설명한 바와 같이, 연결회사는 영업권이 포함된 현금창출단위(또는 현금창출단위집단)의 미래예상현금흐름을 추정하여 산출된 사용가치 등을 해당 현금창출단위(또는 집단)의 장부가액과 비교하여 영업권의 손상여부를 검토하고 있습니다. 회수가능가액 산출은 할인율, 성장률 및 미래현금흐름 예측 등 연결회사 경영진의 유의적인 추정 및 판단이 수반되어 편의가 개입될가능성이 있으며 그 금액이 유의적인 것으로 판단되는 바, 우리는 영업권 및 내용연수가 비한정인 무형자산 손상 관련 회계처리를 핵심감사사항으로 결정하였습니다.

핵심감사사항이 감사에서 다루어진 방법
Harman 부문의 영업권 및 내용연수가 비한정인 무형자산 손상 관련 회계처리에 대하여 우리가 수행한 주요 감사절차는 다음과 같습니다.
· 연결회사가 활용한 외부전문가의 적격성 및 독립성 평가
· 영업권 및 내용연수가 비한정인 무형자산 손상 회계처리 관련 연결회사의 정책, 프로세스 및 내부통제 이해
· 연결회사의 현금창출단위 판단 및 각 현금창출단위에 배부된 순자산 적절성 검토
· 사업계획 추정 자료(매출 추정치 및 성장률 등) 검증을 위한 외부 데이터 검토 및 사업계획 추정 자료에 대한 소급적 검토
· 가치평가 시 사용된 할인율, 영구성장률 및 유사 기업 선정 등에 대하여 감사인의 내부 가치평가 전문가를 활용한 유효성 검증
· 평가금액 계산의 정확성 검증 및 민감도 분석을 통한 회수가능액의 적정성 검토

기타사항

연결회사의 2019년 12월 31일로 종료되는 보고기간의 연결재무제표는 삼일회계법인이 대한민국의 회계감사기준에 따라 감사하였으며, 이 감사인의 2020년 2월 21일자 감사보고서에는 적정의견이 표명되었습니다.

연결재무제표에 대한 경영진과 지배기구의 책임

경영진은 한국채택국제회계기준에 따라 이 연결재무제표를 작성하고 공정하게 표시할 책임이 있으며, 부정이나 오류로 인한 중요한 왜곡표시가 없는 연결재무제표를 작성하는데 필요하다고 결정한 내부통제에 대해서도 책임이 있습니다.

경영진은 연결재무제표를 작성할 때, 연결회사의 계속기업으로서의 존속능력을 평가하고 해당되는 경우, 계속기업 관련 사항을 공시할 책임이 있습니다. 그리고 경영진이 기업을 청산하거나 영업을 중단할 의도가 없는 한, 회계의 계속기업전제의 사용에대해서도 책임이 있습니다.

지배기구는 연결회사의 재무보고절차의 감시에 대한 책임이 있습니다.

연결재무제표감사에 대한 감사인의 책임

우리의 목적은 연결회사의 연결재무제표에 전체적으로 부정이나 오류로 인한 중요한왜곡표시가 없는지에 대하여 합리적인 확신을 얻어 우리의 의견이 포함된 감사보고서를 발행하는데 있습니다. 합리적인 확신은 높은 수준의 확신을 의미하나, 감사기준에 따라 수행된 감사가 항상 중요한 왜곡표시를 발견한다는 것을 보장하지는 않습니다. 왜곡표시는 부정이나 오류로부터 발생할 수 있으며, 왜곡표시가 연결재무제표를 근거로 하는 이용자의 경제적 의사결정에 개별적으로 또는 집합적으로 영향을 미칠 것이 합리적으로 예상되면, 그 왜곡표시는 중요하다고 간주됩니다.

감사기준에 따른 감사의 일부로서 우리는 감사의 전 과정에 걸쳐 전문가적 판단을 수행하고 전문가적 의구심을 유지하고 있습니다. 또한 우리는:

- 부정이나 오류로 인한 연결재무제표의 중요왜곡표시위험을 식별하고 평가하며 그러한 위험에 대응하는 감사절차를 설계하고 수행합니다. 그리고 감사의견의 근거로서 충분하고 적합한 감사증거를 입수합니다. 부정은 공모, 위조, 의도적인 누락, 허위진술 또는 내부통제 무력화가 개입될 수 있기 때문에 부정으로 인한 중요한 왜곡표시를 발견하지 못할 위험은 오류로 인한 위험보다 큽니다.
- 상황에 적합한 감사절차를 설계하기 위하여 감사와 관련된 내부통제를 이해합니 다. 그러나 이는 내부통제의 효과성에 대한 의견을 표명하기 위한 것이 아닙니다.
- 연결재무제표를 작성하기 위하여 경영진이 적용한 회계정책의 적합성과 경영진이 도출한 회계추정치와 관련 공시의 합리성에 대하여 평가합니다.

- 경영진이 사용한 회계의 계속기업전제의 적절성과, 입수한 감사증거를 근거로 계속기업으로서의 존속능력에 대하여 유의적 의문을 초래할 수 있는 사건이나 상황과 관련된 중요한 불확실성이 존재하는지 여부에 대하여 결론을 내립니다. 중요한 불확실성이 존재한다고 결론을 내리는 경우, 우리는 연결재무제표의 관련 공시에 대하여 감사보고서에 주의를 환기시키고, 이들 공시가 부적절한 경우 의견을 변형시킬 것을 요구받고 있습니다. 우리의 결론은 감사보고서일까지 입수된 감사증거에 기초하나, 미래의 사건이나 상황이 회사의 계속기업으로서 존속을 중단시킬 수 있습니다.
- 공시를 포함한 연결재무제표의 전반적인 표시와 구조 및 내용을 평가하고, 연결재무제표의 기초가 되는 거래와 사건을 연결재무제표가 공정한 방식으로 표시하고 있는지 여부를 평가합니다.
- 연결재무제표에 대한 의견을 표명하기 위해 기업의 재무정보 또는 그룹내의 사업활동과 관련된 충분하고 적합한 감사증거를 입수합니다. 우리는 그룹감사의 지휘, 감독 및 수행에 대한 책임이 있으며 감사의견에 대한 전적인 책임이 있습니다.

우리는 여러 가지 사항들 중에서 계획된 감사범위와 시기 그리고 감사 중 식별된 유의적 내부통제 미비점 등 유의적인 감사의 발견사항에 대하여 지배기구와 커뮤니케이션합니다.

또한 우리는 독립성 관련 윤리적 요구사항들을 준수하고, 우리의 독립성 문제와 관련된다고 판단되는 모든 관계와 기타사항들 및 해당되는 경우 관련 제도적 안전장치를지배기구와 커뮤니케이션한다는 진술을 지배기구에게 제공합니다.

우리는 지배기구와 커뮤니케이션한 사항들 중에서 당기 연결재무제표감사에서 가장 유의적인 사항들을 핵심감사사항으로 결정합니다. 법규에서 해당 사항에 대하여 공개적인 공시를 배제하거나, 극히 드문 상황으로 우리가 감사보고서에 해당 사항을 기술함으로 인한 부정적 결과가 해당 커뮤니케이션에 따른 공익적 효익을 초과할 것으로 합리적으로 예상되어 해당 사항을 감사보고서에 커뮤니케이션해서는 안 된다고 결론을 내리는 경우가 아닌 한, 우리는 감사보고서에 이러한 사항들을 기술합니다.

이 감사보고서의 근거가 된 감사를 실시한 업무수행이사는 공인회계사 유병문입니다.

서울시 영등포구 국제금융로 10
안 진 회 계 법 인
대 표 이 사 홍 종 성
2021년 2월 17일

이 감사보고서는 감사보고서일(2021년 2월 17일) 현재로 유효한 것입니다. 따라서 감사보고서일 후 이 보고서를 열람하는 시점 사이에 첨부된 회사의 연결재무제표에 중요한 영향을 미칠 수 있는 사건이나 상황이 발생할 수도 있으며 이로 인하여 이 감사보고서가 수정될 수도 있습니다.

(첨부)연 결 재 무 제 표

삼성전자주식회사와 그 종속기업

제 52 기
2020년 01월 01일 부터
2020년 12월 31일 까지

제 51 기
2019년 01월 01일 부터
2019년 12월 31일 까지

"첨부된 연결재무제표는 당사가 작성한 것입니다."
삼성전자주식회사 대표이사 김기남

본점 소재지 : (도로명주소) 경기도 수원시 영통구 삼성로 129 (매탄동)
(전 화) 031-200-1114

연 결 재 무 상 태 표

제 52 기 : 2020년 12월 31일 현재

제 51 기 : 2019년 12월 31일 현재

삼성전자주식회사와 그 종속기업 (단위 : 백만원)

과 목	주 석	제 52 (당) 기		제 51 (전) 기	
자 산					
Ⅰ. 유 동 자 산			198,215,579		181,385,260
1. 현금및현금성자산	4, 28	29,382,578		26,885,999	
2. 단기금융상품	4, 28	92,441,703		76,252,052	
3. 단기상각후원가금융자산	4, 28	2,757,111		3,914,216	
4. 단기당기손익-공정가치금융자산	4, 6, 28	71,451		1,727,436	
5. 매출채권	4, 5, 7, 28	30,965,058		35,131,343	
6. 미수금	4, 7, 28	3,604,539		4,179,120	
7. 선급비용		2,266,100		2,406,220	
8. 재고자산	8	32,043,145		26,766,464	
9. 기타유동자산	4, 28	3,754,462		4,122,410	
10. 매각예정분류자산	32	929,432		-	
Ⅱ. 비 유 동 자 산			180,020,139		171,179,237
1. 기타포괄손익-공정가치금융자산	4, 6, 28	12,575,216		8,920,712	
2. 당기손익-공정가치금융자산	4, 6, 28	1,202,969		1,049,004	
3. 관계기업 및 공동기업 투자	9	8,076,779		7,591,612	
4. 유형자산	10	128,952,892		119,825,474	
5. 무형자산	11	18,468,502		20,703,504	
6. 순확정급여자산	14	1,355,502		589,832	
7. 이연법인세자산	25	4,275,000		4,505,049	
8. 기타비유동자산	4, 7, 28	5,113,279		7,994,050	
자 산 총 계			378,235,718		352,564,497
부 채					
Ⅰ. 유 동 부 채			75,604,351		63,782,764
1. 매입채무	4, 28	9,739,222		8,718,222	
2. 단기차입금	4, 5, 12, 28	16,553,429		14,393,468	
3. 미지급금	4, 28	11,899,022		12,002,513	
4. 선수금	17	1,145,423		1,072,062	
5. 예수금	4, 28	974,521		897,355	
6. 미지급비용	4, 17, 28	24,330,339		19,359,624	
7. 당기법인세부채		4,430,272		1,387,773	
8. 유동성장기부채	4, 12, 13, 28	716,099		846,090	
9. 충당부채	15	4,349,563		4,068,627	
10. 기타유동부채	4, 17, 28	1,127,719		1,037,030	
11. 매각예정분류부채	32	338,742		-	
Ⅱ. 비 유 동 부 채			26,683,351		25,901,312
1. 사채	4, 13, 28	948,137		975,298	
2. 장기차입금	4, 12, 28	1,999,716		2,197,181	

3. 장기미지급금	4, 28	1,682,910		2,184,249	
4. 순확정급여부채	14	464,458		470,780	
5. 이연법인세부채	25	18,810,845		17,053,808	
6. 장기충당부채	15	1,051,428		611,100	
7. 기타비유동부채	4, 17, 28	1,725,857		2,408,896	
부 채 총 계			102,287,702		89,684,076
자 본					
지배기업 소유주지분			267,670,331		254,915,472
Ⅰ. 자본금	18		897,514		897,514
1. 우선주자본금		119,467		119,467	
2. 보통주자본금		778,047		778,047	
Ⅱ. 주식발행초과금			4,403,893		4,403,893
Ⅲ. 이익잉여금	19		271,068,211		254,582,894
Ⅳ. 기타자본항목	20		(8,687,155)		(4,968,829)
Ⅴ. 매각예정분류기타자본항목	32		(12,132)		-
비지배지분	31		8,277,685		7,964,949
자 본 총 계			275,948,016		262,880,421
부 채 와 자 본 총 계			378,235,718		352,564,497

별첨 주석은 본 연결재무제표의 일부입니다.

연 결 손 익 계 산 서

제 52 기 : 2020년 1월 1일부터 2020년 12월 31일까지

제 51 기 : 2019년 1월 1일부터 2019년 12월 31일까지

삼성전자주식회사와 그 종속기업 (단위 : 백만원)

과 목	주 석	제 52 (당) 기		제 51 (전) 기	
Ⅰ. 매 출 액	29		236,806,988		230,400,881
Ⅱ. 매 출 원 가	21		144,488,296		147,239,549
Ⅲ. 매 출 총 이 익			92,318,692		83,161,332
판매비와관리비	21, 22	56,324,816		55,392,823	
Ⅳ. 영 업 이 익	29		35,993,876		27,768,509
기 타 수 익	23	1,384,068		1,778,666	
기 타 비 용	23	2,488,902		1,414,707	
지 분 법 이 익	9	506,530		412,960	
금 융 수 익	24	12,267,600		10,161,632	
금 융 비 용	24	11,318,055		8,274,871	
Ⅴ. 법인세비용차감전순이익			36,345,117		30,432,189
법 인 세 비 용	25	9,937,285		8,693,324	
Ⅵ. 당 기 순 이 익			26,407,832		21,738,865
지배기업 소유주지분		26,090,846		21,505,054	
비지배지분		316,986		233,811	
Ⅶ. 주 당 이 익	26				
기본주당이익(단위 : 원)			3,841		3,166
희석주당이익(단위 : 원)			3,841		3,166

별첨 주석은 본 연결재무제표의 일부입니다.

연 결 포 괄 손 익 계 산 서

제 52 기 : 2020년 1월 1일부터 2020년 12월 31일까지

제 51 기 : 2019년 1월 1일부터 2019년 12월 31일까지

삼성전자주식회사와 그 종속기업 (단위 : 백만원)

과 목	주 석	제 52 (당) 기		제 51 (전) 기	
Ⅰ. 연결당기순이익			26,407,832		21,738,865
Ⅱ. 연결기타포괄손익			(3,673,905)		3,016,194
후속적으로 당기손익으로 재분류되지 않는 포괄손익			1,788,764		(50,765)
1. 기타포괄손익-공정가치금융자산평가손익	6, 20	2,502,733		1,146,599	
2. 관계기업 및 공동기업의 기타포괄손익에 대한 지분	9, 20	5,591		(16,896)	
3. 순확정급여부채(자산) 재측정요소	14, 20	(719,560)		(1,180,468)	
후속적으로 당기손익으로 재분류되는 포괄손익			(5,462,669)		3,066,959
1. 관계기업 및 공동기업의 기타포괄손익에 대한 지분	9, 20	(48,888)		48,649	
2. 해외사업장환산외환차이	20	(5,380,375)		3,016,499	
3. 현금흐름위험회피파생상품평가손익	20	(33,406)		1,811	
Ⅲ. 총포괄손익			22,733,927		24,755,059
지배기업 소유주지분		22,374,398		24,466,985	
비지배지분		359,529		288,074	

별첨 주석은 본 연결재무제표의 일부입니다.

연 결 자 본 변 동 표

제 52 기 : 2020년 1월 1일부터 2020년 12월 31일까지

제 51 기 : 2019년 1월 1일부터 2019년 12월 31일까지

삼성전자주식회사와 그 종속기업 (단위 : 백만원)

과 목	주 석	지배기업 소유주지분						비지배지분	총 계
		자본금	주식발행초과금	이익잉여금	기타자본항목	매각예정분류기타자본항목	소 계		
2019.1.1(전기초)		897,514	4,403,893	242,698,956	(7,931,370)	-	240,068,993	7,684,184	247,753,177
Ⅰ. 총포괄손익									
1. 당기순이익		-	-	21,505,054	-	-	21,505,054	233,811	21,738,865
2. 기타포괄손익-공정가치금융자산평가손익	6, 20	-	-	(1,265)	1,111,264	-	1,109,999	36,600	1,146,599
3. 관계기업 및 공동기업의 기타포괄손익에 대한 지분	9, 20	-	-	(608)	31,477	-	30,869	884	31,753
4. 해외사업장환산외환차이	20	-	-	-	2,966,973	-	2,966,973	49,526	3,016,499
5. 순확정급여부채(자산) 재측정요소	14, 20	-	-	-	(1,147,721)	-	(1,147,721)	(32,747)	(1,180,468)
6. 현금흐름위험회피파생상품평가손익	20	-	-	-	1,811	-	1,811	-	1,811
Ⅱ. 자본에 직접 인식된 주주와의 거래									
1. 배당	19	-	-	(9,619,243)	-	-	(9,619,243)	(21,359)	(9,640,602)
2. 연결실체내 자본거래 등		-	-	-	(85)	-	(85)	7,356	7,271
3. 연결실체의 변동		-	-	-	-	-	-	5,730	5,730
4. 기타		-	-	-	(1,178)	-	(1,178)	964	(214)
2019.12.31(전기말)		897,514	4,403,893	254,582,894	(4,968,829)	-	254,915,472	7,964,949	262,880,421
2020.1.1(당기초)		897,514	4,403,893	254,582,894	(4,968,829)	-	254,915,472	7,964,949	262,880,421
Ⅰ. 총포괄손익									
1. 당기순이익		-	-	26,090,846	-	-	26,090,846	316,986	26,407,832
2. 기타포괄손익-공정가치금융자산평가손익	6, 20	-	-	13,713	2,402,226	-	2,415,939	86,794	2,502,733
3. 관계기업 및 공동기업의 기타포괄손익에 대한 지분	9, 20	-	-	-	(45,894)	-	(45,894)	2,597	(43,297)
4. 해외사업장환산외환차이	20	-	-	-	(5,343,946)	-	(5,343,946)	(36,429)	(5,380,375)
5. 순확정급여부채(자산) 재측정요소	14, 20	-	-	-	(709,141)	-	(709,141)	(10,419)	(719,560)
6. 현금흐름위험회피파생상품평가손익	20	-	-	-	(33,406)	-	(33,406)	-	(33,406)
7. 매각예정분류	32	-	-	-	12,132	(12,132)	-	-	-
Ⅱ. 자본에 직접 인식된 주주와의 거래									
1. 배당	19	-	-	(9,619,242)	-	-	(9,619,242)	(59,028)	(9,678,270)
2. 연결실체내 자본거래 등		-	-	-	(830)	-	(830)	(701)	(1,531)
3. 연결실체의 변동		-	-	-	-	-	-	17,838	17,838
4. 기타		-	-	-	533	-	533	(4,902)	(4,369)
2020.12.31(당기말)		897,514	4,403,893	271,068,211	(8,687,155)	(12,132)	267,670,331	8,277,685	275,948,016

별첨 주석은 본 연결재무제표의 일부입니다.

연 결 현 금 흐 름 표

제 52 기 : 2020년 1월 1일부터 2020년 12월 31일까지

제 51 기 : 2019년 1월 1일부터 2019년 12월 31일까지

삼성전자주식회사와 그 종속기업 (단위 : 백만원)

과 목	주석	제 52 (당) 기		제 51 (전) 기	
Ⅰ. 영업활동 현금흐름			65,287,009		45,382,915
1. 영업에서 창출된 현금흐름		68,148,810		56,635,791	
가. 당기순이익		26,407,832		21,738,865	
나. 조정	27	41,618,554		37,442,682	
다. 영업활동으로 인한 자산부채의 변동	27	122,424		(2,545,756)	
2. 이자의 수취		2,220,209		2,306,401	
3. 이자의 지급		(555,321)		(579,979)	
4. 배당금 수입		243,666		241,801	
5. 법인세 납부액		(4,770,355)		(13,221,099)	
Ⅱ. 투자활동 현금흐름			(53,628,591)		(39,948,171)
1. 단기금융상품의 순감소(증가)		(20,369,616)		(2,030,913)	
2. 단기상각후원가금융자산의 순감소(증가)		184,104		(818,089)	
3. 단기당기손익-공정가치금융자산의 순감소(증가)		1,704,512		374,982	
4. 장기금융상품의 처분		12,184,301		4,586,610	
5. 장기금융상품의 취득		(8,019,263)		(12,725,465)	
6. 상각후원가금융자산의 처분		1,023,117		694,584	
7. 상각후원가금융자산의 취득		-		(825,027)	
8. 기타포괄손익-공정가치금융자산의 처분		32,128		1,575	
9. 기타포괄손익-공정가치금융자산의 취득		(245,497)		(63,773)	
10. 당기손익-공정가치금융자산의 처분		39,746		64,321	
11. 당기손익-공정가치금융자산의 취득		(84,184)		(135,826)	
12. 관계기업 및 공동기업 투자의 처분		-		12,149	
13. 관계기업 및 공동기업 투자의 취득		(83,280)		(12,778)	
14. 유형자산의 처분		376,744		513,265	
15. 유형자산의 취득		(37,592,034)		(25,367,756)	
16. 무형자산의 처분		7,027		7,241	
17. 무형자산의 취득		(2,679,779)		(3,249,914)	
18. 사업결합으로 인한 현금유출액		(49,420)		(1,019,405)	
19. 기타투자활동으로 인한 현금유출입액		(57,197)		46,048	
Ⅲ. 재무활동 현금흐름			(8,327,839)		(9,484,510)
1. 단기차입금의 순증가(감소)	27	2,191,186		865,792	
2. 장기차입금의 차입	27	14,495		-	
3. 사채 및 장기차입금의 상환	27	(864,947)		(709,400)	
4. 배당금의 지급		(9,676,760)		(9,639,202)	
5. 비지배지분의 증감		8,187		(1,700)	
Ⅳ. 매각예정분류	32		(139)		-
Ⅴ. 외화환산으로 인한 현금의 변동			(833,861)		595,260
Ⅵ. 현금및현금성자산의 증가(감소)(Ⅰ+Ⅱ+Ⅲ+Ⅳ+Ⅴ)			2,496,579		(3,454,506)
Ⅶ. 기초의 현금및현금성자산			26,885,999		30,340,505
Ⅷ. 기말의 현금및현금성자산			29,382,578		26,885,999

별첨 주석은 본 연결재무제표의 일부입니다.

주석

제 52 기 : 2020년 12월 31일 현재

제 51 기 : 2019년 12월 31일 현재

삼성전자주식회사와 그 종속기업

1. 일반적 사항:

가. 연결회사의 개요

삼성전자주식회사(이하 "회사")는 1969년 대한민국에서 설립되어 1975년에 대한민국의 증권거래소에 상장하였습니다. 회사 및 종속기업(이하 삼성전자주식회사와 그 종속기업을 일괄하여 "연결회사")의 사업은 CE부문, IM부문, DS부문과 Harman부문으로 구성되어 있습니다. CE(Consumer Electronics) 부문은 TV, 모니터, 에어컨 및 냉장고 등의 사업으로 구성되어 있고, IM(Information technology & Mobile communications) 부문은 휴대폰, 통신시스템, 컴퓨터 등의 사업으로 구성되어 있으며, DS(Device Solutions) 부문은 메모리, Foundry, System LSI 등의 반도체 사업과 OLED 및 LCD 디스플레이 패널 등의 DP 사업으로 구성되어 있습니다. Harman부문은 전장부품사업 등을 영위하고 있습니다. 회사의 본점 소재지는 경기도 수원시입니다.

기업회계기준서 제1110호 '연결재무제표'에 의한 지배회사인 회사는 삼성디스플레이㈜ 및 Samsung Electronics America, Inc. (SEA) 등 241개의 종속기업을 연결대상으로 하고, 삼성전기㈜ 등 43개 관계기업과 공동기업을 지분법적용대상으로 하여 연결재무제표를 작성하였습니다.

나. 종속기업 현황

당기말 현재 연결대상 종속기업의 현황은 다음과 같습니다.

지역	기업명	업종	지분율 (%)(*)
미주	Samsung Electronics America, Inc. (SEA)	전자제품 판매	100.0
	Samsung International, Inc. (SII)	전자제품 생산	100.0
	Samsung Mexicana S.A. de C.V (SAMEX)	전자제품 생산	100.0
	Samsung Electronics Home Appliances America, LLC (SEHA)	가전제품 생산	100.0
	Samsung Research America, Inc (SRA)	R&D	100.0
	Samsung Next LLC (SNX)	해외자회사 관리	100.0
	Samsung Next Fund LLC (SNXF)	신기술사업자, 벤처기업 투자	100.0
	NeuroLogica Corp.	의료기기 생산 및 판매	100.0
	Samsung HVAC America, LLC	에어컨공조 판매	100.0
	Prismview, LLC	LED 디스플레이 생산 및 판매	100.0
	Joyent, Inc.	클라우드서비스	100.0
	Viv Labs, Inc.	인공지능서비스	100.0
	Dacor Holdings, Inc.	해외자회사 관리	100.0
	Dacor, Inc.	가전제품 생산 및 판매	100.0
	Dacor Canada Co.	가전제품 판매	100.0
	SmartThings, Inc.	스마트홈 플랫폼	100.0
	TeleWorld Solutions, Inc. (TWS)	네트워크장비 설치 및 최적화	100.0
	TWS LATAM B, LLC	해외자회사 관리	100.0
	TWS LATAM S, LLC	해외자회사 관리	100.0
	SNB Technologies, Inc. Mexico, S.A. de C.V	네트워크장비 설치 및 최적화	100.0
	Zhilabs Inc.	네트워크Solution 판매	100.0
	Samsung Semiconductor, Inc. (SSI)	반도체 · DP 판매	100.0
	Samsung Austin Semiconductor LLC. (SAS)	반도체 생산	100.0
	Samsung Oak Holdings, Inc. (SHI)	해외자회사 관리	100.0
	Stellus Technologies, Inc.	반도체 시스템 생산 및 판매	100.0
	SEMES America, Inc.	반도체 장비 서비스	100.0

(*) 종속기업 보유 지분율을 포함한 의결권 있는 주식 기준입니다.

지역	기업명	업종	지분율 (%)(*)
미주	Samsung Electronics Canada, Inc. (SECA)	전자제품 판매	100.0
	AdGear Technologies Inc.	디지털광고 플랫폼	100.0
	SigMast Communications Inc.	문자메시지 개발	100.0
	Samsung Eletronica da Amazonia Ltda. (SEDA)	전자제품 생산 및 판매	100.0
	Samsung Electronics Mexico S.A. De C.V. (SEM)	전자제품 판매	100.0
	Samsung Electronics Digital Appliance Mexico, SA de CV (SEDAM)	가전제품 생산	100.0
	Samsung Electronics Latinoamerica(Zona Libre), S. A. (SELA)	전자제품 판매	100.0
	Samsung Electronics Latinoamerica Miami, Inc. (SEMI)	전자제품 판매	100.0
	Samsung Electronica Colombia S.A. (SAMCOL)	전자제품 판매	100.0
	Samsung Electronics Argentina S.A. (SEASA)	마케팅 및 서비스	100.0
	Samsung Electronics Chile Limitada (SECH)	전자제품 판매	100.0
	Samsung Electronics Peru S.A.C. (SEPR)	전자제품 판매	100.0
	Samsung Electronics Venezuela, C.A. (SEVEN)	마케팅 및 서비스	100.0
	Samsung Electronics Panama. S.A. (SEPA)	컨설팅	100.0
	Harman International Industries, Inc.	해외자회사 관리	100.0
	Harman Becker Automotive Systems, Inc.	오디오제품 생산, 판매, R&D	100.0
	Harman Connected Services, Inc.	Connected Service Provider	100.0
	Harman Connected Services Engineering Corp.	Connected Service Provider	100.0
	Harman da Amazonia Industria Eletronica e Participacoes Ltda.	오디오제품 생산, 판매	100.0
	Harman de Mexico, S. de R.L. de C.V.	오디오제품 생산	100.0
	Harman do Brasil Industria Eletronica e Participacoes Ltda.	오디오제품 판매, R&D	100.0
	Harman Financial Group LLC	Management Company	100.0
	Harman International Industries Canada Ltd.	오디오제품 판매	100.0
	Harman International Mexico, S. de R.L. de C.V.	오디오제품 판매	100.0
	Harman KG Holding, LLC	해외자회사 관리	100.0
	Harman Professional, Inc.	오디오제품 판매, R&D	100.0
	RT SV CO-INVEST, LP	벤처기업 투자	99.9
	Beijing Integrated Circuit Industry International Fund, L.P	벤처기업 투자	61.4
	China Materialia New Materials 2016 Limited Partnership	벤처기업 투자	99.0

(*) 종속기업 보유 지분율을 포함한 의결권 있는 주식 기준입니다.

지역	기업명	업종	지분율 (%)(*)
유럽 · CIS	Samsung Electronics (UK) Ltd. (SEUK)	전자제품 판매	100.0
	Samsung Electronics Ltd. (SEL)	해외자회사 관리	100.0
	Samsung Semiconductor Europe Limited (SSEL)	반도체 · DP 판매	100.0
	Samsung Electronics GmbH (SEG)	전자제품 판매	100.0
	Samsung Electronics Holding GmbH (SEHG)	해외자회사 관리	100.0
	Samsung Semiconductor Europe GmbH (SSEG)	반도체 · DP 판매	100.0
	Samsung Electronics France S.A.S (SEF)	전자제품 판매	100.0
	Samsung Electronics Italia S.P.A. (SEI)	전자제품 판매	100.0
	Samsung Electronics Iberia, S.A. (SESA)	전자제품 판매	100.0
	Samsung Electronics Portuguesa S.A. (SEP)	전자제품 판매	100.0
	Samsung Electronics Hungarian Private Co. Ltd. (SEH)	전자제품 생산 및 판매	100.0
	Samsung Electronics Europe Logistics B.V. (SELS)	물류	100.0
	Samsung Electronics Benelux B.V. (SEBN)	전자제품 판매	100.0
	Samsung Electronics Europe Holding Cooperatief U.A. (SEEH)	해외자회사 관리	100.0
	Samsung Electronics Nordic Aktiebolag (SENA)	전자제품 판매	100.0
	Samsung Electronics Slovakia s.r.o (SESK)	TV · 모니터 생산	100.0
	Samsung Display Slovakia s.r.o. (SDSK)	DP 임가공	100.0
	Samsung Electronics Polska, SP.Zo.o (SEPOL)	전자제품 판매	100.0
	Samsung Electronics Poland Manufacturing SP.Zo.o (SEPM)	가전제품 생산	100.0
	Samsung Electronics Romania LLC (SEROM)	전자제품 판매	100.0
	Samsung Electronics Austria GmbH (SEAG)	전자제품 판매	100.0
	Samsung Electronics Switzerland GmbH (SESG)	전자제품 판매	100.0
	Samsung Electronics Czech and Slovak s.r.o. (SECZ)	전자제품 판매	100.0
	Samsung Electronics Baltics SIA (SEB)	전자제품 판매	100.0
	Samsung Electronics Greece S.M.S.A (SEGR)	전자제품 판매	100.0
	Samsung Electronics Air Conditioner Europe B.V. (SEACE)	에어컨공조 판매	100.0
	Samsung Nanoradio Design Center (SNDC)	R&D	100.0
	Samsung Denmark Research Center ApS (SDRC)	R&D	100.0
	Samsung Cambridge Solution Centre Limited (SCSC)	R&D	100.0
	Zhilabs, S.L.	네트워크Solution 개발, 판매	100.0
	Foodient Ltd.	R&D	100.0
	Samsung Electronics Rus Company LLC (SERC)	전자제품 판매	100.0
	Samsung Electronics Rus Kaluga LLC (SERK)	TV 생산	100.0
	Samsung Electronics Ukraine Company LLC (SEUC)	전자제품 판매	100.0
	Samsung Electronics Central Eurasia LLP (SECE)	전자제품 판매	100.0
	Samsung Electronics Overseas B.V. (SEO)	전자제품 판매	100.0
	Samsung R&D Institute Rus LLC (SRR)	R&D	100.0
	Samsung Electronics Caucasus Co. Ltd (SECC)	마케팅	100.0

(*) 종속기업 보유 지분율을 포함한 의결권 있는 주식 기준입니다.

지역	기업명	업종	지분율 (%)(*)
유럽 · CIS	AKG Acoustics GmbH	오디오제품 생산, 판매	100.0
	AMX UK Limited	오디오제품 판매	100.0
	Arcam Limited	해외자회사 관리	100.0
	A&R Cambridge Limited	오디오제품 판매	100.0
	Harman Audio Iberia Espana Sociedad Limitada	오디오제품 판매	100.0
	Harman Automotive UK Limited	오디오제품 생산	100.0
	Harman Becker Automotive Systems GmbH	오디오제품 생산, 판매, R&D	100.0
	Harman Becker Automotive Systems Italy S.R.L.	오디오제품 판매	100.0
	Harman Becker Automotive Systems Manufacturing Kft	오디오제품 생산, R&D	100.0
	Harman Belgium SA	오디오제품 판매	100.0
	Harman Connected Services AB.	Connected Service Provider	100.0
	Harman Finland Oy	Connected Service Provider	100.0
	Harman Connected Services GmbH	Connected Service Provider	100.0
	Harman Connected Services Limited	Connected Service Provider	100.0
	Harman Connected Services Poland Sp.zoo	Connected Service Provider	100.0
	Harman Connected Services UK Ltd.	Connected Service Provider	100.0
	Harman Consumer Nederland B.V.	오디오제품 판매	100.0
	Harman Deutschland GmbH	오디오제품 판매	100.0
	Harman Finance International GP S.a.r.l	해외자회사 관리	100.0
	Harman France SNC	오디오제품 판매	100.0
	Harman Holding Gmbh & Co. KG	Management Company	100.0
	Harman Hungary Financing Ltd.	Financing Company	100.0
	Harman Inc. & Co. KG	해외자회사 관리	100.0
	Harman International Estonia OU	R&D	100.0
	Harman International Industries Limited	오디오제품 판매, R&D	100.0
	Harman International Romania SRL	R&D	100.0
	Harman Finance International, SCA	Financing Company	100.0
	Harman International s.r.o	오디오제품 생산	100.0
	Harman Management GmbH	해외자회사 관리	100.0
	Harman Professional Kft	오디오제품 생산, R&D	100.0
	Martin Manufacturing (UK) Ltd	오디오제품 생산	100.0
	Harman Professional Denmark ApS	오디오제품 판매, R&D	100.0
	Red Bend Software Ltd.	소프트웨어 디자인	100.0
	Red Bend Software SAS	소프트웨어 디자인	100.0
	Studer Professional Audio GmbH	오디오제품 판매, R&D	100.0
	Harman Connected Services OOO	Connected Service Provider	100.0
	Harman RUS CIS LLC	오디오제품 판매	100.0

(*) 종속기업 보유 지분율을 포함한 의결권 있는 주식 기준입니다.

지역	기업명	업종	지분율 (%)(*)
중동・아프리카	Samsung Gulf Electronics Co., Ltd. (SGE)	전자제품 판매	100.0
	Samsung Electronics Turkey (SETK)	전자제품 판매	100.0
	Samsung Electronics Levant Co.,Ltd. (SELV)	전자제품 판매	100.0
	Samsung Electronics Maghreb Arab (SEMAG)	전자제품 판매	100.0
	Samsung Electronics Egypt S.A.E (SEEG)	전자제품 생산 및 판매	100.0
	Samsung Electronics Israel Ltd. (SEIL)	마케팅	100.0
	Samsung Electronics Tunisia S.A.R.L (SETN)	마케팅	100.0
	Samsung Electronics Pakistan(Private) Ltd. (SEPAK)	마케팅	100.0
	Samsung Electronics Saudi Arabia Ltd. (SESAR)	전자제품 판매	100.0
	Samsung Semiconductor Israel R&D Center, Ltd. (SIRC)	R&D	100.0
	Corephotonics Ltd.	R&D	100.0
	Samsung Electronics South Africa(Pty) Ltd. (SSA)	전자제품 판매	100.0
	Samsung Electronics South Africa Production (pty) Ltd. (SSAP)	TV・모니터 생산	100.0
	Samsung Electronics West Africa Ltd. (SEWA)	마케팅	100.0
	Samsung Electronics East Africa Ltd. (SEEA)	마케팅	100.0
	Global Symphony Technology Group Private Ltd.	해외자회사 관리	100.0
	Harman Connected Services Morocco	Connected Service Provider	100.0
	Harman Industries Holdings Mauritius Ltd.	해외자회사 관리	100.0
	Red Bend Ltd.	오디오제품 생산	100.0

(*) 종속기업 보유 지분율을 포함한 의결권 있는 주식 기준입니다.

지역	기업명	업종	지분율 (%)(*)
아시아 (중국 제외)	Samsung Asia Pte. Ltd. (SAPL)	전자제품 판매	100.0
	Samsung Electronics Singapore Pte. Ltd. (SESP)	전자제품 판매	100.0
	Samsung Malaysia Electronics (SME) Sdn. Bhd. (SME)	전자제품 판매	100.0
	Samsung Electronics Display (M) Sdn. Bhd. (SDMA)	전자제품 생산	100.0
	Samsung Electronics (M) Sdn. Bhd. (SEMA)	가전제품 생산	100.0
	Samsung Vina Electronics Co., Ltd. (SAVINA)	전자제품 판매	100.0
	Samsung Electronics Vietnam Co., Ltd. (SEV)	전자제품 생산	100.0
	Samsung Electronics Vietnam THAINGUYEN Co., Ltd. (SEVT)	통신제품 생산	100.0
	Samsung Electronics HCMC CE Complex Co., Ltd. (SEHC)	전자제품 생산 및 판매	100.0
	Samsung Display Vietnam Co., Ltd. (SDV)	DP 생산	100.0
	PT Samsung Electronics Indonesia (SEIN)	전자제품 생산 및 판매	100.0
	PT Samsung Telecommunications Indonesia (STIN)	전자제품 판매 및 서비스	100.0
	Thai Samsung Electronics Co., Ltd. (TSE)	전자제품 생산 및 판매	91.8
	Laos Samsung Electronics Sole Co., Ltd (LSE)	마케팅	100.0
	Samsung Electronics Philippines Corporation (SEPCO)	전자제품 판매	100.0
	Samsung Electronics Australia Pty. Ltd. (SEAU)	전자제품 판매	100.0
	Samsung Electronics New Zealand Limited (SENZ)	전자제품 판매	100.0
	Samsung India Electronics Private Ltd. (SIEL)	전자제품 생산 및 판매	100.0
	Samsung Display Noida Private Limited (SDN)	DP 생산	100.0
	Samsung R&D Institute India-Bangalore Private Limited (SRI-Bangalore)	R&D	100.0
	Samsung R&D Institute BanglaDesh Limited (SRBD)	R&D	100.0
	Samsung Nepal Services Pvt, Ltd (SNSL)	서비스	100.0
	Samsung Japan Corporation (SJC)	반도체 · DP 판매	100.0
	Samsung R&D Institute Japan Co. Ltd. (SRJ)	R&D	100.0
	Samsung Electronics Japan Co., Ltd. (SEJ)	전자제품 판매	100.0
	Harman Connected Services Corp. India Pvt. Ltd.	Connected Service Provider	100.0
	Harman International (India) Private Limited	오디오제품 판매, R&D	100.0
	Harman International Industries PTY Ltd.	해외자회사 관리	100.0
	Harman International Japan Co., Ltd.	오디오제품 판매, R&D	100.0
	Harman Singapore Pte. Ltd.	오디오제품 판매	100.0

(*) 종속기업 보유 지분율을 포함한 의결권 있는 주식 기준입니다.

지역	기업명	업종	지분율 (%)(*)
중국	Samsung (CHINA) Investment Co., Ltd. (SCIC)	전자제품 판매	100.0
	Samsung Electronics Hong Kong Co., Ltd. (SEHK)	전자제품 판매	100.0
	Samsung Electronics Taiwan Co., Ltd. (SET)	전자제품 판매	100.0
	Samsung Electronics Huizhou Co., Ltd. (SEHZ)	전자제품 생산	100.0
	Tianjin Samsung Electronics Co., Ltd. (TSEC)	TV · 모니터 생산	91.2
	Suzhou Samsung Electronics Co., Ltd. (SSEC)	가전제품 생산	88.3
	Samsung Suzhou Electronics Export Co., Ltd. (SSEC-E)	가전제품 생산	100.0
	Samsung Electronics Suzhou Computer Co., Ltd. (SESC)	전자제품 생산, R&D	100.0
	Tianjin Samsung Telecom Technology Co., Ltd. (TSTC)	통신제품 생산	90.0
	Shenzhen Samsung Electronics Telecommunication Co., Ltd. (SSET)	통신제품 생산	100.0
	Beijing Samsung Telecom R&D Center (SRC-Beijing)	R&D	100.0
	Samsung Electronics China R&D Center (SRC-Nanjing)	R&D	100.0
	Samsung Mobile R&D Center China-Guangzhou (SRC-Guangzhou)	R&D	100.0
	Samsung R&D Institute China-Shenzhen (SRC-Shenzhen)	R&D	100.0
	Shanghai Samsung Semiconductor Co., Ltd. (SSS)	반도체 · DP 판매	100.0
	Samsung (China) Semiconductor Co., Ltd. (SCS)	반도체 생산	100.0
	Samsung SemiConductor Xian Co., Ltd. (SSCX)	반도체 · DP 판매	100.0
	Samsung Electronics Suzhou Semiconductor Co., Ltd. (SESS)	반도체 임가공	100.0
	Tianjin Samsung LED Co., Ltd. (TSLED)	LED 생산	100.0
	Samsung Semiconductor (China) R&D Co., Ltd. (SSCR)	R&D	100.0
	Samsung Display Dongguan Co., Ltd. (SDD)	DP 생산	100.0
	Samsung Display Tianjin Co., Ltd. (SDT)	DP 생산	95.0
	Samsung Suzhou Module Co., Ltd. (SSM)	DP 생산	100.0
	Samsung Suzhou LCD Co., Ltd. (SSL)	DP 생산	60.0
	SEMES (XIAN) Co., Ltd.	반도체 장비 서비스	100.0
	Harman (China) Technologies Co., Ltd.	오디오제품 생산	100.0
	Harman (Suzhou) Audio and Infotainment Systems Co., Ltd.	오디오제품 판매	100.0
	Harman Automotive Electronic Systems (Suzhou) Co., Ltd.	오디오제품 생산, R&D	100.0
	Harman Commercial (Shanghai) Co., Ltd.	오디오제품 판매	100.0
	Harman Connected Services Solutions (Chengdu) Co., Ltd.	Connected Service Provider	100.0
	Harman Holding Limited	오디오제품 판매	100.0
	Harman International (China) Holdings Co., Ltd.	오디오제품 판매, R&D	100.0
	Harman Technology (Shenzhen) Co., Ltd.	오디오제품 판매, R&D	100.0

(*) 종속기업 보유 지분율을 포함한 의결권 있는 주식 기준입니다.

지역	기업명	업종	지분율 (%)(*)
국내	삼성디스플레이㈜	DP 생산 및 판매	84.8
	에스유머티리얼스㈜	DP 부품 생산	50.0
	스테코㈜	반도체 부품 생산	70.0
	세메스㈜	반도체 · FPD 장비 생산, 판매	91.5
	삼성전자서비스㈜	전자제품 수리 서비스	99.3
	삼성전자서비스씨에스㈜	고객상담서비스	100.0
	삼성전자판매㈜	전자제품 판매	100.0
	삼성전자로지텍㈜	종합물류대행	100.0
	삼성메디슨㈜	의료기기 생산 및 판매	68.5
	㈜미래로시스템	반도체 소프트웨어 개발 및 공급	99.9
	㈜도우인시스	DP 부품 생산	52.5
	지에프㈜	DP 부품 생산	100.0
	㈜하만인터내셔널코리아	소프트웨어 개발 및 공급	100.0
	SVIC 21호 신기술투자조합	신기술사업자, 벤처기업 투자	99.0
	SVIC 22호 신기술투자조합	신기술사업자, 벤처기업 투자	99.0
	SVIC 26호 신기술투자조합	신기술사업자, 벤처기업 투자	99.0
	SVIC 27호 신기술투자조합	신기술사업자, 벤처기업 투자	99.0
	SVIC 28호 신기술투자조합	신기술사업자, 벤처기업 투자	99.0
	SVIC 29호 신기술투자조합	신기술사업자, 벤처기업 투자	99.0
	SVIC 32호 신기술투자조합	신기술사업자, 벤처기업 투자	99.0
	SVIC 33호 신기술투자조합	신기술사업자, 벤처기업 투자	99.0
	SVIC 37호 신기술투자조합	신기술사업자, 벤처기업 투자	99.0
	SVIC 40호 신기술투자조합	신기술사업자, 벤처기업 투자	99.0
	SVIC 42호 신기술투자조합	신기술사업자, 벤처기업 투자	99.0
	SVIC 43호 신기술투자조합	신기술사업자, 벤처기업 투자	99.0
	SVIC 45호 신기술투자조합	신기술사업자, 벤처기업 투자	99.0
	SVIC 48호 신기술투자조합	신기술사업자, 벤처기업 투자	99.0
	반도체성장 전문투자형 사모 투자신탁	반도체산업 투자	66.7
	시스템반도체 상생 전문투자형 사모 투자신탁	반도체산업 투자	62.5

(*) 종속기업 보유 지분율을 포함한 의결권 있는 주식 기준입니다.

다. 주요 연결대상 종속기업의 재무정보

당기 및 전기의 주요 연결대상 종속기업의 요약 재무정보는 다음과 같습니다.

(1) 당기

(단위 : 백만원)

기업명(*1)	자산	부채	매출액	당기순이익 (손실)
삼성디스플레이㈜	50,039,755	7,612,332	27,149,102	1,798,100
Samsung Electronics America, Inc. (SEA)	36,765,070	15,828,083	35,237,365	1,623,555
Samsung Electronics Vietnam THAINGUYEN Co., Ltd. (SEVT)	15,500,024	2,574,442	28,284,397	2,066,842
Samsung (CHINA) Investment Co., Ltd. (SCIC)	15,438,819	12,358,881	2,475,454	127,051
Harman과 그 종속기업(*2)	14,702,005	5,776,884	9,161,142	(735,426)
Samsung (China) Semiconductor Co., Ltd. (SCS)	14,348,735	3,511,003	5,321,312	1,100,619
Samsung Electronics Vietnam Co., Ltd. (SEV)	12,623,956	1,805,326	19,952,957	1,408,088
Samsung Electronics Europe Holding Cooperatief U.A. (SEEH)	11,495,430	7,641,709	-	16,150
Samsung Semiconductor, Inc. (SSI)	9,669,349	4,427,701	23,562,962	182,290
Samsung Asia Pte. Ltd. (SAPL)	9,552,755	523,402	1,634,692	968,504
Shanghai Samsung Semiconductor Co., Ltd. (SSS)	7,678,989	5,010,041	25,829,119	271,691
Samsung Display Vietnam Co., Ltd. (SDV)	7,400,563	4,354,887	19,209,100	559,006
Samsung Austin Semiconductor LLC. (SAS)	6,912,610	538,288	3,913,100	922,007
Samsung Eletronica da Amazonia Ltda. (SEDA)	6,280,131	1,556,057	6,390,696	819,561
Samsung India Electronics Private Ltd. (SIEL)	6,250,492	2,523,027	10,943,343	611,571
Thai Samsung Electronics Co., Ltd. (TSE)	2,920,299	451,055	3,744,080	160,264
Samsung Electronics (UK) Ltd. (SEUK)	2,767,563	1,886,447	4,987,522	133,016
Samsung Electronics GmbH (SEG)	2,687,535	2,626,979	6,306,675	605
Samsung Electronics HCMC CE Complex Co., Ltd. (SEHC)	2,609,150	1,026,901	6,273,162	419,313
Samsung Electronics Hungarian Private Co. Ltd. (SEH)	2,230,457	504,952	3,665,360	148,056
Samsung Electronics Benelux B.V. (SEBN)	2,145,488	736,480	2,324,308	58,579
Samsung Display Dongguan Co., Ltd. (SDD)	1,767,663	300,080	2,947,506	110,194
Samsung Electronics Europe Logistics B.V. (SELS)	1,700,033	1,550,350	13,444,960	20,623
Samsung Electronics France S.A.S (SEF)	1,688,580	1,207,359	3,464,937	61,596
Samsung Japan Corporation (SJC)	1,668,902	1,381,443	3,317,644	7,684

(*1) 상기 요약 재무정보는 각 종속기업의 별도재무제표 기준입니다.
(*2) Harman International Industries, Inc. 및 그 종속기업이 포함된 중간지배기업의 연결재무정보입니다.

(2) 전기

(단위 : 백만원)

기업명(*1)	자산	부채	매출액	당기순이익 (손실)
삼성디스플레이㈜	46,543,974	6,421,516	27,088,475	407,791
Samsung Electronics America, Inc. (SEA)	34,704,039	13,992,397	33,859,423	1,127,719
Harman과 그 종속기업(*2)	15,609,084	5,791,272	10,075,626	104,459
Samsung (CHINA) Investment Co., Ltd. (SCIC)	14,637,222	11,701,871	3,098,948	581,115
Samsung Electronics Vietnam THAINGUYEN Co., Ltd. (SEVT)	13,847,934	2,075,180	32,831,993	2,305,089
Samsung (China) Semiconductor Co., Ltd. (SCS)	12,370,070	2,678,742	5,445,396	537,037
Samsung Electronics Vietnam Co., Ltd. (SEV)	12,367,857	1,418,876	22,350,791	1,757,684
Samsung Electronics Europe Holding Cooperatief U.A. (SEEH)	10,682,847	7,662,042	-	21,915
Samsung Semiconductor, Inc. (SSI)	9,194,190	3,795,273	16,473,214	211,312
Samsung Asia Pte. Ltd. (SAPL)	9,137,262	579,618	1,572,146	1,265,359
Samsung Display Vietnam Co., Ltd. (SDV)	7,267,124	4,587,477	16,613,123	601,469
Samsung Eletronica da Amazonia Ltda. (SEDA)	7,058,719	1,594,907	7,252,673	887,298
Samsung India Electronics Private Ltd. (SIEL)	7,042,872	3,588,241	12,902,906	448,678
Samsung Austin Semiconductor LLC. (SAS)	6,437,865	556,765	3,897,162	571,391
Shanghai Samsung Semiconductor Co., Ltd. (SSS)	5,880,616	4,446,885	26,067,175	265,801
Thai Samsung Electronics Co., Ltd. (TSE)	2,912,731	450,833	3,921,248	144,087
Samsung Electronics (UK) Ltd. (SEUK)	2,644,358	1,877,903	4,730,414	104,741
Samsung Electronics HCMC CE Complex Co., Ltd. (SEHC)	2,305,587	1,035,533	4,934,278	373,325
Samsung Electronics GmbH (SEG)	2,258,269	2,199,561	5,597,323	4,729
Samsung Electronics Hungarian Private Co. Ltd. (SEH)	2,109,654	416,160	2,915,812	106,704
Samsung SemiConductor Xian Co., Ltd. (SSCX)	2,091,092	1,954,875	4,283,163	53,160
Samsung Electronics Europe Logistics B.V. (SELS)	2,027,213	1,891,221	12,540,817	6,531
Samsung Electronics Benelux B.V. (SEBN)	1,914,864	673,887	2,246,357	39,175
Samsung Suzhou LCD Co., Ltd. (SSL)	1,808,262	625,541	1,415,505	(4,414)
Samsung Display Dongguan Co., Ltd. (SDD)	1,795,077	444,552	3,995,696	158,122

(*1) 상기 요약 재무정보는 각 종속기업의 별도재무제표 기준입니다.

(*2) Harman International Industries, Inc. 및 그 종속기업이 포함된 중간지배기업의 연결재무정보입니다.

라. 연결대상범위의 변동

당기 중 연결재무제표 작성대상범위의 변동 내용은 다음과 같습니다.

구분	지역	기업명	변동 내용
신규 연결	미주	TeleWorld Solutions, Inc. (TWS)	지분 취득
		TWS LATAM B, LLC	
		TWS LATAM S, LLC	
		SNB Technologies, Inc. Mexico, S.A. de C.V	
	아시아 (중국 제외)	Samsung Electronics Singapore Pte. Ltd. (SESP)	설립
	국내	시스템반도체 상생 전문투자형 사모 투자신탁	
연결 제외	미주	Harman Connected Services South America S.R.L.	청산
		EverythingDacor.com, Inc.	
		Distinctive Appliances of California, Inc.	
	아시아 (중국 제외)	Martin Professional Pte. Ltd.	
	중국	Samsung Tianjin Mobile Development Center (SRC-Tianjin)	

2. 중요한 회계처리방침:

다음은 연결재무제표의 작성에 적용된 주요한 회계정책입니다. 이러한 정책은 별도의 언급이 없다면, 표시된 회계기간에 계속적으로 적용됩니다.

2.1 재무제표 작성기준

연결회사의 연결재무제표는 한국채택국제회계기준에 따라 작성되었습니다. 한국채택국제회계기준은 국제회계기준위원회("IASB")가 발표한 기준서와 해석서 중 대한민국이 채택한 내용을 의미합니다.

한국채택국제회계기준은 재무제표 작성 시 중요한 회계추정의 사용을 허용하고 있으며, 회계정책을 적용함에 있어 경영진의 판단을 요구하고 있습니다. 보다 복잡하고 높은 수준의 판단이 요구되는 부분이나 중요한 가정 및 추정이 요구되는 부분은 주석3에서 설명하고 있습니다.

2.2 회계정책과 공시의 변경

가. 연결회사가 채택한 제・개정 기준서

연결회사는 2020년 1월 1일로 개시하는 회계기간부터 다음의 주요 제・개정 기준서를 신규로 적용하였습니다.

- 기업회계기준서 제1103호 '사업결합' 개정

개정된 사업의 정의는, 취득한 활동과 자산의 집합을 사업으로 판단하기 위해서는 산출물의 창출에 함께 유의적으로 기여할 수 있는 능력을 가진 투입물과 실질적인 과정을 반드시 포함하도록 하였고 원가 감소에 따른 경제적효익은 제외하였습니다. 이와 함께 취득한 총자산의 대부분의 공정가치가 식별가능한 단일 자산 또는 자산집합에 집중되어 있는 경우 취득한 활동과 자산의 집합은 사업이 아닌, 자산 또는 자산의 집합으로 결정할 수 있는 선택적 집중테스트가 추가되었습니다. 해당 기준서의 개정으로 인하여 연결재무제표에 미치는 유의적인 영향은 없습니다.

나. 연결회사가 적용하지 않은 제・개정 기준서

제정 또는 공표됐으나 2020년 1월 1일 이후 시작하는 회계연도에 시행일이 도래하지 않았고, 연결회사가 조기 적용하지 않은 주요 제・개정 기준서는 다음과 같습니다.

- 기업회계기준서 제1116호 '리스' 개정

코로나바이러스감염증-19(이하 "코로나19(COVID-19)") 관련 임차료 할인 등에 대한 실무적 간편법으로, 리스이용자는 코로나19(COVID-19) 세계적 유행의 직접적인 결과로 발생한 임차료 할인 등이 리스변경에 해당하는지 평가하지 않을 수 있습니다. 이러한 실무적 간편법을 선택한 리스이용자는 임차료 할인 등으로 인한 리스료 변동을 그러한 변동이 리스변경이 아닐 경우에 이 기준서가 규정하는 방식과 일관되게 회계처리합니다. 동 개정사항은 2020년 6월 1일 이후 시작하는 회계연도부터 적용되며 조기도입이 가능합니다.

- 기업회계기준서 제1016호 '유형자산' 개정

기업이 자산을 의도한 방식으로 사용하기 전에 생산된 품목의 판매에서 발생하는 수익을 생산원가와 함께 당기손익으로 인식하도록 요구하며, 유형자산의 취득원가에서 차감하는 것을 금지하고 있습니다. 동 개정사항은 2022년 1월 1일 이후 시작하는 회계연도부터 적용되며 조기도입이 가능합니다.

2.3 연결

연결회사는 기준서 제1110호 '연결재무제표'에 따라 연결재무제표를 작성하고 있습니다.

가. 종속기업

종속기업은 연결회사가 지배하고 있는 모든 기업(특수목적기업 포함)입니다. 연결회사가 피투자자에 대한 관여로 변동이익에 노출되거나 변동이익에 대한 권리가 있고, 피투자자에 대하여 자신의 힘으로 그러한 이익에 영향을 미칠 능력이 있는 경우, 해당 피투자자를 지배합니다. 종속기업은 연결회사가 지배하게 되는 시점부터 연결에 포함되며, 지배력을 상실하는 시점부터 연결에서 제외됩니다.

연결회사의 사업결합은 취득법으로 회계처리 됩니다. 이전대가는 취득일의 공정가치로 측정하고, 사업결합으로 취득한 식별가능한 자산・부채 및 우발부채는 취득일의 공정가치로 최초 측정하고 있습니다. 연결회사는 청산 시 순자산의 비례적 몫을 제공하는 비지배지분을 사업결합 건별로 판단하여 피취득자의 순자산 중 비례적 지분으로 측정합니다. 취득 관련 원가는 발생 시 당기비용으로 인식됩니다.

이전대가, 피취득자에 대한 비지배지분의 금액과 취득자가 이전에 보유하고 있던 피취득자에 대한 지분의 취득일의 공정가치 합계액이 취득한 식별가능한 순자산을 초과하는 금액은 영업권으로 인식합니다. 또한, 이전대가 등이 취득한 종속기업 순자산의 공정가액보다 작다면, 그 차액은 당기이익으로 인식됩니다.

연결회사 내의 기업간에 발생하는 거래로 인한 채권, 채무의 잔액, 수익과 비용 및 미실현이익 등은 제거됩니다. 또한 종속기업의 회계정책은 연결회사에서 채택한 회계정책을 일관성 있게 적용하기 위해 차이가 나는 경우 수정됩니다.

나. 지배력의 변동이 없는 종속기업에 대한 소유지분의 변동

지배력의 상실을 발생시키지 않는 비지배지분과의 거래는 자본거래, 즉 소유주로서의 자격을 행사하는 소유주와의 거래로 회계처리하고 있습니다. 지불한 대가의 공정가치와 종속기업의 순자산의 장부금액 중 취득한 지분 해당액과의 차이는 자본에 계상됩니다. 비지배지분의 처분에서 발생하는 손익 또한 자본에 반영됩니다.

다. 종속기업의 처분

연결회사가 지배력을 상실하는 경우 해당 기업에 대해 계속 보유하게 되는 지분은 동 시점에 공정가치로 재측정되며, 관련 차액은 당기손익으로 인식됩니다. 이러한 공정가치는 해당 지분이 후속적으로 관계기업, 공동지배기업 또는 금융자산으로 인식되는 경우의 최초 인식 시 장부가액이 됩니다. 또한, 해당 기업에 대하여 이전에 계상하고 있던 기타포괄손익의 금액은 연결회사가 관련 자산과 부채를 직접 처분하였을 경우와 동일하게 회계처리하고 있습니다. 따라서 과거에 인식되었던 기타포괄손익 항목은 손익 또는 자본으로 재분류됩니다.

라. 비지배지분

당기순손익과 기타포괄손익의 각 구성요소는 지배회사의 소유주와 비지배지분에 귀속되며, 비지배지분이 부(-)의 잔액이 되더라도 총포괄손익은 지배회사의 소유주와 비지배지분에 귀속시키고 있습니다.

마. 관계기업

관계기업은 연결회사가 유의적 영향력을 행사할 수는 있으나 지배력은 없는 모든 기업으로, 일반적으로 회사가 의결권 있는 주식의 20% 내지 50%를 소유하고 있는 피투자 기업입니다. 관계기업 투자지분은 최초에 취득원가로 인식하며 지분법을 적용하여 회계처리합니다. 연결회사와 관계기업 간의 거래에서 발생한 미실현이익은 연결회사의 관계기업에 대한 지분에 해당하는 부분만큼 제거됩니다. 관계기업의 손실 중 연결회사의 지분이 관계기업에 대한 투자지분(순투자의 일부를 구성하는 장기투자지분 포함)과 같거나 초과하는 경우에는 지분법 적용을 중지합니다. 단, 연결회사의 지분이 영(0)으로 감소된 이후 추가 손실분에 대하여 연결회사에 법적·의제의무가 있거나 관계기업을 대신하여 지급하여야 하는 경우 그 금액까지만 손실과 부채로 인식합니다. 또한 관계기업 투자에 대한 객관적인 손상의 징후가 있는 경우 관계기업 투자의 회수가능액과 장부금액과의 차이는 손상차손으로 인식됩니다. 연결회사는 지분법을 적용하기 위하여 관계기업의 재무제표를 이용할 때, 유사한 상황에서 발생한 동일한 거래나 사건에 대하여 연결회사가 적용하는 회계정책과 동일한 회계정책이 적용되었는지 검토하여 필요한 경우 관계기업의 재무제표를 조정합니다.

바. 공동약정

둘 이상의 당사자들이 공동지배력을 보유하는 공동약정은 공동영업 또는 공동기업으로 분류됩니다. 공동영업자는 공동영업의 자산과 부채에 대한 권리와 의무를 보유하며, 공동영업의 자산과 부채, 수익과 비용 중 자신의 몫을 인식합니다. 공동기업참여자는 공동기업의 순자산에 대한 권리를 가지며, 지분법을 적용합니다.

2.4 외화환산

가. 기능통화와 표시통화

연결회사는 연결회사 내 개별기업의 재무제표에 포함되는 항목들을 각각의 영업활동이 이루어지는 주된 경제 환경에서의 통화("기능통화")를 적용하여 측정하고 있습니다. 지배회사의 기능통화는 대한민국 원화(KRW)이며 연결재무제표는 대한민국 원화(KRW)로 표시되어 있습니다.

나. 외화거래와 보고기간종료일의 외화환산

외화거래는 거래일의 환율 또는 재측정되는 항목인 경우 평가일의 환율을 적용한 기능통화로 인식되고, 외화거래의 결제나 화폐성 외화 자산·부채의 환산에서 발생하는 외환차이는 당기손익으로 인식됩니다. 비화폐성 금융자산·부채로부터 발생하는 외환차이는 공정가치 변동손익의 일부로 보아 당기손익-공정가치 측정 지분상품으로부터 발생하는 외환차이는 당기손익에, 기타포괄손익-공정가치 측정 지분상품의 외환차이는 기타포괄손익에 포함하여 인식됩니다.

다. 표시통화로의 환산

연결회사의 표시통화와 다른 기능통화를 가진 모든 연결회사 내 개별기업의 경영성과와 재무상태는 다음과 같은 방법으로 연결회사의 표시통화로 환산되고 있습니다.

(1) 자산과 부채는 보고기간종료일의 마감환율로 환산되고 있습니다.
(2) 손익계산서의 수익과 비용은 해당 기간의 평균환율로 환산되고 있습니다.
다만, 이러한 평균환율이 거래일의 전반적인 누적환율효과에 대한 합리적인 근사치가 아닐 경우에는 해당 거래일의 환율로 환산되고 있습니다.
(3) 위 (1), (2)의 환산에서 발생하는 외환차이는 기타포괄손익으로 인식됩니다.

2.5 현금및현금성자산

현금및현금성자산은 보유중인 현금, 요구불예금 및 취득일 현재 확정된 금액의 현금으로 전환이 용이하고, 가치변동의 위험이 경미한 매우 유동적인 단기 투자자산으로 구성되어 있습니다.

2.6 금융자산

가. 분류

연결회사는 기준서 제1109호 '금융상품'의 최초적용일 2018년 1월 1일부터 다음의 측정 범주로 금융자산을 분류합니다.
- 공정가치 측정 금융자산 (기타포괄손익 또는 당기손익에 공정가치 변동 인식)
- 상각후원가 측정 금융자산

금융자산은 금융자산의 관리를 위한 사업모형과 금융자산의 계약상 현금흐름 특성에 근거하여 분류합니다.

공정가치로 측정하는 금융자산의 손익은 당기손익 또는 기타포괄손익으로 인식합니다. 채무상품에 대한 투자는 해당 자산을 보유하는 사업모형에 따라 당기손익 또는 기타포괄손익으로 인식합니다. 연결회사는 금융자산을 관리하는 사업모형을 변경하는 경우에만 채무상품을 재분류합니다.

단기매매항목이 아닌 지분상품에 대한 투자는 최초 인식 시점에 후속적인 공정가치 변동을 기타포괄손익으로 표시할 것을 지정하는 취소불가능한 선택을 할 수 있습니다. 지정되지 않은 지분상품에 대한 투자의 공정가치 변동은 당기손익으로 인식합니다.

나. 측정

연결회사는 최초 인식 시점에 금융자산을 공정가치로 측정하며, 당기손익-공정가치 측정 금융자산이 아닌 경우에 해당 금융자산의 취득이나 해당 금융부채의 발행과 직접 관련되는 거래원가는 공정가치에 가산합니다. 당기손익-공정가치 측정 금융자산의 거래원가는 당기손익으로 비용처리합니다.

내재파생상품을 포함하는 복합계약은 계약상 현금흐름이 원금과 이자로만 구성되어 있는지를 결정할 때 해당 복합계약 전체를 고려합니다.

(1) 채무상품

금융자산의 후속적인 측정은 금융자산의 계약상 현금흐름 특성과 그 금융자산을 관리하는 사업모형에 근거합니다. 연결회사는 채무상품을 다음의 세 범주로 분류합니다.

① 상각후원가 측정 금융자산
계약상 현금흐름을 수취하기 위해 보유하는 것이 목적인 사업모형 하에서 금융자산을 보유하고, 계약상 현금흐름이 원리금만으로 구성되어 있는 자산은 상각후원가로 측정합니다. 상각후원가로 측정하는 금융자산으로서 위험회피관계의 적용 대상이 아닌 금융자산의 손익은 해당 금융자산을 제거하거나 손상할 때 당기손익으로 인식합니다. 유효이자율법에 따라 인식하는 금융자산의 이자수익은 '금융수익'에 포함됩니다.

② 기타포괄손익-공정가치 측정 금융자산
계약상 현금흐름의 수취와 금융자산의 매도 둘 모두를 통해 목적을 이루는 사업모형 하에서 금융자산을 보유하고, 계약상 현금흐름이 원리금만으로 구성되어 있는 금융자산은 기타포괄손익-공정가치로 측정합니다. 손상차손(환입)과 이자수익 및 외환손익을 제외하고는, 기타포괄손익-공정가치로 측정하는 금융자산의 손익은 기타포괄손익으로 인식합니다. 금융자산을 제거할 때에는 인식한 기타포괄손익누계액을 자본에서 당기손익으로 재분류합니다. 유효이자율법에 따라 인식하는 금융자산의 이자수익은 '금융수익'에 포함됩니다. 외환손익은 '금융수익' 또는 '금융비용'으로 표시하고 손상차손은 '기타비용'으로 표시합니다.

③ 당기손익-공정가치 측정 금융자산
상각후원가 측정이나 기타포괄손익-공정가치 측정 금융자산이 아닌 채무상품은 당기손익-공정가치로 측정됩니다. 위험회피관계가 적용되지 않는 당기손익-공정가치 측정 채무상품의 손익은 당기손익으로 인식하고 발생한 기간에 손익계산서에 '기타수익' 또는 '기타비용'으로 표시합니다.

(2) 지분상품

연결회사는 모든 지분상품에 대한 투자를 후속적으로 공정가치로 측정합니다. 공정가치 변동을 기타포괄손익으로 표시할 것을 선택한 지분상품에 대해 기타포괄손익으로 인식한 금액은 해당 지분상품을 제거할 때에도 당기손익으로 재분류하지 않고 제거되는 시점에 자본에 누적된 기타포괄손익-공정가치금융자산평가손익을 이익잉여금으로 대체합니다. 이러한 지분상품에 대한 배당수익은 연결회사가 배당을 받을 권리가 확정된 때에 손익계산서에 '기타수익'으로 인식합니다.

당기손익-공정가치로 측정하는 금융자산의 공정가치 변동은 손익계산서에 '기타수익' 또는 '기타비용'으로 표시합니다.

다. 손상

연결회사는 미래전망정보에 근거하여 상각후원가로 측정하거나 기타포괄손익-공정가치로 측정하는 채무상품에 대한 기대신용손실을 평가합니다. 손상 방식은 신용위험의 유의적인 증가 여부에 따라 결정됩니다. 단, 매출채권에 대해 연결회사는 채권의 최초 인식 시점부터 전체기간 기대신용손실을 인식하는 간편법을 적용합니다.

라. 인식과 제거

금융자산의 정형화된 매입 또는 매도는 매매일에 인식하거나 제거합니다. 금융자산은 현금흐름에 대한 계약상 권리가 소멸하거나 금융자산을 양도하고 소유에 따른 위험과 보상의 대부분을 이전한 경우에 제거됩니다. 연결회사가 금융자산을 양도한 경우라도 채무자의 채무불이행 시의 소구권 등으로 양도한 금융자산의 소유에 따른 위험과 보상의 대부분을 연결회사가 보유하는 경우에는 이를 제거하지 않고 그 양도자산 전체를 계속하여 인식하되, 수취한 대가를 금융부채로 인식합니다. 해당 금융부채는 재무상태표에 '차입금'으로 분류하고 있습니다.

마. 금융상품의 상계

금융자산과 부채는 인식한 자산과 부채에 대해 법적으로 집행가능한 상계권리를 현재 보유하고 있고, 순액으로 결제하거나 자산을 실현하는 동시에 부채를 결제할 의도를 가지고 있을 때 상계하여 재무상태표에 순액으로 표시합니다. 법적으로 집행가능한 상계권리는 미래사건에 좌우되지 않으며, 정상적인 사업과정의 경우와 채무불이행의 경우 및 지급불능이나 파산의 경우에도 집행가능한 것을 의미합니다.

2.7 매출채권

매출채권은 정상적인 영업과정에서 판매된 재고자산 및 제공된 용역과 관련하여 고객으로부터 수취할 금액입니다. 매출채권의 회수가 1년 이내에 예상되는 경우 유동자산으로 분류하고, 그렇지 않은 경우 비유동자산으로 분류합니다. 매출채권은 유의적인 금융요소를 포함하지 않는 경우를 제외하고는 최초에 공정가치로 인식하며, 유효이자율을 적용한 상각후원가에서 손실충당금을 차감하여 측정하고 있습니다.

2.8 재고자산

재고자산은 원가와 순실현가능가치 중 작은 금액으로 표시하고 있습니다. 원가는 미착품을 제외하고는 평균법에 따라 결정하고 있습니다. 제품과 재공품의 원가는 원재료비, 직접노무비 및 기타 직접원가와 정상조업도에 근거한 관련 제조간접비로 이루어지며, 유휴생산설비 원가나 폐기비용은 제외하고 있습니다. 순실현가능가치는 정상적인 영업과정에서의 추정 판매가격에서 적용 가능한 변동 판매비용을 차감한 금액입니다.

연결회사는 주기적으로 재고자산평가충당금의 중요한 변동을 발생시킬 가능성이 있는 미래의 제품 수요 등을 검토하여 과잉, 진부화 및 시장가치의 하락 등이 발생한 경우 재고자산평가충당금을 계상하고 있으며 재고자산평가손실을 '매출원가'로 처리하고 있습니다.

2.9 유형자산

유형자산은 역사적 원가에서 감가상각누계액과 손상차손누계액을 차감하여 표시하고 있습니다. 역사적 원가는 자산의 취득에 직접적으로 관련된 지출을 포함합니다. 후속원가는 자산으로부터 발생하는 미래의 경제적 효익이 연결회사에 유입될 가능성이 높으며 그 원가를 신뢰성 있게 측정할 수 있는 경우에 한하여 자산의 장부금액에 포함하거나 별도의 자산으로 인식하고 있습니다. 대체된 부분의 장부금액은 제거하고 있으며 그 외의 모든 수선 및 유지비는 발생한 기간의 비용으로 인식하고 있습니다.

연결회사의 유형자산은 취득원가에서 연결회사가 추정한 추정내용연수에 따라 정액법에 의하여 상각됩니다. 토지는 상각되지 않으며, 자본화차입금이자를 포함한 장기건설자산의 취득에 사용된 원가는 관련 자산의 추정내용연수 동안 상각됩니다.

자산별로 연결회사가 사용하고 있는 대표추정내용연수는 다음과 같습니다.

구 분	대표추정내용연수
건물 및 구축물	15, 30 년
기계장치	5 년
기타	5 년

연결회사는 매 회계연도 말에 유형자산의 감가상각방법, 잔존가치와 경제적 내용연수를 검토하고 필요한 경우 조정을 하고 있습니다. 자산의 장부금액이 추정 회수가능액을 초과하는 경우 자산의 장부금액을 회수가능액으로 즉시 감소시키고 있습니다. 자산의 처분손익은 처분대가와 자산의 장부금액의 차이로 결정되며, 손익계산서에 '기타수익' 또는 '기타비용'으로 표시하고 있습니다.

2.10 차입원가

적격자산을 취득 또는 건설하는데 발생한 차입원가는 해당 자산을 의도된 용도로 사용할 수 있도록 준비하는 기간 동안 자본화되고, 적격자산을 취득하기 위한 특정목적
차입금의 일시적 운용에서 발생한 투자수익은 당 회계기간 동안 자본화 가능한 차입원가에서 차감됩니다. 기타 차입원가는 발생기간에 비용으로 인식됩니다.

2.11 무형자산

영업권은 취득 시점에 취득하는 종속기업, 관계기업 및 공동기업, 사업 등의 순식별가능자산에 대한 연결회사의 지분에 해당하는 공정가치를 초과하여 지급한 대가에 해당하며 종속기업의 사업취득과 관련된 건은 무형자산으로, 관계기업 및 공동기업의 지분 취득과 관련한 건은 관계기업 및 공동기업 투자에 포함하여 계상하고 있습니다.

영업권을 제외한 무형자산은 역사적 원가로 최초 인식되고, 원가에서 상각누계액과 손상차손누계액을 차감한 금액으로 표시됩니다.

내부적으로 창출한 무형자산인 개발비는 기술적 실현가능성, 미래경제적효익 등을 포함한 자산 인식요건이 충족된 시점 이후에 발생한 지출금액의 합계입니다. 회원권 및 특정 상표권은 이용 가능 기간에 대하여 예측가능한 제한이 없으므로 내용연수가 한정되지 않아 상각되지 않습니다. 하지만 회원권의 시장가치 하락 등 손상 징후 발견 시 합리적으로 추정하여 손상을 반영합니다. 특허권, 상표권 및 기타무형자산 등 한정된 내용연수를 가지는 무형자산은 추정내용연수동안 정액법에 따라 상각하고 있습니다.

자산별 대표추정내용연수는 다음과 같습니다.

구 분	대표추정내용연수
개발비	2년
특허권, 상표권 및 기타무형자산	3년 ~ 25년

2.12 비금융자산의 손상

영업권이나 비한정내용연수를 가진 무형자산은 상각하지 않고 매년 손상검사를 실시하고 있습니다. 상각하는 자산의 경우 매 보고기간종료일에 장부금액이 회수가능하지 않을 수도 있음을 나타내는 환경의 변화나 사건이 있을 때마다 손상검사를 수행하고 있습니다. 손상차손은 회수가능액을 초과하는 장부금액만큼 인식하고 있습니다. 회수가능액은 순공정가치와 사용가치 중 큰 금액으로 결정하고 있습니다. 손상을 측정하기 위한 목적으로 자산은 별도로 식별 가능한 현금흐름을 창출하는 가장 하위 수준의 집단(현금창출단위)으로 그룹화하고 있습니다. 손상차손을 인식한 경우, 영업권이외의 비금융자산은 매 보고기간종료일에 손상차손의 환입가능성을 검토하고 있습니다.

2.13 매각예정분류(처분자산집단)

비유동자산(또는 처분자산집단)은 장부금액이 매각거래를 통하여 주로 회수되고, 매각될 가능성이 매우 높은 경우에 매각예정으로 분류되며, 그러한 자산은 장부금액과 순공정가치 중 작은 금액으로 측정됩니다. 매각예정분류(처분자산집단) 처분손익은 처분대가와 자산의 장부금액의 차이로 결정되며, 손익계산서에 '기타수익' 또는 '기타비용'으로 표시하고 있습니다.

2.14 금융부채

가. 분류 및 측정

모든 금융부채는 다음을 제외하고는 후속적으로 상각후원가로 측정되도록 분류합니다.

(1) 당기손익-공정가치 측정 금융부채
　파생상품부채를 포함한 이러한 부채는 후속적으로 공정가치로 측정합니다.
(2) 금융자산의 양도가 제거 조건을 충족하지 못하거나 지속적 관여 접근법이 적용되는 경우에 생기는 금융부채
　이러한 금융부채는 주석 2.6 금융자산의 내용을 적용하여 측정합니다.
(3) 금융보증계약
　최초 인식 시 공정가치로 측정되며, 이후에 이러한 계약의 발행자는 해당 계약을 후속적으로 다음 중 큰 금액으로 측정합니다.
　- 기대신용손실에 따라 산정한 손실충당금
　- 최초 인식금액에서 기준서 제1115호 '고객과의 계약에서 생기는 수익'에 따라 인식한 이익누계액을 차감한 금액
(4) 시장이자율보다 낮은 이자율로 대출하기로 한 약정
　최초 인식 후에 이러한 약정의 발행자는 후속적으로 해당 약정을 다음 중 큰 금액으로 측정합니다.
　- 기대신용손실에 따라 산정한 손실충당금
　- 최초 인식금액에서 기준서 제1115호에 따라 인식한 이익누계액을 차감한 금액

(5) 기준서 제1103호를 적용하는 사업결합에서 취득자가 인식하는 조건부 대가
이러한 조건부 대가는 후속적으로 당기손익-공정가치로 측정합니다.

나. 제거

금융부채는 계약상 의무가 이행, 취소 또는 만료되어 소멸되거나 기존 금융부채의 조건이 실질적으로 변경된 경우에 재무상태표에서 제거됩니다. 소멸하거나 제3자에게 양도한 금융부채의 장부금액과 지급한 대가(양도한 비현금자산이나 부담한 부채를 포함)의 차액은 당기손익으로 인식합니다.

2.15 매입채무

매입채무는 정상적인 영업과정에서 공급자로부터 취득한 재고자산 및 제공받은 용역과 관련하여 지급할 의무가 있는 금액입니다. 매입채무의 지급이 12개월 이내에 예상되는 경우 유동부채로 분류하고, 그렇지 않은 경우 비유동부채로 분류합니다. 매입채무는 최초에 공정가치로 인식하며, 후속적으로 유효이자율법을 사용한 상각후원가로 측정하고 있습니다.

2.16 차입금

차입금은 최초에 공정가치에서 거래비용을 차감한 가액으로 인식하며, 후속적으로 상각후원가로 측정하고 있습니다. 거래비용 차감 후 수취한 금액과 상환금액의 차이는 유효이자율법으로 상각하여 차입기간 동안 손익계산서에 인식하고 있습니다. 또한, 보고기간종료일 이후 12개월 이상 결제를 이연할 수 있는 무조건적인 권리가 있는 경우 비유동부채로 분류하며, 그렇지 않은 경우 유동부채로 분류하고 있습니다.

2.17 충당부채 및 우발부채

과거사건의 결과로 현재의 법적의무나 의제의무가 존재하고, 그 의무를 이행하기 위한 자원의 유출가능성이 높으며, 당해 금액의 신뢰성 있는 추정이 가능한 경우 연결회사는 충당부채를 인식하고 있습니다. 미래영업손실에 대하여는 충당부채를 인식하지 않습니다.

충당부채는 의무를 이행하기 위하여 예상되는 지출액의 현재가치로 측정하며, 현재가치 평가에 사용하는 할인율은 그 부채의 고유한 위험과 화폐의 시간가치에 대한 현행 시장의 평가를 반영한 세전이자율입니다. 시간경과로 인한 충당부채의 증가는 이자비용으로 인식하고 있습니다.

또한, 과거사건은 발생하였으나 불확실한 미래사건의 발생 여부에 의해서 존재 여부가 확인되는 잠재적인 의무가 있는 경우 또는 과거사건이나 거래의 결과 현재 의무가 존재하나 자원이 유출될 가능성이 높지 않거나 당해 의무를 이행하여야 할 금액을 신뢰성 있게 추정할 수 없는 경우 우발부채로 주석기재하고 있습니다.

2.18 종업원급여

연결회사는 확정급여제도와 확정기여제도를 포함하는 다양한 형태의 퇴직연금제도를 운영하고 있습니다.

확정기여제도는 연결회사가 고정된 금액의 기여금을 별도 기금에 지급하는 퇴직연금제도입니다. 해당 기금이 현재나 과거 기간의 종업원 용역과 관련하여 지급하여야 할 급여 전액을 지급하기에 충분한 자산을 보유하지 못하는 경우에도 연결회사는 추가적인 기여금을 납부할 법적 의무나 의제의무를 부담하지 않습니다. 확정기여제도와 관련하여 연결회사는 상장되거나 비상장으로 관리되고 있는 연금보험제도에 의무적으로나 계약에 의해 또는 자발적으로 기여금을 지급하고 있습니다. 기여금이 지급된 이후에 연결회사는 더 이상의 미래 의무를 부담하지 않습니다. 기여금은 종업원이 근무 용역을 제공했을 때 비용으로 인식됩니다. 선급 기여금은 초과 기여금으로 인해 미래 지급액이 감소하거나 현금이 환급되는 만큼을 자산으로 인식하고 있습니다.

확정급여제도는 확정기여제도를 제외한 모든 퇴직연금제도입니다. 일반적으로 확정급여제도는 연령, 근속연수나 급여수준 등의 요소에 의해 종업원이 퇴직할 때 지급받을 퇴직연금급여의 금액을 확정하고 있습니다. 확정급여제도와 관련하여 재무상태표에 계상된 부채(자산)는 보고기간종료일 현재 확정급여채무의 현재가치에 사외적립자산의 공정가치를 차감한 과소적립액(자산인식상한을 한도로 하는 초과적립액)입니다. 확정급여채무는 매년 독립된 보험계리인에 의해 예측단위적립방식에 따라 산정됩니다. 확정급여채무의 현재가치는 급여가 지급될 통화로 표시되고 관련 확정급여채무의 지급 시점과 만기가 유사한 우량회사채의 이자율로 기대미래현금유출액을 할인하여 산정하고 있습니다.

보험수리적 가정의 변경 및 보험수리적 가정과 실제로 발생한 결과의 차이로 인해 발생하는 보험수리적손익은 발생한 기간의 기타포괄손익으로 인식하고 있으며, 제도개정, 축소 또는 정산이 발생하는 경우 과거근무원가 또는 정산으로 인한 손익은 발생 즉시 당기손익으로 인식하고 있습니다.

2.19 금융보증계약

금융보증계약은 채무상품의 최초 계약조건이나 변경된 계약조건에 따라 지급기일에 특정 채무자가 지급하지 못하여 보유자가 입은 손실을 보상하기 위하여 특정 금액을 지급하여야 하는 계약입니다.

연결회사가 제공한 금융보증계약은 최초 인식 시 공정가치로 측정되며, 후속적으로는 다음 중 큰 금액으로 측정하여 기타금융부채로 인식됩니다.
(1) 금융상품의 손상 규정에 따라 산정한 손실충당금
(2) 최초 인식금액에서 기준서 제1115호에 따라 인식한 이익누계액을 차감한 금액

2.20 당기법인세 및 이연법인세

연결회사의 법인세비용은 당기법인세와 이연법인세로 구성됩니다. 법인세는 기타포괄손익이나 자본에 직접 인식된 항목과 관련된 금액은 해당 항목에서 직접 인식하며, 이를 제외하고는 당기손익으로 인식됩니다. 법인세비용은 보고기간종료일 현재 제정되었거나 실질적으로 제정된 세법에 기초하여 측정됩니다.

이연법인세는 자산과 부채의 장부금액과 세무기준액의 차이로 정의되는 일시적차이에 대하여 장부금액을 회수하거나 결제할 때의 예상 법인세효과로 인식됩니다. 다만, 사업결합 이외의 거래에서 자산·부채를 최초로 인식할 때 발생하는 이연법인세자산과 부채는 그 거래가 회계이익이나 과세소득에 영향을 미치지 않는다면 인식되지 않습니다. 이연법인세자산은 차감할 일시적차이가 사용될 수 있는 미래 과세소득의 발생가능성이 높은 경우에 인식됩니다.

종속기업, 관계기업 및 공동기업 투자지분과 관련된 가산할 일시적차이에 대하여 소멸 시점을 통제할 수 있고 예측가능한 미래에 일시적차이가 소멸하지 않을 가능성이 높은 경우를 제외하고 이연법인세부채를 인식하고 있습니다. 또한 이러한 자산으로부터 발생하는 차감할 일시적차이에 대하여 일시적차이가 예측가능한 미래에 소멸할 가능성이 높고 일시적차이가 사용될 수 있는 과세소득이 발생할 가능성이 높은 경우에만 이연법인세자산을 인식하고 있습니다.

이연법인세자산과 부채는 당기법인세자산과 당기법인세부채를 상계할 수 있는 법적으로 집행가능한 권리를 연결회사가 보유하고, 이연법인세자산과 부채가 동일한 과세당국에 의해서 부과되는 법인세와 관련이 있으면서 순액으로 결제할 의도가 있는 경우에 상계됩니다.

2.21 파생상품

연결회사는 파생상품의 계약에 따라 발생된 권리와 의무를 공정가액으로 평가하여 자산과 부채로 계상하고, 동 계약으로부터 발생한 손익은 발생 시점에 당기손익으로 인식하고 있습니다. 다만, 요건을 충족한 현금흐름위험회피와 해외사업장에 대한 순투자에 대한 위험회피 금액은 자본항목으로 이연하고 있습니다.

연결회사는 재고자산의 가격 변동 위험 등을 회피하기 위한 현금흐름 위험회피회계를 적용하고 있습니다. 현금흐름위험회피 대상으로 지정되어 적용요건을 충족하는 파생상품의 공정가치 변동 중 위험회피에 효과적인 부분은 기타포괄손익으로 인식하고, 비효과적인 부분은 금융수익 또는 금융비용으로 인식하고 있습니다.

2.23 자본금

보통주와 상환의무 없는 우선주는 모두 자본으로 분류하고 있습니다. 회사 또는 종속기업이 회사의 보통주를 취득하는 경우, 직접거래원가를 포함하는 지급 대가는 그 보통주가 소각되거나 재발행 될 때까지 연결회사의 자본에서 차감하여 표시하고 있습니다. 이러한 자기주식이 재발행되는 경우, 수취한 대가는 연결회사의 주주에게 귀속되는 자본에 포함하고 있습니다.

2.24 수익인식

수익은 주로 연결회사의 통상적인 활동에서 발생하는 재화의 판매에 대하여 받았거나 받을 대가의 공정가액으로 구성되어 있습니다. 수익은 부가가치세, 반품, 판매장려금 및 가격 할인액을 차감한 순액으로 표시하며, 내부거래를 제거한 후의 금액으로 표시하고 있습니다.

연결회사는 2018년 1월 1일부터 기준서 제1115호 '고객과의 계약에서 생기는 수익'을 적용하였습니다. 제1115호에 따르면 모든 유형의 계약에 5단계 수익인식모형(① 계약 식별 → ② 수행의무 식별 → ③ 거래가격 산정 → ④ 거래가격을 수행의무에 배분 → ⑤ 수행의무 이행 시 수익 인식)을 적용하여 수익을 인식합니다.

(1) 수행의무의 식별

연결회사는 Incoterms Group C 조건(무역조건 CIF 등)에 따라 다양한 제품 및 상품을 수출하고 있습니다. 고객에게 통제가 이전된 이후 매도인이 운송서비스를 제공하므로 해당 운송서비스(보험 포함)를 별도의 수행의무로 인식합니다.

(2) 기간에 걸쳐 이행하는 수행의무

연결회사는 조달청을 통해 수주되는 시스템에어컨 도급공사계약에 따라 고객에게 제품을 납품하고 설치를 수행하고 있습니다. 기준서 제1115호에 따르면 기업이 수행하여 만들어지거나 가치가 높아지는 대로 고객이 통제하는 자산을 기업이 만들거나 그 자산가치를 높이는 경우 진행기준을 적용하여 수익을 인식하여야 합니다. 이에 따라 시스템에어컨 설치용역의 경우 용역 수행 경과에 따른 결과물을 고객이 직접 통제하기 때문에 진행기준을 적용하여 수익을 인식합니다.

(3) 변동대가

연결회사는 받을 권리를 갖게 될 대가를 더 잘 예측할 것으로 예상하는 기댓값 방법을 사용하여 변동 대가를 추정하고, 반품 기한이 경과할 때 이미 인식한 누적 수익금액 중 유의적인 부분을 되돌리지 않을 가능성이 매우 높은 금액까지만 변동대가를 거래가격에 포함하여 수익을 인식합니다. 기업이 받았거나 받을 대가 중에서 권리를 갖게 될 것으로 예상하지 않는 금액은 환불부채로 인식하며, 고객이 반품 권리를 행사할 때 고객으로부터 제품을 회수할 권리를 가지므로 그 자산을 환불자산으로 인식하고 해당 금액만큼 매출원가를 조정합니다. 제품을 회수할 권리는 제품의 과거 장부금액에서 제품을 회수하는데 드는 원가를 차감하여 측정합니다.

(4) 거래가격의 배분

연결회사는 하나의 계약에서 식별된 여러 수행의무에 상대적 개별 판매가격을 기초로 거래가격을 배분합니다. 각 수행의무의 개별 판매가격을 추정하기 위하여 '시장평가 조정 접근법' 등을 사용합니다.

2.25 리스

리스는 리스제공자가 대가와 교환하여 식별되는 자산의 사용 통제권을 일정기간 리스이용자에게 이전하는 계약입니다.

연결회사는 계약의 약정 시점에, 계약 자체가 리스인지, 계약이 리스를 포함하는지를 판단합니다. 다만 연결회사는 기준서 제1116호 '리스' 최초적용일인 2019년 1월 1일 이전 계약에 대해서는 실무적 간편법을 적용하여 모든 계약에 대해 다시 판단하지 않았습니다.

리스이용자 및 리스제공자는 리스계약이나 리스를 포함하는 계약에서 계약의 각 리스요소를 리스가 아닌 요소(이하 "비리스요소")와 분리하여 리스로 회계처리합니다. 다만, 연결회사는 리스이용자로서의 회계처리에서 실무적 간편법을 적용하여 비리스요소를 리스요소와 분리하지 않고 각 리스요소와 관련 비리스요소를 하나의 리스요소로 회계처리합니다.

(1) 리스이용자

연결회사는 리스개시일에 기초자산을 사용할 권리를 나타내는 사용권자산(리스자산)과 리스료를 지급할 의무를 나타내는 리스부채를 인식합니다.

사용권자산은 최초 인식 시 원가로 측정하고, 후속적으로 원가에서 감가상각누계액과 손상차손누계액을 차감하고, 리스부채의 재측정에 따른 조정을 반영하여 측정합니다. 또한 사용권자산은 리스개시일부터 사용권자산의 내용연수 종료일과 리스기간 종료일 중 이른 날까지의 기간동안 감가상각합니다. 사용권자산은 재무상태표에 '유형자산'으로 분류합니다.

리스부채는 리스개시일에 그날 현재 지급되지 않은 리스료의 현재가치로 측정합니다. 현재가치 측정 시 리스의 내재이자율로 리스료를 할인하되, 내재이자율을 쉽게 산정할 수 없는 경우에는 회사의 증분차입이자율로 리스료를 할인하고 있습니다. 리스부채는 후속적으로 리스부채에 대하여 인식한 이자비용만큼 증가하고, 리스료의 지급을 반영하여 감소합니다. 지수나 요율(이율)의 변동, 잔존가치보증에 따라 지급할 것으로 예상되는 금액의 변동, 매수선택권이나 연장선택권을 행사할 것이 상당히 확실한지나 종료선택권을 행사하지 않을 것이 상당히 확실한지에 대한 평가의 변동에 따라 미래 리스료가 변경되는 경우에 리스부채를 재측정합니다. 리스부채는 재무상태표에 '유동성장기부채' 또는 '장기차입금'으로 분류합니다.

단기리스(리스개시일에 리스기간이 12개월 이하)와 소액자산 리스(기초자산 US$ 5,000 이하)의 경우 실무적 간편법을 적용하여 리스료를 리스기간에 걸쳐 정액기준으로 비용을 인식합니다.

(2) 리스제공자

리스제공자의 회계처리는 2019년 1월 1일 기준서 제1116호를 최초 적용하기 전의 회계정책과 유의적으로 변동되지 않았습니다.

연결회사는 리스약정일에 리스자산의 소유에 따른 위험과 보상의 대부분을 이전하는 리스는 금융리스로 분류하고, 금융리스 이외의 모든 리스는 운용리스로 분류합니다. 운용리스로부터 발생하는 리스료 수익은 리스기간에 걸쳐 정액기준으로 인식하고, 운용리스의 협상 및 계약 단계에서 발생한 리스개설 직접원가는 리스자산의 장부금액에 가산한 후 리스료 수익에 대응하여 리스기간 동안 비용으로 인식합니다.

2.26 정부보조금

정부보조금은 보조금의 수취와 정부보조금에 부가된 조건의 준수에 대한 합리적인 확신이 있을 때 공정가치로 인식됩니다. 수익과 관련된 정부보조금은 이연하여 정부보조금의 교부목적과 관련된 수익 또는 비용과 대응될 수 있는 기간에 손익계산서에 인식하고 있습니다. 한편, 특정 자산의 취득과 관련된 정부보조금은 이연수익으로 처리하고, 정부보조금 관련 이연수익은 관련 자산의 내용연수 동안 상각하여 손익으로 반영하고 있습니다.

2.27 주당이익

기본주당이익은 주주에게 귀속되는 손익계산서상 당기순이익을 보고기간 동안의 연결회사의 가중평균 유통보통주식수로 나누어 산정한 것입니다.

희석주당이익은 주주에게 귀속되는 손익계산서상 당기순이익을 보고기간 동안의 연결회사의 가중평균 유통보통주식수와 가중평균 잠재적 희석증권주식수로 나누어 산정한 것입니다. 잠재적 희석증권은 희석효과가 발생하는 경우에만 희석주당이익의 계산에 반영됩니다.

2.28 보고부문

보고부문은 최고영업의사결정자에게 보고되는 부문별로 공시되고 있습니다. 최고영업의사결정자는 부문에 배부될 자원에 대한 의사결정을 하고 부문의 성과를 평가하는데 책임이 있으며, 전략적 의사결정을 수행하는 경영위원회를 최고의사결정자로 보고 있습니다.

2.29 연결재무제표의 승인

연결회사의 연결재무제표는 2021년 1월 28일 이사회에서 승인되었으며, 향후 정기주주총회에서 수정 승인될 수 있습니다.

3. 중요한 회계추정 및 가정:

연결회사는 미래에 대하여 추정 및 가정을 하고 있습니다. 추정 및 가정은 지속적으로 평가되며, 과거 경험과 현재의 상황에서 합리적으로 예측가능한 미래의 사건을 고려하여 이루어집니다. 이러한 회계추정은 실제 결과와 다를 수도 있습니다. 특히 2020년 코로나19 (COVID-19)의 확산으로 연결회사의 추정 및 가정에 영향이 발생할 수 있으나, 당기말 현재 그 영향을 합리적으로 추정할 수 없습니다. 다음 회계연도에 자산 및 부채 장부금액의 조정에 영향을 미칠 수 있는 유의적 위험에 대한 추정 및 가정은 다음과 같습니다.

가. 수익인식

연결회사는 고객에게 제품 판매 후 고객이 반품할 것으로 예상되는 제품에 대하여 환불부채와 회수할 재화에 대한 권리를 인식하고 있습니다. 판매 시점에 포트폴리오 수준에서 누적된 경험에 기초하여 기댓값 방법으로 반품률을 예측하고 있으며, 연결회사의 수익은 예측된 반품률의 변동에 영향을 받습니다.

연결회사는 재화의 판매로 인한 수익을 통제가 이전되는 시점에 계약에 따른 대가에서 특정 매출장려활동을 차감한 금액으로 인식하고 있습니다. 과거의 경험 및 계약에 기초하여 매출차감액을 합리적으로 추정하고 있으며, 연결회사의 수익은 추정된 매출차감에 영향을 받습니다.

나. 판매보증충당부채

연결회사는 판매한 제품에 대하여 품질에 대한 보증의무를 부담하고 있습니다. 연결회사는 매 보고기간종료일 미래와 현재의 보증의무를 제공하는데 필요하다고 판단되는 최선의 추정치를 기준으로 보증충당부채를 계상하고 있습니다. 이러한 최선의 추정치는 과거 경험에 기초하여 결정하고 있습니다.

다. 금융상품의 공정가치

연결회사는 활성시장에서 거래되지 않는 금융상품의 공정가치에 대하여 보고기간종료일 현재 주요한 시장상황을 기초로 다양한 평가기법 및 가정을 사용하여 결정하고 있습니다.

라. 금융자산의 손상

연결회사는 금융자산의 손실충당금을 측정할 때에 채무불이행위험과 기대신용률에 대한 가정에 근거하였습니다. 연결회사는 이러한 가정을 세우고 손상 계산을 위한 투입요소를 선택할 때 보고기간종료일의 미래 전망에 대한 추정 및 과거 경험, 현재 시장 상황에 근거하여 판단합니다.

마. 리스

연결회사는 리스기간을 산정할 때에 연장선택권을 행사하거나 종료선택권을 행사하지 않을 경제적 유인이 생기게 하는 관련되는 사실 및 상황을 모두 고려합니다. 연장선택권의 대상 기간(또는 종료선택권의 대상 기간)은 리스이용자가 연장선택권을 행사할 것(또는 행사하지 않을 것)이 상당히 확실한 경우에만 리스기간에 포함됩니다.

선택권이 실제로 행사되거나(행사되지 않거나) 연결회사가 선택권을 행사할(행사하지 않을) 의무를 부담하게 되는 경우에 리스기간을 다시 평가합니다. 리스이용자가 통제할 수 있는 범위에 있고 리스기간을 산정할 때에 영향을 미치는 유의적인 사건이 일어나거나 상황에 유의적인 변화가 있을 때에만 연결회사는 연장선택권을 행사할 것(또는 행사하지 않을 것)이 상당히 확실한지의 판단을 변경합니다.

바. 순확정급여부채(자산)

순확정급여부채(자산)는 많은 가정을 사용하는 보험수리적 방식에 의해 결정되는 다양한 요소들에 따라 달라질 수 있습니다. 퇴직연금의 순원가(이익)를 결정하는 데 사용되는 가정은 할인율을 포함하고 있으며, 이러한 가정의 변동은 순확정급여부채(자산)의 장부금액에 영향을 줄 것입니다. 연결회사는 매년 말 우량회사채 이자율을 고려하여 적절한 할인율을 결정하고 있으며, 이러한 할인율은 순확정급여부채(자산)의 정산 시 발생할 것으로 예상되는 미래의 추정 현금 유출액의 현재가치를 결정할 때 사용되어야 하는 이자율을 나타냅니다. 순확정급여부채(자산)와 관련된 다른 주요한 가정들은 일부 현재의 시장 상황에 근거하고 있습니다

사. 영업권 및 내용연수가 비한정인 무형자산의 손상

연결회사는 매년 영업권 및 내용연수가 비한정인 무형자산의 손상 여부를 검토하고 있습니다. 현금창출단위 또는 자산의 회수가능금액은 사용가치의 계산에 기초하여 결정하고 있습니다. 이러한 계산은 추정에 근거하여 이루어집니다.

아. 법인세

연결회사의 과세소득에 대한 법인세는 다양한 국가의 세법 및 과세당국의 결정을 적용하여 산정되므로 최종 세효과를 산정하는 데에는 불확실성이 존재합니다. 연결회사는 보고기간종료일 현재까지의 영업활동의 결과로 미래에 부담할 것으로 예상되는 법인세효과를 최선의 추정과정을 거쳐 당기법인세 및 이연법인세로 인식하였습니다. 하지만 실제 미래 최종 법인세 부담은 인식한 관련 자산・부채와 일치하지 않을 수 있으며, 이러한 차이는 최종 세효과가 확정된 시점의 당기법인세 및 이연법인세 자산・부채에 영향을 줄 수 있습니다.

연결회사는 특정 기간 동안 과세소득의 일정 금액을 투자, 임금증가 등에 사용하지 않았을 때 세법에서 정하는 방법에 따라 산정된 법인세를 추가로 부담합니다. 따라서 해당 기간의 당기법인세와 이연법인세를 측정할 때 이에 따른 세효과를 반영하여야 하고, 이로 인해 연결회사가 부담할 법인세는 각 연도의 투자, 임금증가 등의 수준에 따라 달라지므로 최종 세효과를 산정하는 데에는 불확실성이 존재합니다.

연결회사는 법인세 처리의 불확실성 여부를 검토하고 있으며, 과세당국이 불확실한 법인세 처리를 수용할 가능성이 높지 않다고 결론 내리는 경우에는 불확실한 법인세 처리 각각에 다음 방법 가운데 불확실성의 해소를 더 잘 예측할 것으로 예상하는 방법을 사용하여 불확실성의 영향을 연결재무제표에 반영하고 있습니다.

(1) 가능성이 가장 높은 금액: 가능한 결과치 범위에서 가능성이 가장 높은 단일금액

(2) 기댓값: 가능한 결과치의 범위에 있는 모든 금액에 각 확률을 곱한 금액의 합

4. 범주별 금융상품:

가. 보고기간종료일 현재 범주별 금융상품 내역은 다음과 같습니다.

(1) 당기말

(단위 : 백만원)

금융자산	상각후원가 측정 금융자산	기타포괄손익-공정가치 측정 금융자산	당기손익-공정가치 측정 금융자산	기타금융자산(*)	계
현금및현금성자산	29,382,578	-	-	-	29,382,578
단기금융상품	92,441,703	-	-	-	92,441,703
매출채권	30,965,058	-	-	-	30,965,058
상각후원가금융자산	2,757,111	-	-	-	2,757,111
기타포괄손익-공정가치금융자산	-	12,575,216	-	-	12,575,216
당기손익-공정가치금융자산	-	-	1,274,420	-	1,274,420
기타	6,395,766	-	215,797	23,310	6,634,873
계	161,942,216	12,575,216	1,490,217	23,310	176,030,959

(*) 기타금융자산은 범주별 금융자산의 적용을 받지 않는 위험회피수단인 파생상품 등을 포함하고 있습니다.

(단위 : 백만원)

금융부채	상각후원가 측정 금융부채	당기손익-공정가치 측정 금융부채	기타금융부채(*)	계
매입채무	9,739,222	-	-	9,739,222
단기차입금	2,278,386	-	14,275,043	16,553,429
미지급금	10,645,637	-	-	10,645,637
유동성장기부채	5,318	-	710,781	716,099
사채	948,137	-	-	948,137
장기차입금	-	-	1,999,716	1,999,716
장기미지급금	1,272,128	2,176	-	1,274,304
기타	9,354,624	242,698	41,930	9,639,252
계	34,243,452	244,874	17,027,470	51,515,796

(*) 기타금융부채는 범주별 금융부채의 적용을 받지 않는 담보부차입금, 리스부채 및 위험회피수단인 파생상품 등을 포함하고 있습니다.

(2) 전기말

(단위 : 백만원)

금융자산	상각후원가 측정 금융자산	기타포괄손익-공정가치 측정 금융자산	당기손익-공정가치 측정 금융자산	기타금융자산(*)	계
현금및현금성자산	26,885,999	-	-	-	26,885,999
단기금융상품	76,252,052	-	-	-	76,252,052
매출채권	35,131,343	-	-	-	35,131,343
상각후원가금융자산	3,914,216	-	-	-	3,914,216
기타포괄손익-공정가치금융자산	-	8,920,712	-	-	8,920,712
당기손익-공정가치금융자산	-	-	2,776,440	-	2,776,440
기타	9,656,415	-	181,682	26,444	9,864,541
계	151,840,025	8,920,712	2,958,122	26,444	163,745,303

(*) 기타금융자산은 범주별 금융자산의 적용을 받지 않는 위험회피수단인 파생상품 등을 포함하고 있습니다.

(단위 : 백만원)

금융부채	상각후원가 측정 금융부채	당기손익-공정가치 측정 금융부채	기타금융부채(*)	계
매입채무	8,718,222	-	-	8,718,222
단기차입금	2,659,107	-	11,734,361	14,393,468
미지급금	11,034,253	-	-	11,034,253
유동성장기부채	41,022	-	805,068	846,090
사채	975,298	-	-	975,298
장기차입금	-	-	2,197,181	2,197,181
장기미지급금	1,820,611	2,316	-	1,822,927
기타	8,158,935	204,671	10,540	8,374,146
계	33,407,448	206,987	14,747,150	48,361,585

(*) 기타금융부채는 범주별 금융부채의 적용을 받지 않는 담보부차입금, 리스부채 및 위험회피수단인 파생상품 등을 포함하고 있습니다.

나. 금융상품 범주별 순손익 구분

(1) 당기

(단위 : 백만원)

금융자산	상각후원가 측정 금융자산	기타포괄손익-공정가치 측정 금융자산	당기손익-공정가치 측정 금융자산	기타금융자산	계
평가손익(기타포괄손익)	-	2,502,733	-	(1,823)	2,500,910
평가・처분손익(당기손익)	(6,725)	-	206,850	126	200,251
평가손익(손익대체)	-	-	-	981	981
이자수익	1,974,141	-	317	-	1,974,458
외환차이(당기손익)	(886,631)	-	-	-	(886,631)
배당금수익	-	149,617	2,823	-	152,440
손상(환입)	(42,824)	-	-	-	(42,824)

(단위 : 백만원)

금융부채	상각후원가 측정 금융부채	당기손익-공정가치 측정 금융부채	기타금융부채(*)	계
평가손익(기타포괄손익)	-	-	(22,995)	(22,995)
평가・처분손익(당기손익)	-	86,371	(154)	86,217
평가손익(손익대체)	-	-	12,368	12,368
이자비용	(302,782)	-	(280,231)	(583,013)
외환차이(당기손익)	180,110	-	9,730	189,840

(*) 기타금융부채는 범주별 금융부채의 적용을 받지 않는 담보부차입금, 리스부채 및 위험회피수단인 파생상품 등을 포함하고 있습니다.

(2) 전기

(단위 : 백만원)

금융자산	상각후원가 측정 금융자산	기타포괄손익-공정가치 측정 금융자산	당기손익-공정가치 측정 금융자산	기타금융자산	계
평가손익(기타포괄손익)	-	1,146,599	-	4,735	1,151,334
평가 · 처분손익(당기손익)	(14,874)	-	225,273	(59)	210,340
평가손익(손익대체)	-	-	-	3,830	3,830
이자수익	2,659,740	-	284	-	2,660,024
외환차이(당기손익)	(328,213)	-	-	-	(328,213)
배당금수익	-	152,091	2,588	-	154,679
손상(환입)	188,530	-	(5,398)	-	183,132

(단위 : 백만원)

금융부채	상각후원가 측정 금융부채	당기손익-공정가치 측정 금융부채	기타금융부채(*)	계
평가손익(기타포괄손익)	-	-	20,277	20,277
평가 · 처분손익(당기손익)	-	(3,237)	1,033	(2,204)
평가손익(손익대체)	-	-	16,399	16,399
이자비용	(248,659)	-	(437,697)	(686,356)
외환차이(당기손익)	167,164	-	90,145	257,309

(*) 기타금융부채는 범주별 금융부채의 적용을 받지 않는 담보부차입금, 리스부채 및 위험회피수단인 파생상품 등을 포함하고 있습니다.

5. 금융자산의 양도:

연결회사는 당기 및 전기 중 은행과의 매출채권 팩토링 계약을 통해 매출채권을 할인하였습니다. 연결회사가 매출채권 팩토링 거래에서 제공한 매출채권은 채무자의 채무불이행 시의 소구조건 등으로 대부분의 위험과 보상을 연결회사가 보유하므로 금융자산의 제거요건을 충족하지 않아 제거되지 않았습니다. 이러한 거래에서 인식한 금융부채는 재무상태표에 '단기차입금'으로 분류되어 있습니다(주석 12 참조).

보고기간종료일 현재 매출채권의 할인된 내역은 다음과 같습니다.

(단위 : 백만원)

구 분	당기말	전기말
할인된 매출채권의 장부금액(*)	14,275,043	11,734,361
관련 차입금의 장부금액	14,275,043	11,734,361

(*) 할인된 매출채권에는 연결회사 간의 매출채권이 포함되어 있습니다.

6. 공정가치금융자산:

가. 보고기간종료일 현재 공정가치금융자산의 구성 내역은 다음과 같습니다.

(1) 기타포괄손익-공정가치금융자산

(단위 : 백만원)

구 분	당기말	전기말
비유동항목:		
지분상품	12,575,216	8,920,712

(2) 당기손익-공정가치금융자산

(단위 : 백만원)

구 분	당기말	전기말
유동항목:		
채무상품	71,451	1,727,436
비유동항목:		
지분상품	819,144	704,155
채무상품	383,825	344,849
소 계	1,202,969	1,049,004
계	1,274,420	2,776,440

나. 당기 및 전기 중 비유동 공정가치금융자산의 변동 내역은 다음과 같습니다.

(1) 기타포괄손익-공정가치금융자산

(단위 : 백만원)

구 분	당기	전기
기초	8,920,712	7,301,351
취득	245,497	63,447
처분	(23,872)	(950)
공정가치평가	3,423,908	1,497,600
기타	8,971	59,264
기말	12,575,216	8,920,712

(2) 당기손익-공정가치금융자산

(단위 : 백만원)

구 분	당기	전기
기초	1,049,004	775,427
취득	84,184	138,125
처분	(37,554)	(55,509)
공정가치평가	122,042	200,533
기타	(14,707)	(9,572)
기말	1,202,969	1,049,004

다. 당기 및 전기 중 기타포괄손익-공정가치금융자산평가손익의 변동 내역은 다음과 같습니다.

(단위 : 백만원)

구 분	당기	전기
기초	3,663,998	2,165,131
공정가치평가	3,423,908	1,497,600
처분으로 인한 이익잉여금 대체	(16,491)	1,267
기말	7,071,415	3,663,998
차감: 자본에 가감되는 법인세효과 및 비지배지분	(2,095,659)	(1,090,468)
계	4,975,756	2,573,530

라. 보고기간종료일 현재 공정가치금융자산 중 상장주식의 내역은 다음과 같습니다.

(단위 : 주, %, 백만원)

기 업 명	당기말				전기말
	보유주식수 (주)	지분율(%) (*)	취득원가	장부금액 (시장가치)	장부금액 (시장가치)
삼성중공업㈜	100,693,398	16.0	735,488	708,882	732,041
㈜호텔신라	2,004,717	5.1	13,957	164,988	182,028
㈜아이마켓코리아	647,320	1.8	324	5,658	6,732
㈜원익홀딩스	3,518,342	4.6	30,821	22,306	19,210
㈜원익아이피에스	3,701,872	7.5	32,428	163,808	132,712
㈜에스에프에이	3,644,000	10.2	38,262	140,658	168,535
ASML Holding N.V.	6,297,787	1.5	363,012	3,350,532	2,154,676
Wacom Co., Ltd.	8,398,400	5.0	62,013	76,589	39,765
BYD Company Limited	52,264,808	1.9	528,665	1,695,488	412,935
기타			491,958	1,012,825	419,868
계			2,296,928	7,341,734	4,268,502

(*) 총발행보통주식수 기준 지분율입니다.

7. 매출채권 및 미수금:

가. 보고기간종료일 현재 매출채권 및 미수금의 내역은 다음과 같습니다.

(단위 : 백만원)

구 분	당기말		전기말	
	매출채권	미수금	매출채권	미수금
채권액	31,369,364	4,065,404	35,882,903	4,584,259
차감: 손실충당금	(318,731)	(59,487)	(340,410)	(58,666)
소 계	31,050,633	4,005,917	35,542,493	4,525,593
차감: 장기 채권	(85,575)	(401,378)	(411,150)	(346,473)
유동항목	30,965,058	3,604,539	35,131,343	4,179,120

나. 당기 및 전기 중 손실충당금의 변동 내역은 다음과 같습니다.

(단위 : 백만원)

구 분	당기		전기	
	매출채권	미수금	매출채권	미수금
기초	340,410	58,666	571,564	31,045
대손상각(환입)	40,006	2,869	(183,380)	(5,115)
제각	(40,384)	(103)	(14,571)	(539)
기타	(21,301)	(1,945)	(33,203)	33,275
기말	318,731	59,487	340,410	58,666

다. 보고기간종료일 현재 기대신용손실을 측정하기 위해 연체일을 기준으로 구분한 매출채권 및 미수금 내역은 다음과 같습니다.

(단위 : 백만원)

구 분	당기말		전기말	
	매출채권	미수금	매출채권	미수금
연체되지 않은 채권	29,395,528	3,585,376	33,215,136	4,365,708
연체된 채권(*):				
31일 이하	1,269,398	129,054	1,830,749	106,313
31일 초과 90일 이하	137,568	42,603	323,640	20,343
90일 초과	566,870	308,371	513,378	91,895
소 계	1,973,836	480,028	2,667,767	218,551
계	31,369,364	4,065,404	35,882,903	4,584,259

(*) 연결회사는 31일 이하 연체된 매출채권 및 미수금은 신용이 손상된 것으로 간주하지 않습니다.

라. 보고기간종료일 현재 신용위험의 최대 노출금액은 채권의 장부금액입니다. 연결회사의 주요 채권과 관련하여 보험사와 보험계약을 체결하고 있습니다.

8. 재고자산:

보고기간종료일 현재 재고자산의 내역은 다음과 같습니다.

(단위 : 백만원)

구 분	당기말			전기말		
	평가전금액	평가충당금	장부금액	평가전금액	평가충당금	장부금액
제품 및 상품	9,711,668	(323,782)	9,387,886	8,460,621	(345,505)	8,115,116
반제품 및 재공품	12,144,887	(326,797)	11,818,090	10,424,880	(538,246)	9,886,634
원재료 및 저장품	10,464,679	(673,913)	9,790,766	8,288,265	(541,155)	7,747,110
미착품	1,046,403	-	1,046,403	1,017,604	-	1,017,604
계	33,367,637	(1,324,492)	32,043,145	28,191,370	(1,424,906)	26,766,464

당기 중 비용으로 인식한 재고자산의 금액은 143,172,743백만원(전기: 145,793,517백만원)입니다. 동 비용에는 재고자산평가손실 금액이 포함되어 있습니다.

9. 관계기업 및 공동기업 투자:

가. 당기 및 전기 중 관계기업 및 공동기업 투자의 변동 내역은 다음과 같습니다.

(단위 : 백만원)

구 분	당기	전기
기초	7,591,612	7,313,206
취득	83,280	12,822
처분	-	(1,437)
이익 중 지분해당액	506,530	412,960
기타(*)	(104,643)	(145,939)
기말	8,076,779	7,591,612

(*) 기타는 배당, 손상, 계정재분류 등으로 구성되어 있습니다.

나. 보고기간종료일 현재 주요 관계기업 및 공동기업 투자 현황은 다음과 같습니다.

(1) 관계기업 투자

기업명	관계의 성격	지분율(%)(*1)	주사업장	결산월
삼성전기㈜	수동소자, 회로부품, 모듈 등 전자부품의 생산 및 공급	23.7	한국	12월
삼성에스디에스㈜	컴퓨터 프로그래밍, 시스템 통합·관리 등 IT 서비스 및 물류서비스 제공	22.6	한국	12월
삼성바이오로직스㈜	신사업 투자	31.5	한국	12월
삼성SDI㈜(*2)	2차전지 등 전자제품의 생산 및 공급	19.6	한국	12월
㈜제일기획	광고 대행업	25.2	한국	12월

(*1) 총발행보통주식수 기준 지분율입니다.
(*2) 유통보통주식수 기준 지분율은 20.6%입니다.

(2) 공동기업 투자

기업명	관계의 성격	지분율(%)(*)	주사업장	결산월
삼성코닝어드밴스드글라스㈜	기타 산업용 유리제품 생산 및 공급	50.0	한국	12월

(*) 총발행보통주식수 기준 지분율입니다.

다. 보고기간종료일 현재 관계기업 및 공동기업 투자 내역은 다음과 같습니다.

(1) 관계기업 투자

(단위 : 백만원)

기 업 명	당기말			전기말		
	취득원가	순자산가액(*)	장부금액	취득원가	순자산가액(*)	장부금액
삼성전기㈜	359,237	1,351,864	1,333,819	359,237	1,237,753	1,152,734
삼성에스디에스㈜	147,963	1,506,421	1,525,857	147,963	1,478,586	1,499,571
삼성바이오로직스㈜	443,193	1,448,259	1,453,012	443,193	1,371,315	1,377,043
삼성SDI㈜	1,242,605	2,612,629	2,326,037	1,242,605	2,481,233	2,233,516
㈜제일기획	506,162	288,877	586,057	506,162	271,409	570,215
기타	620,233	458,182	666,506	550,404	373,606	523,794
계	3,319,393	7,666,232	7,891,288	3,249,564	7,213,902	7,356,873

(*) 순자산가액은 지분해당액 기준입니다.

(2) 공동기업 투자

(단위 : 백만원)

기 업 명	당기말			전기말		
	취득원가	순자산가액(*)	장부금액	취득원가	순자산가액(*)	장부금액
삼성코닝어드밴스드글라스㈜	215,000	123,360	123,356	215,000	173,746	173,742
기타	259,994	68,875	62,135	259,994	66,848	60,997
계	474,994	192,235	185,491	474,994	240,594	234,739

(*) 순자산가액은 지분해당액 기준입니다.

라. 당기 및 전기 중 지분법평가 내역은 다음과 같습니다.

(1) 당기

(단위 : 백만원)

기 업 명	기초	지분법평가 내역			기말
		지분법손익	지분법자본변동	기타증감액(*)	
삼성전기㈜	1,152,734	199,249	1,298	(19,462)	1,333,819
삼성에스디에스㈜	1,499,571	100,231	(36,057)	(37,888)	1,525,857
삼성바이오로직스㈜	1,377,043	73,135	2,834	-	1,453,012
삼성SDI㈜	2,233,516	62,106	43,878	(13,463)	2,326,037
㈜제일기획	570,215	44,433	(4,780)	(23,811)	586,057
삼성코닝어드밴스드글라스㈜	173,742	(51,175)	789	-	123,356
기타	584,791	78,551	(51,259)	116,558	728,641
계	7,591,612	506,530	(43,297)	21,934	8,076,779

(*) 기타증감액은 취득, 처분, 배당, 손상 및 계정재분류 등으로 구성되어 있습니다.

(2) 전기

(단위 : 백만원)

기 업 명	기초	지분법평가 내역			기말
		지분법손익	지분법자본변동	기타증감액(*)	
삼성전기㈜	1,126,043	38,458	5,926	(17,693)	1,152,734
삼성에스디에스㈜	1,376,321	166,385	(8,191)	(34,944)	1,499,571
삼성바이오로직스㈜	1,308,546	64,571	3,926	-	1,377,043
삼성SDI㈜	2,197,335	34,279	15,365	(13,463)	2,233,516
㈜제일기획	549,165	42,049	1,360	(22,359)	570,215
삼성코닝어드밴스드글라스㈜	173,499	34	209	-	173,742
기타	582,297	67,184	13,802	(78,492)	584,791
계	7,313,206	412,960	32,397	(166,951)	7,591,612

(*) 기타증감액은 취득, 처분, 배당, 손상 및 계정재분류 등으로 구성되어 있습니다.

마. 주요 관계기업 및 공동기업 투자의 요약 재무정보 등은 다음과 같습니다.

(1) 주요 관계기업

(단위 : 백만원)

구 분	당기				
	삼성전기㈜	삼성에스디에스㈜	삼성바이오로직스㈜	삼성SDI㈜	㈜제일기획
Ⅰ. 요약 재무정보(연결재무제표 기준)					
요약 재무상태표:					
유동자산	4,150,303	6,581,153	1,751,347	5,657,405	1,742,270
비유동자산	5,075,196	2,573,766	4,672,854	15,876,827	500,194
유동부채	1,914,880	1,720,757	589,301	4,983,633	1,046,224
비유동부채	1,400,223	575,054	1,236,117	3,191,672	180,710
비지배지분	138,107	190,081	-	381,311	7,988
요약 포괄손익계산서:					
매출	8,208,738	11,017,432	1,164,777	11,294,770	2,747,922
계속영업손익(*1)	595,938	443,455	240,975	574,723	157,400
세후중단영업손익(*1)	8,024	-	-	-	-
기타포괄손익(*1)	(33,475)	(134,669)	3,354	144,901	(14,795)
총포괄손익(*1)	570,487	308,786	244,329	719,624	142,605
Ⅱ. 관계기업 투자의 장부금액으로의 조정 내역					
순자산(a)	5,772,289	6,669,027	4,598,783	12,977,616	1,007,542
연결실체지분율(b)(*2)	23.4%	22.6%	31.5%	20.1%	28.7%
순자산지분금액(a×b)	1,351,864	1,506,421	1,448,259	2,612,629	288,877
영업권	7,081	26,801	3,645	-	298,779
내부거래 등(*3)	(25,126)	(7,365)	1,108	(286,592)	(1,599)
장부금액	1,333,819	1,525,857	1,453,012	2,326,037	586,057
Ⅲ. 배당					
배당	19,462	41,933	-	13,463	23,811

(*1) 지배기업의 소유주에 귀속될 손익입니다.

(*2) 보통주와 우선주 포함 지분율입니다.

(*3) 미실현손익과 기타차이로 구성되어 있습니다.

(단위 : 백만원)

구 분	전기				
	삼성전기㈜	삼성에스디에스㈜	삼성바이오로직스㈜	삼성SDI㈜	㈜제일기획
Ⅰ. 요약 재무정보(연결재무제표 기준)					
요약 재무상태표:					
유동자산	3,507,525	6,383,847	1,356,262	5,181,415	1,787,299
비유동자산	5,166,724	2,637,389	4,555,365	14,670,682	504,347
유동부채	1,850,405	1,698,187	690,505	3,741,523	1,115,652
비유동부채	1,393,746	597,891	866,668	3,450,229	219,178
비지배지분	145,050	179,362	-	335,408	10,197
요약 포괄손익계산서:					
매출	8,040,818	10,719,632	701,592	10,097,426	3,421,673
계속영업손익(*1)	605,725	736,458	202,904	356,549	138,055
세후중단영업손익(*1)	(91,428)	-	-	-	-
기타포괄손익(*1)	26,270	(17,665)	(3,919)	137,272	2,172
총포괄손익(*1)	540,567	718,793	198,985	493,821	140,227
Ⅱ. 관계기업 투자의 장부금액으로의 조정 내역					
순자산(a)	5,285,048	6,545,796	4,354,454	12,324,937	946,619
연결실체지분율(b)(*2)	23.4%	22.6%	31.5%	20.1%	28.7%
순자산지분금액(a×b)	1,237,753	1,478,586	1,371,315	2,481,233	271,409
영업권	7,081	26,801	3,645	-	298,779
내부거래 등(*3)	(92,100)	(5,816)	2,083	(247,717)	27
장부금액	1,152,734	1,499,571	1,377,043	2,233,516	570,215
Ⅲ. 배당					
배당	17,693	34,944	-	13,463	22,359

(*1) 지배기업의 소유주에 귀속될 손익입니다.

(*2) 보통주와 우선주 포함 지분율입니다.

(*3) 미실현손익과 기타차이로 구성되어 있습니다.

(2) 주요 공동기업

(단위 : 백만원)

구 분	삼성코닝어드밴스드글라스㈜	
	당기	전기
Ⅰ. 요약 재무정보		
요약 재무상태표:		
유동자산	133,896	164,870
비유동자산	153,792	225,335
유동부채	39,151	40,567
비유동부채	1,817	2,146
요약 포괄손익계산서:		
매출	144,016	156,448
계속영업손익(*1)	(12,668)	6,127
세후중단영업손익(*1)	(89,681)	(6,059)
기타포괄손익(*1)	1,578	418
총포괄손익(*1)	(100,771)	486
Ⅱ. 공동기업 투자의 장부금액으로의 조정 내역		
순자산(a)	246,720	347,492
연결실체지분율(b)	50.0%	50.0%
순자산지분금액(a×b)	123,360	173,746
내부거래 등(*2)	(4)	(4)
장부금액	123,356	173,742
Ⅲ. 배당		
배당	-	-

(*1) 공동기업별 지배기업의 소유주에 귀속될 손익입니다.
(*2) 미실현손익과 기타차이로 구성되어 있습니다.

(3) 개별적으로 중요하지 않은 관계기업과 공동기업의 손익 중 연결회사의 지분 해당액은 다음과 같습니다.

(단위 : 백만원)

구 분	당기		전기	
	관계기업	공동기업	관계기업	공동기업
당기순손익	77,296	1,255	65,635	1,549
기타포괄손익	(49,185)	(2,074)	10,714	3,088
총포괄손익	28,111	(819)	76,349	4,637

바. 보고기간종료일 현재 시장성 있는 관계기업 투자주식의 내역은 다음과 같습니다.

(단위 : 주, 백만원)

구 분	당기말		전기말
	주식수(주)	시장가치	시장가치
삼성전기㈜	17,693,084	3,149,369	2,211,636
삼성에스디에스㈜	17,472,110	3,118,772	3,398,325
삼성바이오로직스㈜	20,836,832	17,211,223	9,022,348
삼성SDI㈜	13,462,673	8,454,559	3,177,191
㈜제일기획	29,038,075	598,184	698,366

사. 기타사항

증권선물위원회는 연결회사의 관계기업인 삼성바이오로직스㈜가 Biogen Therapeutics Inc.와 합작 투자한 삼성바이오에피스㈜ 지분에 대한 회계처리와 관련하여, 합작계약 약정사항의 재무제표 주석 미기재를 이유로 담당임원 해임권고, 검찰 고발, 감사인 지정 등의 조치(이하 "1차 처분")를 2018년 7월 12일에 의결하였으며, 연결대상 범위 회계처리 오류 등 회계기준 위반을 이유로 과징금 80억원 부과, 대표이사 해임권고, 재무제표 재작성, 검찰 고발 등의 조치(이하 "2차 처분")를 2018년 11월 14일 의결하였습니다.

이에 대하여 삼성바이오로직스㈜는 회계처리의 정당성을 입증하기 위하여 위 처분의 취소를 구하는 소송(이하 "본안 소송")을 서울행정법원에 제기하였고, 현재 소송을 진행 중입니다. 1차 처분의 취소를 구하는 소송과 관련하여, 서울행정법원은 2020년 9월 24일 증권선물위원회가 부과한 행정 처분을 취소한다고 판결하고, 항소심 판결 선고 시까지 위 처분의 효력을 정지하는 결정을 하였습니다. 이에 증권선물위원회는 2020년 10월 16일 항소하여 현재 서울고등법원에서 소송을 진행 중입니다. 또한, 삼성바이오로직스㈜는 위 처분에 대한 효력정지신청서를 서울행정법원에 제출하였으며, 법원은 2019년 1월 22일(2차 처분)과 2019년 2월 19일(1차 처분)에 본안 소송의 판결 시까지 처분의 효력을 정지하는 결정을 선고하였습니다. 이에 증권선물위원회는 위 집행정지 결정에 대하여 즉시항고하였으며, 서울고등법원은 2019년 5월 13일(2차 처분), 2019년 5월 24일(1차 처분) 항고를 기각하였습니다. 이에 증권선물위원회는 2019년 5월 23일(2차 처분), 2019년 6월 10일(1차 처분) 재항고하였으며, 대법원은 2019년 9월 6일(2차 처분), 2019년 10월 11일(1차 처분) 재항고를 기각하여 효력정지 결정이 확정되었습니다.

향후 행정소송의 결과를 예측하기 어려우나 소송 결과에 따라 삼성바이오로직스㈜가 삼성바이오에피스㈜ 지분에 관한 과거 회계처리를 수정하여 재무제표를 재작성하게 될 경우, 이로 인해 연결회사의 2015년과 그 이후 기간 지분법평가손익, 관계기업투자주식, 이익잉여금과 2016년 일부 지분 처분이익 등에 영향을 미칠 수 있습니다. 다만, 현재로서는 삼성바이오로직스㈜와 증권선물위원회 간의 행정소송에 대한 종결 시기와 그 결과를 예측할 수 없으므로, 연결회사의 당기 재무제표에 이를 반영하기 어렵습니다.

10. 유형자산:

가. 당기 및 전기 중 유형자산의 변동 내역은 다음과 같습니다.

(1) 당기

(단위 : 백만원)

구 분	토지	건물및구축물	기계장치	건설중인자산	기타	계
기초장부금액	9,774,554	30,469,620	52,149,936	23,930,019	3,501,345	119,825,474
- 취득원가	9,828,309	48,839,439	211,416,021	23,930,019	10,061,981	304,075,769
- 감가상각누계액(손상 포함)	(53,755)	(18,369,819)	(159,266,085)	-	(6,560,636)	(184,250,295)
일반취득 및 자본적지출(*1)	141,197	8,524,794	32,907,696	(3,443,884)	1,281,811	39,411,614
감가상각	(45,707)	(2,978,741)	(22,780,113)	-	(1,311,174)	(27,115,735)
처분 · 폐기	(20,308)	(276,235)	(108,935)	(618)	(104,829)	(510,925)
손상(환입)	-	(3,627)	(316,723)	-	(4,806)	(325,156)
매각예정분류	(29,275)	(540,258)	(181,744)	(8,947)	(6,390)	(766,614)
기타(*2)	(48,305)	(643,549)	(675,987)	(300,653)	102,728	(1,565,766)
기말장부금액	9,772,156	34,552,004	60,994,130	20,175,917	3,458,685	128,952,892
- 취득원가	9,850,942	55,026,369	233,056,501	20,175,917	10,496,584	328,606,313
- 감가상각누계액(손상 포함)	(78,786)	(20,474,365)	(172,062,371)	-	(7,037,899)	(199,653,421)

(*1) 자본화된 차입원가는 3,897백만원이며, 자본화가능차입원가를 산정하기 위하여 사용된 자본화 이자율은 0.6%입니다.

(*2) 기타는 환율변동에 의한 증감액 및 정부보조금 차감 효과 등을 포함하고 있습니다.

(2) 전기

(단위 : 백만원)

구 분	토지	건물및구축물	기계장치	건설중인자산	기타	계
기초장부금액	9,346,285	29,345,910	63,816,231	9,705,056	3,203,242	115,416,724
- 취득원가	9,346,285	45,033,843	206,407,913	9,705,056	8,665,069	279,158,166
- 감가상각누계액(손상 포함)	-	(15,687,933)	(142,591,682)	-	(5,461,827)	(163,741,442)
일반취득 및 자본적지출(*1)	144,291	1,760,347	10,488,174	14,490,901	1,136,367	28,020,080
사업결합으로 인한 취득	2,310	21,481	381,117	7,488	5,262	417,658
감가상각	(31,118)	(2,658,371)	(22,664,896)	-	(1,219,431)	(26,573,816)
처분 · 폐기	(97,930)	(287,546)	(180,627)	(577)	(75,218)	(641,898)
손상(환입)	-	-	(85,215)	-	(8,344)	(93,559)
기타(*2)	410,716	2,287,799	395,152	(272,849)	459,467	3,280,285
기말장부금액	9,774,554	30,469,620	52,149,936	23,930,019	3,501,345	119,825,474
- 취득원가	9,828,309	48,839,439	211,416,021	23,930,019	10,061,981	304,075,769
- 감가상각누계액(손상 포함)	(53,755)	(18,369,819)	(159,266,085)	-	(6,560,636)	(184,250,295)

(*1) 자본화된 차입원가는 6,331백만원이며, 자본화가능차입원가를 산정하기 위하여 사용된 자본화 이자율은 2.1%입니다

(*2) 기타는 회계변경누적효과, 환율변동에 의한 증감액 및 정부보조금 차감 효과 등을 포함하고 있습니다.

나. 당기 중 유형자산에 포함된 사용권자산의 변동 내역은 다음과 같습니다.

(1) 당기

(단위 : 백만원)

구 분	토지	건물및구축물	기계장치	기타	계
기초장부금액	438,095	2,361,717	130,965	381,142	3,311,919
일반취득	116,683	593,157	42,447	58,536	810,823
감가상각	(64,078)	(715,950)	(56,618)	(97,886)	(934,532)
처분 · 폐기	(8,968)	(160,267)	(6,526)	(24,720)	(200,481)
매각예정분류	(29,275)	-	(9)	(131)	(29,415)
기타(*)	(10,854)	26,703	(887)	(3,403)	11,559
기말장부금액	441,603	2,105,360	109,372	313,538	2,969,873

(*) 기타는 환율변동으로 인한 증감액 등을 포함하고 있습니다.

(2) 전기

(단위 : 백만원)

구 분	토지	건물및구축물	기계장치	기타	계
기초장부금액(*1)	-	37,185	444	6,984	44,613
일반취득	80,675	906,417	9,456	128,680	1,125,228
감가상각	(31,118)	(593,725)	(59,756)	(101,182)	(785,781)
처분 · 폐기	(11,137)	(67,468)	(459)	(10,593)	(89,657)
기타(*2)	399,675	2,079,308	181,280	357,253	3,017,516
기말장부금액	438,095	2,361,717	130,965	381,142	3,311,919

(*1) 기초장부금액은 종전 기업회계기준서 제1017호 '리스'에 따른 금융리스자산입니다.
(*2) 기타는 회계변경누적효과, 환율변동으로 인한 증감액 등을 포함하고 있습니다.

다. 당기 및 전기 중 계정과목별 유형자산 상각 내역은 다음과 같습니다.

(단위 : 백만원)

구 분	당기	전기
매출원가	23,824,208	23,606,255
판매비와관리비 등	3,291,527	2,967,561
계	27,115,735	26,573,816

11. 무형자산:

가. 당기 및 전기 중 무형자산의 변동 내역은 다음과 같습니다.

(1) 당기

(단위 : 백만원)

구 분	산업재산권	개발비	회원권	영업권	기타	계
기초장부금액	4,365,510	740,774	222,499	6,250,439	9,124,282	20,703,504
개별 취득	300,399	-	1,785	-	1,356,267	1,658,451
내부개발에 의한 취득	-	109,482	-	-	-	109,482
상각	(297,465)	(455,990)	-	-	(2,466,426)	(3,219,881)
처분 · 폐기	(30,055)	-	(343)	-	(912)	(31,310)
손상(환입)	(189,155)	(3,474)	7,091	(570,817)	(161,739)	(918,094)
매각예정분류	-	-	(313)	-	(1,108)	(1,421)
기타(*)	(115,330)	(19,401)	(732)	(5,980)	309,214	167,771
기말장부금액	4,033,904	371,391	229,987	5,673,642	8,159,578	18,468,502

(*) 기타는 환율변동에 의한 증감액 등을 포함하고 있습니다.

(2) 전기

(단위 : 백만원)

구 분	산업재산권	개발비	회원권	영업권	기타	계
기초장부금액	4,187,756	704,734	221,628	5,833,678	3,943,802	14,891,598
개별 취득	289,905	-	1,936	-	1,275,458	1,567,299
내부개발에 의한 취득	-	285,699	-	-	-	285,699
사업결합으로 인한 취득	130,308	51,872	-	337,926	107,384	627,490
상각	(305,056)	(279,709)	-	-	(2,439,057)	(3,023,822)
처분 · 폐기	(58,480)	-	(1,240)	-	(5,682)	(65,402)
손상(환입)	-	-	(972)	(46,834)	(895)	(48,701)
기타(*)	121,077	(21,822)	1,147	125,669	6,243,272	6,469,343
기말장부금액	4,365,510	740,774	222,499	6,250,439	9,124,282	20,703,504

(*) 기타는 라이선스 자산의 계정재분류 및 환율변동에 의한 증감액 등을 포함하고 있습니다.

나. 연결회사는 영업권을 식별된 현금창출단위에 배분하고 있으며, 보고기간종료일 현재 보고부문별 영업권 내역은 다음과 같습니다.

(단위 : 백만원)

구 분		당기말	전기말
CE 부문		524,383	520,814
IM 부문		657,146	674,327
DS 부문	반도체	153,520	366,963
	DP	138,754	133,540
Harman 부문		4,199,334	4,545,802
기타		505	8,993
계		5,673,642	6,250,439

연결회사는 매년 영업권의 손상 여부를 검토하고 있으며, 현금창출단위의 회수가능가액은 사용가치 계산 등에 근거하여 결정되었습니다. 사용가치의 계산은 경영진이 승인한 향후 5년치(단, 신기술 산업 등 중장기 계획이 합리적인 경우 5년 초과)의 재무예산에 근거하여 세전 현금흐름추정치를 사용하였습니다. 동 기간을 초과하는 기간에 대한 영구 현금흐름의 산출은 일정 성장률의 가정(단, 산업평균성장률을 초과하지 않음)이 사용되었습니다.

당기 중 영업권이 배분된 현금창출단위에 대해 손상검사를 수행한 결과, 연결회사는 DS 부문 반도체 사업의 PLP 현금창출단위에서 영업권 손상차손 206,741백만원 등을 인식하였으며, Harman 부문의 Connected Car, Professional Solutions 현금창출단위에서 영업권 손상차손 364,076백만원, 기타자산 손상차손 321,559백만원을 인식하였습니다. 사용가치의 계산에 사용된 주요 가정치는 다음과 같습니다.

(단위 : %)

구 분	DS 부문	Harman 부문
영구성장률	0.0	3.0
세전할인율(*)	11.5	10.0

(*) 예상현금흐름에 적용된 세전할인율입니다.

다. 당기 및 전기 중 계정과목별 무형자산 상각 내역은 다음과 같습니다.

(단위 : 백만원)

구 분	당기	전기
매출원가	2,387,508	2,213,091
판매비와관리비 등	832,373	810,731
계	3,219,881	3,023,822

12. 차입금:

가. 보고기간종료일 현재 차입금의 내역은 다음과 같습니다.

(단위 : %, 백만원)

구 분	차입처	연이자율(%)	금 액	
		당기말	당기말	전기말
단기차입금:				
담보부차입금(*1)	우리은행 등	0.0~18.3	14,275,043	11,734,361
무담보차입금	씨티은행 등	0.0~16.3	2,278,386	2,659,107
계			16,553,429	14,393,468
유동성장기차입금:				
은행차입금	-	-	-	35,376
리스부채(*2)	CSSD 등	3.8	710,781	805,068
계			710,781	840,444
장기차입금:				
리스부채(*2)	CSSD 등	3.8	1,999,716	2,197,181

(*1) 담보부차입금과 관련하여 매출채권을 담보로 제공하였습니다.

(*2) 리스부채와 관련하여 연이자율은 가중평균증분차입이자율이며 당기 중 발생한 이자비용은 109,040백만원(전기: 103,240백만원)입니다. 또한, 채무불이행이 발생할 경우에 대비하여 리스제공자에게 사용권자산에 대한 권리를 담보로 제공하였습니다. 한편, 당기 중 리스부채 측정치에 포함되지 않은 단기리스료, 소액자산 리스료 등은 120,151백만원(전기: 233,467백만원)입니다.

나. 보고기간종료일 현재 리스부채의 연도별 상환계획은 다음과 같습니다.

(단위 : 백만원)

상환연도	금 액
2021년	784,692
2022년	558,170
2023년	451,203
2024년	354,367
2025년 이후	795,281
계	2,943,713

13. 사채:

가. 보고기간종료일 현재 사채의 내역은 다음과 같습니다.

(단위 : %, 백만원)

구 분	발행일	만기상환일	연이자율(%)	금 액	
			당기말	당기말	전기말
US$ denominated Straight Bonds(*1)	1997.10.02	2027.10.01	7.7	38,080 (US$35,000천)	46,312 (US$ 40,000천)
US$ denominated Debenture Bonds(*2)	2015.05.11	2025.05.15	4.2	435,200 (US$ 400,000천)	463,120 (US$ 400,000천)
EURO€ denominated Debenture Bonds(*3)	2015.05.27	2022.05.27	2.0	468,383 (EUR€350,000천)	454,100 (EUR€350,000천)
소 계				941,663	963,532
사채할인발행차금				(853)	(1,146)
사채할증발행차금				12,645	18,558
계				953,455	980,944
차감: 유동성사채				(5,318)	(5,646)
비유동성사채				948,137	975,298

(*1) 10년 거치 20년 분할상환되며 이자는 6개월마다 후급됩니다.
(*2) 종속기업 Harman International Industries, Inc.에서 발행하였고, 10년 만기 일시상환되며 이자는 6개월마다 후급됩니다.
(*3) 종속기업 Harman Finance International, SCA에서 발행하였고, 7년 만기 일시상환되며 이자는 1년마다 후급됩니다.

나. 보고기간종료일 현재 사채의 연도별 상환계획은 다음과 같습니다.

(단위 : 백만원)

상환연도	금 액
2021년	5,440
2022년	473,823
2023년	5,440
2024년	5,440
2025년 이후	451,520
계	941,663

14. 순확정급여부채(자산):

가. 보고기간종료일 현재 순확정급여부채(자산)의 내역은 다음과 같습니다.

(단위 : 백만원)

구 분	당기말	전기말
기금이 적립된 확정급여채무의 현재가치	12,400,964	10,864,675
기금이 적립되지 않은 확정급여채무의 현재가치	548,035	283,394
소 계	12,948,999	11,148,069
사외적립자산의 공정가치	(13,840,043)	(11,267,121)
순확정급여부채(자산) 계	(891,044)	(119,052)

나. 당기 및 전기 중 확정급여제도 관련 비용의 세부 내역은 다음과 같습니다.

(단위 : 백만원)

구 분	당기	전기
당기근무원가	1,131,355	930,471
순이자원가(수익)	(9,801)	(3,755)
과거근무원가	2,377	2,275
기타	2,193	7,629
계	1,126,124	936,620

한편, 당기 중 확정기여제도와 관련하여 비용으로 인식한 금액은 164,055백만원(전기: 198,387백만원) 입니다.

다. 당기 및 전기 중 확정급여제도 관련 비용의 계정과목별 금액은 다음과 같습니다.

(단위 : 백만원)

구 분	당기	전기
매출원가	498,006	417,393
판매비와관리비 등	628,118	519,227
계	1,126,124	936,620

라. 당기 및 전기 중 확정급여채무의 변동 내역은 다음과 같습니다.

(단위 : 백만원)

구 분	당기	전기
기초	11,148,069	8,694,042
당기근무원가	1,131,355	930,471
이자원가	328,919	283,065
과거근무원가	2,377	2,275
확정급여채무의 재측정요소:		
- 인구통계적가정의 변동으로 인한 보험수리적손익	(19,030)	(7,041)
- 재무적가정의 변동으로 인한 보험수리적손익	622,647	1,190,499
- 기타사항에 의한 효과	285,440	326,369
급여지급액	(514,853)	(308,182)
기타(*)	(35,925)	36,571
기말	12,948,999	11,148,069

(*) 기타는 환율변동에 의한 증감액과 사업결합으로 인한 증가액 등을 포함하고 있습니다.

마. 당기 및 전기 중 사외적립자산의 변동 내역은 다음과 같습니다.

(단위 : 백만원)

구 분	당기	전기
기초	11,267,121	8,752,334
사외적립자산의 이자수익	338,720	286,820
사외적립자산의 재측정요소	(108,066)	(118,110)
사용자의 기여금	2,623,122	2,600,576
급여지급액	(295,520)	(283,778)
기타(*)	14,666	29,279
기말	13,840,043	11,267,121

(*) 기타는 환율변동에 의한 증감액과 사업결합으로 인한 증가액 등을 포함하고 있습니다.

한편, 확정급여제도와 관련하여 2021년도에 납입할 것으로 예상되는 사용자 기여금의 합리적인 추정치는 1,399,843백만원입니다.

바. 보고기간종료일 현재 사외적립자산 구성 내역은 다음과 같습니다.

(단위 : 백만원)

구 분	당기말	전기말
원금보장형 고정수익 상품 등	13,799,119	11,230,391
기타	40,924	36,730
계	13,840,043	11,267,121

사외적립자산은 대부분 활성시장에서 공시되는 가격이 있는 자산에 투자되어 있습니다.

사. 보고기간종료일 현재 사용한 주요 보험수리적 가정은 다음과 같습니다.

(단위 : %)

구 분	당기말	전기말
할인율	0.2~7.2	0.2 ~ 7.2
미래임금상승률 (인플레이션 효과 포함)	1.5~10.0	1.5 ~ 10.0

아. 보고기간종료일 현재 주요 가정의 변동에 따른 확정급여채무의 민감도 분석은 다음과 같습니다.

(단위 : %)

구 분	당기말	전기말
할인율:		
1%p 증가	91	92
1%p 감소	111	110
임금상승률:		
1%p 증가	111	110
1%p 감소	91	92

자. 보고기간종료일 현재 확정급여채무의 가중평균만기는 9.82년입니다.

15. 충당부채:

당기 중 충당부채의 변동 내역은 다음과 같습니다.

(단위 : 백만원)

구 분	판매보증 (가)	기술사용료 (나)	장기성과급 (다)	기타 (라),(마)	계
기초	1,791,007	1,053,448	793,270	1,042,002	4,679,727
순전입(환입)	1,466,541	697,449	443,380	1,656,202	4,263,572
사용	(1,452,453)	(357,148)	(588,119)	(921,435)	(3,319,155)
기타(*)	(39,213)	(89,658)	2,767	(97,049)	(223,153)
기말	1,765,882	1,304,091	651,298	1,679,720	5,400,991

(*) 기타는 환율변동에 의한 증감액 등을 포함하고 있습니다.

가. 연결회사는 출고한 제품에 대한 품질보증, 교환, 하자보수 및 그에 따른 사후서비스 등으로 인하여 향후 부담할 것으로 예상되는 비용을 보증기간 및 과거 경험률 등을 기초로 추정하여 충당부채로 설정하고 있습니다.

나. 연결회사는 협상 진행 중인 기술사용계약과 관련하여 향후 지급이 예상되는 기술사용료를 추정하여 충당부채로 계상하고 있습니다. 지급시기 및 금액은 협상결과에 따라 변동될 수 있습니다.

다. 연결회사는 임원을 대상으로 부여연도를 포함한 향후 3년간의 경영실적에 따라 성과급을 지급하는 장기성과 인센티브를 부여하였는 바, 향후 지급이 예상되는 금액의 경과 기간 해당분을 충당부채로 계상하고 있습니다.

라. 연결회사는 생산 및 판매 중단한 제품에 대하여 향후 부담할 것으로 예상되는 비용 등을 추정하여 충당부채로 계상하고 있습니다.

마. 연결회사는 온실가스 배출과 관련하여 해당 이행연도분 배출권의 장부금액과 이를 초과하는 배출량에 대해 향후 부담할 것으로 예상되는 비용을 추정하여 충당부채로 계상하고 있습니다.

(1) 당기말 현재 무상할당 배출권 및 온실가스 배출량 추정치는 다음과 같습니다.

(단위 : 만톤)

구 분	당기말
무상할당 배출권	1,733
배출량 추정치	1,789

(2) 당기 중 배출권 변동 내역은 다음과 같습니다.

(단위 : 백만원)

구 분	당기
기초	38,787
증가	6,236
감소	(158)
기말	44,865

(3) 당기 중 배출부채 변동 내역은 다음과 같습니다.

(단위 : 백만원)

구 분	당기
기초	18,414
순전입(환입)	13,640
사용	(178)
기말	31,876

16. 우발부채와 약정사항:

가. 소송 등

당기말 현재 연결회사는 다수의 회사 등과 정상적인 영업과정에서 발생한 소송, 분쟁 및 규제기관의 조사 등이 진행 중에 있습니다. 이에 따른 자원의 유출금액 및 시기는 불확실하며 연결회사의 경영진은 이러한 소송 등의 결과가 연결회사의 재무상태에 중요한 영향을 미치지 않을 것으로 판단하고 있습니다.

나. 기타 약정사항

(1) 보고기간종료일 현재 연결회사는 우리은행 등 25개 은행과 무역금융, 상업어음할인 및 외상매출채권담보대출 등의 약정을 맺고 있으며 동 약정에 대한 통합한도액은 19,807,809백만원입니다. 이외에도 연결회사는 신한은행 등 19개 은행과 한도액 13,748,448백만원의 무역금융 약정을 체결하고 있으며, 한도액 2,079,508백만원의 외상매출채권담보대출, 일반대출 등의 약정을 맺고 있습니다.

(2) 보고기간종료일 현재 발생하지 않은 유・무형자산의 취득을 위한 약정액은 7,439,344백만원입니다.

17. 계약부채:

보고기간종료일 현재 계약부채는 다음과 같습니다.

(단위 : 백만원)

구 분	당기말	전기말
계약부채(*)	11,902,130	9,240,401

(*) 계약부채는 선수금, 미지급비용, 기타유동부채 등에 포함되어 있습니다.

연결회사가 당기초 계약부채 잔액 중 당기에 수익으로 인식한 금액은 590,174백만원입니다.

18. 자본금:

보고기간종료일 현재 회사의 정관에 의한 발행할 주식의 총수는 250억주(1주의 금액: 100원)이며, 회사가 발행한 보통주 및 우선주의 수(소각 주식수 제외)는 각 5,969,782,550주와 822,886,700주입니다. 보고기간종료일 현재 유통주식수는 상기 발행주식의 수와 동일하며, 당기 및 전기 중 변동사항은 없습니다. 한편, 발행주식의 액면총액은 679,267백만원(보통주 596,978백만원, 우선주 82,289백만원)으로 이익소각으로 인하여 납입자본금 897,514백만원과 상이합니다.

19. 연결이익잉여금:

가. 보고기간종료일 현재 연결이익잉여금의 내역은 다음과 같습니다.

(단위 : 백만원)

구 분	당기말	전기말
임의적립금 등	174,739,565	168,322,868
연결미처분이익잉여금	96,328,646	86,260,026
계	271,068,211	254,582,894

나. 당기 및 전기 중 배당금 산정 내역은 다음과 같습니다.

(1) 분기배당 (배당기준일: 2020년과 2019년 3월 31일, 6월 30일, 9월 30일)

(단위 : 주, %, 백만원)

구 분			당기	전기
1분기	배당받을 주식	보통주	5,969,782,550주	5,969,782,550주
		우선주	822,886,700주	822,886,700주
	배당률(액면가 기준)	보통주 · 우선주	354%	354%
	배당금액	보통주	2,113,303	2,113,303
		우선주	291,302	291,302
		계	2,404,605	2,404,605
2분기	배당받을 주식	보통주	5,969,782,550주	5,969,782,550주
		우선주	822,886,700주	822,886,700주
	배당률(액면가 기준)	보통주 · 우선주	354%	354%
	배당금액	보통주	2,113,303	2,113,303
		우선주	291,302	291,302
		계	2,404,605	2,404,605
3분기	배당받을 주식	보통주	5,969,782,550주	5,969,782,550주
		우선주	822,886,700주	822,886,700주
	배당률(액면가 기준)	보통주 · 우선주	354%	354%
	배당금액	보통주	2,113,303	2,113,303
		우선주	291,302	291,302
		계	2,404,605	2,404,605

(2) 기말배당 (배당기준일: 2020년과 2019년 12월 31일)

(단위 : 주, %, 백만원)

구 분		당기	전기
배당받을 주식	보통주	5,969,782,550주	5,969,782,550주
	우선주	822,886,700주	822,886,700주
배당률(액면가 기준)	보통주	1932%	354%
	우선주	1933%	355%
배당금액	보통주	11,533,620	2,113,303
	우선주	1,590,640	292,125
	계	13,124,260	2,405,428

20. 기타자본항목:

보고기간종료일 현재 기타자본항목의 내역은 다음과 같습니다.

(단위 : 백만원)

구 분	당기말	전기말
기타포괄손익-공정가치금융자산평가손익	4,975,756	2,573,530
관계기업 및 공동기업의 기타포괄손익누계액에 대한 지분	(58,629)	(12,735)
해외사업장환산외환차이	(10,977,583)	(5,645,769)
순확정급여부채(자산) 재측정요소	(2,653,425)	(1,944,284)
기타	26,726	60,429
계	(8,687,155)	(4,968,829)

21. 비용의 성격별 분류:

당기 및 전기 중 비용의 성격별 분류 내역은 다음과 같습니다.

(단위 : 백만원)

구 분	당기	전기
제품 및 재공품 등의 변동	(3,234,887)	1,900,859
원재료 등의 사용액 및 상품 매입액 등	81,792,130	83,443,554
급여	25,054,684	22,453,030
퇴직급여	1,290,179	1,171,606
감가상각비	27,115,735	26,573,816
무형자산상각비	3,219,881	3,023,822
복리후생비	4,655,347	4,489,617
유틸리티비	4,717,553	4,451,765
외주용역비	5,409,889	5,181,792
광고선전비	4,269,043	4,614,525
판매촉진비	5,861,954	6,678,078
기타비용	40,661,604	38,649,908
계(*)	200,813,112	202,632,372

(*) 연결손익계산서 상 매출원가와 판매비와관리비를 합한 금액입니다.

22. 판매비와관리비:

당기 및 전기 중 판매비와관리비의 내역은 다음과 같습니다.

(단위 : 백만원)

구 분	당기	전기
(1) 판매비와관리비:		
급여	6,763,143	6,123,653
퇴직급여	279,711	298,937
지급수수료	5,678,703	5,513,083
감가상각비	1,593,365	1,571,473
무형자산상각비	492,314	469,344
광고선전비	4,269,043	4,614,525
판매촉진비	5,861,954	6,678,078
운반비	2,218,422	2,075,675
서비스비	3,368,401	2,968,421
기타판매비와관리비	4,688,270	5,172,398
소 계	35,213,326	35,485,587
(2) 경상연구개발비:		
연구개발 총지출액	21,220,972	20,192,935
개발비 자산화	(109,482)	(285,699)
소 계	21,111,490	19,907,236
계	56,324,816	55,392,823

23. 기타수익 및 기타비용:

당기 및 전기 중 기타수익 및 기타비용의 내역은 다음과 같습니다.

(단위 : 백만원)

구 분	당기	전기
(1) 기타수익:		
배당금수익	152,440	154,679
임대료수익	147,104	153,357
투자자산처분이익	42,675	48,345
유형자산처분이익	154,249	304,091
기타	887,600	1,118,194
계	1,384,068	1,778,666
(2) 기타비용:		
유형자산처분손실	87,673	144,547
기부금	311,421	357,747
기타	2,089,808	912,413
계	2,488,902	1,414,707

24. 금융수익 및 금융비용:

당기 및 전기 중 금융수익 및 금융비용의 내역은 다음과 같습니다.

(단위 : 백만원)

구 분	당기	전기
(1) 금융수익:		
이자수익	1,974,458	2,660,024
- 상각후원가 측정 금융자산	1,974,141	2,659,740
- 당기손익-공정가치 측정 금융자산	317	284
외환차이	9,270,039	6,769,000
파생상품관련이익	1,023,103	732,608
계	12,267,600	10,161,632
(2) 금융비용:		
이자비용	583,013	686,356
- 상각후원가 측정 금융부채	302,782	248,659
- 기타금융부채	280,231	437,697
외환차이	9,868,591	6,852,409
파생상품관련손실	866,451	736,106
계	11,318,055	8,274,871

연결회사는 외화거래 및 환산으로 발생한 외환차이를 금융수익 및 금융비용으로 인식하고 있습니다.

25. 법인세비용:

가. 당기 및 전기 중 법인세비용의 주요 구성 내역은 다음과 같습니다.

(단위 : 백만원)

구 분	당기	전기
(1) 당기법인세:		
기간손익에 대한 당기법인세	7,361,115	5,913,635
당기에 인식한 조정사항	339,673	(177,616)
소 계	7,700,788	5,736,019
(2) 이연법인세:		
세액공제의 이월로 인한 이연법인세변동액	(325,880)	(26,114)
일시적차이로 인한 이연법인세변동액	2,312,926	2,934,705
이월결손금공제로 인한 이연법인세변동액	264,349	47,616
기타변동액	(14,898)	1,098
소 계	2,236,497	2,957,305
(3) 자본에 직접 부가되는 법인세부담액	–	–
법인세비용 계	9,937,285	8,693,324

나. 연결회사의 법인세비용차감전순이익에 대한 법인세비용과 연결회사 내 각 회사들의 이익에 대해 적용되는 가중평균세율을 사용하여 이론적으로 계산된 금액과의 차이는 다음과 같습니다.

(단위 : 백만원)

구 분	당기	전기
법인세비용차감전순이익	36,345,117	30,432,189
(1) 가중평균 적용세율(*)에 따른 법인세비용	8,972,156	8,996,445
(2) 조정사항:		
영구적차이	(269,002)	86,509
실현가능성이 없는 이연법인세 자산의 변동	(130,892)	393,620
세액공제 및 감면	(1,902,680)	(3,195,793)
종속기업 손익 등에 대한 법인세 효과	2,774,410	2,272,967
세율변동효과	(5,019)	28,951
기타	498,312	110,625
소 계	965,129	(303,121)
법인세비용 계	9,937,285	8,693,324

(*) 보고기간종료일 현재 연결회사의 이익에 대해서 과세관청별로 다르게 적용되는 법정세율을 가중평균하여 산정하였습니다.

다. 당기 및 전기 중 누적일시적차이 및 이연법인세자산(부채)의 증감 내역은 다음과 같습니다.

(1) 당기

(단위 : 백만원)

계 정 과 목	누적일시적차이			이연법인세자산(부채)		
	기초잔액	증감액	기말잔액	기초 이연법인세 자산(부채)	증감액	기말 이연법인세 자산(부채)
1) 일시적차이로 인한 이연법인세:						
토지재평가	(3,417,804)	(3,082)	(3,420,886)	(939,896)	(848)	(940,744)
종속기업, 관계기업 및 공동기업 투자(*)	(96,397,199)	(15,527,660)	(111,924,859)	(16,669,138)	(2,503,271)	(19,172,409)
감가상각누계액 등	(4,529,334)	2,243,493	(2,285,841)	(982,556)	(10,221)	(992,777)
미수수익	(248,662)	109,256	(139,406)	(61,332)	29,846	(31,486)
충당부채 및 미지급비용 등	12,251,647	869,769	13,121,416	3,282,747	482,061	3,764,808
외화평가조정	(97,929)	73,246	(24,683)	(30,227)	20,150	(10,077)
자산손상	1,790,729	65,036	1,855,765	492,332	(38,846)	453,486
기타	2,252,684	(1,690,056)	562,628	270,071	(291,797)	(21,726)
소 계	(88,395,868)	(13,859,998)	(102,255,866)	(14,637,999)	(2,312,926)	(16,950,925)
2) 이월결손금공제로 인한 이연법인세:						
이월결손금이월액	4,563,095	(944,494)	3,618,601	1,208,143	(264,349)	943,794
3) 세액공제로 인한 이연법인세:						
세액공제이월액	1,311,498	17,029	1,328,527	1,007,507	325,880	1,333,387
4) 자본에 직접 가감하는 이연법인세:						
기타포괄손익-공정가치금융자산평가손익 등	(2,928,550)	1,268,129	(1,660,421)	(895,922)	(13,254)	(909,176)
순확정급여부채(자산) 재측정요소	2,738,197	997,123	3,735,320	769,512	277,563	1,047,075
소 계	(190,353)	2,265,252	2,074,899	(126,410)	264,309	137,899
이연법인세자산(부채) 계				(12,548,759)	(1,987,086)	(14,535,845)
- 이 연 법 인 세 자 산				4,505,049	(230,049)	4,275,000
- 이 연 법 인 세 부 채				(17,053,808)	(1,757,037)	(18,810,845)

(*) 종속기업, 관계기업 및 공동기업 투자와 관련된 차감할 일시적차이 중 예측가능한 미래에 소멸할 가능성이 높지 않을 경우 이연법인세자산을 인식하지 않았습니다.

(2) 전기

(단위 : 백만원)

계 정 과 목	누적일시적차이			이연법인세자산(부채)		
	기초잔액	증감액	기말잔액	기초 이연법인세 자산(부채)	증감액	기말 이연법인세 자산(부채)
1) 일시적차이로 인한 이연법인세:						
토지재평가	(3,422,280)	4,476	(3,417,804)	(941,127)	1,231	(939,896)
종속기업, 관계기업 및 공동기업 투자(*)	(85,091,134)	(11,306,065)	(96,397,199)	(14,315,226)	(2,353,912)	(16,669,138)
감가상각누계액 등	(3,999,764)	(529,570)	(4,529,334)	(903,184)	(79,372)	(982,556)
미수수익	(278,778)	30,116	(248,662)	(73,048)	11,716	(61,332)
충당부채 및 미지급비용 등	11,733,192	518,455	12,251,647	3,239,039	43,708	3,282,747
외화평가조정	(81,476)	(16,453)	(97,929)	(22,158)	(8,069)	(30,227)
자산손상	1,528,707	262,022	1,790,729	421,608	70,724	492,332
기타	3,875,005	(1,622,321)	2,252,684	890,802	(620,731)	270,071
소 계	(75,736,528)	(12,659,340)	(88,395,868)	(11,703,294)	(2,934,705)	(14,637,999)
2) 이월결손금공제로 인한 이연법인세:						
이월결손금이월액	4,692,966	(129,871)	4,563,095	1,255,759	(47,616)	1,208,143
3) 세액공제로 인한 이연법인세:						
세액공제이월액	1,111,141	200,357	1,311,498	981,393	26,114	1,007,507
4) 자본에 직접 가감하는 이연법인세:						
기타포괄손익-공정가치금융자산평가손익 등	(2,165,131)	(763,419)	(2,928,550)	(550,422)	(345,500)	(895,922)
순확정급여부채(자산) 재측정요소	1,110,260	1,627,937	2,738,197	322,043	447,469	769,512
소 계	(1,054,871)	864,518	(190,353)	(228,379)	101,969	(126,410)
이연법인세자산(부채) 계				(9,694,521)	(2,854,238)	(12,548,759)
- 이 연 법 인 세 자 산				5,468,002	(962,953)	4,505,049
- 이 연 법 인 세 부 채				(15,162,523)	(1,891,285)	(17,053,808)

(*) 종속기업, 관계기업 및 공동기업 투자와 관련된 차감할 일시적차이 중 예측가능한 미래에 소멸할 가능성이 높지 않을 경우 이연법인세자산을 인식하지 않았습니다.

연결회사는 차기 이후 예상연평균이익이 각 회계연도에 소멸되는 이월결손금 및 세액공제이월액을 초과하여 이연법인세자산의 실현가능성이 있는 것으로 판단하고 있습니다. 다만, 연결회사가 미래에 실현될 가능성이 희박하여 법인세효과를 인식하지 않은 일시적차이는 다음과 같습니다.

(단위 : 백만원)

구 분	당기말	전기말
이월결손금이월액	751,255	602,143
세액공제이월액	37,816	281,152

보고기간종료일 현재 이연법인세자산으로 인식되지 않은 이월결손금 및 세액공제 이월액의 예상 소멸 시기는 다음과 같습니다.

(단위 : 백만원)

구 분	1년 이내	1년 초과 2년 이내	2년 초과 3년 이내	3년 초과
이월결손금이월액	-	1,137	-	750,118
세액공제이월액	12,837	3,009	15,021	6,949

라. 보고기간종료일 현재 이연법인세자산(부채)의 회수(결제) 시기는 다음과 같습니다.

(단위 : 백만원)

구 분	당기말	전기말
이연법인세자산:		
12개월 이내에 회수될 이연법인세자산	2,839,030	3,125,687
12개월 이후에 회수될 이연법인세자산	1,435,970	1,379,362
소 계	4,275,000	4,505,049
이연법인세부채:		
12개월 이후에 결제될 이연법인세부채	(18,810,845)	(17,053,808)
계	(14,535,845)	(12,548,759)

26. 주당이익:

가. 기본주당순이익

당기 및 전기 중 기본주당이익 산정 내역은 다음과 같습니다.

(1) 보통주

(단위 : 백만원, 천주, 원)

구 분	당기	전기
지배회사지분 당기순이익	26,090,846	21,505,054
당기순이익 중 보통주 해당분	22,929,390	18,899,137
÷ 가중평균유통보통주식수(천주)	5,969,783	5,969,783
기본 보통주 주당이익(원)	3,841	3,166

(2) 우선주

(단위 : 백만원, 천주, 원)

구 분	당기	전기
지배회사지분 당기순이익	26,090,846	21,505,054
당기순이익 중 우선주 해당분	3,161,456	2,605,917
÷ 가중평균유통우선주식수(천주)	822,887	822,887
기본 우선주 주당이익(원)	3,842	3,167

나. 희석주당순이익

회사가 보유하고 있는 희석성 잠재적보통주는 없으며, 당기 및 전기의 기본주당이익과 희석주당이익은 동일합니다.

27. 현금흐름표:

가. 연결회사는 영업활동 현금흐름을 간접법으로 작성하였습니다. 당기 및 전기 중 영업활동 현금흐름 관련 조정 내역 및 영업활동으로 인한 자산부채의 변동은 다음과 같습니다.

(1) 조정 내역

(단위 : 백만원)

구 분	당기	전기
법인세비용	9,937,285	8,693,324
금융수익	(3,718,841)	(3,831,428)
금융비용	2,306,770	2,034,518
퇴직급여	1,290,179	1,171,606
감가상각비	27,115,735	26,573,816
무형자산상각비	3,219,881	3,023,822
대손상각비(환입)	40,006	(183,380)
배당금수익	(152,440)	(154,679)
지분법이익	(506,530)	(412,960)
유형자산처분이익	(154,249)	(304,091)
유형자산처분손실	87,673	144,547
재고자산평가손실(환입) 등	1,000,763	785,215
투자자산처분이익	(42,675)	(48,345)
기타	1,194,997	(49,283)
계	41,618,554	37,442,682

(2) 영업활동으로 인한 자산부채의 변동

(단위 : 백만원)

구 분	당기	전기
매출채권의 감소(증가)	1,269,982	2,587,519
미수금의 감소(증가)	471,034	(758,928)
장단기선급비용의 감소(증가)	(16,429)	(65,086)
재고자산의 감소(증가)	(7,540,656)	2,134,632
매입채무의 증가(감소)	3,885,742	(1,269,177)
장단기미지급금의 증가(감소)	196,710	(35,869)
선수금의 증가(감소)	95,851	440,597
예수금의 증가(감소)	99,300	(165,535)
미지급비용의 증가(감소)	5,332,676	(1,707,265)
장단기충당부채의 증가(감소)	944,417	(198,829)
퇴직금의 지급	(610,734)	(543,864)
사외적립자산의 감소(증가)	(2,327,602)	(2,316,798)
기타	(1,677,867)	(647,153)
계	122,424	(2,545,756)

나. 당기 및 전기 중 투자·재무활동 현금흐름 관련 주요 비현금거래는 다음과 같습니다.

(단위 : 백만원)

구 분	당기	전기
기타포괄손익-공정가치금융자산의 평가	3,423,908	1,497,600
관계기업 및 공동기업 투자의 평가	43,297	32,397
유형자산의 본계정 대체	42,177,828	12,172,344
사용권자산의 취득(리스부채의 신규계약)	810,823	1,125,228
사채의 유동성 대체	5,318	5,646
장기차입금의 유동성 대체	710,781	771,405

다. 당기 및 전기 중 재무활동 현금흐름에서 생기는 부채의 변동 내역은 다음과 같습니다.

(1) 당기

(단위 : 백만원)

구 분	기초	재무현금흐름	비현금흐름		기말
			리스신규계약	기타(*)	
단기차입금	14,393,468	2,191,186	-	(31,225)	16,553,429
사채 및 장기차입금	4,018,569	(850,452)	810,823	(314,988)	3,663,952
계	18,412,037	1,340,734	810,823	(346,213)	20,217,381

(*) 상각, 환율변동에 의한 증감액 등을 포함하고 있습니다.

(2) 전기

(단위 : 백만원)

구 분	기초	재무현금흐름	비현금흐름		기말
			리스신규계약	기타(*)	
단기차입금	13,586,660	865,792	-	(58,984)	14,393,468
사채 및 장기차입금	1,080,443	(709,400)	1,125,228	2,522,298	4,018,569
계	14,667,103	156,392	1,125,228	2,463,314	18,412,037

(*) 상각, 환율변동에 의한 증감액 및 회계변경누적효과 등을 포함하고 있습니다.

한편, 당기 및 전기 중 리스부채와 관련하여 발생한 원금 상환에 따른 현금유출액(재무활동)은 823,935백만원 및 684,318백만원, 이자비용 현금유출액(영업활동)은 109,040백만원 및 103,240백만원입니다.

라. 연결회사는 거래가 빈번하며 총금액이 크고 단기간에 만기가 도래하는 단기금융상품, 단기차입금 등으로 인한 현금의 유입과 유출항목을 순증감액으로 작성하였습니다. 한편, 보고기간종료일 현재 연결회사의 현금및현금성자산은 대부분 예금 등으로 구성되어 있습니다.

28. 재무위험관리:

연결회사의 재무위험관리는 영업활동에서 파생되는 시장위험, 신용위험, 유동성위험 등을 최소화하는데 중점을 두고 있습니다. 연결회사는 이를 위하여 각각의 위험요인에 대해 면밀하게 모니터링하고 대응하는 재무위험관리정책과 프로그램을 운영하고 있습니다. 위험을 회피하기 위한 파생상품의 이용도 이 프로그램에 포함되어 있습니다.

재무위험관리는 재경팀이 주관하고 있으며, 글로벌 재무위험 관리정책을 수립한 후 주기적으로 재무위험 측정, 헷지 및 평가 등을 실행하고 있습니다.

한편, 해외 주요 권역별로 지역 금융센터(미국, 영국, 싱가포르, 중국, 브라질, 러시아)에서 환율변동 모니터링 및 환거래 대행을 통해 환율변동위험을 관리하고 있으며, 권역 내 자금을 통합운용하여 유동성위험을 관리하고 있습니다.

재무위험관리의 주요 대상인 자산은 현금및현금성자산, 단기금융상품, 상각후원가금융자산, 매출채권 등으로 구성되어 있으며, 부채는 매입채무, 차입금 등으로 구성되어 있습니다.

가. 시장위험

(1) 환율변동위험

연결회사는 글로벌 영업 활동을 수행함에 따라 각 개별회사의 기능통화와 다른 통화로 거래를 하고 있어 환율변동위험에 노출되어 있습니다. 환율변동위험에 노출되는 환포지션의 주요 통화로는 USD, EUR, INR 등이 있습니다.

연결회사는 환율변동과는 무관하게 통화별 자산과 부채규모를 일치하는 수준으로 유지하여 환율변동 영향을 최소화하는데 주력하고 있습니다. 이를 위해 수출입 등의 경상거래 및 예금, 차입 등의 금융 거래 발생 시 현지 통화로 거래하거나 입금 및 지출 통화를 일치시킴으로써 환포지션 발생을 최대한 억제하고 있습니다. 또한, 연결회사는 효율적인 환율변동위험 관리를 위해 환위험을 주기적으로 모니터링 및 평가하고 있으며 투기적 외환거래는 엄격히 금지하고 있습니다.

보고기간종료일 현재 기능통화와 다른 주요 외화로 표시된 금융자산 및 금융부채에 대하여 환율이 5% 변동할 경우 당기손익(법인세효과 반영 전)에 미치는 영향은 다음과 같습니다.

(단위 : 백만원)

구 분	당기말		전기말	
	환율 상승시	환율 하락시	환율 상승시	환율 하락시
USD	174,400	(174,400)	163,062	(163,062)
EUR	112,244	(112,244)	127,507	(127,507)
INR	21,959	(21,959)	64,153	(64,153)
JPY	(22,143)	22,143	(23,062)	23,062

(2) 이자율변동위험

변동금리부 금융상품의 이자율변동위험은 시장금리 변동으로 인한 재무상태표 항목의 가치변동(공정가치) 위험과 투자 및 재무활동으로부터 발생하는 이자수익, 비용의현금흐름이 변동될 위험으로 정의할 수 있습니다. 이러한 연결회사의 이자율변동위험은 주로 예금 및 변동금리부 차입금에서 비롯되며, 연결회사는 이자율 변동으로 인한 불확실성과 금융비용의 최소화를 위한 정책을 수립 및 운영하고 있습니다.

보고기간종료일 현재 변동금리부 금융자산 및 금융부채에 대하여 이자율이 1%p 변동할 경우 당기손익(법인세효과 반영 전)에 미치는 영향은 다음과 같습니다.

(단위 : 백만원)

구 분	당기말		전기말	
	이자율 상승시	이자율 하락시	이자율 상승시	이자율 하락시
금융자산	81,013	(81,013)	70,183	(70,183)
금융부채	(2,195)	2,195	(2,118)	2,118
순효과	78,818	(78,818)	68,065	(68,065)

(3) 주가변동위험

연결회사는 전략적 목적 등으로 기타포괄손익-공정가치금융자산 및 당기손익-공정가치금융자산으로 분류된 지분상품에 투자하고 있습니다. 이를 위하여 직·간접적 투자수단을 이용하고 있습니다. 보고기간종료일 현재 지분상품(상장주식)의 주가가 1% 변동할 경우 기타포괄손익(법인세효과 반영 전)에 미치는 영향은 69,101백만원(전기: 41,055백만원)이며, 당기손익(법인세효과 반영 전)에 미치는 영향은 4,316백만원(전기: 1,630백만원)입니다.

나. 신용위험

신용위험은 통상적인 거래 및 투자활동에서 발생하며 고객 또는 거래상대방이 계약조건상 의무사항을 지키지 못하였을 때 발생합니다. 이러한 신용위험을 관리하기 위하여 고객과 거래상대방의 재무상태와 과거 경험 및 기타 요소를 고려하여 주기적으로 재무신용도를 평가하고 있으며, 고객과 거래상대방 각각에 대한 신용한도를 설정·관리하고 있습니다. 그리고 위험국가에 소재한 거래처의 매출채권은 보험한도 내에서 적절하게 위험 관리되고 있습니다

신용위험은 금융기관과의 거래에서도 발생할 수 있으며 해당 거래는 현금및현금성자산, 각종 예금 그리고 파생금융상품 등의 금융상품 거래를 포함합니다. 이러한 위험을 줄이기 위해, 연결회사는 국제 신용등급이 높은 은행(S&P A등급 이상)에 대해서만 거래를 하는 것을 원칙으로 하고 있으며, 기존에 거래가 없는 금융기관과의 신규 거래는 재경팀과 지역 금융센터의 승인, 관리, 감독하에 이루어지고 있습니다. 연결회사가 체결하는 금융계약은 부채비율 제한 조항, 담보제공, 차입금 회수 등의 제약조건이 없는 계약을 위주로 체결하고 있으며, 기타의 경우 별도의 승인을 받아 거래하도록 되어 있습니다.

보고기간종료일 현재 연결회사의 금융자산 장부금액은 손상차손 차감 후 금액으로 연결회사의 신용위험 최대노출액을 나타내고 있습니다.

다. 유동성위험

대규모 투자가 많은 연결회사 사업 특성상 적정 유동성의 유지가 매우 중요합니다. 연결회사는 주기적인 자금수지 예측, 필요 현금 수준 산정 및 수입, 지출 관리 등을 통하여 적정 유동성을 유지・관리하고 있습니다.

연결회사는 주기적으로 미래 현금 흐름을 예측하여 유동성위험을 사전 관리하고 있습니다. 권역별로 Cash Pooling을 구축・활용하여 권역 내 자금 부족의 경우에도 내부 자금을 활용하여 유동성위험을 효율적으로 관리하고 있습니다. Cash Pooling은 자금 부족 회사와 자금 잉여 회사 간 자금을 공유하는 체제로 개별회사의 유동성위험을 최소화하는 한편 자금운용 부담 경감 및 금융비용 절감 등의 효과가 있어 연결회사의 사업 경쟁력 강화에 기여하고 있습니다.

또한, 만약의 대규모 유동성 필요에 대비하여 본사의 지급보증을 통해 해외 종속기업이 활용할 수 있는 차입한도를 확보하고 있습니다.

보고기간종료일 현재 금융부채에 대하여 보고기간종료일로부터 계약만기일까지의 잔여만기에 따라 만기별로 구분된 유동성은 다음과 같습니다.

(1) 당기말

(단위 : 백만원)

구 분	3개월 이내	~6개월	~1년	1~5년	5년 초과
금융부채	44,988,792	733,776	1,651,951	3,945,429	578,346

(2) 전기말

(단위 : 백만원)

구 분	3개월 이내	~6개월	~1년	1~5년	5년 초과
금융부채	41,041,672	655,089	1,603,676	4,241,964	1,381,109

위의 분석에 포함된 금융부채는 보고기간종료일로부터 계약 만기일까지의 잔여기간에 따라 만기별로 구분되었습니다. 계약 만기일까지의 잔여기간에 따른 만기별 구분에 포함된 현금흐름은 현재가치 할인을 하지 않은 금액입니다.

매매목적 파생상품 중 계약상 만기가 파생상품의 현금흐름의 시기를 이해하는 데 필수적이지 않은 순액 결제 요건의 파생금융부채 47,704백만원(전기말: 63,496백만원)은 3개월 이내 구간에 포함되어 있습니다. 이러한 파생상품 계약은 만기보다는 순공정가치 기준으로 관리됩니다. 순액으로 결제되는 파생상품은 연결회사의 환율변동을 관리할 목적으로 계약한 통화선도로 구성되어 있습니다.

위험회피목적 파생상품을 포함한 총액 결제 요건의 파생상품은 보고기간말로부터 최대 41개월 이내에 결제될 예정입니다. 이러한 파생상품은 위의 표에 포함되지 않았습니다.

보고기간종료일 현재 상기 금융부채 외 지급보증 및 이행보증 등으로 노출된 유동성위험은 없습니다.

라. 파생상품

연결회사는 재고자산의 가격 변동 위험 등을 회피하기 위한 현금흐름 위험회피회계를 적용하고 있습니다. 보고기간종료일 현재 현금흐름 위험회피목적 파생상품의 내역은 다음과 같습니다.

(단위 : 백만원)

구 분	당기말		전기말	
	자산	부채	자산	부채
통화선도:				
유동항목	11,311	22,236	20,946	5,396
비유동항목	11,999	19,694	5,498	5,144
계	23,310	41,930	26,444	10,540

연결회사는 당기 중 현금흐름 위험회피목적 파생상품의 공정가치 변동 중 위험회피에 효과적인 부분에 대한 세후 평가손실 33,406백만원(전기: 평가이익 1,811백만원)을 기타포괄손익으로 인식하였으며, 위험회피에 비효과적인 부분에 대한 세전 평가손실 27백만원(전기: 평가이익 975백만원)을 당기손익으로 인식하였습니다. 또한, 당기 중 기타포괄손익에서 당기손익으로 재분류한 세후 평가이익은 4,664백만원(전기: 평가손실 916백만원)이며, 기타포괄손익에서 재고자산으로 재분류한 세후 평가이익은 3,792백만원(전기: 평가이익 30,786백만원)입니다.

마. 자본위험관리

연결회사의 자본관리 목적은 계속기업으로서 주주 및 이해관계자에게 이익을 지속적으로 제공할 수 있는 능력을 보호하고 건전한 자본구조를 유지하는 것입니다. 연결회사는 신용등급, 부채비율 등의 지표를 이용하여 자본위험을 관리하고 있습니다.

당기말 현재 연결회사는 S&P로부터 AA-, Moody's로부터 Aa3 평가등급을 받고 있으며, 보고기간종료일 현재 부채비율은 다음과 같습니다.

(단위 : 백만원)

구 분	당기말	전기말
부 채	102,287,702	89,684,076
자 본	275,948,016	262,880,421
부채비율	37.1%	34.1%

바. 공정가치 측정

(1) 보고기간종료일 현재 금융상품의 장부금액과 공정가치는 다음과 같습니다.

(단위 : 백만원)

구 분	당기말		전기말	
	장부금액	공정가치	장부금액	공정가치
금융자산:				
현금및현금성자산	29,382,578	(*1)	26,885,999	(*1)
단기금융상품	92,441,703	(*1)	76,252,052	(*1)
단기상각후원가금융자산	2,757,111	(*1)	3,914,216	(*1)
단기당기손익-공정가치금융자산	71,451	71,451	1,727,436	1,727,436
매출채권	30,965,058	(*1)	35,131,343	(*1)
기타포괄손익-공정가치금융자산	12,575,216	12,575,216	8,920,712	8,920,712
당기손익-공정가치금융자산	1,202,969	1,202,969	1,049,004	1,049,004
기타(*2)	6,634,873	239,107	9,864,541	208,126
계	176,030,959		163,745,303	
금융부채:				
매입채무	9,739,222	(*1)	8,718,222	(*1)
단기차입금	16,553,429	(*1)	14,393,468	(*1)
미지급금	10,645,637	(*1)	11,034,253	(*1)
유동성장기부채	716,099	(*3)	846,090	(*1)(*3)
사채	948,137	997,101	975,298	1,013,245
장기차입금	1,999,716	(*3)	2,197,181	(*3)
장기미지급금(*2)	1,274,304	2,176	1,822,927	2,316
기타(*2)	9,639,252	284,628	8,374,146	215,211
계	51,515,796		48,361,585	

(*1) 장부금액이 공정가치의 합리적인 근사치이므로 공정가치 공시대상에서 제외하였습니다.

(*2) 장부금액이 공정가치의 합리적인 근사치이므로 일부 금융자산 6,395,766백만원(전기말: 9,656,415백만원) 및 금융부채 10,626,752백만원(전기말: 9,979,546백만원)은 공정가치 공시대상에서 제외하였습니다.

(*3) 리스부채는 기업회계기준서 제1107호 '금융상품: 공시'에 따라 공정가치 공시대상에서 제외하였습니다.

(2) 보고기간종료일 현재 공정가치로 측정 및 공시되는 금융상품의 공정가치 서열체계에 따른 수준별 공시는 다음과 같습니다.

(단위 : 백만원)

구 분	당기말			
	수준 1	수준 2	수준 3	계
금융자산:				
기타포괄손익-공정가치금융자산	6,910,108	-	5,665,108	12,575,216
당기손익-공정가치금융자산	431,626	58,763	784,031	1,274,420
기타	-	239,107	-	239,107
금융부채:				
사채	-	997,101	-	997,101
장기미지급금	-	-	2,176	2,176
기타	-	277,556	7,072	284,628

(단위 : 백만원)

구 분	전기말			
	수준 1	수준 2	수준 3	계
금융자산:				
기타포괄손익-공정가치금융자산	4,105,456	-	4,815,256	8,920,712
당기손익-공정가치금융자산	163,046	20,966	2,592,428	2,776,440
기타	-	208,126	-	208,126
금융부채:				
사채	-	1,013,245	-	1,013,245
장기미지급금	-	-	2,316	2,316
기타	-	215,211	-	215,211

공정가치 측정의 투입변수 특징에 따른 공정가치 서열체계는 다음과 같습니다.

- '수준 1': 동일한 자산이나 부채에 대한 시장 공시가격
- '수준 2': 시장에서 관측가능한 투입변수를 활용한 공정가치
  (단, '수준 1'에 포함된 공시가격은 제외)
- '수준 3': 관측가능하지 않은 투입변수를 활용한 공정가치

활성시장에서 거래되는 금융상품의 공정가치는 보고기간종료일 현재 고시되는 시장가격에 기초하여 산정됩니다. 거래소, 판매자, 중개인, 산업집단, 평가기관 또는 감독기관을 통해 공시가격이 용이하게 그리고 정기적으로 이용가능하고, 그러한 가격이 독립된 당사자 사이에서 정기적으로 발생한 실제 시장거래를 나타낸다면, 이를 활성시장으로 간주하며, 이러한 상품은 '수준 1'에 포함됩니다. '수준 1'에 포함된 상품은 대부분 기타포괄손익-공정가치금융자산으로 분류된 상장주식으로 구성됩니다.

활성시장에서 거래되지 않는 금융상품의 공정가치는 평가기법을 사용하여 결정하고 있습니다. 이러한 평가기법은 관측가능한 시장정보를 최대한 사용하고 기업고유정보는 최소한으로 사용합니다. 이때, 해당 상품의 공정가치 측정에 요구되는 모든 유의적인 투입변수가 관측가능하다면 해당 상품은 '수준 2'에 포함됩니다.

만약 하나 이상의 유의적인 투입변수가 관측가능한 시장정보에 기초한 것이 아니라면 해당 상품은 '수준 3'에 포함됩니다.

연결회사는 '수준 3'으로 분류되는 공정가치 측정을 포함하여 재무보고 목적의 공정가치를 측정하고 있습니다. 재무보고 일정에 맞추어 공정가치 평가 과정 및 그 결과에 대해 협의하고 있고, 공정가치 '수준' 간 이동을 발생시키는 사건이나 상황의 변동이 일어난 보고기간종료일에 '수준' 변동을 인식하고 있습니다.

금융상품의 공정가치를 측정하는 데 사용되는 평가기법에는 다음이 포함됩니다.
- 유사한 상품의 공시시장가격 또는 딜러가격
- 파생상품의 공정가치는 보고기간종료일 현재의 선도환율 등을 사용하여 해당 금액을 현재가치로 할인하여 측정

나머지 금융상품에 대해서는 현금흐름의 할인기법 등의 기타 기법을 사용합니다. 유동자산으로 분류된 매출채권 및 기타채권의 경우 장부금액을 공정가치의 합리적인 근사치로 추정하고 있습니다.

(3) 가치평가기법 및 투입변수

연결회사는 공정가치 서열체계에서 '수준 2'로 분류되는 회사채, 국공채, 금융채 등에 대하여 미래현금흐름을 적정이자율로 할인하는 현재가치법을 사용하고 있습니다.

당기말 현재 '수준 3'으로 분류된 주요 금융상품에 대하여 사용된 가치평가기법과 투입변수는 다음과 같습니다.

(단위 : 백만원, %)

구 분	공정가치	가치평가기법	'수준 3' 투입변수	투입변수 범위(가중평균)
기타포괄손익-공정가치금융자산:				
㈜말타니	9,121	현금흐름할인법	영구성장률	-1.0%~1.0%(0.0%)
			가중평균자본비용	8.7%~10.7%(9.7%)
삼성벤처투자㈜	22,060	현금흐름할인법	영구성장률	-1.0%~1.0%(0.0%)
			가중평균자본비용	18.7%~20.7%(19.7%)
Corning Incorporated 전환우선주	4,775,362	삼항모형	위험 할인율	4.2%~6.2%(5.2%)
			가격 변동성	30.5%~36.5%(33.5%)
장기미지급금:				
조건부금융부채	2,176	확률가중모형	확률적용률	50.0%

(4) '수준 3'에 해당하는 금융상품의 변동 내역

(단위 : 백만원)

금융자산	당기	전기
기초	7,407,684	7,165,466
매입	882,331	3,592,512
매도	(2,531,276)	(3,795,486)
평가(당기손익)	(55,103)	53,381
평가(기타포괄손익)	829,764	302,616
기타	(84,261)	89,195
기말	6,449,139	7,407,684

(단위 : 백만원)

금융부채	당기	전기
기초	2,316	14,502
결제	-	(1,130)
평가(당기손익)	196	(11,655)
기타	6,736	599
기말	9,248	2,316

(5) '수준 3'으로 분류된 반복적인 공정가치 측정치의 민감도분석

금융상품의 민감도분석은 통계적 기법을 이용한 관측 불가능한 투입변수의 변동에 따른 금융상품의 가치 변동에 기초하여 유리한 변동과 불리한 변동으로 구분하여 이루어집니다. 그리고 공정가치가 두 개 이상의 투입변수에 영향을 받는 경우에는 가장 유리하거나 또는 가장 불리한 금액을 바탕으로 산출됩니다.

당기말 현재 '수준 3'으로 분류되는 주요 금융상품의 투입변수의 변동에 따른 손익효과(자본은 법인세효과 반영 전 효과)에 대한 민감도분석 결과는 다음과 같습니다.

(단위 : 백만원)

구 분	유리한 변동 효과		불리한 변동 효과	
	당기손익	자본	당기손익	자본
기타포괄손익-공정가치금융자산(*)	-	181,764	-	(150,620)

(*) 지분상품은 주요 관측불가능한 투입변수인 성장률(-1.0%~1.0%)과 변동성(30.5%~36.5%) 및 할인율 사이의 상관관계를 증가 또는 감소시킴으로써 공정가치 변동을 산출하였습니다.

29. 부문별 보고:

가. 부문별 정보

연결회사는 전략적 의사결정을 수립하는 경영진(경영위원회)에게 보고되는 사업 단위를 기준으로 보고부문을 결정하고 있습니다. 경영위원회는 부문에 배분될 자원에 대한 의사결정을 하고 부문의 성과를 평가하기 위하여 부문의 영업이익을 기준으로 검토하고 있습니다.

매출은 대부분 재화의 매출로 구성되어 있습니다. 연결회사의 보고부문은 조직 및 수익을 창출하는 제품의 유형을 기준으로 식별되었으며, 보고기간종료일 현재 보고부문은 CE, IM, DS(반도체 사업, DP 사업), Harman 등으로 구성되어 있습니다.

당기와 전기의 보고부문의 부문별 정보는 감가상각비, 무형자산상각비, 영업이익의 내부거래조정이 배분된 후로 작성되었으며, 보고부문별 자산과 부채는 경영위원회에 정기적으로 제공되지 않아 포함하지 않았습니다.

(1) 당기

(단위 : 백만원)

구 분	CE 부문	IM 부문	DS 부문			Harman 부문	계(*1)	연결실체 내 내부거래조정	조정후금액
			계(*1)	반도체	DP				
매출액	110,116,900	208,211,782	211,477,724	142,840,934	65,824,403	10,298,318	542,059,756	(305,252,768)	236,806,988
내부매출액	(61,943,576)	(108,624,289)	(108,441,578)	(69,983,131)	(35,238,688)	(1,114,570)	(305,252,768)	305,252,768	-
순매출액(*2)	48,173,324	99,587,493	103,036,146	72,857,803	30,585,715	9,183,748	236,806,988	-	236,806,988
감가상각비	582,929	855,573	24,330,737	18,124,847	6,183,077	264,928	27,115,735	-	27,115,735
무형자산상각비	76,270	1,394,396	1,321,305	1,053,892	257,446	233,518	3,219,881	-	3,219,881
영업이익	3,561,536	11,472,671	21,120,231	18,804,970	2,236,919	55,518	35,993,876	-	35,993,876

(*1) 기타는 별도로 표시하지 않았습니다.

(*2) 순매출액은 기업 내 부문 간 내부매출을 포함하고 있습니다.

(2) 전기

(단위 : 백만원)

구 분	CE 부문 (*1)	IM 부문	DS 부문			Harman 부문	계(*2)	연결실체 내 내부거래조정	조정후금액
			계(*2)	반도체	DP				
매출액	100,402,724	223,959,110	193,141,859	123,766,753	66,908,763	11,749,815	531,113,681	(300,712,800)	230,400,881
내부매출액	(55,079,879)	(116,692,955)	(97,623,857)	(58,827,701)	(35,854,834)	(1,672,719)	(300,712,800)	300,712,800	-
순매출액(*3)	45,322,843	107,266,155	95,518,002	64,939,052	31,053,929	10,077,096	230,400,881	-	230,400,881
감가상각비	554,467	1,215,268	23,584,306	17,017,054	6,533,810	337,609	26,573,816	-	26,573,816
무형자산상각비	73,536	1,388,619	1,138,678	836,951	291,721	232,104	3,023,822	-	3,023,822
영업이익	2,508,998	9,272,468	15,581,687	14,016,302	1,581,333	322,331	27,768,509	-	27,768,509

(*1) 의료기기 사업부가 기타에서 CE 부문으로 보고부문의 구성이 변경되어, 해당 부문정보를 재작성하였습니다.

(*2) 기타는 별도로 표시하지 않았습니다.

(*3) 순매출액은 기업 내 부문 간 내부매출을 포함하고 있습니다.

나. 지역별 정보

당기 및 전기 중 지역별 영업현황(소재지 기준)은 다음과 같습니다.

(1) 당기

(단위 : 백만원)

구 분	국내	미주	유럽	아시아 및 아프리카	중국	연결실체 내 내부거래조정	조정후금액
순매출액	37,035,377	78,305,571	45,967,097	37,692,286	37,806,657	-	236,806,988
비유동자산(*)	110,075,478	9,035,206	6,087,436	8,972,711	13,782,478	(531,915)	147,421,394

(*) 금융상품, 이연법인세자산, 관계기업 및 공동기업 투자 등이 제외된 금액입니다.

(2) 전기

(단위 : 백만원)

구 분	국내	미주	유럽	아시아 및 아프리카	중국	연결실체 내 내부거래조정	조정후금액
순매출액	34,180,362	73,851,914	42,713,958	41,614,112	38,040,535	-	230,400,881
비유동자산(*)	100,315,093	10,357,696	6,648,962	11,030,300	12,598,701	(421,774)	140,528,978

(*) 금융상품, 이연법인세자산, 관계기업 및 공동기업 투자 등이 제외된 금액입니다.

30. 특수관계자와의 거래:

가. 당기 및 전기 중 특수관계자와의 매출・매입 등 거래 내역은 다음과 같습니다.

(1) 당기

(단위 : 백만원)

구 분	기업명(*1)	매출 등	비유동자산 처분	매입 등	비유동자산 매입
관계기업 및 공동기업	삼성에스디에스㈜	108,634	77	1,752,792	469,270
	삼성전기㈜	37,837	-	1,664,069	-
	삼성SDI㈜	73,561	272	601,286	91,949
	㈜제일기획	26,996	-	649,164	-
	기타	1,059,045	30	10,556,776	166,842
	관계기업 및 공동기업 계	1,306,073	379	15,224,087	728,061
그 밖의 특수관계자	삼성물산㈜	94,736	43,214	328,484	4,057,233
	기타	309,819	-	1,105,252	497,163
	그 밖의 특수관계자 계	404,555	43,214	1,433,736	4,554,396
기타(*2)	삼성엔지니어링㈜	4,104	-	70,073	1,946,409
	㈜에스원	17,199	-	436,211	43,336
	기타	100,591	-	422,989	172,023
	기타 계	121,894	-	929,273	2,161,768

(*1) 연결회사와 특수관계에 있는 개별회사와의 거래 금액입니다.

(*2) 기업회계기준서 제1024호 특수관계자 범위에 포함되지 않으나「독점규제 및 공정거래에 관한 법률」에 따른 동일한 대규모기업집단 소속회사입니다.

(2) 전기

(단위 : 백만원)

구 분	기업명(*1)	매출 등	비유동자산 처분	매입 등	비유동자산 매입
관계기업 및 공동기업	삼성에스디에스㈜	85,415	-	2,018,871	498,722
	삼성전기㈜	48,874	-	2,214,388	16
	삼성SDI㈜	93,634	16,106	626,320	80,886
	㈜제일기획	25,821	-	813,808	958
	기타	914,634	2	10,482,459	245,683
	관계기업 및 공동기업 계	1,168,378	16,108	16,155,846	826,265
그 밖의 특수관계자	삼성물산㈜	116,272	17,367	383,645	4,208,197
	기타	204,758	-	1,078,775	1,168,865
	그 밖의 특수관계자 계	321,030	17,367	1,462,420	5,377,062
기타(*2)	삼성엔지니어링㈜	5,675	-	81,169	2,001,467
	㈜에스원	18,270	-	406,685	29,153
	기타	125,320	1,477	365,795	557,852
	기타 계	149,265	1,477	853,649	2,588,472

(*1) 연결회사와 특수관계에 있는 개별회사와의 거래 금액입니다.

(*2) 기업회계기준서 제1024호 특수관계자 범위에 포함되지 않으나「독점규제 및 공정거래에 관한 법률」에 따른 동일한 대규모기업집단 소속회사입니다.

나. 보고기간종료일 현재 특수관계자에 대한 채권·채무 등 잔액은 다음과 같습니다.

(1) 당기말

(단위 : 백만원)

구분	기업명(*1)	채권 등	채무 등(*2)
관계기업 및 공동기업	삼성에스디에스㈜	36,905	543,388
	삼성전기㈜	379	120,407
	삼성SDI㈜	108,561	89,178
	㈜제일기획	195	398,836
	기타	253,921	1,154,549
	관계기업 및 공동기업 계	399,961	2,306,358
그 밖의 특수관계자	삼성물산㈜	245,138	2,327,126
	기타	20,484	172,726
	그 밖의 특수관계자 계	265,622	2,499,852
기타(*3)	삼성엔지니어링㈜	492	538,853
	㈜에스원	2,091	45,257
	기타	11,344	55,053
	기타 계	13,927	639,163

(*1) 연결회사와 특수관계에 있는 개별회사에 대한 채권·채무 금액입니다.
(*2) 채무 등은 리스부채가 포함된 금액입니다.
(*3) 기업회계기준서 제1024호 특수관계자 범위에 포함되지 않으나 「독점규제 및 공정거래에 관한 법률」
에 따른 동일한 대규모기업집단 소속회사입니다.

(2) 전기말

(단위 : 백만원)

구분	기업명(*1)	채권 등	채무 등(*2)
관계기업 및 공동기업	삼성에스디에스㈜	19,723	636,169
	삼성전기㈜	2,457	207,339
	삼성SDI㈜	103,809	135,048
	㈜제일기획	423	415,785
	기타	177,491	997,632
	관계기업 및 공동기업 계	303,903	2,391,973
그 밖의 특수관계자	삼성물산㈜	230,535	1,215,575
	기타	18,884	170,130
	그 밖의 특수관계자 계	249,419	1,385,705
기타(*3)	삼성엔지니어링㈜	2,734	629,584
	㈜에스원	1,464	50,498
	기타	12,211	115,072
	기타 계	16,409	795,154

(*1) 연결회사와 특수관계에 있는 개별회사에 대한 채권・채무 금액입니다.
(*2) 채무 등은 리스부채가 포함된 금액입니다.
(*3) 기업회계기준서 제1024호 특수관계자 범위에 포함되지 않으나 「독점규제 및 공정거래에 관한 법률」
에 따른 동일한 대규모기업집단 소속회사입니다.

다. 연결회사는 당기 및 전기 중 관계기업 및 공동기업에 83,280백만원 및 12,822백만원을 출자하였으며, 당기 중 관계기업 및 공동기업으로부터 회수한 출자원금은 없습니다(전기: 1,437백만원 회수). 또한, 연결회사는 전기 중 관계기업인 삼성전기㈜의 PLP 사업을 785,000백만원에 양수하였습니다.

라. 연결회사가 당기 및 전기 중 특수관계자에게 지급 결의한 배당금은 1,659,962백만원 및 1,661,903백만원입니다. 또한 기업회계기준서 제1024호 특수관계자 범위에 포함되지 않으나 「독점규제 및 공정거래에 관한 법률」에 따른 동일한 대규모기업집단 소속회사에게 당기 및 전기 중 지급 결의한 배당금은 125,744백만원 및 125,744백만원입니다. 당기말과 전기말 현재 배당과 관련한 미지급금은 존재하지 않습니다.

마. 연결회사가 당기 중 특수관계자와 체결한 리스 이용 계약은 2,026백만원이며, 당기와 전기 중 특수관계자에게 지급한 리스료는 51,798백만원 및 55,805백만원입니다.

바. 연결회사가 당기 및 전기 중 주요 경영진(등기임원)에 대한 보상을 위해 비용으로 반영한 금액은 다음과 같습니다.

(단위 : 백만원)

구 분	당기	전기
단기급여	13,333	9,821
퇴직급여	987	1,321
기타 장기급여	7,287	6,449

31. 비지배지분:

보고기간종료일 현재 종속기업에 대한 비지배지분이 연결회사에게 중요한 종속기업의 정보는 다음과 같습니다.

가. 비지배지분이 보유한 소유지분율 및 누적 비지배지분의 변동

(단위 : %, 백만원)

구 분	삼성디스플레이㈜와 그 종속기업	
	당기	전기
비지배지분율	15.2%	15.2%
기초	7,427,228	7,181,049
당기순이익	294,139	212,351
배당금	(54,121)	(3,797)
기타	56,538	37,625
기말	7,723,784	7,427,228

나. 종속기업의 요약 재무정보(내부거래 제거 전)

(1) 요약 연결재무상태표

(단위 : 백만원)

구 분	삼성디스플레이㈜와 그 종속기업	
	당기말	전기말
유동자산	28,354,913	23,388,388
비유동자산	26,904,627	30,343,285
유동부채	7,631,559	5,482,650
비유동부채	841,323	3,687,057
자본	46,786,658	44,561,966
- 지배기업 소유주지분	46,282,988	44,021,178
- 비지배지분	503,670	540,788

(2) 요약 연결포괄손익계산서

(단위 : 백만원)

구 분	삼성디스플레이㈜와 그 종속기업	
	당기	전기
매출	30,474,830	30,957,776
당기순이익	1,874,486	1,139,753
기타포괄손익	408,022	161,549
총포괄손익	2,282,508	1,301,302
- 지배기업 소유주지분	2,267,953	1,285,056
- 비지배지분	14,555	16,246

(3) 요약 연결현금흐름표

(단위 : 백만원)

구 분	삼성디스플레이㈜와 그 종속기업	
	당기	전기
영업활동 현금흐름	7,800,766	7,606,805
투자활동 현금흐름	(6,933,401)	(6,108,946)
재무활동 현금흐름	(536,883)	(1,503,785)
매각예정분류	(139)	-
외화환산으로 인한 현금의 변동	(27,688)	2,435
현금및현금성자산의 증가(감소)	302,655	(3,491)
기초의 현금및현금성자산	672,880	676,371
기말의 현금및현금성자산	975,535	672,880

32. 매각예정분류(처분자산집단):

가. SSM, SSL법인 지분 매각

당기 중 연결회사의 경영진은 Samsung Suzhou Module Co., Ltd. (SSM) 지분 100%와 Samsung Suzhou LCD Co., Ltd. (SSL) 지분 60%을 TCL China Star Opto-electronics Technology Co. (CSOT)에게 매각하기로 결정하였습니다. 2020년 8월 28일 계약이 체결되었으며, 이후 1년 이내에 매각 진행 예정입니다.

(1) 매각예정으로 분류한 자산 및 부채의 내역

(단위 : 백만원)

구 분	당기말
매각예정분류자산:	
현금및현금성자산	139
재고자산	53,157
기타유동자산	26,474
유형자산	766,614
무형자산	1,421
기타비유동자산	81,627
계	929,432
매각예정분류부채:	
유동부채	337,032
비유동부채	1,710
계	338,742

(2) 매각예정으로 분류한 기타자본항목의 내역

(단위 : 백만원)

구 분	당기말
해외사업장환산외환차이	(12,132)

외부감사 실시내용

「주식회사 등의 외부감사에 관한 법률」 제18조제3항의 규정에 의하여 외부감사 실시내용을 첨부합니다.

1. 감사대상업무

회 사 명	삼성전자주식회사			
감사대상 사업연도	2020년 01월 01일	부터	2020년 12월 31일	까지

2. 감사참여자 구분별 인원수 및 감사시간

(단위 : 명, 시간)

감사참여자 \ 인원수 및 시간		품질관리 검토자 (심리실 등)		감사업무 담당 회계사						전산감사・세무・가치평가 등 전문가		건설계약 등 수주산업 전문가		합계	
				담당이사 (업무수행이사)		등록 공인회계사		수습 공인회계사							
		당기	전기	당기	전기	당기	전기	당기	전기	당기	전기	당기	전기	당기	전기
투입 인원수		16	17	1	1	52	26	23	18	83	74	-	-	175	136
투입시간	분・반기검토	156	32	198	612	22,167	14,976	4,024	4,194	5,604	4,287	-	-	32,149	24,101
	감사	1,262	154	1,084	676	25,024	18,643	5,018	5,235	21,591	18,830	-	-	53,979	43,538
	합계	1,418	186	1,282	1,288	47,191	33,619	9,042	9,429	27,195	23,117	-	-	86,128	67,639

3. 주요 감사실시내용

<table>
<tr><td>구 분</td><td colspan="9">내 역</td></tr>
<tr><td rowspan="2">전반감사계획
(감사착수단계)</td><td>수행시기</td><td colspan="5">2020.03.09 ~ 2020.09.30</td><td>84</td><td colspan="2">일</td></tr>
<tr><td>주요내용</td><td colspan="8">회사 및 산업에 대한 전반적 이해를 바탕으로 감사위험평가 및 감사절차의 성격, 시기 및 범위 등을 결정</td></tr>
<tr><td rowspan="6">현장감사
주요내용</td><td colspan="3" rowspan="2">수행시기</td><td colspan="4">투입인원</td><td colspan="2" rowspan="2">주요 감사업무 수행내용</td></tr>
<tr><td colspan="2">상주</td><td colspan="2">비상주</td></tr>
<tr><td>2020.04.09 ~
2021.01.29</td><td>120</td><td>일</td><td>13</td><td>명</td><td>24</td><td>명</td><td colspan="2">시스템 및 자동 내부통제 감사</td></tr>
<tr><td>2020.03.09 ~
2020.12.31</td><td>83</td><td>일</td><td>44</td><td>명</td><td>38</td><td>명</td><td colspan="2">조기입증감사(연중감사)</td></tr>
<tr><td>2021.01.11 ~
2021.01.22</td><td>10</td><td>일</td><td>40</td><td>명</td><td>6</td><td>명</td><td colspan="2">조회확인 등 조기입증감사절차 업데이트</td></tr>
<tr><td>2021.01.28 ~
2021.02.17</td><td>15</td><td>일</td><td>40</td><td>명</td><td>3</td><td>명</td><td colspan="2">재무제표 검증 및 감사종결 절차 수행</td></tr>
<tr><td rowspan="3">재고자산실사(입회)</td><td>실사(입회)시기</td><td colspan="5">2020.11.29 / 2020.11.30
/ 2020.12.1</td><td>3</td><td colspan="2">일</td></tr>
<tr><td>실사(입회)장소</td><td colspan="8">수원, 기흥, 구미, 광주사업장 등</td></tr>
<tr><td>실사(입회)대상</td><td colspan="8">원재료, 재공품, 제품 등</td></tr>
<tr><td rowspan="3">금융자산실사(입회)</td><td>실사(입회)시기</td><td colspan="5">2021.01.05 / 2021.01.07</td><td>2</td><td colspan="2">일</td></tr>
<tr><td>실사(입회)장소</td><td colspan="8">태평로, 수원사업장 등</td></tr>
<tr><td>실사(입회)대상</td><td colspan="8">현금, 유가증권 등</td></tr>
<tr><td rowspan="2">외부조회</td><td>금융거래조회</td><td colspan="2">○</td><td colspan="3">채권채무조회</td><td>○</td><td>변호사조회</td><td>○</td></tr>
<tr><td>기타조회</td><td colspan="8">타처보관재고자산</td></tr>
<tr><td rowspan="2">지배기구와의
커뮤니케이션</td><td>커뮤니케이션 횟수</td><td colspan="2">4</td><td colspan="6">회</td></tr>
<tr><td>수행시기</td><td colspan="8">2020.04.27 / 2020.07.28 / 2020.10.27 / 2021.01.26</td></tr>
<tr><td rowspan="2">외부전문가 활용</td><td>감사 활용 내용</td><td colspan="8">해당사항없음</td></tr>
<tr><td>수행시기</td><td colspan="5">-</td><td>-</td><td colspan="2">일</td></tr>
</table>

4. 감사(감사위원회)와의 커뮤니케이션

구분	일자	참석자	방식	주요 논의 내용
1	2020년 04월 27일	감사위원회: 위원 3명 회사: 감사팀장 감사인: 업무수행이사 외 1명	대면회의	연간 지배기구와의 커뮤니케이션 계획 연간 회계감사 일정 계획 분기 검토 경과 및 비감사업무 독립성 확인
2	2020년 07월 28일	감사위원회: 위원 3명 회사: 감사팀장 감사인: 업무수행이사 외 1명	대면회의	연간 감사계획 및 진행 상황 핵심감사사항 선정계획 내부회계관리제도 감사 진행 상황 분기 중점 검토사항 및 기타 필수 커뮤니케이션 사항
3	2020년 10월 27일	감사위원회: 위원 3명 회사: 감사팀장 감사인: 업무수행이사 외 1명	대면회의	연간 감사계획 및 진행 상황 핵심감사사항 선정내역 내부회계관리제도 감사 진행 상황 분기 중점 검토사항 및 기타 필수 커뮤니케이션 사항
4	2021년 01월 26일	감사위원회: 위원 3명 회사: 감사팀장 감사인: 업무수행이사 외 1명	대면회의	핵심감사사항 등 중점 감사사항 내부회계관리제도 감사 진행 상황 기타 감사종료단계 필수 커뮤니케이션 사항

부록 2

삼성전자주식회사 감사보고서(영문)

CONSOLIDATED FINANCIAL STATEMENTS OF SAMSUNG ELECTRONICS CO., LTD. AND ITS SUBSIDIARIES

INDEX TO FINANCIAL STATEMENTS

Deloitte Anjin LLC
9F., One IFC,
10, Gukjegeumyung-ro,
Youngdeungpo-gu, Seoul
07326, Korea

Tel: +82 (2) 6676 1000
Fax: +82 (2) 6674 2114
www.deloitteanjin.co.kr

Independent Auditors' Report

[English Translation of Independent Auditors' Report Originally Issued in Korean on February 17, 2021]

To the Shareholders and the Board of Directors of Samsung Electronics Co., Ltd.

Audit Opinion

We have audited the consolidated financial statements of Samsung Electronics Co., Ltd. and its subsidiaries (the "Company"), which comprise the consolidated statement of financial position as of December 31, 2020, and the consolidated statement of profit or loss, the consolidated statement of comprehensive income, the consolidated statement of changes in equity and the consolidated statement of cash flows, for the year then ended, and notes to the consolidated financial statements, including a summary of significant accounting policies.

In our opinion, the accompanying consolidated financial statements present fairly, in all material respects, the financial position of the Company as of December 31, 2020, and its financial performance and its cash flows for the year then ended in accordance with Korean International Financial Reporting Standards ("K-IFRS").

Basis for Audit Opinion

We conducted our audit in accordance with the Korean Standards on Auditing ("KSAs"). Our responsibilities under those standards are further described in the *Auditor's Responsibilities for the Audit of the Consolidated Financial Statements* section of our report. We are independent of the Company in accordance with the ethical requirements that are relevant to our audit of the consolidated financial statements in the Republic of Korea, and we have fulfilled our other ethical responsibilities in accordance with these requirements. We believe that the audit evidence we have obtained is sufficient and appropriate to provide a basis for our audit opinion.

Deloitte.

Key Audit Matters

The key audit matters are those matters that, in our professional judgment, were of most significance in our audit of the consolidated financial statements of the current period. These matters were addressed in the context of our audit of the consolidated financial statements as a whole, and in forming our opinion thereon, and we do not provide a separate opinion on these matters.

(A) Sales deduction related to sales promotion activities

Reasons why the matter was determined to be a key audit matter:

The Information technology & Mobile communications (IM) and Consumer Electronics (CE) business divisions perform sales promotion activities, such as price discounts and incentives, based on explicit or implicit agreements with customers, including retail and telecommunication companies. As disclosed in Notes 2.24 (Revenue Recognition) and 3 (Critical Accounting Estimates and Assumptions), these activities are recognized as deductions from revenue at the expected payment amount.

As for the appropriateness of the revenue deduction amounts, such amounts may involve significant management estimates and judgments. In addition, we believe that those amounts could be material to the consolidated financial statements. As such, we determined the sales deduction related to sales promotion activities as a key audit matter.

How the Key Audit Matter was addressed in the Audit

Our audit procedures with respect to the Company's sales promotion activities related to the sales of products are as follows:

- Obtained an understanding of management's accounting policies, processes and internal controls related to the sales deduction.
- Obtained an understanding and evaluated the Company's system related to the sales deduction.
- Evaluated the Company's internal controls relating to the approval process of the sales deduction policy.
- Evaluated the Company's internal controls relating to the approval process of the sales deduction estimation and post-settled amounts.
- Verified the estimates by inspecting supporting documentation relating to the sales deduction transactions.
- Examined the sales deduction amount by comparing the sales deduction estimates to post-settled amounts and inspecting supporting documentation.

Deloitte.

(B) Impairment of goodwill and intangible assets with indefinite useful lives

Reasons why the matter was determined to be a key audit matter:

As of December 31, 2020, the Company has goodwill and intangible assets with indefinite useful lives of the Harman business division (refer to Note 11). As disclosed in Notes 2.12 (Impairment of Non-Financial Assets) and 3 (Critical Accounting Estimates and Assumptions), the Company assesses goodwill for the impairment by comparing the carrying amounts of cash-generating units (or groups of cash-generating units) to the recoverable amounts. The recoverable amounts of cash-generating units or groups have been determined based on value-in-use calculations, and these calculations are based on the estimated future cash flows. The key assumptions and estimates used in the recoverable amount calculations may involve significant management estimates and judgments, such as discount rates, growth rates, and projected future cash flows, and the recoverable amounts could be material to the consolidated financial statements. For these reasons, we determined the impairment of goodwill and intangible assets with indefinite useful lives as a key audit matter.

How the Key Audit Matter was addressed in the Audit

Our audit procedures performed on the impairment of goodwill and intangible assets with indefinite useful lives of the Harman business division are as follows:

- Examined the objectivity and competency of the external experts used by management.
- Obtained an understanding of management's accounting policies, processes and internal controls related to the impairment of goodwill and intangible assets with indefinite useful lives.
- Verified management's determination of cash generating unit and the appropriateness of net assets allocated to each cash-generating unit.
- Examined external data and performed a retrospective review to verify the estimates used in the business plans (such as sales estimates and growth rates).
- Verified the validity of discount rates, perpetual growth rates, and Guideline Public Companies ("GPCs") applied to the valuation using the work performed by the internal valuation specialists.
- Verified recoverable amounts by examining the accuracy of calculation of valuation amount and using a sensitivity analysis.

Other Matters

The consolidated financial statements of the Company as of and for the year ended December 31, 2019, were audited by Samil PwC, in accordance with the KSAs, whose audit report dated February 21, 2020, expressed an unmodified opinion on those consolidated financial statements.

Deloitte.

Responsibilities of Management and Those Charged with Governance for the Consolidated Financial Statements

Management is responsible for the preparation of the accompanying consolidated financial statements in accordance with K-IFRS, and for such internal control as they determine is necessary to enable the preparation of consolidated financial statements that are free from material misstatement, whether due to fraud or error.

In preparing the consolidated financial statements, management of the Company is responsible for assessing the Company's ability to continue as a going concern, disclosing, as applicable, matters related to going concern and using the going concern basis of accounting unless management either intends to liquidate the Company or to cease operations, or has no realistic alternative but to do so.

Those charged with governance are responsible for overseeing the Company's financial reporting process.

Auditor's Responsibilities for the Audit of the Consolidated Financial Statements

Our objectives are to obtain reasonable assurance about whether the consolidated financial statements as a whole are free from material misstatement, whether due to fraud or error, and to issue an auditor's report that includes our opinion. Reasonable assurance is a high level of assurance, but is not a guarantee that an audit conducted in accordance with KSAs will always detect a material misstatement when it exists. Misstatements can arise from fraud or error and are considered material if, individually or in the aggregate, they could reasonably be expected to influence the economic decisions of users taken on the basis of these consolidated financial statements.

As part of an audit in accordance with KSAs, we exercise professional judgment and maintain professional skepticism throughout the audit. We also:

- Identify and assess the risks of material misstatement of the consolidated financial statements, whether due to fraud or error, design and perform audit procedures responsive to those risks, and obtain audit evidence that is sufficient and appropriate to provide a basis for our audit opinion. The risk of not detecting a material misstatement resulting from fraud is higher than for one resulting from error, as fraud may involve collusion, forgery, intentional omissions, misrepresentations, or the override of internal control.

- Obtain an understanding of internal control relevant to the audit in order to design audit procedures that are appropriate in the circumstances, but not for the purpose of expressing an opinion on the effectiveness of the Company's internal control.

- Evaluate the appropriateness of accounting policies used and the reasonableness of accounting estimates and related disclosures made by management.

- Conclude on the appropriateness of the management's use of the going concern basis of accounting and, based on the audit evidence obtained, whether a material uncertainty exists related to events or conditions that may cast significant doubt on the Company's ability to continue as a going concern. If we conclude that a material uncertainty exists, we are required to draw attention in our auditor's report to the related disclosures in the consolidated financial statements or, if such disclosures are inadequate, to modify our opinion. Our conclusions are based on the audit evidence obtained up to the date of our auditor's report. However, future events or conditions may cause the Company to cease to continue as a going concern.

- Evaluate the overall presentation, structure and content of the consolidated financial statements, including the disclosures, and whether the consolidated financial statements represent the underlying transactions and events in a manner that achieves fair presentation.

- Obtain sufficient appropriate audit evidence regarding the financial information of the entities or business activities within the Company to express an opinion on the consolidated financial statements. We are responsible for the direction, supervision and performance of the group audit. We are solely responsible for our audit opinion.

We communicate with those charged with governance regarding, among other matters, the planned scope and timing of the audit and significant audit findings, including any significant deficiencies in internal control that we identify during our audit.

We also provide those charged with governance with a statement that we have complied with relevant ethical requirements regarding independence, and to communicate with them all relationships and other matters that may reasonably be thought to bear on our independence, and where applicable, related safeguards.

From the matters communicated with those charged with governance, we determine those matters that were of most significance in the audit of the consolidated financial statements of the current period and are therefore the key audit matters. We describe these matters in our auditor's report unless law or regulation precludes public disclosure about the matter or when, in extremely rare circumstances, we determine that a matter should not be communicated in our report because the adverse consequences of doing so would reasonably be expected to outweigh the public interest benefits of such communication.

The engagement partner on the audit resulting in this independent auditor's report is Byung Moon Yoo.

Deloitte Anjin LLC

Seoul, Korea

February 17, 2021

Notice to Readers
This report is effective as of February 17, 2021, the auditors' report date. Certain subsequent events or circumstances may have occurred between the auditors' report date and the time the auditors' report is read. Such events or circumstances could significantly affect the financial statements and may result in modifications to the auditors' report.

Samsung Electronics Co., Ltd. and its subsidiaries

CONSOLIDATED STATEMENTS OF FINANCIAL POSITION

(In millions of Korean won, in thousands of US dollars (Note 2.29))

	Notes	December 31, 2020	December 31, 2019	December 31, 2020	December 31, 2019
		KRW	KRW	USD	USD
Assets					
Current assets					
Cash and cash equivalents	4, 28	29,382,578	26,885,999	24,890,848	22,775,922
Short-term financial instruments	4, 28	92,441,703	76,252,052	78,310,091	64,595,361
Short-term financial assets at amortized cost	4, 28	2,757,111	3,914,216	2,335,630	3,315,848
Short-term financial assets at fair value through profit or loss	4, 6, 28	71,451	1,727,436	60,528	1,463,362
Trade receivables	4, 5, 7, 28	30,965,058	35,131,343	26,231,413	29,760,796
Non-trade receivables	4, 7, 28	3,604,539	4,179,120	3,053,511	3,540,256
Prepaid expenses		2,266,100	2,406,220	1,919,680	2,038,380
Inventories	8	32,043,145	26,766,464	27,144,693	22,674,661
Other current assets	4, 28	3,754,462	4,122,410	3,180,515	3,492,215
Assets held-for-sale	32	929,432	-	787,350	-
		198,215,579	**181,385,260**	**167,914,259**	**153,656,801**
Non-current assets					
Financial assets at fair value through other comprehensive income	4, 6, 28	12,575,216	8,920,712	10,652,836	7,556,998
Financial assets at fair value through profit or loss	4, 6, 28	1,202,969	1,049,004	1,019,070	888,642
Investment in associates and joint ventures	9	8,076,779	7,591,612	6,842,078	6,431,078
Property, plant and equipment	10	128,952,892	119,825,474	109,239,795	101,507,691
Intangible assets	11	18,468,502	20,703,504	15,645,212	17,538,548
Net defined benefit assets	14	1,355,502	589,832	1,148,286	499,664
Deferred income tax assets	25	4,275,000	4,505,049	3,621,478	3,816,360
Other non-current assets	4, 7, 28	5,113,279	7,994,050	4,331,610	6,771,995
		180,020,139	**171,179,237**	**152,500,365**	**145,010,976**
Total assets		**378,235,718**	**352,564,497**	**320,414,624**	**298,667,777**

Samsung Electronics Co., Ltd. and its subsidiaries

CONSOLIDATED STATEMENTS OF FINANCIAL POSITION

(In millions of Korean won, in thousands of US dollars (Note 2.29))

	Notes	December 31, 2020	December 31, 2019	December 31, 2020	December 31, 2019
		KRW	KRW	USD	USD
Assets					
Current assets					
Cash and cash equivalents	4, 28	29,382,578	26,885,999	24,890,848	22,775,922
Short-term financial instruments	4, 28	92,441,703	76,252,052	78,310,091	64,595,361
Short-term financial assets at amortized cost	4, 28	2,757,111	3,914,216	2,335,630	3,315,848
Short-term financial assets at fair value through profit or loss	4, 6, 28	71,451	1,727,436	60,528	1,463,362
Trade receivables	4, 5, 7, 28	30,965,058	35,131,343	26,231,413	29,760,796
Non-trade receivables	4, 7, 28	3,604,539	4,179,120	3,053,511	3,540,256
Prepaid expenses		2,266,100	2,406,220	1,919,680	2,038,380
Inventories	8	32,043,145	26,766,464	27,144,693	22,674,661
Other current assets	4, 28	3,754,462	4,122,410	3,180,515	3,492,215
Assets held-for-sale	32	929,432	-	787,350	-
		198,215,579	**181,385,260**	**167,914,259**	**153,656,801**
Non-current assets					
Financial assets at fair value through other comprehensive income	4, 6, 28	12,575,216	8,920,712	10,652,836	7,556,998
Financial assets at fair value through profit or loss	4, 6, 28	1,202,969	1,049,004	1,019,070	888,642
Investment in associates and joint ventures	9	8,076,779	7,591,612	6,842,078	6,431,078
Property, plant and equipment	10	128,952,892	119,825,474	109,239,795	101,507,691
Intangible assets	11	18,468,502	20,703,504	15,645,212	17,538,548
Net defined benefit assets	14	1,355,502	589,832	1,148,286	499,664
Deferred income tax assets	25	4,275,000	4,505,049	3,621,478	3,816,360
Other non-current assets	4, 7, 28	5,113,279	7,994,050	4,331,610	6,771,995
		180,020,139	**171,179,237**	**152,500,365**	**145,010,976**
Total assets		**378,235,718**	**352,564,497**	**320,414,624**	**298,667,777**

Samsung Electronics Co., Ltd. and its subsidiaries

CONSOLIDATED STATEMENTS OF FINANCIAL POSITION

(In millions of Korean won, in thousands of US dollars (Note 2.29))

	Notes	December 31, 2020	December 31, 2019	December 31, 2020	December 31, 2019
		KRW	KRW	USD	USD
Equity attributable to owners of the Company					
Preference shares	18	119,467	119,467	101,204	101,204
Ordinary shares	18	778,047	778,047	659,107	659,107
Share premium		4,403,893	4,403,893	3,730,668	3,730,668
Retained earnings	19	271,068,211	254,582,894	229,629,870	215,664,672
Other components of equity	20	(8,687,155)	(4,968,829)	(7,359,145)	(4,209,241)
Accumulated other comprehensive income attributable to assets held-for-sale	32	(12,132)	-	(10,277)	-
		267,670,331	**254,915,472**	**226,751,427**	**215,946,410**
Non-controlling interests	31	8,277,685	7,964,949	7,012,271	6,747,343
Total equity		**275,948,016**	**262,880,421**	**233,763,698**	**222,693,753**
Total liabilities and equity		**378,235,718**	**352,564,497**	**320,414,624**	**298,667,777**

Samsung Electronics Co., Ltd. and its subsidiaries

CONSOLIDATED STATEMENTS OF PROFIT OR LOSS

(In millions of Korean won, in thousands of US dollars (Note 2.29))

		For the years ended December 31,			
	Notes	**2020**	**2019**	**2020**	**2019**
		KRW	KRW	USD	USD
Revenue	29	236,806,988	230,400,881	200,606,179	195,179,376
Cost of sales	21	144,488,296	147,239,549	122,400,294	124,730,961
Gross profit		**92,318,692**	**83,161,332**	**78,205,885**	**70,448,415**
Selling and administrative expenses	21, 22	56,324,816	55,392,823	47,714,412	46,924,893
Operating profit	29	**35,993,876**	**27,768,509**	**30,491,473**	**23,523,522**
Other non-operating income	23	1,384,068	1,778,666	1,172,485	1,506,760
Other non-operating expense	23	2,488,902	1,414,707	2,108,422	1,198,440
Share of net profit of associates and joint ventures	9	506,530	412,960	429,096	349,831
Financial income	24	12,267,600	10,161,632	10,392,246	8,608,218
Financial expense	24	11,318,055	8,274,871	9,587,858	7,009,887
Profit before income tax		**36,345,117**	**30,432,189**	**30,789,020**	**25,780,004**
Income tax expense	25	9,937,285	8,693,324	8,418,167	7,364,371
Profit for the year		**26,407,832**	**21,738,865**	**22,370,853**	**18,415,633**
Profit attributable to					
Owners of the Company		26,090,846	21,505,054	22,102,325	18,217,565
Non-controlling interests		316,986	233,811	268,528	198,068
Earnings per share (in Korean won, in US dollars)	26				
- Basic		3,841	3,166	3.25	2.68
- Diluted		3,841	3,166	3.25	2.68

Samsung Electronics Co., Ltd. and its subsidiaries

CONSOLIDATED STATEMENTS OF COMPREHENSIVE INCOME

(In millions of Korean won, in thousands of US dollars (Note 2.29))

	Notes	For the years ended December 31, 2020	2019	2020	2019
		KRW	KRW	USD	USD
Profit for the year		**26,407,832**	**21,738,865**	**22,370,853**	**18,415,633**
Other comprehensive income (loss)					
Items that will not be reclassified subsequently to profit or loss:					
Gain on valuation of financial assets at fair value through other comprehensive income, net of tax	6, 20	2,502,733	1,146,599	2,120,139	971,318
Share of other comprehensive income (loss) of associates and joint ventures, net of tax	9, 20	5,591	(16,896)	4,736	(14,313)
Remeasurement of net defined benefit assets, net of tax	14, 20	(719,560)	(1,180,468)	(609,560)	(1,000,009)
Items that may be reclassified subsequently to profit or loss:					
Share of other comprehensive income (loss) of associates and joint ventures, net of tax	9, 20	(48,888)	48,649	(41,414)	41,212
Gain (loss) on overseas business translation, net of tax	20	(5,380,375)	3,016,499	(4,557,874)	2,555,365
Gain (loss) on valuation of cash flow hedge derivatives	20	(33,406)	1,811	(28,300)	1,534
Other comprehensive income (loss) for the year, net of tax		**(3,673,905)**	**3,016,194**	**(3,112,273)**	**2,555,107**
Total comprehensive income for the year		**22,733,927**	**24,755,059**	**19,258,580**	**20,970,740**
Comprehensive income attributable to:					
Owners of the Company		22,374,398	24,466,985	18,954,012	20,726,704
Non-controlling interests		359,529	288,074	304,568	244,036

Samsung Electronics Co., Ltd. and its subsidiaries

CONSOLIDATED STATEMENTS OF CHANGES IN EQUITY

(In millions of Korean won)

2019 KRW	Notes	Preference shares	Ordinary shares	Share premium	Retained earnings	Other components of equity	Equity attributable to owners of the parent company	Non-controlling interests	Total
Balance as of January 1, 2019		**119,467**	**778,047**	**4,403,893**	**242,698,956**	**(7,931,370)**	**240,068,993**	**7,684,184**	**247,753,177**
Profit for the year		-	-	-	21,505,054	-	21,505,054	233,811	21,738,865
Gain (loss) on valuation of financial assets at fair value through other comprehensive income, net of tax	6, 20	-	-	-	(1,265)	1,111,264	1,109,999	36,600	1,146,599
Share of other comprehensive income (loss) of associates and joint ventures, net of tax	9, 20	-	-	-	(608)	31,477	30,869	884	31,753
Gain on overseas business translation, net of tax	20	-	-	-	-	2,966,973	2,966,973	49,526	3,016,499
Remeasurement of net defined benefit assets, net of tax	14, 20	-	-	-	-	(1,147,721)	(1,147,721)	(32,747)	(1,180,468)
Gain on valuation of cash flow hedge derivatives	20	-	-	-	-	1,811	1,811	-	1,811
Total comprehensive income for the year		-	-	-	**21,503,181**	**2,963,804**	**24,466,985**	**288,074**	**24,755,059**
Dividends	19	-	-	-	(9,619,243)	-	(9,619,243)	(21,359)	(9,640,602)
Capital transactions under common control		-	-	-	-	(85)	(85)	7,356	7,271
Changes in consolidated entities		-	-	-	-	-	-	5,730	5,730
Others		-	-	-	-	(1,178)	(1,178)	964	(214)
Total transactions with owners		-	-	-	**(9,619,243)**	**(1,263)**	**(9,620,506)**	**(7,309)**	**(9,627,815)**
Balance as of December 31, 2019		**119,467**	**778,047**	**4,403,893**	**254,582,894**	**(4,968,829)**	**254,915,472**	**7,964,949**	**262,880,421**

Samsung Electronics Co., Ltd. and its subsidiaries

CONSOLIDATED STATEMENTS OF CHANGES IN EQUITY

(In thousands of US dollars (Note 2.29))

2019 USD	Notes	Preference shares	Ordinary shares	Share premium	Retained earnings	Other components of equity	Equity attributable to owners of the parent company	Non-controlling interests	Total
Balance as of January 1, 2019		**101,204**	**659,107**	**3,730,668**	**205,597,438**	**(6,718,897)**	**203,369,520**	**6,509,499**	**209,879,019**
Profit for the year		-	-	-	18,217,565	-	18,217,565	198,068	18,415,633
Gain (loss) on valuation of financial assets at fair value through other comprehensive income, net of tax	6, 20	-	-	-	(1,072)	941,385	940,313	31,005	971,318
Share of other comprehensive income of associates and joint ventures, net of tax	9, 20	-	-	-	(515)	26,665	26,150	749	26,899
Gain on overseas business translation, net of tax	20	-	-	-	-	2,513,410	2,513,410	41,955	2,555,365
Remeasurement of net defined benefit assets, net of tax	14, 20	-	-	-	-	(972,268)	(972,268)	(27,741)	(1,000,009)
Gain on valuation of cash flow hedge derivatives	20	-	-	-	-	1,534	1,534	-	1,534
Total comprehensive income for the year		**-**	**-**	**-**	**18,215,978**	**2,510,726**	**20,726,704**	**244,036**	**20,970,740**
Dividends	19	-	-	-	(8,148,744)	-	(8,148,744)	(18,094)	(8,166,838)
Capital transactions under common control		-	-	-	-	(72)	(72)	6,231	6,159
Changes in consolidated entities		-	-	-	-	-	-	4,854	4,854
Others		-	-	-	-	(998)	(998)	817	(181)
Total transactions with owners		**-**	**-**	**-**	**(8,148,744)**	**(1,070)**	**(8,149,814)**	**(6,192)**	**(8,156,006)**
Balance as of December 31, 2019		**101,204**	**659,107**	**3,730,668**	**215,664,672**	**(4,209,241)**	**215,946,410**	**6,747,343**	**222,693,753**

Samsung Electronics Co., Ltd. and its subsidiaries

CONSOLIDATED STATEMENTS OF CHANGES IN EQUITY

(In millions of Korean won)

2020 KRW	Notes	Preference shares	Ordinary shares	Share premium	Retained earnings	Other components of equity	Accumulated other comprehensive income attributable to assets held-for-sale	Equity attributable to owners of the parent company	Non-controlling interests	Total
Balance as of January 1, 2020		**119,467**	**778,047**	**4,403,893**	**254,582,894**	**(4,968,829)**	**-**	**254,915,472**	**7,964,949**	**262,880,421**
Profit for the year		-	-	-	26,090,846	-	-	26,090,846	316,986	26,407,832
Gain on valuation of financial assets at fair value through other comprehensive income, net of tax	6, 20	-	-	-	13,713	2,402,226	-	2,415,939	86,794	2,502,733
Share of other comprehensive income (loss) of associates and joint ventures, net of tax	9, 20	-	-	-	-	(45,894)	-	(45,894)	2,597	(43,297)
Loss on overseas business translation, net of tax	20	-	-	-	-	(5,343,946)	-	(5,343,946)	(36,429)	(5,380,375)
Remeasurement of net defined benefit assets, net of tax	14, 20	-	-	-	-	(709,141)	-	(709,141)	(10,419)	(719,560)
Loss on valuation of cash flow hedge derivatives	20	-	-	-	-	(33,406)	-	(33,406)	-	(33,406)
Reclassification to assets held-for-sale	32	-	-	-	-	12,132	(12,132)	-	-	-
Total comprehensive income for the year		**-**	**-**	**-**	**26,104,559**	**(3,718,029)**	**(12,132)**	**22,374,398**	**359,529**	**22,733,927**
Dividends	19	-	-	-	(9,619,242)	-	-	(9,619,242)	(59,028)	(9,678,270)
Capital transactions under common control		-	-	-	-	(830)	-	(830)	(701)	(1,531)
Changes in consolidated entities		-	-	-	-	-	-	-	17,838	17,838
Others		-	-	-	-	533	-	533	(4,902)	(4,369)
Total transactions with owners		**-**	**-**	**-**	**(9,619,242)**	**(297)**	**-**	**(9,619,539)**	**(46,793)**	**(9,666,332)**
Balance as of December 31, 2020		**119,467**	**778,047**	**4,403,893**	**271,068,211**	**(8,687,155)**	**(12,132)**	**267,670,331**	**8,277,685**	**275,948,016**

Samsung Electronics Co., Ltd. and its subsidiaries

CONSOLIDATED STATEMENTS OF CHANGES IN EQUITY

(In thousands of US dollars (Note 2.29))

2020 USD	Notes	Preference shares	Ordinary shares	Share premium	Retained earnings	Other components of equity	Accumulated other comprehensive income attributable to assets held-for-sale	Equity attributable to owners of the parent company	Non-controlling interests	Total
Balance as of January 1, 2020		**101,204**	**659,107**	**3,730,668**	**215,664,672**	**(4,209,241)**	**-**	**215,946,410**	**6,747,343**	**222,693,753**
Profit for the year		-	-	-	22,102,325	-	-	22,102,325	268,528	22,370,853
Gain on valuation of financial assets at fair value through other comprehensive income, net of tax	6, 20	-	-	-	11,617	2,034,996	-	2,046,613	73,526	2,120,139
Share of other comprehensive income (loss) of associates and joint ventures, net of tax	9, 20	-	-	-	-	(38,878)	-	(38,878)	2,200	(36,678)
Loss on overseas business translation, net of tax	20	-	-	-	-	(4,527,014)	-	(4,527,014)	(30,860)	(4,557,874)
Remeasurement of net defined benefit assets, net of tax	14, 20	-	-	-	-	(600,734)	-	(600,734)	(8,826)	(609,560)
Loss on valuation of cash flow hedge derivatives	20	-	-	-	-	(28,300)	-	(28,300)	-	(28,300)
Reclassification to assets held-for-sale	32	-	-	-	-	10,277	(10,277)	-	-	-
Total comprehensive income for the year		**-**	**-**	**-**	**22,113,942**	**(3,149,653)**	**(10,277)**	**18,954,012**	**304,568**	**19,258,580**
Dividends	19	-	-	-	(8,148,744)	-	-	(8,148,744)	(50,004)	(8,198,748)
Capital transactions under common control		-	-	-	-	(703)	-	(703)	(594)	(1,297)
Changes in consolidated entities		-	-	-	-	-	-	-	15,111	15,111
Others		-	-	-	-	452	-	452	(4,153)	(3,701)
Total transactions with owners		**-**	**-**	**-**	**(8,148,744)**	**(251)**	**-**	**(8,148,995)**	**(39,640)**	**(8,188,635)**
Balance as of December 31, 2020		**101,204**	**659,107**	**3,730,668**	**229,629,870**	**(7,359,145)**	**(10,277)**	**226,751,427**	**7,012,271**	**233,763,698**

Samsung Electronics Co., Ltd. and its subsidiaries

CONSOLIDATED STATEMENTS OF CASH FLOWS

n millions of Korean won, in thousands of US dollars (Note 2.29))

	Notes	For the years ended December 31, 2020	2019	2020	2019
		KRW	KRW	USD	USD
Operating activities					
Profit for the year		26,407,832	21,738,865	22,370,853	18,415,633
Adjustments	27	41,618,554	37,442,682	35,256,304	31,718,800
Changes in assets and liabilities arising from operating activities	27	122,424	(2,545,756)	103,708	(2,156,585)
Cash generated from operations		**68,148,810**	**56,635,791**	**57,730,865**	**47,977,848**
Interest received		2,220,209	2,306,401	1,880,804	1,953,820
Interest paid		(555,321)	(579,979)	(470,429)	(491,317)
Dividends received		243,666	241,801	206,417	204,837
Income tax paid		(4,770,355)	(13,221,099)	(4,041,108)	(11,199,983)
Net cash from operating activities		**65,287,009**	**45,382,915**	**55,306,549**	**38,445,205**
Investing activities					
Net increase in short-term financial instruments		(20,369,616)	(2,030,913)	(17,255,702)	(1,720,446)
Net decrease (increase) in short-term financial assets at amortized cost		184,104	(818,089)	155,960	(693,027)
Net decrease in short-term financial assets at fair value through profit or loss		1,704,512	374,982	1,443,942	317,658
Disposal of long-term financial instruments		12,184,301	4,586,610	10,321,680	3,885,453
Acquisition of long-term financial instruments		(8,019,263)	(12,725,465)	(6,793,354)	(10,780,116)
Disposal of financial assets at amortized cost		1,023,117	694,584	866,713	588,403
Acquisition of financial assets at amortized cost		-	(825,027)	-	(698,905)
Disposal of financial assets at fair value through other comprehensive income		32,128	1,575	27,217	1,334
Acquisition of financial assets at fair value through other comprehensive income		(245,497)	(63,773)	(207,968)	(54,024)
Disposal of financial assets at fair value through profit or loss		39,746	64,321	33,670	54,488
Acquisition of financial assets at fair value through profit or loss		(84,184)	(135,826)	(71,315)	(115,062)
Disposal of investment in associates and joint ventures		-	12,149	-	10,292
Acquisition of investment in associates and joint ventures		(83,280)	(12,778)	(70,549)	(10,825)
Disposal of property, plant and equipment		376,744	513,265	319,151	434,802
Acquisition of property, plant and equipment		(37,592,034)	(25,367,756)	(31,845,320)	(21,489,774)
Disposal of intangible assets		7,027	7,241	5,953	6,134
Acquisition of intangible assets		(2,679,779)	(3,249,914)	(2,270,120)	(2,753,098)
Cash outflow from business combinations		(49,420)	(1,019,405)	(41,865)	(863,568)
Cash inflow (outflow) from other investing activities		(57,197)	46,048	(48,453)	39,008
Net cash used in investing activities		**(53,628,591)**	**(39,948,171)**	**(45,430,360)**	**(33,841,273)**

Samsung Electronics Co., Ltd. and its subsidiaries

CONSOLIDATED STATEMENTS OF CASH FLOWS

n millions of Korean won, in thousands of US dollars (Note 2.29))

		For the years ended December 31,			
	Notes	**2020**	**2019**	**2020**	**2019**
		KRW	KRW	USD	USD
Financing activities					
Net increase in short-term borrowings	27	2,191,186	865,792	1,856,218	733,43
Increase in long-term borrowings	27	14,495	-	12,279	-
Repayment of debentures and long-term borrowings	27	(864,947)	(709,400)	(732,722)	(600,954
Dividends paid		(9,676,760)	(9,639,202)	(8,197,469)	(8,165,652
Net decrease (increase) in non-controlling interests		8,187	(1,700)	6,935	(1,440
Net cash used in financing activities		**(8,327,839)**	**(9,484,510)**	**(7,054,759)**	**(8,034,608**
Reclassification to assets held-for-sale	32	(139)	-	(118)	-
Effect of foreign exchange rate changes		(833,861)	595,260	(706,386)	504,26
Net increase (decrease) in cash and cash equivalents		**2,496,579**	**(3,454,506)**	**2,114,926**	**(2,926,414**
Cash and cash equivalents					
Beginning of the year		26,885,999	30,340,505	22,775,922	25,702,33
End of the year		**29,382,578**	**26,885,999**	**24,890,848**	**22,775,92**

부록 3

국문 · 영문 계정과목 비교표

영문 Label	한글 Label
[D210005] Statement of financial position, current/non-current - Separate financial statements	**[D210005] 재무상태표, 유동/비유동법-별도재무제표**
Statement of financial position	재무상태표
Assets	자산
Non-current assets	비유동자산
Long-term trade and other non-current receivables, gross	장기매출채권 및 기타비유동채권
Long-term trade Receivable, gross	장기매출채권
Present value discounts, long-term trade Receivables	현재가치할인차금
Allowance for doubtful acccount, long-term trade Receivables	대손충당금
Long-term other Receivables, gross	장기미수금
Present value discounts, long-term other Receivables	현재가치할인차금
Allowance for doubtful acccount, long-term other Receivables	대손충당금
Long-term accrued Income, gross	장기미수수익
Allowance for doubtful acccount, long-term accrued Income	대손충당금
Long-term deposits Provided, gross	장기보증금
Allowance for doubtful acccount, long-term deposits Provided	대손충당금
Long-term advance payments, gross	장기선급금
Allowance for doubtful acccount, long-term advance payments	대손충당금
Long-term prepaid expenses	장기선급비용
Property, plant and equipment	유형자산
Land, gross	토지
Government grants, land	정부보조금
Accumulated Impairment loss, land	손상차손누계액
Buildings, gross	건물
Government grants, buildings	정부보조금
Accumulated depreciation, buildings	감가상각누계액
Accumulated Impairment loss, buildings	손상차손누계액
Structure, gross	구축물
Government grants, structure	정부보조금
Accumulated depreciation, structure	감가상각누계액
Accumulated Impairment loss, structure	손상차손누계액
Machinery, gross	기계장치
Government grants, machinery	정부보조금
Accumulated depreciation, machinery	감가상각누계액
Accumulated Impairment loss, machinery	손상차손누계액
Vehicles, gross	차량운반구
Customer's donation, vehicles	정부보조금
Accumulated depreciation, vehicles	감가상각누계액
Accumulated Impairment loss, vehicles	손상차손누계액
Fixtures and fittings, gross	집기
Government grants, fixtures and fittings	정부보조금
Accumulated depreciation, fixtures and fittings	감가상각누계액
Accumulated Impairment loss, fixtures and fittings	손상차손누계액
Office equipment, gross	사무용비품

Government grants, office equipment	정부보조금
Accumulated depreciation, office equipment	감가상각누계액
Accumulated Impairment loss, office equipment	손상차손누계액
Tangible exploration and evaluation assets, gross	유형탐사평가자산
Government grants, tangible exploration and evaluation assets	정부보조금
Accumulated depreciation, tangible exploration and evaluation assets	감가상각누계액
Accumulated Impairment loss, tangible exploration and evaluation assets	손상차손누계액
Construction in progress, gross	건설중인자산
Government grants, construction in progress	정부보조금
Accumulated depreciation, construction in progress	감가상각누계액
Accumulated Impairment loss, construction in progress	손상차손누계액
Other property, plant and equipment, gross	기타유형자산
Government grants, other property, plant and equipment	정부보조금
Accumulated depreciation, other property, plant and equipment	감가상각누계액
Accumulated Impairment loss, other property, plant and equipment	손상차손누계액
Investment property	투자부동산
Goodwill, gross	영업권
Government grants, goodwill	정부보조금
Intangible assets other than goodwill	영업권 이외의 무형자산
Brand names, gross	브랜드명
Government grants, brand names	정부보조금
Intangible exploration and evaluation assets, gross	무형탐사평가자산
Government grants, intangible exploration and evaluation assets	정부보조금
Mastheads and publishing titles, gross	제호와 출판표제
Government grants, mastheads and publishing titles	정부보조금
Computer software, gross	컴퓨터소프트웨어
Government grants, computer software	정부보조금
Licences and franchises, gross	라이선스와 프랜차이즈
Government grants, licences and franchises	정부보조금
Copyrights, patents and other industrial property rights, service and operating rights, gross	저작권, 특허권, 기타 산업재산권, 용역운영권
Government grants, copyrights, patents and other industrial property rights, service and operating rights	정부보조금
Recipes, formulae, models, designs and prototypes, gross	조리법, 공식, 모형, 설계 및 시제품
Government grants, recipes, formulae, models, designs and prototypes	정부보조금
Intangible assets under development, gross	개발 중인 무형자산
Government grants, intangible assets under development	정부보조금
Other intangible assets, gross	기타무형자산
Government grants, other intangible assets	정부보조금
Investments in subsidiaries, joint ventures and associates	종속기업, 조인트벤처와 관계기업에 대한 투자자산
Investments in subsidiaries	종속기업에 대한 투자자산
Investments in joint ventures	조인트벤처에 대한 투자자산
Investments in associates	관계기업에 대한 투자자산
Non-current biological assets, gross	비유동생물자산
Government grants, non-current biological assets	정부보조금
Accumulated Impairment loss, non-current biological assets	손상차손누계액

Accumulated depreciation, non-current biological assets	감가상각누계액
Non-current receivables, gross	비유동채권
Allowance for doubtful acccount, non-current receivables	대손충당금
Deferred tax assets	이연법인세자산
Other non-current financial assets	기타비유동금융자산
Non-current available-for-sale financial assets	비유동매도가능금융자산
Non-current financial assets held to maturity	비유동만기보유금융자산
Non-current fair value financial asset	비유동당기손익인식금융자산
Long-term loans and receivables, gross	장기대여금및수취채권
Present value discounts, non-current loans and receivables	현재가치할인차금
Allowance for doubtful acccount, non-current loans and receivables	대손충당금
Long-term financial Instruments	장기금융상품
Other non-current non-financial assets	기타비유동비금융자산
Total non-current assets	비유동자산합계
Current assets	유동자산
Inventories	재고자산
Raw materials, gross	원재료
Accumulated Impairment loss, raw materials	평가충당금
Merchandise, gross	상품
Accumulated Impairment loss, merchandise	평가충당금
Production supplies, gross	소모품
Accumulated Impairment loss, production supplies	평가충당금
Work in progress, gross	재공품
Accumulated Impairment loss, work in progress	평가충당금
Finished goods, gross	제품
Accumulated Impairment loss, finished goods	평가충당금
Supplies, gross	저장품
Accumulated Impairment loss, supplies	평가충당금
Goods in transit, gross	미착품
Accumulated Impairment loss, goods in transit	평가충당금
Other inventories, gross	기타재고
Accumulated Impairment loss, other inventories	평가충당금
Trade and other current receivables	매출채권 및 기타유동채권
Short-term trade Receivable	단기매출채권
Present value discounts, short-term trade Receivable	현재가치할인차금
Allowance for doubtful acccount, short-term trade Receivable	대손충당금
Short-term other Receivables	단기미수금
Present value discounts, short-term other Receivables	현재가치할인차금
Allowance for doubtful acccount, short-term other Receivables	대손충당금
Short-term accrued Income	단기미수수익
Allowance for doubtful acccount, short-term accrued Income	대손충당금
Short-term deposits Provided	단기보증금
Allowance for doubtful acccount, short-term deposits Provided	대손충당금
Short-term advance payments	단기선급금
Allowance for doubtful acccount, short-term advance payments	대손충당금

Short-term prepaid expenses	단기선급비용
Current tax assets	당기법인세자산
Current biological assets, gross	유동생물자산
Government grants, current biological assets	정부보조금
Accumulated Impairment loss, current biological assets	손상차손누계액
Accumulated depreciation, current biological assets	감가상각누계액
Other current financial assets	기타유동금융자산
Current available-for-sale financial assets	유동매도가능금융자산
Current financial assets held to maturity	유동만기보유금융자산
Current fair value financial asset	유동당기손익인식금융자산
Short-term loans and receivables	단기대여금및수취채권
Present value discounts, Short-term loans and receivables	현재가치할인차금
Allowance for doubtful acccount, Short-term loans and receivables	대손충당금
Short-term financial Instruments, gross	단기금융상품
Other current non-financial assets	기타유동비금융자산
Cash and cash equivalents	현금및현금성자산
Cash	현금
Cash on hand	보유현금
Balances with banks	예금잔액
Other demand deposits	기타 요구불 예금
Cash equivalents	현금성자산
Short-term deposits, classified as cash equivalents	현금성자산으로 분류된 단기예금
Short-term investments, classified as cash equivalents	현금성자산으로 분류된 단기투자자산
Bank overdrafts, classified as cash equivalents	현금성자산으로 분류된 당좌차월
Other banking arrangements, classified as cash equivalents	현금성자산으로 분류된 은행거래약정
Other cash and cash equivalents	기타현금및현금성자산
Total current assets other than assets or disposal groups classified as held for sale or as held for distribution to owners	매각예정 또는 소유주에 대한 분배예정으로 분류된 자산이나 처분자산집단 이외의 유동자산합계
Non-current assets or disposal groups classified as held for sale or as held for distribution to owners	매각예정 또는 소유주에 대한 분배예정으로 분류된 비유동자산이나 처분자산집단
Non-current assets or disposal groups classified as held for sale	매각예정으로 분류된 비유동자산이나 처분자산집단
Non-current assets or disposal groups classified as held for distribution to owners	소유주에 대한 분배예정으로 분류된 비유동자산이나 처분자산집단
Total current assets	유동자산합계
Total assets	자산총계
Equity and liabilities	자본과 부채
Equity	자본
Issued capital	자본금
Issued capital of common stock	보통주자본금
Issued capital of preferred stock	우선주자본금
Capital surplus	자본잉여금
Other Comprehensive income/loss accumulated amount	기타포괄손익누계액
Share premium	주식발행초과금
Treasury shares	자기주식
Other equity interest	기타지분
Retained earnings	이익잉여금

Other reserves	기타적립금
Legal Reserve	이익준비금
Voluntary Reserves	임의적립금
Revaluation surplus	재평가잉여금
Reserve of exchange differences on translation	환산 관련 외환차이 적립금
Reserve of cash flow hedges	현금흐름위험회피 적립금
Reserve of hedges of net investment in foreign operations	해외사업장순투자위험회피 적립금
Reserve of actuarial gains or losses on defined benefit plans	확정급여제도의 보험수리적 손익 적립금
Reserve of gains and losses on remeasuring available-for-sale financial assets	매도가능금융자산의 재측정손익 적립금
Reserve of share-based payments	주식기준보상 적립금
Total equity	자본총계
Liabilities	부채
Non-current liabilities	비유동부채
Non-current provisions	비유동충당부채
Non-current provisions for employee benefits	비유동종업원급여충당부채
Other long-term provisions	기타장기충당부채
Long-term warranty provision	장기제품보증충당부채
Long-term restructuring provision	장기구조조정충당부채
Long-term legal proceedings provision	장기법적소송충당부채
Long-term onerous contracts provision	장기손실부담계약충당부채
Long-term provision for decommissioning, restoration and rehabilitation costs	사후처리, 복구, 정화 비용을 위한 장기충당부채
Long-term miscellaneous other provisions	그 밖의 기타장기충당부채
Long-term trade and other non-current payables	장기매입채무 및 기타비유동채무
Long-Term trade Payables, gross	장기매입채무
Present value discounts, long-Term trade Payables	현재가치할인차금
Long-Term other Payables, gross	장기미지급금
Present value discounts, long-Term other Payables	현재가치할인차금
Long-Term accrued Expenses, gross	장기미지급비용
Present value discounts, long-Term accrued Expenses	현재가치할인차금
Long-Term guarantee Deposit Rent, gross	장기임대보증금
Present value discounts, long-Term guarantee Deposit Rent	현재가치할인차금
Long-Term withholdings Banks	장기예수금
Long-Term advances Customers	장기선수금
Long-term borrowings, gross	장기차입금
Present value discounts, long-term borrowings	현재가치할인차금
Post-employment benefit obligations	퇴직급여채무
Present value of defined benefit obligation	확정급여채무의현재가치
Fair value of plan assets	사외적립자산의공정가치
Non-current payables	비유동채무
Deferred tax liabilities	이연법인세부채
Other non-current financial liabilities	기타비유동금융부채
Other non-current non-financial liabilities	기타비유동비금융부채
Total non-current liabilities	비유동부채합계
Current liabilities	유동부채
Current provisions	유동충당부채

Current provisions for employee benefits	유동종업원급여충당부채
Other short-term provisions	기타단기충당부채
Short-term warranty provision	단기제품보증충당부채
Short-term restructuring provision	단기구조조정충당부채
Short-term legal proceedings provision	단기법적소송충당부채
Short-term onerous contracts provision	단기손실부담계약충당부채
Short-term provision for decommissioning, restoration and rehabilitation costs	사후처리, 복구, 정화 비용을 위한 단기충당부채
Short-term miscellaneous other provisions	그 밖의 기타단기충당부채
Trade and other current payables	매입채무 및 기타유동채무
Short-term trade Payables	단기매입채무
Short-term other Payables	단기미지급금
Present value discounts, short-term other Payables	현재가치할인차금
Short-term accrued Expenses	단기미지급비용
Short-term guarantee Deposit Rent	단기임대보증금
Short-term withholdings	단기예수금
Short-term advances Customers	단기선수금
Short-term borrowings	단기차입금
Current portion of long-term borrowings	유동성장기차입금
Payments of Income taxes payable	미지급법인세
Current tax liabilities	당기법인세부채
Other current financial liabilities	기타유동금융부채
Other current non-financial liabilities	기타유동비금융부채
Total current liabilities other than liabilities included in disposal groups classified as held for sale	매각예정으로 분류된 처분자산집단에 포함된 부채 이외의 유동부채합계
Liabilities included in disposal groups classified as held for sale	매각예정으로 분류된 처분자산집단에 포함된 부채
Total current liabilities	유동부채합계
Total liabilities	부채총계
Total equity and liabilities	자본과부채총계
[D310005] Income statement, by function of expense - Separate financial statements	**[D310005] 손익계산서, 기능별 분류 - 별도재무제표**
Income statement	손익계산서
Profit (loss)	당기순이익(손실)
Revenue(Sales)	수익(매출액)
Revenue(Sales) from sale of goods	재화의 판매로 인한 수익(매출액)
Revenue(Sales) from rendering of services	용역의 제공으로 인한 수익(매출액)
Revenue(Sales) from construction contracts	건설계약으로 인한 수익(매출액)
Revenue(Sales) from royalties	로열티수익(매출액)
Revenue(Sales) from interest	이자수익(매출액)
Revenue(Sales) from dividends	배당수익(매출액)
Other Revenue(Sales)	기타수익(매출액)
Total Revenue(Sales)	수익(매출액) 합계
Cost of sales	매출원가
Cost of sales from sale of goods	재화의 판매로 인한 수익(매출액)에 대한 매출원가
Cost of sales from rendering of services	용역의 제공으로 인한 수익(매출액)에 대한 매출원가
Cost of sales from construction contracts	건설계약으로 인한 수익(매출액)에 대한 매출원가
Cost of sales from royalties	로열티수익(매출액)에 대한 매출원가
Cost of sales from interest	이자수익(매출액)에 대한 매출원가

Cost of sales from dividends	배당수익(매출액)에 대한 매출원가
Other cost of sales	기타수익(매출액)에 대한 매출원가
Total cost of sales	매출원가 합계
Gross profit	매출총이익
Gains arising from derecognition of financial assets measured at amortised cost	상각후원가로 측정하는 금융자산의 제거로부터 발생한 이익
Losses arising from derecognition of financial assets measured at amortised cost	상각후원가로 측정하는 금융자산의 제거로부터 발생한 손실
Other income	기타수익
Reversals of inventories	재고자산감액환입
Reversals of property, plant and equipment	유형자산감액환입
Reversal of provisions for cost of restructuring	구조조정 충당부채의 환입
Gains on disposals of property, plant and equipment	유형자산처분이익
Other reversals of provisions	기타충당부채의 환입
Gains from government grants	정부보조금으로 인한 이익
Reversal Allowance Doubtful Accounts	대손충당금환입
Total other income	기타수익의 합계
Selling general administrative expenses	판매비와관리비
Salaries wages	급여
Provision for severance indemnities	퇴직급여
Employee benefits	복리후생비
Insurance premiums	보험료
Depreciation expense	감가상각비
Amortisation expense	무형자산상각비
Bad debt expenses	대손상각비
Commissions	지급수수료
Advertising expenses	광고선전비
Training Expenses	교육훈련비
Vehicle maintenance expenses	차량유지비
Publication expenses	도서인쇄비
Entertainment expenses	접대비
Rental expenses	임차료
Communication expenses	통신비
Freight expenses	운반비
Taxes dues	세금과공과
Supply expenses	소모품비
Utility expenses	수도광열비
Repair expenses	수선비
Ordinary development expense	경상개발비
Travel expenses	여비교통비
Total selling general administrative expenses	판매비와관리비 합계
Distribution costs	물류원가
Administrative expenses	관리비
Other expense	기타비용
Write-downs of inventories	재고자산감액
Write-downs of property, plant and equipment	유형자산감액
Expense of restructuring activities	구조조정 활동의 비용

Losses on disposals of property, plant and equipment	유형자산처분손실
Losses from government grants	정부보조금으로 인한 손실
Total other expense	기타비용의 합계
Difference between carrying amount of non-cash assets distributed and carrying amount of dividends payable	분배할 비현금자산의 장부금액과 미지급배당금의 장부금액의 차이
Gains (losses) on net monetary position	순화폐성자산에 대한 이익(손실)
Operating Income(Loss)	영업이익(손실)
Other gains (losses)	기타이익(손실)
Gains (losses) on disposals of investments	투자자산처분이익(손실)
Gains (losses) on disposals of other non-current assets	기타비유동자산처분이익(손실)
Gain (loss) arising from difference between carrying amount of financial liability extinguished and consideration paid	소멸된 금융부채의 장부금액과 지급된 금액 사이의 차이에서 발생한 이익(손실)
Gains (losses) on litigation settlements	소송사건의 이익(비용)
Gain on foreign exchagne translations	외화환산이익
Gains Foreign Currency Transactions	외환차익
Miscellaneou sIncome	잡이익
Donations	기부금
Loss on foreign exchagne translations	외화환산손실
Losses Foreign Currency Transactions	외환차손
Loss on disposition of receivables	매출채권처분손실
Miscellaneous Losses	잡손실
Total other gains (losses)	기타이익(손실) 합계
Finance income	금융수익
Interest income	이자수익
Dividend Income	배당금수익
Total finance income	금융수익 합계
Finance costs	금융원가
Interest expenses	이자비용
Total finance costs	금융원가 합계
Other income (expense) from subsidiaries, jointly controlled entities and associates	종속기업, 공동지배기업과 관계기업으로부터의 기타수익(비용)
Gains (losses) arising from difference between previous carrying amount and fair value of financial assets reclassified as measured at fair value	공정가치로 측정된 재분류된 금융자산의 전기 장부금액과 공정가치의 차이로부터 발생한 이익(손실)
Profit (loss) before tax	법인세비용차감전순이익(손실)
Income tax expense	법인세비용
Profit (loss) from continuing operations	계속영업이익(손실)
Profit (loss) from discontinued operations	중단영업이익(손실)
Profit (loss)	당기순이익(손실)
Earnings per share	주당이익
Basic earnings per share	기본주당이익
Basic earnings (loss) per share from continuing operations	계속영업기본주당이익(손실)
Basic earnings (loss) per share from discontinued operations	중단영업기본주당이익(손실)
Basic earnings (loss) per share	기본주당이익(손실)
Diluted earnings per share	희석주당순이익
Diluted earnings (loss) per share from continuing operations	계속영업희석주당이익(손실)
Diluted earnings (loss) per share from discontinued operations	중단영업희석주당이익(손실)
Diluted earnings (loss) per share	희석주당이익(손실)

[D320005] Income statement, by nature of expense - Separate financial statements	[D320005] 손익계산서, 성격별 분류 - 별도재무제표
Income statement	손익계산서
Profit (loss)	당기순이익(손실)
Sales(Revenue)	매출액(수익)
Gains arising from derecognition of financial assets measured at amortised cost	상각후원가로 측정하는 금융자산의 제거로부터 발생한 이익
Losses arising from derecognition of financial assets measured at amortised cost	상각후원가로 측정하는 금융자산의 제거로부터 발생한 손실
Other income	기타수익
Reversals of inventories	재고자산감액환입
Reversals of property, plant and equipment	유형자산감액환입
Reversal of provisions for cost of restructuring	구조조정 충당부채의 환입
Gains on disposals of property, plant and equipment	유형자산처분이익
Other reversals of provisions	기타충당부채의 환입
Gains from government grants	정부보조금으로 인한 이익
Reversal Allowance Doubtful Accounts	대손충당금환입
Total other income	기타수익의 합계
Changes in inventories of finished goods and work in progress	제품과 재공품의 변동
Other work performed by entity and capitalised	기업이 수행한 용역으로서 자본화되어 있는 부분
Raw materials and consumables used	원재료와 소모품의 사용액
Employee benefits expense	종업원급여비용
Wages and salaries	임금
Social security contributions	사회보장분담금
Other short-term employee benefits	기타단기종업원급여
Post-employment benefit expense, defined contribution plans	퇴직급여비용, 확정기여제도
Post-employment benefit expense, defined benefit plans	퇴직급여비용, 확정급여제도
Termination benefits expense	해고급여비용
Share-based payment transactions	주식기준보상거래
Other long-term benefits	기타장기급여
Other employee expense	기타종업원비용
Total employee benefits expense	종업원급여비용 합계
Depreciation and amortisation expense	감가상각비와 상각비
Reversal of impairment loss (impairment loss) recognised in profit or loss	당기손익으로 인식된 손상차손(환입)
Other expense	기타비용
Write-downs of inventories	재고자산감액
Write-downs of property, plant and equipment	유형자산감액
Expense of restructuring activities	구조조정 활동의 비용
Losses on disposals of property, plant and equipment	유형자산처분손실
Losses from government grants	정부보조금으로 인한 손실
Total other expense	기타비용의 합계
Difference between carrying amount of non-cash assets distributed and carrying amount of dividends payable	분배할 비현금자산의 장부금액과 미지급배당금의 장부금액의 차이
Gains (losses) on net monetary position	순화폐성자산에 대한 이익(손실)
Operating Income(Loss)	영업이익(손실)
Other gains (losses)	기타이익(손실)
Gains (losses) on disposals of investments	투자자산처분이익(손실)

Gains (losses) on disposals of other non-current assets	기타비유동자산처분이익(손실)
Gain (loss) arising from difference between carrying amount of financial liability extinguished and consideration paid	소멸된 금융부채의 장부금액과 지급된 금액 사이의 차이에서 발생한 이익(손실)
Gains (losses) on litigation settlements	소송사건의 이익(비용)
Gain on foreign exchagne translations	외화환산이익
Gains Foreign Currency Transactions	외환차익
Miscellaneou sIncome	잡이익
Donations	기부금
Loss on foreign exchagne translations	외화환산손실
Losses Foreign Currency Transactions	외환차손
Loss on disposition of receivables	매출채권처분손실
Miscellaneous Losses	잡손실
Total other gains (losses)	기타이익(손실) 합계
Finance income	금융수익
Interest income	이자수익
Dividend Income	배당금수익
Total finance income	금융수익 합계
Finance costs	금융원가
Interest expenses	이자비용
Total finance costs	금융원가 합계
Other income (expense) from subsidiaries, jointly controlled entities and associates	종속기업, 공동지배기업과 관계기업으로부터의 기타수익(비용)
Gains (losses) arising from difference between previous carrying amount and fair value of financial assets reclassified as measured at fair value	공정가치로 측정된 재분류된 금융자산의 전기 장부금액과 공정가치의 차이로부터 발생한 이익(손실)
Profit (loss) before tax	법인세비용차감전순이익(손실)
Income tax expense	법인세비용
Profit (loss) from continuing operations	계속영업이익(손실)
Profit (loss) from discontinued operations	중단영업이익(손실)
Profit (loss)	당기순이익(손실)
Earnings per share	주당이익
Basic earnings per share	기본주당이익
Basic earnings (loss) per share from continuing operations	계속영업기본주당이익(손실)
Basic earnings (loss) per share from discontinued operations	중단영업기본주당이익(손실)
Basic earnings (loss) per share	기본주당이익(손실)
Diluted earnings per share	희석주당순이익
Diluted earnings (loss) per share from continuing operations	계속영업희석주당이익(손실)
Diluted earnings (loss) per share from discontinued operations	중단영업희석주당이익(손실)
Diluted earnings (loss) per share	희석주당이익(손실)

[D410005] Statement of comprehensive income - Separate financial statements	**[D410005] 포괄손익계산서 - 별도재무제표**
Statement of comprehensive income	포괄손익계산서
Profit (loss)	당기순이익(손실)
Other comprehensive income	기타포괄손익
Components of other comprehensive income, net of tax	법인세비용차감후기타포괄손익의 구성요소
Exchange differences on translation	외화환산외환차이
Gains (losses) on exchange differences on translation, net of tax	외화환산외환차이의 세후차익(차손)

Reclassification adjustments on exchange differences on translation, net of tax	외화환산외환차이의 세후재분류조정
Other comprehensive income, net of tax, exchange differences on translation	외화환산외환차이의 세후기타포괄손익
Available-for-sale financial assets	매도가능금융자산
Gains (losses) on remeasuring available-for-sale financial assets, net of tax	매도가능금융자산의 세후재측정이익(손실)
Reclassification adjustments on available-for-sale financial assets, net of tax	매도가능금융자산의 세후재분류조정
Other comprehensive income, net of tax, available-for-sale financial assets	매도가능금융자산의 세후기타포괄손익
Cash flow hedges	현금흐름위험회피
Gains (losses) on cash flow hedges, net of tax	현금흐름위험회피의 세후차익(차손)
Reclassification adjustments on cash flow hedges, net of tax	현금흐름위험회피의 세후재분류조정
Amounts removed from equity and included in carrying amount of non-financial asset (liability) whose acquisition or incurrence was hedged highly probable forecast transaction	비금융자산(부채)를 취득하거나 부담하는 거래가 발생가능성이 매우 높은 위험회피대상예상거래에서 재분류조정으로 자본에서 장부금액으로 재분류되는 금액
Other comprehensive income, net of tax, cash flow hedges	현금흐름위험회피의 세후기타포괄손익
Hedges of net investments in foreign operations	해외사업장순투자의 위험회피
Gains (losses) on hedges of net investments in foreign operations, net of tax	해외사업장순투자의 위험회피의 세후이익(손실)
Reclassification adjustments on hedges of net investments in foreign operations, net of tax	해외사업장순투자의 위험회피의 세후재분류조정
Other comprehensive income, net of tax, hedges of net investments in foreign operations	해외사업장순투자의 위험회피의 세후기타포괄손익
Other comprehensive income, net of tax, gains (losses) from investments in equity instruments	지분상품에 대한 투자자산의 세후기타포괄손익
Other comprehensive income, net of tax, gains (losses) on revaluation	자산재평가차익(차손)의 세후기타포괄손익
Other comprehensive income, net of tax, actuarial gains (losses) on defined benefit plans	확정급여제도의 보험수리적손익의 세후기타포괄손익
Income (expense) recognised in other comprehensive income relating to non-current assets or disposal group classified as held for sale	매각예정으로 분류된 비유동자산이나 처분자산집단과 관련한 기타포괄손익으로 인식된 수익(비용)
Other comprehensive income	기타포괄손익
6Total comprehensive income	총포괄손익
[D420005] Statement of comprehensive income [Dalternative] - Separate financial statements	**[D420005] 포괄손익계산서 - 별도재무제표(선택)**
Statement of comprehensive income	포괄손익계산서
Profit (loss)	당기순이익(손실)
Components of other comprehensive income, before tax	법인세비용차감전기타포괄손익의 구성요소
Exchange differences on translation	외화환산외환차이
Gains (losses) on exchange differences on translation, before tax	외화환산외환차이의 세전차익(차손)
Reclassification adjustments on exchange differences on translation, before tax	외화환산외환차이의 세전재분류조정
Other comprehensive income, before tax, exchange differences on translation	외화환산외환차이의 세전기타포괄손익
Available-for-sale financial assets	매도가능금융자산
Gains (losses) on remeasuring available-for-sale financial assets, before tax	매도가능금융자산의 세전재측정이익(손실)
Reclassification adjustments on available-for-sale financial assets, before tax	매도가능금융자산의 세전재분류조정
Other comprehensive income, before tax, available-for-sale financial assets	매도가능금융자산의 세전기타포괄손익
Cash flow hedges	현금흐름위험회피
Gains (losses) on cash flow hedges, before tax	현금흐름위험회피의 세전차익(차손)
Reclassification adjustments on cash flow hedges, before tax	현금흐름위험회피의 세전재분류조정
Amounts removed from equity and included in carrying amount of non-financial asset (liability) whose acquisition or incurrence was hedged highly probable forecast transaction	비금융자산(부채)를 취득하거나 부담하는 거래가 발생가능성이 매우 높은 위험회피대상예상거래에서 재분류조정으로 자본에서 장부금액으로 재분류되는 금액
Other comprehensive income, before tax, cash flow hedges	현금흐름위험회피의 세전기타포괄손익
Hedges of net investments in foreign operations	해외사업장순투자의 위험회피

Gains (losses) on hedges of net investments in foreign operations, before tax	해외사업장순투자의 위험회피의 세전이익(손실)
Reclassification adjustments on hedges of net investments in foreign operations, before tax	해외사업장순투자의 위험회피의 세전재분류조정
Other comprehensive income, before tax, hedges of net investments in foreign operations	해외사업장순투자의 위험회피의 세전기타포괄손익
Other comprehensive income, before tax, gains (losses) from investments in equity instruments	지분상품에 대한 투자자산의 세전기타포괄손익
Other comprehensive income, before tax, gains (losses) on revaluation	자산재평가차익(차손)의 세전기타포괄손익
Other comprehensive income, before tax, actuarial gains (losses) on defined benefit plans	확정급여제도의 보험수리적손익의 세전기타포괄손익
Income (expense) recognised in other comprehensive income relating to non-current assets or disposal group classified as held for sale	매각예정으로 분류된 비유동자산이나 처분자산집단과 관련한 기타포괄손익으로 인식된 수익(비용)
Other comprehensive income, before tax	세전기타포괄손익
Income tax relating to components of other comprehensive income	기타포괄손익의 각 구성요소와 관련된 법인세
Income tax relating to exchange differences on translation of other comprehensive income	기타포괄손익의 환산관련 외환차이와 관련된 법인세
Income tax relating to investments in equity instruments of other comprehensive income	기타포괄손익의 지분상품에 대한 투자자산과 관련된 법인세
Income tax relating to available-for-sale financial assets of other comprehensive income	기타포괄손익의 매도가능금융자산과 관련된 법인세
Income tax relating to cash flow hedges of other comprehensive income	기타포괄손익의 현금흐름위험회피와 관련된 법인세
Income tax relating to hedges of net investments in foreign operations of other comprehensive income	기타포괄손익의 해외사업장순투자의 위험회피와 관련된 법인세
Income tax relating to changes in revaluation surplus of other comprehensive income	기타포괄손익의 재평가잉여금 변동과 관련된 법인세
Income tax relating to defined benefit plans of other comprehensive income	기타포괄손익의 확정급여제도와 관련된 법인세
Reclassification adjustments on income tax relating to components of other comprehensive income	기타포괄손익의 각 구성요소와 관련된 법인세의 재분류조정
Aggregated income tax relating to components of other comprehensive income	기타포괄손익의 각 구성요소와 관련된 법인세 합계
Other comprehensive income	기타포괄손익
Total comprehensive income	총포괄손익
[D431415] Statement of comprehensive income, by function of expense - Separate financial statements	**[D431415] 포괄손익계산서, 기능별 분류 - 별도재무제표**
Statement of comprehensive income	포괄손익계산서
Profit (loss)	당기순이익(손실)
Revenue(Sales)	수익(매출액)
Revenue(Sales) from sale of goods	재화의 판매로 인한 수익(매출액)
Revenue(Sales) from rendering of services	용역의 제공으로 인한 수익(매출액)
Revenue(Sales) from construction contracts	건설계약으로 인한 수익(매출액)
Revenue(Sales) from royalties	로열티수익(매출액)
Revenue(Sales) from interest	이자수익(매출액)
Revenue(Sales) from dividends	배당수익(매출액)
Other Revenue(Sales)	기타수익(매출액)
Total Revenue(Sales)	수익(매출액) 합계
Cost of sales	매출원가
Cost of sales from sale of goods	재화의 판매로 인한 수익(매출액)에 대한 매출원가
Cost of sales from rendering of services	용역의 제공으로 인한 수익(매출액)에 대한 매출원가
Cost of sales from construction contracts	건설계약으로 인한 수익(매출액)에 대한 매출원가
Cost of sales from royalties	로열티수익(매출액)에 대한 매출원가

Cost of sales from interest	이자수익(매출액)에 대한 매출원가
Cost of sales from dividends	배당수익(매출액)에 대한 매출원가
Other cost of sales	기타수익(매출액)에 대한 매출원가
Total cost of sales	매출원가 합계
Gross profit	매출총이익
Gains arising from derecognition of financial assets measured at amortised cost	상각후원가로 측정하는 금융자산의 제거로부터 발생한 이익
Losses arising from derecognition of financial assets measured at amortised cost	상각후원가로 측정하는 금융자산의 제거로부터 발생한 손실
Other income	기타수익
Reversals of inventories	재고자산감액환입
Reversals of property, plant and equipment	유형자산감액환입
Reversal of provisions for cost of restructuring	구조조정 충당부채의 환입
Gains on disposals of property, plant and equipment	유형자산처분이익
Other reversals of provisions	기타충당부채의 환입
Gains from government grants	정부보조금으로 인한 이익
Reversal Allowance Doubtful Accounts	대손충당금환입
Total other income	기타수익의 합계
Selling general administrative expenses	판매비와관리비
Salaries wages	급여
Provision for severance indemnities	퇴직급여
Employee benefits	복리후생비
Insurance premiums	보험료
Depreciation expense	감가상각비
Amortisation expense	무형자산상각비
Bad debt expenses	대손상각비
Commissions	지급수수료
Advertising expenses	광고선전비
Training Expenses	교육훈련비
Vehicle maintenance expenses	차량유지비
Publication expenses	도서인쇄비
Entertainment expenses	접대비
Rental expenses	임차료
Communication expenses	통신비
Freight expenses	운반비
Taxes dues	세금과공과
Supply expenses	소모품비
Utility expenses	수도광열비
Repair expenses	수선비
Ordinary development expense	경상개발비
Travel expenses	여비교통비
Total selling general administrative expenses	판매비와관리비 합계
Distribution costs	물류원가
Administrative expenses	관리비
Other expense	기타비용
Write-downs of inventories	재고자산감액
Write-downs of property, plant and equipment	유형자산감액

Expense of restructuring activities	구조조정 활동의 비용
Losses on disposals of property, plant and equipment	유형자산처분손실
Losses from government grants	정부보조금으로 인한 손실
Total other expense	기타비용의 합계
Difference between carrying amount of non-cash assets distributed and carrying amount of dividends payable	분배할 비현금자산의 장부금액과 미지급배당금의 장부금액의 차이
Gains (losses) on net monetary position	순화폐성자산에 대한 이익(손실)
Operating Income(Loss)	영업이익(손실)
Other gains (losses)	기타이익(손실)
Gains (losses) on disposals of investments	투자자산처분이익(손실)
Gains (losses) on disposals of other non-current assets	기타비유동자산처분이익(손실)
Gain (loss) arising from difference between carrying amount of financial liability extinguished and consideration paid	소멸된 금융부채의 장부금액과 지급된 금액 사이의 차이에서 발생한 이익(손실)
Gains (losses) on litigation settlements	소송사건의 이익(비용)
Gain on foreign exchagne translations	외화환산이익
Gains Foreign Currency Transactions	외환차익
Miscellaneou slncome	잡이익
Donations	기부금
Loss on foreign exchagne translations	외화환산손실
Losses Foreign Currency Transactions	외환차손
Loss on disposition of receivables	매출채권처분손실
Miscellaneous Losses	잡손실
Total other gains (losses)	기타이익(손실) 합계
Finance income	금융수익
Interest income	이자수익
Dividend Income	배당금수익
Total finance income	금융수익 합계
Finance costs	금융원가
Interest expenses	이자비용
Total finance costs	금융원가 합계
Other income (expense) from subsidiaries, jointly controlled entities and associates	종속기업, 공동지배기업과 관계기업으로부터의 기타수익(비용)
Gains (losses) arising from difference between previous carrying amount and fair value of financial assets reclassified as measured at fair value	공정가치로 측정된 재분류된 금융자산의 전기 장부금액과 공정가치의 차이로부터 발생한 이익(손실)
Profit (loss) before tax	법인세비용차감전순이익(손실)
Income tax expense	법인세비용
Profit (loss) from continuing operations	계속영업이익(손실)
Profit (loss) from discontinued operations	중단영업이익(손실)
Profit (loss)	당기순이익(손실)
Other comprehensive income	기타포괄손익
Components of other comprehensive income, net of tax	법인세비용차감후기타포괄손익의 구성요소
Exchange differences on translation	외화환산외환차이
Gains (losses) on exchange differences on translation, net of tax	외화환산외환차이의 세후차익(차손)
Reclassification adjustments on exchange differences on translation, net of tax	외화환산외환차이의 세후재분류조정
Other comprehensive income, net of tax, exchange differences on translation	외화환산외환차이의 세후기타포괄손익
Available-for-sale financial assets	매도가능금융자산
Gains (losses) on remeasuring available-for-sale financial assets, net of tax	매도가능금융자산의 세후재측정이익(손실)

Reclassification adjustments on available-for-sale financial assets, net of tax	매도가능금융자산의 세후재분류조정
Other comprehensive income, net of tax, available-for-sale financial assets	매도가능금융자산의 세후기타포괄손익
Cash flow hedges	현금흐름위험회피
Gains (losses) on cash flow hedges, net of tax	현금흐름위험회피의 세후차익(차손)
Reclassification adjustments on cash flow hedges, net of tax	현금흐름위험회피의 세후재분류조정
Amounts removed from equity and included in carrying amount of non-financial asset (liability) whose acquisition or incurrence was hedged highly probable forecast transaction	비금융자산(부채)를 취득하거나 부담하는 거래가 발생가능성이 매우 높은 위험회피대상예상거래에서 재분류조정으로 자본에서 장부금액으로 재분류되는 금액
Other comprehensive income, net of tax, cash flow hedges	현금흐름위험회피의 세후기타포괄손익
Hedges of net investments in foreign operations	해외사업장순투자의 위험회피
Gains (losses) on hedges of net investments in foreign operations, net of tax	해외사업장순투자의 위험회피의 세후이익(손실)
Reclassification adjustments on hedges of net investments in foreign operations, net of tax	해외사업장순투자의 위험회피의 세후재분류조정
Other comprehensive income, net of tax, hedges of net investments in foreign operations	해외사업장순투자의 위험회피의 세후기타포괄손익
Other comprehensive income, net of tax, gains (losses) from investments in equity instruments	지분상품에 대한 투자자산의 세후기타포괄손익
Other comprehensive income, net of tax, gains (losses) on revaluation	자산재평가차익(차손)의 세후기타포괄손익
Other comprehensive income, net of tax, actuarial gains (losses) on defined benefit plans	확정급여제도의 보험수리적손익의 세후기타포괄손익
Income (expense) recognised in other comprehensive income relating to non-current assets or disposal group classified as held for sale	매각예정으로 분류된 비유동자산이나 처분자산집단과 관련한 기타포괄손익으로 인식된 수익(비용)
Other comprehensive income	기타포괄손익
Total comprehensive income	총포괄손익
Earnings per share	주당이익
Basic earnings per share	기본주당이익
Basic earnings (loss) per share from continuing operations	계속영업기본주당이익(손실)
Basic earnings (loss) per share from discontinued operations	중단영업기본주당이익(손실)
Basic earnings (loss) per share	기본주당이익(손실)
Diluted earnings per share	희석주당순이익
Diluted earnings (loss) per share from continuing operations	계속영업희석주당이익(손실)
Diluted earnings (loss) per share from discontinued operations	중단영업희석주당이익(손실)
Diluted earnings (loss) per share	희석주당이익(손실)
[D432415] Statement of comprehensive income, by nature of expense - Separate financial statements	**[D432415] 포괄손익계산서, 성격별 분류 - 별도재무제표**
Statement of comprehensive income	포괄손익계산서
Profit (loss)	당기순이익(손실)
Sales(Revenue)	매출액(수익)
Gains arising from derecognition of financial assets measured at amortised cost	상각후원가로 측정하는 금융자산의 제거로부터 발생한 이익
Losses arising from derecognition of financial assets measured at amortised cost	상각후원가로 측정하는 금융자산의 제거로부터 발생한 손실
Other income	기타수익
Reversals of inventories	재고자산감액환입
Reversals of property, plant and equipment	유형자산감액환입
Reversal of provisions for cost of restructuring	구조조정 충당부채의 환입
Gains on disposals of property, plant and equipment	유형자산처분이익
Other reversals of provisions	기타충당부채의 환입
Gains from government grants	정부보조금으로 인한 이익

Reversal Allowance Doubtful Accounts	대손충당금환입
Total other income	기타수익의 합계
Changes in inventories of finished goods and work in progress	제품과 재공품의 변동
Other work performed by entity and capitalised	기업이 수행한 용역으로서 자본화되어 있는 부분
Raw materials and consumables used	원재료와 소모품의 사용액
Employee benefits expense	종업원급여비용
Wages and salaries	임금
Social security contributions	사회보장분담금
Other short-term employee benefits	기타단기종업원급여
Post-employment benefit expense, defined contribution plans	퇴직급여비용, 확정기여제도
Post-employment benefit expense, defined benefit plans	퇴직급여비용, 확정급여제도
Termination benefits expense	해고급여비용
Share-based payment transactions	주식기준보상거래
Other long-term benefits	기타장기급여
Other employee expense	기타종업원비용
Total employee benefits expense	종업원급여비용 합계
Depreciation and amortisation expense	감가상각비와 상각비
Reversal of impairment loss (impairment loss) recognised in profit or loss	당기손익으로 인식된 손상차손(환입)
Other expense	기타비용
Write-downs of inventories	재고자산감액
Write-downs of property, plant and equipment	유형자산감액
Expense of restructuring activities	구조조정 활동의 비용
Losses on disposals of property, plant and equipment	유형자산처분손실
Losses from government grants	정부보조금으로 인한 손실
Total other expense	기타비용의 합계
Difference between carrying amount of non-cash assets distributed and carrying amount of dividends payable	분배할 비현금자산의 장부금액과 미지급배당금의 장부금액의 차이
Gains (losses) on net monetary position	순화폐성자산에 대한 이익(손실)
Operating Income(Loss)	영업이익(손실)
Other gains (losses)	기타이익(손실)
Gains (losses) on disposals of investments	투자자산처분이익(손실)
Gains (losses) on disposals of other non-current assets	기타비유동자산처분이익(손실)
Gain (loss) arising from difference between carrying amount of financial liability extinguished and consideration paid	소멸된 금융부채의 장부금액과 지급된 금액 사이의 차이에서 발생한 이익(손실)
Gains (losses) on litigation settlements	소송사건의 이익(비용)
Gain on foreign exchagne translations	외화환산이익
Gains Foreign Currency Transactions	외환차익
Miscellaneou sIncome	잡이익
Donations	기부금
Loss on foreign exchagne translations	외화환산손실
Losses Foreign Currency Transactions	외환차손
Loss on disposition of receivables	매출채권처분손실
Miscellaneous Losses	잡손실
Total other gains (losses)	기타이익(손실) 합계
Finance income	금융수익
Interest income	이자수익

Dividend Income	배당금수익
Total finance income	금융수익 합계
Finance costs	금융원가
Interest expenses	이자비용
Total finance costs	금융원가 합계
Other income (expense) from subsidiaries, jointly controlled entities and associates	종속기업, 공동지배기업과 관계기업으로부터의 기타수익(비용)
Gains (losses) arising from difference between previous carrying amount and fair value of financial assets reclassified as measured at fair value	공정가치로 측정된 재분류된 금융자산의 전기 장부금액과 공정가치의 차이로부터 발생한 이익(손실)
Profit (loss) before tax	법인세비용차감전순이익(손실)
Income tax expense	법인세비용
Profit (loss) from continuing operations	계속영업이익(손실)
Profit (loss) from discontinued operations	중단영업이익(손실)
Profit (loss)	당기순이익(손실)
Other comprehensive income	기타포괄손익
Components of other comprehensive income, net of tax	법인세비용차감후기타포괄손익의 구성요소
Exchange differences on translation	외화환산외환차이
Gains (losses) on exchange differences on translation, net of tax	외화환산외환차이의 세후차익(차손)
Reclassification adjustments on exchange differences on translation, net of tax	외화환산외환차이의 세후재분류조정
Other comprehensive income, net of tax, exchange differences on translation	외화환산외환차이의 세후기타포괄손익
Available-for-sale financial assets	매도가능금융자산
Gains (losses) on remeasuring available-for-sale financial assets, net of tax	매도가능금융자산의 세후재측정이익(손실)
Reclassification adjustments on available-for-sale financial assets, net of tax	매도가능금융자산의 세후재분류조정
Other comprehensive income, net of tax, available-for-sale financial assets	매도가능금융자산의 세후기타포괄손익
Cash flow hedges	현금흐름위험회피
Gains (losses) on cash flow hedges, net of tax	현금흐름위험회피의 세후차익(차손)
Reclassification adjustments on cash flow hedges, net of tax	현금흐름위험회피의 세후재분류조정
Amounts removed from equity and included in carrying amount of non-financial asset (liability) whose acquisition or incurrence was hedged highly probable forecast transaction	비금융자산(부채)를 취득하거나 부담하는 거래가 발생가능성이 매우 높은 위험회피대상예상거래에서 재분류조정으로 자본에서 장부금액으로 재분류되는 금액
Other comprehensive income, net of tax, cash flow hedges	현금흐름위험회피의 세후기타포괄손익
Hedges of net investments in foreign operations	해외사업장순투자의 위험회피
Gains (losses) on hedges of net investments in foreign operations, net of tax	해외사업장순투자의 위험회피의 세후이익(손실)
Reclassification adjustments on hedges of net investments in foreign operations, net of tax	해외사업장순투자의 위험회피의 세후재분류조정
Other comprehensive income, net of tax, hedges of net investments in foreign operations	해외사업장순투자의 위험회피의 세후기타포괄손익
Other comprehensive income, net of tax, gains (losses) from investments in equity instruments	지분상품에 대한 투자자산의 세후기타포괄손익
Other comprehensive income, net of tax, gains (losses) on revaluation	자산재평가차익(차손)의 세후기타포괄손익
Other comprehensive income, net of tax, actuarial gains (losses) on defined benefit plans	확정급여제도의 보험수리적손익의 세후기타포괄손익
Income (expense) recognised in other comprehensive income relating to non-current assets or disposal group classified as held for sale	매각예정으로 분류된 비유동자산이나 처분자산집단과 관련한 기타포괄손익으로 인식된 수익(비용)
Other comprehensive income	기타포괄손익
Total comprehensive income	총포괄손익
Earnings per share	주당이익
Basic earnings per share	기본주당이익
Basic earnings (loss) per share from continuing operations	계속영업기본주당이익(손실)

Basic earnings (loss) per share from discontinued operations	중단영업기본주당이익(손실)
Basic earnings (loss) per share	기본주당이익(손실)
Diluted earnings per share	희석주당순이익
Diluted earnings (loss) per share from continuing operations	계속영업희석주당이익(손실)
Diluted earnings (loss) per share from discontinued operations	중단영업희석주당이익(손실)
Diluted earnings (loss) per share	희석주당이익(손실)
[D510005] Statement of cash flows, direct method - Separate financial statements	**[D510005] 현금흐름표, 직접법 - 별도재무제표**
Statement of cash flows	현금흐름표
Cash flows from (used in) operating activities	영업활동현금흐름
Classes of cash receipts from operating activities	영업활동현금유입의 분류
Receipts from sales of goods and rendering of services	재화판매와 용역제공
Receipts from royalties, fees, commissions and other revenue	로열티, 수수료, 중개료 및 기타수익
Receipts from contracts held for dealing or trading purposes	단기매매목적으로 보유하는 계약
Receipts from premiums and claims, annuities and other policy benefits	수입보험료, 보험금, 연금 및 기타 급부금
Receipts from rents and subsequent sales of such assets	자산의 임대 및 후속적인 판매
Other cash receipts from operating activities	영업활동으로 인한 기타현금유입
Classes of cash payments	현금유출의 분류
Payments to suppliers for goods and services	재화와 용역의 구입에 따른 현금유출
Payments from contracts held for dealing or trading purpose	단기매매목적으로 보유하는 계약에서 발생하는 현금유출
Payments to and on behalf of employees	종업원과 관련하여 직·간접으로 발생하는 현금유출
Payments for premiums and claims, annuities and other policy benefits	수입보험료, 보험금, 연금 및 기타 급부금과 관련된 현금유출
Other cash payments from operating activities	영업활동으로 인한 기타현금유출
Dividends paid	배당금지급
Dividends received	배당금수취
Interest paid	이자지급
Interest received	이자수취
Income taxes refund (paid)	법인세환급(납부)
Other inflows (outflows) of cash	현금의기타유입(유출)
Net cash flows from (used in) operating activities	영업활동순현금흐름
Cash flows from (used in) investing activities	투자활동현금흐름
Cash flows from losing control of subsidiaries or other businesses	종속기업과 기타 사업의 지배력 상실에 따른 현금흐름
Cash flows used in obtaining control of subsidiaries or other businesses	종속기업과 기타 사업의 지배력 획득에 따른 현금흐름
Other cash receipts from sales of equity or debt instruments of other entities	다른 기업의 지분상품이나 채무상품의 처분에 따른 기타현금유입
Other cash payments to acquire equity or debt instruments of other entities	다른 기업의 지분상품이나 채무상품의 취득에 따른 기타현금유출
Other cash receipts from sales of interests in joint ventures	조인트벤처 투자지분의 처분에 따른 기타현금유입
Other cash payments to acquire interests in joint ventures	조인트벤처 투자지분의 취득에 따른 기타현금유출
Decrease in guarantee deposits	보증금의 감소
Increase in guarantee deposits	보증금의 증가
Proceeds from sales of property, plant and equipment	유형자산의 처분
Proceeds from sales of land	토지의 처분
Proceeds from sales of buildings	건물의 처분
Proceeds from sales of structure	구축물의 처분
Proceeds from sales of machinery	기계장치의 처분

Proceeds from sales of vehicles	차량운반구의 처분
Proceeds from sales of ships	선박의 처분
Proceeds from sales of aircraft	비행기의 처분
Proceeds from sales of motor vehicles	자동차의 처분
Proceeds from sales of fixtures and fittings	집기의 처분
Proceeds from sales of office equipment	사무용비품의 처분
Proceeds from sales of tangible exploration and evaluation assets	유형탐사평가자산의 처분
Proceeds from sales of construction in progress	건설중인자산의 처분
Proceeds from sales of other property, plant and equipment	기타유형자산의 처분
Proceeds from sales of investment property	투자부동산의 처분
Proceeds from sales of intangible assets	무형자산의 처분
Proceeds from sales of goodwill	영업권의 처분
Proceeds from sales of intangible assets other than goodwill	영업권 이외의 무형자산의 처분
Proceeds from sales of brand names	브랜드명의 처분
Proceeds from sales of intangible exploration and evaluation assets	무형탐사평가자산의 처분
Proceeds from sales of mastheads and publishing titles	제호와 출판표제의 처분
Proceeds from sales of computer software	컴퓨터소프트웨어의 처분
Proceeds from sales of licences and franchises	라이선스와 프랜차이즈의 처분
Proceeds from sales of copyrights, patents and other industrial property rights, service and operating rights	저작권, 특허권, 기타 산업재산권, 용역운영권의 처분
Proceeds from sales of recipes, formulae, models, designs and prototypes	조리법, 공식, 모형, 설계 및 시제품의 처분
Proceeds from sales of intangible assets under development	개발 중인 무형자산의 처분
Proceeds from sales of other intangible assets	기타무형자산의 처분
Proceeds from sales of non-current biological assets	비유동생물자산의 처분
Proceeds from sales of current biological assets	유동생물자산의 처분
Proceeds from sales of biological assets	생물자산의 처분
Proceeds from sales of other non-current financial assets	기타비유동금융자산의 처분
Proceeds from sales of non-current available-for-sale financial assets	비유동매도가능금융자산의 처분
Proceeds from sales of non-current financial assets held to maturity	비유동만기보유금융자산의 처분
Proceeds from sales of non-current fair value financial asset	비유동당기손익인식금융자산의 처분
Proceeds from sales of long-term loans and receivables	장기대여금및수취채권의 처분
Proceeds from sales of long-term financial instruments	장기금융상품의 처분
Proceeds from sales of other current financial assets	기타유동금융자산의 처분
Proceeds from sales of current available-for-sale financial assets	유동매도가능금융자산의 처분
Proceeds from sales of current financial assets held to maturity	유동만기보유금융자산의 처분
Proceeds from sales of current fair value financial asset	유동당기손익인식금융자산의 처분
Proceeds from sales of short-term loans and receivables	단기대여금및수취채권의 처분
Proceeds from sales of short term Financial Instruments	단기금융상품의 처분
Proceeds from sales of other financial assets	기타금융자산의 처분
Proceeds from sales of available-for-sale financial assets	매도가능금융자산의 처분
Proceeds from sales of financial assets held to maturity	만기보유금융자산의 처분
Proceeds from sales of fair value financial asset	당기손익인식금융자산의 처분
Proceeds from sales of loans and receivables	대여금및수취채권의 처분
Proceeds from sales of financial instruments	금융상품의 처분
Proceeds from sales of non-current assets or disposal groups classified as held for sale or as held for distribution to owners	매각예정 또는 소유주에 대한 분배예정으로 분류된 비유동자산이나 처분자산집단의 처분

Proceeds from sales of non-current assets or disposal groups classified as held for sale	매각예정으로 분류된 비유동자산이나 처분자산집단의 처분
Proceeds from sales of non-current assets or disposal groups classified as held for distribution to owners	소유주에 대한 분배예정으로 분류된 비유동자산이나 처분자산집단의 처분
Proceeds from sales of liabilities included in disposal groups classified as held for sale	매각예정으로 분류된 처분자산집단에 포함된 부채의 처분
Proceeds from sales of investments accounted for using equity method	지분법적용 투자지분의 처분
Proceeds from sales of investments in subsidiaries, joint ventures and associates	종속기업, 조인트벤처와 관계기업에 대한 투자자산의 처분
Proceeds from sales of investments in subsidiaries	종속기업에 대한 투자자산의 처분
Proceeds from sales of investments in joint ventures	조인트벤처에 대한 투자자산의 처분
Proceeds from sales of investments in associates	관계기업에 대한 투자자산의 처분
Purchase of property, plant and equipment	유형자산의 취득
Purchase of land	토지의 취득
Purchase of buildings	건물의 취득
Purchase of structure	구축물의 취득
Purchase of machinery	기계장치의 취득
Purchase of vehicles	차량운반구의 취득
Purchase of ships	선박의 취득
Purchase of aircraft	비행기의 취득
Purchase of motor vehicles	자동차의 취득
Purchase of fixtures and fittings	집기의 취득
Purchase of office equipment	사무용비품의 취득
Purchase of tangible exploration and evaluation assets	유형탐사평가자산의 취득
Purchase of construction in progress	건설중인자산의 취득
Purchase of other property, plant and equipment	기타유형자산의 취득
Purchase of investment property	투자부동산의 취득
Purchase of intangible assets	무형자산의 취득
Purchase of goodwill	영업권의 취득
Purchase of intangible assets other than goodwill	영업권 이외의 무형자산의 취득
Purchase of brand names	브랜드명의 취득
Purchase of intangible exploration and evaluation assets	무형탐사평가자산의 취득
Purchase of mastheads and publishing titles	제호와 출판표제의 취득
Purchase of computer software	컴퓨터소프트웨어의 취득
Purchase of licences and franchises	라이선스와 프랜차이즈의 취득
Purchase of copyrights, patents and other industrial property rights, service and operating rights	저작권, 특허권, 기타 산업재산권, 용역운영권의 취득
Purchase of recipes, formulae, models, designs and prototypes	조리법, 공식, 모형, 설계 및 시제품의 취득
Purchase of intangible assets under development	개발 중인 무형자산의 취득
Purchase of other intangible assets	기타무형자산의 취득
Purchase of non-current biological assets	비유동생물자산의 취득
Purchase of current biological assets	유동생물자산의 취득
Purchase of biological assets	생물자산의 취득
Purchase of other non-current financial assets	기타비유동금융자산의 취득
Purchase of non-current available-for-sale financial assets	비유동매도가능금융자산의 취득
Purchase of non-current financial assets held to maturity	비유동만기보유금융자산의 취득
Purchase of non-current fair value financial asset	비유동당기손익인식금융자산의 취득
Purchase of long-term loans and receivables	장기대여금및수취채권의 취득

Purchase of long-term financial instruments	장기금융상품의 취득
Purchase of other current financial assets	기타유동금융자산의 취득
Purchase of current available-for-sale financial assets	유동매도가능금융자산의 취득
Purchase of current financial assets held to maturity	유동만기보유금융자산의 취득
Purchase of current fair value financial asset	유동당기손익인식금융자산의 취득
Purchase of short-term loans and receivables	단기대여금및수취채권의 취득
Purchase of short term Financial Instruments	단기금융상품의 취득
Purchase of other financial assets	기타금융자산의 취득
Purchase of available-for-sale financial assets	매도가능금융자산의 취득
Purchase of financial assets held to maturity	만기보유금융자산의 취득
Purchase of fair value financial asset	당기손익인식금융자산의 취득
Purchase of loans and receivables	대여금및수취채권의 취득
Purchase of financial instruments	금융상품의 취득
Purchase of non-current assets or disposal groups classified as held for sale or as held for distribution to owners	매각예정 또는 소유주에 대한 분배예정으로 분류된 비유동자산이나 처분자산집단의 취득
Purchase of non-current assets or disposal groups classified as held for sale	매각예정으로 분류된 비유동자산이나 처분자산집단의 취득
Purchase of non-current assets or disposal groups classified as held for distribution to owners	소유주에 대한 분배예정으로 분류된 비유동자산이나 처분자산집단의 취득
Purchase of liabilities included in disposal groups classified as held for sale	매각예정으로 분류된 처분자산집단에 포함된 부채의 취득
Purchase of investments accounted for using equity method	지분법적용 투자지분의 취득
Purchase of investments in subsidiaries, joint ventures and associates	종속기업, 조인트벤처와 관계기업에 대한 투자자산의 취득
Purchase of investments in subsidiaries	종속기업에 대한 투자자산의 취득
Purchase of investments in joint ventures	조인트벤처에 대한 투자자산의 취득
Purchase of investments in associates	관계기업에 대한 투자자산의 취득
Proceeds from other long-term assets	기타 장기성 자산의 처분
Purchase of other long-term assets	기타 장기성 자산의 취득
Proceeds from government grants	정부보조금의 수취
Cash advances and loans made to other parties	제3자에 대한 선급금 및 대여금
Cash receipts from repayment of advances and loans made to other parties	제3자에 대한 선급금 및 대여금의 회수에 따른 현금유입
Cash payments for future contracts, forward contracts, option contracts and swap contracts	선물계약, 선도계약, 옵션계약 및 스왑계약에 따른 현금유출
Cash receipts from future contracts, forward contracts, option contracts and swap contracts	선물계약, 선도계약, 옵션계약 및 스왑계약에 따른 현금유입
Dividends received	배당금수취
Interest paid	이자지급
Interest received	이자수취
Income taxes refund (paid)	법인세환급(납부)
Other inflows (outflows) of cash	현금의기타유입(유출)
Net cash flows from (used in) investing activities	투자활동순현금흐름
Cash flows from (used in) financing activities	재무활동현금흐름
Proceeds from changes in ownership interests in subsidiaries	종속기업에 대한 소유지분의 변동으로 인한 처분
Payments from changes in ownership interests in subsidiaries	종속기업에 대한 소유지분의 변동으로 인한 지급
Proceeds from issuing shares	주식의 발행
Proceeds from issuing other equity instruments	기타 지분상품의 발행
Payments to acquire or redeem entity's shares	주식의 취득이나 상환
Payments of other equity instruments	기타지분상품
Proceeds from borrowings	차입금

Repayments of borrowings	차입금의 상환
Proceeds from short term borrowings	단기차입금의 증가
Repayments of short term borrowings	단기차입금의 상환
Proceeds from long term borrowings	장기차입금의 증가
Repayments of long term borrowings	장기차입금의 상환
Acquisition of treasury shares	
Disposition of treasury shares	자기주식의 처분
Payments of finance lease liabilities	금융리스부채의 지급
Proceeds from government grants	정부보조금의 수취
Dividends paid	배당금지급
Interest received	이자수취
Interest paid	이자지급
Dividends received	배당금수취
Income taxes refund (paid)	법인세환급(납부)
Other inflows (outflows) of cash	현금의기타유입(유출)
Net cash flows from (used in) financing activities	재무활동순현금흐름
Net increase (decrease) in cash and cash equivalents before effect of exchange rate changes	환율변동효과 반영전 현금및현금성자산의 순증가(감소)
Effect of exchange rate changes on cash and cash equivalents	현금및현금성자산에 대한 환율변동효과
Effect of exchange rate changes on cash and cash equivalents	현금및현금성자산에 대한 환율변동효과
Net increase (decrease) in cash and cash equivalents	현금및현금성자산의순증가(감소)
Cash and cash equivalents at beginning of period	기초현금및현금성자산
Cash and cash equivalents at end of period	기말현금및현금성자산
[D520005] Statement of cash flows, indirect method - Separate financial statements	**[D520005] 현금흐름표, 간접법 - 별도재무제표**
Statement of cash flows	현금흐름표
Cash flows from (used in) operating activities	영업활동현금흐름
Profit (loss)	당기순이익(손실)
Adjustments to reconcile profit (loss)	당기순이익조정을 위한 가감
Adjustments for non-cash income tax expense	비현금법인세비용
Adjustments for non-cash finance costs	비현금금융비용
Adjustments for income tax expense	법인세비용
Adjustments for finance costs	금융비용
Adjustments for Provision for severance indemnities	퇴직급여
Adjustments for Bad debt expenses	대손상각비
Adjustments for depreciation expense	감가상각비
Adjustments for amortisation expense	무형자산상각비
Adjustments for loss on foreign exchagne translations	외화환산손실
Adjustments for loss on disposition of tangible assets	유형자산처분손실
Adjustments for interest expenses	이자비용
Adjustments for gain on foreign exchagne translations	외화환산이익
Adjustments for gain on disposition of tangible assets	유형자산처분이익
Adjustments for interest income	이자수익
Adjustments for reversals of inventories	재고자산감액환입
Adjustments for reversals of property, plant and equipment	유형자산감액환입
Adjustments for reversal of provisions for cost of restructuring	구조조정 충당부채의 환입
Adjustments for gains on disposals of investments	투자자산처분이익

Adjustments for gain (loss) arising from difference between carrying amount of financial liability extinguished and consideration paid	소멸된 금융부채의 장부금액과 지급된 금액 사이의 차이에서 발생한 이익
Adjustments for other reversals of provisions	기타충당부채의 환입
Adjustments for write-downs of inventories	재고자산감액
Adjustments for write-downs of property, plant and equipment	유형자산감액
Adjustments for expense of restructuring activities	구조조정 활동의 비용
Adjustments for losses on disposals of investments	투자자산처분손실
Adjustments for loss arising from difference between carrying amount of financial liability extinguished and consideration paid	소멸된 금융부채의 장부금액과 지급된 금액 사이의 차이에서 발생한 손실
Adjustments for reversal Allowance Doubtful Accounts	대손충당금환입
Adjustments for decrease (increase) in long-term trade and other non-current receivables	장기매출채권 및 기타비유동채권의 감소(증가)
Adjustments for decrease (increase) in long-term trade receivable	장기매출채권의 감소(증가)
Adjustments for decrease (increase) in long-term other receivables	장기미수금의 감소(증가)
Adjustments for decrease (increase) in long-term accrued income	장기미수수익의 감소(증가)
Adjustments for decrease (increase) in long-term deposits provided	장기보증금의 감소(증가)
Adjustments for decrease (increase) in long-term advance payments	장기선급금의 감소(증가)
Adjustments for decrease (increase) in long-term prepaid expenses	장기선급비용의 감소(증가)
Adjustments for decrease (increase) in trade and other current receivables	매출채권 및 기타유동채권의 감소(증가)
Adjustments for decrease (increase) in short-term trade receivable	단기매출채권의 감소(증가)
Adjustments for decrease (increase) in short-term other receivables	단기미수금의 감소(증가)
Adjustments for decrease (increase) in short-term accrued income	단기미수수익의 감소(증가)
Adjustments for decrease (increase) in short-term deposits provided	단기보증금의 감소(증가)
Adjustments for decrease (increase) in short-term advance payments	단기선급금의 감소(증가)
Adjustments for decrease (increase) in short-term prepaid expenses	단기선급비용의 감소(증가)
Adjustments for decrease (increase) in trade and other receivables	매출채권 및 기타채권의 감소(증가)
Adjustments for decrease (increase) in trade accounts receivable	매출채권의 감소(증가)
Adjustments for decrease (increase) in other receivables	미수금의 감소(증가)
Adjustments for decrease (increase) in accrued income	미수수익의 감소(증가)
Adjustments for decrease (increase) in deposits provided	보증금의 감소(증가)
Adjustments for decrease (increase) in advance payments	선급금의 감소(증가)
Adjustments for decrease (increase) in prepaid expenses	선급비용의 감소(증가)
Adjustments for decrease (increase) in non-current receivables	비유동채권의 감소(증가)
Adjustments for decrease (increase) in deferred tax assets	이연법인세자산의 감소(증가)
Adjustments for decrease (increase) in current tax assets	당기법인세자산의 감소(증가)
Adjustments for decrease (increase) in other non-current financial assets	기타비유동금융자산의 감소(증가)
Adjustments for decrease (increase) in other current financial assets	기타유동금융자산의 감소(증가)
Adjustments for decrease (increase) in other financial assets	기타금융자산의 감소(증가)
Adjustments for decrease (increase) in other non-current non-financial assets	기타비유동비금융자산의 감소(증가)
Adjustments for decrease (increase) in other current non-financial assets	기타유동비금융자산의 감소(증가)
Adjustments for decrease (increase) in other non-financial assets	기타비금융자산의 감소(증가)
Adjustments for decrease (increase) in inventories	재고자산의 감소(증가)
Adjustments for decrease (increase) in raw materials	원재료의 감소(증가)
Adjustments for decrease (increase) in merchandise	상품의 감소(증가)
Adjustments for decrease (increase) in production supplies	소모품의 감소(증가)
Adjustments for decrease (increase) in work in progress	재공품의 감소(증가)

Adjustments for decrease (increase) in finished goods	제품의 감소(증가)
Adjustments for decrease (increase) in supplies	저장품의 감소(증가)
Adjustments for decrease (increase) in goods in transit	미착품의 감소(증가)
Adjustments for decrease (increase) in other inventories	기타재고의 감소(증가)
Adjustments for increase (decrease) in non-current provisions	비유동충당부채의 증가(감소)
Adjustments for increase (decrease) in non-current provisions for employee benefits	비유동종업원급여충당부채의 증가(감소)
Adjustments for increase (decrease) in other long-term provisions	기타장기충당부채의 증가(감소)
Adjustments for increase (decrease) in long-term warranty provision	장기제품보증충당부채의 증가(감소)
Adjustments for increase (decrease) in long-term restructuring provision	장기구조조정충당부채의 증가(감소)
Adjustments for increase (decrease) in long-term legal proceedings provision	장기법적소송충당부채의 증가(감소)
Adjustments for increase (decrease) in long-term onerous contracts provision	장기손실부담계약충당부채의 증가(감소)
Adjustments for increase (decrease) in long-term provision for decommissioning, restoration and rehabilitation costs	사후처리, 복구, 정화 비용을 위한 장기충당부채의 증가(감소)
Adjustments for increase (decrease) in long-term miscellaneous other provisions	그 밖의 기타장기충당부채의 증가(감소)
Adjustments for increase (decrease) in current provisions	유동충당부채의 증가(감소)
Adjustments for increase (decrease) in current provisions for employee benefits	유동종업원급여충당부채의 증가(감소)
Adjustments for increase (decrease) in other short-term provisions	기타단기충당부채의 증가(감소)
Adjustments for increase (decrease) in short-term warranty provision	단기제품보증충당부채의 증가(감소)
Adjustments for increase (decrease) in short-term restructuring provision	단기구조조정충당부채의 증가(감소)
Adjustments for increase (decrease) in short-term legal proceedings provision	단기법적소송충당부채의 증가(감소)
Adjustments for increase (decrease) in short-term onerous contracts provision	단기손실부담계약충당부채의 증가(감소)
Adjustments for increase (decrease) in short-term provision for decommissioning, restoration and rehabilitation costs	사후처리, 복구, 정화 비용을 위한 단기충당부채의 증가(감소)
Adjustments for increase (decrease) in short-term miscellaneous other provisions	그 밖의 기타단기충당부채의 증가(감소)
Adjustments for increase (decrease) in provisions	충당부채의 증가(감소)
Adjustments for increase (decrease) in provisions for employee benefits	종업원급여충당부채의 증가(감소)
Adjustments for increase (decrease) in other provisions	기타충당부채의 증가(감소)
Adjustments for increase (decrease) in warranty provision	제품보증충당부채의 증가(감소)
Adjustments for increase (decrease) in restructuring provision	구조조정충당부채의 증가(감소)
Adjustments for increase (decrease) in legal proceedings provision	법적소송충당부채의 증가(감소)
Adjustments for increase (decrease) in onerous contracts provision	손실부담계약충당부채의 증가(감소)
Adjustments for increase (decrease) in provision for decommissioning, restoration and rehabilitation costs	사후처리, 복구, 정화 비용을 위한 충당부채의 증가(감소)
Adjustments for increase (decrease) in miscellaneous other provisions	그 밖의 기타충당부채의 증가(감소)
Adjustments for increase (decrease) in long-term trade and other non-current payables	장기매입채무 및 기타비유동채무의 증가(감소)
Adjustments for increase (decrease) in long-term trade payables	장기매입채무의 증가(감소)
Adjustments for increase (decrease) in long-term other payables	장기미지급금의 증가(감소)
Adjustments for increase (decrease) in long-term accrued Expenses	장기미지급비용의 증가(감소)
Adjustments for increase (decrease) in long-term guarantee deposit rent	장기임대보증금의 증가(감소)
Adjustments for increase (decrease) in long-term withholdings Banks	장기예수금의 증가(감소)
Adjustments for increase (decrease) in long-term advances customers	장기선수금의 증가(감소)
Adjustments for increase (decrease) in trade and other current payables	매입채무 및 기타유동채무의 증가(감소)
Adjustments for increase (decrease) in short-term trade payables	단기매입채무의 증가(감소)
Adjustments for increase (decrease) in short-term other payables	단기미지급금의 증가(감소)
Adjustments for increase (decrease) in short-term accrued Expenses	단기미지급비용의 증가(감소)

Adjustments for increase (decrease) in short-term guarantee deposit rent	단기임대보증금의 증가(감소)
Adjustments for increase (decrease) in short-term withholdings	단기예수금의 증가(감소)
Adjustments for increase (decrease) in short-term advances customers	단기선수금의 증가(감소)
Adjustments for increase (decrease) in payments of income taxes payable	미지급법인세의 증가(감소)
Adjustments for increase (decrease) in trade and other payables	매입채무 및 기타채무의 증가(감소)
Adjustments for increase (decrease) in trade accounts payable	매입채무의 증가(감소)
Adjustments for increase (decrease) in other payables	미지급금의 증가(감소)
Adjustments for increase (decrease) in accrued Expenses	미지급비용의 증가(감소)
Adjustments for increase (decrease) in guarantee deposit rent	임대보증금의 증가(감소)
Adjustments for increase (decrease) in withholdings Banks	예수금의 증가(감소)
Adjustments for increase (decrease) in advances customers	선수금의 증가(감소)
Adjustments for increase (decrease) in non-current payables	비유동채무의 증가(감소)
Adjustments for increase (decrease) in deferred tax liabilities	이연법인세부채의 증가(감소)
Adjustments for increase (decrease) in current tax liabilities	당기법인세부채의 증가(감소)
Adjustments for increase (decrease) in other non-current financial liabilities	기타비유동금융부채의 증가(감소)
Adjustments for increase (decrease) in other current financial liabilities	기타유동금융부채의 증가(감소)
Adjustments for increase (decrease) in other financial liabilities	기타금융부채의 증가(감소)
Adjustments for increase (decrease) in other non-current non-financial liabilities	기타비유동비금융부채의 증가(감소)
Adjustments for increase (decrease) in other current non-financial liabilities	기타유동비금융부채의 증가(감소)
Adjustments for increase (decrease) in other non-financial liabilities	기타비금융부채의 증가(감소)
Adjustments for increase (decrease) in post-employment benefit obligations	퇴직급여채무의 증가(감소)
Adjustments for increase (decrease) in present value of defined benefit obligation	확정급여채무의현재가치의 증가(감소)
Adjustments for decrease (increase) in fair value of plan assets	사외적립자산의공정가치의 증가(감소)
Adjustments for decrease (increase) in other operating receivables	기타 영업활동 관련 채권의 감소(증가)
Adjustments for increase (decrease) in other operating payables	기타 영업활동 관련 채무의 증가(감소)
Adjustments for decrease (increase) in other current financial assets and other current non-financial assets	기타유동금융자산과 기타유동비금융자산의 감소(증가)
Adjustments for increase (decrease) in other current financial liabilities and other current non-financial liabilities	기타유동금융부채와 기타유동비금융부채의 증가(감소)
Payment of severance benefit	퇴직금의 지급
Adjustments for depreciation and amortisation expense	감가상각비와 상각비
Adjustments for impairment loss (reversal of impairment loss) recognised in profit or loss	당기손익으로 인식된 손상차손(손상차손환입)
Adjustments for provisions	충당부채
Adjustments for unrealised foreign exchange losses (gains)	미실현외환손실(이익)
Adjustments for share-based payments	주식기준보상
Adjustments for fair value losses (gains)	공정가치손실(이익)
Other adjustments for non-cash items	비현금항목에 관한 기타조정
Adjustments for losses (gains) on disposal of non-current assets	비유동자산처분손실(이익)
Other adjustments for which cash effects are investing or financing cash flow	투자활동 현금흐름이나 재무활동 현금흐름으로 분류되는 기타 모든 항목
Other adjustments to reconcile profit (loss)	당기순이익조정을 위한 기타 가감
Total adjustments to reconcile profit (loss)	당기순이익조정을 위한 가감 합계
Dividends paid	배당금지급
Dividends received	배당금수취
Interest paid	이자지급
Interest received	이자수취

Income taxes refund (paid)	법인세환급(납부)
Other inflows (outflows) of cash	현금의기타유입(유출)
Net cash flows from (used in) operating activities	영업활동순현금흐름
Cash flows from (used in) investing activities	투자활동현금흐름
Cash flows from losing control of subsidiaries or other businesses	종속기업과 기타 사업의 지배력 상실에 따른 현금흐름
Cash flows used in obtaining control of subsidiaries or other businesses	종속기업과 기타 사업의 지배력 획득에 따른 현금흐름
Other cash receipts from sales of equity or debt instruments of other entities	다른 기업의 지분상품이나 채무상품의 처분에 따른 기타현금유입
Other cash payments to acquire equity or debt instruments of other entities	다른 기업의 지분상품이나 채무상품의 취득에 따른 기타현금유출
Other cash receipts from sales of interests in joint ventures	조인트벤처 투자지분의 처분에 따른 기타현금유입
Other cash payments to acquire interests in joint ventures	조인트벤처 투자지분의 취득에 따른 기타현금유출
Decrease in guarantee deposits	보증금의 감소
Increase in guarantee deposits	보증금의 증가
Proceeds from sales of property, plant and equipment	유형자산의 처분
Proceeds from sales of land	토지의 처분
Proceeds from sales of buildings	건물의 처분
Proceeds from sales of structure	구축물의 처분
Proceeds from sales of machinery	기계장치의 처분
Proceeds from sales of vehicles	차량운반구의 처분
Proceeds from sales of ships	선박의 처분
Proceeds from sales of aircraft	비행기의 처분
Proceeds from sales of motor vehicles	자동차의 처분
Proceeds from sales of fixtures and fittings	집기의 처분
Proceeds from sales of office equipment	사무용비품의 처분
Proceeds from sales of tangible exploration and evaluation assets	유형탐사평가자산의 처분
Proceeds from sales of construction in progress	건설중인자산의 처분
Proceeds from sales of other property, plant and equipment	기타유형자산의 처분
Proceeds from sales of investment property	투자부동산의 처분
Proceeds from sales of intangible assets	무형자산의 처분
Proceeds from sales of goodwill	영업권의 처분
Proceeds from sales of intangible assets other than goodwill	영업권 이외의 무형자산의 처분
Proceeds from sales of brand names	브랜드명의 처분
Proceeds from sales of intangible exploration and evaluation assets	무형탐사평가자산의 처분
Proceeds from sales of mastheads and publishing titles	제호와 출판표제의 처분
Proceeds from sales of computer software	컴퓨터소프트웨어의 처분
Proceeds from sales of licences and franchises	라이선스와 프랜차이즈의 처분
Proceeds from sales of copyrights, patents and other industrial property rights, service and operating rights	저작권, 특허권, 기타 산업재산권, 용역운영권의 처분
Proceeds from sales of recipes, formulae, models, designs and prototypes	조리법, 공식, 모형, 설계 및 시제품의 처분
Proceeds from sales of intangible assets under development	개발 중인 무형자산의 처분
Proceeds from sales of other intangible assets	기타무형자산의 처분
Proceeds from sales of non-current biological assets	비유동생물자산의 처분
Proceeds from sales of current biological assets	유동생물자산의 처분
Proceeds from sales of biological assets	생물자산의 처분
Proceeds from sales of other non-current financial assets	기타비유동금융자산의 처분

Proceeds from sales of non-current available-for-sale financial assets	비유동매도가능금융자산의 처분
Proceeds from sales of non-current financial assets held to maturity	비유동만기보유금융자산의 처분
Proceeds from sales of non-current fair value financial asset	비유동당기손익인식금융자산의 처분
Proceeds from sales of long-term loans and receivables	장기대여금및수취채권의 처분
Proceeds from sales of long-term financial instruments	장기금융상품의 처분
Proceeds from sales of other current financial assets	기타유동금융자산의 처분
Proceeds from sales of current available-for-sale financial assets	유동매도가능금융자산의 처분
Proceeds from sales of current financial assets held to maturity	유동만기보유금융자산의 처분
Proceeds from sales of current fair value financial asset	유동당기손익인식금융자산의 처분
Proceeds from sales of short-term loans and receivables	단기대여금및수취채권의 처분
Proceeds from sales of short term Financial Instruments	단기금융상품의 처분
Proceeds from sales of other financial assets	기타금융자산의 처분
Proceeds from sales of available-for-sale financial assets	매도가능금융자산의 처분
Proceeds from sales of financial assets held to maturity	만기보유금융자산의 처분
Proceeds from sales of fair value financial asset	당기손익인식금융자산의 처분
Proceeds from sales of loans and receivables	대여금및수취채권의 처분
Proceeds from sales of financial instruments	금융상품의 처분
Proceeds from sales of non-current assets or disposal groups classified as held for sale or as held for distribution to owners	매각예정 또는 소유주에 대한 분배예정으로 분류된 비유동자산이나 처분자산집단의 처분
Proceeds from sales of non-current assets or disposal groups classified as held for sale	매각예정으로 분류된 비유동자산이나 처분자산집단의 처분
Proceeds from sales of non-current assets or disposal groups classified as held for distribution to owners	소유주에 대한 분배예정으로 분류된 비유동자산이나 처분자산집단의 처분
Proceeds from sales of liabilities included in disposal groups classified as held for sale	매각예정으로 분류된 처분자산집단에 포함된 부채의 처분
Proceeds from sales of investments accounted for using equity method	지분법적용 투자지분의 처분
Proceeds from sales of investments in subsidiaries, joint ventures and associates	종속기업, 조인트벤처와 관계기업에 대한 투자자산의 처분
Proceeds from sales of investments in subsidiaries	종속기업에 대한 투자자산의 처분
Proceeds from sales of investments in joint ventures	조인트벤처에 대한 투자자산의 처분
Proceeds from sales of investments in associates	관계기업에 대한 투자자산의 처분
Purchase of property, plant and equipment	유형자산의 취득
Purchase of land	토지의 취득
Purchase of buildings	건물의 취득
Purchase of structure	구축물의 취득
Purchase of machinery	기계장치의 취득
Purchase of vehicles	차량운반구의 취득
Purchase of ships	선박의 취득
Purchase of aircraft	비행기의 취득
Purchase of motor vehicles	자동차의 취득
Purchase of fixtures and fittings	집기의 취득
Purchase of office equipment	사무용비품의 취득
Purchase of tangible exploration and evaluation assets	유형탐사평가자산의 취득
Purchase of construction in progress	건설중인자산의 취득
Purchase of other property, plant and equipment	기타유형자산의 취득
Purchase of investment property	투자부동산의 취득
Purchase of intangible assets	무형자산의 취득
Purchase of goodwill	영업권의 취득

Purchase of intangible assets other than goodwill	영업권 이외의 무형자산의 취득
Purchase of brand names	브랜드명의 취득
Purchase of intangible exploration and evaluation assets	무형탐사평가자산의 취득
Purchase of mastheads and publishing titles	제호와 출판표제의 취득
Purchase of computer software	컴퓨터소프트웨어의 취득
Purchase of licences and franchises	라이선스와 프랜차이즈의 취득
Purchase of copyrights, patents and other industrial property rights, service and operating rights	저작권, 특허권, 기타 산업재산권, 용역운영권의 취득
Purchase of recipes, formulae, models, designs and prototypes	조리법, 공식, 모형, 설계 및 시제품의 취득
Purchase of intangible assets under development	개발 중인 무형자산의 취득
Purchase of other intangible assets	기타무형자산의 취득
Purchase of non-current biological assets	비유동생물자산의 취득
Purchase of current biological assets	유동생물자산의 취득
Purchase of biological assets	생물자산의 취득
Purchase of other non-current financial assets	기타비유동금융자산의 취득
Purchase of non-current available-for-sale financial assets	비유동매도가능금융자산의 취득
Purchase of non-current financial assets held to maturity	비유동만기보유금융자산의 취득
Purchase of non-current fair value financial asset	비유동당기손익인식금융자산의 취득
Purchase of long-term loans and receivables	장기대여금및수취채권의 취득
Purchase of long-term financial instruments	장기금융상품의 취득
Purchase of other current financial assets	기타유동금융자산의 취득
Purchase of current available-for-sale financial assets	유동매도가능금융자산의 취득
Purchase of current financial assets held to maturity	유동만기보유금융자산의 취득
Purchase of current fair value financial asset	유동당기손익인식금융자산의 취득
Purchase of short-term loans and receivables	단기대여금및수취채권의 취득
Purchase of short term Financial Instruments	단기금융상품의 취득
Purchase of other financial assets	기타금융자산의 취득
Purchase of available-for-sale financial assets	매도가능금융자산의 취득
Purchase of financial assets held to maturity	만기보유금융자산의 취득
Purchase of fair value financial asset	당기손익인식금융자산의 취득
Purchase of loans and receivables	대여금및수취채권의 취득
Purchase of financial instruments	금융상품의 취득
Purchase of non-current assets or disposal groups classified as held for sale or as held for distribution to owners	매각예정 또는 소유주에 대한 분배예정으로 분류된 비유동자산이나 처분자산집단의 취득
Purchase of non-current assets or disposal groups classified as held for sale	매각예정으로 분류된 비유동자산이나 처분자산집단의 취득
Purchase of non-current assets or disposal groups classified as held for distribution to owners	소유주에 대한 분배예정으로 분류된 비유동자산이나 처분자산집단의 취득
Purchase of liabilities included in disposal groups classified as held for sale	매각예정으로 분류된 처분자산집단에 포함된 부채의 취득
Purchase of investments accounted for using equity method	지분법적용 투자지분의 취득
Purchase of investments in subsidiaries, joint ventures and associates	종속기업, 조인트벤처와 관계기업에 대한 투자자산의 취득
Purchase of investments in subsidiaries	종속기업에 대한 투자자산의 취득
Purchase of investments in joint ventures	조인트벤처에 대한 투자자산의 취득
Purchase of investments in associates	관계기업에 대한 투자자산의 취득
Proceeds from other long-term assets	기타 장기성 자산의 처분
Purchase of other long-term assets	기타 장기성 자산의 취득
Proceeds from government grants	정부보조금의 수취

Cash advances and loans made to other parties	제3자에 대한 선급금 및 대여금
Cash receipts from repayment of advances and loans made to other parties	제3자에 대한 선급금 및 대여금의 회수에 따른 현금유입
Cash payments for future contracts, forward contracts, option contracts and swap contracts	선물계약, 선도계약, 옵션계약 및 스왑계약에 따른 현금유출
Cash receipts from future contracts, forward contracts, option contracts and swap contracts	선물계약, 선도계약, 옵션계약 및 스왑계약에 따른 현금유입
Dividends received	배당금수취
Interest paid	이자지급
Interest received	이자수취
Income taxes refund (paid)	법인세환급(납부)
Other inflows (outflows) of cash	현금의기타유입(유출)
Net cash flows from (used in) investing activities	투자활동순현금흐름
Cash flows from (used in) financing activities	재무활동현금흐름
Proceeds from changes in ownership interests in subsidiaries	종속기업에 대한 소유지분의 변동으로 인한 처분
Payments from changes in ownership interests in subsidiaries	종속기업에 대한 소유지분의 변동으로 인한 지급
Proceeds from issuing shares	주식의 발행
Proceeds from issuing other equity instruments	기타 지분상품의 발행
Payments to acquire or redeem entity's shares	주식의 취득이나 상환
Payments of other equity instruments	기타지분상품
Proceeds from borrowings	차입금
Repayments of borrowings	차입금의 상환
Proceeds from short term borrowings	단기차입금의 증가
Repayments of short term borrowings	단기차입금의 상환
Proceeds from long term borrowings	장기차입금의 증가
Repayments of long term borrowings	장기차입금의 상환
Acquisition of treasury shares	자기주식의 취득
Disposition of treasury shares	자기주식의 처분
Payments of finance lease liabilities	금융리스부채의 지급
Proceeds from government grants	정부보조금의 수취
Dividends paid	배당금지급
Dividends received	배당금수취
Interest paid	이자지급
Interest received	이자수취
Income taxes refund (paid)	법인세환급(납부)
Other inflows (outflows) of cash	현금의기타유입(유출)
Net cash flows from (used in) financing activities	재무활동순현금흐름
Net increase (decrease) in cash and cash equivalents before effect of exchange rate changes	환율변동효과 반영전 현금및현금성자산의 순증가(감소)
Effect of exchange rate changes on cash and cash equivalents	현금및현금성자산에 대한 환율변동효과
Effect of exchange rate changes on cash and cash equivalents	현금및현금성자산에 대한 환율변동효과
Net increase (decrease) in cash and cash equivalents	현금및현금성자산의순증가(감소)
Cash and cash equivalents at beginning of period	기초현금및현금성자산
Cash and cash equivalents at end of period	기말현금및현금성자산
[D610005] Statement of changes in equity - Separate financial statements	**[D610005] 자본변동표 - 별도재무제표**
Statement of changes in equity	자본변동표
Statement of changes in equity [table]	자본변동표 [table]

Components of equity [axis]	자본의 구성요소 [axis]
Equity [member]	자본 [member]
Issued capital [member]	자본금 [member]
Capital surplus [member]	자본잉여금 [member]
Other Comprehensive income/loss accumulated amount [member]	기타포괄손익누계액 [member]
Share premium [member]	주식발행초과금 [member]
Treasury shares [member]	자기주식 [member]
Other equity interest [member]	기타지분 [member]
Other reserves [member]	기타적립금 [member]
Legal Reserve [member]	이익준비금 [member]
Voluntary Reserves [member]	임의적립금 [member]
Revaluation surplus [member]	재평가잉여금 [member]
Reserve of exchange differences on translation [member]	환산 관련 외환차이 적립금 [member]
Reserve of cash flow hedges [member]	현금흐름위험회피 적립금 [member]
Reserve of hedges of net investment in foreign operations [member]	해외사업장순투자의 위험회피 적립금 [member]
Reserve of actuarial gains or losses on defined benefit plans [member]	확정급여제도의 보험수리적 손익 적립금 [member]
Reserve of gains and losses on remeasuring available-for-sale financial assets [member]	매도가능금융자산의 재측정손익 적립금 [member]
Reserve of share-based payments [member]	주식기준보상 적립금 [member]
Retained earnings [member]	이익잉여금 [member]
Statement of changes in equity [line items]	자본변동표 [line items]
Equity at beginning of period	기초자본
Increase (decrease) through changes in accounting policies	회계정책변경에 따른 증가(감소)
Increase (decrease) through corrections of errors	오류수정에 따른 증가(감소)
Changes in equity	자본의 변동
Comprehensive income	포괄손익
Profit (loss)	당기순이익(손실)
Other comprehensive income	기타포괄손익
Comprehensive income	포괄손익
Issue of equity	지분의 발행
Dividends paid	배당금지급
Increase(decrease) on valuation of available-for-sale financial assets	매도가능금융자산의 평가에 따른 증가(감소)
Gains(losses) on actuarial valuation	보험수리적손익
Increase (decrease) through other contributions by owners	소유주에 의한 기타 출자에 따른 증가(감소)
Decrease (increase) through other distributions to owners	소유주에 대한 기타 분배에 따른 감소(증가)
Increase (decrease) through transfers and other changes, equity	대체와 기타 변동에 따른 증가(감소), 자본
Increase (decrease) through treasury share transactions	자기주식 거래에 따른 증가(감소)
Increase (decrease) through changes in ownership interests in subsidiaries that do not result in loss of control	지배력을 상실하지 않는 종속기업에 대한 소유지분의 변동에 따른 증가(감소)
Total increase (decrease) in equity	자본의 증가(감소) 합계
Equity at end of period	기말자본

참고문헌

1. 권수영·김문철·손성규·최관·한봉희(2010), 자본시장에서의 회계정보 유용성, 신영사
2. 금융감독원 홈페이지
3. 삼성전자(주) 감사보고서
4. 삼성전자(주) 사업보고서
5. 안홍복(2015), 회계오류와 부정, 나눔에이엔티
6. 자본시장과금융투자업에관한법률
7. 주식회사등의외부감사에관한법률
8. 최관·백원선(1998). 감리지적기업의 이익조작에 관한 실증적 연구, 회계학연구(제2호) : 136-161.
9. 한국채택국제회계기준
10. 한국회계기준원 홈페이지
11. Beasley, M., J. Carcello, and D. Hermanson(1999). Fraudulent Financial Reporting: 1987-1997. An Analysis of U.S. Public Companies, Committee of Sponsoring Organizations of the Treadway Commission.
12. Beneish, M. D.(1997). Detecting GAAP Violation: Implication for Assessing Earnings Management among Firms with Extreme Financial Performance. Journal of Accounting and Public Policy 16(Fall): 271-309.,
13. DeAngelo, H., L. Deangelo, and D. Skinner(1994). Accounting Choice in Troubled Companies. Journal of Accounting and Economics 17(January): 113-143.
14. DeFond, M. and J. Jiambalvo(1994). Debt Covenant Violation and Manipulation of Accruals. Journal of Accounting and Economics 17(January) : 145-176.
15. Finalcial Accounting-Tools for Business Decision Making, 6E, Kimmel, Weygandt, and Kieso, John Wiley & Sons, Inc.
16. Hunt, A., S. Moyer, and T. Shevlin(1995). Earnings Volatility, Earnings Management, and Equity Value. Unpublished Working Paper. University of Washington.

찾아보기

ㄹ

ㅁ

ㅂ

ㅊ

ㅌ

ㅍ

저자약력

▌정건영

- 계명대학교 경영대학(경영학사)
- University of Wisconsin–Milwaukee (MS 회계학)
- University of Wisconsin–Madison (MBA, Ph.D. 회계학)
- Bowling Green State University 교수
- University of Wisconsin–Madison 초빙교수
- 한국회계학회 '회계저널' 편집위원장, 한국산업경영학회 '경영연구' 편집위원장
- 현) 계명대학교 경영대학 회계학과 명예교수

회계학연구, 회계저널, 회계정보연구, 경영학연구, Journal of Accounting and Public Policy, Journal of Business Ethics 등에 논문 다수 발표

▌지현미

- 성균관대학교 회계학과(경영학사)
- 성균관대학교 대학원(경영학 석사)
- 성균관대학교 대학원(경영학 박사)
- 한국공인회계사, 세무사, 미국공인회계사
- 금융감독원 회계제도실 국제회계기준 T/F팀 선임조사역
- 현) 계명대학교 경영대학 회계학과 교수

회계학연구, 회계저널, 회계정보연구, 회계와 감사연구, 회계연구 등에 논문 다수 발표

IFRS 재무제표분석 [제5판]

2009년 6월 30일 1판 1쇄 발행
2010년 8월 30일 1판 2쇄 발행
2012년 6월 30일 2판 1쇄 발행
2014년 6월 30일 3판 1쇄 발행
2016년 2월 5일 4판 1쇄 발행
2018년 1월 10일 5판 1쇄 발행
2022년 2월 15일 5판 2쇄 수정발행

저 자 정 건 영 · 지 현 미
발행인 고 성 익
조 판 플 러 스

05027
행처 서울특별시 광진구 아차산로 335 삼영빌딩
도서출판 三英社
등 록 1972년 4월 27일 제2013-21호
전 화 737-1052 · 734-8979 FAX 739-2386

정가 36,000원

ISBN 978-89-445-0431-0-93320